Über dieses Buch

Eine der wichtigsten und meistdiskutierten politischen Autobiographien dieses Jahrhunderts: Leo Trotzki, neben Lenin der führende Protagonist der russischen Revolution, gibt eine eindrucksvolle Schilderung der einzelnen Etappen seines Lebens: Kindheit im zaristischen Rußland, Universitätsjahre und erste Kontakte mit der revolutionären Bewegung, Verbannung nach Sibirien, abenteuerliche Flucht ins Ausland, Exil in allen Metropolen Westeuropas, Führung des Petersburger Aufstandes von 1905, wieder Verbannung, wieder Flucht im Rentiergespann quer durch Sibirien.

Erst 1917 kehrt Trotzki aus der zweiten Emigration nach Rußland zurück. Er ist wesentlich an den legendären »zehn Tagen, die die Welt erschütterten« beteiligt, und gleich nach dem Sieg der Oktoberrevolution führt er die Friedensverhandlungen mit den Deutschen. Gegen die Angriffe der westlichen Interventionsarmeen und der Weißen Garden baut er die Rote Armee auf. Aber nach Lenins Tod gerät Trotzki ins Zentrum der Konflikte innerhalb der Kommunistischen Partei und wird schließlich von Stalin entmachtet und erneut verbannt. In den ersten Jahren des Exils schreibt er »Mein Leben«, eine sehr persönliche Darstellung von 50 Jahren Weltgeschichte und zugleich ein unentbehrlicher Beitrag zur Historie der sozialistischen und kommunistischen Parteien.

Der Autor

Leo Trotzki (Lew Dawidowitsch Bronstein), 1879 als Sohn jüdischer Bauern in der Ukraine geboren, spielte seit seiner Studentenzeit eine führende Rolle in der revolutionären Bewegung Rußlands. Nach dem Sieg der Oktoberrevolution übernahm er das Volkskommissariat des Äußeren, dann den Aufbau der Roten Armee, die er jahrelang von seinem berühmten Eisenbahnzug aus leitete. 1929 wurde er von der neuen Parteiführung wieder zur Emigration gezwungen. Am 20. August 1940 ermordete ihn ein Agent der Stalinschen GPU in Mexiko.

Folgende Titel sind außerdem noch als Fischer Taschenbuch lieferbar: ›Die permanente Revolution‹ (Bd. 6628), ›Der junge Lenin‹ (Bd. 6632), ›Geschichte der russischen Revolution. Erster Teil: Februarrevolution‹ (Bd. 6629), ›Geschichte der russischen Revolution. Zweiter Teil: Oktoberrevolution‹ 1. Halbband (Bd. 6630), 2. Halbband (Bd. 6631).

Leo Trotzki

Mein Leben

Versuch einer Autobiographie

Aus dem Russischen übertragen
von Alexandra Ramm

Fischer
Taschenbuch
Verlag

Fischer Taschenbuch Verlag
1.–17. Tausend: September 1974
18.–24. Tausend: November 1981

Ungekürzte Ausgabe

Umschlagentwurf: Max Bartholl

Das Nachwort ist der amerikanischen Ausgabe,
erschienen im Verlag Grosset & Dunlap,
New York 1960, entnommen.
Fischer Taschenbuch Verlag GmbH, Frankfurt am Main
Lizenzausgabe mit freundlicher Genehmigung
der S. Fischer Verlags GmbH, Frankfurt am Main

Druck und Bindung: Hanseatische Druckanstalt GmbH, Hamburg
1980-ISBN-3-596-26627-0

Vorwort

Unsere Zeit ist reich an Memoiren, vielleicht reicher als jede frühere. Das kommt daher, daß es viel zu erzählen gibt. Das Interesse für Zeitgeschichte ist um so gespannter, je dramatischer die Zeit und je reicher sie an schroffen Wendungen ist. Die Kunst der Landschaftsmalerei konnte nicht in der Sahara entstehen. An der Wende zweier Epochen, wo wir stehen, hat man das Bedürfnis, auf den erst gestern vergangenen, aber schon so fernen Tag mit den Augen derer, die ihn aktiv miterlebt haben, zurückzublicken. Darin liegt wohl die Erklärung für die ungeheure Entwicklung der Memoirenliteratur seit dem letzten Krieg. Vielleicht ist hier auch die Rechtfertigung für das vorliegende Buch zu finden.

Schon die Möglichkeit, es zu schreiben, ist nur durch die Pause in der aktiven politischen Tätigkeit des Autors entstanden. Eine unvorhergesehene, wenn auch nicht zufällige Etappe meines Lebens ist Konstantinopel geworden. Im Biwak – nicht zum erstenmal in meinem Leben – harre ich hier geduldig dessen, was weiter kommen wird. Ohne eine Dosis ›Fatalismus‹ wäre das Leben eines Revolutionärs überhaupt unmöglich. Jedenfalls ist die Konstantinopeler Pause der geeignetste Moment, Rückschau zu halten, bevor die Umstände es wieder erlauben, weiterzuschreiten.

Anfangs schrieb ich flüchtige autobiographische Skizzen für die Zeitungen und dachte, mich damit zu begnügen. Ich möchte hier noch feststellen, daß ich in meinem Asyl keine Möglichkeit hatte, zu verfolgen, in welcher Gestalt diese Skizzen den Leser erreicht haben. Jede Arbeit aber hat ihre Logik. Ich kam erst in dem Augenblick in mein Thema recht hinein, als ich die Zeitungsartikel fast beendet hatte. Nun beschloß ich, dieses Buch zu schreiben. Ich nahm einen anderen, viel breiteren Maßstab und begann die Arbeit von neuem. Die ursprünglichen Zeitungsartikel und das vorliegende Buch haben nur das gemein, daß beide den gleichen Stoff behandeln. Im übrigen sind es zwei voneinander völlig verschiedene Werke.

Mit besonderer Ausführlichkeit verweilte ich bei der zweiten Periode der Sowjetrevolution, deren Beginn mit der Krankheit Lenins und der Eröffnung der Kampagne gegen den ›Trotzkismus‹ zusammenfällt. Der Kampf der Epigonen um die Macht war, wie ich nachzuweisen versuchte, nicht nur ein persönlicher Kampf. Es war der Ausdruck eines neuen politischen Abschnitts: die Reaktion gegen den Oktober und die Vorbereitung des Thermidors.

Daraus ergibt sich von selbst die Antwort auf die Frage, die mir so oft gestellt wurde: »Wie haben Sie die Macht verloren?«
Die Autobiographie eines revolutionären Politikers berührt notwendigerweise eine ganze Reihe theoretischer Fragen, die mit der sozialen Entwicklung seines Landes, zum Teil der Menschheit, verbunden sind, besonders mit jenen kritischen Perioden, die man Revolutionen nennt. Selbstverständlich war ich nicht in der Lage, auf diesen Seiten komplizierte theoretische Probleme ihrem Wesen nach zu untersuchen. Insbesondere geht durch dieses Buch als ein fernes Leitmotiv die sogenannte Theorie der permanenten Revolution, die in meinem Leben eine so große Rolle gespielt hat und die jetzt für die Länder des Ostens eine so scharfe aktuelle Bedeutung erhält. Sollte, was ich hier darüber ausführe, dem Leser nicht genügen, so kann ich ihm nur sagen, daß die Untersuchung des Problems der Revolution den Inhalt eines besonderen Buches bilden wird, in dem ich versuchen werde, die wichtigsten theoretischen Schlußfolgerungen der letzten Jahrzehnte zu ziehen.
Da auf den Seiten meines Buches eine nicht geringe Zahl von Personen vorbeigeht, nicht immer in der Beleuchtung, die sie selbst für sich und ihre Partei gewählt haben würden, so werden viele von ihnen finden, daß meinen Darstellungen die nötige Objektivität ermangele. Schon das Erscheinen von Auszügen in der periodischen Presse hat manchen Widerspruch hervorgerufen. Dies ist unvermeidlich. Man braucht nicht daran zu zweifeln, daß diese Selbstbiographie, auch wenn es mir gelungen wäre, sie zu einer Daguerreotypie meines Lebens zu gestalten – was ich gar nicht angestrebt habe –, dennoch einen Widerhall jener Diskussion hervorrufen würde, die seinerzeit von den geschilderten Kollisionen erzeugt wurden. Dieses Buch aber ist keine leidenschaftslose Photographie meines Lebens, sondern ein Bestandteil meines Lebens. Auf diesen Seiten setze ich den Kampf fort, dem mein ganzes Leben gewidmet ist. Schildernd charakterisiere und werte ich; erzählend verteidige ich mich und greife noch häufiger an. Ich glaube, daß dies die einzig richtige Methode ist, eine Biographie in einem gewissen höheren Sinne objektiv zu gestalten, das heißt ihr einen der Person und der Epoche adäquaten Ausdruck zu geben.
Objektivität besteht nicht in gekünstelter Gleichgültigkeit, mit der eine abgestandene Heuchelei über Freund und Feind spricht, wobei sie dem Leser indirekt *das* zu suggerieren versucht, was offen zu sagen sich für sie nicht schickt. Diese Art Objektivität ist nur eine konventionelle Falle, nichts weiter. Ich habe sie nicht nötig. Habe ich mich nun einmal der Notwendigkeit unterworfen, vor mir zu sprechen – es ist noch keinem gelungen, eine Selbstbiographie zu schreiben, ohne von sich zu sprechen –, so habe ich keinen Grund, meine Sympathien und Antipathien, meine Liebe und meinen Haß zu verheimlichen.
Dieses Buch ist ein polemisches Buch. Es spiegelt die Dynamik je-

nes sozialen Lebens wider, das ganz auf Gegensätzen aufgebaut ist. Schülerfrechheiten dem Lehrer gegenüber; unter Salonhöflichkeiten versteckte Sticheleien des Neides; ununterbrochene Geschäftskonkurrenz; besessener Wetteifer auf allen Gebieten der Technik, der Wissenschaft, der Kunst, des Sports; parlamentarische Zusammenstöße, in denen tiefgehende Interessengegensätzlichkeit pulsiert; der wütende Tageskampf der Presse; Arbeiterstreiks; Niederschießungen von Demonstranten; mit Giftgas gefüllte Koffer, die zivilisierte Nachbarn durch die Luft einander zusenden; die feurigen Zungen des Bürgerkrieges, die auf unserem Planeten fast nie verstummen – all das sind verschiedene Formen sozialer ›Polemik‹, von der alltäglichen, üblichen, normalen, trotz ihrer Intensität fast unmerklichen – bis zur ungeheuerlichen, explodierenden, vulkanischen Polemik der Kriege und der Revolutionen. So ist unsere Zeit. Mit ihr sind wir aufgewachsen. In ihr atmen und leben wir. Wie können wir unpolemisch sein, wenn wir unserer Zeit treu bleiben wollen?

Es gibt jedoch ein anderes, elementareres Kriterium, das einfach die Gewissenhaftigkeit bei der Darstellung von Tatsachen betrifft. Wie der unversöhnlichste revolutionäre Kampf mit den örtlichen und zeitlichen Umständen rechnen muß, so muß auch das polemischste Werk die Proportionen innehalten, die zwischen Dingen und Menschen bestehen. Ich will hoffen, daß diese Forderung sowohl in ihrer Gesamtheit wie in ihren Details von mir beachtet worden ist.

In einigen wenigen Fällen gebe ich alte Gespräche in Form von Dialogen wieder. Es wird niemand eine wörtliche Reproduktion der Gespräche verlangen, die vor vielen Jahren stattgefunden haben. Ich erhebe auch nicht den Anspruch darauf, sie stets wörtlich wiedergegeben zu haben. Einige Dialoge haben eher einen symbolischen Charakter. Andererseits hat jeder Mensch in seinem Leben Momente, wo das eine oder andere Gespräch besonders scharf im Gedächtnis haften bleibt. Solche Gespräche gibt man gewöhnlich seinen Nächsten und seinen politischen Freunden wieder. Dadurch verankern sie sich in der Erinnerung. Ich meine hier selbstverständlich vor allem Gespräche politischen Inhalts.

Ich möchte noch erwähnen, daß ich gewohnt bin, meinem Gedächtnis zu vertrauen. Seine Angaben wurden wiederholt objektiv nachgeprüft und hielten der Prüfung stand. Dabei ist übrigens eine Feststellung nötig. Ist auch mein topographisches Gedächtnis sehr schwach, von dem musikalischen ganz zu schweigen, ist mein bildliches und linguistisches Erinnerungsvermögen recht mittelmäßig, so steht mein gedankliches Gedächtnis weit über dem Durchschnitt. Und in diesem Buch nehmen Gedanken, ihre Entwicklung und der Kampf der Menschen um Ideen eigentlich den Hauptraum ein.

Gewiß ist das Gedächtnis keine automatische Rechenmaschine. Es

ist am allerwenigsten uneigennützig. Nicht selten verdrängt es oder rückt es solche Episoden, die dem sie kontrollierenden Lebensinstinkt unvorteilhaft sind, in einen finsteren Winkel, – das geschieht am häufigsten unter dem Gesichtspunkt des Ehrgeizes. Das aber ist nun Angelegenheit der ›psychoanalytischen‹ Kritik, die manchmal geistvoll und lehrreich, häufiger aber launisch und willkürlich ist.
Es ist überflüssig, zu sagen, daß ich mein Gedächtnis eifrigst durch dokumentarische Belege kontrollierte. So sehr mir auch die Arbeitsbedingungen im Sinne von Bibliothek- und Archivauskünften bei der Niederschrift erschwert waren, so hatte ich doch die Möglichkeit, alle wesentlichen Umstände und Daten, deren ich bedurfte, nachzuprüfen.
Seit 1897 habe ich den Kampf hauptsächlich mit der Feder in der Hand geführt. Auf diese Weise haben die Ereignisse meines Lebens eine fast ununterbrochene Druckspur auf einer Strecke von über zweiunddreißig Jahren hinterlassen. Der fraktionelle Kampf in der Partei war seit 1903 sehr reich an persönlichen Episoden. Meine Gegner ebenso wie ich sparten nicht mit Schlägen, die Drucknarben hinterlassen haben. Seit dem Oktoberumsturz begann die Geschichte der revolutionären Bewegung einen großen Platz einzunehmen in den Untersuchungen junger Sowjetgelehrter und ganzer Institutionen. Aus den Archiven der Revolution und des zaristischen Polizeidepartements wird alles, was von Interesse ist, hervorgeholt und, versehen mit eingehenden Kommentaren, herausgegeben. In den ersten Jahren, als noch keine Notwendigkeit bestand, etwas zu verheimlichen oder zu verschleiern, wurde diese Arbeit mit größter Gewissenhaftigkeit ausgeführt. Die Werke Lenins und ein Teil der meinen sind im Staatsverlag mit Anmerkungen erschienen, die in jedem Bande Dutzende von Seiten einnehmen und unersetzliches Tatsachenmaterial sowohl über die Tätigkeit der Autoren wie über die Ereignisse der entsprechenden Zeitspannen enthalten. All das hat mir die Arbeit natürlicherweise erleichtert, da es mir half, ein zuverlässiges chronologisches Gewebe herzustellen und damit mindestens grobe tatsächliche Irrtümer zu vermeiden.
Ich will nicht leugnen, daß mein Leben in nicht ganz geregelter Weise verlief. Die Gründe dafür sind jedoch eher in den Zeitverhältnissen zu suchen als in mir. Gewiß waren auch bestimmte persönliche Eigenschaften nötig, um jene gute oder schlechte Arbeit zu vollbringen, die ich geleistet habe. Unter anderen historischen Bedingungen hätten jedoch diese persönlichen Eigenschaften ruhig schlummern können, wie unzählige menschliche Leidenschaften und Neigungen, für die unter bestimmten sozialen Verhältnissen keine Nachfrage besteht, zu schlummern pflegen. Dafür wären vielleicht andere Eigenschaften hervorgetreten, die jetzt verdrängt oder unterdrückt sind. Über dem Subjektiven erhebt sich das Ob-

jektive, und dieses entscheidet zu guter Letzt.
Meine bewußte und aktive Tätigkeit, die etwa mit dem Alter von siebzehn bis achtzehn Jahren begann, verlief in stetem Kampf um bestimmte Ideen. In meinem persönlichen Leben gab es keine Ereignisse, die an sich die öffentliche Aufmerksamkeit verdienen könnten; alle einigermaßen außergewöhnlichen Geschehnisse sind mit dem revolutionären Kampf verbunden und haben durch ihn Bedeutung erhalten. Nur dieser Umstand kann das Erscheinen meiner Selbstbiographie rechtfertigen.
Aus dieser Quelle entstehen aber auch die Schwierigkeiten für den Autor. Die Tatsachen des persönlichen Lebens zeigen sich als so eng mit dem Gewebe der historischen Ereignisse verflochten, daß man schwer das eine von dem anderen trennen kann. Dennoch stellt dieses Buch keine historische Untersuchung dar. Die Ereignisse sind nicht vom Standpunkt ihrer objektiven Bedeutsamkeit ausgewählt worden, sondern im Hinblick darauf, in welcher Weise sie mit Tatsachen des persönlichen Lebens verknüpft waren. Es ist darum nicht verwunderlich, daß in der Charakteristik einzelner Ereignisse und ganzer historischer Etappen jene Proportion fehlt, die man fordern dürfte, wenn das Buch eine historische Arbeit darstellen wollte. Die Trennungslinie zwischen der Selbstbiographie und der Revolutionsgeschichte mußte man empirisch finden. Ohne die Lebensbeschreibung in eine historische Untersuchung aufzulösen, war es dennoch nötig, dem Leser in den Tatsachen geschichtlicher Entwicklung einen Stützpunkt zu bieten. Ich ging dabei von der Erwägung aus, daß der Leser die Grundumrisse der großen Ereignisse kenne und daß sein Gedächtnis nur eines kurzen Hinweises auf historische Fakten und deren Folge bedürfe.

Zu dem Zeitpunkt, wo dieses Buch erscheint, werde ich fünfzig Jahre alt. Mein Geburtstag fällt auf den Tag der Oktoberrevolution. Mystiker und Pythagoräer mögen daraus Schlüsse ziehen, die ihnen zusagen. Ich selbst habe dieses kuriose Zusammentreffen erst drei Jahre nach der Oktoberrevolution entdeckt. Neun Jahre lebte ich ununterbrochen in einem entlegenen Dorfe. Acht Jahre besuchte ich die Mittelschule. Ein Jahr nachdem ich die Schule beendet hatte, wurde ich zum erstenmal verhaftet. Als Universitäten dienten mir, wie vielen meiner Altersgenossen, Gefängnisse, Verbannung und Emigration. In den zaristischen Gefängnissen saß ich zweimal, insgesamt etwa vier Jahre; in der zaristischen Verbannung verbrachte ich das erste Mal annähernd zwei Jahre, das zweite Mal einige Wochen. Zweimal bin ich aus Sibirien geflohen. Als Emigrant lebte ich insgesamt etwa zwölf Jahre in verschiedenen Ländern Europas und Amerikas, davon zwei Jahre vor der Revolution von 1905 und beinahe zehn Jahre nach ihrer Niederschlagung. Während des Krieges wurde ich im hohenzollerischen Deutschland in contumaciam zu Gefängnis verurteilt

(1915), im folgenden Jahr aus Frankreich und Spanien ausgewiesen, von wo ich nach einem kurzen Gefängnisaufenthalt in Madrid und nach einem etwa einmonatigen Aufenthalt unter Polizeiaufsicht in Cadiz nach Amerika ausgewiesen wurde. Dort erreichte mich die Nachricht von der Februarrevolution. Unterwegs aus New York nach Rußland, verhafteten mich die Engländer im März 1917 und hielten mich einen Monat im Konzentrationslager in Kanada fest. Ich beteiligte mich an den Revolutionen von 1905 und 1917, war Vorsitzender des Petersburger Sowjets der Deputierten zuerst im Jahre 1905 und dann 1917. Ich nahm nahen Anteil an dem Oktoberumsturz und war Mitglied der Sowjetregierung. In der Eigenschaft eines Volkskommissars des Auswärtigen führte ich in Brest-Litowsk mit den Vertretern Deutschlands, Österreich-Ungarns, der Türkei und Bulgariens die Friedensverhandlungen. In der Eigenschaft des Volkskommissars für Kriegs- und Marinewesen widmete ich fünf Jahre der Organisation der Roten Armee und dem Aufbau der Roten Flotte. Während des Jahres 1920 übernahm ich daneben noch die Leitung der Wiederaufrichtung des damals desorganisierten Eisenbahnwesens.

Den Hauptinhalt meines Lebens bildeten – mit Ausnahme der Bürgerkriegsjahre – schriftstellerische Arbeiten und Parteitätigkeit. Im Jahre 1923 begann der Staatsverlag mit der Herausgabe meiner Werke. Er hat Zeit gehabt, abgesehen von den fünf Bänden über militärische Arbeiten, dreizehn Bände erscheinen zu lassen. Die Herausgabe weiterer Bände wurde im Jahre 1927 eingestellt, als die Hetze gegen den ›Trotzkismus‹ besonders verbitterte Formen angenommen hatte.

Im Januar 1928 schickte mich die heutige Sowjetregierung in die Verbannung. Ein Jahr verbrachte ich an der Grenze Chinas. Im Februar 1929 wurde ich in die Türkei ausgewiesen und schreibe diese Zeilen in Konstantinopel.

Selbst nach dieser skizzenhaften Darstellung kann man meinen äußeren Lebenslauf nicht als monoton bezeichnen. Im Gegenteil, nach der Zahl der jähen Wendungen, nach den Plötzlichkeiten, scharfen Konflikten, nach den Auf- und Abstiegen kann man eher sagen, daß mein Leben an ›Abenteuern‹ reich ist. Dennoch erlaube ich mir, zu behaupten, daß ich meinen ganzen Neigungen nach nichts mit Abenteurern gemein habe. Ich bin eher pedantisch und in meinen Gewohnheiten konservativ. Ich liebe und schätze Disziplin und Systematik. Keinesfalls um des Paradoxons willen, sondern weil es so ist, muß ich sagen, daß ich Unordnung und Vernichtung nicht ausstehen kann. Ich war stets ein sehr fleißiger und pünktlicher Schüler. Diese zwei Eigenschaften habe ich mir für mein ganzes Leben bewahrt. In den Jahren des Bürgerkrieges, als ich in meinem Zug eine Strecke zurücklegte, die das Mehrfache des Äquatorumfanges beträgt, freute ich mich über jeden neuen Zaun aus frischen Fichtenbrettern. Lenin, der diese meine Leidenschaft kannte, pflegte mich freundschaftlich damit zu necken. Ein gut geschriebenes Buch, in dem man neue Gedanken findet, und eine gute Feder, mit der man seine eigenen Gedanken anderen mitteilen kann, waren mir stets – und sind mir noch – die wertvollsten und mir vertrautesten Kulturprodukte. Das Bestreben, zu lernen, hat mich niemals verlassen, und ich habe oftmals im Leben das Gefühl gehabt, die Revolution hindere mich daran, systematisch zu arbeiten. Und dennoch ist fast ein drittel Jahrhundert meines bewußten Lebens vom revolutionären Kampfe erfüllt. Und müßte ich von neuem anfangen, ich würde unbedenklich den gleichen Weg gehen.

Ich bin gezwungen, diese Zeilen in der Emigration, der dritten in der Reihenfolge, zu schreiben, während meine nächsten Freunde, die an der Schaffung der Sowjetrepublik entscheidenden Anteil haben, deren Verbannungsorte und Gefängnisse füllen. Einige von ihnen werden schwankend, treten zurück, beugen sich vor dem Gegner. Die einen, weil sie moralisch verbraucht sind; die anderen, weil sie selbständig keinen Ausweg aus dem Labyrinth der Verhältnisse finden können; die dritten unter dem Druck materieller Repressalien. Ich habe bereits zweimal eine solche Massenfahnenflucht erlebt: nach dem Zusammenbruch der Revolution von 1905 und zu Beginn des Weltkrieges. Ich kenne also aus der Lebenserfahrung solche Fluten und Ebben nur zu gut. Sie unterliegen einer Gesetzmäßigkeit. Durch nackte Ungeduld kann man ihren Wechsel nicht beschleunigen. Ich bin nicht gewohnt, historische Perspektiven unter dem Gesichtswinkel des persönlichen Schicksals zu betrachten. Die Gesetzmäßigkeit der Ereignisse erkennen und in dieser Gesetzmäßigkeit seinen Platz finden, ist die erste Pflicht des Revolutionärs. Das ist auch die höchste persönliche Befriedigung, die ein Mensch finden kann, der seine Aufgaben nicht an den Tag bindet.

Prinkipo, den 14. September 1929 *L. Trotzki*

P. S. Indem ich dieses Buch dem deutschen Leser übergebe, möchte ich feststellen, daß Alexandra Ramm nicht nur die Übersetzerin des russischen Originals gewesen ist, sondern darüber hinaus auch dauernd um das Schicksal des Buches Sorge getragen hat. Ich spreche ihr an dieser Stelle meinen aufrichtigen Dank aus.

L. T.

Mein Leben

Versuch einer Autobiographie

Janowka

Die Kindheit gilt als die glücklichste Periode des Lebens. Ist das immer so? Nein, die Kindheit der wenigsten ist glücklich. Die Idealisierung der Kindheit leitet ihren Ursprung von der alten Literatur der Privilegierten ab. Die gesicherte, üppige, wolkenlose Kinderzeit in den erblich begüterten und gebildeten Familien, zwischen Liebkosungen und Spielen, pflegt im Gedächtnis wie eine sonnige Wiese am Anfang des Lebensweges zu bleiben. Die Grandseigneure der Literatur oder die Plebejer, die die Grandseigneure besangen, kanonisierten diese durch und durch aristokratische Bewertung der Kindheit. Die erdrückende Mehrheit der Menschen blickt dagegen, soweit sie überhaupt Rückschau hält, auf eine dunkle, hungrige, abhängige Kindheit zurück. Das Leben schlägt die Schwachen, wer aber ist schwächer als Kinder?

Meine Kindheit war nicht eine Kindheit des Hungers und der Kälte. Zur Zeit meiner Geburt kannte meine elterliche Familie schon Wohlstand. Doch war es ein herber Wohlstand von Menschen, die sich aus der Not erheben und den Wunsch haben, nicht auf halbem Wege stehenzubleiben. Alle Muskeln waren gespannt, alle Gedanken auf Arbeit und Anhäufung gerichtet. In dieser Häuslichkeit war den Kindern nur ein bescheidener Platz zugewiesen. Wir kannten keine Not, wir kannten aber auch nicht die Freigebigkeit des Lebens, seine Liebkosungen. Meine Kindheit erscheint mir weder als die sonnige Wiese der kleinen Minderheit noch als die düstere Hölle des Hungers, des Zwanges und der Beleidigungen, wie die Kindheit der Vielen, wie die Kindheit der Mehrheit. Es war eine farblose Kindheit in einer kleinbürgerlichen Familie, in einem Dorfe, in einem finsteren Winkel, wo die Natur reich ist, die Sitten, Ansichten und Interessen aber dürftig und eng.

Die geistige Atmosphäre, die meine frühesten Jahre umgab, und die, in der mein späteres bewußtes Leben verlief, sind zwei verschiedene Welten, die voneinander nicht nur durch Jahrzehnte und Länder getrennt sind, sondern sowohl durch Gebirgsketten großer Ereignisse wie auch durch weniger auffallende, für den Einzelmenschen jedoch nicht minder bedeutsame innere Erschütterungen. Bei der ersten Skizzierung dieser Erinnerungen kam es mir wiederholt vor, als beschriebe ich nicht meine eigene Kindheit, sondern eine alte Reise durch ein fernes Land. Ich versuchte sogar, die Erzählung von mir in dritter Person zu führen. Doch diese konven-

tionelle Form schlägt leicht in Belletristik um, das heißt in etwas, was ich vor allem vermeiden möchte.
Trotz dem Gegensatz der zwei Welten geht die Einheit der Person auf irgendwelchen verborgenen Wegen aus der einen in die andere über. Das erklärt im allgemeinen das Interesse an Biographien und Autobiographien von Menschen, die aus dem einen oder dem anderen Grund einen etwas breiteren Platz im Leben der Gesellschaft eingenommen haben. Ich will deshalb versuchen, einigermaßen ausführlich über meine Kindheit und meine Schuljahre zu erzählen, ohne etwas vorauszuraten oder vorauszubestimmen, das heißt, ohne die Tatsachen auf vorgefaßte Verallgemeinerungen hin einzureihen – einfach so, wie es war und wie mein Gedächtnis die Vergangenheit behalten hat.

Manchmal kam es mir vor, als erinnerte ich mich, wie ich an der Brust meiner Mutter gesogen habe. Es ist jedoch anzunehmen, daß ich auf mich übertrug, was ich bei den jüngeren Geschwistern gesehen. Ich habe wirre Erinnerungen an irgendeine Szene unter einem Apfelbaum in einem Garten, die sich abspielte, als ich etwa eineinhalb Jahr alt war. Aber auch diese Erinnerung ist nicht zuverlässig. Fester blieb mir folgender Vorfall im Gedächtnis: ich bin mit meiner Mutter in Bobrinez bei der Familie Z., wo ein Mädchen von zwei oder drei Jahren ist. Mich nennt man Bräutigam, das Mädchen Braut. Die Kinder spielen in einem Saal, auf einem gestrichenen Fußboden, dann verschwindet das Mädchen, und der kleine Junge steht allein an einer Kommode; er durchlebt einen Augenblick der Erstarrung, wie in einem Traum. Meine Mutter kommt mit der Frau des Hauses herein. Die Mutter schaut auf den Jungen, dann auf die Lache neben ihm, dann wieder auf den Jungen, schüttelt vorwurfsvoll den Kopf und sagt: »Schämst du dich nicht?« ... Der Junge schaut auf die Mutter, auf sich und dann auf die Lache als auf etwas ihm völlig Fremdes.
»Macht nichts, macht nichts«, sagt die Frau des Hauses, »die Kinder waren mit dem Spiel so beschäftigt.«
Der kleine Junge empfindet weder Scham noch Reue. Wie alt war er damals? Wohl zwei Jahre, vielleicht auch drei.
Um die gleiche Zeit stieß ich, während ich mit dem Kindermädchen im Garten spazierenging, auf eine Schlange. »Schau, Ljowa«, sagte das Kindermädchen und zeigte dabei auf etwas Glänzendes im Gras, »eine Tabakdose ist in der Erde vergraben.« Das Kindermädchen nahm ein Stöckchen und begann zu buddeln. Das Kindermädchen war selbst kaum mehr als sechzehn Jahre alt. Die Tabakdose rollte sich auf, streckte sich zur Schlange aus und kroch zischend durchs Gras. »Ai! Ai!« schrie das Kindermädchen, packte mich am Arm und lief hastig davon. Mir war es schwer, die Beine schnell fortzubewegen. Keuchend erzählte ich dann, wie wir geglaubt hatten, im Grase eine Tabaksdose zu finden, und wie es sich heraus-

stellte, daß es eine Schlange war.
Ich erinnere mich noch an eine frühe Szene in der ›weißen‹ Küche. Weder Vater noch Mutter sind zu Hause. In der Küche ist außer dem Dienstmädchen und der Köchin noch deren Besuch. Der ältere Bruder, Alexander, der die Ferien über nach Hause gekommen ist, hält sich hier ebenfalls auf. Er stellt sich mit beiden Füßen, wie auf Stelzen, auf eine Holzschaufel und hopst damit lange auf dem Lehmfußboden der Küche herum. Ich bitte den Bruder, mir die Schaufel zu überlassen, mache einen Versuch, sie zu besteigen, falle hin und heule. Der Bruder hebt mich auf, küßt mich und trägt mich auf den Armen aus der Küche.
Ich war wahrscheinlich schon vier Jahre alt, als mich jemand auf eine große graue, lammfromme Stute setzte; sie war ohne Sattel und Zaum, hatte nur eine Kordel als Halfter um. Mit weit auseinandergespreizten Beinen hielt ich mich mit beiden Händen an der Mähne fest. Die Stute trug mich sanft zu einem Birnbaum, unter einen Zweig, der mir bis zum Bauche reichte. Ohne zu begreifen, was das bedeutete, rutschte ich den Pferderücken hinunter, bis ich ins Gras fiel. Es schmerzte nicht, aber es war unbegreiflich.
Gekauftes Spielzeug besaß ich in meiner Jugend fast nicht. Nur einmal brachte mir meine Mutter aus Charkow ein Pferdchen aus Pappe und einen Ball mit. Ich und die jüngere Schwester spielten mit selbstangefertigten Puppen. Tante Fenja und Tante Raissa, Vaters Schwestern, verfertigten sie uns aus einigen Lappen, und Tante Fenja malte ihnen mit dem Bleistift Augen, Mund und Nase an. Die Puppen kamen mir außerordentlich vor, ich erinnere mich ihrer noch jetzt. An einem Winterabend schnitt Iwan Wassiljewitsch, unser Maschinist, aus Karton einen Waggon mit Fenstern aus und klebte ihn auf Räder. Der ältere Bruder, der zu Weihnachten nach Hause gekommen war, erklärte, man könne so einen Waggon im Nu anfertigen. Er begann damit, daß er meinen Waggon auseinandernahm, sich mit Lineal, Bleistift und Schere bewaffnete, dann lange zeichnete, aber als er die Zeichnungen auseinanderschnitt, konnte er den Waggon nicht zusammenstellen.
Die in die Stadt reisenden Verwandten und Bekannten fragten mich häufig: »Was sollen wir dir aus Jelissawetgrad oder Nikolajew mitbringen?« Meine Augen brannten. Was sollte ich mir wünschen? Man kam mir zu Hilfe. Jemand schlug vor: ein Pferdchen, Bücher, Buntstifte oder Schlittschuhe. »Schlittschuhe, Halbhalifax«, sagte ich, da ich diese Bezeichnung von meinem Bruder gehört hatte. Aber die es versprachen, vergaßen, kaum daß sie über die Schwelle waren, ihr Versprechen. Ich aber lebte wochenlang mit meiner Hoffnung, und dann quälte mich lange Enttäuschung.
Im Vorgärtchen setzte sich eine Biene auf eine Sonnenblume. Da die Bienen stechen, ist Vorsicht notwendig; ich pflücke von einer Salbei ein Blatt und fasse mit dem Blatt die Biene. Ein plötzlicher,

unerträglicher Schmerz durchdringt mich. Heulend laufe ich durch den Hof in die Werkstatt, zu Iwan Wassiljewitsch. Er zieht den Stachel heraus und bestreicht den Finger mit einer rettenden Flüssigkeit.
Iwan Wassiljewitsch besaß ein Glas, in dem in Sonnenblumenöl Taranteln schwammen. Das galt als sicherstes Mittel gegen Stiche. Ich fing die Taranteln zusammen mit Witja Gertopanow. Zu diesem Zweck wurde an einem Faden ein Stückchen Wachs befestigt und in das Erdloch hinabgelassen. Die Tarantel klammerte sich mit den Beinchen an das Wachs und blieb kleben. Dann war nur nötig, sie in eine leere Streichholzschachtel hineinzutun. Übrigens fällt wohl die Jagd auf die Tarantel in eine spätere Zeit.
Ich erinnere mich einer Unterhaltung der Erwachsenen an einem langen winterlichen Teeabend: wie und wann Janowka gekauft wurde, wie alt damals die Kinder waren und wann Iwan Wassiljewitsch den Dienst angetreten hatte. Die Mutter sagt: »Ljowa haben wir aus dem Vorwerk fix und fertig gebracht«, und sieht mich dabei schelmisch an. Ich mache im stillen Schlußfolgerungen und sage dann laut: »Dann bin ich also auf dem Vorwerk geboren?«
»Nein«, sagt man mir, »du wurdest hier in Janowka geboren.«
»Aber Mama sagt doch, daß man mich fix und fertig hierher gebracht hat?«
»Das hat Mutter nur so gesagt, sie hat einen Scherz gemacht«... Ich bin unbefriedigt und denke, daß es ein seltsamer Scherz sei, aber ich schweige, weil ich auf den Gesichtern der Erwachsenen jenes besondere Lächeln der Eingeweihten entdecke, das ich nicht ausstehen kann. Aus diesen Erinnerungen beim winterlichen Tee, wo niemand Eile hat, entsteht die Chronologie. Ich bin im Oktober, am 26., geboren. Also sind meine Eltern aus dem Vorwerk im Frühling oder im Sommer 1879 nach Janowka übergesiedelt.
Das Jahr meiner Geburt war das Jahr der ersten Dynamitanschläge gegen den Zarismus. Die kurz vorher entstandene terroristische Partei der ›Narodnaja Wolja‹ beschloß am 26. August 1879 – zwei Monate bevor ich zur Welt kam – das Todesurteil gegen Alexander II. Am 19. November war schon das Dynamitattentat auf den Zarenzug ausgeführt. Es begann der schreckliche Kampf, der am 1. März 1881 zur Ermordung Alexanders II., aber gleichzeitig auch zur Vernichtung der ›Narodnaja Wolja‹ selbst führte.
Ein Jahr vorher war der russisch-türkische Krieg beendet worden. Im August 1879 legte Bismarck den Grundstein zum deutsch-österreichischen Bündnis. Zola veröffentlichte in diesem Jahre einen Roman, in dem der zukünftige Organisator der Entente, der damalige Prinz von Wales, als ein feiner Kenner der Operettensängerinnen gezeichnet wird (›Nana‹). Der Sturm der Reaktion, der sich in der europäischen Politik seit dem preußisch-französischen Krieg und der Niederwerfung der Pariser Kommune verstärkt hatte, nahm noch nicht ab. In Deutschland fiel die Sozialdemo-

kratie bereits unter die Bismarckschen Ausnahmegesetze. Victor Hugo und Louis Blanc brachten im Jahre 1879 in der französischen Kammer die Amnestieforderung für die Kommunarden ein.
Aber weder der Widerhall der parlamentarischen Debatten noch der diplomatischen Akte, sogar nicht der Dynamitexplosionen erreichte das Dorf Janowka, wo ich das Licht der Welt erblickte und die ersten neun Jahre meines Lebens zubrachte. In den unermeßlichen Steppen des Gouvernements Cherson und der gesamten Noworoßja führte das Reich des Weizens und der Schafe sein eigenes Leben nach besonderen Gesetzen. Es war gegen das Eindringen der Politik durch seine Ausdehnung und das Fehlen der Wege sicher geschützt. Unzählige Steppenhügel blieben hier als Wahrzeichen der großen Völkerwanderung erhalten.
Mein Vater war Gutsherr, zuerst ein kleinerer, dann ein größerer. Als Knabe hatte er mit seiner Familie den jüdischen Flecken im Gouvernement Poltawa verlassen, um in den freien Steppen des Südens das Glück zu suchen. In den Gouvernements Cherson und Jekaterinoslaw gab es damals etwa vierzig jüdische landwirtschaftliche Kolonien mit einer Bevölkerung von annähernd 25 000 Seelen. Die jüdischen Landwirte waren den Bauern nicht nur in den Rechten, sondern auch in der Armut gleichgestellt (bis zum Jahre 1881). Durch unermüdliche, harte, unerbittliche eigene und fremde Arbeit am Anfang der ersten Besitzanhäufung kam mein Vater allmählich hoch.
Das Standesamtsregister wurde in der Kolonie Gromoklej nicht besonders sorgfältig geführt. Vieles wurde nachträglich eingetragen. Als ich in eine Mittelschule kommen sollte und es sich herausstellte, daß ich zu jung war, verlegte man meine Geburt in der Urkunde aus dem Jahre 1879 auf das Jahr 1878. Deshalb wurde über mein Alter stets eine doppelte Rechnung geführt: eine offizielle und eine private.
Die ersten neun Jahre meines Lebens habe ich die Nase fast nicht aus dem väterlichen Dorfe hinausgesteckt. Es hieß Janowka nach dem Namen des Gutsbesitzers Janowski, von dem das Land gekauft worden war. Der alte Janowski hatte es vom einfachen Soldaten bis zum Obersten gebracht; er kam unter Alexander II. in die Gunst der Vorgesetzten und erhielt zur Auswahl 500 Deßjatinen Land in den noch nicht besiedelten Steppen des Gouvernements Cherson. Er hatte sich in der Steppe eine strohgedeckte Lehmhütte und ebenso primitive Hofgebäude erbaut. Mit der Wirtschaft ging es bei ihm nicht vorwärts. Nach dem Tode des Obersten siedelte die Familie nach Poltawa über. Mein Vater kaufte von Janowski über 100 Deßjatinen und pachtete etwa 200 Deßjatinen hinzu. An die Frau Oberst, eine ausgetrocknete Alte, erinnere ich mich noch lebhaft: sie pflegte ein- oder zweimal im Jahre zu kommen, um das Pachtgeld in Empfang zu nehmen und nachzusehen, ob alles auf seinem Platz war. Man schickte Pferde zum Bahnhof, sie abzuho-

len, und stellte einen Stuhl vor die Anfahrt, damit sie aus dem gefederten Planwagen leichter herauskommen könnte. Einen Phaethon schaffte sich der Vater erst viel später an, als er sich auch Hengste zum Ausfahren zulegte. Der alten Frau Oberst kochte man Bouillon aus Huhn und weichen Eierchen. Während sie mit meiner Schwester im Garten spazierenging, kratzte die Oberstin mit den trockenen Nägeln erstarrtes Harz vom Baumstamm ab und versicherte, das sei die schönste Nascherei.
Die Anbauflächen erweiterten sich, die Zahl der Pferde und des Viehs nahm zu. Man versuchte Merinoschafe einzuführen, doch glückte die Sache nicht. Dafür gab es viele Schweine. Sie bewegten sich im Hof frei herum, durchwühlten die ganze Umgegend und vernichteten völlig den Garten. Die Wirtschaft wurde sorgsamst geführt, aber nach alter Art. Welcher Landwirtschaftszweig gewinnbringend, welcher verlustreich war, konnte man nur durch Augenschein feststellen. Aus demselben Grund war es auch schwer, das Vermögen abzuschätzen. Alle Mittel waren in der Erde, in den Ähren, im Korn, das Korn lag in den Kammern oder war nach den Häfen unterwegs. Manchmal erinnerte sich plötzlich der Vater beim Tee oder beim Abendbrot: »Schreibt mal auf, ich habe heute vom Kommissionär 1300 Rubel bekommen: der Oberstin schickte ich davon 660, 400 gab ich Dembowski, ja und dann schreibt noch auf, daß ich Feodoßja Antonowna 100 Rubel gegeben habe, als ich im Frühling in Jelissawetgrad war...« So ungefähr wurde die Buchhaltung geführt. Aber trotzdem arbeitete sich der Vater langsam und beharrlich hoch.
Wir wohnten in der gleichen Lehmhütte, die der alte Oberst erbaut hatte. Das Dach war aus Stroh mit unzähligen Sperlingsnestern unter dem Sims. Die Wände zeigten von außen tiefe Risse, in denen Nattern nisteten. Man hielt sie manchmal für Schlangen und goß heißes Wasser aus dem Samowar in die Risse, aber vergeblich. Bei starkem Regen drang das Wasser durch die niedrigen Dächer, besonders im Flur: man stellte auf den Erdfußboden Schüsseln und Becken. Die Zimmer waren klein, die Fensterscheiben trübe, in den zwei Schlafzimmern und im Kinderzimmer waren die Fußböden aus Lehm, in dem die Flöhe gut gediehen. Das Eßzimmer hatte man mit einem Bretterfußboden ausgelegt, den man einmal in der Woche mit gelbem Sand abrieb. Im Hauptzimmer, das acht Schritte lang war und feierlich Saal genannt wurde, war der Fußboden gestrichen. Dort wurde die Frau Oberst untergebracht. Im Gärtchen vor dem Hause wuchsen gelbe Akazien, weiße und rote Rosen, im Sommer rankten sich Feuerbohnen hoch. Der Hof war nicht umzäunt. Das große Lehmgebäude mit dem Ziegeldach, das schon Vater gebaut hatte, enthielt: Werkstatt, Wirtschaftsküche und Gesindestube. Dann folgte der ›kleine‹ Holzspeicher, dahinter der ›große‹ Holzspeicher, ferner der ›neue‹ Speicher, alles mit Schilf gedeckt. Damit das Wasser nicht eindringen und das Ge-

treide nicht stockig werden konnte, wurden die Speicher auf Steine gestellt. In Hitze und Frost hielten sich hier, zwischen dem Erdboden und den Brettern, die Hunde, die Schweine und das Hausgeflügel auf. Die Hühner fanden dort verborgene Winkel, um Eier zu legen. Ich habe nicht selten, auf dem Bauche zwischen den Steinen kriechend, Hühnereier herausgeholt: ein Erwachsener konnte sich da nicht durchzwängen. Auf dem Dache des großen Speichers nisteten alljährlich die Störche. Ihre roten Schnäbel zum Himmel erhebend, schluckten sie Nattern und Frösche. Das ist unheimlich! Der Körper der Ringelnatter windet sich aus dem Schnabel, und es scheint, als fresse die Schlange den Storch von innen auf.
Im Speicher, der in Kornkammern eingeteilt ist, liegen frischer, duftender Weizen, rauhstachelige Gerste, flacher, glitschiger, fast flüssiger Flachssamen, schwarze, bläulich schimmernde Rapsperlen, dünner, leichter Hafer.
Wenn die Kinder Versteck spielen, ist es erlaubt – nicht immer, sondern nur, wenn hoher Besuch da ist –, sich in den Speichern zu verstecken. Ich steige über den Verschlag der Kornkammer, klettere auf einen Weizenhügel und krieche auf der anderen Seite hinunter. Die Arme verschwinden bis zu den Ellenbogen, die Beine bis zu den Knien in der auseinanderfließenden Masse, die häufig löcherigen Schuhe und das Hemd an der Brust füllen sich mit Körnern. Die Tür des Speichers wird zugemacht; um zu täuschen, hängt jemand ein Schloß vor, das allerdings nicht abgeschlossen wird, – so erfordern es die Spielregeln. Ich liege in der Kühle des Speichers, im Getreide vergraben, atme den Pflanzenstaub ein und höre, wie Senja W. oder Senja Sch. oder Senja S. oder die Schwester Lisa oder sonst irgendwer im Hofe herumirrt, diejenigen, die sich versteckt haben, findet, mich aber, der ich im frischen Weizen untergetaucht bin, nicht entdeckt.
Pferde-, Kuh- und Schweineställe, der Geflügelverschlag befanden sich auf der anderen Seite des Hauses. Das alles war primitiv aus Lehm, Reisig und Stroh zusammengeleimt. Hundert Schritt vom Hause entfernt streckte sich ein hoher Ziehbrunnen zum Himmel. Dahinter lag ein Teich, der die bäuerlichen Gärten umspülte. Der Damm wurde in jedem Frühling vom Wasser niedergerissen, und man mußte ihn immer wieder befestigen: mit Stroh, Erde und Dünger. Auf einer Anhöhe bei dem Teich stand die Mühle. Eine Holzbaracke barg eine Dampfmaschine von zehn Pferdekräften und zwei Gängen. Hier verbrachte die Mutter in den ersten Jahren meiner Kindheit den größten Teil ihres mühevollen Lebens. Die Mühle arbeitete nicht nur für das Gut, sondern für die ganze Umgegend. Die Bauern brachten das Getreide aus Entfernungen von 10 bis 15 Werst heran und bezahlten für das Mahlen ein Zehntel. In der heißen Zeit, vor dem Dreschen, arbeitete die Mühle vierundzwanzig Stunden am Tage, und als ich rechnen und schreiben gelernt hatte, mußte ich manchmal das Bauerngetreide wiegen

und ausrechnen, wieviel für das Mahlen zu entrichten war. Hatte man die Ernte eingebracht, dann wurde die Mühle geschlossen; die Dampfmaschine wurde jetzt zum Dreschen verwendet. Später allerdings stellte man einen unbeweglichen Motor auf. Das neue Gebäude der Mühle war aus Stein und hatte ein Ziegeldach. Auch die herrschaftliche Hütte wurde durch ein großes Backsteinhaus mit Wellblechdach ersetzt. Doch das alles geschah, als ich beinah schon siebzehn Jahre alt war. Während meiner letzten Ferien versuchte ich, den Abstand zwischen den Fenstern und die Maße der Türen zu berechnen, doch konnte ich damit nicht fertig werden. Bei meinem nächsten Aufenthalt im Dorf sah ich schon das steinerne Fundament. Im Hause zu leben, hatte ich nicht mehr Gelegenheit. Jetzt befindet sich darin eine Sowjetschule...

Auf das Mahlen mußten die Bauern manchmal wochenlang warten. Wer näher wohnte, stellte die Säcke in der Reihe auf und fuhr nach Hause. Die entfernter Wohnenden lebten auf den Wagen und schliefen bei Regen auf den Säcken in der Mühle.

Einem der Bauern, der zum Mahlen gekommen war, verschwand einmal ein kleiner Zaum. Jemand hatte gesehen, wie ein Bengel von außerhalb sich an dem fremden Pferde zu schaffen gemacht hatte. Man stürzte hin, untersuchte den Wagen seines Vaters und fand im Heu das Zäumchen. Der Vater des Jungen, ein bärtiger, düsterer Bauer, bekreuzigte sich mit dem Gesicht gegen Osten und schwur, daß der verfluchte Bengel, dieser Sträfling, es selbst ausgeheckt hätte und daß er ihm dafür die Gedärme aus dem Leibe reißen werde. Man glaubte aber dem Vater nicht. Der Bauer faßte den Sohn am Kragen, warf ihn auf die Erde und schlug mit dem gestohlenen Zaum auf ihn ein. Hinter dem Rücken der Erwachsenen beobachtete ich diese Szene. Der Junge schrie und schwur, er werde es nicht wieder tun. Ringsherum standen die Onkelchen, hörten gleichgültig das Heulen des Halbwüchsigen mit an, rauchten selbstgedrehte Zigaretten und brummten in den Bart, daß der Bauer nur aus List, nur zur Ablenkung den Bengel peitsche und daß man gleichzeitig auch den Vater auspeitschen sollte.

Hinter den Speichern und den Ställen standen Schuppen, das heißt, es waren riesige, einige siebzig Fuß lange Schutzdächer – eins aus Schilf, das andere aus Stroh –, die auf Pfählen über der Erde standen und keine Wände hatten. In diesen Schuppen wurden Berge von Korn aufgeschüttet, bei Regen oder Sturm arbeitete man dort mit Worfelmaschine oder mit Sieb. Hinter den Schuppen lag die Tenne, wo das Getreide gedroschen wurde. Weiter, hinter einem Graben, die Hürde für das Vieh, die völlig aus getrocknetem Mist hergestellt war.

Mit der Hütte des Obersten und mit dem alten Sofa im Eßzimmer ist für mich mein ganzes Kindheitsleben verbunden. Auf diesem Sofa, das mit mahagoniimitiertem roten Furnierholz belegt war, saß ich beim Tee, beim Mittagessen, beim Abendbrot, spielte mit meiner Schwester mit Puppen, und in späterer Zeit las ich auf dem Sofa. An zwei Stellen war der Bezug zerrissen. Ein kleineres Loch auf der Seite, wo Iwan Wassiljewitschs Sessel stand, und ein größeres Loch, wo ich neben dem Vater saß. »Es ist Zeit, das Sofa mit neuem Tuch zu beziehen«, sagt Iwan Wassiljewitsch. »Schon längst Zeit«, antwortet die Mutter. »Wir haben das Sofa seit dem Jahr, da man den Zaren ermordete, nicht neu bezogen.« »Ja, wißt ihr«, rechtfertigt sich der Vater, »kommt man in die verfluchte Stadt, läuft da hin und her, ist der Kutscher bärbeißig, dann denkt man nur, wie man am schnellsten wieder heimkommt, und da vergißt man alle Einkäufe.«

Durch das ganze Eßzimmer zog sich unter der niedrigen Decke ein weißgetünchter Balken, auf den man die verschiedensten Gegenstände stellte und legte: Teller mit Eßsachen, damit sie die Katze nicht fresse, Nägel, Schnüre, Bücher, ein mit Papier zugepfropftes Tintenfaß, einen Federhalter mit einer alten verrosteten Feder. An Federn war kein Überfluß. Es gab Wochen, wo ich mit einem Tischmesser eine Feder aus Holz schnitzte, um damit die Pferdchen aus den alten Nummern der illustrierten ›Niwa‹ abzuzeichnen. Oben, unter der Decke, wo ein Vorsprung für den Rauchfang war, wohnte die Katze. Dort hatte sie ihre Jungen geworfen, und von dort brachte sie sie zwischen den Zähnen mit einem kühnen Sprung hinunter, wenn es zu heiß wurde. Gäste von hohem Wuchs stießen unvermeidlich mit dem Kopf an den Tragbalken an, wenn sie vom Tisch aufstanden, und es war deshalb Sitte, die Gäste zu warnen: »Vorsicht, Vorsicht«, und mit der Hand nach oben, zur Decke zu zeigen.

Der bemerkenswerteste Gegenstand im kleinen Saal war das Klavier, das nicht weniger als ein Viertel des Zimmers einnahm. Dieser Gegenstand kam ins Haus zu einer Zeit, an die ich mich schon erinnere. Eine ruinierte Gutsbesitzerin, die von uns fünfzehn bis zwanzig Werst entfernt wohnte, siedelte in die Stadt über und verkaufte ihre Einrichtung. Bei ihr kaufte man ein Sofa, drei Wiener Stühle und ein altes zerbrochenes Klavier, das schon lange mit zerrissenen Saiten auf dem Speicher gestanden hatte. Für das Klavier bezahlte man sechzehn Rubel und brachte es auf einem Wagen nach Janowka. Als man es in der Werkstatt auseinandernahm, fand man unter dem Resonanzboden zwei tote Mäuse. Mehrere Winterwochen war die Werkstatt mit dem Klavier beschäftigt. Iwan Wassiljewitsch putzte, kleisterte, polierte, holte die Saiten hervor, spannte sie, stimmte sie. Alle Tasten wurden wiederhergestellt, und das Klavier ertönte im Saal mit zwar welken, aber unwiderstehlichem Klang. Iwan Wassiljewitsch verlegte seine wundertätigen Finger vom Blasebalg der Harmonika auf die Tasten des Klaviers und spielte die Kamarinskaja, eine Polka und ›Mein lieber Augustin‹. Die ältere Schwester begann Musik zu studieren. Manchmal klimperte der ältere Bruder, der in Jelissawetgrad einige

Monate Geige spielen gelernt hatte. Schließlich fing auch ich an, nach den Geigennoten des Bruders mit einem Finger auf dem Klavier zu klimpern. Gehör hatte ich nicht, und meine Liebe zur Musik blieb blind und hilflos für alle Zeiten.
Im Frühling verwandelte sich der Hof in ein Meer von Schmutz. Iwan Wassiljewitsch fertigte sich Holzgaloschen, richtige Kothurne, an, und ich beobachtete entzückt aus dem Fenster, wie er darin fast um einen halben Arschin über sein gewöhnliches Maß höher wurde. Bald erscheint auf dem Gut ein greiser Sattler. Wahrscheinlich kennt niemand seinen Namen. Er ist über achtzig Jahre alt. Ein ›Nikolaischer‹ (Nikolaus I.) Soldat. Er hat fünfundzwanzig Jahre in der Armee gedient. Riesengroß, breitschultrig, mit weißem Bart und weißen Haaren, geht er, die schweren Beine mit Mühe hebend, zum Speicher, wo er seine bewegliche Werkstatt eingerichtet hat... »Schwach werden die Beine«, klagt bereits seit zehn Jahren der Alte. Dafür sind seine Hände, die nach Leder riechen, fester als Eisenzangen. Die Fingernägel, wie Tasten aus Elfenbein, sind an den Enden sehr spitz.
»Willst du, dann zeige ich dir Moskau!« sagt der Alte. Ich will natürlich. Der Alte faßt mit den großen Fingern mir unter die Ohren und hebt mich hoch. Ich spüre die Berührung der schrecklichen Nägel; es schmerzt mich, und ich bin gekränkt. Ich strampele mit den Beinen und verlange, hinuntergelassen zu werden. »Du willst nicht?« sagte der Alte. »Dann nicht.« Trotz der erlittenen Kränkung gehe ich nicht von ihm weg.
»Steig mal auf die Leiter zum Speicher und schau, was dort auf dem Boden geschieht.« Ich ahne eine Falle und zögere. Es stellt sich heraus, auf dem Boden ist der jüngere Müller Konstantin mit der Köchin Katjuscha. Beide sind schön, lustig, beide sind Arbeitskerle. »Wann wirst du dich mit Katjuscha trauen lassen?« fragt die Gutsfrau den Konstantin. »Uns geht es auch so gut«, antwortet Konstantin. »Trauen lassen – heißt zehn Rubel hinlegen, dafür kaufe ich doch lieber der Katja Schuhe.«
Nach dem heißen, anspannenden Steppensommer mit seinem Höhepunkt, der Einbringung der Ernte, die sich weit vom Hause abspielt, naht der frühe Herbst, mit seinem Fazit aus dem Jahr der Zuchthausarbeit. Das Dreschen ist in vollem Gange. Der Mittelpunkt des Lebens wird auf die Tenne verlegt, die ungefähr 1/4 Werst vom Hause entfernt liegt. Über der Dreschtenne steht eine Wolke Strohstaub. Die Trommel der Dreschmaschine heult. Der Müller Filipp mit der Brille steht an der Dreschmaschine bei der Trommel. Sein schwarzer Bart ist mit grauem Staub bedeckt. Vom Wagen herab reicht man ihm Garben zu, er nimmt sie, ohne hinzusehen, löst die Bünde, lockert die Garbe und läßt sie in die Trommel gleiten. Schon hat die Trommel eine Handvoll hineingerissen und heult auf wie ein Hund, der einen Knochen erhascht hat. Die Strohschleudern werfen Stroh hinaus, im Lauf damit spielend.

Von der Seite, aus dem Ärmel, rinnt die Spreu. Mit der Winde wird das Stroh zum Schober gebracht, ich stehe auf dem Bretterrand und halte mich an der Leine. »Paß auf, fall nicht!« ruft der Vater. Ich falle aber schon zum zehntenmal bald in das Stroh, bald in die Spreu. Eine graue Staubwolke verdichtet sich über der Tenne, die Trommel heult, die Spreu dringt unter das Hemd, in die Nase, man muß niesen. »He, Filipp, langsamer!« warnt unten der Vater, wenn die Trommel plötzlich zu wütend zu dröhnen beginnt. Ich packe die Winde an, sie reißt sich mit ihrem ganzen Gewicht los und schlägt mir auf einen Finger. Der Schmerz ist so stark, daß plötzlich alles vor den Augen verschwindet. Verstohlen krieche ich beiseite, damit man nicht sieht, daß ich weine, dann laufe ich nach Haus. Die Mutter gießt mir kaltes Wasser auf die Hand und verbindet den Finger. Der Schmerz nimmt nicht ab. Der Finger ist mehrere qualvolle Tage lang geschwollen.
Säcke mit Weizen füllen Speicher, Tennen und werden schichtweise unter einer Plane im Hof aufgestapelt. Der Gutsherr stellt sich oft selbst an das Sieb zwischen den Stangen und zeigt, wie das Schwungrad gedreht werden muß, damit die Spreu hinausgeweht, und wie dann durch einen kurzen Stoß das gesäuberte Korn aus dem Sieb restlos auf eine Plane geschüttet wird. In den Tennen und unter dem Speicher, wo es Schutz gegen Wind gibt, drehen sich die Worfelmaschinen und die Kornsortierer. Das Korn wird gereinigt, für den Markt vorbereitet.
Es erscheinen Aufkäufer mit Messinggefäßen und -waagen in sauber lackierten Kisten. Sie prüfen das Getreide, bieten einen Preis und suchen einen Vorschuß aufzudrängen. Man empfängt sie höflich, bewirtet sie mit Tee und Butterzwieback, aber das Korn verkauft man ihnen nicht. Sie schwimmen zu flach. Der Gutsherr ist über diese Wege des Handels hinausgewachsen. Er hat seinen Kommissionär, in Nikolajew. »Mag es noch eine Weile liegen«, antwortete der Vater, »das Korn verlangt kein Essen.« Nach acht Tagen kommt ein Brief aus Nikolajew, manchmal auch ein Telegramm: der Preis sei um fünf Kopeken für das Pud gestiegen. »Nun haben wir tausend Rubel gefunden«, sagt der Gutsherr, »sie liegen nicht auf der Straße herum.« Es kam manchmal auch umgekehrt: die Preise fielen. Die geheimnisvollen Kräfte des Weltmarktes fanden den Weg auch nach Janowka. Aus Nikolajew zurückkehrend, pflegte der Vater finster zu sagen: »Man sagt, daß... wie heißt es doch... Argentinien viel Getreide in diesem Jahre auf den Markt geworfen hat.«
Im Winter ist es im Dorfe still. In vollem Betrieb sind nur Mühle und Werkstatt. Man heizt mit Stroh, das die Dienstboten in großen Haufen heranbringen, dabei verstreuen sie es auf dem Wege und müssen es hinterher jedesmal zusammenkehren. Es ist lustig, das Stroh in den Ofen zu stecken und zuzuschauen, wie es aufflammt. Eines Tages fand Onkel Grigorij mich und die jüngere

Schwester Olja allein im Eßzimmer, das vom Ofendunst blau war. Ich taumelte in der Mitte des Zimmers herum, ohne die Gegenstände zu erkennen, und fiel auf das Anrufen des Onkels in tiefe Ohnmacht.

An Wintertagen blieben wir häufig allein im Haus, besonders während der Reisen des Vaters, wo dann die ganze Wirtschaft auf der Mutter lastete. Manchmal saß ich in der Dämmerung mit dem Schwesterchen eng aneinandergeschmiegt auf dem Sofa mit weit geöffneten Augen; wir hatten Angst, uns zu rühren. Manchmal trat aus der Kälte in das dunkle Eßzimmer ein Riese, in gigantischen Filzstiefeln knarrend, in einem gigantischen Pelz, mit gigantischem Kragen, Mütze und Fausthandschuhen an den Händen, Eiszapfen im Bart und rief mit einer gigantischen Stimme in das Dunkel hinein: »Guten Abend.« Nebeneinander in der Sofaecke wie erstarrt, fürchteten wir uns, den Gruß zu erwidern. Dann entzündete der Riese ein Streichholz und entdeckte uns in der Ecke. Es stellte sich heraus, daß es unser Nachbar war. Manchmal wurde die Einsamkeit im Eßzimmer völlig unerträglich, dann lief ich trotz der Kälte in den Außenflur hinaus, öffnete die Türe, sprang auf den Stein – den großen flachen Stein vor der Schwelle – und schrie von dort in die Dunkelheit: »Maschka, Maschka, komm ins Eßzimmer, komm ins Eßzimmer!« Viele, viele Male, denn Maschka war zu dieser Zeit in der Küche, in der Gesindestube oder irgendwo anders mit ihren eigenen Angelegenheiten beschäftigt. Schließlich kam die Mutter aus der Mühle, zündete die Lampe an, und der Samowar tauchte auf.

Am Abend blieben wir gewöhnlich im Eßzimmer, bis wir einschliefen. Man kam und ging, holte und brachte Schlüssel, am Tische wurden Befehle erteilt, man traf Vorbereitungen für den morgigen Tag. Ich, die jüngere Schwester Olja und die ältere, Lisa, teils auch das Stubenmädchen führten in diesen Stunden ein von den Erwachsenen abhängiges und von ihnen unterdrücktes eigenes Leben. Manchmal weckte ein von einem Erwachsenen gesprochenes Wort in uns besondere Erinnerungen. Ich zwinkere dann dem Schwesterchen zu, sie kichert verstohlen; jemand von den Erwachsenen blickt sie zerstreut an. Ich zwinkere ihr wieder zu, sie bemüht sich das Lachen unter dem Wachstuch zu verbergen und stößt mit der Stirn gegen den Tisch. Das steckt mich an, manchmal auch die ältere Schwester, die unter Wahrung ihrer dreizehnjährigen Würde zwischen den Kleinen und den Großen laviert. Wenn das Lachen zu stürmisch durchbrach, mußte ich unter den Tisch gleiten, mich zwischen den Beinen der Erwachsenen hindurchwinden und, nachdem ich der Katze auf den Schwanz getreten, mich in das Nebenzimmer durchkämpfen, welches Kinderzimmer hieß. Nach wenigen Minuten ging alles von neuem los. Vom Lachen wurden die Finger zittrig, daß man das Glas nicht festhalten konnte. Kopf, Lippen, Arme, Beine, alles löste sich auf und zerfloß

im Gelächter. »Was habt ihr?« fragte die müde Mutter. Zwei Lebenskreise, der obere und der untere, kreuzten sich für einen Augenblick. Die Erwachsenen betrachteten die Kinder, manchmal wohlwollend, häufiger gereizt. Dann platzte das plötzlich überraschte Lachen stürmisch hinaus. Olja versteckte den Kopf wieder unter dem Tisch, ich fiel auf das Sofa, Lisa biß sich die Unterlippe, das Stubenmädchen verschwand hinter der Türe.
»Geht nun schlafen!« sagten die Erwachsenen.
Aber wir gingen nicht weg, sondern versteckten uns in den Winkeln und fürchteten, einander anzusehen. Das Schwesterchen wurde weggetragen, ich schlief gewöhnlich auf dem Sofa ein. Jemand nahm mich dann auf den Arm. Im Halbschlaf begann ich manchmal laut zu heulen. Mir schien, daß mich Hunde umringten, oder daß aus der Tiefe Schlangen zischten oder Räuber mich in den Wald wegtrugen. Der kindliche Alpdruck drang in das Leben der Erwachsenen ein. Man beruhigte mich unterwegs, streichelte und küßte mich. So glitt ich aus Lachen in Schlaf, aus Schlaf in Alpdruck, aus dem Alpdruck ins Erwachen und dann wieder in Schlaf, jetzt aber schon in den Federbetten des warmgehaltenen Schlafzimmers liegend.
Der Winter war dennoch die Jahreszeit, wo die Familie am engsten zusammenlebte. Es gab Tage, an denen Vater und Mutter das Zimmer fast nicht verließen. Der ältere Bruder und die Schwester kamen zu Weihnachten aus ihren Schulen an. Am Sonntag pflegte der sauber gewaschene und gekämmte Iwan Wassiljewitsch, mit Schere und Kamm bewaffnet, uns das Haar zu schneiden, zuerst dem Vater, dann dem Realschüler Sascha, schließlich mir. Sascha fragt:
»Können Sie, Iwan Wassiljewitsch, das Haar à la Capule schneiden?« Alle blicken auf Sascha, und dieser erzählt, wie ihn in Jelissawetgrad der Friseur fabelhaft à la Capule geschnitten habe, aber am nächsten Tage habe ihm der Schulinspektor einen strengen Verweis erteilt. Nach dem Haarschneiden setzt man sich zum Mittagessen. Vater und Iwan Wassiljewitsch an den beiden Enden des Tisches in Sesseln, die Kinder auf dem Sofa, die Mutter ihnen gegenüber. Iwan Wassiljewitsch aß gemeinsam mit der Gutsherrschaft, bis er sich verheiratete. Im Winter verlief das Essen langsamer, nach Tisch unterhielt man sich. Iwan Wassiljewitsch rauchte und blies kunstvolle Ringe in die Luft. Manchmal mußte Sascha oder Lisa laut vorlesen. Vater druselte auf der Ofenbank ein und wurde dabei ertappt. Abends setzte man sich manchmal hin, Schwarzen Peter zu spielen, da gab es viel Aufregung und Lachen, mitunter auch kleine Streitereien. Als besonders verlockend galt es, Vater zu bemogeln, der unaufmerksam spielte und lachte, wenn er verloren hatte, zum Unterschiede von der Mutter, die besser spielte, sich aufregte und eifrig darauf achtete, daß der ältere Bruder sie nicht beschwindelte.

Von Janowka bis zum nächsten Postamt sind 23 Kilometer, bis zur nächsten Eisenbahnstation über 35 Kilometer. Von hier ist es weit bis zu einer Behörde, bis zu den Kaufläden, bis zu den städtischen Zentren, und noch weiter ist's bis zu den großen historischen Ereignissen. Das Leben wird hier ausschließlich vom Rhythmus der Landarbeit reguliert. Alles andere schien gleichgültig. Alles andere, außer den Preisen auf dem Getreideweltmarkt. Zeitungen und Zeitschriften gab es im Dorfe in jenen Jahren nicht: das kam später, als ich schon Realschüler war. Briefe kamen selten an, mit ›Okkasionen‹. Manches Mal trug ein Nachbar, der in Bobrinez einen für uns bestimmten Brief mitgenommen hatte, ihn eine Woche, auch zwei Wochen in der Tasche herum. Der Empfang eines Briefes war ein Ereignis, der Empfang eines Telegramms eine Katastrophe.

Man hatte mir erklärt, daß ein Telegramm durch einen Draht gehe, aber ich habe mit meinen eigenen Augen gesehen, daß ein berittener Bote aus Bobrinez das Telegramm brachte, dem dafür 2 Rubel 50 Kopeken gezahlt werden mußten. Ein Telegramm ist ein Papierchen wie ein Brief, auf dem mit Bleistift Worte geschrieben stehen. Wie kann das durch einen Draht gehen, vielleicht mit dem Wind? Man antwortete mir: durch Elektrizität. Das war noch schlimmer. Onkel Abram erklärte mir einmal eindringlich: »Durch den Draht geht ein Strom und macht Zeichen auf einem Band. Wiederhole.« Ich wiederholte: »Strom durch einen Draht und Zeichen auf einem Band.« »Verstanden?« »Verstanden.« »Aber wie entsteht dann ein Brief?« fragte ich, während ich an das Telegrammformular dachte, das aus Bobrinez angekommen war. »Der Brief geht separat«, antwortete der Onkel. Ich begriff nicht, wozu dann der Strom nötig war, wenn der ›Brief‹ auf einem Pferd reitet. Der Onkel wurde böse: »Laß den Brief in Ruhe«, schrie er mich an. »Ich erkläre dir das Telegramm, und du kommst mir immer wieder mit dem Brief.« So blieb die Frage ungeklärt.

Es war bei uns eine junge Dame aus Bobrinez zu Besuch, Polina Petrowna, mit großen Ohrringen und einer Haartolle, die über die Stirn hing. Mama brachte sie später nach Bobrinez zurück, und ich fuhr mit. Als wir den Hügel bei der elften Werst passierten, wurden Telegraphenstangen sichtbar, und der Draht begann zu summen. »Wie geht ein Telegramm?« wandte ich mich an Mutter. »Bitte Polina Petrowna, sie wird es dir erklären«, antwortete Mutter verlegen. Polina Petrowna erklärte: »Die Zeichen auf dem Band bedeuten Buchstaben, ein Telegraphist schreibt sie auf ein Papier, und das Papier bringt dann ein Reiter.« Das war verständlich. »Und wie ist es mit dem Strom, man sieht doch nichts!« fragte ich, den Draht betrachtend. »Der Strom geht innen«, antwortete Polina Petrowna. »Alle diese Drähte sind wie Röhrchen gemacht, und in ihrem Innern fließt der Strom.« Das war ebenfalls verständlich. Ich war für lange Zeit beruhigt. Die elektromagnetischen Flüssigkeiten, von denen ich etwa vier Jahre später durch meinen Physiklehrer hörte, erschienen mir viel weniger verständlich.

Vater und Mutter haben ihr arbeitsames Leben nicht ohne Reibungen durchlebt, im großen und ganzen sehr kameradschaftlich, obwohl sie verschiedenartige Menschen waren. Mutter entstammte einer städtischen Kleinbürgerfamilie, die auf Ackerbauer mit schwieligen Händen von oben herabschaute. Vater war in seiner Jugend schön gewesen, gut gewachsen, mit einem männlichen und energischen Gesicht. Es gelang ihm, einiges zu ersparen, was ihm in den folgenden Jahren die Möglichkeit gab, Janowka zu kaufen. Aus der Gouvernementsstadt in das Steppendorf verschlagen, konnte sich die junge Frau anfangs in die harten Verhältnisse der Landwirtschaft nicht einleben, aber einmal hineingefunden, warf sie das Joch der Arbeit im Laufe von fast fünfundvierzig Jahren nicht ab. Von den acht in dieser Ehe geborenen Kindern blieben vier am Leben. Ich war das fünfte in der Geburtenreihe. Vier starben in frühen Jahren, an Diphtherie, an Scharlach, sie starben fast unmerklich, wie die am Leben Gebliebenen unmerklich lebten. Das Land, das Vieh, das Geflügel, die Mühle erforderten restlos die gesamte Aufmerksamkeit. Die Jahreszeiten wechselten sich ab, und die Wellen der landwirtschaftlichen Arbeit gingen über die Familienbeziehungen hinweg. In der Familie gab es keine Zärtlichkeiten, besonders nicht in den weiter zurückliegenden Jahren. Aber es bestand tiefe Arbeitsverbundenheit zwischen Mutter und Vater. »Reich der Mutter den Stuhl«, pflegte Vater zu sagen, kaum daß die Mutter, vom weißen Staub der Mühle bedeckt, sich der Hausschwelle näherte. »Stell schnell den Samowar auf, Maschka«, schrie die Gutsfrau, noch ehe sie das Haus erreicht hatte, »bald wird der Herr vom Felde kommen.« Beide wußten sie nur zu gut, was letzte Körpermüdigkeit bedeutete.
Der Vater stand sicherlich höher als die Mutter, sowohl dem Geist wie dem Charakter nach. Er war tiefer veranlagt, beherrschter, umgänglicher. Er hatte ein selten gutes Auge, nicht nur für Dinge, sondern auch für Menschen. Die Eltern kauften überhaupt wenig, besonders in den frühen Jahren; sowohl Vater wie Mutter wußten die Kopeken zusammenzuhalten – aber Vater verstand untrüglich, seine Einkäufe zu machen. Tuch, ein Hut, Schuhe, ein Pferd oder eine Maschine – bei allem hatte er Gefühl für Qualität. »Ich liebe das Geld nicht«, pflegte er mir später zu sagen, gleichsam seine Hartherzigkeit entschuldigend: »Ich liebe nur nicht, wenn es fehlt.« Er sprach falsch, ein Gemisch von Russisch und Ukrainisch, vorherrschend Ukrainisch. Die Menschen schätzte er nach ihren Manieren, ihrem Gesicht, nach ihrem ganzen Auftreten ein und schätzte sie richtig ein.
Nach den vielen Geburten und Mühen begann Mutter zu kränkeln und fuhr nach Charkow zum Professor. Solche Reisen waren große

Ereignisse, man bereitete sich lange auf sie vor. Mutter versah sich mit Geld, mit Gläsern voll Butter, mit einem Sack Butterzwieback, gebratenen Hühnern und Ähnlichem. Es standen große Ausgaben bevor. Dem Professor mußte man drei Rubel für den Besuch zahlen. Darüber sprach man untereinander und zum Besuch mit nach oben erhobenen Fingern und besonders bedeutungsvollem Gesichtsausdruck; darin war sowohl Achtung vor der Wissenschaft als Klage darüber, daß sie so teuer zu stehen käme, wie auch Stolz über die Möglichkeit, solche unerhörten Summen zu zahlen. Die Rückkehr der Mutter wurde aufgeregt erwartet. Mutter kam in einem neuen Kleid an, das in dem Janowkaschen Eßzimmer ungemein festlich wirkte.

Als die Kinder noch klein waren, behandelte sie der Vater nachsichtiger und gleichmäßiger. Die Mutter war oft gereizt, manchmal ohne Grund, sie ließ an den Kindern einfach ihre Müdigkeit oder ihre schlechte Laune über wirtschaftliche Mißerfolge aus. In jener Zeit war es ratsamer, den Vater um etwas anzugehen. Mit den Jahren aber wurde auch Vater strenger. Die Gründe lagen in den Schwierigkeiten des Lebens, den Sorgen, die mit dem Wachsen des Geschäfts zunahmen, besonders unter den Verhältnissen der Agrarkrise der achtziger Jahre, um den Enttäuschungen durch die Kinder.

An den langen Wintern, wenn der Steppenschnee Janowka von allen Seiten verwehte und fensterhoch Hügel aufschüttete, liebte die Mutter zu lesen. Sie setzte sich auf die kleine, dreieckige Ofenbank im Eßzimmer, stellte die Beine auf einen Stuhl, oder sie nahm, wenn die frühe Winterdämmerung heranrückte, am kleinen eisbedeckten Fenster in Vaters Sessel Platz und las laut flüsternd einen zerlesenen Roman aus der Bobrinezschen Bibliothek, wobei sie mit ihren abgearbeiteten Fingern über die Zeilen strich. Sie verlor oft die Worte und blieb bei kompliziert gebauten Sätzen stecken. Manchmal zeigte ihr eines der Kinder das Gelesene durch Vorsagen in ganz anderem Lichte. Doch las sie beharrlich, unermüdlich, und in den freien Stunden der stillen Wintertage konnte man schon im Flur ihr rhythmisches Flüstern vernehmen.

Der Vater hat erst als alter Mann Silben lesen gelernt, um die Möglichkeit zu haben, wenigstens die Titel meiner Bücher zu entziffern. Bewegt beobachtete ich ihn im Jahre 1910 in Berlin, als er sich beharrlich abmühte, mein Buch über die deutsche Sozialdemokratie zu verstehen. Die Oktoberrevolution fand meinen Vater als sehr wohlhabenden Menschen vor. Die Mutter war im Jahre 1910 gestorben; der Vater aber hat die Macht der Sowjets erlebt. Auf der Höhe des Bürgerkrieges, der im Süden besonders lange wütete und vom ewigen Wechsel der Regierungen begleitet war, mußte der Fünfundsiebzigjährige Hunderte von Kilometern zu Fuß zurücklegen, um vorübergehend Unterkunft in Odessa zu finden. Die Roten waren ihm, einem größeren Grundbesitzer, gefährlich. Die Weißen verfolgten ihn als meinen Vater. Nach Säuberung des Südens durch die Sowjettruppen erhielt er die Möglichkeit, nach Moskau zu kommen. Die Oktoberrevolution hat ihm natürlich alles, was er erreicht hatte, abgenommen. Über ein Jahr leitete er eine kleine staatliche Mühle bei Moskau. Gern unterhielt sich mit ihm über wirtschaftliche Fragen der damalige Volkskommissar für Ernährung, Zurjupa. Der Vater starb im Frühling 1922 am Typhus, um die Stunde, als ich auf dem IV. Kongreß der Kommunistischen Internationale einen Bericht erstattete.

Ein wichtiger Platz, der wichtigste Platz in Janowka, war die Werkstatt, in der Iwan Wassiljewitsch Grebenj arbeitete. Er trat den Dienst an, als er zwanzig Jahre alt war, im Jahr meiner Geburt. Alle Kinder, auch die älteren, duzte er, während wir ihn mit Sie anredeten und Iwan Wassiljewitsch nannten. Als er zum Militär einberufen wurde, fuhr Vater mit ihm hin, jemand wurde bestochen, und Grebenj blieb in Janowka. Er war ein Mensch von großen Fähigkeiten und von schönem Typus; er trug einen dunkelblonden Schnurrbart und ein französisches Bärtchen. Seine Technik war universell: er reparierte Dampfmaschinen, verrichtete Kesselarbeiten, schliff Metall- und Holzkugeln, goß Kupferlager, baute Federwagen, reparierte Uhren, stimmte das Klavier, bezog Möbel, hatte ein vollständiges Zweirad hergestellt, nur ohne Reifen. Zwischen der Vorschule und der untersten Klasse habe ich auf diesem Erzeugnis radfahren gelernt. Die deutschen Kolonisten brachten Sämaschinen und Garbenbindemaschinen zur Reparatur in die Werkstatt und baten Iwan Wassiljewitsch bei Ankäufen einer Dreschmaschine oder Dampfmaschine mitzukommen. Mit dem Vater beriet man sich über Fragen der Wirtschaft, mit Iwan Wassiljewitsch über Fragen der Technik. In der Werkstatt gab es Gehilfen und Lehrlinge. In manchen Dingen war ich der Lehrling dieser Lehrlinge.

Wiederholt drehte ich in der Werkstatt Winden und Schrauben. Diese Arbeit machte Spaß, denn das sichtbare Resultat zeigte sich unter den Händen. Manchmal versuchte ich auf einer glattgeschliffenen Steinscheibe Farben zu reiben. Aber bald überkam mich Müdigkeit, und ich fragte dauernd, ob es noch nicht fertig wäre. Mit der Fingerspitze die fette Masse berührend, schüttelte Iwan Wassiljewitsch verneinend den Kopf. Ich überließ den Stein einem der Lehrlinge.

Manchmal setzte sich Iwan Wassiljewitsch auf den Werkzeugkasten in der Ecke, hinter dem Werktisch, rauchte und schaute ins Leere, entweder überlegte er etwas, oder er überließ sich Erinnerungen, oder aber er ruhte einfach gedankenlos aus. In solchen Fällen stahl ich mich an ihn von der Seite heran und begann zärtlich eine Hälfte seines prächtigen, dunkelblonden Schnurrbartes zu drehen, oder ich betrachtete aufmerksam seine Hände – diese ungewöhnlichen, besonderen Hände eines Meisters. Die ganze Haut war mit schwarzen Pünktchen besät: das waren die feinen Splitter, die beim Schleifen des Mühlsteins in den Körper dringen und stekkenbleiben. Die Finger waren hart wie Wurzeln, aber gar nicht rauh, an den Enden breit, sehr beweglich, der Daumen stand weit ab und bildete einen Bogen. Jeder Finger schien Bewußtsein zu haben, lebte und schaffte auf eigene Art, und alle zusammen bildeten sie eine außerordentliche Arbeitsgenossenschaft. So jung ich auch war, so sah und fühlte ich doch, daß diese Hand anders als andere Hände Hammer und Zangen hielt. An der Linken war der Daumen schräg von einer Narbe durchzogen. Am Tage meiner Geburt schlug sich Iwan Wassiljewitsch mit dem Beil über die Hand, der Finger blieb nur noch an einer Haut hängen. Der Vater bemerkte gerade noch, wie der junge Maschinist die Hand auf ein Brett legte und sich anschickte, den Finger ganz abzuhauen. »Halten Sie ein«, schrie er, »der Finger wird wieder anwachsen.« »Wird anwachsen, denken Sie?« fragte der Maschinist und legte das Beil weg. Der Finger wuchs tatsächlich an, arbeitete zuverlässig, konnte sich nur nicht so tief einbiegen wie der der rechten Hand.

Das alte Berdangewehr hatte Iwan Wassiljewitsch für Schrot umgearbeitet und probierte jetzt die Präzision des Anschlages: alle versuchten der Reihe nach, aus einer Entfernung von einigen Schritten durch einen Schlag auf den Piston eine Kerze auszulöschen. Nicht allen gelang es. Zufällig kam mein Vater hinzu. Als er mit dem Gewehr zielte, zitterten seine Hände, auch das Gewehr hielt er irgendwie unsicher. Nichtsdestoweniger löschte er die Kerze aus. Er hatte für jede Sache ein gutes Auge, das wußte Iwan Wassiljewitsch. Es kam zwischen ihnen niemals zu Meinungsverschiedenheiten, obwohl der Vater anderen gegenüber herrisch auftrat, häufig tadelte und viel beanstandete.

In der Werkstatt war ich niemals ohne Beschäftigung. Ich zog den Blasebalg, den Iwan Wassiljewitsch nach eigenem System eingerichtet hatte: der Ventilator war unsichtbar, da er sich oben auf dem Boden befand, und das rief das Staunen aller Besucher hervor. Ich drehte bis zur Erschöpfung das Rad der Drechselbank, besonders wenn darauf Krocketbälle aus altem Akazienholz gemacht wurden. In der Werkstatt wurden meist Gespräche geführt, eins interessanter als das andere. Dabei blieb nicht immer die Schicklichkeit gewahrt. Es wäre richtiger zu sagen, sie wurde überhaupt nicht gewahrt. Mein Horizont aber erweiterte sich nicht nur täglich, sondern stündlich. Foma erzählte von den Gütern, auf denen er gearbeitet hatte, von den verschiedenen Abenteuern der Gutsbesitzer und Gutsbesitzerinnen. Man muß sagen, daß er keine große Sympathie für sie an den Tag legte. Der Müller Filipp reihte diesem Thema Erinnerungen aus seiner Militärzeit an. Iwan Wassiljewitsch stellte Fragen, schlichtete, ergänzte.

Der Heizer Jaschka, manchmal war er auch Hammerschmied, ein

düsterer, rothaariger Mann von etwa dreißig Jahren, konnte es nicht lange auf ein und demselben Platz aushalten. Wenn es ihn überkam, verschwand er, mal im Herbst, mal im Frühling; nach einem halben Jahre erschien er wieder. Er trank selten, aber dann quartalsweise sehr stark. Er war ein leidenschaftlicher Jäger, hatte aber sein Gewehr vertrunken. Foma erzählte, wie Jaschka in Bobrinez barfüßig, die Füße mit schwarzer Erde beklebt, in einen Laden kam, um Zündhütchen für sein Ladestockgewehr zu fordern. Absichtlich ließ er die Schachtel fallen, begann aufzusammeln, trat dabei auf ein Zündhütchen und trug es mit dem Schmutz seines Fußes weg.
»Schwindelt Foma?« fragte Iwan Wassiljewitsch.
»Wozu schwindeln?« antwortete Jaschka. »Ich hatte keine einzige Kopeke.« Diese Methode, zu notwendigen Gegenständen zu kommen, erschien mir bemerkenswert und der Nachahmung würdig.
»Unser Ignat ist gekommen«, teilte das Stubenmädchen Mascha mit, »und Dunjka ist weg, ist nach Haus zum Fest gegangen.« Der Heizer Ignat hieß *unser*, zum Unterschiede von dem buckligen Ignat, der vor Taras Dorfschulze gewesen war. ›Unser‹ Ignat fuhr zur Musterung. Iwan Wassiljewitsch selbst hatte ihm die Brust ausgemessen und gesagt: »Keinesfalls wird er genommen.« Die Musterungskommission brachte Ignat für einen Monat zur Nachprüfung in einem Krankenhaus unter. Dort machte er Bekanntschaft mit städtischen Arbeitern und beschloß nun, in einer Fabrik sein Glück zu suchen. Ignat trug jetzt städtische Stiefel und einen Gehpelz mit farbigem Besatz, erzählte von der Stadt, von der Arbeit, von der Ordnung, von den Drehbänken, vom Lohn.
»Klar, eine Fabrik«... sagte grübelnd Foma.
»Eine Fabrik, das ist keine Werkstatt«, fügte Filipp hinzu.
Und alle schauten nachdenklich über die Werkstatt hinweg in die Luft.
»Viele Drehbänke?« fragte Viktor gierig.
»Wie ein Wald.«
Ich hörte, ohne mit der Wimper zu zucken, zu und stellte mir die Fabrik vor etwa wie einen dichten Wald: oben, rechts, links, unten, hinten und vorne ist nichts zu sehen, nur Maschinen und zwischen den Maschinen Ignat, mit einem Lederriemen eng umgürtet. Ignat hatte außerdem eine Uhr mitgebracht. Sie ging von Hand zu Hand. Abends schritt der Gutsherr mit Ignat auf dem Hofe hin und her, hinter ihnen der Aufseher. Ich daneben, bald an Vaters Seite, bald an der Seite Ignats. – »Nun und die Beköstigung? Kaufst du Brot? Kaufst du Milch? Zahlst du die Wohnung?« »Gewiß. Für alles muß man zahlen, für alles«, stimmte Ignat zu... »aber mit dem Verdienst steht es anders.«
»Ich weiß, daß es damit anders steht, aber dein ganzer Verdienst wird für den Unterhalt draufgehen.«

»Aber dennoch«, verteidigte sich Ignat mit Nachdruck, »habe ich mich in einem halben Jahr ein wenig anziehen können, habe mir eine Uhr gekauft. Hier in der Tasche liegt das Maschinchen.« Und er zeigte wieder die Uhr. Dieser Einwand war unwiderlegbar. Der Wirt schwieg und fragte dann wieder: »Trinkst du auch nicht, Ignat? Dort sind ringsherum genug Lehrmeister, die es einem schnell beibringen.«
»Aber ich habe ja gar kein Verlangen danach, nach diesem Wodka.«
»Nun, Ignat, und wie ist es, wirst du Dunjka mitnehmen?« fragte die Gutsherrin.
Ignat lächelte, sich schuldbewußt abwendend, schwieg aber.
»Aha, ich sehe schon, ich sehe schon«, sagte die Gutsherrin, »hast dir schon ein städtisches Luder angeschafft, gesteh es, du Luftikus.«
So reiste Ignat aus Janowka ab.
In die Gesindestube zu gehen war den Kindern verboten. Aber wer wollte das überwachen? In der Gesindestube gab es immer viel Neues. Lange Zeit war eine Frau mit knochigen Backen und eingefallener Nase Köchin. Ihr Mann, ein Greis mit einem halb gelähmten Gesicht, war Viehhirt. Sie wurden Kazapen genannt, weil sie aus einem Gouvernement im Innern des Landes waren. Dieses Ehepaar hatte ein Mädchen von etwa acht Jahren, sehr lieblich, blauäugig und blondhaarig. Sie war daran gewöhnt, daß sich ihr Vater und ihre Mutter stets zankten.
An Sonntagen beschäftigten sich die Mädchen damit, daß sie den Burschen und einander die Köpfe absuchten. Auf einem Strohbündel in der Gesindekammer lagen nebeneinander zwei Tatjanas, Tatjana die große und Tatjana die kleine. Der Pferdeknecht Afanassij, Sohn des Aufsehers Pud und Bruder der Köchin Paraßjka, setzte sich quer zwischen sie, die Beine legte er über die kleine, den Kopf lehnte er auf die große Tatjana.
»Schau, was für ein Mahomet«, sagte neidisch der junge Gutsaufseher. »Ist es nicht Zeit für dich, die Pferde zu tränken?«
Dieser rote Afanassij und der schwarze Mutusok waren meine Quälgeister. Kam ich im Augenblick der Austeilung der Suppe oder der Kascha, ertönte unvermeidlich die spöttische Stimme: »Du solltest doch mal mit uns zu Mittag essen, Ljowa« oder »na Ljowa, bitte doch die Mutter mal um Hühnchen für uns.« Ich wurde verlegen und ging still weg. Zu Ostern wurden für die Arbeiter Osterbrote gebacken und Eier gefärbt. Tante Raissa war eine Meisterin im Eierfärben. Sie brachte aus der Kolonie einige gemusterte Eier mit und schenkte mir zwei davon. Hinter dem Keller, am Abhang, spielte man mit den Eiern, ließ sie rollen und schlug sie aneinander, um auszuprobieren, welche fester waren. Ich kam erst zum Schluß, als nur noch Afanassij da war. »Hübsch?« fragte ich, ihm die Muster zeigend. »Es geht«, antwortete Afanassij mit gleichgültiger Miene. »Willst du, probieren wir aus, welches fester

ist?« Ich wagte nicht, die Herausforderung abzulehnen. Afanassij schlug an, mein bemaltes Ei zerplatzte an der Spitze. »Also, meins«, sagte Afanassij. »Na, nun laß mal das andere sehen.« Gehorsam hielt ich das zweite Ei hin, Afanassij schlug wieder zu. »Auch dies gehört mir.« Gelassen nahm er beide Eier und ging, ohne sich umzusehen, davon. Ich blickte ihm erstaunt nach, hatte große Lust zu weinen; doch war die Sache nicht mehr gutzumachen.

Dauernd beschäftigte Arbeiter, die das Gut das ganze Jahre über nicht verließen, gab es nur wenige. Die Mehrzahl, die in den Jahren der großen Aussaat nach Hunderten zählte, bildeten Saisonarbeiter aus den Gouvernements Kiew, Tschernigow, Poltawa; man dingte sie bis zum Marientag, das heißt bis zum 1. Oktober. In guten Erntejahren verschlang das Gouvernement Cherson 200 000 bis 300 000 solcher Arbeiter. Für die vier Sommermonate bekamen die Schnitter 40 bis 50 Rubel, die Frauen 20 bis 30 Rubel bei freier Beköstigung. Als Wohnplatz diente das offene Feld, im Regenwetter der Heuschober. Das Mittagessen war – Borschtsch und Kascha, das Abendbrot – Hirsebrei. Fleisch gab es überhaupt nicht, Fett nur pflanzliches und dies nur in geringen Mengen. Wegen der Verpflegung kam es manchmal zu Gärungen. Die Arbeiter verließen die Felder, versammelten sich im Hof, legten sich im Schatten der Speicher auf den Bauch, hielten die nackten, vom Stroh zerrissenen und zerstochenen Beine nach oben und warteten. Man gab ihnen dicke Milch oder Melonen oder einen halben Sack getrockneter Fische, und sie gingen wieder an die Arbeit, nicht selten mit Gesang. So ging es auf allen Gütern zu. Es gab Schnitter, ältere, sehnige, braungebrannte Arbeiter, die zehn Jahre nacheinander nach Janowka kamen, da sie wußten, daß es hier für sie sicher Arbeit gab. Sie bekamen einige Rubel mehr und von Zeit zu Zeit ein Gläschen Wodka, weil sie das Arbeitstempo bestimmten. Manche erschienen an der Spitze einer ganzen Familienbrut. Sie kamen aus ihren Gouvernements zu Fuß, gingen oft einen ganzen Monat, ernährten sich von Brot, übernachteten auf Märkten. Eines Sommers erkrankten sämtliche Arbeiter an Nachtblindheit. In der Dämmerung bewegten sie sich langsam, mit vorgestreckten Armen. Der im Dorf zu Besuch weilende Neffe meiner Mutter schrieb darüber in einer Zeitung; man wurde auf den Artikel aufmerksam, und das Semstwo schickte einen Inspektor. Man war mit dem ›Korrespondenten‹, den Vater und Mutter sehr gerne hatten, unzufrieden. Auch er selbst war nicht froh. Unangenehme Folgen hat die Sache jedoch nicht gehabt: die Inspektion stellte fest, daß die Krankheit durch Fettmangel entstehe, daß sie fast im ganzen Gouvernement verbreitet sei, da man die Leute fast überall in gleicher Weise ernähre, an manchen Stellen sogar noch schlechter.

In der Werkstatt, in der Gesindestube, in den Hofwinkeln zeigte sich das Leben mir breiter und anders als in der Familie. Der Film des Lebens hat kein Ende, und ich war erst am Anfang. Meine Anwesenheit störte niemanden, solange ich klein war. Die Zungen waren locker, besonders in Abwesenheit Iwan Wassiljewitschs und des Verwalters, die beide doch halb zur Herrschaft gehörten. Im Schein des Schmiede- oder des Küchenfeuers erschienen mir Eltern, Verwandte, Nachbarn mitunter in ganz anderem Licht. Viele der damals geführten Unterhaltungen sind mir für immer im Gedächtnis geblieben. Manches hat dann die Basis für meine Einstellung zur heutigen Gesellschaft gebildet.

Nachbarn, erste Schule

Eine Werst oder noch weniger von Janowka entfernt befand sich das Gut der Dembowskis. Der Vater hatte von ihnen Land gepachtet und war mit ihnen durch langjährige geschäftliche Beziehungen verbunden. Die Besitzerin des Gutes war Feodoßja Antonowna, eine alte polnische Gutsbesitzerin, eine frühere Gouvernante. Nach dem Tode ihres ersten Mannes, der reich gewesen war, erheiratete sie sich ihren Verwalter, Kasimir Antonowitsch, der um zwanzig Jahre jünger als sie war. Feodoßja Antonowna lebte schon seit langem nicht mehr mit ihrem zweiten Mann, der aber das Gut in alter Weise weiter verwaltete. Kasimir Antonowitsch war ein hochgewachsener, lustiger, lärmender Pole mit einem großen Schnurrbart. Er hatte nicht selten an unserem großen ovalen Tisch Tee getrunken, polternd nichtssagende Geschichten erzählt, immer wieder dieselben, wobei er einzelne Worte mehrmals wiederholte und mit den Fingern knallte.
Kasimir Antonowitsch besaß eine ausgedehnte Bienenzucht, die von den Pferde- und Kuhställen ziemlich entfernt lag, weil Bienen den Pferdegeruch nicht vertragen. Die Bienen sammelten den Honig von den Obstbäumen, den weißen Akazien, vom Raps, dem Buchweizen, kurz – sie konnten sich tummeln. Von Zeit zu Zeit brachte uns Kasimir Antonowitsch selbst in einer Serviette zwei gegeneinandergedrückte Teller, in denen in durchsichtigem Gold eine Wabenhonigschnitte lag.
Iwan Wassiljewitsch begab sich einmal mit mir zu Kasimir Antonowitsch, um von ihm Zuchttauben zu holen. In einem Eckzimmer des geräumigen, leeren Hauses bewirtete uns Kasimir Antonowitsch mit Tee. In großen, sich feucht anfühlenden Tellern stand Butter, Quark und Honig. Ich trank Tee aus der Untertasse und lauschte den langsamen Gesprächen. »Werden wir uns nicht verspäten?« fragte ich leise Iwan Wassiljewitsch. »Nein, warte«, antwortete Kasimir Antonowitsch, »man muß ihnen Zeit lassen, sich unter dem Dach zu beruhigen. Dort gibt es unzählige.« Ich sehnte mich wegzugehen. Schließlich krochen wir mit der Laterne in der

Hand auf den Boden des Speichers. »Nun, jetzt gibt acht«, sagte mir Kasimir Antonowitsch. Der Boden war lang, dunkel, kreuz und quer von Balken durchzogen. Es roch nach Mäusen, Staub, Spinngeweben und Vogelmist. Die Laterne wurde ausgelöscht. »Hier sind sie, jetzt fassen Sie zu«, sagte leise Kasimir Antonowitsch. Nach diesen Worten entstand etwas Unbeschreibliches. In tiefster Dunkelheit begann ein höllisches Treiben: der Boden belebte sich und drehte sich wie in einem Wirbel. Einen Augenblick war es mir, als stürze die Welt ein, als sei alles verloren. Nur allmählich kam ich wieder zu mir, ich vernahm verhaltene Stimmen: »Es gibt noch mehr, hierher, hierher... stecken Sie sie in den Sack... jetzt haben wir sie.« Iwan Wassiljewitsch trug den Sack, und während des ganzen Heimwegs ging das Getriebe vom Speicher auf Iwan Wassiljewitschs Rücken weiter. Der Taubenschlag wurde unter das Dach der Werkstatt gebaut: ich kroch zehnmal am Tage die Treppe hinauf, brachte den Tauben Wasser, Hirse, Weizen, Krümel. Nach einer Woche tauchten in einem Nest zwei Eierchen auf. Aber noch ehe alle über diese Tatsache Genugtuung fühlen konnten, kehrten die Tauben paarweise zu ihrer alten Stätte zurück. Es blieben nur drei Paare mit beschnittenen Flügeln übrig, und nach weiteren acht Tagen, als ihre Federn nachgewachsen waren, verließen auch sie den schönen, nach dem Korridorsystem erbauten Taubenschlag. Damit endete der Versuch, Tauben zu züchten.

Bei Jelissawetgrad pachtete der Vater Land von der Gutsbesitzerin T-zkaja. Sie war Witwe, vierzigjährig, charaktervoll. Bei ihr lebte ein Pope, ebenfalls Witwer, Liebhaber von Musik, Karten und manchem anderen. Die Frau T-zkaja kommt mit dem verwitweten Väterchen nach Janowka, die Pachtbedingungen nachzuprüfen. Man überläßt ihnen den Saal und das Nebenzimmer. Zu Tisch gibt es ein Huhn in Butter, Kirschlikör und Kirschkuchen. Nach dem Essen bleibe ich im Saal und sehe, wie das Väterchen sich zu Frau T-zkaja setzt und ihr etwas Komisches ins Ohr sagt. Er schlägt den Schoß des Popenrocks zurück, zieht aus der Tasche seiner gestreiften Hose ein silbernes Etui mit Monogramm heraus; Väterchen steckt sich eine Zigarette an, und geschickt Ringe blasend, erzählt er, eine kurze Abwesenheit der Madame T-zkaja ausnutzend, daß sie in Romanen nur die Gespräche lese. Alle lächeln aus Höflichkeit, enthalten sich aber einer Meinungsäußerung, da sie wissen, daß Väterchen der Frau T-zkaja alles wiedererzählen und noch was hinzudichten würde.

Von der T-zkaja pachtete mein Vater zusammen mit Kasimir Antonowitsch Land. Zu dieser Zeit war Kasimir Antonowitsch bereits Witwer und hatte sich auf einmal ganz verändert: das Grau aus dem Bart verschwand, gestärkte Kragen tauchten auf, ein Schlips, eine Krawattennadel, und in der Tasche steckte das Bild einer Dame. Kasimir Antonowitsch machte sich zwar, wie alle, über

Onkel Grigorij etwas lustig, aber gerade ihm beichtete er seine Herzensangelegenheiten und zeigte ihm auch die Photographie, die er einem Kuvert entnahm. »Sehen Sie«, sagte er dem vor Begeisterung hinschmelzenden Onkel Grigorij, »ich sagte der Dame: ›Gnädigste, Ihre Lippen sind zum Küssen geschaffen‹.« Diese Person heiratete Kasimir Antonowitsch, aber ein bis anderthalb Jahre nach der Hochzeit kam er plötzlich ums Leben: auf dem Gutshof der T-zkaja hatte ihn ein Ochse mit den Hörnern aufgespießt...
Etwa acht Werst entfernt lag das Gut der Brüder F-ser. Ihr Boden zählte nach Tausenden Deßjatinen. Das Haus ähnelte einem Schloß, war kostbar eingerichtet mit vielen Fremdenzimmern, einem Billardzimmer und allem übrigen. Die Brüder – Lew und Iwan – hatten das alles vom Vater Tomofei geerbt und wirtschafteten es allmählich herunter. Das Gut war ganz in den Händen eines Verwalters und brachte, trotz doppelter Buchführung, nur Verluste. »Wenn auch David Leontjewitsch nur in einer Lehmhütte wohnt, er ist reicher als ich«, sagte manchmal der ältere F-ser über meinen Vater, der, wenn man es ihm wiedererzählte, sichtlich zufrieden war. Der jüngere der Brüder, Iwan, kam einmal begleitet von zwei Jägern mit Gewehren auf dem Rücken und einem Rudel weißer Windhunde durch Janowka geritten. So etwas hatte Janowka noch nie gesehen. »Bald, bald werden sie die Erbschaft durchgejagt haben«, sagte mißbilligend mein Vater.
Diese gutsherrlichen Familien des Gouvernements Cherson waren vom Schicksal gezeichnet. Sie machten alle eine äußerst schnelle Entwicklung durch und immer in gleicher Richtung – dem Niedergang zu, wenn sie auch dem Stande nach sehr verschieden waren: erblicher Adel, Beamte, die für ihren Dienst belohnt worden waren, Polen, Deutsche und Juden, denen es gelungen war, vor 1881 Boden zu kaufen. Die Begründer vieler dieser Steppendynastien waren in ihrer Art besondere Menschen, Glücksritter und ihrer Natur nach Räuber. Ich habe übrigens persönlich keinen von ihnen kennengelernt; zu Beginn der achtziger Jahre hatten sie schon alle Zeit gefunden auszusterben. Viele von ihnen hatten mit Kopeken begonnen, aber durch kühne Griffe, nicht selten krimineller Art, war es ihnen gelungen, Riesenstücke an sich zu reißen. Die zweite Generation wuchs schon unter den Verhältnissen eines frischgebackenen Herrentums heran, mit französischer Sprache, mit Billard und allerhand Ausschweifungen. Die Agrarkrise der achtziger Jahre, hervorgerufen durch die Konkurrenz jenseits des Ozeans, hatte sie erbarmungslos getroffen. Sie fielen, – wie dürres Laub vom Baum fällt. Die dritte Generation hatte eine Menge halbruinierter Schwindler erzeugt, nichtsnutzige, charakterschwache Menschen und vorzeitige Invaliden.
Die Reinkultur eines adligen Ruins war die Familie Gertopanow. Nach ihrem Gute Gertopanowka hieß eine große Pfarrei und ein großer Bezirk. Früher hatte die ganze Gegend dieser Familie ge-

hört. Jetzt waren dem Alten nur 400 Deßjatinen geblieben, und auch diese waren überverschuldet. Mein Vater pachtete dieses Land, und der Pachtzins ging an eine Bank. Timofei Issajewitsch lebte davon, daß er für die Bauern Eingaben, Beschwerden und Briefe schrieb. Kam er zu uns zu Besuch, dann steckte er sich Tabak und Zucker in den Ärmel. Genau so machte es seine Frau. Speichelspritzend erzählte sie von ihrer Jugend, von Sklavinnen, Klavieren, Seide und Parfüms. Zwei ihrer Söhne wuchsen beinah als Analphabeten auf, der jüngere, Viktor, war Lehrling in unserer Werkstatt.

Fünf bis sechs Werst von Janowka entfernt wohnte der jüdische Gutsbesitzer M-ski. Das war eine phantastische, tolle Familie. Der alte, sechzigjährige Moissej Charitonowitsch hatte eine Erziehung nach dem Vorbild der Adligen genossen: er sprach fließend französisch, spielte Klavier, kannte einiges aus der Literatur. Seine linke Hand war unentwickelt, die rechte aber genügte, nach seinen Worten, sogar für Konzerte. Er schlug die Tasten des alten Klaviers mit den verwahrlosten Nägeln wie Kastagnetten. Mit einer Polonaise von Oginski beginnend, ging er unmerklich auf eine Rhapsodie von Liszt über, um dann auf das Gebet einer Jungfrau zu rutschen. Ähnliche Sprünge kamen auch in seiner Unterhaltung vor. Plötzlich brach er das Spiel ab, ging zum Spiegel und sengte sich, war niemand in der Nähe, mit einer Zigarette den Bart von allen Seiten ab, ihn so in Form bringend. Er rauchte unaufhörlich, keuchend und gleichsam mit Ekel. Mit seiner Frau, einer umfangreichen Alten, sprach er schon seit fünfzehn Jahren nicht mehr. Sein fünfunddreißigjähriger Sohn David, mit einem ewigen weißen Verband am Gesicht und einem roten zuckenden Auge über dem Verband, war ein mißglückter Selbstmörder. Beim Militärdienst hatte er dem Offizier vor der Front eine Grobheit gesagt. Dieser versetzte ihm einen Schlag. David gab dem Offizier eine Ohrfeige, lief in die Kaserne und versuchte, sich mit dem Gewehr zu erschießen. Die Kugel kam aus der Backe heraus, – seitdem der unvermeidliche weiße Verband. Dem Soldaten drohte strenge Bestrafung. Aber damals lebte noch der Stammvater der Dynastie, der alte Chariton, ein reicher, mächtiger, despotischer Halbanalphabet. Er brachte fast das ganze Gouvernement auf die Beine und erreichte, daß sein Enkel für unzurechnungsfähig erklärt wurde. Vielleicht war das übrigens nicht so weit von der Wahrheit entfernt. David lebte seitdem mit einer durchschossenen Backe und mit dem Paß eines Geisteskranken.

Der Verfall der M-skis setzte sich in der Zeit fort, an die ich mich erinnere. In meinen ersten Kinderjahren kam Moissej Charitonowitsch noch im Phaeton mit gut eingefahrenen Luxuspferden an. Als kleiner Junge von vier bis fünf Jahren war ich mit meinem älteren Bruder bei M-skis. Der Garten war groß und gut gepflegt, sogar Pfauen waren darin. Diese wunderlichen Wesen, mit Kronen

auf dem launischen Kopf, mit herrlichen Spiegelchen auf dem märchenhaften Schwanze und mit Sporen an den Füßen, sah ich hier zum erstenmal. Später verschwanden die Pfauen und mit ihnen noch vieles andere. Der Zaun um den Garten verfiel. Das Vieh grub Obstbäume und Blumen aus. Moissej Charitonowitsch kam nun nach Janowka in einem Wagen mit Bauernpferden. Die Söhne versuchten jetzt, das Gut nicht mehr auf herrschaftliche, sondern auf bäuerliche Art wiederhochzubringen. »Wir kaufen Klepper, werden morgens selbst aufs Feld fahren wie die Bronsteins.« »Es wird bei ihnen nichts herauskommen«, sagte mein Vater. Um ›Klepper‹ zu kaufen, wurde David nach Jelissawetgrad zum Jahrmarkt geschickt. Er ging auf dem Jahrmarkt herum, prüfte die Pferde mit dem Auge eines Kavalleristen und wählte drei aus. Am späten Abend kehrte er ins Dorf zurück. Das Haus war voller Gäste in leichter sommerlicher Kleidung. Abram trat mit der Lampe in der Hand auf die Treppe hinaus, die Pferde zu besichtigen. Mit ihm zusammen erschienen Damen, Studenten, Jugendliche. David fühlte sich gleich in seinem Element und begann die Vorzüge jedes einzelnen Pferdes zu erklären, besonders des einen, das seiner Meinung nach einem Fräulein glich. Abram kratzte sich am Bart und wiederholte: »Die Pferde sind gut...« Das Ganze endete mit einem Picknick. David zog einer lieblichen Besucherin den Schuh aus, goß Bier hinein und brachte ihn an seine Lippen.
»Wollen Sie es wirklich trinken?« fragte diese, halb erschrocken, halb begeistert.
»Wo ich doch keine Angst hatte, auf mich zu schießen...«, antwortete der Held und trank den Schuh leer.
»Du solltest lieber mit deinen Heldentaten nicht prahlen«, fiel unerwartet die sonst stets schweigsame Mutter ein, eine große, schlaffe Frau, auf der die gesamte Wirtschaft lastete.
»Ist das Winterweizen?« fragte Abram M-ski meinen Vater, um Fachinteresse zu beweisen.
»Na, sicher doch kein Sommerweizen.«
»Nikopolka?«
»Das ist doch Wintergetreide.«
»Ich weiß, daß es Wintergetreide ist, ich meine nur, welche Sorte: Nikopolka oder Girka?«
»Ich hab' noch nie gehört, daß Nikopolka ein Wintergetreide ist. Vielleicht kommt es anderswo vor; bei mir nicht. Bei mir gibt es Sandomirka.«
So wurde aus M-skis Bemühung nichts. Nach einem Jahr war das Land wieder an meinen Vater verpachtet.
Eine besondere Gruppe bildeten die deutschen Kolonisten. Unter ihnen gab es steinreiche Leute. Die hielten sich fest. Ihre Familiensitten waren härter, ihre Söhne wurden nur selten in die Stadt geschickt, die Töchter arbeiteten im Feld. Ihre Häuser waren aus Ziegel, mit grünem oder rotem Eisenblechdach, ihre Pferde rassig, die

Geschirre in Ordnung, die Federwagen wurden geradezu deutsche Wagen genannt. Der uns nächste deutsche Kolonist war Iwan Iwanowitsch Dorn, ein lebhafter Dicker, der ohne Strümpfe in Halbschuhen herumlief, mit gegerbten Backen voller Borsten, graumeliert. Zum Ausfahren benutzte er stets einen tadellosen, mit grellen Blumen bemalten Wagen, vor den rabenschwarze Rappen gespannt waren, die mit den Hufen die Erde stampften. Solcher Dorne gab es viele. Sie alle überragte die Figur Falzfeins, des Schafkönigs, eines ›Kannitverstan‹ der Steppe.
Endlose Herden ziehen dahin. »Wessen Schafe sind's?« »Falzfeins.« Knechte fahren mit Heu, Stroh, Spreu. »Wessen?« »Falzfeins.« Es jagt auf einem Dreigespann im breiten Schlitten eine Pelzpyramide dahin. Das ist Falzfeins Verwalter. Oder es zieht eine durch ihr Aussehen und Heulen furchterregende Karawane Kamele vorbei. Nur Falzfein besaß eine solche. Falz-Fein hatte Fohlen aus Amerika, Stiere aus der Schweiz.
Der Ahnherr dieser Familie, erst nur ein Falz, ohne Fein, diente als Schafmeister bei einem Herzog von Oldenburg, dem die Regierung große Mittel zur Zucht von Merinoschafen überlassen hatte. Der Herzog hatte fast eine Million Rubel Schulden gemacht, aber aus der Sache war nichts geworden. Falz kaufte den Betrieb und bewirtschaftete ihn nicht auf Herzog-, sondern auf Schafmeisterart. Seine Schafherden wuchsen, wie die Weiden und der Gutshof. Seine Tochter heiratete den Schafzüchter Fein. So vereinigten sich die zwei Schafzüchterdynastien. Der Name Falz-Fein klang wie das Getrampel von tausend und aber tausend Schafshufen, wie das Blöken zahlloser Schafstimmen, wie das Schreien und Pfeifen der Steppenhirten mit ihren langen Stäben, wie das Geheul zahlloser Schäferhunde. Die Steppe selbst atmete diesen Namen bei Hitze und grimmigem Frost aus.

Ich habe das erste Jahrfünft hinter mir. Meine Erfahrung erweitert sich. Das Leben ist furchtbar reich an Erfindungen und beschäftigt sich mit seinen Kombinationen ebenso fleißig im kleinsten Krähwinkel wie in der Weltarena. Die Ereignisse stürzen eins nach dem andern auf mich ein.
Man brachte eine Arbeiterin vom Felde, die von einer Schlange gebissen worden war. Das Mädchen weinte jämmerlich. Man hatte den angeschwollenen Fuß über dem Knie abgebunden und in ein Faß mit Sauermilch gesteckt. Das Mädchen wurde nach Bobrinez ins Krankenhaus gebracht, von wo sie später zur Arbeit zurückkehrte. Auf dem verletzten Bein trug sie einen Strumpf, einen schmutzigen und zerrissenen Strumpf, und die Arbeiter nannten sie nun nicht anders als Fräulein.
Ein Eber hatte Stirn, Schultern und Arm eines Burschen, der ihn gefüttert hatte, angenagt. Es war der neue Rieseneber, der bestimmt war, die ganze Schweineherde zu regenerieren. Der Bur-

sche bekam Todesangst und schluchzte wie ein Kind. Auch ihn brachte man ins Krankenhaus.
Zwei junge Arbeiter, jeder auf einem Wagen stehend, warfen sich eiserne Heugabeln zu. Ich verschlang dies Schauspiel mit den Augen. Dem einen von ihnen drang eine Gabel in die Seite, er stürzte heulend herunter.
Das alles geschah im Laufe eines Sommers. Und kein Sommer verging ohne Ereignisse.
In einer Herbstnacht wurde der ganze Holzbau der Mühle in den Teich gespült. Die Pfähle waren schon längst verfault, eine Sturm wehte die Holzwände wie Segel hinweg. Die Dampfmaschine, die Gänge, die Graupenmühle, der Kornsortierer schauten nackt aus den Ruinen hervor. Aus den Brettern sprangen jeden Augenblick riesige Mühlratten.
Ich stahl mich mit dem Wasserführer ins Feld weg, um auf Zieselratten Jagd zu machen. Man mußte gleichmäßig, nicht zu schnell, aber auch nicht zu langsam, Wasser in das Rattenloch gießen und mit dem Stock in der Hand abwarten, bis in der Lochöffnung das Rattenschnäuzchen mit dem nassen, glatt angeklatschten Fell erschien. Eine alte Zieselratte leistet, das Loch mit dem Hintern zustopfend, lange Widerstand, aber bei dem zweiten Eimer ergibt sie sich und springt in den Tod hinein. Den Hingemordeten mußte man die Pfötchen abschneiden und diese auf einen Faden aufziehen: das Semstwo zahlte für jede Ratte eine Kopeke. Früher brauchte man nur das Schwänzchen vorzuzeigen, aber geschickte Hände pflegten aus einem Fellchen ein Dutzend Schwänzchen zu schneiden; darum verfiel das Semstwo auf die Pfötchen. Ich komme naß und mit Erde verschmiert nach Hause. Von der Familie wurden solche Abenteuer nicht gefördert; man sah es lieber, wenn ich auf dem Sofa im Eßzimmer saß und den blinden Ödipus und die Antigone abmalte.
Einmal kehrte ich mit der Mutter aus Bobrinez, der uns nächstgelegenen Stadt, zurück. Vom Schnee geblendet, eingewiegt von der Fahrt, schlummerte ich ein. An einer Biegung kippt der Schlitten um, und ich falle, mit dem Gesicht nach unten. Ich werde von einem Teppich und von Heu zugedeckt. Höre die ängstlichen Rufe der Mutter, aber ich bin nicht imstande zu antworten. Der Kutscher – es ist ein neuer – jung, groß, rotblond, hebt den Teppich hoch und entdeckt meinen Aufenthaltsort. Wieder steigen wir ein und fahren weiter. Da beginne ich darüber zu klagen, daß über meinen Rücken die Kälte wie Ameisen laufe. »Ameisen?« Der junge rotbärtige Kutscher dreht sich um und zeigt seine festen, weißen Zähne. Ich blicke ihm in den Mund und sage: »Ja, wissen Sie, als ob's Ameisen wären.« Der Kutscher lacht. »Das macht nichts, wir werden bald ankommen!« Und er treibt den Falben vorwärts. In der nächsten Nacht ist der Kutscher samt Falben verschwunden. Auf dem Gut ist Alarm. Es sammelt sich zum Einfan-

gen eine berittene Expedition mit dem älteren Bruder an der Spitze. Er sattelt Muz und droht wild, mit dem Dieb grausam abzurechnen. »Hol ihn erst einmal ein«, sagt ihm finster der Vater. Zwei Tage gehen hin, bevor die Verfolger zurückkehren. Der Bruder klagt über den Nebel, der das Einfangen des Pferdediebes verhindert hätte. Also dieser hübsche, lustige Bursche, das ist ein Pferdedieb? Mit so weißen Zähnen?
Mich quält Fieber, und ich wälze mich herum. Arme, Beine und Kopf werden lästig; sie schwellen an und stoßen an die Decke, an die Wand, und all diesen Hindernissen ist nicht auszuweichen, denn die Hindernisse kommen von innen. Mir schmerzt der Hals, ich brenne ganz. Die Mutter schaut mir in den Rachen, dann der Vater, sie sehen sich beunruhigt an und beschließen, mir den Hals mit Höllenstein auszupinseln. »Ich fürchte«, sagt die Mutter, »daß Ljowa die Diphtheritis hat.« »Wenn es Diphtheritis wäre, läg er schon längst auf der Bank.« Dunkel errate ich, daß auf der Bank liegen tot sein bedeutet, so wie die jüngere Schwester Rosotschka tot war. Aber ich glaube nicht, daß es sich auf mich beziehen kann, und höre dem Gespräch ruhig zu. Nach langen Überlegungen entscheidet man, mich nach Bobrinez zu bringen. Die Mutter ist nicht sehr gottesfürchtig, dennoch entschließt sie sich nicht, sonnabends in die Stadt zu fahren. Mit mir fährt deshalb Iwan Wassiljewitsch. Wir steigen ab bei der kleinen Tatjana, unserem früheren Dienstmädchen, das jetzt in Bobrinez verheiratet ist. Sie hat keine Kinder, und darum besteht keine Ansteckungsgefahr. Der Doktor Schatunowski sieht mir in den Hals, mißt die Temperatur und erklärt wie immer, man könne noch nichts feststellen. Die Wirtin Tanja gibt mir eine leere Bierflasche, in der aus Stäbchen und Brettchen eine ganze Kirche gebaut ist. Beine und Arme hören auf, mich zu belästigen. Ich werde gesund. Wann geschah das? Kurz vor der Entdeckung der Zeitrechnung.
Die Sache war so. Onkel Abram, ein alter Egoist, der gewöhnlich wochenlang an den Kindern achtlos vorbeiging, rief mich in einem guten Augenblick plötzlich zu sich und fragte: »Sage mir nachgerade, welches Jahr haben wir? Weißt du es nicht? 1885! Wiederhole es und merk es dir. Ich werde dich später prüfen.« Was das bedeutete, konnte ich nicht begreifen. »Ja, wir haben jetzt das Jahr 1885«, sagte meine Kusine, die stille Olga, »und dann kommt das Jahr 1886.« Ich glaubte das nicht. Nimmt man schon an, daß die Zeit einen Namen hat, dann wird das Jahr 1885 ewig existieren, das heißt, sehr, sehr lange, wie der große Stein, der vor der Hausschwelle eine Stufe ersetzt, wie die Mühle, schließlich wie ich selbst. Betja, die jüngere Schwester Olgas, wußte nicht, wem sie glauben sollte. Alle drei empfanden dadurch, daß sie ein neues Gebiet betreten hatten, Beunruhigung, als hätten sie in vollem Lauf hastig eine Tür aufgestoßen, in ein mit Dämmerung gefülltes Zimmer, in dem keine Möbel stehen und nur dumpf Stimmen wider-

hallen. Schließlich mußte ich nachgeben. Alle stellten sich auf Olgas Seite. Auf diese Weise wurde das erste numerierte Jahr, das in mein Bewußtsein trat – 1885. Es machte der formlosen Zeit, der prähistorischen Epoche meines Daseins, dem Chaos ein Ende: mit diesem Knotenpunkt beginnt meine Zeitrechnung. Ich war damals sechs Jahre alt. Für Rußland war es ein Jahr der Mißernte, der Krise und der ersten großen Arbeiterunruhen. Rastlos versuchte ich, den geheimnisvollen Zusammenhang zwischen Zeit und Zahl zu finden. Dann begann die Ablösung der Jahre, zuerst langsam und dann immer schneller. Jedoch hob sich das Jahr 1885 von allen anderen als das älteste, das Stammjahr, ab. Es wurde der Beginn meiner Ära.

Folgendes Ereignis spielte sich ab. Ich setzte mich in den vor der Treppe stehenden Wagen und nahm in Erwartung des Vaters die Zügel in die Hände. Die jungen Pferde gingen durch, am Haus, am Speicher, am Garten vorbei, weglos, feldein, in die Richtung zum Gute der Dembowskis. Hinter mir hörte ich Schreie. Vorne war ein Graben. Die Pferde jagten wie besessen. Erst dicht vor dem Graben machten sie eine ruckhafte Wendung zur Seite und blieben, den Wagen fast umkippend, plötzlich stehen. Hinterher kam der Kutscher, nach ihm einige Arbeiter, dann der Vater, und noch weiter hinten schrie Mutter, rangen die Schwestern die Hände. Die Mutter fuhr fort zu schreien, auch dann noch, als ich mich ihr entgegenstürzte. Es soll nicht verschwiegen werden, daß ich vom todblassen Vater zwei Klapse bekam. Ich war darüber nicht einmal beleidigt, derart ungewöhnlich war alles.

Wohl im gleichen Jahr machte ich mit Vater eine Reise nach Jelissawetgrad. Wir fuhren beim Morgengrauen ab, fuhren langsam, in Bobrinez fütterte man die Pferde, am Abend erreichten wir das Dorf Wschiwaja – das man aus Höflichkeit Schwiwaja nannte – und übernachteten dort, weil in der Nähe dieses Städtchens Räuber ihr Unwesen trieben. Keine Hauptstadt der Welt – weder Paris noch New York – hat später auf mich einen ähnlichen Eindruck gemacht wie Jelissawetgrad mit seinen Trottoirs, mit seinen grünen Dächern, Balkonen, Läden, seinen Schutzleuten und roten Luftballons an Fäden. Mehrere Stunden lang blickte ich mit weitgeöffneten Augen der Zivilisation ins Gesicht.

Ein Jahr nach der Entdeckung der Zeitrechnung begann mein Studium. Eines Morgens, nachdem ich mich ausgeschlafen und in aller Eile gewaschen hatte (man wusch sich in Janowka stets in aller Eile), den neuen Tag im voraus genießend, besonders den Tee mit Milch, das Weißbrot mit Butter, trat ich ins Eßzimmer. Dort saß die Mutter mit einem Unbekannten, einem mageren, matt lächelnden und sichtlich diensteifrigen Menschen. Die Mutter und der Unbekannte sahen mich so an, daß es klar wurde: das Gespräch betraf mich irgendwie.

»Wünsch doch guten Tag, Ljowa«, sagte die Mutter, »das ist dein zukünftiger Lehrer.« Ich sah den Lehrer ängstlich, doch nicht ohne Neugier an. Der Lehrer begrüßte mich mit jener Milde, mit der jeder Lehrer seinen zukünftigen Schüler in Anwesenheit der Eltern begrüßt. Die Mutter erledigte die geschäftliche Vereinbarung in meiner Gegenwart: für soundsoviel Rubel und soundsoviel Pud Mehl verpflichtete sich der Lehrer, mich in seiner Schule in der Kolonie russische Sprache, Arithmetik und die Bibel in Hebräisch zu lehren. Der Umfang der Wissenschaft wurde allerdings nur ungefähr bestimmt, da Mutter auf diesem Gebiete nicht sehr stark war. Aus dem Tee mit Milch spürte ich schon den Beigeschmack der zukünftigen Veränderung meines Schicksals.

Am nächsten Sonntag fuhr mich Vater in die Kolonie und brachte mich bei Tante Rachil unter. In dem gleichen Wagen brachten wir der Tante Weizen- und Gerstenmehl, Buchweizen, Hirse und andere Produkte.

Von Gromoklej bis Janowka waren vier Werst. Die Kolonie lag zu beiden Seiten eines Grabens: auf der einen Seite befand sich die jüdische, auf der anderen die deutsche Siedlung. Sie unterschieden sich scharf voneinander. In dem deutschen Teil waren die Häuser sauber, teils mit Ziegel, teils mit Schilf gedeckt, große Pferde gab es, glatte Kühe. Im jüdischen Teil verfallene Häuser, durchlöcherte Dächer, klägliches Vieh.

Auf den ersten Blick scheint es seltsam, daß die früheste Schulzeit nur schwache Erinnerungen hinterlassen hat. Eine Schiefertafel, auf die ich die ersten russischen Buchstaben schrieb, des Lehrers gekrümmter Zeigefinger auf dem Federhalter, das Lesen der Bibel im Chor, die Bestrafung eines Knaben wegen Diebstahls – wirre Umrisse, nebelhafte Flecke, kein einziges grelles Bild. Eine Ausnahme machte vielleicht die Frau des Lehrers, eine große, volle Frau, die von Zeit zu Zeit in unser Schulleben eingriff, jedesmal unerwartet. Einmal beklagte sie sich während des Unterrichts bei ihrem Mann, daß das neue Mehl röche, und als der Lehrer seine spitze Nase auf ihre Hand beugte, streute sie ihm das ganze Mehl ins Gesicht. Das war ein Scherz von ihr. Knaben und Mädchen lachten. Nur der Lehrer war nicht vergnügt. Mir tat er leid, wie er so in der Mitte des Klassenzimmers mit gepudertem Gesicht dastand.

Ich wohnte bei der guten Tante Rachil, ohne sie zu bemerken. Im gleichen Hof, im Hauptgebäude, herrschte Onkel Abram. Gegen seine Neffen und Nichten verhielt er sich völlig gleichgültig. Mich zeichnete er manchmal aus, lud mich zu sich ein und bewirtete mich mit einem Markknochen, wobei er sagte: »Diesen Knochen würde ich nachgerade nicht um zehn Rubel weggeben.«

Onkels Haus stand fast am Anfang der Kolonie. Am entgegengesetzten Ende wohnte ein großer, schwarzer, hagerer Jude, von dem man sagte, daß er sich mit Pferdediebstahl und überhaupt mit dunklen Geschäften abgäbe. Er hatte eine Tochter. Auch von ihr

sprach man nichts Gutes. Unweit vom Pferdedieb saß der Mützenmacher an der Maschine, ein junger Jude, mit feurigrotem Bärtchen. Die Frau des Mützenmachers kam zum Regierungsinspektor der Kolonie, der auf seiner Inspektionsreise bei Onkel Abram wohnte, um sich über die Tochter des Pferdediebes zu beklagen, weil diese ihr den Mann abspenstig mache. Der Inspektor hat wohl keinen Rat gewußt. Als ich einmal aus der Schule zurückkehrte, sah ich, wie eine schreiende, heulende, spuckende Menge eine junge Frau, die Tochter des Pferdediebs, über die Straße schleifte. Diese biblische Szene blieb mir für immer im Gedächtnis. Einige Jahre später heiratete Onkel Abram diese Frau. Ihr Vater wurde um diese Zeit, auf Veranlassung der Kolonisten, als schädliches Mitglied der Gesellschaft nach Sibirien ausgewiesen.
Mein früheres Kindermädchen Mascha diente bei Onkel Abram. Ich lief oft zu ihr in die Küche: sie verkörperte für mich den Zusammenhang mit Janowka. Zu Mascha kamen Gäste, manchmal sehr ungeduldige, und dann wurde ich sacht bei den Schultern hinausexpediert. Eines schönen Morgens erfuhr ich, gemeinsam mit der ganzen Kinderbevölkerung des Hauses, daß Mascha ein Kindchen geboren hatte. Wir tuschelten in den Ecken in freudiger Erregung. Nach einigen Tagen kam meine Mutter aus Janowka und ging in die Küche, um Mascha und das Kind zu sehen. Ich stahl mich hinter der Mutter her. Mascha trug ein Tuch, das sie tief über die Augen geschoben hatte, und auf einer breiten Bank lag ein kleines Wesen. Mutter blickte auf Mascha, dann auf das Kind und schüttelte, ohne etwas zu sagen, vorwurfsvoll den Kopf. Schweigsam stand Mascha da, mit gesenkten Augen, dann sah sie das Kind an und sagte: »Schau nur einer, wie es das Händchen unter die Backe gelegt hat, wie ein Erwachsener.« »Tut dir der Kleine leid?« fragte die Mutter. »Ach was«, antwortete Mascha, »mir ist alles gleich.« »Du lügst... er tut dir doch leid...«, erwiderte die Mutter, schon versöhnlich gestimmt. Das Kind starb nach einer Woche ebenso geheimnisvoll, wie es zur Welt gekommen war.
Ich fuhr oft aus der Schule ins Dorf und blieb dort jedesmal etwa acht Tage. Keinem der Schuljungen bin ich nähergekommen, weil ich nicht jüdisch sprach. Dieser Schulbesuch dauerte nur einige Monate. Das alles erklärt wohl die Armut meiner Schulerinnerungen. Doch hat Schuffer – so hieß der Pädagoge aus Gromoklej – mir Lesen und Schreiben beigebracht, und diese beiden Künste haben mir dann im Leben manchen Dienst erwiesen. Ich bewahre deshalb meinem ersten Lehrer dankbare Erinnerungen.
Ich begann mich durch die gedruckten Zeilen hindurchzukämpfen. Ich schrieb Gedichte ab. Machte selbst Gedichte. Später ging ich mit meinem Vetter Senja Sch. an die Herausgabe einer Zeitschrift. Jedoch war der neue Weg voller Dornen. Kaum hatte ich die Kunst des Schreibens begriffen, kam ihre Versuchung über mich. Als ich einmal im Eßzimmer allein geblieben war, begann ich in Block-

schrift jene sonderbaren Worte einzumalen, die ich in der Werkstatt und in der Küche gehört hatte und die man in der Familie nicht aussprach. Ich ahnte, daß ich etwas tat, was man nicht tun durfte, aber die Worte waren gerade durch das Verbotene verlokkend. Ich beschloß, das fatale Zettelchen in eine Streichholzschachtel zu legen, und die Schachtel tief in die Erde unter der Scheune zu vergraben. Ich hatte mein Dokument noch lange nicht fertiggeschrieben, als die ältere Schwester, die ins Eßzimmer kam, dafür Interesse zeigte. Ich riß hastig das Papier vom Tisch. Nach der Schwester kam die Mutter herein. Man verlangte, daß ich das Papier zeigen sollte. Brennend vor Scham, warf ich das Papierchen hinter das Sofa. Die Schwester wollte es hervorholen, aber ich schrie hysterisch: »Ich werde es selbst holen.« Ich kroch unter das Sofa und zerriß dort mein Papierchen in kleine Fetzen. Meine Verzweiflung nahm kein Ende, wie auch meine Tränen.
Zu Weihnachten, wohl des Jahres 1886, denn ich konnte damals schon schreiben, stürmte, als wir beim Tee saßen, ein Trupp verkleideter Gestalten ins Eßzimmer. Das geschah so unerwartet, daß ich vor Schreck auf das Sofa, auf dem ich saß, hinfiel. Man beruhigte mich, und nun hörte ich gierig dem Kaiser Maximilian zu. Es eröffnete sich mir zum erstenmal die Welt der Phantastik, in Theaterwirklichkeit verwandelt. Ich war sehr erstaunt, als ich erfuhr, daß die Hauptrolle vom Arbeiter Prochor, einem früheren Soldaten, gespielt wurde. Am nächsten Tag stahl ich mich, gleich nach dem Essen, mit Papier und Bleistift bewaffnet, in die Gesindestube und bat den Kaiser Maximilian, mir seine Monologe zu diktieren. Prochor machte Ausflüchte, aber ich bat, forderte, flehte, ließ nicht locker. Bis wir uns schließlich ans Fenster setzten und ich auf dem schmutzigen Fensterbrett die gereimte Rede des Kaisers Maximilian aufzuschreiben begann. Kaum waren fünf Minuten vergangen, als der Vater in der Tür erschien, die Szene am Fenster erblickte und streng sagte: »Ljowa, geh ins Zimmer.« Ich habe auf dem Sofa bis zum Abend unaufhörlich geweint.
Ich schrieb Gedichte, die vielleicht meine frühe Liebe zum Wort offenbarten, aber bestimmt keine poetische Entwicklung für die Zukunft prophezeiten. Von meinen Gedichten wußte die ältere Schwester, durch die Schwester wußte es die Mutter und durch die Mutter der Vater. Man forderte mich auf, meine Verse den Gästen vorzulesen. Das war bis zur Qual peinlich. Ich weigerte mich. Man redete mir zu, zuerst freundlich dann gereizt und schließlich mit Drohungen. Häufig lief ich davon. Aber die Erwachsenen verstanden es, auf ihrem Wunsch zu bestehen. Mit klopfendem Herzen und mit tränenden Augen las ich meine Gedichte vor, wobei ich mich der übernommenen Zeilen und der schlechten Reime schämte.
Auf jeden Fall hatte ich vom Baum der Erkenntnis gegessen. Das Leben erschloß sich mir nicht täglich, sondern stündlich. Vom zer-

rissenen Sofa im Eßzimmer zogen sich Fäden zu anderen Welten. Das Lesen eröffnete eine neue Epoche meines Daseins.

Familie und Schule

Im Jahre 1888 begannen in meinem Leben große Ereignisse. Man schickte mich in die Schule nach Odessa. Das kam so: Während des Sommers lebte im Dorf ein Neffe meiner Mutter, der achtundzwanzigjährige Moissej Filippowitsch Spenzer, ein kluger und guter Mensch, der seinerzeit politisch etwas ›gelitten‹ hatte, wie man damals sagte, und der darum nicht vom Gymnasium auf die Universität hatte kommen können. Er beschäftigte sich jetzt ein wenig mit Journalistik, ein wenig mit Statistik. Ins Dorf war er gekommen, um gegen die ihn bedrohende Tuberkulose anzukämpfen. Monja, wie man ihn nannte, war sowohl seiner Fähigkeiten wie seines Charakters wegen der Stolz seiner Mutter und seiner zahlreichen Schwestern. Auch in unserer Familie zollte man ihm hohe Achtung. Alle hatten sich im voraus auf seinen Besuch gefreut. Zusammen mit den anderen freute auch ich mich im stillen. Als Monja ins Eßzimmer trat, stand ich jenseits der Schwelle der sogenannten Kinderstube, eines danebenliegenden kleinen Eckzimmers, und wagte nicht, mich zu bewegen; denn meine Schuhe zeigten zwei gähnende Schlünde. Dies war kein Zeichen der Armut – zu dieser Zeit war die Familie schon ziemlich wohlhabend –, sondern der ländlichen Gleichgültigkeit, Arbeitsüberlastung und des bescheidenen Niveaus häuslicher Bedürfnisse. »Guten Tag, Junge«, sagte Moissej Filippowitsch, »komm doch her« . . . »Guten Tag«, sagte der Knabe, rührte sich aber nicht vom Fleck. Mit schuldbewußtem Lachen wurde dem Gast erklärt, um was es sich handelte; er brachte mich heiter aus der schwierigen Lage, indem er mich über die Schwelle trug und mich dabei fest umarmte.
Bei Tisch war Monja der Mittelpunkt der Aufmerksamkeit: die Mutter legte ihm die besten Stücke auf den Teller, fragte ihn, ob es ihm schmecke und was er gern äße. Abends, als die Herde bereits in der Hürde war, sagte mir Monja: »Los, komm frisch gemolkene Milch trinken, nimm Gläser... Fasse sie doch, Teuerster, mit den Fingern von außen, nicht von innen an.« Von Monja erfuhr ich vieles, was ich früher nicht gewußt hatte: wie man ein Glas festhalten, wie man sich waschen, verschiedene Worte richtig aussprechen muß, und warum die frischgemolkene Milch für die Brust gut ist. Spenzer ging spazieren, schrieb, spielte Kegel, lehrte mich Arithmetik und Russisch, um mich für die erste Schulklasse vorzubereiten. Ich schwärmte für ihn, aber doch mit einem gewissen Angstgefühl; ich spürte bei ihm das Prinzip der anspruchsvollen Disziplin. Das war der Anfang der städtischen Kultur.

Monja war freundlich gegen alle seine Dorfverwandten, scherzte viel und sang mit weichem Tenor. Aber zeitweise verdüsterte sich seine Stimmung, er saß dann beim Mittagessen schweigend und verschlossen. Man betrachtete ihn besorgt, fragte ihn, was er habe, ob er nicht krank sei. Er antwortete kurz und ausweichend. Dunkel und auch erst gegen Ende seines Aufenthaltes im Dorfe erriet ich den Grund seiner bisweiligen Verschlossenheit: Monja war durch irgendeine dörfische Grobheit oder Ungerechtigkeit verletzt worden. Nicht, daß Tante oder Onkel besonders strenge Herrschaften gewesen wären, nein, das konnte man keinesfalls behaupten. Ihr Benehmen den Arbeitern und Bauern gegenüber war nicht schlechter als auf anderen Gutshöfen. Aber auch nicht viel besser. Und das heißt, daß es ein derbes Benehmen war. Als der Verwalter einmal den Hirten mit einer langen Peitsche züchtigte, weil der die Pferde bis zum Abend an der Tränke gelassen hatte, erblaßte Monja und sagte mit zusammengebissenen Zähnen: »So eine Gemeinheit!« Auch ich fühlte, daß es eine Gemeinheit war. Ich weiß nicht, ob ich es ohne ihn gefühlt haben würde. Wahrscheinlich doch. Auf jeden Fall aber hat er mir dabei geholfen, und das hat mich für mein ganzes Leben mit einem Gefühl der Dankbarkeit an ihn gefesselt.

Spenzer stand kurz vor seiner Heirat mit der Vorsteherin der staatlich konzessionierten Schule für jüdische Mädchen in Odessa. In Janowka kannte sie niemand; aber alle waren im voraus davon überzeugt, daß sie ein hervorragender Mensch sein müsse: sowohl als Schulvorsteherin wie auch als Monjas zukünftige Frau. Es wurde beschlossen, mich im nächsten Frühling nach Odessa zu bringen, wo ich in der Familie Spenzer leben und das Gymnasium besuchen sollte.

Der Schneider aus der Kolonie mußte mich ausstaffieren; in eine große Kiste wurden Töpfe mit Butter, Gläser mit Eingemachtem und andere Geschenke für die städtische Verwandtschaft gepackt. Man nahm lange Abschied, ich weinte bitterlich, die Mutter weinte, die Schwestern weinten, und da fühlte ich zum erstenmal, wie teuer mir Janowka war und alle, die dazugehörten. Mit Pferden fuhr man zur Bahnstation, durch die Steppe, und ich weinte, bis wir in den großen Weg einbogen. Von Nowij Bug fuhr man mit dem Zug bis Nikolajew, von dort mit dem Dampfer. Das Pfeifen des Dampfers überlief kalt meinen Rücken und klang wie die Ankündigung eines neuen Lebens. Vorläufig aber war es erst der Fluß Bug, das Meer lag noch vor uns. Vieles, vieles lag noch vor uns. Da ist auch der Hafen, die Droschke, die Pokrowskigasse mit dem alten Haus, in dem sich die Mädchenschule und ihre Vorsteherin befinden. Ich werde von allen Seiten betrachtet, man küßt mich, auf die Stirn, auf die Backen, zuerst eine junge Frau, dann eine alte, die Mutter der jungen. Moissej Filippowitsch macht Scherze, wie immer, erkundigt sich nach Janowka, nach dessen Bewohnern und

sogar nach einigen ihm bekannten Kühen. Aber mir erscheinen jetzt die Kühe als so unbedeutende Wesen, daß ich mich schäme, in dieser auserwählten Gesellschaft von ihnen sprechen zu müssen. Die Wohnung ist nicht groß. Im Eßzimmer wird mir eine Ecke hinter einem Vorhang zugewiesen. Hier verbrachte ich die ersten vier Jahre meines Schullebens.
Sofort und restlos geriet ich in die Macht jener anziehenden, aber anspruchsvollen Disziplin, die schon im Dorfe von Moissej Filippowitsch ausgegangen war. Das Regime in der Familie war nicht streng, aber geregelt: darum empfand ich es anfangs als streng. Um 9 Uhr mußte ich schlafen gehen. Erst mit meinem Aufrücken in die höheren Klassen verschob sich diese Stunde. Schritt für Schritt brachte man mir bei, daß man morgens grüßen, die Hände und Nägel sauber haben, dem Dienstmädchen, wenn es etwas bringt, danken müsse, nicht mit dem Messer essen, sich nicht verspäten und hinter dem Rücken der Leute nicht schlecht sprechen dürfe. Ich erfuhr, daß Dutzende Worte, die im Dorfe selbstverständlich erschienen, keine russischen, sondern entstellte ukrainische Worte waren. Jeden Tag eröffnete sich mir ein Stückchen eines kultivierteren Milieus als das, in dem ich meine ersten neun Lebensjahre zugebracht hatte. Selbst die Werkstatt begann zu verblassen und ihren Zauber einzubüßen vor der Herrlichkeit der klassischen Literatur und der Märchenhaftigkeit des Theaters. Ich wurde allmählich ein kleiner Städter. Aber manchmal tauchte doch das Dorf grell im Bewußtsein auf und lockte wie ein verlorenes Paradies. Dann sehnte ich mich, fand keine Ruhe, schrieb mit dem Finger auf die Fensterscheiben Grüße an die Mutter und weinte ins Kissen.
Das Leben in der Familie Moissej Filippowitsch war bescheiden, die Mittel reichten kaum aus. Das Familienhaupt hatte keine bestimmte Arbeit. Spenzer übersetzte griechische Tragödien und versah sie mit Anmerkungen, schrieb Erzählungen für Kinder, studierte Schlosser und andere Geschichtsschreiber, da er die Absicht hatte, chronologisch anschauliche Tabellen zusammenzustellen, und half seiner Frau bei der Verwaltung der Schule. Später gründete er einen kleinen Verlag, der sich in den ersten Jahren mit knapper Not hielt, dann aber plötzlich einen großen Aufstieg erlebte. Nach zehn, zwölf Jahren wurde er der angesehenste Verleger im Süden Rußlands, der Besitzer einer großen Druckerei und eines Hauses. Ich verbrachte in dieser Familie sechs Jahre, die in die erste Periode des Verlages fallen. Ich machte mich vertraut mit Satz, Korrektur, Umbruch, Druck, mit Falzen und Heften. Korrekturlesen wurde meine angenehmste Beschäftigung. Meine Liebe für frischbedrucktes Papier datiert von jenen fernen Schuljahren her.
Wie stets in bürgerlichen, besonders in kleinbürgerlichen Familien, spielten die Dienstboten in meinem Leben zwar eine unsicht-

bare, aber keine unbedeutende Rolle. Das erste Dienstmädchen, Dascha, hatte mit mir eine besondere, verschwiegene Freundschaft und vertraute mir ihre Geheimnisse an. Nach dem Mittagessen, wenn alle ruhten, stahl ich mich in die Küche. Dort erzählte mir Dascha während ihrer Arbeit ihr ganzes Leben und ihre erste Liebe. Nach Dascha kam ein jüdisches Dienstmädchen aus Schitomir, die von ihrem Mann geschieden war, ins Haus. »So ein Bösewicht, so ein Ekel«, klagte sie mir. Ich lehrte sie lesen und schreiben. Jeden Tag verbrachte sie mindestens eine halbe Stunde an meinem Tisch und wurde in die Geheimnisse der Buchstaben und ihrer Zusammenschweißung zu Wörtern eingeweiht. Zu jener Zeit gab es im Hause schon einen Säugling, und man brauchte eine Amme. Ich schrieb für die Amme Briefe. Sie klagte ihrem Manne, der nach Amerika gereist war, ihre Leiden. Auf ihr Bitten hin legte ich die schwärzesten Farben auf und fügte dann hinzu, daß ›nur unser Kleines allein ein heller Stern auf dem dunklen Horizont meines Lebens ist‹. Die Amme war begeistert. Ich selbst las die Briefe mit Vergnügen laut vor, wenn mich auch der letzte Teil, in dem vom Senden der Dollars die Rede war, peinlich berührte. Dann bat sie:
»Und jetzt noch einen Brief.« »An wen?« fragte ich, mich auf die schöpferische Tätigkeit vorbereitend.
»An einen Vetter«, antwortete unsicher die Amme. Dieser Brief sprach ebenfalls vom düsteren Leben, sagte aber nichts vom Stern und endete mit der Erklärung, sie sei bereit, zu ihm zu kommen, wenn er es wünsche. Kaum hatte sich die Amme mit ihren Briefen entfernt, da kam das Dienstmädchen, meine Schülerin, die wohl an der Tür gelauscht hatte. »Er ist gar nicht ihr Vetter«, flüsterte sie mir empört zu. »Was ist er denn?« fragte ich. »Nichts, so...« Das gab mir Anlaß, über die Kompliziertheit der menschlichen Beziehungen nachzudenken.
Beim Mittagessen sagte mir Fanni Solomonowna mit besonderem Lächeln: »Na, du Schriftsteller, möchtest du nicht noch etwas Suppe?« »Was denn?« fragte ich beunruhigt. »Nichts Besonderes. Du hast doch für die Amme die Briefe verfaßt, bist also ein Schriftsteller... Wie hast du dort gesagt: ›der Stern auf dem dunklen Horizont?‹ Ein leibhaftiger Dichter!« Sie brach in Lachen aus.
»Die Briefe sind gut geschrieben«, beruhigte mich Moissej Filippowitsch, »aber weißt du, schreibe für sie keine Briefe mehr; das soll Fanni lieber selbst machen.«
Aber die Verwirrungen der Kehrseite des Lebens, die weder die Familie noch die Schule anerkennen wollten, hörten damit nicht auf zu existieren und erwiesen sich als so allmächtig und lebendig, daß sie die Aufmerksamkeit des zehnjährigen Knaben errangen. Man ließ sie weder durch das Schulzimmer noch durch den Haupteingang herein. Sie nahmen den Weg über die Küche.
Die zehnprozentige Norm für die Zulassung von Juden in die

staatlichen Schulen war im Jahre 1887 eingeführt worden. Ins Gymnasium zu kommen war fast aussichtslos: dafür waren Protektionen oder Bestechungsgelder erforderlich. Die Realschulen unterschieden sich von den Gymnasien durch das Fehlen der klassischen Sprachen und durch ein größeres Pensum Mathematik, Naturwissenschaften und neue Sprachen. Die ›Norm‹ galt auch für die Realschulen. Aber der Ansturm war hier geringer und die Chancen folglich größer. Zeitschriften und Zeitungen führten lange Polemiken über klassische oder Realbildung. Die Konservativen vertraten den Standpunkt, daß der Klassizismus die Disziplin entwickle, richtiger gesagt, sie hofften, ein Bürger, der in seiner Kindheit die griechische Büffelei überstehen mußte, würde in seinem späteren Leben das zaristische Regime geduldiger ertragen. Die Liberalen, die den Klassizismus zwar nicht verwarfen, weil er ja ein Milchbruder des Liberalismus ist und weil beide ihren Ursprung auf die Renaissance zurückführen, förderten dagegen gleichzeitig die Realbildung. Zu der Zeit, als ich in eine Lehranstalt kam, verstummten diese Auseinandersetzungen, da durch ein besonderes Zirkular verboten worden war, über die Vorzüge der verschiedenen Bildungsarten zu diskutieren.

Im Herbst legte ich die Prüfung für die erste Klasse an der Realschule des hl. Paulus ab. Die Aufnahmeprüfung bestand ich mittelmäßig: im Russischen bekam ich eine Drei, im Rechnen eine Vier*. Das genügte nicht; denn die ›Norm‹ führte zu einer strengen Auslese, die durch Bestechungen noch erschwert war. Es wurde deshalb beschlossen, mich in die Vorschule zu schicken, die der staatlichen Lehranstalt als Privatschule angegliedert war, aus der Juden zwar ebenfalls nur unter Einhaltung der ›Norm‹ versetzt wurden, aber doch mit einem Vorrang vor den Externen.

Die Realschule des hl. Paulus war ihrem Ursprung nach eine deutsche Lehranstalt. Sie war aus der lutherischen Kirchengemeinde entstanden und wurde von den zahlreichen in Odessa und überhaupt im südlichen Bezirk wohnenden Deutschen besucht. Obwohl die Anstalt staatlich anerkannt war, mußte man, da sie nur sechs Klassen hatte, die siebente Klasse in einer anderen Realschule durchmachen, um in eine höhere Lehranstalt zu kommen: man setzte wahrscheinlich voraus, daß man so im letzten Jahre die Überfülle deutschen Geistes austreiben könnte. Im übrigen war dieser Geist in der Schule des hl. Paulus ohnehin von Jahr zu Jahr immer mehr im Schwinden begriffen. Die Zahl der deutschen Schüler betrug weniger als die Hälfte, und aus der Schulleitung wurden die Deutschen sorgfältigst verdrängt.

Der erste Schultag war ein Tag der Jammerns, dann aber folgten Tage der Freude. Ich machte den ersten Schulgang in einer nagelneuen Uniform, in einer neuen Mütze mit gelber Einfassung und

* Im alten Rußland galt die ›5‹ als die beste, die ›1‹ als die schlechteste Note. Auch zählten die Schulklassen von der ersten aufwärts bis zur achten.

einer wundervollen Metallkokarde, die zwischen zwei Kleeblättern die Initialen der Schule zeigte. Auf dem Rücken trug ich einen neuen Ranzen, darin lagen neue Schulbücher in glänzenden Umschlägen und ein schönes Pennal mit frisch gespitztem Bleistift, neuem Federhalter und Radiergummi. Begeistert trug ich die prächtige Last durch die lange Uspenskajastraße und war froh, daß der Schulweg nicht kurz war. Mir schien, als schauten alle Vorübergehenden staunend, manche sogar mit Neid, auf meine wundervolle Ausrüstung. Vertrauensvoll und neugierig betrachtete ich die Gesichter der mir Begegnenden. Aber ganz unerwartet blieb ein langer, schmächtiger Junge von etwa dreizehn Jahren (wahrscheinlich aus einer Werkstatt, denn er trug etwas aus Eisen in den Händen) zwei Schritte vor dem so prachtvoll ausgerüsteten kleinen Realschüler stehen, warf den Kopf zurück, hüstelte laut, spuckte mit vollem Munde auf die Achsel meiner neuen Bluse, sah mich verachtungsvoll an und ging ohne ein Wort zu sagen weiter. Was trieb ihn zu dieser Tat? Heute ist es mir klar. Der vom Schicksal umgangene Junge in zerrissenem Hemd, in verschossenen Hosen, barfüßig, der die schmutzigen Aufträge seiner Herren ausführen mußte, während deren Söhnchen in neuen, schönen Uniformen herumstolzierten – hat an mir seinen sozialen Protest ausgelassen. Aber damals war mir gar nicht so zu Mute, daß ich Verallgemeinerungen hätte anstellen können. Ich rieb mir lange die Schulter mit Kastanienblättern, kochte in ohnmächtiger Wut und legte den Rest des Weges in verdüsterter Stimmung zurück.

Der zweite Schlag erwartete mich im Schulhof. »Pjotr Pawlowitsch, dort ist noch einer«, schrien die Schüler, »auch in Uniform, der armselige Vorschüler.« Was bedeutet das? Es stellte sich folgendes heraus: da die Vorschule als Privatschule galt, war es den Schülern strengstens verboten, Uniform zu tragen. Pjotr Pawlowitsch, ein Aufseher mit einem schwarzen Bart, setzte mir auseinander, daß die Kokarde, die gelbe Einfassung, die Messingschnalle entfernt, die Knöpfe mit den Adlern durch einfache Hornknöpfe ersetzt werden müßten. So traf mich das zweite Unglück!

An diesem Tage war in der Schule kein Unterricht. Die deutschen Schüler und viele andere versammelten sich in der lutherischen Kirche, deren Namen die Schule trug. Ich geriet gleich in die Obhut eines stämmigen Knaben, der in der Vorschule sitzengeblieben war, die Ordnung gut kannte und mich nun in der Kirche neben sich auf die Bank setzte. Ich hörte zum erstenmal die Orgel: ihre Töne erfüllten mich mit Schauder. Dann trat ein großer glattrasierter Mann mit weißen Aufschlägen heraus, und seine Stimme rollte so durch die Kirche, daß eine Luftwelle der anderen nachjagte. Die unbekannte Sprache verzehnfachte die Wucht der Predigt. »Was spricht er?« fragte ich voller Aufregung. »Das ist Pastor Binnemann selbst«, erklärte mir Karlson, »er ist ein sehr kluger

Mann, der klügste in ganz Odessa.« »Und was sagt er?« »Nun, was sich so gehört«, sagte mit schon kleinerem Enthusiasmus Karlson, »daß man ein guter Schüler sein, fleißig lernen und mit den Kameraden in Frieden leben muß . . .« Dieser breitbackige Verehrer Binnemanns erwies sich als ein hartnäckiger Faulenzer und Prügelheld, der in den Pausen nach rechts und links blaue Flecke austeilte.
Der zweite Tag brachte mir Trost. Ich hatte mich beim Rechnen hervorgetan und die an der Klassentafel vorgeschriebenen Buchstaben gut abgeschrieben. Der Lehrer, Rudenko, lobte mich vor der ganzen Klasse und gab mir zwei Fünfer. Das versöhnte mich mit den Hornknöpfen. Deutsch unterrichtete in den unteren Klassen der Direktor selbst, Christian Christianowitsch Schwannebach. Das war ein geschniegelter Bürokrat, der nur dadurch diesen hohen Posten erreicht hatte, weil er Binnemanns Schwiegersohn war. Christian Christianowitsch begann damit, daß er die Hände aller Schüler besichtigte und meine in sauberem Zustande fand. Dann, als ich von der Tafel alles genau kopiert hatte, lobte er mich und gab mir eine Fünf. So kehrte ich am zweiten Tag mit drei Fünfern beladen aus der Schule zurück. Ich trug sie im Ranzen wie einen kostbaren Schatz, ich ging nicht, ich rannte durch die Pokrowskigasse, gejagt von der Gier nach Familienanerkennung.
So wurde ich Schüler. Ich stand früh auf, trank hastig meinen Morgentee, steckte das in Papier eingewickelte Frühstück in die Manteltasche und lief in die Schule, um das Morgengebet nicht zu versäumen. Ich verspätete mich niemals. Ich saß ruhig auf meiner Bank, hörte aufmerksam zu und schrieb sorgfältig von der Tafel ab. Zu Haus bereitete ich fleißig meine Aufgaben vor. Ging zur festgelegten Stunde schlafen, um am nächsten Morgen wieder hastig meinen Tee zu trinken, wieder in die Schule zu laufen, in der Angst, das Morgengebet zu versäumen. Ich wurde pünktlich versetzt. Begegnete ich auf der Straße einem Lehrer, grüßte ich höflichst.
Der Prozentsatz der Sonderlinge unter den Menschen ist groß, aber besonders groß ist er unter Lehrern. In der Realschule des hl. Paulus war das Niveau der Lehrer vielleicht höher als üblich. Die Schule hatte einen guten Ruf, und nicht ohne Grund: das Regime war streng und stellte hohe Anforderungen, die Zügel wurden von Jahr zu Jahr strammer angezogen, besonders nachdem die Macht des Direktors von Schwannebach auf Nikolai Antonowitsch Kaminski übergegangen war. Der war Physiker von Fach, Menschenhasser aus Temperament. Nie sah er einen Menschen, mit dem er sprach, an, bewegte sich lautlos auf Gummisohlen durch Korridore und Klassen, als Stimme diente ihm ein dünnes, heiseres Falsett, das, wenn es sich hob, Schrecken einflößte. Äußerlich schien Kaminski ruhig, aber innerlich kam er nie aus dem Zustand einer abgestandenen Gereiztheit heraus. Selbst sein Benehmen gegen die

besten Schüler war der Zustand bewaffneter Neutralität. So auch sein Verhalten zu mir.
Als Physiker hatte Kaminski einen eigenen Apparat erfunden, um das Boyle-Mariotte-Gesetz von der Elastizität der Gase nachzuweisen. Bei der Demonstrierung des Apparates fanden sich jedesmal zwei oder drei Schüler, die im gut berechneten Flüsterton zueinander sagten: »Ein feines Ding, was!« Jemand erhob sich und fragte unsicher: »Wer ist der Erfinder dieses Apparates?« Nachlässig antwortete Kaminski mit heiserem Falsett: »Ich habe ihn gebaut!« Alle sahen sich an, und die schlechtesten Schüler stießen möglichst laute Seufzer der Bewunderung aus.
Als Schwannebach im Interesse der Russifizierung dem Kaminski Platz machen mußte, wurde Anton Wassiljewitsch Kryschanowski, der Lehrer für Literatur, Inspektor. Er war ein rotbärtiger Schlaukopf, ehemaliger Seminarist, großer Liebhaber von Geschenken, mit einem kaum merklichen Anflug von Liberalismus, und verstand es sehr gut, seine Nebengedanken durch gespielte Harmlosigkeit zu verdecken. Als er die Berufung zum Inspektor bekam, wurde er sofort strenger und konservativer. Kryschanowski unterrichtete Russisch von der untersten Klasse an. Mich zeichnete er für meine guten Kenntnisse und für meine Liebe zur Sprache aus. Meine schriftlichen Arbeiten pflegte er regelmäßig der Klasse laut vorzulesen und mir eine Fünf mit einem Lob zu geben.
Der Mathematiker Jurtschenko war ein stämmiger Phlegmatiker, hinterhältig, mit dem Spitznamen Rollkutscher. Jurtschenko duzte alle Schüler, die Kleinen sowohl wie die Primaner, und war in seinen Ausdrücken nicht wählerisch. Durch seine beherrschte Grobheit flößte er einige Achtung ein, die aber mit der Zeit, als die Schüler erfahren hatten, daß er Schmiergelder nahm, viel geringer wurde. Auf verschiedene Weise waren auch die übrigen Lehrer bestechlich. Kam ein auswärtiger Schüler nicht vorwärts, dann gab man ihn in Pension zu dem Lehrer, von dem bei der Versetzung das meiste abhing. War der Schüler aus Odessa, so nahm er bei dem Lehrer, von dem ihm die größten Gefahren drohten, für teures Geld Privatstunden.
Der zweite Mathematiklehrer, Slotschanski, war der direkte Gegensatz zu Jurtschenko: mager, mit stechendem Schnurrbart auf dem grünlichgelben Gesicht; mit stets trüben Augen, müden Bewegungen, als wäre er soeben erwacht, hustete und spuckte er in der Klasse herum. Von ihm war bekannt, daß er einen unglücklichen Roman hatte, bummelte und trank. Er war kein schlechter Mathematiker, interessierte sich jedoch wenig für Schüler, Unterricht und Mathematik an sich. Einige Jahre später durchschnitt er sich die Kehle mit einem Rasiermesser.
Mit beiden Mathematiklehrern waren meine Beziehungen reibungslos, beide waren mir gewogen, da Mathematik meine starke

Seite war. Als ich die letzten Klassen besuchte, hatte ich sogar die Absicht, reine Mathematik zu studieren.
Geschichte unterrichtete Ljubimow, ein großer, würdig aussehender Mensch mit goldener Brille auf einer kleinen Nase und einem männlich jugendlichen Vollbärtchen um das runde Gesicht. Nur dann, wenn er lächelte, wurde selbst uns Jungens offenbar, daß das würdige Aussehen dieses Menschen nur vorgetäuscht war, daß er willenlos, schüchtern, irgendwie innerlich zerrissen und in steter Angst lebte, man wisse von ihm etwas Schlechtes oder könnte es erfahren.
In die Geschichte arbeitete ich mich mit steigendem, aber sehr verschwommenem Interesse hinein. Ich erweiterte allmählich den Kreis meiner Studien, indem ich die kümmerlichen offiziellen Lehrbücher liegen ließ und zu den Universitätshilfsquellen oder zu den dicken Bänden Schlossers griff. In meiner Hingerissenheit für Geschichte war zweifellos ein Element des Sportes enthalten: ich lernte, um den Lehrer hie und da in eine schwierige Lage zu versetzen, eine Menge überflüssiger Namen und Details, die nur das Gedächtnis belasteten. Den Unterricht zu leiten, war Ljubimow nicht imstande. Während der Stunden konnte er plötzlich auffahren, wobei er sich wütend umsah, als suche er in dem Geflüster ein ihn beleidigendes Wort. Die Klasse verstummte dann lauernd. Ljubimow unterrichtete noch in einem Mädchengymnasium, und auch dort begann man bald, seine Seltsamkeiten zu entdecken. Es endete damit, daß Ljubimow in einem Anfall von Wahnsinn sich an einem Fensterkreuz erhängte.
Den Geographielehrer Schukowski fürchtete man wie das Feuer. Er ließ die Schüler automatisch wie eine Maschine durchfallen. Während der Stunden forderte er undurchführbare Stille in der Klasse. Nicht selten unterbrach er die Antwort eines Schülers und spitzte die Ohren wie ein Raubtier, das Gefahr wittert. Alle wußten, was das zu bedeuten hatte: man durfte sich nicht rühren, tunlichst nicht atmen. Soweit ich mich erinnere, hatte Schukowski nur ein einziges Mal die Zügel gelockert; es war, wie ich glaube, an seinem Geburtstag. Einer der Schüler hatte ihm etwas Halbprivates, das heißt nicht direkt auf den Unterricht Bezügliches mitgeteilt. Schukowski ließ es durchgehen. Das war an sich schon ein Ereignis. Da erhob sich gleich Wacker, ein Kriecher, und sagte mit einschmeichelndem Lächeln: »Es wird bei uns von allen behauptet, daß Ljubimow dem Schukowski das Wasser nicht reichen kann.« Schukowski wurde plötzlich ganz Spannung. »Was ist los? Setzen Sie sich!« Es entstand auf einmal jene besondere Stille, die nur in der Geographiestunde möglich war. Wacker setzte sich, wie unter einem Hieb. Von allen Seiten wandten sich ihm vorwurfsvolle oder angewiderte Gesichter zu. »Bei Gott, das ist wahr«, sagte noch flüsternd Wacker; er gab die Hoffnung nicht auf, das Herz des Geographen zu rühren, bei dem er schlecht angeschrieben war.

Der eigentliche Lehrer der deutschen Sprache war Struve, ein Riese von einem Deutschen, mit großem Kopf und einem Bart, der ihm bis an den Gürtel reichte. Auf kleinen, fast kindlichen Füßen watschelte sein schwerer Körper, der ein Gefäß der Gutmütigkeit schien. Struve war der ehrlichste Mann, litt darunter, daß seine Schüler keine Fortschritte machten, regte sich auf, versuchte immer wieder gut zuzureden. Erlebte schmerzlich jede Zwei – zu einer Eins hatte er niemals das Herz –, war bemüht, keinen sitzenbleiben zu lassen. Er hatte den Neffen seiner Köchin in der Anstalt untergebracht, den vorhin erwähnten Wacker, der sich allerdings als ein wenig begabter und noch weniger anziehender Knabe entpuppte. Struve war eine etwas komische, aber im ganzen doch sympathische Gestalt.
Französisch unterrichtete Gustav Samojlowitsch Burnand, ein Schweizer, ein hagerer Mensch mit einem platten, wie aus der Presse gekommenen Profil, mit einer Glatze, dünnen, blauen und bösen Lippen, einer spitzen Nase und einer geheimnisvollen großen Narbe in der Form eines X auf der Stirn. Niemand konnte Burnand ausstehen, und es hatte auch seinen Grund. An einer Verdauungsstörung leidend, kaute er in der Klasse ununterbrochen irgendwelche Bonbons und sah in jedem Schüler einen persönlichen Feind. Die Narbe auf seiner Stirn war die ewige Quelle von allerhand Vermutungen und Hypothesen. Man behauptete, daß Gustav sich in seiner Jugend duelliert hatte, wobei ihm der Gegner mit dem Rapier ein Kreuz auf die Stirn malte. Nach einigen Monaten wurde diese Version widerlegt. Es sei kein Duell, sondern ein chirurgischer Eingriff gewesen, bei dem ein Teil der Stirn zur Ausbesserung der Nase Verwendung gefunden hatte. Die Schüler betrachteten aufmerksam die Nase des Franzosen, und die mutigeren behaupteten, sie könnten deutlich die Spuren der Naht erkennen. Ruhigere Geister neigten dazu, des Rätsels Lösung in einem Unfall während seiner Kindheit zu suchen: er sei eine Treppe hinuntergefallen und habe sich verletzt. Diese Erklärung wurde jedoch als zu prosaisch verworfen. Es war auch unmöglich, sich Burnand als Kind vorzustellen.
Der oberste Schuldiener, der in unserem Leben keine kleine Rolle spielte, war der unerschütterliche Deutsche Anton, mit einem sehr imponierenden grauen Backenbart. Beim Zuspätkommen, Nachsitzen, Karzer übte Anton scheinbar nur eine technische, in Wirklichkeit aber sehr große Macht aus, so daß man mit ihm freundschaftliche Beziehungen unterhalten mußte. Ich verhielt mich allerdings ziemlich gleichgültig gegen ihn – wie auch er gegen mich –, da ich nicht zu seinen Klienten zählte: ich kam pünktlich in die Schule, mein Ranzen war in Ordnung, die Schülerkarte ruhte sicher in der linken Tasche meiner Uniformjacke. Aber Dutzende von Schülern gerieten täglich in Abhängigkeit von Anton und erkauften sich auf verschiedenen Wegen sein Wohlwollen. Er er-

schien auf jeden Fall als wichtiger Pfeiler der Realschule zum hl. Paulus. Wie groß war unsere Verwunderung, als wir nach einer Rückkehr aus den Ferien erfuhren, daß der alte Anton auf die achtzehnjährige Tochter eines anderen Dieners aus Eifersucht geschossen hatte und jetzt im Gefängnis saß.
So drangen in das gleichmäßige Dasein der Schule und des ganzen damaligen unterdrückten, nach innen geflüchteten öffentlichen Lebens einzelne persönliche Katastrophen, die jedesmal einen übertriebenen Eindruck hervorriefen, wie der Aufschrei in einem leeren Gewölbe.
Zu der Kirche des hl. Paulus gehörte ein Waisenhaus; diesem war eine Ecke unseres Schulhofes zugewiesen. In blauen, verwaschenen Leinenkitteln erschienen die Jungens mit freudlosen Gesichtern im Hofe, gingen traurig in ihrer Ecke umher und stiegen düster die Treppen zum Waisenhaus wieder hinauf. Obwohl der Hof gemeinsam und die Waisenecke nicht eingezäunt war, bildeten die Realschüler und die ›Zöglinge‹, wie sie hießen, zwei voneinander scharf getrennte Welten. Ich versuchte, mit den Knaben in den blauen Leinenkitteln zu sprechen; aber sie antworteten finster, unwillig und beeilten sich, davonzugehen: es war ihnen streng untersagt, sich in die Angelegenheiten der Realschüler zu mischen. So ging ich sieben Jahre lang im Hofe herum, ohne auch nur von einem der Waisen den Namen zu kennen. Der Pastor Binnemann erteilte ihnen bei Beginn des neuen Jahres sicherlich auf eine gekürzte Weise den Segen.
In dem Teil des Hofes, der an die Waisenhausecke stieß, standen seltsame Turngeräte: Ringe, Stangen, vertikale und abschüssige Leitern, Trapeze, Barren und so weiter. Bald nach dem Eintritt in die Anstalt wollte ich eine Übung wiederholen, die ein Junge aus dem Waisenhause vor meinen Augen gemacht hatte. Ich bestieg die vertikale Leiter, klammerte mich mit den Fußspitzen an den Oberbalken, hing mit dem Kopf nach unten, faßte mit den Händen die Sprosse der Leiter möglichst tief, stieß mich mit den Fußspitzen ab, um, in der Luft einen Bogen von 180 Grad beschreibend, nach einem elastischen Sprung auf der Erde stehenzubleiben. Aber ich ließ die Sprosse nicht rechtzeitig los und schlug mit dem ganzen Körper gegen die Leiter. Die Brust wurde mir wie mit Zangen zusammengedrückt, der Atem stockte, ich wand mich wie ein Wurm auf der Erde, faßte die herumstehenden Knaben bei den Beinen und verlor das Bewußtsein. Danach lernte ich Vorsicht beim Turnen.
Ich kannte fast nichts vom Leben der Straße, der Plätze; Sport und Zerstreuungen in freier Luft fehlten fast gänzlich. Das holte ich während der Ferien im Dorfe nach. Die Stadt schien mir zum Lernen und Lesen geschaffen. Die Straßenprügeleien der Knaben kamen mir schändlich vor, obwohl es niemals an Anlässen fehlte.
Die Gymnasiasten wurden wegen ihrer silbern glänzenden Knöpfe

und Kokarden Heringe genannt, die kupfergelben Realschüler hießen Bücklinge. Als ich aus der Schule kommend durch die Jamskajastraße ging, verfolgte mich einmal ein langer Gymnasiast hartnäckig mit der Frage: »Was kosten bei Ihnen Bücklinge?« Da er keine Antwort bekam, stieß er mich mit der Schulter an. »Was wünschen Sie von mir?« sagte ich mit keuchender Höflichkeit. Der Gymnasiast blieb verdutzt stehen, überlegte einen Augenblick und fragte:
»Haben Sie eine Schleuder?«
»Eine Schleuder?« wiederholte ich, »was ist das?«
Der lange Gymnasiast nahm schweigend aus der Tasche ein kleines Gerät heraus: eine Holzgabel mit einem Gummi und einem Stück Blei. »Ich schieße mir damit vom Fenster aus die Tauben vom Dach und brate sie dann.« Ich sah meinen neuen Bekannten verwundert an. Eine solche Beschäftigung schien mir nicht uninteressant, aber doch innerhalb der Stadt unangebracht und sogar unanständig. Viele der Jungens fuhren mit einem Boot aufs Meer und fingen Fische mit einer Angel. Ich kannte solche Vergnügungen nicht. Seltsamerweise hatte das Meer zu dieser Zeit in meinem Leben überhaupt keine Rolle gespielt, obwohl ich sieben Jahre an seinem Ufer verlebte. Während dieser ganzen Zeit bin ich nicht Boot gefahren, habe auch nicht geangelt, begegnete dem Meer überhaupt nur, wenn ich aus der Stadt ins Dorf und umgekehrt in die Stadt fuhr. Als Karlson montags mit sonnenverbrannter Nase kam, an der sich die Haut schälte, und prahlte, wie er gestern geangelt habe, schienen mir diese Freuden sehr fernliegend und ohne Beziehung zu mir. Damals war in mir der leidenschaftliche Jäger und Fischer noch nicht erwacht.
In der Vorschule hatte ich mich mit Kostja R., dem Sohn eines Arztes, sehr angefreundet. Kostja war ein Jahr jünger als ich, kleiner von Wuchs, still, aber ein Schelm und Spitzbube, mit scharfen Äuglein. Er kannte die Stadt gut und war mir dadurch überlegen. Durch Fleiß zeichnete er sich nicht aus, während ich vom ersten Schultage an stets nur die besten Noten erhielt. Zu Hause erzählte Kostja viel von seinem neuen Freund. Es endete damit, daß seine Mutter, eine magere, kleine Frau, zu Fanni Solomonowna mit der Bitte kam, die Knaben zusammen die Schulaufgaben machen zu lassen. Nach einer Beratung, zu der auch ich hinzugezogen wurde, beschloß man, zuzusagen. Zwei bis drei Jahre saßen wir auf der gleichen Bank, bis Kostja sitzenblieb und wir uns trennten. Wir hielten allerdings unsere Beziehungen auch noch später aufrecht.
Kostja hatte eine Schwester, sie war Gymnasiastin und zwei Jahre älter als ich. Die Schwester hatte Freundinnen. Die Freundinnen Brüder. Die Schwestern lernten Musik, die Brüder machten den Freundinnen ihrer Schwestern den Hof. An Geburtstagen luden die Eltern Besuch ein. Es bildete sich eine kleine Welt mit Sympa-

thien, Nebenbuhlereien, Walzern, Spielen, Neid und Feindschaft. Der Mittelpunkt dieser Welt war die Familie des reichen Kaufmanns A., die im selben Hause wohnte wie die Familie Kostjas, sogar auf derselben Etage, so daß die Wohnungen im Hof auf dieselbe Hängegalerie gingen, wo zufällige und nicht zufällige Begegnungen stattfanden. In der Familie A. herrschte eine ganz andere Atmosphäre als die, die ich im Hause Spenzer gewöhnt war. Dort verkehrten immer viele Gymnasiasten und Gymnasiastinnen und flirteten unter dem wohlwollenden Lächeln der Frau A. In den Unterhaltungen war oft von Liebe die Rede. Ich zeigte für diese Frage stets die größte Verachtung, übrigens eine recht heuchlerische. »Wenn Sie sich einmal verlieben sollten«, sagte mir belehrend die vierzehnjährige Schülerin, die ältere der Schwestern A., »so müssen Sie es mir sagen.« »Da ich nichts dabei riskiere, so kann ich es versprechen«, antwortete ich mit der hochmütigen Würde eines Menschen, der sich seines Wertes bewußt ist: ich war schon in der zweiten Klasse. Nach etwa zwei Wochen veranstalteten die Mädchen eine Vorführung lebender Bilder. Die jüngere der Schwestern stellte vor dem Hintergrunde eines großen schwarzen Tuches, das mit Sternen aus Silberpapier besät war, mit hocherhobenem Arm die Nacht dar. »Sehen Sie, wie hübsch sie ist«, sagte die ältere Schwester, mich anstoßend. Ich schaute hin, stimmte innerlich zu und beschloß plötzlich: die Stunde ist gekommen, um das Versprechen zu halten. Bald unterwarf mich die ältere Schwester einem Verhör: »Haben Sie mir nichts zu sagen?« Mit gesenkten Augen antwortete ich: »Doch.«
»Wer ist sie?...«
Aber meine Zunge wollte mir nicht gehorchen. Das Mädchen schlug mir vor, den ersten Buchstaben zu nennen. Das war leichter. Die ältere Schwester hieß Anna, die jüngere Berta. Ich nannte den zweiten Buchstaben des Alphabets, nicht den ersten.
»Be?« wiederholte sie offensichtlich enttäuscht; damit brach das Gespräch ab.
Am nächsten Tag ging ich, die Aufgaben zu machen, zu Kostja, durch den langen Korridor der dritten Etage wie immer vom Hofe aus. Schon auf der Treppe bemerkte ich, daß beide Schwestern mit der Mutter vor ihrer Tür auf der Galerie saßen. Als mich nur noch einige Schritte von der weiblichen Gruppe trennten, spürte ich ihre ironischen Blicke wie stechende Nadeln, die mich durchbohrten. Die Jüngere lächelte nicht, im Gegenteil, sie wandte die Augen mit dem Ausdruck schrecklicher Gleichgültigkeit ab. Das hatte mich davon überzeugt, daß ich verraten worden war. Die Mutter und die ältere Tochter begrüßten mich mit Mienen, die sagen sollten: »Warte nur, Kerl, jetzt wissen wir, was sich unter diesem Ernst verbirgt.« Die Jüngere streckte mir die Hand wie ein Brettchen hin, ohne mich anzusehen und ohne meinen Handdruck zu erwidern. Mir stand nun bevor, ein Stück der Galerie entlang weiterzugehen,

einzubiegen und vor den Augen meiner Quälgeister die lange Querseite zu durchschreiten. Die ganze Zeit fühlte ich die vernichtenden Nadeln in meinem Rücken. Nach diesem unerhörten Verrat beschloß ich, mit diesem treubrüchigen Volk völlig zu brechen, sie nicht mehr zu besuchen, sie zu vergessen, sie für immer aus meinem Herzen zu reißen. Die bald eintretenden Ferien erleichterten meinen Vorsatz.

Ganz unerwartet für mich stellte sich heraus, daß ich kurzsichtig war. Man ging mit mir zu einem Augenarzt, und dieser verschrieb mir eine Brille. Man kann nicht behaupten, daß mich das besonders betrübte: die Brille verlieh mir immerhin ein bedeutendes Aussehen. Nicht ohne Vergnügen kostete ich im voraus den Eindruck aus, den mein Erscheinen mit der Brille in Janowka hervorrufen würde. Für den Vater aber war meine Brille ein unerträglicher Schlag. Er betrachtete das als Verstellung und Großtuerei und verlangte kategorisch, daß ich die Brille abnähme. Vergeblich versuchte ich, ihn zu überzeugen, daß ich in der Klasse die Buchstaben auf der Tafel nicht unterscheiden und auf der Straße die Schilder nicht lesen könne. Die Brille durfte ich in Janowka nur heimlich tragen.

Immerhin war ich im Dorfe viel mutiger, schwungvoller und unternehmender. Ich warf gleichsam die Disziplin der Stadt von meinen Schultern ab. Ich ritt häufig morgens allein nach Bobrinez und kehrte am Abend zurück. Das waren fünfzig Kilometer. In Bobrinez trug ich auf der Straße offen meine Brille und zweifelte an dem Eindruck nicht. In Bobrinez gab es nur eine städtische Knabenschule. Das nächste Gymnasium war in Jelissawetgrad, fünfzig Kilometer entfernt. Aber in Bobrinez war ein vierklassiges Mädchengymnasium. Die Partner der Gymnasiastinnen waren die Schüler der Mittelschule. Im Sommer jedoch veränderte sich das Bild. Aus Jelissawetgrad kehrten die Gymnasiasten und die Realschüler zurück und verdrängten durch die Pracht ihrer Uniformen und die Gewähltheit ihrer Manieren die heimischen Schüler. Es herrschte ein grausamer Antagonismus. Die beleidigten Bobrinezer Schüler taten sich zu kleinen Kampfgruppen zusammen und wandten gelegentlich nicht nur Stöcke und Steine, sondern auch Messer an. Ich saß einmal, ohne an etwas Böses zu denken, auf dem Ast eines Maulbeerbaumes im Garten einer bekannten Familie und aß Beeren, als mich jemand über den Zaun mit einem tüchtigen Stein an den Kopf traf. Das war eine kleine Episode aus einem langen und nicht unblutigen Kampfe, der nur unterbrochen wurde, wenn die Privilegierten nach den Ferien wieder abreisten. In Jelissawetgrad verhielt es sich anders: dort beherrschten die Gymnasiasten und Realschüler die Straßen und die Herzen das ganze Lehrjahr hindurch. Aber im Sommer kehrten aus Charkow, Odessa und aus den entfernteren Universitätsstädten die Studenten zurück und verdrängten die Gymnasiasten und die Realschüler. Der Antago-

nismus war auch hier stark. Der Treubruch der Gymnasiastinnen war unbeschreiblich. Der Kampf aber wurde nach einer allgemeinen Regel nur mit geistigem Rüstzeug geführt.
Im Dorfe spielte ich Krocket und Kegel, leitete die Pfänderspiele und sagte den jungen Mädchen Grobheiten. Hier lernte ich auch das Zweirad fahren, das Iwan Wassiljewitsch konstruiert hatte. Nur deshalb wagte ich mich später in Odessa auf ein Treck hinauf. Mehr noch, im Dorfe kutschierte ich selbständig einen vor einen Traberwagen gespannten Vollbluthengst. Zu jener Zeit gab es in Janowka schon gute Luxuspferde. Ich machte Onkel Brodski, dem Bierbrauer, den Vorschlag, ihn auszufahren. »Wirst du mich aber auch nicht umwerfen?« fragt er, der seinem ganzen Charakter nach nicht zu waghalsigen Unternehmungen neigt. »Aber Onkel«, sage ich in so entrüstetem Tone, daß Onkel, zwar mit einem Seufzer, aber ohne zu murren, hinter mir auf dem Wagen Platz nimmt. Ich fahre über den Graben, an der Mühle vorbei, auf den Weg, den soeben der Sommerregen glattgepreßt hat. Der braune Hengst möchte in Schwung kommen, es ärgert ihn, daß man bergauf fährt, und er versucht gleich durchzugehen. Ich ziehe die Zügel stramm, stemme mich mit den Füßen gegen die Deichseln und hebe mich gerade so viel hoch, daß der Onkel nicht gewahr wird, wie ich an der Leine hänge. Aber der Hengst hat seinen Ehrgeiz. Er ist um mehr als das Dreifache jünger als ich, er ist vier Jahre alt. Der Braune zieht den Wagen gereizt wie eine Katze, die von dem an ihrem Schwanz festgebundenen Blech wegrennen möchte. Ich fühle, daß der Onkel hinter meinem Rücken das Rauchen eingestellt hat, schneller atmet und sich vorbereitet, mir ein Ultimatum zu stellen. Ich setze mich fester, lasse die Zügel nach und schnalze, um mir mehr Ansehen zu geben, mit der Zunge im Takt der Milz, die auf dem Braunen herrlich spielt. »Keinen Unsinn machen, Kleiner«, sage ich gönnerhaft zu dem Hengst, als er Miene macht, in Galopp überzugehen. Ich spreize die Ellenbogen auseinander. Ich fühle, wie der Onkel sich beruhigt und wieder an seiner Zigarette zieht. Das Spiel ist gewonnen, obwohl mein Herz wie die Milz des Braunen hüpft.
In die Stadt zurückgekehrt, stecke ich den Kopf wieder unter das Joch der Disziplin. Ich tue es ohne große Mühe. Spiele und Sport machen den Büchern und zum Teil dem Theater Platz. Ich unterwerfe mich der Stadt, fast ohne mit ihr in Berührung zu kommen. Das Leben der Stadt geht an mir unmerklich vorbei. Übrigens nicht nur an mir. Auch die erwachsenen Bewohner steckten den Kopf nicht weit aus dem Fenster hinaus.
Odessa war vielleicht die berüchtigste Polizeistadt im Polizeirußland. Die Hauptperson war der Stadthauptmann, ein früherer Konteradmiral Selenoj II. Die unbeschränkte Macht vereinigte sich bei ihm mit einem zügellosen Temperament. Über ihn waren unzählige Anekdoten im Umlauf, die die Bewohner Odessas ein-

ander zuflüsterten. Im Auslande erschien in jenen Jahren in einer freien Druckerei ein ganzes Sammelbuch über die Heldentaten des Konteradmirals Selenoj II. Ich habe ihn nur einmal gesehen, und auch nur seinen Rücken. Aber das hatte mir genügt. Der Stadthauptmann stand in voller Größe in seinem Wagen, stieß mit heiserer Stimme Schimpfworte über die ganze Straße und drohte mit der Faust. Vor ihm standen Polizisten mit den Händen an den Mützen und Hausportiers mit den Mützen in den Händen stramm, während hinter den Gardinen verängstigte Gesichter schauten. Ich zog die Riemen meines Ranzens strammer und ging mit beschleunigten Schritten nach Hause.
Will ich in meinem Gedächtnis ein Bild des offiziellen Rußlands aus den Jahren meiner frühen Jugend mir zurückrufen, dann sehe ich den Rücken des Stadthauptmanns, seine ausgestreckte Faust und höre die heiseren Schimpfworte, die man in Lexika nicht anzuführen pflegt.

Bücher und erste Konflikte

Natur und Menschen nahmen nicht nur in den Schuljahren, sondern auch in der späteren Jugend in meinem geistigen Leben einen kleineren Platz ein als Bücher und Denken. Trotz meiner ländlichen Abstammung hatte ich kein Gefühl für die Natur. Die Aufmerksamkeit und das Verständnis für sie habe ich viel später in mir entwickelt, nachdem nicht nur die Kindheit, sondern auch der erste Teil meiner Jugend hinter mir lag. Die Menschen streiften lange durch mein Bewußtsein wie zufällige Schatten. Ich blickte in mich selbst oder in die Bücher, wo ich wiederum nur mich oder meine Zukunft suchte.
Ich begann mit dem Lesen im Jahre 1887, als Moissej Filippowitsch nach Janowka kam und ein Paket Bücher mitbrachte, unter denen die Volkserzählungen von Tolstoi waren. In die Bücher sich hineinzulesen war in der ersten Zeit weniger süß als mühselig. Jedes neue Buch brachte neue Hindernisse: unbekannte Worte, unverständliche Lebensbeziehungen, schimmernde Grenzen zwischen Realität und Phantastik. Es gab gewöhnlich keinen, an den ich mich um eine Erklärung wenden konnte. Ich wurde verwirrt, begann wieder, stellte es wieder ein und begann wieder von neuem, wobei sich unklare Freude der Erkenntnis mit einer Angst vor dem Unbekannten vermischte. Man kann mein damaliges Lesen vielleicht am besten mit dem nächtlichen Fahren über die Steppenwege vergleichen: man hört das Knarren der Räder, sich kreuzende Stimmen, Scheiterhaufen am Wege treten aus der Dunkelheit hervor – alles erscheint so vertraut, gleichzeitig jedoch unbegreiflich: was geschieht da, wer fährt da und zu welchem Zwecke; es ist sogar

unklar, wohin du selbst fährst, vorwärts oder rückwärts. Aber beim Lesen ist niemand da, der dir, wie der Onkel Grigorij in der Steppe, erklärt: unsere Fuhrleute fahren den Weizen.
In Odessa war die Auswahl der Bücher unvergleichbar größer, sie geschah auch unter aufmerksamer, wohlwollender Leitung. Ich begann, gierig zu lesen. Zum Spazierengehen mußte man mich losreißen. Unterwegs erlebte ich das Gelesene, eilte zum Buche zurück. Abends, vor dem Schlafengehen, flehte ich, mir eine Viertelstunde länger zu bewilligen, mindestens aber fünf Minuten, um das Kapitel zu beenden. Jeden Abend gab es deshalb einen Wortwechsel.
Die erwachende Sehnsucht, zu sehen, zu wissen, zu bewältigen, suchte einen Ausweg in dem unermüdlichen Verschlingen gedruckter Zeilen, in den dem Born der Worterfindung stets zugewandten kindlichen Händen und Lippen. Alles, was im ferneren Leben an Interessantem, Hinreißendem, Freudigem oder Traurigem geschah, war schon in den Erlebnissen der Lektüre als Schatten, als Versprechen, als leichte Bleistiftskizze oder Aquarell enthalten gewesen.
Das abendliche Vorlesen in den ersten Jahren meines Lebens in Odessa zwischen dem Ende der Tagesarbeit und dem Schlaf gehörte zu den schönsten Stunden oder richtiger Halbstunden. Moissej Filippowitsch las meistens Puschkin und Nekrassow vor, häufiger den letzteren. Aber zur festgesetzten Stunde sagte Fanni Solomonowna: »Es ist Zeit für dich, Ljowuschka, schlafen zu gehen.« Ich sah sie flehend an. »Man muß schlafen gehen, Junge«, bekräftigte Moissej Filippowitsch. »Noch fünf Minuten«, bat ich. Die bewilligte man mir. Dann nahm ich mit einem Kuß Abschied und ging mit dem Gefühl, ich hätte die ganze Nacht zuhören mögen, schlief aber ein, kaum daß mein Kopf das Kissen berührt hatte.
Eine Gymnasiastin der achten Klasse, Sophie, eine entfernte Verwandte, kam für einige Wochen in das Haus Spenzer, um einen Scharlachfall in ihrer eigenen Familie abzuwarten. Es war ein sehr befähigtes und belesenes Mädchen, dem allerdings Originalität und Charakter mangelte und das später bald verblühte. Ich war von ihr begeistert, entdeckte bei ihr täglich neue Kenntnisse und Qualitäten und fühlte in ihrer Gegenwart meine eigene Nichtigkeit. Ich schrieb ihr das Programm für die Prüfung ab und erwies ihr eine Reihe anderer Dienste. Dafür las mir die Gymnasiastin in den Nachmittagsstunden, wenn sich alle zur Ruhe begeben hatten, vor, und wir verfaßten zusammen ein satirisches Poem in Versen: ›Die Reise auf den Mond‹. Bei dieser Arbeit verlor ich dauernd das Tempo. Ich brauchte nur einen bescheidenen Vorschlag zu äußern, schon griff meine ältere Mitarbeiterin meinen Gedanken auf, entwickelte ihn schnell weiter, brachte verschiedene Varianten hinein, fand leicht die Reime und nahm mich ins Schlepptau. Als die

für die Quarantäne vorgesehenen sechs Wochen vergangen waren und Sophie heimkehrte, fühlte ich mich erwachsener.
Zu den bemerkenswerteren Bekannten der Familie Spenzer gehörte Sergej Iwanowitsch Sytschewski, ein alter Journalist, Romantiker und im Süden bekannter Shakespeare-Interpret. Das war ein sehr begabter, aber versoffener Mensch. Weil er viel trank, stand er zu Menschen und sogar zu Kindern in einem Gefühl des Schuldbewußtseins. Er hatte Fanni Solomonowna seit deren Kindheit gekannt und nannte sie Fanjuschka. Sergej Iwanowitsch hatte mich vom ersten Tage an sehr liebgewonnen. Nachdem er mich ausgefragt, was wir in der Schule durchgenommen hätten, gab mir der Alte das Thema auf: zu vergleichen ›Poet und Buchhändler‹ von Puschkin mit ›Poet und Bürger‹ von Nekrassow. Ich erstarrte. Das zweite Werk kannte ich nicht einmal, aber hauptsächlich hatte ich vor Sytschewski als vor dem *Schriftsteller* Angst. Allein schon dieses Wort klang für mich wie aus einer unerreichbaren Höhe. »Warte, wir wollen das gleich alles vorlesen«, sagte Sergej Iwanowitsch und las nun vor; er las sehr schön. »Nun, hast du verstanden? Jetzt also schreibe es nieder.« Man brachte mich in das Arbeitszimmer, gab mir Puschkin und Nekrassow, Tinte und Papier. »Ich kann nicht«, beschwor ich Fanni Solomonowna mit tragischem Flüstern, »was soll ich da schreiben?« »Sei nur nicht aufgeregt«, antwortete sie und streichelte mir über den Kopf, »schreibe ruhig auf, so einfach, wie du es verstanden hast.« Sie hatte eine zärtliche Hand und eine zärtliche Stimme. Ich beruhigte mich ein wenig, das heißt, ich beruhigte meinen verängstigten Ehrgeiz und begann zu schreiben. Nach etwa einer Stunde rief man mich. Ich trug eine große, voll beschriebene Seite mit einem solchen Schauer, wie ich ihn niemals in der Schule verspürt hatte; ich überreichte sie dem *Schriftsteller*. Sergej Iwanowitsch durchlief mit den Augen einige Zeilen, dann spritzten helle Funken aus seinen Blicken, und er rief: »Nein, hört nur, was er geschrieben hat, ein braver Kerl...« Er las laut: »Der Dichter lebte mit der von ihm geliebten Natur, und jeder ihrer Laute, der freudige wie der traurige, fand Widerhall in seiner Seele.« Sergej Iwanowitsch hob einen Finger hoch. »Wie herrlich er es gesagt hat, jeder ihrer Laute, der freudige wie der traurige, fand Widerhall in der Seele des Poeten.« Diese Worte drangen mir so tief ins Herz, daß ich sie für immer behalten habe.
Beim Mittagessen scherzte Sergej Iwanowitsch viel, gab Erinnerungen zum besten und erzählte, durch ein Gläschen angeregt. Wodka stand für ihn stets bereit. Von Zeit zu Zeit blickte er mich über den Tisch an und rief: »Nein, wie hast du das alles so schön hingeschrieben, ich muß dir dafür einen Kuß geben.« Er wischte sich sorgfältig Mund und Schnurrbart mit der Serviette, erhob sich vom Stuhl und machte mit unsicheren Schritten einen Bogen um den Tisch. Ich saß wie unter den Schlägen einer Katastrophe,

wenn auch einer freudigen Katastrophe. »Steh auf, Ljowotschka, geh ihm entgegen«, belehrte mich leise Moissej Filippowitsch. Nach dem Essen rezitierte Sergej Iwanowitsch aus dem Gedächtnis die Satire ›Popows Traum‹. Mit gespannter Aufmerksamkeit beobachtete ich den grauen Schnurrbart, aus dem solche drolligen Worte hervorkamen. Der halb trunkene Zustand des Schriftstellers setzte seine Autorität in meinen Augen nicht im geringsten herab. Kinder besitzen eine große Kraft zum Abstrahieren.

Manchmal, bevor es dämmerte, ging Moissej Filippowitsch mit mir spazieren. War er guter Stimmung, dann unterhielt er sich mit mir über alles mögliche. Einmal erzählte er mir den Inhalt der Oper ›Faust‹, die er sehr liebte. Ich lauschte gierig seinen Worten und träumte davon, einmal selbst diese Oper von der Bühne hören zu können. Aus der Stimme des Erzählers begriff ich, daß die Sache sich irgendeinem heiklen Punkt näherte. Ich teilte die Erregung des Sprechers und fürchtete, die Fortsetzung nicht zu erfahren. Aber Moissej Filippowitsch faßte sich und fuhr fort: »Nun gebar Gretchen ein Kindlein vor der Ehe...« Als wir die schwierige Klippe überwunden hatten, fühlten wir uns erleichtert, und die Erzählung konnte ruhig zu Ende geführt werden.

Ich lag mit einem verbundenen Hals, und man gab mir zum Trost Dickens ›Oliver Twist‹. Der Satz des Arztes im Entbindungsheim darüber, daß die Frau keinen Ehering auf dem Finger habe, verwirrte mich. »Was bedeutet das?« fragte ich Moissej Filippowitsch, »was hat das mit einem Ring zu tun?« »Das heißt«, erklärte er mir verlegen, »wenn man nicht verheiratet ist, hat man keinen Ehering.« Ich erinnerte mich an Gretchen. Das Schicksal Oliver Twists entfaltete sich in meiner Vorstellung aus einem Ring, aus jenem Ring, den es nicht gab. Die verbotene Welt in den menschlichen Beziehungen drang aus den Büchern stoßweise in mein Bewußtsein; und vieles bereits früher und meist in grober und unwürdiger Form zufällig Vernommene wurde jetzt durch die Literatur verallgemeinert und veredelt, gleichsam in eine höhere Sphäre gerückt.

In jener Zeit erregte die damals erschienene ›Macht der Finsternis‹ von Tolstoi die Gemüter. Man sprach davon vielsagend, erging sich in Urteilen. Pobedonoszew hatte erreicht, daß Alexander III. den Theatern die Aufführung des Stückes verbot. Ich wußte, daß Moissej Filippowitsch und Fanni Solomonowna, wenn ich schlafen gegangen war, das Drama im Nebenzimmer lasen: ich hörte das Gemurmel der Stimmen. »Darf ich es lesen?« fragte ich. »Nein, Teuerer, für dich ist es noch ein wenig zu früh«, wurde mir so kategorisch erklärt, daß ich nicht mehr darauf zurückkam. Aber ich entdeckte, daß das neue, dünne Büchlein auf dem mir vertrauten Sims erschien. Die Abwesenheit der Erwachsenen ausnutzend, hatte ich in einigen Tagen das Tolstoische Drama durchgelesen. Aber auf mich machte es lange nicht den Eindruck wie, allem An-

schein nach, auf meine Erzieher. Die tragischsten Stellen, wie die Erwürgung des Kindes und die Gespräche über das Krachen der Knochen, nahm ich nicht als schreckliche Realität auf, sondern als eine Buchphantasie, als eine Erfindung für die Bühne, das heißt, ich habe es in Wirklichkeit überhaupt nicht aufgenommen.
Während der Ferien entdeckte ich zu Hause auf einem alten Schrank dicht unter der Decke ein vom älteren Bruder aus Jelissawetgrad mitgebrachtes kleines Büchlein. Als ich es aufschlug, hatte ich sofort das Gefühl, daß es etwas Ungewöhnliches und Geheimnisvolles enthalte. Es war der Prozeßbericht über einen Lustmord an einem kleinen Mädchen. Ich las das mit medizinischen und juristischen Details gespickte Buch in einem Zustand der Erregung, als wäre ich nachts in einen Wald geraten und irrte zwischen vom Monde phantastisch halbbeleuchteten Bäumen umher, ohne einen Ausweg zu finden. Aber dieser Eindruck zerstreute sich bald. Die menschliche und vor allem die kindliche Psyche hat ihre besonderen Puffer, Bremsen, Vorbeugungsklappen und Amortisatoren – ein umfangreiches und gut ausgearbeitetes System, das vor zu starken und unzeitgemäßen Erschütterungen schützt.
Ins Theater kam ich zum erstenmal, als ich noch die Vorschulklasse besuchte. Das war ungeheuerlich, und das läßt sich gar nicht beschreiben. Man hatte mich in Begleitung des Schuldieners Grigorij Cholod zu einer ukrainischen Vorstellung geschickt. Ich saß blaß wie Leinen – das hat dann Grigorij später Fanni Solomonowna berichtet – und war von einer Freude gequält, die ich kaum ertragen konnte. In den Pausen stand ich nicht vom Platze auf, um, Gott behüte, nichts zu versäumen. Zum Schluß kam ein lustiger Einakter zur Aufführung: ›Der Mieter mit der Posaune‹. Die Spannung des Dramas löste sich hier im stürmischen Lachen. Ich schüttelte mich auf meinem Platze, warf den Kopf nach hinten und bohrte die Augen dann wieder auf die Bühne. Zu Hause erzählte ich den Inhalt des ›Mieters mit der Posaune‹, fügte immer neue und neue Einzelheiten hinzu, um das gleiche Lachen hervorzurufen, wie das, das ich soeben erlebt hatte. Aber mit Schmerz mußte ich bemerken, daß ich mein Ziel nicht erreichte.
»›Nasar Stodolja‹ hat dir wohl gar nicht gefallen?« fragte Moissej Filippowitsch. Ich empfand diese Worte wie einen geheimen Vorwurf: ich erinnerte mich an die Leiden Nasars und sagte: »Doch, das war ganz besonders schön.«
Bevor ich in die dritte Klasse kam, verbrachte ich einige Zeit in der Sommerfrische in der Nähe von Odessa bei meinem Onkel und geriet dort in eine Liebhaberaufführung, in der ein Junge aus unserer Schule, Krugljakow, den Diener spielte. Das war ein schwachbrüstiger, sommersprossiger Knabe, mit klugen Augen, der sehr krank war. Ich hing mich an ihn mit ganzer Seele und flehte ihn an, mit mir ein Stück zu spielen. Es wurde ›Der geizige Ritter‹ von Puschkin gewählt. Mir fiel die Rolle des Sohnes zu, Krugljakow die

des Vaters. Ich unterwarf mich ganz seiner Führung und lernte tagelang die Puschkinschen Verse auswendig. Was war das für eine wonnevolle Aufregung! Aber bald brach alles zusammen: Krugljakows Eltern untersagten ihm seiner schlechten Gesundheit wegen, Theater zu spielen. Als der Unterricht begann, kam er nur während der ersten Wochen in die Schule. Ich wartete ihn jedesmal beim Ausgang ab, um auf dem Heimweg Gelegenheit zu haben, mit ihm literarische Gespräche zu führen. Krugljakow verschwand aber bald gänzlich. Ich erfuhr, er läge krank, und einige Monate später kam die Nachricht, er sei an Tuberkulose gestorben.
Der Zauber des Theaters beherrschte mich einige Jahre. Später wandte sich meine Leidenschaft der italienischen Oper zu, auf die Odessa sehr stolz war. In der sechsten Klasse gab ich eine Unterrichtsstunde nur zu dem Zweck, um Geld für das Theater zu haben. Einige Monate war ich wortlos in die Koloratursopranistin verliebt, die den geheimnisvollen Namen Giuseppina Uget trug und mir vorübergehend vom Himmel auf die Bretter des Odessaer Theaters herabgestiegen zu sein schien.
Zeitungen sollte ich nicht lesen, doch herrschte in dieser Beziehung kein sehr strenges Regime, und allmählich eroberte ich mir das Recht auf die Zeitungslektüre, besonders des Feuilletons. Im Mittelpunkt des Interesses der Odessaer Presse stand das Theater, hauptsächlich die Oper, und die wichtigsten Gruppierungen der öffentlichen Meinungen lagen damals auf der Linie der Theaterleidenschaften. Nur auf diesem Gebiete war es den Zeitungen erlaubt, so etwas wie Temperament zu äußern.
In jenen Tagen stand besonders hoch der Stern des Feuilletonisten Doroschewitsch. Er wurde in kurzer Zeit der Beherrscher aller Gedanken, obwohl er über Lappalien, manchmal über pure Nichtigkeiten schrieb. Er war zweifellos ein Talent und öffnete in den ihrem Wesen nach harmlosen Feuilletons ein wenig das Ventil der von Selenoj dem Zweiten niedergehaltenen Stadt Odessa. Ungeduldig stürzte ich micht stets auf die Morgenzeitung und suchte die Unterschrift Doroschewitschs. In der Begeisterung für dessen Artikel trafen sich damals die gemäßigt liberalen Väter mit den Kindern, die noch keine Zeit gehabt hatten, unmäßig zu werden.
Die Liebe zum Wort begleitete mich seit meiner frühesten Jugend, bald abnehmend, bald wieder sich steigernd, im allgemeinen sich ständig festigend; Schriftsteller, Journalisten, Schauspieler bildeten für mich die anziehendste Welt, zu der nur die Auserwählten Zutritt hatten.
In der zweiten Klasse begannen wir, eine Zeitschrift herauszugeben. Ich beriet mich darüber lange mit Moissej Filippowitsch, der sogar den Namen erfand: ›Der Tropfen‹. Der Sinn des Namens sollte sein: die zweite Klasse der Realschule des hl. Paulus trägt ihren Tropfen bei zum Ozean der Literatur. Ich verfaßte über dieses

Thema ein Gedicht, das die Aufgabe eines Programmartikels erfüllte. In der Zeitschrift standen Verse und Erzählungen, die meisten ebenfalls von mir. Ein Zeichner schmückte den Umschlag mit einem komplizierten Ornament. Jemand schlug vor, den ›Tropfen‹ Kryschanowski zu zeigen. Diese Mission übernahm der Schüler J., der bei Kryschanowski wohnte. Er entledigte sich seiner Aufgabe glanzvoll: stand von seinem Platze auf, ging an den Katheder heran, legte mit fester Hand den ›Tropfen‹ darauf, verbeugte sich höflich und begab sich mit sicheren Schritten auf seinen Platz zurück. Alle erstarrten. Kryschanowski betrachtete den Umschlag, machte mit dem Schnurrbart, mit den Augenbrauen, mit dem Bart eine Grimasse und begann, für sich zu lesen. In der Klasse herrschte absolute Stille, nur die Seiten des ›Tropfens‹ raschelten. Dann erhob sich Kryschanowski vom Katheder und las gefühlvoll meinen ›Reinen Tropfen‹ vor. »Gut?« fragte er. »Gut«, antwortete ein ziemlich einmütiger Chor. »Es ist schon gut«, sagte Kryschanowski, »aber der Autor weiß nicht, was Versmaß ist. Na, sag mal, weißt du, was Daktylen sind?« wandte er sich an mich, den er hinter dem durchsichtigen Pseudonym erkannt hatte. »Nein, ich weiß es nicht«, gestand ich. »Nun, dann will ich es erklären.« Während einiger Stunden Grammatik und Syntax beiseite schiebend, weihte Kryschanowski die Schüler der zweiten Klasse in die Geheimnisse des metrischen Versmaßes ein. »Und was die Zeitschrift betrifft«, sagte er schließlich, »so braucht es keine Zeitschrift zu sein – laßt auch den Ozean der Literatur in Ruhe – betrachtet es einfach als euer Übungsheft.« Schülerzeitschriften waren nämlich verboten. Aber die Frage wurde in einer anderen Weise gelöst. Der friedliche Lauf meiner Schulbildung erlitt plötzlich eine Unterbrechung: ich wurde aus der Realschule des hl. Paulus ausgeschlossen.

Ich hatte seit meiner Kindheit im Leben nicht wenig Konflikte, die, wie der Jurist sagen würde, auf dem Boden des verletzten Rechtes entstanden. Dieses Motiv bestimmte häufig auch meine Annäherungen und mein Auseinandergehen mit den Kameraden. Es wäre zu umständlich, einzelne Episoden anzuführen. Es haben sich jedoch zwei Konflikte wichtigerer Art in der Schule ergeben.
Der größere Konflikt spielte sich in der zweiten Klasse mit Burnand ab, den man den Franzosen nannte, obwohl er Schweizer war. Die deutsche Sprache konkurrierte in der Schule bis zu einem gewissen Grade mit Russisch. Dagegen ging es mit Französisch schwer vorwärts. Die meisten Schüler lernten diese Sprache erst in der Schule kennen, und für die deutschen Kolonisten war Französisch besonders schwer. Burnand führte gegen die Deutschen einen erbitterten Kampf. Sein Lieblingsopfer war Wacker, der wirklich schlecht lernte. Aber in einem besonderen Falle hatten viele, wenn nicht alle, den Eindruck, Burnand habe Wacker unverdienterweise eine Eins gegeben. Burnand wütete an diesem Tag über-

haupt und vertilgte die doppelte Ration Verdauungskonfekt. »Wir wollen ihm ein Konzert bereiten«, flüsterten die Schüler unter Augenzwinkern und Ellenbogenanstoßen einander zu. Ich war nicht der Letzte dabei, vielleicht sogar der Erste. Solche Konzerte waren schon früher veranstaltet worden, besonders zu Ehren des Zeichenlehrers, der seiner bösartigen Dummheit wegen unbeliebt war. Ein Konzert veranstalten hieß, am Ende der Stunde, wenn der Lehrer zur Tür ging, ihn mit einstimmigem leisen Geheul hinauszubegleiten; man mußte dabei die Lippen geschlossen halten, damit die am Chor Beteiligten nicht entdeckt werden konnten. Etwa zweimal war auch Burnand so hinausbegleitet worden, allerdings mit ganz leisem Gesumm, da man ihn fürchtete. Diesmal sammelte man Mut. Kaum hatte der Franzose das Journal unter den Arm genommen, als auf der äußersten Flanke ein Geheul entstand, das sich bis zur letzten Bank am Ausgang ausdehnte. Ich meinerseits tat, was ich konnte. Burnand, der den Fuß schon über die Schwelle gestellt hatte, drehte sich plötzlich um, lief bis zur Mitte der Klasse und stand, grün im Gesicht, funkenstiebend aber wortlos, dem Feind Auge in Auge gegenüber. Die Knaben in den Bänken gaben sich ein möglichst harmloses Aussehen, besonders die in den ersten Reihen. Die hinteren Reihen machten sich an ihren Ranzen zu schaffen, als wäre nichts vorgefallen. Nachdem er eine halbe Minute so dagestanden, wandte er sich wie ein Besessener wieder der Tür zu, so daß die Schöße seines Frackes wie Segel flatterten. Dem Franzosen folgte jetzt ein einmütiges, hingerissenes Geheul, das ihn weit in den Korridor hinein begleitete.
Zu Beginn der nächsten Stunde erschienen in der Klasse: Burnand, Schwannebach und der Klassenaufseher Maier, den die Schüler unter sich Hammel nannten, wegen seiner Glotzaugen, festen Stirn und seines Stumpfsinns. Schwannebach hielt eine Art Einführungsrede, wobei er sorgfältig den unterirdischen Klippen der russischen Zeitwörter und Fälle auszuweichen bemüht war. Burnand atmete Rachegier. Maier suchte mit glotzenden Augen die Gesichter der Schüler ab, rief die Namen der als mutwillig bekannten auf und sagte zu jedem: »Du warst sicher dabei.« Die einen protestierten leise, die anderen schwiegen. Auf diese Weise wurden insgesamt etwa fünfzehn Schüler der Klasse teils zu einer, teils zu zwei Stunden ›Nachsitzen‹ verurteilt. Die übrigen wurden entlassen, darunter auch ich, obgleich Burnand, wie mir schien, beim Aufrufen mich mit prüfenden Augen gemustert hatte. Ich hatte nichts unternommen um freizukommen. Hatte mich aber auch nicht angegeben. Ich verließ die Klasse eher mit Bedauern, denn es schien lustig, mit den anderen zusammen dazubleiben.
Am nächsten Morgen, als ich in die Schule kam – an die gestrige Geschichte hatte ich fast nicht mehr gedacht –, erwartete mich am Tor ein Mitschüler aus der Gruppe der Bestraften. »Hör mal, du wirst heute was erleben, gestern hat Dalinow dich bei Maier ver-

petzt, Maier ließ Burnand holen, dann kam der Direktor, sie forschten nach, ob du der Urheber seist.«

Mein Herz krampfte sich zusammen. Da kam auch schon der Klassenaufseher, Pjotr Pawlowitsch: »Gehen Sie zum Direktor.« Daß der Klassenaufseher mich am Eingang erwartete und der Ton, in dem er sich an mich wandte, versprach nichts Gutes. Bei den Dienern mich nach dem Weg erkundigend, kam ich in einen mir unbekannten Korridor, wo sich das Zimmer des Direktors befand, und blieb dort an der Tür stehen. Der Direktor ging an mir vorbei, sah mich bedeutungsvoll an und schüttelte den Kopf. Ich stand da, mehr tot als lebendig. Wieder kam der Direktor heraus und warf ein »Gut, gut« hin. Ich begriff, daß dieses »Gut, gut« nichts Gutes bedeutete. Nach einigen Minuten verließen die Lehrer einer nach dem anderen das benachbarte Lehrerzimmer; die Mehrzahl eilte in ihre Klassen, ohne mich zu bemerken. Kryschanowski beantwortete meinen Gruß mit einer verschmitzten Grimasse, die sagen sollte: »Bist in eine schöne Geschichte hineingeraten, tust mir leid, aber es ist nicht zu ändern.« Burnand dagegen schwenkte nach meinem höflichen Gruß dicht an mich heran, beugte sein böses Bärtchen über mich und sagte mit fuchtelnden Armen: »Der erste Schüler der zweiten Klasse ist ein moralisches Scheusal.« Dann blieb er eine Weile stehen, berührte mich mit seinem unreinen Atem, wiederholte: »ein moralisches Scheusal«, drehte sich um und ging davon. Dann kam der Hammel heran: »Also eine solche Nummer bist du«, sagte er mit sichtbarem Vergnügen, »wir werden es dir schon zeigen.« Dann begann für mich eine lange Folter. In meiner Klasse, wohin man mich nicht mehr ließ, gab es keinen Unterricht: dort fanden Verhöre statt. Burnand, der Direktor, Maier und der Inspektor Kaminski bildeten eine höhere Untersuchungskommission in Sachen des moralischen Scheusals.

Es hatte damit angefangen, daß einer der Schüler während des Nachsitzens zu Maier sagte: »Man läßt uns ganz ungerecht nachsitzen, wer geschrien hat, den hat man entlassen. B. hat die anderen aufgehetzt und hat selbst geschrien, ihn aber ließ man nach Hause gehen; hier, – Karlson weiß es auch.« »Unmöglich«, sagte Maier, »B. ist ein ordentlicher Junge.« Aber Karlson, der mir Binnemann als den klügsten Mann von Odessa empfohlen hatte, bestätigte es, nach ihm noch einige andere. Nun ließ Maier Burnand holen. Von oben ermuntert und angefeuert, einander durch das Beispiel ansteckend, zeichneten sich in der Klasse zehn bis zwölf Schüler als Angeber aus.

Man erinnerte sich an alles: »B. hat im vorigen Jahr in der Pause das und das über den Direktor gesagt.« »B. hat dem und dem vorgesagt.« »B. hat an dem ›Konzert‹ gegen Smigrodski teilgenommen.« Wacker, um den die ganze Geschichte entstanden war, erzählte rührselig: »Ich habe, wie man weiß, geweint, als mir Gustav Samojlowitsch die Eins gab, da kam B. an mich heran, legte mir die

Hand auf die Schulter und sagte: ›Weine nicht, Wacker, wir wollen an den obersten Kreisschulrat einen solchen Brief schreiben, daß er Burnand wegjagen wird.‹« »Wem einen Brief schreiben?« »Dem obersten Kreisschulrat.« »Nicht möglich! Und was hast du gesagt?« »Ich habe natürlich nichts gesagt.« Danilow fiel ein: »Ja, ja, B. hat vorgeschlagen, an das Kreisschulamt einen Brief zu schreiben, aber ohne Unterschrift, damit man nicht ausgeschlossen werden kann. Jeder sollte unter den Brief nur einen Buchstaben setzen.« »So, so«, keuchte Burnand vor Begeisterung: »jeder nur einen Buchstaben?« Es wurden alle ohne Ausnahme verhört. Ein Teil der Schüler bestritt entschieden sowohl das, was nicht geschehen, wie auch das, was geschehen war. Darunter auch Kostja R., der bitterlich weinte, als er zusehen mußte, wie man seinen besten Freund, den ersten Schüler, zu ertränken versuchte. Die hartnäckigen Leugner wurden von den Angebern als meine Freunde denunziert. In der Klasse herrschte Panik. Die Mehrzahl schwieg verschlossen. Danilow spielte in der Klasse die erste Geige, was ihm weder früher noch später gelang. Ich stand im Korridor, neben dem Direktorzimmer, am gelben, polierten Schrank, wie ein schwerer Staatsverbrecher. Dorthin wurden die Ankläger einzeln zur Konfrontation mit dem Beschuldigten gerufen. Es endete damit, daß man mich nach Hause schickte. »Gehen Sie, und sagen Sie Ihren Eltern, sie sollen in die Anstalt kommen.«
»Meine Eltern wohnen weit, im Dorfe.«
»Dann sagen Sie es Ihren Erziehern.«
Noch gestern war ich der unbestritten erste Schüler, weit hinter mir kam der zweite. Sogar Maiers Zweifel reichten nicht an mich heran. Und heute bin ich gestürzt, und Dalinow, der durch Faulheit und Verdorbenheit berüchtigt ist, tritt mich vor der ganzen Klasse und der Schulbehörde mit Füßen. Was ist denn mein Verbrechen? Daß ich zu energisch für einen Beleidigten eingetreten bin, der mir weder nahe noch sympathisch ist? Daß ich mich zu sehr auf die Solidarität der Klasse verlassen habe? Mir war nicht nach Verallgemeinerungen zumute, als ich in die Pokrowskigasse zurückkehrte. Mit entstelltem Gesicht und ersterbendem Herzen, mich vor Worten und Tränen würgend, erzählte ich alles, wie es gekommen war. Meine Erzieher trösteten mich, so sehr sie konnten, obwohl sie selbst sehr erschrocken waren. Fanni Solomonowna ging zum Direktor, zum Inspektor Kryschanowski, zu Jurtschenko, versuchte zu erklären, zu überzeugen, berief sich auf ihre eigene pädagogische Erfahrung. Das alles geschah ohne mein Wissen. Ich saß zu Hause in meiner Ecke, der geschlossene Ranzen lag auf dem Tisch, ich war untröstlich. So vergingen Tage. Wie wird das enden? Der Direktor sagte, es werde eine Lehrerkonferenz einberufen werden, die die Frage in ihrem ganzen Umfange untersuchen solle. Das klang bedrohlich. Die Sitzung fand statt. Moissej Filippowitsch ging hin, sich nach dem Beschluß zu erkundigen. Ich

wartete seine Rückkehr mit viel größerer Erregung ab als später das Urteil des zaristischen Gerichts. Unten schlug die Entreetür in bekannter Weise, die bekannten Schritte kamen die eisernen Stufen herauf, die Tür zum Eßzimmer wurde geöffnet, gleichzeitig kam Fanni Solomonowna aus dem anderen Zimmer. Ich schob meinen Vorhang ganz wenig beiseite. »Ausgeschlossen«, sagte Moissej Filippowitsch mit müder Stimme. »Ausgeschlossen?« wiederholte fragend Fanni Solomonowna atemringend. »Ausgeschlossen«, bestätigte Moissej Filippowitsch noch leiser. Ich sagte nichts. Ich sah Moissej Filippowitsch und Fanni Solomonowna an und kehrte hinter meinen Vorhang zurück. Im Sommer erzählte Fanni Solomonowna, die in den Ferien in Janowka auf Besuch war: »Als dieses Wort erklang, wurde er ganz grün, so daß ich um ihn Angst bekam.« Ich weinte nicht, ich war von einer unbestimmten Unruhe erfüllt.
In der Lehrerkonferenz war um drei Formen des Ausschlusses gekämpft worden: ohne Berechtigung, überhaupt eine Anstalt zu besuchen; ohne Berechtigung, in die Realschule des hl. Paulus wieder einzutreten; und schließlich mit der Berechtigung, in diese Anstalt zurückzukehren. Man einigte sich auf die mildeste, dritte Formel. Mit Schauern dachte ich darüber nach, wie Vater und Mutter diese Geschichte aufnehmen würden. Meine Erzieher taten alles, was möglich war, um sie darauf vorzubereiten und den Schlag zu mildern. Fanni Solomonowna schrieb einen ausführlichen Brief an meine ältere Schwester und gab ihr Instruktionen, wie sie es den Eltern mitteilen solle. Ich blieb bis zum Ende des Schuljahres in Odessa und kam, wie immer, zu den Ferien nach Hause. An den langen Abenden, wenn Vater und Mutter schon schliefen, schilderte ich der Schwester und dem älteren Bruder, wie alles sich abgespielt hatte, und stellte dabei Schüler und Lehrer in Person dar. Bei dem Bruder und der Schwester waren noch deren eigene Schuljahre frisch in Erinnerung. Andererseits behandelten sie mich wie den ›Jüngeren‹. Bald schüttelten sie die Köpfe, bald lachten sie über meine Schilderung. Aus dem Lachen verfiel meine Schwester in Tränen und schluchzte lange, den Kopf auf den Tisch gelegt. Es wurde vereinbart, daß ich für eine bis zwei Wochen irgendwohin verreisen sollte, in meiner Abwesenheit würde die Schwester meinem Vater alles erzählen. Sie selbst hatte Angst bei diesem Gedanken. Nach dem Mißerfolg mit dem Studium des älteren Bruders hatte der Vater seinen ganzen Ehrgeiz auf mich konzentriert. Die ersten Jahre hatten einen vollen Erfolg versprochen, und nun ging alles bergab.
Als ich nach acht Tagen mit meinem Freund Grischa nach Hause zurückkehrte, wurde mir sofort klar, daß nun alles bekannt war. Die Mutter begrüßte Grischa freundlich und tat mir gegenüber so, als bemerkte sie mich überhaupt nicht. Der Vater dagegen behandelte mich, als wäre nichts geschehen. Erst einige Tage später, als

er an einem heißen Tage vom Felde zurückgekehrt war und im kühlen Hausflur ausruhte, begann Vater in Gegenwart der Mutter plötzlich: »Na, sag mir mal, wie hast du denn eigentlich deinen Direktor ausgepfiffen? So: mit zwei Fingern im Munde?« – er zeigte es und lachte. Die Mutter blickte verwundert bald auf den Vater, bald auf mich. Auf ihrem Gesicht kämpfte Lächeln mit Entrüstung: spricht man denn so leichtfertig von diesen schrecklichen Dingen? Doch der Vater setzte das Verhör fort: »Zeig doch, wie hast du gepfiffen?« Er lachte immer lustiger. So sehr er auch betrübt war, so gefiel ihm offensichtlich doch der Gedanke, daß sein Sprößling, trotz seines Ranges als erster Schüler, es gewagt hatte, die hohe Behörde auszupfeifen. Vergeblich suchte ich ihn zu überzeugen, daß es sich nicht um Pfeifen, sondern um ganz friedliches Heulen gehandelt hatte. Der Vater blieb bei dem Pfeifen. Es endete damit, daß die Mutter zu weinen begann.

Auf das Examen bereitete ich mich im Sommer fast gar nicht vor. Das Vorgefallene hatte mir für eine Weile den Geschmack am Lernen genommen. Ich verbrachte einen unruhigen Sommer, mit dauerndem Aufbrausen und Gezänk, und kehrte zwei Wochen vor dem Examen nach Odessa zurück. Aber auch hier arbeitete ich lustlos. Am eifrigsten bereitete ich mich in Französisch vor. Bei der Prüfung beschränkte sich Burnand jedoch nur auf einige flüchtige Fragen. Die anderen Lehrer fragten noch weniger. Ich wurde in die dritte Klasse aufgenommen. Dort traf ich die Mehrzahl der Schüler, die mich verraten, verteidigt oder sich vorsichtigerweise abseits gehalten hatten. Das bestimmte die persönlichen Beziehungen für lange Zeit. Mit vielen sprach ich nicht und grüßte sie nicht, dagegen schloß ich mich jenen enger an, die im schwierigen Augenblick zu mir gehalten hatten.

Das war meine erste, gewissermaßen politische Prüfung. Die Gruppierung, die um diese Episode entstanden war: die Petzer und Neider auf der einen Seite, offene, tapfere Jungens auf der anderen und die neutrale, schwankende, haltlose Masse in der Mitte – diese drei Gruppierungen haben sich auch in der Folgezeit nicht völlig verloren. Ich traf sie in meinem späteren Leben wiederholt unter den verschiedensten Umständen.

Der Schnee war von den Straßen nocht nicht ganz entfernt worden, aber es war schon warm. Dächer, Bäume und Spatzen atmeten bereits Frühling. Der Schüler der vierten Klasse ging nach Hause und hielt, entgegen allen Regeln, einen Riemen des Ranzens in der Hand, weil der Haken abgerissen war. Den langen Mantel empfand er als etwas Überflüssiges, Unnötiges, Schweres; er versetzte den Körper in einen leichten Schweiß. Neben diesem Schweiß empfand der Knabe eine unbestimmte Sehnsucht. Er sah alles und vor allem sich selbst in einem neuen Lichte. Die Frühlingssonne ermahnte ihn, daß es etwas unermeßlich Gewaltigeres gäbe als Schule, Inspektor und unvorschriftsmäßig auf dem Rücken sitzender Ranzen, als Lernen, Schachspiel, Mittagessen und sogar Lesen und Theater, als das ganze alltägliche Leben überhaupt. Und die Sehnsucht nach diesem Unbekannten, Gebieterischen, das sich über den einzelnen Menschen erhebt, erfaßte das ganze Wesen des Knaben, drang in die Knochen ein und rief in ihm einen süßen Schmerz der Erschöpfung wach.

Heim kam er mit summendem Kopf und einer schmerzenden Musik in den Schläfen. Er warf den Ranzen auf den Tisch, legte sich aufs Bett und begann unmerklich für sich selbst ins Kissen zu weinen. Um für die Tränen eine Rechtfertigung zu finden, rief er sich traurige Szenen aus Büchern und aus seinem eigenen Leben ins Gedächtnis zurück, gleichsam einen Heizkörper mit frischem Brennstoff versorgend, und weinte und weinte Tränen der Frühlingssehnsucht. Er stand damals im vierzehnten Lebensjahr.

Der Knabe litt seit seiner Kindheit an einer Krankheit, die die Ärzte in offiziellen Attesten einen chronischen Katarrh des Magen- und Darmweges nannten und die sich mit seinem ganzen Leben eng verflocht. Er war gezwungen, häufig Medizin zu schlucken und Diät zu halten. Jede nervöse Erschütterung äußerte sich am Darm. Als er in der vierten Klasse war, verschärfte sich die Krankheit derart, daß sie das Studium lahmlegte. Nach einer langen, erfolglosen Kur sprachen die Ärzte ihr Urteil: den Kranken aufs Land zu schikken.

Das Urteil der Ärzte nahm ich damals eher mit Befriedigung als mit Trauer auf. Es war aber noch nötig, die Zustimmung der Eltern zu erobern. Man mußte im Dorfe einen Repetitor ausfindig machen, um nicht ein Jahr zu verlieren. Das bedeutete Mehrausgaben, und Mehrausgaben waren in Janowka unbeliebt. Mit Hilfe von Moissej Filippowitsch wurde jedoch die Sache geordnet. Einen Repetitor fand man in der Person des ehemaligen Studenten G., eines kleinen Menschen mit üppiger Mähne, die an den Schläfen reichlich ergraut war. Es war ein etwas eitles, wie etwas phantastisches, gesprächiges und charakterloses Menschlein, mit halber Universitätsbildung, aus der Kategorie der Pechvögel. Er schrieb Verse, zwei davon hatte ein Odessaer Blatt sogar veröffentlicht. Beide Nummern der Zeitung trug er stets bei sich und zeigte sie gern. Seine Beziehungen zu mir waren von heftiger Art, mit steter Tendenz zur Verschlechterung. Anfangs benahm er sich mir gegenüber sehr familiär und betonte bei jedem Anlaß, daß er mein Freund sein wolle. Zu diesem Zweck zeigte er mir das Bild irgendeiner Claudia und sprach von seinem komplizierten Verhältnis zu ihr. Dann wurde er plötzlich zurückhaltend und verlangte von mir Respekt des Schülers für den Lehrer. Dieses sinnlose Hinundher endete schlimm: mit einem stürmischen Streit und völligem Bruch. Aber auch die Episode mit dem Repetitor ging nicht spurlos vorüber. Immerhin hatte mich dieser Mann mit den ergrauten

Schläfen in die Geheimnisse seiner Beziehungen zu einer Frau eingeweiht, die auf dem Bilde recht imposant aussah. Ich fühlte mich erwachsener.

In den oberen Klassen ging der Literaturunterricht von Kryschanowski auf Gamow über. Das war ein noch junger, schwammiger, sehr kurzsichtiger und kränklicher blonder Mensch ohne eine Spur von einem Feuerchen im Leibe und ohne Liebe für das Lehrfach. Gelangweilt trotteten wir hinter ihm her von Kapitel zu Kapitel. Gamow war dazu noch unpünktlich und verschleppte die Durchsicht unserer schriftlichen Arbeiten aufs äußerste. In der fünften Klasse galten vier schriftliche Aufsätze als obligatorisch. Für sie hatte ich eine wachsende Leidenschaft. Ich las nicht nur die Quellen, die der Lehrer angab, sondern außerdem noch eine Reihe anderer Bücher, notierte mir Tatsachen und Zitate, veränderte und verwandte Sätze, die mir gefielen, ich arbeitete überhaupt mit großer Hingabe, die nicht immer an der Grenze des harmlosen Plagiates stehenblieb. Es gab in der Klasse noch einige Schüler, die die Aufsätze nicht als lästige Pflicht empfanden. Mit größter Aufregung – die einen mit Sorge, die anderen voller Hoffnung – erwartete die fünfte Klasse die Zensurierung ihrer Arbeiten. Aber sie erfolgte nicht. Dasselbe wiederholte sich im zweiten Vierteljahr. Im dritten Viertel überreichte ich als Aufsatz ein ganzes Heft. Es vergingen zwei, drei Wochen – wir hörten nichts. Man erinnerte Gamow behutsam. Er gab eine ausweichende Antwort. In der nächsten Stunde fragte der Schüler Jablonowski, auch einer der eifrigsten Aufsatzschreiber, Gamow direkt: wie ist es zu erklären, daß wir das Schicksal unserer Aufsätze nicht erfahren können, was geschieht denn eigentlich mit ihnen? Gamow unterbrach ihn schroff. Jablonowski ließ nicht nach. Er zog seine zusammengewachsenen dichten Augenbrauen hoch, hantierte nervös an der Bank herum und wiederholte mit erhobener Stimme, daß man auf diese Weise nicht arbeiten könne. »Wollen Sie gefälligst schweigen und sich hinsetzen«, antwortete Gamow. Jablonowski aber setzte sich weder, noch schwieg er. »Machen Sie, daß sie aus der Klasse kommen«, schrie ihn Gamow an. Meine Beziehungen zu Jablonowski waren schon lange keine guten. Die Geschichte mit Burnand in der zweiten Klasse hatte mich Vorsicht gelehrt. Aber jetzt fühlte ich, daß man nicht schweigen dürfe. »Anton Michajlowitsch«, erklärte ich, »Jablonowski hat recht, wir unterstützen ihn alle.« ... »Jawohl...«, vernahm man nun auch andere Stimmen. Gamow wurde verwirrt, geriet aber dann in Raserei. »Was soll das bedeuten?« heulte er auf, »ich weiß selbst, was ich zu tun habe... Sie haben gar nichts zu bestimmen. Sie stören die Ordnung...« Er war am wundesten Punkte getroffen worden.

»Wir wollen unsere Aufsätze sehen, nichts weiter«, erhob sich ein Dritter.

Gamow war außer sich. »Jablonowski, verlassen Sie die Klasse.«

Jablonowski rührte sich nicht vom Platze. »Geh doch, geh, was ist denn schon dabei«, flüsterte man ihm von verschiedenen Seiten zu. Mit zuckenden Schultern, rollenden Augen und mit den Absätzen klopfend, ging Jablonowski aus der Klasse und warf die Tür laut hinter sich zu. Zu Beginn der nächsten Stunde erschien unhörbar auf seinen Gummiabsätzen Kaminski in der Klasse. Das versprach nichts Gutes. Es trat Stille ein. Mit heiserem, gleichsam versoffenem Falsett erließ der Direktor eine kurze, aber strenge Warnung, drohte mit Ausschluß und verkündete als Strafen: Jablonowski vierundzwanzig Stunden Karzer und eine Drei in der Führung, ich vierundzwanzig Stunden Karzer, der Dritte zwölf Stunden. Das war der zweite Stein auf meinem Unterrichtswege. Ernstere Folgen hatte die Sache diesmal nicht. Unsere Aufsätze gab uns Gamow nicht zurück. Wir verzichteten auf sie.

Im gleichen Jahr starb der Zar. Das Ereignis schien ungeheuer, sogar unwahrscheinlich, aber fern, etwa wie ein Erdbeben in einem fremden Lande. Mitleid mit dem kranken Zaren, Sympathie für ihn oder Schmerz um seinen Tod gab es weder bei mir noch in meiner Umgebung. Als ich am nächsten Tag in die Schule kam, herrschte dort so etwas wie eine große, grundlose Panik. »Der Zar ist gestorben«, erzählten die Schüler einander und wußten nicht, was noch hinzuzufügen wäre; sie fanden keinen Ausdruck für ihr Gefühl, denn es war ihnen unklar, worin es bestand. Dafür aber wußte man, daß es keinen Unterricht geben würde, und man freute sich im stillen, besonders jene, die ihre Aufgaben nicht gemacht hatten und fürchteten, aufgerufen zu werden. Alle ankommenden Schüler schickte der Diener in die Aula, wo Vorbereitungen für die Seelenmesse getroffen waren. Der Pope mit der goldenen Brille sagte einige Anstandsworte: Kinder sind untröstlich, wenn der Vater stirbt, wie groß muß der Schmerz sein, wenn der Vater des ganzen Volkes gestorben ist. Man empfand jedoch keinen Schmerz. Die Seelenmesse zog sich in die Länge. Das war ermüdend und langweilig. Es wurde allen befohlen, auf dem linken Ärmel Trauerkrepp zu tragen und die Kokarde an der Mütze damit zu umhüllen. Dann nahm alles seinen alten Lauf.

In der fünften Klasse fingen die Schüler schon an, Gedanken über die Hochschulen auszutauschen, über die Wahl des ferneren Lebensweges. Es wurde viel von der Wettbewerbprüfung gesprochen, und davon, daß die Petersburger Professoren so viele durchfallen ließen, knifflige Aufgaben stellten; was es für Spezialisten in Petersburg gäbe, die Prüfungskandidaten flügge zu machen. Es gab in der Stadt junge Menschen, die jahraus, jahrein nach Petersburg zur Wettbewerbprüfung reisten, durchfielen und sich wieder darauf vorbereiteten, um den gleichen Weg zu wiederholen. Bei dem Gedanken an die bevorstehende Schicksalsprüfung erstarrte manchem das Herz zwei Jahre vor der Zeit.

Die sechste Klasse verlief ohne Zwischenfälle. Alle wollten nur möglichst schnell das Joch der Schule abstreifen. Die Reifeprüfungen trugen einen feierlichen Charakter: sie fanden in der Aula statt, unter Beteiligung von Universitätsprofessoren, die das Lehrbezirksamt dazu entsandte. Der Direktor öffnete jedesmal feierlichst das vom Obersten Schulkreisamt eingetroffene Paket, das die Themen der schriftlichen Arbeit enthielt. Nach der Bekanntgabe wurde ein allgemeiner Stoßseufzer laut, als tauche man alle in kaltes Wasser. Vor nervöser Spannung schien es, die Aufgabe übersteige die Kräfte völlig. Aber dann zeigte es sich, daß es nicht gar so schlimm war. Am Ende der festgelegten zwei Stunden halfen uns die Lehrer, die Wachsamkeit des Schulkreisamtes zu täuschen. Als ich mit meiner Aufgabe fertig war, gab ich sie nicht ab, sondern blieb nach einer stillschweigenden Übereinkunft mit dem Inspektor Kryschanowski im Zimmer, um in eine lebhafte Korrespondenz mit jenen Schülern zu treten, bei denen in gewissen Fächern nicht alles wohlbestellt war.

Die siebente Klasse galt als Ergänzungsklasse. An der Schule des hl. Paulus gab es keine siebente Klasse – man mußte in eine andere Schule übergehen. In der Zwischenzeit waren wir freie Bürger. Jeder hatte sich für diesen Fall mit Zivilkleidung versehen. Am Abend des Tages, an dem wir unsere Zeugnisse bekommen hatten, saßen wir in einer großen Gruppe im Sommergarten, wo auf der Bühne Chansonetten auftraten und den Schülern der Zutritt strengstens untersagt war. Alle trugen Krawatten; auf dem Tisch standen zwei Flaschen Bier, im Munde steckte die Zigarette. Innerlich hatten wir vor unserer eigenen Tapferkeit Angst. Noch bevor wir die erste Flasche geöffnet hatten, erschien an unserem Tisch der Klassenaufseher Wilhelm, den man wegen seiner meckernden Stimme Ziege nannte. Wir machten eine instinktive Bewegung, um aufzustehen, und alle überlief ein leichter Schauer. Aber es passierte nichts. »Ihr seid schon hier?« sagte Wilhelm mit einem Anflug von Wehmut und drückte uns gnädig die Hand. Der Älteste unter uns, K., mit einem Ring am kleinen Finger, lud den Aufseher ungeniert ein, mit uns ein Glas Bier zu trinken. Das war zu viel. Wilhelm lehnte würdevoll ab, verabschiedete sich eiligst und ging weiter, Schüler abzufangen, die die verbotene Schwelle des Gartens übertreten hatten. Mit verdoppeltem Selbstbewußtsein gingen wir an das Biertrinken.

Die sieben Jahre, die ich, die Vorschule mitgerechnet, in der Realschule verbracht habe, entbehrten auch der Freuden nicht. Die waren aber weniger sichtbar als die Leiden. Im allgemeinen ist die Erinnerung an die Schule, wenn nicht in schwarze, so doch in graue Farben getaucht. Über allen Schulepisoden, den schmerzlichen wie den freudigen, erhob sich das Regime der Seelenlosigkeit und des bürokratischen Formalismus. Es ist schwer, auch nur einen Lehrer zu nennen, an den ich mich wirklich mit Liebe erinnern könnte. Dabei war unsere Schule nicht die schlechteste. Sie hat mich doch manches gelehrt: sie gab mir die elementaren Kenntnisse, die Gewohnheit zu systematischer Arbeit und die äußere Disziplin. Für das alles fand ich später Verwendung. Sie hat in mir außerdem, was nicht ihre direkte Aufgabe war, Samen der Feindschaft gegen das Bestehende gesät. Dieser Samen ist jedenfalls nicht auf einen Steinboden gefallen.

Dorf und Stadt

Im Dorfe verbrachte ich ohne Unterbrechung die ersten neun Jahre meines Lebens. Während der folgenden sieben Jahre kam ich alljährlich im Sommer, manchmal auch zu Weihnachten oder zu Ostern hin. Fast bis zu meinem achtzehnten Jahre war ich mit Janowka und allem, was es umgab, eng verbunden. In den ersten Kinderjahren war der Einfluß des Dorfes allmächtig. In der folgenden Periode kämpfte es mit der Stadt um den Vorrang, wurde aber auf der ganzen Linie von dieser zurückgedrängt.

Das Dorf vermittelte mir die Bekanntschaft mit der Landwirtschaft, der Mühle, mit der amerikanischen Garbenbindemaschine. Das Dorf hatte mich den Bauern genähert, sowohl denen des Ortes wie denen aus der Umgebung, die zur Mühle mußten, wie auch denen aus den ferneren ukrainischen Gouvernements, die mit Sense und Sack auf dem Rücken aufs Gut zur Arbeit kamen. Vieles von dem Dörfischen geriet später in Vergessenheit, verwischte sich in der Erinnerung; aber bei jeder neuen Wendung meines Lebens tauchte bald das eine, bald das andere auf und war mir in manchen Fällen eine Hilfe.

Das Dorf hatte mir in natura die Typen des verarmenden Adels und der kapitalistischen Bereicherung gezeigt. Es hat mir manche Seiten der menschlichen Beziehungen in ihrer natürlichen Grobheit enthüllt und dadurch stärker den Typus der städtischen, der höheren, aber widerspruchsvolleren Kultur empfinden lassen.

Schon die ersten Ferien hatten Stadt und Land in meinem Bewußtsein gleichsam gegenübergestellt. Ich reiste höchst ungeduldig nach Haus. Das Herz hüpfte vor Freude. Ich sehnte mich danach, alle wiederzusehen und mich allen zu zeigen. In Nowij Bug holte mich der Vater ab. Ich legte ihm meine ›Fünfer‹ vor und erklärte, jetzt sei ich in der ersten Klasse und brauche eine Parade-Uniform. Wir fuhren durch die Nacht im Planwagen; anstatt des Kutschers fuhr uns ein junger Gutsverwalter. In der Steppe wehte feuchte Kühle, man wickelte mich in einen großen Filzmantel ein. Von dem Wechsel der Umgebung, von der Fahrt, den Erinnerungen und Eindrücken wie berauscht, berichtete ich unermüdlich über die Schule, die Badeanstalt, über meinen Freund Kostja R., über das Theater. Ohne einen Augenblick innezuhalten, erzählte ich

zuerst den Inhalt des Stückes ›Nasar Stodolja‹ und dann ›Der Mieter mit der Posaune‹. Der Vater hörte zu, schlummerte für Augenblicke ein, schreckte auf und lachte zufrieden. Der junge Gutsverwalter schüttelte von Zeit zu Zeit den Kopf und drehte sich nach dem Gutsherrn um, als wollte er sagen: Das ist eine Erzählung!
Gegen Morgen schlief ich ein und erwachte in Janowka. Das Haus schien mir furchtbar klein, das ländliche Weizenbrot grau und das ganze Dorfgetriebe verwandt und fremd zugleich. Ich erzählte auch der Mutter und den Schwestern vom Theater, aber nicht mehr mit jenem Feuer wie nachts dem Vater. In der Werkstatt fand ich Witja und David fast bis zur Unkenntlichkeit verändert: sie waren groß und stark geworden. Aber auch ich kam ihnen anders vor. Sie begannen, Sie zu mir zu sagen. Ich protestierte dagegen.
»Wie denn anders?« antwortete der dunkle, magere und stille David. »Jetzt sind Sie ein Gelehrter.«
Iwan Wassiljewitsch hatte sich inzwischen verheiratet. Die Gesindeküche neben der Werkstatt war für ihn in eine Wohnung umgeändert worden, während man die Küche in eine neue Hütte verlegt hatte, hinter die Werkstatt.
Aber nicht darum hatte es sich gehandelt. Zwischen mir und dem, was mit meiner Kindheit verbunden war, erhob sich wie eine Wand etwas Neues. Alles war dasselbe und doch anders. Gegenstände und Menschen schienen wie vertauscht. Gewiß hatte sich in diesem einen Jahr manches auch wirklich verändert. Aber viel stärker war die Veränderung meines Auges. Seit dieser ersten Ankunft begann sich eine Art Entfremdung zwischen mir und meiner Familie zu zeigen; es fing mit Lappalien an, aber mit den Jahren wurde es ernster und tiefer.
Der wechselnde Einfluß, der von Stadt und Dorf ausging, hat auf die ganze Periode meiner ersten Schuljahre abgefärbt. In der Stadt fühlte ich mich wesentlich ausgeglichener im Verkehr mit Menschen, und mit Ausnahme einzelner, dafür aber stürmischer Konflikte, wie die mit dem Schulfranzosen oder mit dem Literaturlehrer, ging ich ziemlich ruhig an der Leine der Familien- und der Schuldisziplin. Das lag nicht nur an der Lebensführung der Familie Spenzer, wo vernünftige Ansprüche und ein verhältnismäßig hohes Niveau der persönlichen Beziehungen herrschten, sondern auch an der städtischen Lebensweise im allgemeinen. Zwar waren hier die Gegensätze nicht kleiner als auf dem Lande, im Gegenteil sogar stärker, doch waren sie in der Stadt verdeckt, geordnet, reglementiert. Menschen verschiedener Klassen kamen nur in geschäftlicher Sphäre in Berührung, dann verschwanden sie füreinander. Im Dorfe spielte sich alles vor den Augen der anderen ab. Die sklavische Abhängigkeit des einen Menschen von dem anderen kam hier zum Vorschein, wie die Sprungfedern aus einem alten Sofa. Im Dorfe zeichnete ich mich durch viel stärkere Unausgeglichenheit und Zanksucht aus. Selbst mit Fanni Solomonowna, war

sie im Dorf zu Besuch und nahm sie vorsichtig die Partei meiner Mutter oder Schwestern, zankte ich mich und war mitunter grob zu ihr, während ich in der Stadt nicht nur gute, sondern zärtliche Gefühle für sie hegte. Konflikte entstanden manchmal um nichts. Aber häufiger hatten sie doch einen ernsten Anlaß.
Ich trage einen frischgewaschenen Leinenanzug, einen Ledergürtel mit Blechschnalle, auf der weißen Mütze eine gelbe Kokarde, die in der Sonne glänzt – großartig. Die muß man allen zeigen. Ich fahre mit dem Vater ins Feld, während der heißesten Arbeit der Winterweizenernte. Der älteste Schnitter, Archip, ein finsterer, aber gleichzeitig weicher Mensch, geht als erster die Anhöhe hinauf, hinter ihm elf Schnitter und zwölf Garbenbinderinnen. Zwölf Sensen schneiden den Weizen und die glühende Luft. Archip hat eine Unterhose mit einem Hornknopf an. Die Binderinnen tragen zerrissene Röcke oder nur graue Hemden. Aus der Ferne klingt das Klirren der Sensen wie ein Läuten der Hitze.
»Laßt mal«, sagt der Vater, »ich will versuchen, wie der Winterweizen ist.« Er nimmt von Archip die Sense und stellt sich auf dessen Platz. Ich sehe aufgeregt zu. Der Vater macht Bewegungen, einfache, gewohnte, als arbeite er nicht, sondern mache nur Anstalten zur Arbeit, und seine Schritte sind leicht, als probiere er die Erde erst aus, als suche er eine Stelle, um auszuholen. Das Mähen geht ihm glatt von der Hand, ohne jede Bravour, auch gar nicht so sicher, aber er schneidet kurz, gleichmäßig – rasiert und legt das Abgemähte zu einem geraden Band zur linken Hand. Archip schaut mit einem Auge hin, und man sieht es ihm an, daß die Arbeit seinen Beifall findet. Die übrigen betrachten es auf verschiedene Weise. Die einen mit Sympathie: der Herr hat was los. Die anderen kühl: er hat gut mähen, es ist ja seins, auch das tut er nur zur Schau. Vielleicht übersetze ich es mir nicht in so präzise Worte, aber ich fühle scharf die komplizierte Mechanik der Beziehungen. Nachdem der Vater in anderes Revier gegangen ist, versuche ich, die Sense zu handhaben.
»Mit der Schneide, mit der Schneide die Halme nehmen, der Spitze Spielraum lassen, nicht aufdrücken.«
Aber vor Aufregung kann ich nicht fassen, wo sie ist, diese Schneide, und die Spitze bohrt sich beim dritten Ausholen in die Erde.
»So wird die Sense bald hin sein«, sagt Archip, »lernen Sie zuerst vom Vater.«
Ich fühle die spöttischen Augen der braunen, staubigen Binderin und beeile mich, aus der Reihe herauszukommen mit meiner Kokarde an der Mütze, unter der der Schweiß rinnt.
»Geh lieber zu Muttern, Kuchen essen«, hörte ich hinter mir eine höhnende Stimme. Das ist Mutusok. Ich kenne diesen wie ein Stiefel schwarzen Schnitter: er arbeitet in Janowka das dritte Jahr. Er kommt aus der Siedlung, ist behend, hat eine lose Zunge, im vori-

gen Jahre gebrauchte er über die Gutsherren absichtlich in meiner Gegenwart bissige, aber recht zutreffende Worte. Mutusok gefällt mir mit seiner Geschicktheit und Kühnheit, aber gleichzeitig ruft er durch seinen unbändigen Spott einen ohnmächtigen Haß in mir hervor. Ich möchte etwas sagen, um Mutusok für mich zu gewinnen, oder aber, umgekehrt, ihn herrisch anfahren, aber ich finde kein rechtes Wort.

Ich komme vom Felde zurück und sehe vor der Schwelle unseres Hauses eine barfüßige Frau. Sie sitzt neben dem Stein, an die Wand gelehnt, sie wagt es nicht, sich auf den Stein zu setzen, – es ist die Mutter des halbirren Hirtenjungen Ignatka. Sie ist sieben Werst weit hergekommen, um den Rubel Lohn zu holen, aber es ist niemand zu Haus, der ihr den Betrag auszahlen könnte. Sie wird bis zum Abend warten müssen. Mein Herz krampft sich zusammen beim Anblick dieser Gestalt, die die Verkörperung der Armut und der Unterwürfigkeit ist.

Nach einem Jahre war es nicht besser, im Gegenteil. Als ich vom Krocketspiel kam, traf ich im Hof den Vater, der gerade aus dem Feld zurückkehrte, müde, gereizt, staubbedeckt, hinter ihm her trottete barfüßig, mit vom Schmutz schwarzen Sohlen, ein schekkiges Bäuerlein. »Lassen Sie um Gottes willen die Kuh frei«, flehte er und schwor, er werde sie nicht mehr ins Korn lassen. Der Vater antwortete: »Deine Kuh frißt für zehn Kopeken und macht einen Schaden für zehn Rubel.« Der Bauer wiederholte immer dasselbe, und in seinem Flehen klang Haß. Diese Szene hatte mich durch und durch aufgewühlt, bis zu der letzten Fiber meines Körpers. Die Krocketstimmung, die ich vom Spielplatz zwischen den Birnbäumen, wo ich meine Schwestern siegreich geschlagen hatte, heimbrachte, wich plötzlich einer akuten Verzweiflung. Ich stahl mich am Vater vorbei in das Schlafzimmer, fiel mit dem Gesicht auf das Bett und weinte bitterlich – trotz meines Ausweises als Schüler der zweiten Klasse. Der Vater ging durch den Flur in das Eßzimmer, hinter ihm her das Bäuerlein. Man hörte Stimmen. Dann ging der Bauer weg. Die Mutter kam aus der Mühle, ich konnte ihre Stimme unterscheiden, hörte, wie man die Teller zum Mittagessen auf den Tisch stellte, wie die Mutter mich rief... Ich antwortete nicht und weinte. Die Tränen bekamen allmählich einen Beigeschmack von Seligkeit. Die Türe wurde aufgemacht, meine Mutter beugte sich über mich.

»Was hast du, Ljowotschka?« Ich antwortete nicht. Die Mutter flüsterte mit dem Vater.

»Weinst du wegen des Bauern? Man hat ihm doch die Kuh zurückgegeben und auch keine Strafe erhoben.«

»Nein, gar nicht darum«, antwortete ich aus dem Kissen, qualvoll mich des Anlasses meiner Tränen schämend.

»Man hat von ihm keine Strafe erhoben«, wiederholte die Mutter.

Es war der Vater, der die Ursache meines Schmerzes erkannt und der Mutter gesagt hatte. Er konnte im Vorbeigehen, mit einem flüchtigen Blick, vieles bemerken.
Eines Tages kam in Abwesenheit des Gutsherrn der Urjadnik, ein gemeiner, gieriger, frecher Mensch, und verlangte die Pässe der Arbeiter. Bei zweien war die Frist abgelaufen. Er ließ die beiden Arbeiter sofort holen und erklärte sie für verhaftet, um sie auf dem Etappenweg in ihre Heimat zu schicken. Der eine war ein Greis mit tiefen Furchen auf dem braunen Hals, der andere jung, ein Neffe des Alten. Sie fielen im Flur mit ihren dürren Knien auf die Erde, zuerst der Alte, hinter ihm der Junge, beugten ihre Köpfe bis zum Boden und flehten: »Erweisen Sie uns die göttliche Gnade, machen Sie uns nicht unglücklich.« Der stämmige, verschwitzte Urjadnik spielte mit seinem Säbel, während er die kalte Milch, die man ihm aus dem Keller gebracht hatte, trank, und antwortete: »Bei mir gibt es Gnade nur an Feiertagen, heute ist Alltag.« Ich stand wie auf Kohlen und brachte mit abgerissener Stimme einige protestierende Worte hervor. »Sie, junger Mann, geht das gar nichts an«, sagte er deutlich und streng, und die ältere Schwester machte mir mit dem Finger beschwichtigende Zeichen. Der Urjadnik führte die Arbeiter ab.
Während der Ferien übte ich das Amt des Buchhalters aus, das heißt, ich trug abwechselnd mit dem älteren Bruder und der älteren Schwester die gemieteten Arbeiter sowie die Löhnungsbedingungen und die einzelnen Auszahlungen in Produkten und in Geld in ein Buch ein. Bei der Abholung half ich häufig dem Vater, und da kam es zwischen uns oft zu kurzen, durch die Anwesenheit der Arbeiter gedämpften Zusammenstößen. Betrug gab es bei der Abrechnung nicht, aber die Vertragsbedingungen wurden stets streng gedeutet. Die Arbeiter, besonders die älteren, merkten bald, daß der Junge ihnen in die Hand spielte, und das reizte den Vater.
Nach besonders scharfen Zusammenstößen ging ich mit einem Buch davon und kam manchmal nicht zum Mittag zurück. Einmal überraschte mich während eines solchen Zerwürfnisses im Feld ein Gewitter: der Donner rollte ohne Unterbrechungen, der Steppenregen gurgelte in Wasserbächen, die Blitze zielten gleichsam nach mir, bald von der einen, bald von der anderen Seite. Ich ging auf und ab, ganz durchnäßt, in quietschenden Schuhen und in einer Mütze, die einem Wassertrichter glich. Als ich nach Haus kam, betrachteten mich alle schweigend und schief. Die Schwester gab mir Wäsche zum Umziehen und Essen.
Am Ende der Ferien fuhr ich gewöhnlich mit dem Vater in die Stadt. Beim Umsteigen wurde kein Gepäckträger genommen, das Gepäck trug man selbst. Der Vater nahm die schwereren Stücke, und ich konnte an seinem Rücken und den ausgereckten Armen sehen, wie schwer es ihm wurde. Der Vater tat mir leid, und ich be-

mühte mich, zu tragen, soviel ich nur konnte. Hatten wir eine große Kiste mit Geschenken vom Land für die Odessaer Verwandtschaft, dann wurde ein Gepäckträger genommen. Der Vater zahlte knauserig, der Träger war unzufrieden und schüttelte böse den Kopf. Das berührte mich immer schmerzlich. Fuhr ich allein und mußte den Gepäckträger zu Hilfe nehmen, dann verschwendete ich schnell mein Taschengeld; ich fürchtete stets, zu wenig gegeben zu haben, und blickte dem Gepäckträger besorgt in die Augen. Das war die Reaktion auf die Sparsamkeit im elterlichen Hause, und sie blieb mir fürs ganze Leben.

In religiöser und nationaler Hinsicht bestand zwischen der Stadt und dem Dorf kein Widerspruch, im Gegenteil, sie ergänzten sich in verschiedener Weise. Religiosität existierte in der elterlichen Familie nicht. Anfangs wahrte man noch den Schein: an großen Feiertagen fuhren die Eltern in die Synagoge der Kolonie, an Sonnabenden nähte die Mutter nicht, mindestens nicht offen. Aber auch diese rituelle Religiosität nahm mit den Jahren ab, mit dem Heranwachsen der Kinder und des Wohlstandes der Familie. Der Vater glaubte schon seit seinen jungen Jahren nicht an Gott, und im späteren Alter sprach er darüber offen vor der Mutter und den Kindern. Die Mutter zog vor, diese Fragen zu umgehen, und schlug bei passenden Gelegenheiten die Augen zum Himmel empor.

Als ich sieben bis acht Jahre alt war, galt allerdings der Glaube an Gott offiziell noch als selbstverständlich. Einmal fragte mich ein zugereister Gast, dem die Eltern wie gewöhnlich den Sohn vorführten, wobei sie mich zwangen, meine Zeichnungen zu zeigen und Verse aufzusagen:

»Nun, und was ist Gott?« »Gott«, antwortete ich, ohne zu schwanken, »ist so ein Mensch.« Der Gast schüttelte den Kopf: »Nein, Gott ist kein Mensch.«

»Was ist Gott sonst?« fragte ich nun meinerseits, denn außer Menschen kannte ich nur noch Tiere und Pflanzen. Der Gast, Vater und Mutter sahen sich mit einem verlegenen Lächeln an, wie Erwachsene es immer tun, wenn Kinder an den unerschütterlichen Gemeinplätzen zu rütteln versuchen.

»Gott ist ein Geist«, sagte der Gast. Jetzt blickte ich mit verwirrtem Lächeln auf die Erwachsenen, um aus ihren Gesichtern zu lesen, ob sie mit mir Scherz trieben. Aber nein, es war kein Scherz. Ich mußte mich damit abfinden. Ich gewöhnte mich also daran, daß Gott ein Geist sei. Wie es sich für einen kleinen Wilden gehört, vermengte ich ihn mit meinem eigenen ›Geist‹, den ich Seele nannte, und wußte schon, daß der Geist, das heißt die Atmung, mit dem Tode aufhörte. Damals war mir noch nicht bekannt, daß diese Lehre Animismus heißt.

Während meiner ersten Ferien begann ich, als ich mich auf den Diwan schlafen legen wollte, mit dem in Janowka zu Besuch weilenden Studenten S., der auf dem Sofa lag, ein Gespräch über Gott. An die Existenz Gottes hatte ich zu dieser Zeit halb geglaubt und auch halb nicht geglaubt, ich hatte mich überhaupt damit nicht besonders beschäftigt, wollte aber doch gern eine feste Entscheidung treffen.

»Und wo bleibt die Seele nach dem Tode?« fragte ich, während mein Kopf sich über das Kissen neigte. »Und wo bleibt sie, wenn der Mensch schläft?« erfolgte die Antwort. »Nun, dann, immerhin...«, erwiderte ich mit dem Schlaf kämpfend.

»Und wo bleibt die Seele des Pferdes, wenn es krepiert?« setzte mir S. zu. Dieser Einwand befriedigte mich vollauf, und ich schlief ruhig ein.

In der Familie Spenzer spürte man von Religiosität überhaupt nichts, wenn man die alte Tante unbeachtet läßt, die übrigens auch nicht mitzählte. Der Vater aber wollte gern, daß ich die Bibel im Urtext kenne; das war ein Punkt seines väterlichen Ehrgeizes, und ich nahm in Odessa Bibelstunden bei einem sehr gelehrten Alten. Der Unterricht dauerte nur einige Monate und hat mich im Glauben der Väter nicht gefestigt. Als ich in den Worten des Lehrers eine gewisse Zweideutigkeit in bezug auf den Text, den wir lernten, entdeckte, stellte ich vorsichtig und diplomatisch die Frage: »Wenn man, wie so manche glauben, annimmt, daß es keinen Gott gibt, wie ist dann die Welt entstanden?«

»Hm«, antwortete mein Lehrer, »Sie können ja die Frage auf ihn selbst anwenden.« Genau so knifflich hat sich der Alte ausgedrückt. Mir wurde klar, daß mein Religionslehrer nicht an Gott glaubte, und ich gab mich endgültig zufrieden.

Die Schüler der Realschule gehörten verschiedenen Nationalitäten und verschiedenen Religionen an. Religionsunterricht erteilte, je nach der Religionszugehörigkeit: den Orthodoxen ein Pope, den Protestanten ein Pfarrer, den Katholiken ein Pater und den Juden ein Religionslehrer. Der Pope, ein Neffe des Bischofs und, wie man sagte, ein Liebling der Damen, war eine junge blonde Christusschönheit, aber durchaus salonmäßig, mit goldener Brille, üppigem goldblonden Haar, im Benehmen von unerträglicher Gesalbtheit. Vor dem Religionsunterricht trennten sich die Schüler, die Andersgläubigen mußten aus der Klasse gehen, meistens an der Nase des Popen vorbei. Er schnitt stets ein merkwürdiges Gesicht, während er die Hinausgehenden mit einem Ausdruck von Verachtung, gemildert durch wahrhaft christliche Nachsicht, betrachtete. »Wohin wollt ihr?« fragte er einen der Weggehenden. »Wir sind Katholiken«, antwortete der. »Ah, Katholiken«, wiederholte er kopfschüttelnd, »so ... so ... so ... Und Sie?« »Wir sind Juden.« »Ju-den, Ju-den, so... so... so...« Zu den Katholiken kam der Pater, der stets unmerklich an der Klassentür als schwarzer Schatten auftauchte und ebenso unmerklich verschwand, so daß ich in all den Jahren kein einziges Mal sein glattrasiertes Gesicht richtig betrachten konnte. Ein gutmütiger Herr namens Ziegelmann lehrte die jüdischen Schüler die Bibel und die Geschichte des jüdischen Volkes. Diese Stunden nahm keiner ernst.

Das nationale Moment nahm in meinem Bewußtsein keinen selbständigen Platz ein, da ich es im Alltagsleben nur wenig zu spüren bekam. Nach den einschränkenden Gesetzen von 1881 konnte mein Vater zwar kein Land mehr hinzukaufen, was er so sehr erstrebt hatte, und mußte es nun unter Verschleierung pachten. Aber mich berührte das wenig. Als Sohn eines wohlhabenden Gutsbesitzers gehörte ich eher zu den Privilegierten als zu den Unterdrückten. Die Sprache der Familie und des Gutshofs war Russisch-Ukrainisch. In die Schulen wurden Juden zwar nur nach einer Prozentnorm aufgenommen, weshalb ich ein Jahr verlor. Aber später war ich immer Erster und fühlte die ›Norm‹ nicht. Eine offen nationalistische Hetze gab es in der Schule kaum. Das verhinderte schon die nationale Buntheit in der Zusammensetzung nicht nur der Schüler, sondern auch der Lehrer. Ein versteckter Chauvinismus war aber immerhin vorhanden und äußerte sich von Zeit zu Zeit auch offen. Der Geschichtslehrer Ljubimow befragte einmal mit besonderem Eifer einen polnischen Schüler über die Verfolgungen der Orthodoxen durch die Polen in Weißrußland und Litauen. Mizkewitsch, ein dunkler, schmaler Knabe, wurde grün im Gesicht, stand mit zusammengebissenen Zähnen da und sagte kein Wort. »Nun, was meinen Sie?« ermunterte ihn Ljubimow mit offensichtlicher Wollust. »Warum schweigen Sie?« Einer der Schüler hielt es nicht aus und rief von seinem Platze: »Mizkewitsch ist selbst Pole und Katholik.« »A... a...«, dehnte Ljubimow seine gespielte Verwunderung aus, »wir machen hier keine Unterschiede.«

Mich berührten in gleicher Weise die maskierten Gemeinheiten des Geschichtslehrers gegen die Polen, die Gereiztheit des Franzosen Burnand gegen die Deutschen, das Kopfschütteln des Popen gegen die Juden. Wahrscheinlich hat die nationale Ungleichheit einen unterirdischen Anstoß zu meiner Unzufriedenheit mit dem bestehenden Regime gegeben; aber diese Ursache löste sich in den anderen Erscheinungen sozialer Ungerechtigkeit auf und spielte keine ausschlaggebende, überhaupt keine selbständige Rolle.

Das Gefühl des Vorrangs des Ganzen über das Partielle, des Gesetzes über das Faktum, der Theorie über die persönliche Erfahrung entstand in meinen frühen Jahren und hat sich mit der Zeit nur verstärkt. Bei der Ausbildung dieses Gefühls, das später die Basis meiner Weltanschauung wurde, hat die Stadt den entscheidenden Einfluß gehabt. Wenn Knaben, die Physik und Naturwissenschaften lernten, abergläubische Bemerkungen machten über den ›schweren‹ Montag, oder den Popen, der einem den Weg kreuzte, erfaßte mich tiefe Empörung, das Gefühl verratener Vernunft. Ich

war bereit, auf die Wände zu klettern, um sie von ihrem schändlichen Aberglauben abzubringen.
Als man sich in Janowka lange mit der Ausmessung einer Feldfläche, die die Form eines Trapezes hatte, abplagte, verfuhr ich nach Euklidischer Methode, wofür ich zwei Minuten Zeit gebrauchte. Aber mein Ergebnis stimmte nicht mit dem überein, was sich ›aus der Praxis‹ ergab, und man glaubte mir nicht. Ich brachte ein Geometriebuch, schwor im Namen der Wissenschaft, war sehr aufgeregt und sagte Grobheiten: ich sah, daß die Menschen nicht zu überzeugen waren, und geriet in Verzweiflung.
Ich führte einen heftigen Streit mit unserem Mechaniker Iwan Wassiljewitsch, der die Hoffnung nicht aufgeben wollte, ein Perpetuum mobile zu konstruieren. Das Gesetz der Energieerhaltung schien ihm eine Erfindung, die mit der Sache nichts zu tun hat. »Anders in Büchern, anders die Praxis…«, pflegte er zu sagen. Mir war es unverständlich und unerträglich, daß Menschen im Namen gewohnter Irrtümer oder sinnloser Phantastereien unerschütterliche Wahrheiten zurückwiesen.
Später wurde das Gefühl der Überlegenheit des Ganzen über das Detail ein unzertrennliches Stück meines schriftstellerischen Schaffens und meiner politischen Betätigung. Der stumpfsinnige Empirismus, das Anbeten des mitunter nur eingebildeten oder falsch verstandenen Faktums waren mir verhaßt. Ich suchte für die Fakten Gesetze. Das führte natürlich manchmal zu voreiligen und unrichtigen Verallgemeinerungen, besonders in meiner Jugend, als mir die Verallgemeinerungen sowohl das Buchwissen wie die Lebenserfahrung fehlten. Aber auf allen Gebieten ohne Ausnahme konnte ich mich nur dann frei bewegen und handeln, wenn ich den Faden des Ganzen in der Hand hielt. Der sozialrevolutionäre Radikalismus, der die geistige Achse meines ganzen Lebens werden sollte, ist gerade aus dieser intellektuellen Feindschaft zu der Brokkenrafferei, zum Empirismus, zu allem geistig Umgeformten und theoretisch Zerfahrenen erwachsen.
Ich versuche, auf mich zurückzublicken. Der Knabe war zweifellos ehrgeizig, jähzornig, vielleicht auch unverträglich. Beim Eintritt in die Schule hat er wahrscheinlich kaum das Gefühl der Überlegenheit über seine Altersgenossen gehabt. Zwar wurde er im Dorfe immer den Gästen vorgeführt, aber dort hatte es keine Vergleichsmöglichkeiten gegeben, und die Stadtjungen, die nach Janowka kamen, besaßen stets die unerreichbare Überlegenheit der Gymnasiasten, verbunden mit der Überlegenheit des Alters, so daß man zu ihnen nicht anders als emporschauen konnte. Die Schule ist ein Feld der grimmigen Rivalität. Von dem Augenblick an, wo er, den Zweiten überholend, Primus wurde, fühlte der kleine Abkömmling aus Janowka, daß er mehr konnte als die anderen. Die Knaben, die sich ihm näherten, erkannten seine Überlegenheit an. Das konnte nicht ohne Einfluß auf den Charakter bleiben. Die Lehrer

lobten ihn, und manche, wie Kryschanowski, strichen ihn sogar besonders gut heraus. Im allgemeinen benahmen sich die Lehrer gegen ihn zwar gut, aber doch trocken. Die Schüler teilten sich in heiße Freunde und Gegner.
Dem Knaben fehlte es nicht an Selbstkritik. Er stellte sogar große Ansprüche an sich. Seine Kenntnisse und Charaktereigenschaften befriedigten ihn nicht, und zwar je älter er wurde, um so weniger. Unbarmherzig entlarvte er sich bei einer Unwahrheit und machte sich jedesmal Vorwürfe, wenn er ein Buch, das die anderen wie selbstverständlich erwähnten, nicht gelesen hatte. Das hing natürlich eng mit dem Ehrgeiz zusammen. Der Gedanke, daß man besser, erhabener, belesener sein müsse, bohrte stets in seiner Brust. Er dachte an die Bestimmung des Menschen im allgemeinen und an die seine im besonderen.
Eines Abends fragte mich Moissej Filippowitsch im Vorbeigehen: »Na, mein Freund, denkst du auch über das Leben nach?« Mein Erzieher nahm oft Zuflucht zur scherzhaften Rhetorik, zum ironisch-theatralischen Ton. Mich aber hatte es getroffen. Ja, gerade über das Leben dachte ich nach: nur konnte ich meine knabenhafte Sorge um die Zukunft nicht beim richtigen Namen nennen. Mir war, als habe mich mein Erzieher belauscht. »Ich habe wohl richtig geraten?« sagte er in anderem Ton, klopfte mir auf die Schulter und ging in sein Zimmer.
Hat es in der Familie Spenzer politische Ansichten gegeben? Gemäßigt liberale, auf humanistischer Basis; Moissej Filippowitsch hatte nebelhaft sozialistische Sympathien, tolstoianisch gefärbt. Politische Fragen wurden fast niemals berührt, besonders nicht in meiner Gegenwart: es ist möglich, daß dabei die Befürchtung mitspielte, ich könnte etwas zu meinen Kameraden sagen und dadurch Unheil heraufbeschwören. Wenn aber in den Gesprächen der Erwachsenen zufällige Erwähnungen revolutionärer Ereignisse vorkamen, wie zum Beispiel: »das war im Jahre der Ermordung Alexanders II.«, so klang es so nach Vergangenheit, als hätte man gesagt: das war im Jahre der Entdeckung Amerikas. Das Milieu, in dem ich lebte, war unpolitisch. So hatte ich während meiner Schuljahre weder politische Ansichten noch das Bedürfnis danach verspürt. Aber mein unbewußtes Streben war oppositionell. Es war eine tiefe Feindseligkeit gegen das Bestehende, gegen Ungerechtigkeit, Willkür. Woher stammte sie? Aus den Zuständen in der Epoche Alexanders III., aus Polizeiherrschaft, gutsherrlicher Ausbeutung, aus Beamtenbestechlichkeit, den nationalen Beschränkungen, aus den Ungerechtigkeiten in der Schule und auf der Straße, aus dem nahen Leben mit Bauernjungen, Dienstboten, Arbeitern, aus Gesprächen in der Werkstatt, aus dem humanen Geist in der Familie Spenzer, aus den Gedichten von Nekrassow und anderen Büchern, aus der ganzen gesellschaftlichen Atmosphäre. Diese oppositionellen Stimmungen habe ich bei mir

in der Berührung mit zwei Schulkameraden, Rodsewitsch und Kologriwow, entdeckt.
Wladimir Rodsewitsch war der Sohn eines Obersten und eine Zeitlang Zweiter in der Klasse. Er erbat von seinen Eltern die Erlaubnis, mich an einem Sonntag einzuladen. Ich wurde trocken, aber gut empfangen. Der Oberst und dessen Frau sprachen mit mir wenig und ausforschend. In den drei bis vier Stunden, die ich dort im Hause verbrachte, stieß ich zweimal auf etwas Fremdes und Beunruhigendes, sogar Feindseliges: als die Religion und als die Behörde erwähnt wurde. In der Familie Rodsewitsch herrschte ein Ton konservativer Frömmigkeit, den ich wie einen Stoß gegen die Brust empfand. Wladimirs Eltern erlaubten ihm nicht, mich zu besuchen, und unsere Beziehungen brachen ab. Nach der ersten Revolution gewann in Odessa ein Mitglied der Schwarzenhundert große Popularität, ein Rodsewitsch, sicherlich ein Angehöriger dieser Familie.
Noch krasser war der zweite Fall. Kologriwow war mitten im Schuljahr gleich in die zweite Klasse gekommen und wirkte dort wie ein Fremdkörper: er war groß, ungeschlacht und von ungewöhnlichem Fleiß. Was er nur konnte, lernte er auswendig. Schon im ersten Monat entstand in seinem Kopfe vor lauter Auswendiglernen ein Wirrwarr. Ließ ihn der Lehrer der Geographie zur Karte kommen, dann begann Kologriwow, ohne die Frage abzuwarten: »Jesus Christus hat der Welt folgende Gebote...« Nach der Geographiestunde sollte nämlich die Religionsstunde sein. Im Gespräch mit diesem Kologriwow, der mir, dem besten Schüler der Klasse, nicht ohne Achtung gegenüberstand, hatte ich beiläufig eine kritische Bemerkung über unseren Direktor gemacht. »Darf man denn so von einem Direktor sprechen?« fragte mich mit aufrichtiger Entrüstung Kologriwow. »Weshalb denn nicht?« erwiderte ich mit noch aufrichtigerem Erstaunen. »Er ist doch ein Vorgesetzter. Und wenn ein Vorgesetzter dir befiehlt, auf dem Kopfe zu gehen, so hast du zu gehen und nicht zu kritisieren.« Gerade so hatte er es gesagt. Diese vollendete Formulierung verblüffte mich. Ich habe damals noch nicht verstehen können, daß der Junge nur das wiederholte, was er wohl häufig in seiner leibeigenen Familie gehört hatte. Und obwohl ich noch keine eigenen Anschauungen besaß, fühlte ich klar, daß es Anschauungen gab, die ich nicht anzunehmen vermochte, ebenso wie ich madige Speisen nicht essen konnte.
Neben der dumpfen Feindschaft für das politische Regime in Rußland entstand unmerklich eine Idealisierung des Auslandes, Westeuropas und Amerikas. Aus einzelnen Bemerkungen und Glossierungen, die die Phantasie ergänzte, entstand das Bild einer hohen, gleichmäßigen, allumfassenden Kultur. Später verband sich damit noch die Vorstellung von einer idealen Demokratie. Der junge Rationalismus wähnte: ist etwas einmal verstanden worden,

so wird es auch verwirklicht. Es schien darum unwahrscheinlich, daß in Europa noch Aberglauben herrschen, daß die Kirche dort eine große Rolle spielen und daß man in Amerika die Schwarzen verfolgen könnte. Diese aus der kleinbürgerlich-liberalen Umgebung in Fleisch und Blut übergegangene Idealisierung hielt sich auch später noch fest, als ich mir revolutionäre Ansichten anzueignen begann. Ich wäre wahrscheinlich in jenen Jahren sehr erstaunt gewesen, wenn ich vernommen hätte – wenn ich es hätte vernehmen können –, daß die deutsche Republik, von einer sozialdemokratischen Regierung gekrönt, Monarchisten bei sich duldet, aber Revolutionären das Asylrecht verweigert. Seit jener Zeit habe ich zum Glück aufgehört, mich über vieles zu wundern. Das Leben hat mir den Rationalismus ausgetrieben und hat mich Dialektik gelehrt. Selbst Hermann Müller kann mich nicht mehr in Erstaunen versetzen.

Das Jahr der Wende

Die politische Entwicklung Rußlands seit der Mitte des vorigen Jahrhunderts wird nach Jahrzehnten gerechnet. Die sechziger Jahre – nach der Krimkampagne – waren eine Aufklärungsepoche, unser kurzes XVIII. Jahrhundert. In dem folgenden Jahrzehnt machte die Intelligenz den Versuch, aus den Aufklärungsideen praktische Schlüsse zu ziehen: sie begann mit dem ›Gehen ins Volk‹ zum Zwecke der revolutionären Propaganda und endete mit dem Terrorismus. Die siebziger Jahre sind hauptsächlich als die Jahre der ›Narodnaja Wolja‹* in die Geschichte eingegangen. Die besten Elemente dieser Generation sind im Feuer des Dynamitkampfes umgekommen. Der Feind behielt alle seine Positionen. Es kam das Jahrzehnt des Niedergangs, der Enttäuschung, des Pessimismus, des religiösen und moralischen Suchens – das waren die achtziger Jahre. Unter dem Schutze der Reaktion vollzog sich jedoch die stumme Arbeit der Kräfte des Kapitalismus. Die neunziger Jahre brachten die Arbeiterstreiks und die marxistischen Ideen. Der neue Aufstieg erreicht seinen Höhepunkt im ersten Jahrzehnt des neuen Jahrhunderts, das war im Jahr 1905.
Die achtziger Jahre standen unter dem Zeichen des Oberprokurators des Heiligen Synods, Pobedonoszews, des Klassikers der absolutistischen Macht und der allgemeinen Stagnation. Die Liberalen sahen in ihm den reinsten Typ eines Bürokraten, der das Leben nicht kennt. Es verhielt sich aber anders. Pobedonoszew schätzte die Gegensätze, die in den Tiefen des Volkslebens verborgen waren, nüchterner und ernster ein, als die Liberalen es taten. Er be-

* ›Narodnaja Wolja‹ = ›Volkswille‹ ist sowohl der Name einer Zeitung wie der einer politischen Richtung.

griff: lockerte man die Schrauben, dann würde der Druck von unten die soziale Spitze restlos niederreißen und wie Asche alles das verwehen, was nicht nur Pobedonoszew, sondern auch die Liberalen als die Pfeiler der Kultur und der Moral betrachteten. Auf seine Weise blickte Pobedonoszew in die Dinge tiefer als die Liberalen. Es ist nicht seine Schuld, daß der historische Prozeß mächtiger war als jenes byzantinische System, das der Inspirator Alexanders III. und Nikolaus' II. so energisch zu verteidigen versucht hatte.
In den dumpfen achtziger Jahren, als die Liberalen glaubten, alles sei tot, fühlte Pobedonoszew unter den Füßen ein Brodeln und unterdrückte Stöße. Er war auch in den ruhigsten Jahren der Regierung Alexanders III. nicht ruhig. »Es war und es ist schwer und – wie bitter das Geständnis auch sein mag – es wird noch schwer sein«, schrieb er an seine Vertrauten. »Mir fällt die Last nicht von der Seele, weil ich stündlich sehe und fühle, wie der Geist der Zeit und wie die Menschen geworden sind... Vergleicht man die Gegenwart mit dem längst Vergangenen, so überkommt einen das Gefühl, daß man in einer anderen Welt lebt, *in der alles eine rückläufige Entwicklung zum ursprünglichen Chaos macht,* – und wir, wir fühlen uns inmitten dieser Gärung ohnmächtig.« Pobedonoszew erlebte das Jahr 1905, als die ihn so beängstigenden unterirdischen Stöße nach außen drangen und das Fundament und die massiven Mauern des ganzen alten Gebäudes die ersten Risse erhielten. Als das offizielle Jahr der politischen Wende im Lande gilt 1891, das sich durch Mißernte und durch Hunger auszeichnete. Das neue Jahrzehnt drehte sich nicht nur in Rußland um die Arbeiterfrage. Im Jahre 1891 nahm die deutsche Sozialdemokratie in Erfurt ihr Programm an. Der Papst Leo XIII. erließ eine Enzyklika, die der Lage der Arbeiter gewidmet war. Wilhelm II. beschäftigte sich mit sozialen Ideen, in denen sich törichte Unbildung mit bürokratischer Romantik vereinigte. Die Annäherung des Zaren an Frankreich sicherte den Zufluß von Kapital nach Rußland. Die Ernennung Wittes zum Finanzminister eröffnete die Ära des Industrieprotektionismus. Die stürmische Entwicklung des Kapitalismus erzeugte jenen ›Geist der Zeit‹, der Pobedonoszew durch drohende Ahnungen so gequält hatte.
Der politische Ruck in die Richtung der Aktivität offenbarte sich vor allem in den Kreisen der Intelligenz. Immer häufiger und immer entschiedener traten junge Marxisten auf. Gleichzeitig erwachte wieder das eingeschlummerte ›Narodnitschestwo‹ (Volkstümlerei). Im Jahre 1893 erschien legal das erste marxistische Buch, das aus der Feder Peter Struves stammte. Ich ging damals ins vierzehnte Jahr, ich war noch fern von diesen Fragen.
Im Jahre 1894 starb Alexander III. Wie stets in solchen Fällen, suchten die liberalen Hoffnungen in dem Thronfolger eine Stütze zu finden. Er antwortete mit einem Fußtritt. Beim Empfang der Semstwovertreter nannte der junge Zar die konstitutionellen

Hoffnungen »sinnlose Schwärmereien«. Diese Rede war in allen Zeitungen abgedruckt worden. Von Mund zu Mund gab man wieder, daß auf dem Papier, von dem der Zar seine Rede abgelesen hatte, geschrieben stand: »grundlose Schwärmereien«, in der Aufregung aber habe der Zar sich gröber ausgedrückt, als er es ursprünglich gewollt. Ich zählte damals fünfzehn Jahre. Ohne mir Rechenschaft abzugeben, warum, war ich auf seiten der sinnlosen Schwärmereien, nicht auf der des Zaren. Dunkel glaubte ich an die allmähliche Vervollkommnung, die das zurückgebliebene Rußland dem fortschrittlichen Europa annähern würde. Darüber hinaus gingen meine politischen Ideen nicht.

Das handeltreibende, vielstämmige, bunte, schreiende Odessa blieb politisch weit hinter den anderen Zentren zurück. In Petersburg, Moskau, Kiew gab es zu dieser Zeit bereits zahlreiche sozialistische Gruppen in den Schulen. In Odessa gab es das noch nicht. Im Jahre 1895 starb Friedrich Engels. In verschiedenen Städten Rußlands widmeten die Studenten und Schülervereine dem Tode Engels geheime Referate. Ich ging zu dieser Zeit in das sechzehnte Jahr. Aber ich kannte nicht einmal den Namen Engels und wäre wohl kaum in der Lage gewesen, etwas Bestimmtes über Marx zu sagen: vielleicht habe ich von ihm überhaupt nichts gewußt.

Meine politischen Stimmungen in der Schule waren verschwommen oppositionell, nichts weiter. Von politischen Fragen war in der Schule zu meiner Zeit noch keine Rede. Flüsternd erzählte man, daß in dem privaten Turnsaal des Tschechen Nowak sich irgendwelche Gruppen versammelten, daß dort Verhaftungen erfolgt seien und daß Nowak, der bei uns Turnstunde gab, deshalb aus der Schule entlassen und durch einen Offizier ersetzt worden sei. In dem Kreise, mit dem ich durch die Familie Spenzer in Berührung kam, war man mit dem Regime unzufrieden, hielt es jedoch für unerschütterlich. Die Kühnsten träumten von einer Konstitution, die nach einigen Jahrzehnten kommen würde. Von Janowka ganz zu schweigen. Als ich nach Beendigung der Schule mit unklaren demokratischen Ideen ins Dorf kam, wurde der Vater plötzlich aufmerksam und erklärte feindselig: »Das wird noch nach dreihundert Jahren nicht eintreten.« Er war von der Aussichtslosigkeit der reformatorischen Bestrebungen überzeugt und hatte Angst um den Sohn. Als der Vater im Jahre 1921, nachdem er den weißen und den roten Gefahren entronnen war, zu mir in den Kreml kam, fragte ich ihn scherzend: »Erinnern Sie sich noch, wie Sie sagten, das zaristische Regime werde noch dreihundert Jahre bestehen bleiben?« Der Alte lächelte verschmitzt und antwortete auf ukrainisch: »Na, mag diesmal deine Wahrheit die ältere sein...«

Zu Beginn der neunziger Jahre starben unter der Intelligenz die tolstoianischen Stimmungen allmählich ab. Der Marxismus bedrängte das Narodnitschestwo immer erfolgreicher. Vom Widerhall dieses geistigen Kampfes war die Presse aller Richtungen voll. Überall erwähnte man die auf sich selbst vertrauenden jungen Menschen, die sich Materialisten nannten. Auf dies alles stieß ich zum erstenmal im Jahre 1896.

Die Fragen der persönlichen Moral, die mit der passiven Ideologie der achtziger Jahre so eng verbunden waren, streiften mich in einer Periode, in der die ›Selbstvervollkommnung‹ nicht so sehr eine geistige Richtung als ein organisches Bedürfnis meines geistigen Wachstums war. Die Selbstvervollkommnung führte jedoch bald zur Frage nach der ›Weltanschauung‹, die mich wiederum vor die Alternative stellte: Narodnitschestwo oder Marxismus. Der Kampf dieser Richtungen erfaßte mich mit einer Verspätung von nur wenigen Jahren im Vergleich zum allgemeinen geistigen Umschwung im Lande. Als ich an das ABC der ökonomischen Wissenschaft heranging und mir die Frage vorlegte, ob Rußland durch das Stadium des Kapitalismus hindurchgehen müsse, hatten die Marxisten der älteren Generation bereits den Weg zu den Arbeitern gefunden und sich in Sozialdemokraten verwandelt.

Den ersten großen Kreuzweg meines Lebens erreichte ich, politisch selbst für mein damaliges Alter von siebzehn Jahren sehr wenig vorbereitet. Zu viele Fragen erhoben sich gleichzeitig vor mir, so daß dabei die nötige Folgerichtigkeit und Konsequenz nicht eingehalten werden konnten. Ich wandte mich ruhelos von der einen Frage zur andern. Dieses darf mit Sicherheit gesagt werden: das Leben hatte in meinem Bewußtsein bereits einen hinreichenden Vorrat an sozialem Protest verankert. Worin bestand er? Im Mitgefühl für die Beleidigten und in Empörung über Ungerechtigkeit. Das letztere Gefühl war vielleicht am stärksten. In meinen gesamten Eindrücken aus dem Alltag trat seit meiner frühesten Kindheit die menschliche Ungleichheit in ihren gröbsten und unverhülltesten Formen auf; die Ungerechtigkeit trug oft den Charakter offener Gesetzlosigkeit, die Menschenwürde wurde auf Schritt und Tritt verletzt. Es genügt an das Auspeitschen der Bauern zu erinnern. Das alles wurde heftig aufgenommen noch vor allen Theorien, und es schuf einen Vorrat an Eindrücken von großer Explosivkraft. Vielleicht habe ich gerade deshalb eine Zeitlang vor jenen großen Konsequenzen geschwankt, die ich aus den Beobachtungen der ersten Periode meines Lebens ziehen mußte.

Es gab jedoch in meiner Entwicklung noch eine andere Seite. Bei dem Ablösen der Generationen umklammert der Tote nicht selten den Lebenden. So war es auch mit jener Generation russischer Revolutionäre, deren frühe Jugend unter dem Druck der Atmosphäre der achtziger Jahre verlaufen war. Trotz der großen Perspektiven, die die neue Lehre eröffnete, erwiesen sich die Marxisten in der Wirklichkeit als Gefangene der konservativen Stimmungen der achtziger Jahre, – sie bezeugten Unfähigkeit zur kühnen Initiative,

versagten vor den Hindernissen, rückten die Revolution in eine unbestimmte Zukunft und neigten dazu, den Sozialismus als eine Evolutionsarbeit von Jahrhunderten zu betrachten.
In einem Hause wie das der Familie Spenzer wäre die Stimme der politischen Kritik einige Jahre früher oder einige Jahre später viel lauter erklungen. Auf mich entfielen die dumpfesten Jahre. Politische Gespräche gab es in der Familie fast überhaupt nicht, große Fragen wurden umgangen. In der Schule desgleichen. Ich habe zweifellos aus dieser Atmosphäre der achtziger Jahre vieles eingeatmet. Auch später, als ich mich bereits zum Revolutionär heranbildete, ertappte ich mich bei einem Mißtrauen gegenüber der Massenaktion, bei einem buchmäßigen, abstrakten und darum skeptischen Verhalten zur Revolution. Mit dem allem mußte ich innerlich kämpfen – durch Nachdenken, Lesen und hauptsächlich durch Erfahrung – bis ich in mir die Elemente der psychischen Starrheit überwunden hatte.
Aber das Schlimme kommt nicht ohne das Gute. Vielleicht hat mir gerade der Umstand, daß ich bewußt den Widerhall der achtziger Jahre in mir bekämpfen mußte, die Möglichkeit gegeben, ernster, konkreter und tiefer an die grundlegenden Probleme der Massenaktionen heranzugehen. Bestand hat nur das, was im Kampf erobert wird. Doch bezieht sich das alles auf die späteren Kapitel meines Berichtes.
Die siebente Klasse besuchte ich in Nikolajew, nicht mehr in Odessa. Nikolajew war kleinstädtischer, die Schule stand auf einem niedrigeren Niveau. Aber das Schuljahr in Nikolajew – 1896 – wurde das Wendejahr meiner Jugend, denn es stellte mich vor die Frage nach meinem Platz in der menschlichen Gesellschaft. Ich lebte in einer Familie, wo erwachsene Kinder waren, die die neue Strömung schon erfaßt hatte. Es ist bemerkenswert, daß ich anfangs in Gesprächen die ›sozialistischen Utopien‹ entschieden zurückwies. Ich spielte den Skeptiker, der das alles hinter sich hatte. Auf politische Fragen reagierte ich nicht anders als im Tone ironischer Überlegenheit. Die Wirtin, bei der ich wohnte, bewunderte mich und stellte mich, wenn auch nicht ganz überzeugt, ihren eigenen Kindern, die etwas älter als ich waren und nach links strebten, als Beispiel hin. Das war aber von mir nur ein ungleicher Kampf um meine Selbständigkeit. Ich war bestrebt, dem persönlichen Einfluß der jungen Sozialisten, mit denen mich das Schicksal zusammengebracht hatte, auszuweichen. Das Widerstreben dauerte insgesamt nur einige Monate. Die Ideen, die in der Luft lagen, waren stärker als ich. Umsomehr als ich in der Tiefe meines Herzens nichts so sehnsüchtig wünschte, als mich ihnen zu unterwerfen. Schon nach einigen Monaten Leben in Nikolajew hatte sich mein Benehmen gründlich verändert. Ich ließ die Pose des Konservativismus fallen und steuerte nach links mit einer Heftigkeit, die manchen meiner neuen Freunde abschreckte. »Was ist denn?«

sagte meine Wirtin, »da habe ich Sie ja ganz zu Unrecht meinen Kindern als Beispiel hingestellt.«

Das Schulstudium vernachlässigte ich. Die aus Odessa mitgebrachten Kenntnisse reichten allerdings hin, um noch die offizielle Position des ersten Schülers zu halten. Ich blieb immer häufiger aus der Schule weg. Einmal kam der Schulinspektor zu mir in die Wohnung, um den Grund meines Ausbleibens nachzuprüfen. Ich fühlte mich bis zum letzten Grade erniedrigt. Der Inspektor aber war höflich, er überzeugte sich, daß in der Familie, in der ich wohnte, wie auch in meinem Zimmer Ordnung herrschte, und entfernte sich friedlich. Unter der Matratze lagen einige illegale Broschüren.

Außer der zum Sozialismus neigenden Jugend begegnete ich in Nikolajew zum erstenmal einigen ehemaligen Verbannten, die hier unter Aufsicht der Polizei lebten. Das waren unbedeutende Gestalten aus der Periode des Niederganges der Narodniki-Bewegung. Sozialdemokraten kamen zu dieser Zeit aus Sibirien noch nicht zurück, sie wurden erst hingeschickt. Zwei sich begegnende Strömungen riefen einen geistigen Strudel hervor. Darin kreiste auch ich eine Weile. Dem Narodnitschestwo entströmte ein Geruch der Muffigkeit. Der Marxismus schreckte mich durch die sogenannte ›Enge‹ ab. Vor Ungeduld brennend, war ich bemüht, die Idee gefühlsmäßig zu erfassen. Aber das war nicht so leicht. Um mich herum fand ich keinen, der mir eine zuverlässige Stütze hätte sein können. Außerdem brachte mir jedes neue Gespräch die bittere, schmerzliche verzweiflungsvolle Überzeugung von meiner Unbildung.

Ich lernte den Gärtner Schwigowski, einen Tschechen, kennen und freundete mich mit ihm an. In seiner Person sah ich zum erstenmal einen Arbeiter, der Zeitungen hielt, Deutsch las, die Klassiker kannte und sich frei an den Diskussionen der Marxisten mit den Narodniki beteiligte. Seine Hütte im Garten, die aus einem Zimmer bestand, war ein Platz, wo sich die in der Stadt weilenden Studenten, ehemalige sibirische Verbannte und die Jugend versammelten. Durch Schwigowski konnte man ein verbotenes Buch bekommen. In den Gesprächen der Verbannten kamen die Namen der Narodowolzi vor: Scheljabow, Perowskaja, Figner – nicht als Helden einer Legende, sondern als lebendige Menschen, mit denen, wenn nicht diese Verbannten selbst, so doch deren ältere Freunde in Berührung gekommen waren. Ich hatte das Gefühl, daß ich mich als kleines Glied einer großen Kette anschließe.

Ich stürzte mich auf die Bücher in der Angst, mein ganzes Leben würde für die Vorbereitung zur Tat nicht ausreichen. Ich las nervös, ungeduldig, unsystematisch. Von den illegalen Broschüren der vorangegangenen Epoche warf ich mich auf John Stuart Mills ›Logik‹; dann machte ich mich an die ›Urformen der Kultur‹, von Lippert, ohne die ›Logik‹ bis zur Hälfte gelesen zu haben. Der Utilitarismus Benthams erschien mir als das letzte Wort des menschlichen Gedankens. Einige Monate lang fühlte ich mich als unerschütterlichen Benthamisten. Auf der gleichen Linie lag die Begeisterung für die realistische Ästhetik Tschernyschewskis. Bevor ich mit Lippert fertig war, stürzte ich mich auf die ›Geschichte der Französischen Revolution‹ von Mignet. Jedes Buch lebte ein gesondertes Leben, ohne sich in ein Gesamtsystem einzufügen. Der Kampf um das System trug einen gespannten, oft verzweifelten Charakter. Gleichzeitig fühlte ich mich von dem Marxismus abgestoßen, gerade weil er ein so vollendetes System darstellte.

Zu jener Zeit begann ich auch Zeitungen zu lesen – nicht wie in Odessa, sondern unter dem politischen Gesichtswinkel. Die größte Autorität genoß damals das Moskauer liberale Blatt ›Russkije Wedomosti‹ (›Russische Nachrichten‹). Wir lasen es nicht nur, wir studierten es, beginnend mit den impotenten Leitartikeln der Professoren bis zu den wissenschaftlichen Feuilletons. Der Stolz der Zeitung waren die Auslandskorrespondenzen, besonders aus Berlin. Durch die ›Russkije Wedomosti‹ erhielt ich das erste Bild vom politischen Leben Westeuropas, vor allem der parlamentarischen Parteien. Es ist jetzt schwer, sich jene Aufregung vorzustellen, mit der wir die Reden Bebels und sogar Eugen Richters verfolgten. Bis auf den heutigen Tag erinnere ich mich an einen Satz, den Daschinski den Polizisten, die das Parlamentsgebäude betraten, entgegenschleuderte: »Ich bin der Vertreter von dreißigtausend Arbeitern und Bauern Galiziens, wer wagt es, mich anzurühren?!« Wir stellten uns dabei die titanische Gestalt eines galizischen Revolutionärs vor. Die theatralischen Bretter des Parlamentarismus pflegten uns, ach! so bitter zu enttäuschen. Die Erfolge des deutschen Sozialismus, die Präsidentenwahlen in den Vereinigten Staaten, die Raufereien im Wiener Reichsrat, die Ränke der französischen Royalisten, das alles interessierte uns viel mehr als das eigene Schicksal eines jeden von uns.

Inzwischen verschlechterten sich meine Beziehungen zu den Verwandten. Als mein Vater nach Nikolajew kam, Getreide zu verkaufen, erfuhr er auf irgendwelche Weise von meinen neuen Bekannten. Er ahnte die drohende Gefahr und versuchte, sie durch die Macht seiner väterlichen Autorität abzuwenden. Wir hatten einige stürmische Auseinandersetzungen. Unversöhnlich kämpfte ich um meine Selbständigkeit, um das Recht, meinen Weg selbst zu wählen. Es endete damit, daß ich auf die materielle Unterstützung seitens der Familie verzichtete, meine Schülerwohnung aufgab und zu Schwigowski übersiedelte, der inzwischen einen anderen Garten mit einer geräumigeren Hütte gepachtet hatte. Hier lebten wir zu sechsen in einer ›Kommune‹. Im Sommer vergrößerte sich unsere Zahl durch einige tuberkulöse Studenten, die frische Luft suchten. Ich gab Stunden. Wir lebten wie Spartaner, ohne Bettwäsche, nährten uns von Suppen, die wir selbst kochten.

Wir trugen blaue Blusen, runde Strohhüte und schwarze Stöcke. In der Stadt glaubte man, wir hätten uns einer geheimnisvollen Sekte angeschlossen. Wir lasen unsystematisch, stritten unbändig, blickten leidenschaftlich in die Zukunft und waren auf unsere Art glücklich.
Nach einiger Zeit gründeten wir eine Gesellschaft zur Verbreitung nützlicher Bücher im Volke. Wir sammelten Geldbeiträge, kauften billige Bücher, verstanden aber nicht, sie zu verbreiten. Im Garten von Schwigowski waren ein Lohnarbeiter und ein Lehrling tätig. Unsere zivilisatorische Energie wandten wir zu allererst auf sie an. Aber der Arbeiter entpuppte sich als ein verkleideter Gendarm, den man uns absichtlich in den Garten geschmuggelt hatte, damit er uns überwache. Er hieß Kyrill Tschorschewski. Er brachte auch den Lehrling mit den Gendarmen in Verbindung. Dieser stahl uns ein Paket der Bücher für das Volk und brachte es der Gendarmerieverwaltung. Unser Anfang war also ein aufgelegter Mißerfolg. Wir hofften aber zuversichtlich auf die Zukunft.
Ich schrieb für ein Organ der Narodniki in Odessa einen polemischen Artikel gegen die erste marxistische Monatsschrift. Der Artikel enthielt viele Zitate, Epigramme und Gift. Sonst war darin nicht viel Inhalt vorhanden. Ich schickte den Artikel mit der Post und fuhr nach acht Tagen selbst hin, die Antwort zu holen. Der Redakteur betrachtete durch eine große Brille mit Sympathie den Autor, der den Kopf voller Haare hatte, aber keinen Anflug von Behaarung auf dem Gesicht. Der Artikel hat das Licht der Welt nicht erblickt. Niemand hat dadurch einen Verlust erlitten, am wenigsten ich selbst.
Als die gewählte Verwaltung der öffentlichen Bibliothek den Jahresbeitrag von fünf auf sechs Rubel erhöhte, erblickten wir darin eine Beeinträchtigung der Demokratie und schlugen Alarm. Einige Wochen beschäftigten wir uns mit nichts anderem als mit der Vorbereitung der allgemeinen Mitgliederversammlung der Bibliothek. Wir kehrten alle unsere demokratischen Taschen um, sammelten Rubel und Zehnkopekenstücke, um neue radikalere Bibliotheksmitglieder eintragen zu lassen, von denen vielen nicht nur die sechs Rubel Beitrag, sondern auch die vom Statut geforderten zwanzig Jahre fehlten. Das in der Bibliothek ausliegende Buch für besondere Erklärungen verwandelten wir in eine Demonstration feuriger Proteste. In der Jahresversammlung stießen zwei Parteien aufeinander: die Beamten, Lehrer, liberalen Gutsbesitzer und Marineoffiziere auf der einen, wir, die Demokratie, auf der anderen Seite. Der Sieg fiel auf der ganzen Linie uns zu: wir setzten den Jahresbeitrag wieder auf fünf Rubel hinunter und wählten eine neue Verwaltung.
Uns von dem einen auf das andere stürzend, beschlossen wir, eine Universität zu gründen mit einem auf Gegenseitigkeit beruhenden Lehrsystem. Es waren etwa zwanzig Hörer da. Mir wurden die

Vorträge über Soziologie zugewiesen. Das klang stolz. Ich bereitete mich aus aller Kraft auf meinen Kursus vor. Nach zwei gut abgelaufenen Vorträgen fühlte ich plötzlich, daß mein Vorrat verbraucht war. Der zweite Vortragende, dem der Kursus der Französischen Revolution oblag, verwirrte sich bei den ersten Sätzen und versprach, den Vortrag schriftlich vorzubereiten. Das Versprechen hielt er natürlich nicht. Damit endete das Unternehmen.

Mit diesem zweiten Dozenten, dem älteren der Brüder Sokolowski, beschloß ich, ein Drama zu schreiben. Zu diesem Zwecke traten wir vorübergehend sogar aus der Kommune aus und versteckten uns in einem Zimmer, ohne jemandem unsere Adresse mitzuteilen. Unser Stück war erfüllt von sozialen Tendenzen auf dem Hintergrunde des Kampfes der Generationen. Obwohl beide Verfasser sich noch halb mißtrauisch zum Marxismus verhielten, stellte der Narodnik im Stück eine invalide Figur vor, während Munterkeit, Frische und Hoffnung auf der Seite der jungen Marxisten standen. Das war die Macht der Zeit! Das romantische Element fand seinen Ausdruck darin, daß der vom Leben geschlagene Revolutionär der älteren Generation sich in eine Marxistin verliebte, diese aber mit einer unbarmherzigen Rede über den Zusammenbruch des Narodnitschestwo antwortete.

Die Arbeit an dem Stück war nicht klein. Manchmal schrieben wir gemeinsam, einander anfeuernd und korrigierend, manchmal zerschlugen wir die Szenen in Teile, und jeder mußte während des Tages einen Auftritt oder einen Monolog fertigstellen. Ich muß gestehen, an Monologen war bei uns kein Mangel. Abends kam Sokolowski vom Dienst, der ihm Zeit ließ, die Lamentationen des vom Leben zugerichteten Helden der siebziger Jahre breit auszuarbeiten. Ich kehrte von Schwigowski oder von meinen Stunden heim. Die Wirtstochter brachte uns den Samowar. Sokolowski nahm aus den Taschen Brot und Wurst. Durch einen geheimnisvollen Panzer von der Außenwelt getrennt, verbrachten die Dramatiker den Rest des Abends bei angestrengter Arbeit. Den ersten Akt vollendeten wir bis auf einen effektvollen Schluß vor dem Niedergehen des Vorhangs. Die übrigen Akte, vier an der Zahl, waren nur als Entwürfe vorhanden. Je weiter wir aber kamen, um so mehr kühlte unser Interesse für die Arbeit ab. Nach einiger Zeit wurde beschlossen, unser geheimes Zimmer zu liquidieren und die Vollendung des Dramas auf eine spätere Zeit zu verlegen. Die Manuskriptrolle brachte Sokolowski in irgendeine andere Wohnung. Später, als wir bereits im Odessaer Gefängnis saßen, machte Sokolowski durch seine Verwandten den Versuch, das Manuskript aufzutreiben. Vielleicht ging ihm der Gedanke durch den Sinn, daß die Verbannung die passendste Zeit für die Bearbeitung des dramatischen Werkes wäre. Doch das Manuskript war nicht aufzufinden. Es war spurlos verschwunden. Wahrscheinlich ist, daß die Leute, denen es zur Aufbewahrung gegeben worden war, nach der Verhaftung der unglückseligen Autoren es als das beste betrachtet hatten, die Papiere zu verbrennen. Ich finde mich um so leichter damit ab, als mir auf meinem späteren, nicht immer ebenen Lebenswege Manuskripte von unvergleichlich wichtigerer Bedeutung verlorengegangen sind.

Meine erste revolutionäre Organisation

Im Herbst 1896 besuchte ich dennoch das Dorf. Aber die Sache beschränkte sich auf einen kurzen Waffenstillstand mit der Familie. Der Vater wollte, daß ich Ingenieur werde. Ich jedoch schwankte noch zwischen der reinen Mathematik, für die ich große Neigung empfand, und der Revolution, die mich allmählich in ihren Bann zog. Jede Berührung dieser Frage führte zu einer scharfen Krise in der Familie. Alle waren dann finster, alle litten, die ältere Schwester weinte im stillen, und niemand wußte, was anfangen. Ein im Dorf auf Besuch weilender Onkel, Ingenieur und Besitzer einer Fabrik in Odessa, überredete mich, für einige Zeit zu ihm zu kommen. Das war immerhin vorübergehend ein Ausweg aus der Sackgasse. Ich verlebte bei dem Onkel einige Wochen. Wir stritten uns über Profit und Mehrwert. Mein Onkel war in der Aneignung von Profit stärker als im Erklären desselben. Ich beeilte mich nicht mit der Anmeldung zur mathematischen Fakultät. Ich lebte in Odessa und suchte. Was? In erster Linie – mich selbst. Ich machte zufällige Bekanntschaften mit Arbeitern, verschaffte mir illegale Literatur, gab Stunden, hielt vor den älteren Schülern der Handwerksschule geheim Vorträge, diskutierte mit Marxisten und versuchte noch immer, nicht nachzugeben. Mit dem letzten Herbstdampfer fuhr ich nach Nikolajew ab und richtete mich wieder im Schwigowschen Garten ein.

Es begann wieder das Alte. Wir diskutierten über die letzten Hefte der radikalen Zeitschriften, stritten über Darwinismus, bereiteten uns auf etwas Unbestimmtes vor und warteten. Was war der unmittelbare Anstoß für die Aufnahme der revolutionären Propaganda? Es ist schwer, darauf zu antworten. Es war ein innerer Anstoß. In den intellektuellen Zirkeln, in denen ich verkehrte, beschäftigte sich niemand ernstlich mit revolutionärer Arbeit. Wir waren uns darüber klar, das zwischen unseren endlosen Diskussionen beim Tee und einer revolutionären Organisation ein ganzer Abgrund lag. Wir wußten, daß die Verbindung mit den Arbeitern große *Konspiration* erforderte. Dieses Wort sprachen wir ernst aus, mit Achtung, fast mystisch. Wir zweifelten nicht, daß wir schließlich vom Teetrinken zur Konspiration übergehen würden, doch niemand sprach es klar aus, wann und wie das geschehen sollte. Als Entschuldigung für die Verzögerung sagten wir uns

immer: wir müssen uns vorbereiten. Und das war gar nicht so falsch.
Etwas aber hatte sich wohl in der Luft verändert und unseren Übergang auf den Weg der revolutionären Propaganda schroff beschleunigt. Diese Veränderung hatte sich nicht unmittelbar in Nikolajew vollzogen, sondern im ganzen Lande, vor allem in den Hauptstädten, aber sie hatte sich auch bei uns ausgewirkt. Im Jahre 1896 entbrannten in Petersburg die berühmten Massenstreiks der Weber. Das machte der Intelligenz Mut. Als sie das Erwachen der schweren Reserven fühlten, wurden die Studenten kühner. Im Sommer, zu Weihnachten und zu Ostern kamen Dutzende nach Nikolajew und brachten einen Widerhall der Petersburger, Moskauer und Kiewer Kämpfe mit. Einige Studenten waren aus der Universität ausgeschlossen worden und kehrten, noch vor kurzer Zeit Gymnasiasten, mit dem Nimbus der Kämpfer zurück. Im Februar 1897 hatte sich in der Peterpaulfestung die Studentin Wetrowa durch Verbrennen getötet. Diese Tragödie, die niemals restlos aufgeklärt wurde, hatte alle aufgerüttelt. In den Universitätsstädten begannen Unruhen. Verhaftungen und Ausweisungen häuften sich.
Zur revolutionären Arbeit kam ich im Augenblick der ›Wetrow‹-Demonstrationen. Das war so: Ich ging durch die Straßen mit dem jüngsten Mitglied unserer Kommune, Grigorij Sokolowski, einem Jüngling in meinem Alter. »Nun sollten auch wir beginnen«, sagte ich. »Ja, wir sollten beginnen«, antwortete Sokolowski. »Aber wie?« »Ja, eben, wie?« »Man muß Arbeiter finden, auf niemanden warten, niemanden fragen. Arbeiter finden und beginnen.« »Ich denke, die kann man finden«, sagte Sokolowski. »Ich kannte hier einen Gartenwächter, einen Bibelanhänger. Ich werde ihn aufsuchen.«
Am gleichen Tage begab sich Sokolowski nach dem Boulevard zu dem Bibelanhänger. Aber den gab es längst nicht mehr. Es war eine Frau da, und diese Frau hatte einen Bekannten, der auch Sektierer war. Durch diesen Bekannten der uns unbekannten Frau lernte Sokolowski am selben Tage einige Arbeiter kennen, darunter den Elektromechaniker Iwan Andrejewitsch Muchin, der bald danach die Hauptperson der Organisation wurde. Sokolowski kehrte von seinen Erkundungen mit brennenden Augen zurück. »Diese Menschen, – das sind Menschen!«
Am nächsten Tag saßen wir in einer Schenke, eine Gruppe von etwa fünf, sechs Personen. Der Musikautomat donnerte neben uns wie toll und schützte unsere Unterhaltung vor fremden Ohren. Muchin, hager, mit einem Spitzbärtchen, kneift sein kluges linkes Auge listig zusammen, betrachtet wohlwollend, aber nicht ohne Bedenken mein bartloses Gesicht und setzt mir sachlich mit betonten Pausen auseinander: »Das Evangelium ist für mich in dieser Sache wie ein Haken. Ich beginne mit der Religion und leite über

zum Leben. Ich habe in diesen Tagen mit Hilfe von weißen Bohnen einem Stundisten die ganze Wahrheit enthüllt.« »Mittels weißer Bohnen?« »Das ist sehr einfach: ich lege eine Bohne auf den Tisch – das ist der Zar, umgebe sie ringsherum mit anderen Bohnen: das sind die Minister, Bischöfe, Generale, dann folgt der Adel, die Kaufmannschaft, und der weitere Haufen Bohnen ist das einfache Volk. Jetzt frage ich: wo ist der Zar? Er zeigt auf die Mitte. Wo sind die Minister? Er zeigt ringsherum. Wie ich es ihm gesagt habe, so sagt auch er es mir. – Jetzt warte, warte...« Iwan Andrejewitsch kneift noch listiger die Augen zusammen und macht eine Pause. »Da mischte ich alle Bohnen mit der Hand durcheinander. Nun, zeig mal: wo ist der Zar, wo sind die Minister? – Wer kann das jetzt wissen? – sagt er. Jetzt kann ich ihn nicht mehr finden. – Das ist es ja eben, daß du ihn nicht mehr finden kannst; so muß man eben alle Bohnen durcheinandermischen, sage ich.«

Ich gerate in Schweiß vor Begeisterung, während ich Iwan Andrejewitsch zuhöre. Das ist das Echte, wir aber haben geklügelt, überlegt, gezögert. Der Automat spielt – das ist Konspiration, Iwan Andrejewitsch stürzt mit Hilfe von Bohnen die Klassenmechanik, das ist revolutionäre Propaganda.

»Aber wie soll man sie durcheinandermischen – die Fliegen mögen sie fressen – das ist die Frage«, sagt Muchin schon in ganz anderem Ton und blickt mich streng mit beiden Augen an. »Das sind doch keine Bohnen, wie?« Jetzt erwartet er eine Antwort von mir.

Seit diesem Tage stürzten wir uns kopfüber in die Arbeit. Wir hatten keine älteren Führer, unsere eigene Erfahrung war knapp, aber wir empfanden fast niemals Schwierigkeiten oder Zweifel. Das eine ergab sich aus dem anderen ebenso logisch wie im Gespräch mit Muchin in der Kneipe.

Das ökonomische Leben Rußlands hatte sich am Ende des vorigen Jahrhunderts immer mehr nach dem Südosten verschoben. Im Süden entstanden nacheinander große Fabriken, darunter zwei in Nikolajew. Im Jahre 1897 zählte man in Nikolajew etwa 8000 Fabrikarbeiter und etwa 2000 Werkstättenarbeiter. Das Kulturniveau der Arbeiter wie ihr Lohn waren verhältnismäßig hoch. Analphabeten gab es nur einen ganz kleinen Prozentsatz. Die Stelle revolutionärer Organisation nahm bis zu einem gewissen Grade das Sektierertum ein, das einen erfolgreichen Kampf mit der offiziellen orthodoxen Kirche führte. Da es keine größeren Unruhen gab, schlummerte in Nikolajew die Gendarmerie friedlich. Das kam uns gerade sehr gelegen. Bei gründlicheren Methoden der Gendarmerie wären wir gleich in der ersten Woche verhaftet worden. Doch wir waren die Pioniere und genossen alle Vorteile dieser Tatsache. Die Gendarme brachten wir erst in Schwung, nachdem wir die Nikolajewer Arbeiter in Schwung gebracht hatten.

Als ich Muchin und dessen Freunde kennenlernte, nannte ich mich ihnen gegenüber Lwow. Diese erste konspirative Lüge fiel mir

nicht leicht: es war geradezu qualvoll, Menschen zu ›betrügen‹, mit denen man einer so großen und guten Sache wegen sich zusammenfand. Aber der Name Lwow hing mir bald fest an, und ich selbst gewöhnte mich an ihn.
Die Arbeiter strömten von selbst uns zu, als hätte man uns in den Fabriken bereits lange erwartet. Jeder brachte einen Freund, manche kamen mit den Frauen, einige ältere Arbeiter erschienen in den konspirativen Gruppen gemeinsam mit ihren Söhnen. Nicht wir suchten die Arbeiter, sie suchten uns. Junge und unerfahrene Führer, begannen wir bald zu ertrinken in der Bewegung, die wir hervorgerufen hatten. Jedes Wort fand Widerhall. Bei den geheimen Vorlesungen und Diskussionen versammelten sich in Wohnungen, im Walde oder auf dem Fluß zwanzig bis fünfundzwanzig Menschen, manchmal auch mehr. Es waren überwiegend hochqualifizierte Arbeiter, die nicht schlecht verdienten. Auf der Nikolajewschen Schiffswerft war schon zu jener Zeit der Achtstundentag eingeführt. Diese Arbeiter interessierte damals nicht der Streik, sie suchten die Wahrheit in den sozialen Beziehungen. Einige von ihnen nannten sich Baptisten, Stundisten, evangelische Christen. Doch war es kein dogmatisches Sektierertum. Die Arbeiter entfernten sich von der orthodoxen Kirche, der Baptismus war für sie eine kurze Etappe auf dem revolutionären Weg. In den ersten Wochen unserer Unterhaltungen gebrauchten sie noch sektiererische Redewendungen und griffen nach Vergleichen aus dem Zeitalter der ersten Christen. Aber alle befreiten sich schnell von dieser Phraseologie, über die die jüngeren Arbeiter ungeniert lachten.
Die grelleren Gestalten stehen noch heute wie lebendig vor mir. Der Tischler Korotkow, im steifen Hut, der sich von jeder Mystik längst befreit hatte, ein Spaßmacher und Versedichter. »Ich bin Ratialist (Rationalist)«, pflegte er feierlich zu erklären. Und wenn Taras Saweljitsch, ein alter Evangelist, der schon Enkelkinder hatte, zum hundertstenmal von den ersten Christen zu sprechen begann, die sich ebenso wie wir geheim versammelt hätten, unterbrach ihn Korotkow: »So mach ich es mit deiner Theologie!« Er nahm seine Melone vom Kopfe und schleuderte sie wütend hoch in die Bäume hinauf. Dann stand er eine Weile still, bevor er seinen Kopfputz suchen ging. Es war im Walde, außerhalb der Stadt. Viele Arbeiter begannen, von neuen Gefühlen erfaßt, Verse zu dichten. Korotkow schrieb einen ›Proleten-Marsch‹, der also begann: »Wir sind das Alpha und Omega, der Anfang und der Schluß.« Nesterenko, ebenfalls ein Tischler, der sich mit seinem Sohn an der Gruppe von Alexandra Lwowna Sokolowskaja beteiligte, verfaßte ein ukrainisches Volkslied über Karl Marx. Man sang es im Chor. Aber Nesterenko selbst endete schlimm, er verstrickte sich in Beziehungen zur Polizei und verriet die ganze Organisation.

Der junge Taglöhner Jefimow, ein Riese mit hellblondem Haar und blauen Augen, aus einer Offiziersfamilie stammend, der gut lesen und schreiben konnte, sogar belesen war, lebte in der Gegend der Elendsquartiere der Stadt. Ich suchte ihn in einer Freßkneipe der Pennbrüder auf. Jefimow arbeitete am Hafen als Lastträger, trank nicht, rauchte nicht, war mäßig und höflich; aber in ihm lebte irgendein Geheimnis, das ihm, trotz seiner einundzwanzig Jahre, ein düsteres Aussehen gab. Jefimow vertraute mir bald, er habe Bekanntschaft mit einer geheimnisvollen Organisation der Narodowolzi (›Volkswillen‹) gemacht, und schlug vor, uns mit ihnen zusammenzubringen. Zu dreien – ich, Muchin und Jefimow – tranken wir Tee in der lärmigen Schenke ›Rossia‹, hörten die betäubende Musik der Automaten und warteten. Schließlich zeigte uns Jefimow mit den Augen einen großen starken Menschen mit einem Kaufmannsbärtchen. »Er.« Der Mann trank lange an einem Separattischchen Tee, dann erhob er sich, nahm seinen Mantel und bekreuzigte sich mit einer automatischen Geste vor dem Heiligenbild. »Das ist mir ein Narodowolez!« rief entsetzt Muchin leise. Der ›Narodowolez‹ wich der Bekanntschaft aus und ließ durch Jefimow eine sehr nebelhafte Erklärung abgeben. Die Geschichte blieb für immer geheimnisvoll. Jefimow selbst rechnete bald mit dem Leben ab, indem er sich durch Kohlengas vergiftete. Es ist möglich, daß der Riese mit den blauen Augen ein Spielzeug in den Händen eines Spitzels war, aber es ist auch Schlimmeres möglich...
Elektrotechniker von Beruf, hatte Muchin in seiner Wohnung ein kompliziertes Signalsystem für den Fall einer Polizeiüberraschung eingerichtet. Muchin war siebenundzwanzig Jahre alt, hustete ein wenig mit Blutauswurf, war reich an Lebenserfahrung, voll praktischer Weisheit und sah fast wie ein Greis aus. Muchin blieb sein Lebtag Revolutionär. Seiner ersten Verbannung folgte eine Gefängnisstrafe, dann wieder Verbannung. Ich begegnete ihm nach einer Unterbrechung von dreiundzwanzig Jahren auf der Konferenz der ukrainischen kommunistischen Partei in Charkow. Wir saßen lange in einer Ecke, kramten in der Vergangenheit, erinnerten uns an einzelne Episoden und erzählten einander das weitere Schicksal jener Menschen, mit denen wir in der Morgenröte der Revolution verbunden gewesen waren. Auf dieser Konferenz wurde Muchin in die Zentral-Kontrollkommission der ukrainischen Partei gewählt. Er hatte sich durch sein ganzes Leben diese Auszeichnung vollauf verdient. Doch schon bald nach der Konferenz legte sich Muchin auf das Krankenlager, um nicht mehr aufzustehen.
Gleich am Anfang unserer Bekanntschaft brachte mich Muchin mit seinem Freunde Babenko, ebenfalls einem Sektierer, zusammen, der ein kleines Häuschen besaß, mit Apfelbäumen im Hofe. Babenko hinkte, war sehr langsam, immer nüchtern und lehrte mich, Tee mit Äpfeln statt mit Zitronen zu trinken. Zusammen

mit den anderen wurde Babenko verhaftet, saß lange Zeit und kehrte dann wieder nach Nikolajew zurück. Das Schicksal hat uns dann getrennt. Zufällig las ich im Jahre 1925 in irgendeiner Zeitung, daß in Kuban das frühere Mitglied des Südrussischen Arbeiterbundes Babenko lebe. Zu dieser Zeit war er auf beiden Beinen gelähmt. Ich erreichte – im Jahre 1925 war das für mich schon nicht mehr leicht –, daß man den Alten nach Jessentuki zur Kur überführe: seine Beine begannen wieder zu gehen. Ich besuchte ihn im Sanatorium. Babenko hatte nicht gewußt, daß Trotzki und Lwow dieselbe Person sind. Ich trank mit ihm wieder Tee mit Äpfeln, und wir sprachen von der Vergangenheit. Er mag nicht wenig erstaunt gewesen sein, als er bald danach vernahm, Trotzki sei ein Konterrevolutionär!

Es gab in Nikolajew viele interessante Gestalten, man kann sie nicht alle aufzählen. Es war da eine herrliche Jugend, sehr aufgeklärt, die die technische Schule an der Werft absolvierte. Sie verstand den Führer beim halben Wort. Die revolutionäre Propaganda wurde auf diese Weise viel leichter, als wir es uns in unseren kühnsten Träumen ausgemalt hatten. Wir waren erstaunt und begeistert von der hohen Produktivität unserer Arbeit. Aus Berichten über revolutionäre Tätigkeit wußten wir, daß man die Arbeiter nur vereinzelt durch Propaganda gewinnen kann. Ein Revolutionär, der zwei, drei Arbeiter hinzuzog, betrachtete das schon als einen recht guten Erfolg. Bei uns war die Zahl der Arbeiter, die zu den Gruppen gehörten oder ihnen angehören wollten, eigentlich unbeschränkt. Es fehlten nur Führer, es fehlte Literatur. Die Führer rissen sich um das einzige vorhandene handschriftliche Exemplar des Kommunistischen Manifestes von Marx-Engels, das man in verschiedenen Handschriften und mit zahllosen Auslassungen und Fehlern in Odessa abgeschrieben hatte.

Wir begannen bald selbst Literatur zu schaffen. Dies war eigentlich der Anfang meiner literarischen Tätigkeit. Sie fiel fast zusammen mit dem Beginn meiner revolutionären Arbeit. Ich verfaßte Proklamationen oder Artikel, die ich dann in Druckbuchstaben für den Hektograph abschrieb. Von Schreibmaschinen hatten wir damals noch keine Ahnung. Ich malte die Buchstaben mit höchster Sorgfalt, da ich es als eine Ehrensache betrachtete, daß auch jene Arbeiter, die nur mühselig lesen konnten, die Proklamationen, die durch unseren Hektograph gegangen waren, zu entziffern vermochten. Jede Seite erforderte nicht weniger als zwei Stunden Zeit. Manchmal saß ich eine Woche lang mit gekrümmtem Rücken und riß mich nur los, um eine Versammlung zu besuchen oder einen Arbeiterkursus zu leiten. Welches Gefühl der Befriedigung aber bereiteten dann die Berichte aus den Fabriken und Werkstätten darüber, wie heißhungrig die Arbeiter die geheimnisvollen Blättchen mit den lila Buchstaben lasen, einander weitergaben und heiß darüber diskutierten. Sie stellten sich den Autor der Flugblätter als

eine mächtige, geheimnisvolle Gestalt vor, die in alle Betriebe eindringt, alles, was dort geschieht, in Erfahrung bringt und die Ereignisse in vierundzwanzig Stunden mit neuen Flugblättern beantwortet.
Anfangs kochten wir die Hektographenmasse und druckten die Proklamationen in der Nacht in unserem Zimmer. Einer stand im Hof Wache. Am offenen Ofen waren Streichhölzer und Petroleum bereit, um im Falle der Gefahr alle Indizien zu verbrennen. Das alles war äußerst naiv organisiert. Doch die Gendarmen in Nikolajew waren nicht viel erfahrener als wir. Später verlegten wir den Hektograph in die Wohnung eines älteren Arbeiters, der bei einem Unfall im Betrieb das Augenlicht verloren hatte. Er stellte uns unbedenklich seine Wohnung zur Verfügung. »Für einen Blinden ist jeder Ort ein Gefängnis«, sagte er mit ruhigem Lächeln. Allmählich sammelten wir bei ihm einen großen Vorrat an Glyzerin, Gelatine und Papier an. Man arbeitete in der Nacht. Das verwahrloste Zimmer mit der Decke dicht über dem Kopf sah ärmlich, jämmerlich aus. Auf einem eisernen Ofen bereiteten wir das revolutionäre Gericht und gossen es dann auf ein Eisenblech. Der Blinde bewegte sich, während er uns half, im halbdunklen Zimmer sicherer als die anderen. Ein junger Arbeiter und eine Arbeiterin schauten ehrfurchtsvoll drein, wie ich den frisch gedruckten Bogen vom Hektograph herunternahm. Wenn jemand mit ›nüchternen‹ Augen von oben herab einen Blick auf diese jugendliche Gruppe geworfen hätte, die sich im Halbdunkel um den kümmerlichen Hektographen zu schaffen machte, als welch armselige Ausgeburt der Phantasie wäre ihm dann deren Vorhaben erschienen, den mächtigen, Jahrhunderte alten Staat zu stürzen? Und doch gelang dieses Vorhaben im Verlaufe kaum einer Menschengeneration: bis 1905 vergingen nur acht, bis 1917 nicht volle zwanzig Jahre.
Die mündliche Propaganda bereitete mir damals nicht soviel Genugtuung wie die schriftliche. Die Kenntnisse reichten nicht aus, und es fehlte an Übung, die vorhandenen in der richtigen Weise anzubringen. Reden im wahren Sinne des Wortes gab es bei uns noch nicht. Nur einmal, am 1. Mai, war ich gezwungen, im Walde so etwas wie eine Rede zu halten. Das stürzte mich in die größte Verlegenheit. Jedes meiner eigenen Worte erschien mir, noch bevor es ausgesprochen war, unerträglich, unecht. Das Debattieren in den Gruppen hingegen gelang mir manchmal recht gut. Die revolutionäre Arbeit war überhaupt im vollen Gange. Ich unterhielt und entwickelte die Verbindungen mit Odessa. Oft ging ich abends zum Hafen, kaufte für einen Rubel ein Billett dritter Klasse, legte mich auf das Deck des Dampfers, möglichst nahe zum Schornstein. Als Kopfkissen diente mir die Jacke, mit meinem Mantel deckte ich mich zu. Am Morgen wachte ich in Odessa auf und wandte mich an die mir bekannten Adressen. Die nächste Nacht verbrachte ich wieder auf dem Dampfer. So verlor ich für die Reisen keine Zeit.

Meine Verbindungen in Odessa erfuhren unerwartet eine Bereicherung. Vor dem Eingang zur Öffentlichen Bibliothek machte ich die Bekanntschaft eines Arbeiters mit einer Brille: wir sahen uns prüfend an, und wir verstanden uns. Das war Albert Poljak, ein Setzer, der Organisator der später berühmt gewordenen Zentraldruckerei der Partei. Meine Bekanntschaft mit ihm bildete eine ganze Epoche im Leben unserer Organisation. Schon wenige Tage später kehrte ich nach Nikolajew zurück mit einem Koffer voll illegaler Literatur, die im Auslande erschienen war. Es waren durchweg neue Agitationsbroschüren in heiteren bunten Umschlägen. Viele Male hintereinander machten wir den Koffer auf, um unsere Kostbarkeiten zu bewundern. Die Broschüren waren schnell an den Mann gebracht und haben unsere Autorität in den Arbeiterkreisen stark erhöht.
Von Poljak erfuhr ich zufällig im Gespräch, daß der Techniker Schrenzel, der sich als Ingenieur ausgab und schon seit langem sich an uns heranzumachen suchte, ein alter Provokateur sei. Es war ein dummes und aufdringliches Männlein. Er trug eine Mütze mit einem Abzeichen. Wir hatten ihm instinktiv nicht getraut, aber manchen und manches von uns wußte er doch. Ich lud Schrenzel in die Wohnung Muchins ein. Hier erzählte ich ausführlich die ganze Biographie Schrenzels, ohne ihn zu nennen, und brachte ihn damit völlig außer Fassung. Wir drohten ihm, im Falle eines Verrates, mit kurzem Gericht. Das hat wahrscheinlich gewirkt, denn etwa drei Monate ließ man uns in Frieden. Dafür aber häufte Schrenzel nach unserer Verhaftung in seinen Aussagen Schrecken auf Schrecken.
Wir gaben der Organisation den Namen ›Südrussischer Arbeiterbund‹, da wir die Absicht hatten, andere Städte hinzuzuziehen. Ich verfaßte ein Statut des Bundes im sozialdemokratischen Geiste. Die Verwaltung der Fabriken versuchte, gegen uns mit Ansprachen in den Betrieben aufzutreten. Wir beantworteten dies am nächsten Tage mit einer neuen Proklamation. Dieses Duell versetzte nicht nur die Arbeiter in Erregung, sondern auch breite Kreise der Stadtbevölkerung. Schließlich sprach die ganze Stadt von den Revolutionären, die die Fabriken mit ihren Flugblättern überschwemmten. Unsere Namen wurden von allen Seiten genannt. Die Polizei aber zögerte, sie wollte nicht glauben, daß die ›Bengels aus dem Garten‹ fähig wären, eine solche Kampagne zu führen, und vermutete vielmehr, daß sich hinter unserem Rücken erfahrenere Leiter verbargen. Sie hatte wohl Verdacht gegen die alten Verbannten. Das hat uns zwei, drei Monate Zeit geschenkt. Aber schließlich begann man uns immer schärfer zu überwachen, und die Gendarmen entdeckten nun eine Gruppe nach der anderen. Wir beschlossen, für einige Wochen aus Nikolajew zu verschwinden, um den Polizeifaden abzureißen. Ich sollte zu den Eltern aufs Land, Sokolowskaja mit ihrem Bruder nach Jekaterinoslaw und so

weiter. Gleichzeitig aber faßten wir den festen Entschluß, im Falle von Massenverhaftungen uns nicht zu verbergen, sondern uns verhaften zu lassen, damit die Gendarmen den Arbeitern nicht sagen könnten: »Eure Führer haben euch im Stich gelassen.«
Vor meiner Abreise verlangte Nesterenko, ich solle ihm ein Paket mit Proklamationen übergeben. Er bestimmte eine Stelle hinter dem Friedhof, wo wir uns spät am Abend treffen sollten. Es lag tiefer Schnee. Die Nacht war mondhell. Hinter dem Friedhof lag eine einsame Gegend. Nesterenko traf ich am verabredeten Platz. Aber in dem Augenblick, als ich das Paket unter dem Mantel hervorzog und es ihm überreichte, löste sich von der Friedhofsmauer eine Gestalt ab und ging dicht an uns vorbei, wobei sie Nesterenko mit dem Ellenbogen berührte. »Wer ist das?« fragte ich verwundert. »Ich weiß nicht«, antwortete Nesterenko auf meine Frage, während er dem Davongehenden nachschaute. Nesterenko stand offenbar bereits in Verbindung mit der Polizei. Mir aber kam es damals nicht in den Sinn, ihn zu verdächtigen.
Am 28. Januar 1898 fanden Massenverhaftungen statt. Insgesamt wurden zweihundert Menschen herausgegriffen. Die Abrechnung begann. Einer der Verhafteten, der Soldat Sokolow, wurde durch Einschüchterung soweit gebracht, daß er sich aus dem zweiten Stockwerk des Gefängniskorridors hinabstürzte, aber mit schweren Verletzungen davonkam. Ein anderer Verhafteter, Lewandowski, wurde von den Gendarmen in den Wahnsinn getrieben. Es gab noch mehr Opfer.
Unter den Verhafteten befanden sich viele fast Unbeteiligte. Einige von denen, auf die wir uns verlassen hatten, sagten sich von uns los und verrieten uns sogar. Dagegen haben manche, die kaum hervorgetreten waren, Charakterstärke bewiesen. Verhaftet, und zwar für lange, wurde auch ein Deutscher, der Dreher August Dorn, etwa fünfzig Jahre alt, der uns nur ein- oder zweimal besucht hatte. Er benahm sich glänzend, sang, dem ganzen Gefängnis vernehmbar, lustige deutsche Liedchen, die nicht immer tugendhaften Inhalts waren, machte in gebrochenem Russisch Späße und hielt den Geist der Jüngeren aufrecht. Im Moskauer Etappengefängnis, wo wir in einer Gemeinschaftszelle saßen, redete Dorn dem Samowar zu, zu ihm zu kommen, und schloß den Dialog: »Du willst nicht? Nun, dann kommt Dorn zu dir!« Und obwohl sich die Szene tagaus, tagein wiederholte, lachten alle gutmütig darüber.
Die Organisation von Nikolajew hatte einen empfindlichen Schlag erlitten, aber sie war nicht verschwunden. Uns haben bald andere ersetzt. Die Revolutionäre wie die Gendarmen wurden erfahrener.

Meine ersten Gefängnisse

Bei der allgemeinen Razzia im Januar 1898 wurde auch ich verhaftet, aber nicht in Nikolajew, sondern auf dem Gut des Großgrundbesitzers Sokownin, bei dem Schwigowski als Gärtner im Dienste stand. Ich hatte, unterwegs von Janowka nach Nikolajew, Schwigowski mit einer großen Aktenmappe voll von Manuskripten, Zeichnungen, Briefen und allerhand illegalem Material besucht. Über Nacht versteckte Schwigowski das gefährliche Paket in einer Grube mit Kohl, bei Morgengrauen, bevor er sich zum Waldpflanzen aufmachte, nahm er es wieder aus der Grube heraus, um es mir für die Arbeit zu übergeben. Gerade in diesem Augenblick stürmten Gendarmen heran. Schwigowski hatte gerade noch Zeit, das Paket im Flur hinter ein Wasserfaß zu werfen. Der Wirtschafterin, die uns unter Aufsicht der Gendarmen Mittagessen gab, flüsterte Schwigowski zu, sie möge das Paket dort wegnehmen und es besser verstecken. Die Alte wußte nichts Besseres, als das Paket im Garten im Schnee zu vergraben. Wir rechneten natürlich damit, daß die Dokumente nicht in die Hände des Feindes geraten könnten. Es kam der Frühling, der Schnee zerschmolz, Gras bedeckte die Erde und verhüllte wieder das vom Frühlingswasser hochgeschwemmte Paket. Wir saßen im Gefängnis. Es wurde Sommer. Ein Arbeiter mähte im Garten des Gutshofes das Gras, seine zwei Jungens, die daneben spielten, entdeckten das Paket und übergaben es dem Vater; dieser trug es ins Herrenhaus, und der auf den Tod erschrokkene liberale Gutsbesitzer brachte es unverzüglich nach Nikolajew und händigte es dem Gendarmerieoberst aus. Die Handschriften der Manuskripte dienten als Indizienbeweise gegen mehrere Personen.

Das alte Gefängnis in Nikolajew war für Politische, und noch dazu in so großer Zahl, ganz und gar nicht eingerichtet. Ich kam in eine Zelle mit dem jungen Buchbinder Jawitsch. Die Zelle war sehr groß, etwa für dreißig Mann berechnet, völlig ohne Möbel und fast ungeheizt. In der Tür war ein großer quadratischer Ausschnitt nach dem Korridor, der offen war und zum Hof führte. Es herrschten Januarfröste. Für die Nacht legte man uns Strohsäcke auf den Fußboden, um sechs Uhr morgens wurden sie wieder hinausgetragen. Das Aufstehen und das Anziehen war eine Qual. In Mänteln, Hüten und Gummischuhen saßen wir Schulter an Schulter auf dem Fußboden, mit dem Rücken an den lauwarmen Ofen gedrängt, und träumten oder schlummerten eine bis zwei Stunden. Dies war vielleicht die schönste Zeit des Tages. Zum Verhör wurden wir nicht geholt. Wir liefen aus einer Ecke der Zelle in die andere, um uns zu erwärmen, gaben uns Erinnerungen, Vermutungen und Hoffnungen hin. Ich begann mit Jawitsch Wissenschaften zu treiben. So vergingen etwa drei Wochen. Dann trat eine Veränderung ein. Ich wurde mit meinen Sachen in das Gefängniskontor gebracht und zwei langen Gendarmen übergeben, die mich mit einem Fuhrwerk nach dem Gefängnis von Cherson brachten. Das war ein noch älteres Gebäude. Die Zelle war geräumig, mit einem schmalen, in Eisenstäben gefaßten, nicht zu öffnenden Fenster, das winterlich abgedichtet und undurchsichtig war und kaum Licht einließ. Die Einsamkeit war vollkommen, absolut, hoffnungslos. Weder Spaziergänge noch Nachbarn gab es. Ich erhielt von draußen nichts. Ich hatte weder Tee noch Zucker. Die Sträflingssuppe wurde nur einmal am Tage gegeben, zu Mittag. Eine Portion Roggenbrot mit Salz diente als Frühstück und Abendessen. Ich führte lange Dialoge mit mir, ob ich das Recht hätte, die Frühstücksportion auf Kosten des Abendessens zu vergrößern. Die Argumente des Morgens erschienen mir abends sinnlos und verbrecherisch. Am Abend haßte ich jenen, der am Morgen gefrühstückt hatte. Ich hatte keine Wäsche zum Wechseln. Drei Monate trug ich dieselbe Unterkleidung. Ich hatte keine Seife. Die Gefängnisparasiten fraßen mich bei lebendigem Leibe. Ich gab mir auf: tausendeinhundertundelf Schritte in der Diagonale zu machen. Ich war noch nicht neunzehn Jahre alt. Die Isolierung war so vollständig, wie ich sie später nirgendwo erlebte, obwohl ich in zwanzig Gefängnissen war. Ich hatte kein einziges Buch, keinen Bleistift, kein Papier. Die Zelle wurde nicht gelüftet. Welche Luft darin war, ersah ich aus der Grimasse des Gehilfen des Gefängnischefs, wenn er zu mir hereinkam. Ich biß ein Stückchen Gefängnisbrot ab, ging in der Diagonale auf und ab und verfaßte Gedichte. Das Lied der Narodniki ›Dubinuschka‹ arbeitete ich in die proletarische ›Maschinuschka‹ um. Ich verfaßte eine revolutionäre Kamarinskaja. Diese Gedichte von recht mittelmäßigem Wert gewannen später große Popularität. Sie werden noch jetzt in Liedersammlungen nachgedruckt. Manchmal aber nagte an mir bittere Wehmut der Einsamkeit. Dann maß ich mit den abgetragenen Schuhsohlen übertrieben fest meine tausendeinhundertundelf Schritte ab. Gegen Ende des dritten Monats, als das Gefängnisbrot, der Strohsack und die mich fressenden Läuse bereits unteilbare Elemente meines Daseins geworden waren, wie Tag und Nacht, brachten mir die Wärter eines Abends einen Berg von Gegenständen aus einer anderen, phantastischen Welt: frische Wäsche, eine Decke, ein Kissen, Weißbrot, Zucker, Tee, Schinken, Konserven, Äpfel, ja, große, grellfarbige Apfelsinen... Noch heute, nach einunddreißig Jahren, zähle ich nicht ohne Aufregung alle diese wundersamen Dinge auf und ertappe mich dabei, daß ich ein Glas mit eingemachten Früchten, Seife und ein Kämmchen nicht erwähnt habe. »Das schickt Ihre Mutter«, sagte mir der Gehilfe des Gefängnisdirektors. Wie schlecht ich auch damals in den menschlichen Seelen zu lesen vermochte, so begriff ich doch sofort aus seinem Ton, daß er eine Bestechung erhalten hatte.

Bald danach überführte man mich mit einem Dampfer nach

Odessa und setzte mich dort in ein Einzelzellengefängnis, das einige Jahre zuvor nach dem letzten Wort der Technik erbaut worden war. Nach Nikolajew und Cherson erschien mir die Odessaer Einzelzelle wie eine ideale Institution. Unterhaltungen durch Klopfsystem, Zettelchen, ›Telefon‹, ein unmittelbarer Schrei von Fenster zu Fenster – kurz, der Postverkehr funktionierte fast ununterbrochen. Ich klopfte meinen Nachbarn meine Chersoner Gefängnisgedichte, sie versorgten mich als Antwort mit Neuigkeiten. Von Schwigowski erfuhr ich durch das Fenster, daß die Gendarmen im Besitze des Pakets mit meinen Papieren wären, und konnte so mühelos die Pläne des Oberstleutnants Dremljuga zerstören, der mir eine Falle stellen wollte. Es muß gesagt werden, daß wir in jener Periode noch nicht – wie einige Jahre später – dazu übergegangen waren, jegliche Aussage zu verweigern.
Das Gefängnis war nach den im Frühling im ganzen Lande erfolgten Massenverhaftungen überfüllt. Am 1. März 1898, als ich im Chersoner Gefängnis saß, versammelte sich in Minsk der Gründungskongreß der sozialdemokratischen Partei. Er bestand insgesamt aus neun Menschen und ertrank sofort in einer Welle von Verhaftungen. Schon nach einigen Monaten sprach man von ihm nicht mehr. Aber seine späteren Folgen haben sich in der Geschichte der ganzen Menschheit geäußert. Das angenommene Manifest schilderte folgende Perspektive des politischen Kampfes: »... je weiter nach dem Osten Europas, um so feiger und niederträchtiger ist in politischer Hinsicht die Bourgeoisie, und um so größere kulturelle und politische Aufgaben erstehen dem Proletariat.« Einer gewissen historischen Pikanterie entbehrt nicht die Tatsache, daß der Verfasser des Manifestes der nicht unbekannte Peter Struve ist, der später ein Führer des Liberalismus und noch später der Publizist der kirchlichen und monarchistischen Reaktion wurde.
In den ersten Monaten meines Aufenthaltes im Odessaer Gefängnis bekam ich von außen keine Bücher und war gezwungen, mich mit der Gefängnisbibliothek zu begnügen. Sie bestand hauptsächlich aus konservativen historischen und religiösen Zeitschriften zahlreicher Jahrgänge. Ich studierte sie mit unersättlicher Gier. Ich kannte bald alle Sekten und alle Häresien der alten und der neuen Zeit, alle Vorzüge des rechtgläubigen Gottesdienstes, die besten Argumente gegen den Katholizismus, den Protestantismus, gegen die Lehre von Tolstoi, gegen den Darwinismus. In der ›Rechtgläubigen Rundschau‹ las ich, daß das christliche Bewußtsein wahre Wissenschaften liebe, darunter auch die Naturwissenschaft als die geistige Verwandte des Glaubens. Das Wunder mit Baals Eselin, die eine Diskussion mit dem Propheten hatte, könne auch vom Gesichtspunkte der Naturwissenschaft aus nicht widerlegt werden: »gibt es doch sprechende Papageien und sogar sprechende Kanarienvögel«. Dieses Argument des Erzbischofs Nikanor beschäf-

tigte mich tagelang, manchmal sogar träumte ich in der Nacht davon. Die Untersuchungen über böse Geister und Dämonen, über deren Fürsten, den Teufel, und das finstere Reich des Bösen versetzten den jungen rationalistischen Gedanken durch die kodifizierte Dummheit der Jahrtausende jedesmal in Staunen und in eine Art Begeisterung. Eine eingehende Betrachtung über das Paradies, über seine innere Einrichtung und den Ort, wo es sich befände, endete mit folgender melancholischer Note: »genaue Angaben über den Ort, wo das Paradies sich befindet, gibt es nicht«. Ich wiederholte diesen Satz beim Mittag, beim Tee, auf den Spaziergängen. Geographische Längengrade der paradiesischen Seligkeit – unbekannt. Mit dem Gendarmerie-Unteroffizier Miklin führte ich bei jeder Gelegenheit theologische Dispute. Miklin war habgierig, verlogen, bösartig, in heiligen Büchern belesen und äußerst fromm. Über die klirrenden Eisentreppen laufend, sang er Kirchenlieder leise vor sich hin. »Schon für das eine, das einzige Wort *Christimutter* statt *Gottesmutter* platzte dem Häretiker Arias der Bauch«, redete Miklin auf mich ein. »Warum bleiben die Bäuche der Häretiker heute heil?« »Heute... heute...«, antwortete beleidigt Miklin, »heute sind andere Zeiten.«
Meine Schwester, die aus dem Dorfe gekommen war, brachte mir auf meine Bitte vier Evangelien in fremden Sprachen. Gestützt auf meine Schulkenntnisse des Deutschen und Französischen las ich sie Vers um Vers nebeneinander, auch auf englisch und italienisch. In einigen Monaten war ich auf diese Art ziemlich weit gekommen. Ich muß jedoch sagen, daß meine linguistischen Fähigkeiten recht mittelmäßig sind. Vollkommen beherrsche ich auch jetzt keine fremde Sprache, obwohl ich lange in verschiedenen Ländern Europas gelebt habe.
Während der Sprechzeit mit Verwandten befand sich der Gefangene in einem engen hölzernen Käfig, der durch zwei Gitter von dem Besucher getrennt war. Als mein Vater mich zum erstenmal besuchte, bildete er sich ein, ich müsse die ganze Zeit meiner Haft in diesem engen Kasten verbringen. Ein inneres Erschauern nahm ihm die Sprache. Auf meine Fragen bewegte er lautlos die bleichen Lippen. Ich werde dieses Gesicht niemals vergessen. Die Mutter wurde auf den Besuch vorbereitet und benahm sich ruhiger.
Der Widerhall der Weltereignisse erreichte uns brockenweise. Der südafrikanische Krieg hatte uns kaum berührt. Wir waren noch im wahrsten Sinne des Wortes Kleinstädter. Wir neigten dazu, den Kampf der Engländer mit den Buren hauptsächlich vom Standpunkt des unvermeidlichen Sieges des Großkapitals zu deuten. Der Prozeß Dreyfus, der in jener Zeit gerade seinen Höhepunkt erreichte, fesselte uns durch seine Dramatik. Einmal drang zu uns das Gerücht, in Frankreich habe ein Staatsstreich stattgefunden und die Königsmacht sei wiederhergestellt. Wir waren vom Gefühl der untilgbaren Schmach erfaßt. Unruhig liefen die Gendarmen

durch die eisernen Korridore und über die Treppen, um das Klopfen und Schreien zu beruhigen. Sie glaubten, man habe uns wieder mal verdorbenes Mittagessen gegeben. Aber nein, der politische Flügel des Gefängnisses protestierte stürmisch gegen die Restauration der Monarchie in Frankreich.

Die Artikel über Freimaurerei in den theologischen Zeitschriften erregten mein Interesse. Woher stammt diese seltsame Strömung? fragte ich mich. Wie würde der Marxismus sie erklären? Ich habe mich verhältnismäßig lange dem historischen Materialismus widersetzt und mich an die Theorie von der Vielfältigkeit der historischen Faktoren geklammert, die bekanntlich auch jetzt noch die verbreitetste Theorie der sozialen Wissenschaften ist. Verschiedene Seiten ihrer gesellschaftlichen Tätigkeit nennen die Menschen Faktoren, verleihen diesem Begriff einen übersozialen Charakter und erklären dann abergläubisch ihre eigene Tätigkeit als Produkt der Wechselwirkung dieser selbständigen Kräfte. Wie die Faktoren entstanden sind, das heißt, unter dem Einfluß welcher Bedingungen sie sich aus der primitiven menschlichen Gesellschaft heraus entwickelt haben – das beschäftigt die offizielle Eklektik nicht. Mit Begeisterung las ich in der Zelle zwei berühmte Abhandlungen des alten italienischen Hegelianer-Marxisten Antonio Labriola, die in französischer Sprache ins Gefängnis eingeschmuggelt worden waren. Wie nur wenige der lateinischen Schriftsteller beherrschte Labriola die materialistische Dialektik, wenn auch nicht in der Politik, wo er hilflos war, so doch auf dem Gebiet der Geschichtsphilosophie. Unter dem glänzenden Dilettantismus seiner Darstellung verbarg sich in der Wirklichkeit wahre Tiefe. Mit der Theorie der vielfältigen Faktoren, die den Olymp der Geschichte bevölkern und von dort aus unsere Schicksale lenken, rechnet Labriola glänzend ab. Obwohl seit der Zeit, da ich seine Abhandlungen las, drei Jahrzehnte vergangen sind, ist mir die Gesamtfolge seiner Gedanken wie auch sein ständiger Refrain ›Ideen fallen nicht vom Himmel‹ fest im Gedächtnis geblieben. Ohnmächtig erschienen mir daneben die russischen Theoretiker der Vielfältigkeit der Faktoren wie Lawrow, Michajlowski, Karejew und andere. Noch viel später waren mir jene Marxisten unbegreiflich, auf die das unfruchtbare Buch des deutschen Professors Stammler ›Wirtschaft und Recht‹ einen Eindruck machte, jenes Buch, das einen der zahllosen Versuche darstellt, den großen naturgeschichtlichen und historischen Strom, der von der Amöbe zu uns und von uns weiterführt, durch enge Kreise ewiger Kategorien hindurchzupressen, die ihrerseits bloß ein Abdruck des lebendigen Prozesses im Hirn eines Pedanten sind.

Gerade in dieser Periode gewann ich Interesse für die Freimaurerei. Einige Monate lang las ich eifrig alle Bücher über die Geschichte der Freimaurerei, die mir Verwandte und Bekannte in der Stadt auftreiben konnten. Weshalb, zu welchem Zweck nannten sich Kaufleute, Künstler, Bankiers, Beamte und Advokaten seit dem ersten Viertel des 17. Jahrhunderts Freimaurer und stellten die Riten der mittelalterlichen Zunft wieder her? Woher diese seltsame Maskerade? Allmählich wurde mir das Bild klar. Die alte Zunft gab nicht nur die maßgebenden Richtlinien für die Wirtschaft, sondern auch für Moral und Sitte. Sie erfaßte das Leben der städtischen Bevölkerung von allen Seiten, besonders die Zunft der Halbhandwerker-Halbkünstler des Baufachs. Der Zerfall der Zunftwirtschaft bedeutete die moralische Krise einer Gesellschaft, die eben erst das Mittelalter hinter sich gelassen hatte. Die neue Moral entwickelte sich viel langsamer, als die alte in die Brüche ging. Daher der in der Menschheitsgeschichte nicht seltene Versuch, jene Formen der sittlichen Disziplin zu konservieren, deren soziale Basis – in diesem Falle die zünftlerische Produktion – der historische Prozeß längst untergraben hatte. Die produktive Maurerei verwandelte sich in die spekulative ›Maurerei‹. Aber wie immer in solchen Fällen hatten die überlebten moralischen Formen, an die sich die Menschen klammerten, unter dem Druck des Lebens einen ganz neuen Inhalt bekommen. In einzelnen Zweigen der Freimaurerei waren die Elemente der offen feudalen Reaktion noch sehr stark, wie zum Beispiel in dem schottischen System. Im 18. Jahrhundert füllen sich die Formen der Freimaurerei in einer Reihe von Ländern mit kriegerischem Kulturträgertum, politischer und religiöser Aufklärung, die eine vorrevolutionäre Rolle spielen und deren linker Flügel in die Bewegung der Karbonari überging. Zu den Freimaurern gehörte Ludwig XVI., aber auch der Doktor Guillotin, der Erfinder der Guillotine. In Süddeutschland nahm die Freimaurerei offen revolutionären Charakter an, und am Hofe Katharinas bildete sie eine maskeradenhafte Wiedergabe der adelig-bürokratischen Hierarchie. Den Freimaurer Nowikow verbannte die freimaurerische Kaiserin nach Sibirien.

Wenn heute, in der Zeit der fertigen und billigen Bekleidung, niemand mehr den Havelock seines Großvaters abträgt, so nehmen auf dem geistigen Gebiet die Havelocks und Krinolinen noch einen großen Platz ein. Das geistige Inventar geht von Generation auf Generation über, obgleich die Kissen und Decken der Großmütter sauer riechen. Selbst die Menschen, die gezwungen werden, den Inhalt ihrer Ansichten zu wechseln, zwängen ihn meist in alte Formen hinein. In der Technik unserer Produktion hatte sich eine viel mächtigere Umwälzung vollzogen als in der Technik unseres Denkens, das das Flicken und Wenden dem Neubau vorzieht. Das ist der Grund, weshalb die französischen kleinbürgerlichen Parlamentarier, bestrebt, der zersetzenden Kraft der modernen Gesellschaft so etwas wie eine sittliche Beziehung der Menschen untereinander entgegenzustellen, nichts Besseres auszudenken vermochten, als sich eine weiße Schürze vorzubinden und sich mit Zirkel oder Richtlot zu bewaffnen. Dabei ist ihre Absicht nicht etwa, ein neues Gebäude erstehen zu lassen, sondern nur, in das längst errichtete Haus des Parlaments oder des Ministeriums hineinzugelangen.

Da man im Gefängnis, um ein neues Heft zu bekommen, das vollgeschriebene abgeben mußte, so schaffte ich mir für die Freimaurerei ein Heft von tausend numerierten Seiten an, in das ich mit kleiner Perlschrift Auszüge aus zahlreichen Büchern schrieb, die mit meinen eigenen Gedanken über die Freimaurerei und die materialistische Geschichtsauffassung abwechselten. Diese Arbeit nahm insgesamt ein ganzes Jahr in Anspruch. Ich bearbeitete die einzelnen Kapitel, schrieb sie in eingeschmuggelte Hefte ab und schickte sie zur Durchsicht den Freunden in die anderen Zellen. Dafür hatten wir ein sehr kompliziertes System, das Telefon hieß. Der Adressat, dessen Zelle nicht weit von der meinigen war, band einen schweren Gegenstand an eine Schnur und brachte dieses Gerät in schwingende Bewegung, wobei er die Hand soweit wie möglich aus den Fenstergittern vorstreckte. Auf das Klopfsignal steckte ich den Besen soweit es ging aus meinem Fenster hinaus, und wenn das Gewicht sich um den Stiel geschlungen hatte, zog ich den Besen herein und band mein Manuskript an das Ende der Schnur. Saß der Adressat fern von mir, so wurde diese Prozedur in mehreren Etappen wiederholt, was die Sache natürlich erschwerte.

Am Ende meines Aufenthaltes im Odessaer Gefängnis verwandelte sich das dicke, durch die Unterschrift des älteren Gendarmerie-Unteroffiziers Ussow beglaubigte Heft in einen wahren Born historischer Wissenschaften und philosophischer Tiefe. Ich weiß nicht, ob man es heute so, wie es war, drucken könnte. Ich erfuhr zu vieles gleichzeitig und aus den verschiedensten Gebieten, Epochen und Ländern, und ich fürchte, daß ich in meiner ersten Arbeit auf einmal zu vieles sagen wollte. Aber ich glaube, daß die grundlegenden Gedanken und Schlußfolgerungen richtig waren. Ich fühlte mich damals schon ziemlich fest auf den Beinen, und dies Gefühl nahm während der Arbeit zu. Ich würde jetzt viel darum geben, dieses dicke Heft ausfindig zu machen. Es hat mich in die Verbannung begleitet, wo ich allerdings die Freimaurerei-Forschungen einstellte und zum Studium des ökonomischen Systems von Marx überging. Nach meiner Flucht ins Ausland hat mir Alexandra Lwowna aus der Verbannung das Heft durch meine Eltern zugestellt, als diese mich im Jahre 1903 in Paris besuchten. Das Heft blieb zusammen mit meinem bescheidenen Emigranten-Archiv in Genf, als ich illegal nach Rußland reiste, und ging in das Archiv der ›Iskra‹ über, das sein vorzeitiges Grab wurde. Nach der zweiten Flucht aus Sibirien versuchte ich im Ausland nach meinem Heft zu forschen. Wahrscheinlich hat die Schweizer Wirtin, der man das Archiv in Aufbewahrung gegeben hatte, das Heft als Brennmaterial oder für andere Zwecke verbraucht. Ich kann nicht umhin, dieser ehrbaren Frau hier einen Vorwurf zu machen.

Der Umstand, daß ich die Arbeit über die Freimaurerei unter den Verhältnissen des Gefängnisses gemacht hatte und deshalb nur über eine beschränkte Anzahl von Büchern verfügte, war für mich recht nützlich. Mit der grundlegenden marxistischen Literatur war ich bis dahin überhaupt nicht bekannt gewesen. Die Arbeiten Antonio Labriolas hatten den Charakter philosophischer Streitschriften. Sie setzten Kenntnisse voraus, die ich nicht besaß und die ich durch Vermutungen ersetzen mußte. Die Untersuchungen Labriolas verließ ich mit einer ganzen Menge Hypothesen im Kopfe. Die Arbeit über die Freimaurerei war für mich eine Nachprüfung meiner eigenen Betrachtungen. Ich hatte nichts Neues entdeckt. Alle methodologischen Schlußfolgerungen, zu denen ich kam, waren längst gemacht und angewandt worden. Aber ich hatte mich bis zu einem gewissen Grade selbständig zu ihnen hindurchgetastet. Ich glaube, daß dies eine Bedeutung für meine gesamte spätere geistige Entwicklung gehabt hat. Ich fand später bei Marx, Engels, Plechanow, Mehring eine Bestätigung dessen, was mir im Gefängnis als meine eigenen Gedanken erschienen war und was nur einer Kontrolle und Begründung bedurft hatte. Den historischen Materialismus habe ich zuerst in einer nichtdogmatischen Form aufgenommen. Die Dialektik offenbarte sich mir anfangs nicht in ihren abstrakten Formulierungen, sondern als lebendige Triebfeder, die ich im historischen Prozeß wahrnahm, soweit ich mich bemühte, ihn zu begreifen.

Im Lande begann unterdessen ein Aufstieg. Hier hatte die historische Dialektik gründlich gearbeitet, praktisch und in sehr großem Maßstabe. Die Studentenbewegung fand eine Entladung in Demonstrationen. Die Kosaken peitschten die Studenten. Die Liberalen waren empört, da man ihre Söhne beleidigte. Die Sozialdemokratie erstarkte, indem sie immer mehr und mehr mit der Arbeiterbewegung verschmolz. Die Revolution hörte auf, eine privilegierte Beschäftigung der intellektuellen Kreise zu sein. Die Zahl der Verhaftungen unter Arbeitern wuchs. Im Gefängnis wurde, trotz der Überfüllung, das Atmen leichter. Gegen Ende des zweiten Jahres erhielten wir das Urteil im Prozeß des Südrussischen Bundes mitgeteilt: vier der Hauptbeschuldigten wurden zu vier Jahren Verbannung nach Ostsibirien verurteilt. Wir mußten noch ein halbes Jahr im Moskauer Etappengefängnis zubringen. Das war eine Zeit intensiver theoretischer Arbeit. Hier hörte ich zum erstenmal von Lenin und studierte sein damals eben erschienenes Buch über die Entwicklung des russischen Kapitalismus. Hier schrieb ich meine Broschüre über die Arbeiterbewegung in Nikolajew, die in die Freiheit hinausgeschmuggelt und bald danach in Genf veröffentlicht wurde. Aus dem Moskauer Etappengefängnis wurden wir im Sommer abtransportiert. Wir machten Aufenthalt in verschiedenen Gefängnissen. Erst im Herbst des Jahres 1900 erreichten wir den Ort der Verbannung.

Die erste Verbannung

Wir fuhren die Lena hinab. Der Strom trug langsam einige Barken mit Sträflingen und Wachen. In den Nächten war es eiskalt, und die Pelze, mit denen wir uns zudeckten, waren am Morgen vom Reif naß. Unterwegs wurden die Sträflinge einzeln oder zu zweit an den Bestimmungsdörfern abgesetzt. Bis zum Dorfe Ustj-Kut schwammen wir, wie ich mich erinnern kann, annähernd drei Wochen. Hier setzte man mich zusammen mit der mir nahestehenden, in dem Nikolajewer Prozeß zur Verbannung verurteilten Alexandra Lwowna ab. Alexandra Lwowna nahm einen der ersten Plätze in dem Südrussischen Arbeiterbund ein. Ihre tiefe Ergebenheit für den Sozialismus unter völliger Preisgabe alles Persönlichen gab ihr eine unbestrittene moralische Autorität. Die gemeinsame Arbeit hatte uns eng verbunden. Um nicht getrennt angesiedelt zu werden, hatten wir uns im Moskauer Etappengefängnis trauen lassen.
Das Dorf bestand aus etwa hundert Holzhäusern. Wir nahmen in dem letzten Wohnung. Ringsherum Wald, unten der Fluß. Weiter gegen Norden die Lena entlang lagen Goldgruben. Der Widerschein des Goldes spielte auf der ganzen Lena. Ustj-Kut hatte einst bessere Tage gesehen – mit wüsten Gelagen, Plünderungen und Raub. Zu unserer Zeit war alles schon ruhig. Das Saufen allerdings war geblieben. Der Wirt und die Wirtin unserer Hütte waren niemals nüchtern. Es war ein finsteres, dumpfes Leben, fern von aller Welt. Nachts erfüllten Schaben das Haus mit unruhigem Geknister; sie krochen auf Tisch, Bett und Gesicht. Man war von Zeit zu Zeit gezwungen, das Haus zu verlassen, um für ein bis zwei Tage bei dreißig Grad Kälte die Türen und Fenster zu öffnen. Im Sommer gab es die Mückenplage. Die Mücken hatten eine Kuh, die sich im Walde verirrte, buchstäblich totgestochen. Die Bauern trugen ein Netz aus Pferdehaaren mit Teer beschmiert über dem Gsicht. Im Herbst und Frühling versank das Dorf im Schlamm. Dafür aber war die Natur herrlich. Doch in jenen Jahren blieb ich kühl gegen sie. Mir tat es gewissermaßen leid, Aufmerksamkeit und Zeit an sie zu verschwenden. Ich lebte zwischen Wald und Fluß, fast ohne sie zu beachten. Bücher und persönliche Beziehungen füllten mein Leben aus. Ich studierte Marx, dabei die Schaben von den Buchseiten jagend.
Lena war der große Wasserweg der Verbannten. Wessen Frist abgelaufen war, der kehrte auf dem Fluß nach dem Süden zurück. Die Verbindung zwischen den einzelnen Verbannungsnestern, die mit dem Anwachsen der Revolution zunahmen, war fast niemals unterbrochen. Die Verbannten tauschten Briefe aus, die zu theoretischen Traktaten anwuchsen. Versetzungen aus einem Ort in einen anderen bewilligte der Gouverneur von Irkutsk verhältnismäßig leicht. Ich zog mit Alexandra Lwowna 250 Werst weiter nach dem

Osten, an den Fluß Ilim, wo Freunde von uns lebten. Dort war ich kurze Zeit in Stellung im Büro eines Kaufmanns, eines Millionärs. Seine Lager mit Rauchware, seine Läden und Schenken waren verstreut auf einer großen Fläche so groß wie Belgien und Holland zusammen. Er war ein mächtiger Handelsherr. Die vielen Tausend der ihm untergebenen Tungusen nannte er »meine Tungus'chen«. Seinen Namen zu schreiben war er nicht imstande und malte statt dessen ein Kreuz hin. Er lebte das ganze Jahr geizig und ärmlich und verjubelte dann Zehntausende und Aberzehntausende auf dem Jahrmarkt in Nischni-Nowgorod. Ich war bei ihm anderthalb Monate in Stellung. Einmal notierte ich ein Pud Kupferfarbe statt eines Pfundes und schickte eine ungeheure Rechnung an einen entfernten Kunden. Mein Ruf war damit untergraben und ich verließ die Stellung. Wir kehrten nach Ustj-Kut zurück. Es war ein böser Winter, der Frost erreichte 44 Grad Reaumur. Der Fuhrmann riß mit den Fausthandschuhen die Eiszapfen von den Pferdeschnauzen ab. Auf dem Schoß hielt ich unser zehn Monate altes Mädchen. Sie atmete durch einen Pelzschornstein, den wir über ihrem Gesicht errichtet hatten. Auf jeder Station nahmen wir das Kind besorgt aus den Hüllen, in die es eingewickelt war, heraus. Die Reise verlief jedoch glücklich. In Ustj-Kut blieben wir nicht lange. Nach einigen Monaten erlaubte uns der Gouverneur, etwas südlicher, nach Wercholensk überzusiedeln, wo wir ebenfalls Freunde hatten.

Die Aristokratie der Verbannung waren die alten Narodniki, die sich mit der Zeit auf die eine oder die andere Weise hier eingerichtet hatten. Die jungen Marxisten bildeten eine besondere Schicht. Zu meiner Zeit trafen im Norden schon wegen Streiks verurteilte Arbeiter ein; sie waren zufällig aus der Masse herausgegriffen worden, häufig waren es halbe Analphabeten. Für diese Arbeiter war die Verbannung eine unersetzbare Schule der Politik und der Kultur überhaupt. Geistige Meinungsverschiedenheiten nahmen, wie überall, wo Menschen zwangsweise angehäuft werden, oft die Form von Gezänk an. Private, besonders romantische Konflikte entwickelten sich nicht selten zu Dramen. Aus diesem Grunde geschahen auch Selbstmorde. In Wercholensk mußten wir der Reihe nach einen Kiewer Studenten überwachen. Ich hatte glitzernde Metallspäne auf seinem Tisch entdeckt. Es stellte sich heraus, daß er für sein Jagdgewehr aus Blei Kugeln zurechtgehobelt hatte. Wir haben ihn nicht behüten können. Den Lauf auf das Herz gerichtet, drückte er den Hahn mit der Zehe ab. Wir begruben ihn schweigend auf einer Anhöhe. Vor Reden hatten wir damals noch, wie vor etwas Falschem, eine Scheu. In allen größeren Verbannungskolonien gab es Gräber von Selbstmördern. Einige Verbannte, besonders in den Städten, gingen in dem Milieu der Umgebung auf. Wieder andere verfielen der Trunksucht. Nur die intensive Arbeit an sich selbst vermochte in der Verbannung wie

im Gefängnis Rettung zu bringen. Man darf sagen, theoretisch haben fast nur die Marxisten gearbeitet.
Jeden neuen Schub erwarteten wir mit größter Spannung. Auf dem großen Lenaer Wege lernte ich in jenen Jahren Dserschinski, Uritzki und viele andere junge Revolutionäre kennen, denen es bevorstand, in der Zukunft eine große Rolle zu spielen. In einer dunklen Frühlingsnacht, bei einem Scheiterhaufen am Ufer der breit aus ihrem Flußbett getretenen Lena, las Dserschinski ein Poem vor, das er in polnischer Sprache verfaßt hatte. Sein Gesicht und seine Stimme waren herrlich, aber das Poem war schwach. Das Leben dieses Menschen wurde später selbst zu einem düstern Poem.
Bald nach meiner Ankunft in Ustj-Kut begann ich an der Irkutsker Zeitung ›Östliche Rundschau‹ mitzuarbeiten. Das war ein legales Provinzblatt, von den alten Narodniki in der Verbannung geschaffen, dessen sich aber zeitweilig die Marxisten bemächtigten. Ich begann mit Dorfkorrespondenzen, wartete erregt auf das Erscheinen der ersten und ging, von der Redaktion ermuntert, zur literarischen Kritik und zur Publizistik über. Um ein Pseudonym zu finden, machte ich aufs Geratewohl ein italienisches Wörterbuch auf; da stieß ich auf das Wort antidoto, und nun unterschrieb ich während vieler Jahre meine Artikel mit *Antid Oto;* meinen Freunden erklärte ich scherzend, ich wolle in die legale Presse ein marxistisches Gegengift einführen. Das Blatt erhöhte ganz unerwartet für mich das Honorar von zwei Kopeken auf vier Kopeken die Zeile. Das war der höchste Ausdruck der Anerkennung. Ich schrieb über das Bauerntum, über die russischen Klassiker, über Ibsen, Hauptmann, Nietzsche, über Maupassant und Estaunié, über Leonid Andrejew und Gorki. Ich durchwachte Nächte, meine Manuskripte kreuz und quer durchstreichend auf der Suche nach einem passenden Gedanken oder einem fehlenden Wort. Ich wurde Schriftsteller.
Seit dem Jahre 1896, als ich noch gegen die revolutionären Ideen ankämpfte, und seit 1897, als ich bereits revolutionäre Arbeit ausübte, aber mich noch gegen die Theorie des Marxismus wehrte, hatte ich schon ein großes Stück Wegs zurückgelegt. Zur Zeit meiner Verbannung war der Marxismus für mich endgültig die Basis meiner Weltanschauung und die Methode meines Denkens geworden. In der Verbannung versuchte ich unter dem mir jetzt vertrauten Gesichtswinkel an die sogenannten ›ewigen‹ Fragen des menschlichen Daseins heranzugehen: Liebe, Tod, Freundschaft, Optimismus, Pessimismus und so weiter. Zu verschiedenen Epochen und in den verschiedenen sozialen Milieus liebt, haßt und hofft der Mensch auf verschiedene Art und Weise. Wie der Baum durch seine Wurzeln die Blätter nährt, wie die Blumen und die Früchte sich von den Säften des Bodens ernähren, so findet die Persönlichkeit für ihre Gefühle und Gedanken, selbst für die ›hohen‹,

Nahrung in dem ökonomischen Fundament der Gesellschaft. In meinen damaligen Artikeln über Literatur bearbeitete ich im wesentlichen fast nur das eine Thema: Persönlichkeit und Gesellschaft. Vor nicht gar so langer Zeit sind diese Artikel gesammelt erschienen. Schriebe ich sie heute, ich würde sie anders schreiben. Wesentliches aber würde ich daran nicht zu ändern brauchen.

Der offizielle oder legale russiche Marxismus durchlebte in jener Zeit eine gewaltige Krise. Ich sah jetzt am lebendigen Beispiel, wie ungeniert neue soziale Bedürfnisse sich geistige Trachten schaffen aus dem theoretischen Stoff, der für ganz andere Ziele bestimmt ist. Bis zu den neunziger Jahren verharrte die russische Intelligenz zu einem enormen Teil in der Volkstümlerei mit deren Ablehnung des Kapitalismus und der Idealisierung der bäuerlichen Gemeinde (Obschtschina). Unterdessen klopfte der Kapitalismus an alle Türen und versprach den Intellektuellen in der Zukunft allerhand materielle Vorteile und eine bedeutende politische Rolle. Die bürgerlichen Intellektuellen brauchten das scharfe Messer des Marxismus, um die Nabelschnur der Volkstümlerei zu durchschneiden, die sie mit der lästig gewordenen Vergangenheit verband. Daher die schnelle und siegreiche Ausbreitung der marxistischen Ideen während der letzten Jahre des vorigen Jahrhunderts. Aber kaum hatte die Theorie von Marx diese Aufgabe erfüllt, als sie die Intellektuellen schon zu beengen begann. Die Dialektik war dazu gut gewesen, die Fortschrittlichkeit der kapitalistischen Entwicklungsmethode nachzuweisen. Wo aber ihre revolutionäre Ablehnung des Kapitalismus begann, da erwies sich die Dialektik als hemmend und wurde als veraltet erklärt. An der Grenze zweier Jahrhunderte – für mich fiel es zusammen mit den Jahren der Gefängnisse und der Verbannung – machte die russische Intelligenz eine Periode der allgemeinen Kritik des Marxismus durch. Sie hatte dem Marxismus den Beweis für die historische Berechtigung des Kapitalismus entnommen, aber seine revolutionäre Ablehnung des Kapitalismus verworfen. Auf diesen Umwegen verwandelte sich die archaistisch-volkstümlerische in eine liberal-bürgerliche Intelligenz.

Die europäische Kritik des Marxismus fand jetzt in Rußland großen Absatz, unabhängig von ihren Qualitäten. Es genügt die Feststellung, daß Eduard Bernstein einer der populärsten Führer vom Sozialismus zum Liberalismus wurde. Die normative Philosophie verdrängte immer siegreicher die materialistische Dialektik. Die öffentliche Meinung der sich formierenden Bourgeoisie brauchte unbeugsame Normen – nicht nur gegen die Willkür der absolutistischen Bürokratie, sondern auch gegen die Zügellosigkeit der revolutionären Massen. Indem Kant Hegel stürzte, konnte auch er sich nicht mehr lange auf den Beinen halten. Der russische Liberalismus kam spät und führte sein Dasein von Anfang an auf vulkanischem Boden. Der kategorische Imperativ erwies sich für ihn als eine zu abstrakte und unzuverlässige Sicherung. Gegen die revolutionären Massen waren stärker wirkende Mittel nötig. Die transzendentalen Idealisten verwandelten sich in rechtgläubige Christen. Der Professor der politischen Ökonomie, Bulgakow, hatte mit der Revision des Marxismus in der Agrarfrage begonnen, ging dann zum Idealismus über und endete damit, daß er den Priesterrock anzog. Allerdings kam der Priesterrock erst einige Jahre später.

In den ersten Jahren des Jahrhunderts bildete Rußland ein riesiges Laboratorium sozialer Ideologien. Meine Arbeit über die Geschichte der Freimaurerei hatte mich hinreichend ausgerüstet, um die untergeordnete Funktion der Ideen im historischen Prozeß zu begreifen. ›Ideen fallen nicht vom Himmel‹, wiederholte ich mit dem alten Labriola. Jetzt ging es nicht mehr um ein rein wissenschaftliches Interesse, sondern um die Wahl des politischen Weges. Der Kampf um den Marxismus, der sich überall abspielte, half mir, wie vielen anderen jungen Revolutionären, die Gedanken zu sammeln und die Waffen zu schärfen. Wir haben den Marxismus nicht nur dazu nötig gehabt, um mit der Volkstümlerei, die uns kaum berührt hatte, fertigzuwerden, nein, wir haben ihn vor allem dazu gebraucht, um den unversöhnlichen Kampf gegen den Kapitalismus auf seinem eigenen Gebiet zu eröffnen. Der Kampf gegen den Revisionismus stählte uns nicht nur theoretisch, sondern auch politisch. Wir wurden *proletarische* Revolutionäre.

Zu jener Zeit stießen wir mit der Kritik von links zusammen. In einer der nördlichsten Kolonien, ich glaube in Wilujsk, lebte der Verbannte Machajski, dessen Name bald danach ziemliche Berühmtheit erlangte. Machajski begann mit der Kritik des sozialdemokratischen Opportunismus. Sein erstes hektographiertes Heft, der Entlarvung des Opportunismus in der deutschen Sozialdemokratie gewidmet, hatte unter den Verbannten großen Erfolg. Das zweite Heft war eine Kritik des ökonomischen Systems von Marx und kam zu der unerwarteten Schlußfolgerung, daß der Sozialismus eine Gesellschaftsordnung darstelle, die auf der Ausbeutung der Arbeiter durch die professionellen Intellektuellen beruhe. Das dritte Heft im Geiste des Anarchosyndikalismus begründete die Ablehnung des politischen Kampfes. Einige Monate lang stand die Arbeit Machajskis im Zentrum der Aufmerksamkeit der Verbannten an der Lena. Für mich war sie eine wirksame Impfung gegen den Anarchismus, der sehr ausschweifend in der Ablehnung durch Worte, aber leblos und sogar feig in praktischen Schlußfolgerungen ist.

Einem lebendigen Anarchisten begegnete ich zum erstenmal im Moskauer Etappengefängnis. Das war der Volksschullehrer Lusin, ein verschlossener, wortkarger, harter Mensch. Im Gefängnis zeigte er stets Neigung für die Kriminellen und lauschte mit Interesse ihren Erzählungen über Mord und Raub. In theoretische

Diskussionen ließ er sich ungern ein. Nur einmal, als ich ihm immer wieder mit der Frage zusetzte, wie man in den autonomen Gemeinden die Eisenbahnen verwalten würde, antwortete mir Lusin: Zu welchem Teufel werde ich unter dem Anarchismus mit der Eisenbahn zu fahren brauchen? Diese Antwort genügte mir. Lusin versuchte, Arbeiter auf seine Seite zu ziehen, und zwischen uns ging ein versteckter Kampf, der von Gehässigkeiten nicht frei war. Wir machten gemeinsam den Weg nach Sibirien. Während des hohen Wasserstandes beschloß Lusin, mit einem Boot über die Lena zu fahren. Er war nicht ganz nüchtern und warf mir eine Herausforderung hin. Ich erklärte mich bereit, mit ihm zu fahren. Auf dem aus den Ufern getretenen Fluß schwammen Baumstämme, Tierleichen, es gab auch nicht wenig Wasserstrudel. Die Überfahrt vollzog sich nicht ohne Aufregung, aber doch glücklich. Düster stellte mir Lusin ein mündliches Zeugnis aus: ein guter Kamerad oder so etwas Ähnliches. Unsere Beziehungen besserten sich. Bald wurde er weiter nach dem Norden verschickt. Einige Monate später stach er dort mit einem Messer nach einem Isprawnik. Der Isprawnik war nicht bösartig und die Wunde nicht gefährlich. Vor Gericht erklärte Lusin, er habe gegen den Isprawnik persönlich nichts gehabt, er habe in dessen Person nur die Staatswillkür treffen wollen. Lusin kam in die Katorga.

Während man in den fernen, schneebedeckten Kolonien der sibirischen Verbannung leidenschaftlich über die Differenzierung der russischen Bauernschaft diskutierte, über die englischen Trade Unions, über das Verhältnis zwischen dem kategorischen Imperativ und den Klasseninteressen, über Darwinismus und Marxismus, vollzog sich in den Regierungssphären ein anderer Ideenkampf. Der Heilige Synod exkommunizierte im Februar 1901 Leo Tolstoi. Die Botschaft des Synods veröffentlichten sämtliche Zeitungen. Tolstoi wurde sechs verschiedener Vergehen beschuldigt: 1. »leugnet den persönlichen lebendigen Gott, den in der Dreieinigkeit gepriesenen«; 2. »leugnet den von den Toten auferstandenen Gottmenschen Christus«; 3. »leugnet die unbefleckte Empfängnis und die Jungfräulichkeit Marias vor und nach Christi Geburt«; 4. »verneint das Leben nach dem Tode und das Jüngste Gericht«, 5. »leugnet die Gnadenwirkung des Heiligen Geistes«; 6. »lästert das Geheimnis des Abendmahls«. Die bärtigen, grauhaarigen Metropoliten, der sie inspirierende Pobedonoszew und alle die anderen Stützen des Staates, die uns Revolutionäre nicht nur als Verbrecher, sondern als wahnsinnige Fanatiker betrachteten, sich selber aber für Vertreter des nüchternen Gedankens hielten, der sich auf die historische Erfahrung der ganzen Menschheit stützt, diese Menschen forderten von dem großen realistischen Künstler, daß er glaube an die unbefleckte Empfängnis und den Heiligen Geist, der sich in Brotoblaten offenbart. Wir lasen wieder und wieder die Aufzählung der ›Irrlehren‹ Tolstois, jedesmal mit neuem Staunen, und sagten uns: nein, wir sind es, die sich auf die Erfahrung der ganzen Menschheit stützen, die Zukunft verkörpern wir, – und dort oben sitzen nicht nur Verbrecher, sondern auch Wahnsinnige. Und wir waren dessen gewiß, daß wir mit diesem Irrenhaus fertigwerden würden.

Das alte Staatsgebäude krachte in allen Fugen. Die Rolle der Schürer im Kampfe spielten noch immer die Studenten. Von Ungeduld getrieben, griffen sie zu terroristischen Akten. Nach den Schüssen von Karpowitsch und Balmaschew fuhren die Verbannten auf, als hätten sie das Trompetensignal eines Alarms vernommen. Es entstanden Diskussionen über die Taktik des Terrors. Nach vereinzelten Schwankungen sprach sich der marxistische Teil der Verbannten gegen den Terrorismus aus. Die Chemie der Explosionsstoffe kann die Masse nicht ersetzen, sagten wir. Die einzelnen werden im heroischen Kampfe verbrennen, ohne die Arbeiterklasse auf die Beine zu bringen. Unsere Sache ist nicht der Mord der zaristischen Minister, sondern die revolutionäre Niederwerfung des Zarismus. An diesem Punkte begann die Trennung der Sozialdemokraten von den Sozialrevolutionären. War für mich das Gefängnis eine Periode der theoretischen Bildung, so wurde mir die Verbannungszeit zu einer Periode der politischen Selbstbesinnung.

So vergingen zwei Jahre des Lebens. In dieser Zeit war viel Wasser unter den Brücken von Petersburg, Moskau und Warschau geflossen. Aus den unterirdischen Verstecken begann sich die Bewegung auf die Straßen der Städte zu ergießen. In manchen Gouvernements geriet die Bauernschaft in Bewegung. Sozialdemokratische Organisationen entstanden nun auch in Sibirien, entlang der Eisenbahn. Sie setzten sich mit mir in Verbindung. Ich schrieb für sie Aufrufe und Flugblätter. Nach einer dreijährigen Unterbrechung schloß ich mich wieder dem aktiven Kampfe an.

Die Verbannten wollten nicht mehr auf ihren Plätzen bleiben. Es begann eine Massenflucht. Man war gezwungen, eine Reihenfolge festzusetzen. Fast in jedem Dorfe begegnete man einzelnen Bauern, die schon als Jünglinge unter dem Einfluß der Revolutionäre der älteren Generation gestanden hatten. Geheim brachten sie die Politischen in Booten, Fuhrwerken oder Schlitten weg und gaben sie von Hand zu Hand weiter. Die sibirische Polizei war eigentlich ebenso ohnmächtig wie wir. Die Riesenflächen waren ihre Verbündeten, aber auch ihre Feinde. Einen Flüchtling einzufangen war schwer. Es gab mehr Chancen, daß er im Flusse ertrinken oder in der Taiga erfrieren würde.

Die revolutionäre Bewegung breitete sich aus, blieb aber noch ohne Zusammenhang. Jeder Bezirk, jede Stadt führte ihren eigenen Kampf. Der Zarismus hatte durch die Einheit seines Vorgehens ein großes Übergewicht. Die Notwendigkeit, eine zentralisierte Partei zu schaffen, bohrte in jener Zeit in vielen Gehirnen. Ich schrieb über dieses Thema ein Referat, das in Kopien durch die

Kolonien ging und eifrig diskutiert wurde. Es schien uns, daß unsere Gesinnungsgenossen im Lande und in der Emigration über diese Frage nicht genügend nachdachten. Aber sie dachten nach, und sie handelten. Im Sommer 1902 erhielt ich über Irkutsk Bücher, in deren Einband die neuesten ausländischen Publikationen, auf dünnstem Papier gedruckt, verborgen waren. Wir erfuhren, daß im Auslande eine marxistische Zeitung ›Iskra‹ gegründet worden war, die es sich zur Aufgabe machte, eine zentralisierte Organisation der durch die eiserne Disziplin der Tat verbundenen Berufsrevolutionäre zu schaffen. Es kam das in Genf erschienene Buch von Lenin: ›Was tun?‹, das völlig dieser Frage gewidmet war. Meine handschriftlichen Referate, Zeitungsartikel und Proklamationen für den Sibirischen Bund erschienen mir nun unwichtig und krähwinkelhaft vor dem Antlitz der neuen grandiosen Aufgabe. Man mußte ein neues Arbeitsfeld suchen. Man mußte fliehen.

Wir hatten zu dieser Zeit schon zwei Töchter: die jüngste war noch nicht vier Monate alt. Das Leben unter den sibirischen Verhältnissen war schwer. Meine Flucht mußte Alexandra Lwowna eine doppelte Bürde auferlegen. Aber sie entschied diese Frage mit den Worten: *es muß sein.* Die revolutionäre Pflicht war für sie stärker als alle anderen Erwägungen, besonders persönlicher Art. Sie hatte als erste den Gedanken an meine Flucht gefaßt, nachdem wir uns über die neuen Aufgaben klargeworden waren. Sie beseitigte alle auf diesem Wege auftauchenden Zweifel. Nach meiner Flucht maskierte sie mehrere Tage erfolgreich vor der Polizei meine Abwesenheit. Vom Auslande aus konnte ich mit ihr nur unter großen Schwierigkeiten den Briefwechsel aufrechterhalten. Für sie kam dann die zweite Verbannung. Wir trafen uns in der Zukunft nur vorübergehend. Das Leben hatte uns auseinandergebracht, aber es hat unsere geistige Verbindung und unsere Freundschaft unerschüttert bewahrt.

Die erste Flucht

Es nahte der Herbst, es drohte die Zeit der unbefahrbaren Wege. Um meine Flucht zu beschleunigen, wurde beschlossen, die nächsten zwei, die an der Reihe waren, zusammen fliehen zu lassen. Ein befreundeter Bauer versprach, mich gemeinsam mit E. G., der Übersetzerin von Marx, aus Wercholensk wegzubringen. Nachts, im Felde, bedeckte er uns wie eine Warenladung mit Stroh und Bastdecken. Unterdessen legte man in meinem Zimmer, um vor der Polizei zwei Tage Vorsprung zu gewinnen, eine Puppe unter die Bettdecke, die den Kranken darstellte. Der Bauer fuhr uns auf sibirische Art, das heißt mit einer Geschwindigkeit bis zu zwanzig

Werst die Stunde. Ich zählte mit dem Rücken die Weglöcher und hörte das Stöhnen meiner Nachbarin. Die Pferde wurden unterwegs zweimal gewechselt. Vor der Eisenbahnstation trennte ich mich von meiner Reisebegleiterin, um etwaige Fehlschläge und Gefahren nicht zu verdoppeln. Ohne besondere Zwischenfälle erreichte ich den Zug, wohin mir Freunde aus Irkutsk einen Koffer mit gestärkter Wäsche, eine Krawatte und andere Attribute der Zivilisation gebracht hatten. In den Händen hielt ich Homer in russischen Hexametern von Gnjeditsch. In der Tasche befand sich ein Paß mit dem Namen Trotzki, den ich aufs Geratewohl selbst hineingeschrieben hatte, ohne zu ahnen, daß es mein Name für mein ganzes ferneres Leben werden würde. Ich fuhr mit der sibirischen Eisenbahn gen Westen. Die Bahnhofsgendarmen ließen mich gleichgültig an sich vorbeigehen. Die hochgewachsenen sibirischen Frauen brachten auf den Stationen gebratene Hühner und Ferkel heran, Milch in Flaschen, Berge von frischem Brot. Jede Station ähnelte einer Ausstellung sibirischen Überflusses. Während der ganzen Fahrt trank der gesamte Wagen Tee und aß dazu billige sibirische, in Fett gebackene Brötchen. Ich las die Hexameter und träumte vom Auslande. An der Flucht war nichts Romantisches; sie löste sich völlig in ein Teetrinkbacchanal auf.
Ich blieb in Samara, wo damals der inländische Stab (nicht der Emigrantenstab) der ›Iskra‹ (›Funke‹) konzentriert war. An seiner Spitze stand unter dem konspirativen Namen Claire der Ingenieur Krschischanowski, der heutige Vorsitzende des Gosplans*. Er und seine Frau waren Freunde Lenins seit ihrer gemeinsamen sozialdemokratischen Arbeit in Petersburg während der Jahre 1894–95 und der sibirischen Verbannung. Kurz nach der Niederlage der Revolution von 1905 ging Claire zusammen mit vielen tausend anderen von der Partei weg und nahm als Ingenieur einen angesehenen Platz in der Industriewelt ein. Die Illegalen beklagten sich über ihn, daß er sogar jene Hilfe verweigerte, die ihnen früher die Liberalen erwiesen hätten. Nach einer Unterbrechung von zehn bis zwölf Jahren kehrte Krschischanowski in die Partei zurück, als sie schon die Macht erobert hatte. Dies ist der Weg einer sehr breiten Schicht Intellektueller, die heute die wichtigste Stütze Stalins bilden.
In Samara schloß ich mich sozusagen offiziell der Organisation der ›Iskra‹ an, unter dem mir von Claire verliehenen konspirativen Namen ›Feder‹: das war ein Tribut meiner sibirischen Erfolge als Journalist. Die Organisation der ›Iskra‹ baute von neuem die Partei auf. Dem ersten Parteitag, der im März 1898 in Minsk stattfand, gelang es nicht, eine zentralisierte Parteiorganisation zu schaffen. Die Massenverhaftungen hatten den jungen Apparat zerschlagen, der noch keine genügend gefestigten Stützpunkte

* Russische Abkürzung von ›Staatswirtschaftsplan‹.

im Lande besaß. Die Bewegung entwickelte sich danach in Form von getrennten revolutionären Herden und behielt einen provinziellen Charakter. Gleichzeitig damit sank ihr geistiges Niveau. Im Kampfe um die Masse schraubten die Sozialdemokraten ihre politischen Parolen zurück. Es entstand die sogenannte ›ökonomische‹ Richtung, die sich von dem stürmischen Handels- und Industrieaufstieg und von den anwachsenden Streiks nährte. Erst ganz am Ende des Jahrhunderts setzte eine Krise ein, die alle Gegensätze im Lande verschärfte und einen Anstoß für die politische Bewegung bildete. Die ›Iskra‹ führte einen energischen Kampf mit den provinziellen ›Ökonomisten‹ um die Schaffung einer zentralisierten revolutionären Partei. Der Hauptstab der ›Iskra‹ befand sich im Auslande und sicherte die ideologische Festigkeit der Organisation. Sie war aus sogenannten ›Berufsrevolutionären‹ ausgewählt, die durch Einheit von Theorie und praktischen Aufgaben eng verbunden waren. In jener Zeit waren die Anhänger der ›Iskra‹ noch in ihrer Mehrzahl Intellektuelle. Sie kämpften um die Eroberung der lokalen sozialdemokratischen Komitees und für die Vorbereitung eines solchen Parteitages, der den Ideen und Methoden der ›Iskra‹ den Sieg sichern sollte. Das war sozusagen der erste Rohentwurf jener revolutionären Organisation, die, sich entwickelnd und stählend, angreifend und zurückweichend, sich immer enger mit den Arbeitermassen verbindend, sich immer größeren Aufgaben zuwendend, nach fünfzehn Jahren die Bourgeoisie niederwarf und die Macht ergriff.
Im Auftrage des Büros in Samara besuchte ich in Charkow, Poltawa und Kiew eine Reihe von Revolutionären, die zum Teil der Organisation ›Iskra‹ bereits angehörten, zum Teil für sie gewonnen werden sollten. Ich kehrte mit spärlichen Resultaten nach Samara zurück: die Verbindungen im Süden waren sehr schwach, in Charkow erwies sich die angegebene Adresse als falsch, in Poltawa stieß ich mit Lokalpatriotismus zusammen. In Eile ließ sich nichts machen, es war ernste Arbeit nötig. Inzwischen drängte mich Lenin, mit dem das Büro von Samara in lebhaftem Briefwechsel stand, möglichst schnell ins Ausland zu kommen. Claire versah mich mit Reisegeld und den nötigen Anweisungen zum Passieren der österreichischen Grenze bei Kamenez-Podolsk.
Eine Kette von Abenteuern, mehr komischer als tragischer Art, begann auf dem Bahnhof in Samara. Um mich den Gendarmen nicht zum zweitenmal zu zeigen, beschloß ich, erst im letzten Augenblick vor Abgang des Zuges zu kommen. Der Student Solowjew, einer der heutigen Leiter des Petroleumsyndikats, sollte einen Platz für mich besetzen und mit dem Koffer auf mich warten. Ich ging friedlich im Felde in einiger Entfernung hinter dem Bahnhof spazieren, schaute auf die Uhr, als ich plötzlich das zweite Läuten zum Abgang des Zuges vernahm. Ich begriff, daß man mich über die Abfahrtzeit des Zuges falsch unterrichtet hatte, und lief nun aus allen

Beineskräften. Solowjew, der auf mich gewissenhaft gewartet hatte, sprang, während der Zug schon in Bewegung war, mit dem Koffer in der Hand auf die Schienen hinab und wurde von der Bahnhofsverwaltung und den Gendarmen umringt. Aber der Anblick eines keuchenden Menschen, der nach Abgang des Zuges angerannt kam – das war ich –, erregte die allgemeine Aufmerksamkeit. Das Protokoll, mit dem die Gendarmen Solowjew gedroht hatten, ging in den grausamen Scherzen über uns beide unter.

Bis zum Grenzgebiet verlief alles gut. Auf der letzten Station verlangte ein Polizeibeamter meinen Paß. Ich war aufrichtig erstaunt, als er das von mir fabrizierte Dokument in voller Ordnung fand. Die Leitung des illegalen Grenzüberganges lag, wie es sich herausstellte, in den Händen eines Gymnasiasten. Heute ist er ein angesehener Chemiker, der an der Spitze eines wissenschaftlichen Instituts der Sowjetrepublik steht. Die Sympathien des Gymnasiasten waren bei den Sozialrevolutionären. Als er von mir erfuhr, daß ich zu der Organisation der ›Iskra‹ gehörte, ging er schroff auf den Ton eines strengen Anklägers über. »Ist es Ihnen bekannt, daß die ›Iskra‹ in den letzten Nummern eine unwürdige Polemik gegen den Terrorismus führt?« Ich hatte gerade vor, mich in einen prinzipiellen Streit einzulassen, als der Gymnasiast zornig die Worte hinzufügte: »Über die Grenze lasse ich Sie nicht!« Dieses Argument verblüffte mich durch seine Plötzlichkeit. Und doch war es absolut konsequent. Nach fünfzehn Jahren mußten wir mit der Waffe in der Hand die Macht der Sozialrevolutionäre brechen. Aber in jenem Augenblick war ich gar nicht auf historische Perspektiven eingestellt. Ich versuchte, ihm nachzuweisen, daß es doch nicht angängig sei, mich für die Artikel der ›Iskra‹ zu bestrafen, und erklärte schließlich, daß ich mich nicht vom Fleck rühren würde, solange ich nicht einen Führer bekäme. Der Gymnasiast ließ sich erweichen. »Gut«, sagte er, »aber sagen Sie dort, das sei das letzte Mal!«

Der Gymnasiast brachte mich über Nacht in der leeren Wohnung eines ledigen Commis voyageurs unter, der erst am nächsten Tage heimkehren sollte. Ich erinnere mich dunkel, daß man in die verschlossene Wohnung durch das Fenster einsteigen mußte. In der Nacht weckte mich plötzlich ein Licht auf. Über mich gebeugt stand ein unbekannter kleiner Mann mit einem steifen Hut auf dem Kopf, einer Kerze in der einen und einem Stock in der anderen Hand. Von der Decke kroch ein großer Schatten unter einer riesigen Melone auf mich herab. »Wer sind Sie?« fragte ich entrüstet. »Das ist nicht schlecht«, antwortete der Unbekannte in tragischem Ton, »er liegt in meinem Bett und fragt, wer ich bin!« Es war klar, vor mir stand der Eigentümer der Wohnung. Mein Versuch, ihm auseinanderzusetzen, er hätte doch erst am nächsten Tag zurückzukommen, hatte keinen Erfolg. »Ich weiß selbst, wann ich nach Hause zu kommen habe!« erklärte er mir nicht mit Unrecht. Die

Lage wurde verzwickt. »Ich begreife schon«, rief der rechtmäßige Wohnungsinhaber aus, noch immer mein Gesicht mit der Kerze beleuchtend, »das ist wieder ein Stückchen von Alexander! Wir werden uns mal morgen mit ihm unterhalten!« Ich unterstützte den glücklichen Gedanken, daß der Schuldige des ganzen Mißverständnisses der abwesende Alexander sei. Den Rest der Nacht verbrachte ich bei dem Commis voyageur, der mir sogar gnädigst Tee anbot.

Am nächsten Morgen übergab mich der Gymnasiast, nachdem er eine stürmische Auseinandersetzung mit meinem Wohnungswirt gehabt hatte, den Kontrabandisten des Marktfleckens Brody. Den ganzen Tag verbrachte ich auf dem Stroh im Speicher des ukrainischen Bauern, der mich mit Wassermelonen fütterte. In der Nacht führte er mich im Regen über die Grenze. Man mußte, im Dunkeln stolpernd, lange wandern. »Nun, jetzt setzen Sie sich auf meinen Rücken«, sagte der Begleiter, »jetzt kommt Wasser.« Ich wollte nicht. »Sie dürfen auf der anderen Seite nicht naß ankommen«, drängte er. So war ich gezwungen, auf dem Rücken eines Menschen eine Reise zu machen, aber Wasser habe ich doch in die Schuhe gekriegt. Nach etwa fünfzehn Minuten trockneten wir uns in einer jüdischen Hütte, schon im österreichischen Teil von Brody. Dort versicherte man mir, daß der Begleiter mich absichtlich durch tiefes Wasser geführt habe, um mehr Geld zu erhalten. Der Bauer seinerseits warnte mich beim Abschied freundschaftlich vor den ›Juden‹, die einem gern das Dreifache abzunehmen versuchten. Meine Mittel schmolzen wirklich sehr schnell zusammen. Man mußte in der Nacht noch acht Kilometer bis zur Station machen. Schwierig und gefährlich waren die ersten etwa zwei Kilometer bis zur Chaussee, direkt an der Grenze entlang, auf dem vom Regen aufgeweichten Weg. Es fuhr mich ein alter jüdischer Arbeiter in einem kleinen zweirädrigen Wägelchen. »Einmal werde ich bei diesem Geschäft den Kopf verlieren«, brummte er. »Weshalb denn?« »Die Soldaten rufen manchmal an, antwortet man nicht, schießen sie. Dort ist ihr Feuer. Zum Glück ist heute die Nacht gut.« Die Nacht war wirklich gut: eine undurchdringliche, böse, herbstliche Dunkelheit, ununterbrochener Regen peitschte das Gesicht, die Hufe des Pferdes klatschten laut auf die aufgeweichte Erde. Wir fuhren bergan, der Wagen rutschte, mit heiserer Stimme trieb der Alte leise das Pferd vorwärts, die Räder versanken, der leichte Wagen legte sich immer mehr auf die Seite und – stürzte endlich um. Der Schmutz war dem Oktober entsprechend: kalt und tief. Ich fiel glatt hin, versank bis zur Hälfte und verlor dabei meinen Zwicker. Das Entsetzlichste aber bestand darin, daß gleich nach unserem Sturz ein durchdringender Laut ertönte, von irgendwoher, ganz in der Nähe von uns, ein Schrei der Verzweiflung, ein Flehen um Hilfe, ein mystisches Anrufen des Himmels; es war in dieser schwarzen, nassen Nacht unfaßbar, wem diese geheimnisvolle Stimme gehören mochte, eine so ausdrucksvolle Stimme, und doch kein menschliches Organ. »Er wird uns ins Unglück stürzen, sage ich Ihnen«, flüsterte verzweiflungsvoll der Alte, »er wird uns ins Unglück stürzen...« »Aber was ist es?« fragte ich mit stockendem Atem. »Das ist der Hahn, sei er verflucht, die Frau hat ihn mir für den Schlächter mitgegeben, zum Sabbat zu schlachten...« Druchdringende Schreie ertönten jetzt in unregelmäßigen Zeitabschnitten. »Er wird uns ins Unglück stürzen, wir sind zweihundert Schritt von dem Posten entfernt, bald wird ein Soldat herausspringen.« »Erwürgen Sie ihn doch!« zischte ich vor Wut. »Wen?« »Den Hahn!« »Und wo soll ich ihn suchen? Er liegt unter etwas.« Wir krochen beide in der Dunkelheit herum, tasteten mit den Händen den Schmutz ab, der Regen klatschte von oben, wir verfluchten den Hahn und das Schicksal. Schließlich befreite der Alte das unglückselige Opfer aus meiner Decke. Der dankbare Hahn wurde sofort still. Wir hoben mit gemeinsamen Kräften den Wagen hoch und fuhren weiter. Auf der Station trocknete und säuberte ich mich noch drei Stunden lang, bis zur Ankunft des Zuges.

Nachdem ich das Geld umgewechselt hatte, ergab sich, daß es bis zum Bestimmungsort, das heißt Zürich, wo ich mich bei Axelrod zu melden hatte, nicht reichen würde. Ich nahm ein Billett nach Wien: dort wollte ich das Weitere sehen. In Wien staunte ich am meisten darüber, daß ich, trotz meiner Schulkenntnis der deutschen Sprache, niemanden verstehen konnte; die Mehrzahl der Vorübergehenden zahlte mir mit Gleichem. Es gelang mir aber doch, einem alten Mann mit einer roten Mütze einzutrichtern, daß ich in die Redaktion der ›Arbeiter-Zeitung‹ wolle. Ich hatte beschlossen, Victor Adler, dem Führer der österreichischen Sozialdemokratie, persönlich auseinanderzusetzen, daß die Interessen der russischen Revolution meine sofortige Weiterfahrt nach Zürich erforderten. Der Führer versprach, mich richtig an Ort und Stelle zu bringen. Wir gingen eine Stunde. Es stellte sich heraus, daß die Zeitung schon vor zwei Jahren umgezogen war. Wir gingen eine weitere halbe Stunde. Der Portier dort erklärte uns, es sei heute keine Sprechstunde. Ich konnte den Führer nicht entlohnen, war hungrig; und – die Hauptsache – ich mußte nach Zürich. Die Treppe herab kam ein hochgewachsener Herr von nicht sehr freundlichem Aussehen. Ich wandte mich an ihn mit der Frage nach Adler. »Wissen Sie, was heute für ein Tag ist?« fragte er mich streng. Ich wußte es nicht. Im Zug, im Wagen, bei dem Commis voyageur, im Speicher bei dem ukrainischen Bauern, im Nachtkampf mit dem Hahn hatte ich den Wechsel der Tage nicht verfolgt. »Heute ist Sonntag!« sagte der hochgewachsene Herr mit Nachdruck in der Stimme und wollte an mir vorbeigehen. »Das ist ganz gleich, ich brauche Adler.« Da antwortete mir der Herr mit einer Stimme, als kommandiere er im Sturm ein Bataillon: »Man sagt Ihnen doch, daß man am Sonntag Doktor Adler nicht sehen kann!« »Aber ich habe eine wichtige Angelegenheit«, antwortete ich eigensinnig. »Und wenn Ihre Sache noch zehnmal wichtiger wäre, haben Sie verstanden?« Es war Fritz Austerlitz selbst, der Schrecken seiner eigenen Redaktion, desssen Unterhaltung, wie Victor Hugo gesagt haben würde, nur aus Blitzen bestand. »Selbst wenn Sie Nachricht bringen würden – verstehen Sie –, Ihr Zar sei ermordet und bei Ihnen dort habe die Revolution begonnen – verstehen Sie –, auch das würde Ihnen kein Recht geben, die Sonntagsruhe des Doktors zu stören!« Dieser Herr imponierte mir geradezu durch den Donner seiner Stimme. Aber doch schien es mir, daß er Unsinn redete. Es ist nicht möglich, daß die Sonntagsruhe über den Forderungen der Revolution steht. Ich beschließe, nicht nachzugeben. Ich muß nach Zürich. Mich erwartet die Redaktion der ›Iskra‹. Außerdem bin ich aus Sibirien geflohen. Das will doch was bedeuten. Unten an der Treppe stehend und dem gestrengen Herrn den Weg versperrend, erreichte ich schließlich und endlich mein Ziel, Austerlitz teilte mir die notwendige Adresse doch mit. In Begleitung meines Führers begab ich mich in die Wohnung Adlers.

Ein mittelgroßer Mann, gekrümmt, fast bucklig, mit geschwollenen Augen in dem müden Gesicht, trat zu mir heraus. In Wien fanden gerade Wahlen zum Landtag statt. Adler war am Vorabend in mehreren Versammlungen aufgetreten und hatte in der Nacht Artikel und Aufrufe geschrieben. Das erfuhr ich eine Viertelstunde später von seiner Schwiegertochter.

»Entschuldigen Sie, Doktor, daß ich Ihre Sonntagsruhe gestört habe...«

»Weiter, weiter...«, sagte er mit einer äußerlichen Strenge, aber in einem Ton, der nicht Angst einflößte, sondern ermutigte. Aus allen Falten dieses Menschen leuchtete Geist.

»Ich bin Russe...«

»Das brauchen Sie mir nicht mitzuteilen, ich hatte schon Zeit, dies zu erraten.«

Ich erzählte dem Doktor, der mich flüchtig mit den Augen studierte, meine Unterhaltung beim Eingang zur Redaktion.

»So? Das hat man Ihnen gesagt? Wer mag es gewesen sein? Groß? Er schrie? Das ist Austerlitz. Er schrie, sagen Sie? Das ist Austerlitz. Nehmen Sie es nicht so ernst. Wenn Sie Nachrichten über die Revolution in Rußland bringen, dann dürfen Sie auch in der Nacht bei mir läuten..., ›Katja, Katja‹«, rief er plötzlich. Seine Schwiegertochter kam herein, eine Russin.

»Jetzt wird Ihre Sache leichter gehen«, sagte er, während er uns verließ.

Mein weiterer Weg war gesichert.

Erste Emigration

In London – aus Zürich über Paris – traf ich im Herbst 1902, wohl im Oktober, am frühen Morgen ein. Ein mehr durch Mimik als durch Worte gemietetes Cab brachte mich mit Hilfe einer auf einem Zettel aufgeschriebenen Adresse an den Bestimmungsort. Dieser Ort war die Wohnung Lenins. Man hatte mich im voraus in Zürich unterrichtet, ich müsse dreimal mit dem Türring klopfen. Die Türe öffnete mir Nadeschda Konstantinowna, die ich wahrscheinlich mit meinem Klopfen aus dem Bett geholt hatte. Es war eine frühe Stunde, und jeder an Kulturformen gewöhnte Mensch hätte geduldig eine bis zwei Stunden auf dem Bahnhof abgewartet, anstatt bei Morgengrauen an fremde Türen zu klopfen. Aber ich war noch ganz von meiner Flucht aus Wercholensk erfüllt. In der gleichen barbarischen Weise hatte ich in Zürich Axelrod in seiner Wohnung aufgestört, nur nicht am frühen Morgen, sondern spät in der Nacht. Lenin war noch im Bett, und sein Gesicht zeigte neben der Freundlichkeit berechtigte Verwunderung. Unter solchen Bedingungen fand unser erstes Zusammentreffen und unser erstes Gespräch statt. Wladimir Iljitsch und Nadeschda Konstantinowna kannten mich schon aus den Briefen Claires und hatten mich erwartet. So wurde ich auch empfangen: »Die Feder ist angekommen.« Ich packte sofort den bescheidenen Vorrat meiner russischen Eindrücke aus: die Verbindungen im Süden seien schwach, die Adresse in Charkow stimme nicht, die Redaktion ›Juschny Rabotschij‹ (›Arbeiter des Südens‹) widersetze sich einer Vereinigung, die österreichische Grenze sei in den Händen eines Gymnasiasten, der der ›Iskra‹ nicht helfen wolle. Die Tatsachen an sich waren nicht sehr hoffnungerweckend, dafür aber gab es Glauben an die Zukunft im Überfluß.

Am gleichen Morgen, oder vielleicht am nächsten, machte ich mit Wladimir Iljitsch einen großen Spaziergang durch London. Er zeigte mir von einer Brücke aus die Westminsterabtei und andere bemerkenswerte Gebäude. Ich erinnere mich nicht genau an seine Worte, die Nuance aber war: »Das ist ihr berühmtes Westminster.« Mit ›ihr‹ waren natürlich nicht die Engländer gemeint, sondern die herrschenden Klassen. Diese nicht im geringsten gesuchte, sondern tief organische, sich hauptsächlich im Tonfall äußernde Nuance hatte Lenin stets, wenn er von Kulturwerten oder neuen Errungenschaften sprach, von dem Bücherreichtum des Britischen Museums, von der Information der großen europäischen Presse oder – viele Jahre später – von der deutschen Artillerie oder der französischen Aviatik: *Sie* können, *Sie* haben, *Sie* machen oder *Sie* erreichen, – was für Feinde! Der unsichtbare Schatten der herrschenden Klasse fiel in seinen Augen gleichsam auf die gesamte menschliche Kultur, und Lenin empfand diesen Schatten immer mit solcher Deutlichkeit wie das Tageslicht. Ich hatte damals wohl nur minimales Interesse für die Londoner Architektur gezeigt. Aus Wercholensk gleich ins Ausland verschlagen, wo ich überhaupt zum erstenmal war, hatte ich Wien, Paris und London sehr summarisch aufgenommen und war für ›Details‹, wie die Westminsterabtei, nicht zugänglich. Auch hatte mich Lenin nicht deshalb zu diesem großen Spaziergang aufgefordert. Seine Absicht war, mich näher kennenzulernen und mich unmerklich einem Examen zu unterwerfen. Das Examen umfaßte in der Tat den ›ganzen Kursus‹.

Ich erzählte von unseren sibirischen Diskussionen, hauptsächlich über die Frage der zentralistischen Organisation; über mein schriftliches Referat zu diesem Thema; über meinen stürmischen Zusammenstoß mit den alten Narodniki in Irkutsk, wo ich einige Wochen verbracht hatte; über die drei Hefte Machajskis und so weiter. Lenin verstand es, zuzuhören. »Und wie war es mit der Theorie bestellt?« Ich schilderte, wie wir im Moskauer Etappengefängnis kollektiv sein Buch ›Die Entwicklung des Kapitalismus in Rußland‹ studierten und in der Verbannung ›Das Kapital‹ durcharbeiteten, aber bei dem zweiten Band steckenblieben. Wie wir nach den Urquellen fleißig den Streit zwischen Bernstein und Kautsky verfolgten. Anhänger von Bernstein gab es unter uns nicht. Auf dem Gebiete der Philosophie waren wir für das Buch von Bogdanow sehr eingenommen, der den Marxismus mit der Erkenntnistheorie von Mach-Avenarius verband. Auch Lenin schien damals dieses Buch richtig. »Ich bin kein Philosoph«, sagte er besorgt, »aber Plechanow verurteilt die Bogdanowsche Philosophie scharf als eine maskierte Abart des Idealismus.« Einige Jahre später hat Lenin der Philosophie Mach-Avenarius' eine größere Untersuchung gewidmet: im wesentlichen hat er sie genau so wie Plechanow eingeschätzt. Ich erwähnte im Gespräch, daß die enorme Menge von statistischem Material, das im Buche Lenins über den russischen Kapitalismus verarbeitet ist, auf die Verbannten einen großen Eindruck gemacht habe. »Das wurde doch nicht mit einemmal gemacht...«, antwortete Wladimir Iljitsch etwas verlegen. Es war ihm aber offensichtlich sehr angenehm, daß die jüngeren Genossen die gigantische Mühe erkannten, die in seiner wichtigsten ökonomischen Untersuchung enthalten ist. Von meiner Arbeit war dieses Mal nur sehr allgemein die Rede. Ich sollte einige Zeit im Auslande bleiben, die vorhandene Literatur kennenlernen, mich umsehen, das weitere würde sich zeigen. Ich hatte jedenfalls vor, nach einiger Zeit illegal nach Rußland an die revolutionäre Arbeit zurückzukehren. Nadeschda Konstantinowna logierte mich einige Straßen weiter in einem Hause ein, in dem Wera Iwanowna Sassulitsch, Martow und der Leiter der Druckerei der ›Iskra‹, Blumenfeld, wohnten. Dort fand sich auch für mich ein freies Zimmer. Die Wohnräume lagen nach englischem Muster nicht nebeneinander, sondern übereinander: in dem unteren Zimmer wohnte die Wirtin, in den anderen die Mieter. Es gab auch ein Zimmer zur gemeinsamen Benutzung, wo man Kaffee trank, rauchte, endlose Gespräche führte und wo, nicht ohne Schuld von Sassulitsch, aber auch nicht ohne Mitwirkung Martows, große Unordnung herrschte. Plechanow hat nach seinem ersten Besuch dieses Zimmer ein Räubernest genannt.

So begann die kurze Londoner Periode meines Lebens. Ich verschlang mit Gier die bisher erschienenen Nummern der ›Iskra‹ und die Bände der ›Sarja‹ (›Morgenröte‹), die unter der gleichen Redaktion erschienen. Das war eine glänzende Literatur, die wissenschaftliche Tiefe mit revolutionärer Leidenschaft vereinigte. Ich verliebte mich in die ›Iskra‹, schämte mich meiner Unbildung und war aus aller Kraft bestrebt, sie so schnell wie möglich zu überwinden. Bald begann ich an der ›Iskra‹ mitzuarbeiten. Anfangs waren es kleine Notizen, dann folgten politische Aufsätze und sogar Leitartikel.

Damals trat ich auch mit einem Referat in Whitechapel auf, wo ich mit dem Patriarchen der Emigration, Tschaikowski, und dem auch nicht mehr jungen Anarchisten Tscherkesow die Klingen kreuzte. Ich war aufrichtig erstaunt über die kindischen Argumente, mit denen die ehrwürdigen Greise den Marxismus zu zertrümmern versuchten. Ich entsinne mich, daß ich in sehr gehobener Stimmung nach Hause zurückkehrte, das Trottoir unter den Sohlen fühlte ich ganz und gar nicht. Als Verbindungsmann mit Whitechapel und mit der Außenwelt überhaupt diente mir der in London lange ansässige Alexejew, ein Emigrant und Marxist, der der Redaktion der ›Iskra‹ nahestand. Er weihte mich in das englische Leben ein und war für mich überhaupt die Quelle verschiedener Erkenntnisse. Von Lenin sprach Alexejew mit höchster Achtung: »Ich glaube, daß Lenin für die Revolution wichtiger ist als Plechanow«, sagte er mir. Lenin berichtete ich das natürlich nicht, wohl aber Martow. Dieser hat darauf nichts geantwortet.

An einem Sonntag ging ich mit Lenin und Nadeschda Konstantinowna Krupskaja in eine Londoner Kirche, wo ein sozialdemokratisches Meeting mit dem Absingen von Psalmen abwechselte. Es trat ein Setzer auf, der aus Australien zurückgekehrt war. Er sprach über die soziale Revolution. Danach erhoben sich alle und sangen: »Allmächtiger Gott, mache, daß es keine Könige und keine Reichen gibt.« Ich traute meinen Augen und Ohren nicht. Als wir aus der Kirche hinausgingen, sagte Lenin: »Im englischen Proletariat sind viele Elemente des Sozialismus und der Revolution verstreut, aber das alles ist mit Konservativismus, Religion und Vorurteilen verflochten und kann nicht nach außen dringen und nicht zu Verallgemeinerungen führen.«

Aus der sozialdemokratischen Kirche zurückgekehrt, aßen wir in der kleinen Wohnküche der Zweizimmerwohnung zu Mittag. Man scherzte wie immer darüber, ob ich allein meine Wohnung finden würde: ich kannte mich sehr schlecht in den Straßen aus und nannte – aus Neigung zur Systematisierung – diese Eigenschaft ›topographischen Kretinismus‹. Später machte ich auf diesem Gebiete einige Fortschritte, die mir jedoch nicht leicht wurden.

Meine bescheidenen Kenntnisse der englischen Sprache, die ich aus dem Odessaer Gefängnis mitbrachte, nahmen in der Londoner Periode fast gar nicht zu. Ich war zu sehr von russischen Angelegenheiten erfüllt. Der englische Marxismus war ohne Belang. Der geistige Mittelpunkt der Sozialdemokratie war damals Deutschland, und wir verfolgten mit größter Spannung den Kampf der Orthodoxen mit den Revisionisten.

In London, wie später auch in Genf, kam ich viel häufiger mit Wera Sassulitsch und mit Martow zusammen als mit Lenin. In London, wo wir ja in der gleichen Wohnung lebten, und in Genf, wo wir gewöhnlich in dem gleichen kleinen Restaurant zu Mittag und zu Abend aßen, sahen wir uns einige Male am Tage, während Lenin ein geregeltes Familienleben führte und jede Begegnung mit ihm außerhalb der offiziellen Sitzungen gewissermaßen schon ein kleines Ereignis war. Die Gewohnheiten und die Leidenschaften der Boheme, zu denen Martow so sehr neigte, waren Lenin absolut fremd. Er wußte, daß die Zeit, trotz ihrer Relativität, der absoluteste aller Werte ist. Lenin verbrachte ganze Tage in der Bibliothek des Britischen Museums, wo er theoretisch arbeitete und wo er in der Regel auch seine Zeitungsartikel schrieb. Mit seiner Hilfe erhielt ich Zutritt zu diesem Heiligtum. Ich hatte das Gefühl des unersättlichen Hungers, ich schwelgte in diesem Bücherüberfluß. Aber bald mußte ich nach dem Kontinent abreisen.

Nach meinem ›Probeauftreten‹ in Whitechapel schickte man mich mit einem Referat nach Brüssel, Lüttich, Paris. Mein Referat war der Verteidigung des historischen Materialismus gegen die Kritik der sogenannten russischen subjektiven Schule gewidmet. Lenin hatte großes Interesse für mein Thema. Ich gab ihm mein ausführliches Konzept zur Durchsicht, und er empfahl mir, das Referat zu einem Artikel für den nächsten Band der ›Sarja‹ umzuarbeiten. Aber ich hatte nicht den Mut, mit einem rein theoretischen Artikel neben Plechanow und den anderen aufzutreten.

Von Paris wurde ich bald telegraphisch nach London zurückgerufen. Es handelte sich darum, mich illegal nach Rußland zu schikken: von dort kamen Klagen über Massenverhaftungen und Menschenmangel, und man forderte meine Rückkehr. Aber noch bevor ich in London eintraf, war der Plan bereits geändert. Deutsch, der damals in London lebte und zu mir sehr gut stand, erzählte mir, wie er für mich ›eingetreten‹ sei, indem er darauf verwiesen habe, der ›Jüngling‹ (anders nannte er mich nicht) müsse noch eine Weile im Auslande bleiben und lernen, und daß Lenin dem zugestimmt habe. Es war verlockend, in der russischen Organisation

der ›Iskra‹ zu arbeiten, aber trotzdem blieb ich gerne noch einige Zeit im Auslande. Ich kehrte nach Paris zurück, wo sich im Gegensatz zu London eine große russische Studentenkolonie befand. Die revolutionären Parteien führten einen erbitterten Kampf gegeneinander um den Einfluß auf die Studentenschaft. Hier eine Stelle aus den Erinnerungen von N. J. Sedowa aus jener Zeit:
»Der Herbst 1902 war reich an Referaten in der russischen Kolonie von Paris. Die Gruppe der ›Iskra‹, der ich angehörte, sah zuerst Martow, dann Lenin. Es ging ein Kampf gegen die ›Ökonomisten‹ und gegen die Sozialrevolutionäre. In unserer Gruppe sprach man von der Ankunft eines jungen Genossen, der aus Sibirien geflohen sei. Er kam in die Wohnung von J. M. Alexandrowa, die früher zu den Narodniki gehörte und die sich dann der ›Iskra‹ angeschlossen hatte. Wir ›Jungen‹ liebten Jekaterina Michajlowna sehr, hörten ihr mit großem Interesse zu und standen unter ihrem Einfluß. Als der junge Mitarbeiter der ›Iskra‹ in Paris erschien, beauftragte mich Jekaterina Michajlowna, in der Nähe ein freies Zimmer zu suchen. Es fand sich für zwölf Franken im Monat ein solches in dem Hause, in dem ich wohnte, aber das Zimmer war sehr klein, eng und dunkel und ähnelte einer Gefängniszelle. Als ich Jekaterina Michajlowna das Zimmer ausführlich beschrieb, unterbrach sie mich: ›Nun, nun, genug der Schilderungen – es wird schon gut sein, mag er nur einziehen.‹ Als der junge Genosse (dessen Namen man uns nicht nannte) sich in seinem Zimmer eingerichtet hatte, fragte mich Jekaterina Michajlowna: ›Bereitet er sich auf sein Referat vor?‹ ›Ich weiß es nicht, wahrscheinlich‹, sagte ich, ›gestern nacht, als ich die Treppe hinaufging, hörte ich ihn in seinem Zimmer leise pfeifen.‹ ›Sagen Sie ihm, er möge nicht pfeifen, sondern sich lieber auf das Referat vorbereiten.‹ Jekaterina Michajlowna war um seinen Erfolg sehr besorgt. Aber ihre Sorge war unnötig. Er hatte einen großen Erfolg, die Kolonie war begeistert, der junge Vertreter der ›Iskra‹ hatte alle Erwartungen übertroffen.«
Paris studierte ich viel aufmerksamer als London. Das war der Einfluß von N. J. Sedowa. Obgleich ich auf dem Lande geboren und aufgewachsen bin, kam ich erst in Paris der Natur näher. Hier offenbarte sich mir auch zum ersten Male die wahre Kunst. Das Verständnis für Malerei, wie auch für Natur, gewann ich nicht ohne Mühe. Darüber aus den späteren Aufzeichnungen von N. J. Sedowa folgendes: »Sein Gesamteindruck von Paris ist: ›Odessa ähnlich, aber Odessa ist schöner.‹ Diese unerhörte Ansicht ist nur so zu erklären, daß L. D. ganz und gar vom politischen Leben erfüllt ist und jedes andere Leben nur insoweit wahrnimmt, als es sich ihm von selbst aufdrängt, und das er dann als Last, als etwas Unvermeidliches empfindet. Ich war in der Bewertung von Paris mit ihm nicht einverstanden und lachte ihn ein wenig aus.«
Ja, gerade so war es. Ich ging in die Atmosphäre des Weltzentrums hinein bockig und widerstrebend. Anfangs ›lehnte‹ ich Paris ab und

versuchte sogar, es zu ignorieren. Im Grunde war es der Kampf des Barbaren um seine Selbstbehauptung. Ich fühlte, daß man sich stark verausgaben müßte, wenn man Paris näher kommen und es richtig erfassen wollte. Ich aber hatte mein eigenes Gebiet, ein sehr anspruchsvolles, das keine Rivalität duldete: die Revolution. Allmählich und nur mit Mühe gewann ich Beziehungen zur Kunst. Ich widersetzte mich dem Louvre, dem Luxembourg und den Ausstellungen. Rubens kam mir zu satt und zu selbstzufrieden vor. Puvis de Chavannes zu blaß und asketisch. Die Bilder Carrières reizten mich durch ihre dämmerhafte Unausgesprochenheit. So erging es mir auch mit der Bildhauerei und der Architektur. Im Grunde widersetzte ich mich der Kunst, wie ich mich früher der Revolution, dann dem Marxismus, und schließlich, während einer Reihe von Jahren, Lenin und dessen Methoden widersetzt hatte. Die Revolution von 1905 hat den Prozeß meiner Assimilierung an Europa und dessen Kultur unterbrochen. Erst während meiner zweiten Emigration bin ich der Kunst nähergekommen, – habe auf diesem Gebiet vieles gesehen, gelesen und auch manches geschrieben. Über den Dilettantismus bin ich aber nicht hinausgekommen.

In Paris hörte ich Jaurès. Das war in der Zeit des Ministeriums Waldeck-Rousseau mit Millerand als Postminister und Gallifet als Kriegsminister. Ich beteiligte mich an der Straßendemonstration der Guesdeisten und rief mit den anderen zusammen fleißig allerhand Kränkendes gegen Millerand. Jaurès hat in dieser Periode auf mich keinen rechten Eindruck gemacht: ich habe ihn zu unmittelbar als Gegner empfunden. Erst einige Jahre später lernte ich diese großartige Figur schätzen, ohne jedoch meine Stellung zum Jaurèismus zu ändern.

Lenin sollte auf Drängen des marxistischen Teils der Studentenschaft drei Vorträge über die Agrarfrage in der russischen Hochschule halten, die in Paris von vertriebenen russischen Universitätsprofessoren eingerichtet worden war. Die liberalen Professoren baten den ihnen unbequemen Lektor, sich möglichst nicht auf Polemik einzulassen. Aber Lenin wollte sich in dieser Hinsicht durch nichts binden und begann seine erste Vorlesung mit der Erklärung, der Marxismus sei eine revolutionäre, folglich seinem Wesen nach polemische Theorie. Ich entsinne mich, daß Wladimir Iljitsch vor seiner ersten Vorlesung sehr aufgeregt war. Auf der Tribüne jedoch beherrschte er sich sogleich, – mindestens äußerlich. Professor Gambarow, der gekommen war, ihn zu hören, formulierte Deutsch gegenüber seinen Eindruck derart: »Ein richtiger Professor!« Das hielt er wohl für das höchste Lob.

Es war beschlossen worden, Lenin die Oper zu zeigen, Damit wurde N. J. Sedowa beauftragt. Lenin ging in die Opera Comique mit derselben Aktenmappe, die ihn zu seinen Vorlesungen begleitet hatte. Wir saßen alle zusammen in einer Gruppe auf der Gale-

rie. Außer Lenin, Sedowa und mir war noch, glaube ich, Martow da. Mit diesem Opernbesuch ist eine ganz unmusikalische Erinnerung verbunden. Lenin hatte sich in Paris Schuhe gekauft, die ihm, wie sich bald herausstellte, zu eng waren. Nun wollte das Schicksal, daß mein Schuhzeug dringend der Erneuerung bedurfte. Ich bekam Lenins Schuhe, und zuerst war es mir, als paßten sie mir gerade. Der Weg in die Oper verlief glimpflich. Aber schon im Theater fühlte ich: es steht schlimm. Auf dem Rückwege litt ich schrecklich, Lenin machte sich während des ganzen Weges über mich lustig, und seine Scherze waren um so grausamer, als er sich ja selbst einige Stunden mit diesen Schuhen abgequält hatte.
Von Paris aus machte ich eine Vortragsreise durch die russischen studentischen Kolonien in Brüssel, Lüttich, in der Schweiz und in deutschen Städten. In Heidelberg hörte ich den alten Kuno Fischer, doch der Kantianismus lockte mich nicht. Die normative Philosophie war mir organisch fremd. Wie kann man nur trockenes Heu vorziehen, wo nebenan weiches saftiges Gras wächst? . . . Heidelberg galt als das Nest der russischen Studenten, die zur idealistischen Schule gehörten. Unter ihnen war auch Awxentjew, der spätere Minister des Innern unter Kerenski. Ich habe in Heidelberg so manche Klinge zerbrochen im heißen Kampf um die materialistische Dialektik.

Der Parteikongreß und die Spaltung

Lenin reiste ins Ausland als schon fertiger dreißigjähriger Mensch. In Rußland – in Studentenzirkeln, in den ersten sozialdemokratischen Gruppen und in den Verbannungskolonien – hatte er den ersten Platz eingenommen. Er durfte sich seiner Macht schon deshalb bewußt sein, weil alle, mit denen er zusammenkam und mit denen er arbeitete, sie anerkannten. Er reiste ins Ausland bereits mit großem theoretischen Gepäck und mit einem ernsten Vorrat an revolutionärer Erfahrung. Ihn erwartete die Arbeit mit der ›Gruppe der Befreiung der Arbeit‹ und vor allem mit Plechanow, dem glänzenden Interpreten von Marx, dem Lehrer einiger Generationen, einem Theoretiker, Politiker, Publizisten, Redner von europäischem Ruf, einem Sozialisten mit europäischen Verbindungen. Neben Plechanow standen zwei große Autoritäten: Sassulitsch und Axelrod. Wera Iwanowna Sassulitsch stand nicht nur durch ihre heroische Vergangenheit in der vordersten Reihe. Sie besaß eine scharfsinnige Art zu denken, große, hauptsächlich historische Kenntnisse und eine seltene psychologische Intuition. Durch Wera Sassulitsch unterhielt seinerzeit die ›Gruppe‹ die Verbindung mit dem alten Engels. Zum Unterschiede von Plechanow und Sassulitsch, die aufs engste mit dem romanischen Sozialismus verbun-

den waren, vertrat Axelrod in der ›Gruppe‹ die Ideen und Erfahrungen der deutschen Sozialdemokratie. Für Plechanow begann allerdings in jenen Jahren bereits die Zeit seines Niederganges. Ihn untergrub gerade das, was Lenin stark machte: das Nahen der Revolution. Die gesamte Tätigkeit Plechanows trug einen ideologisch vorbereitenden Charakter. Er war Propagandist und Polemiker des Marxismus, aber nicht revolutionärer Politiker des Proletariats. Je unmittelbarer die Revolution herannahte, um so sichtlicher verlor Plechanow den Boden unter den Füßen. Er mußte es selbst fühlen, und das war der Grund seiner Gereiztheit gegen die Jungen.
Der politische Führer der ›Iskra‹ war Lenin. Die wichtigste publizistische Kraft der Zeitung war Martow. Dieser schrieb so leicht und unaufhörlich, wie er sprach. An der Seite Lenins fühlte sich Martow, damals Lenins nächster Mitarbeiter, nicht ganz wohl. Sie standen zwar noch auf ›du‹, aber in ihren Beziehungen war bereits eine gewisse Kälte. Martow lebte viel stärker im laufenden Tag; seine Bosheiten, aktuelle literarische Arbeiten, Publizistik, Neuigkeiten und Gespräche füllten ihn aus. Lenin stand mit den Füßen fest im Heute, bohrte sich aber in das Morgen mit dem Gedanken hinein. Martow hatte zahllose, nicht selten geistreiche Einfälle, Hypothesen, Vorschläge, an die er häufig bald selbst nicht mehr dachte; Lenin dagegen nahm nur das auf, was er brauchte, und dann, wann er es brauchte. Die durchsichtige Zerbrechlichkeit der Martowschen Gedanken veranlaßte Lenin nicht selten, besorgt den Kopf zu schütteln. Die verschiedenen politischen Linien hatten sich damals nicht nur noch nicht herausgebildet, sondern auch nicht gezeigt. Später, bei der Spaltung auf dem 2. Kongreß, sind die Anhänger der ›Iskra‹ in ›harte‹ und ›weiche‹ zerfallen. Diese Bezeichnungen waren anfangs sehr gebräuchlich. Sie legten Zeugnis dafür ab, daß, wenn es auch noch keine ausgesprochene Trennungslinie gab, dennoch ein Unterschied in der Einstellung, in der Entschlossenheit, in der Bereitschaft, bis zu Ende zu gehen, vorhanden war. In bezug auf Lenin und Martow kann man behaupten, daß auch vor der Spaltung und vor dem Kongreß Lenin der ›harte‹ war und Martow der ›weiche‹. Beide wußten das. Kritisch und etwas leicht mißtrauisch blickte Lenin auf Martow, den er sehr schätzte, während Martow, der diesen Blick fühlte, bedrückt war und mit seiner mageren Schulter nervös zuckte. Unterhielten sie sich bei Begegnungen, so gab es keine freundlichen Tonschwingungen mehr, keine Scherze, wenigstens nicht in meiner Anwesenheit. Lenin sprach an Martow vorbei, während Martows Augen unter dem schiefhängenden, niemals geputzten Zwicker verglasten. Sprach Lenin mit mir über Martow, so war in seiner Stimme eine besondere Nuance: »Was, das hat Julij gesagt?«, wobei er den Namen Julij auf besondere Art aussprach, mit leichter Betonung, gleichsam als wollte er warnen: »Gut ist er, gut, ausgezeichnet, aber sehr weich.« Martow war sicherlich auch durch Wera Iwa-

nowna Sassulitsch gegen Lenin beeinflußt, wenn nicht politisch, so doch psychologisch.
Die Verbindungen mit Rußland hatte Lenin in seinen Händen konzentriert. Redaktionssekretär war Lenins Frau, Nadeschda Konstantinowna Krupskaja. Sie bildete den Mittelpunkt der gesamten Organisationsarbeit, empfing die ankommenden Genossen, unterwies und entließ die Abreisenden, stellte die Verbindungen her, schrieb Briefe, chiffrierte und dechiffrierte sie. In ihrem Zimmer konnte man fast stets den Geruch von gesengtem Papier wahrnehmen, vom Anwärmen der konspirativen Korrespondenz. Nicht selten klagte sie mit ihrer milden, aber beharrlichen Stimme, daß man zu wenig schreibe oder die Chiffre verwechsele oder mit der chemischen Tinte derart umgehe, daß die Zeilen ineinander liefen und so weiter.
Lenin war bestrebt, bei der laufenden organisatorisch-politischen Arbeit die größtmögliche Unabhängigkeit von den Alten zu erreichen, vor allem von Plechanow, mit dem er schon scharfe Konflikte aus verschiedenen Anlässen hatte, insbesondere bei der Ausarbeitung des Programmentwurfs der Partei. Der ursprüngliche Entwurf Lenins, der dem Entwurf Plechanows gegenübergestellt war, wurde von dem letzteren sehr scharf kritisiert, und zwar in dem hochmütig-höhnischen Ton, der in solchen Fällen Georgij Valentinowitsch auszeichnete. Lenin aber konnte man damit weder entmutigen noch schrecken. Der Kampf nahm einen sehr dramatischen Charakter an. Als Vermittler traten Sassulitsch und Martow auf: Sassulitsch für Plechanow, Martow für Lenin. Beide Vermittler waren sehr versöhnlich gestimmt und außerdem miteinander befreundet. Wera Iwanowna sagte, nach ihrer eigenen Erzählung, zu Lenin: »George (Plechanow) ist ein Windhund: er zerrt, zerrt und läßt ab, Sie aber sind eine Bulldogge: Sie haben einen tödlichen Griff.« Als Wera Iwanowna mir später diesen Dialog mitteilte, fügte sie hinzu: »Ihm (Lenin) hat das sehr gefallen. ›Ein tödlicher Griff‹, hat er mit Behagen wiederholt.« Gutmütig ahmte sie die Intonation der Worte und das schnarrende R Lenins nach.
Alle diese scharfen Zusammenstöße hatten sich vor meiner Ankunft abgespielt. Ich hatte davon nichts geahnt. Ich wußte auch nicht, daß die Beziehungen der Redaktionsmitglieder sich meiner Person wegen zuspitzten. Vier Monate nach meiner Ankunft im Auslande schrieb Lenin an Plechanow:
»2. III. 03. Paris. Ich schlage allen Redaktionsmitgliedern vor, die ›Feder‹ als gleichberechtigtes Mitglied der Redaktion zu kooptieren. (Ich meine, für die Kooptation ist nicht eine Mehrheit, sondern ein einstimmiger Beschluß nötig.) Wir brauchen dringend sowohl zur Erleichterung der Abstimmung (6 ist eine gerade Zahl) wie zur Ergänzung der Kräfte ein siebentes Mitglied. Die ›Feder‹ schreibt nicht erst seit einem Monat in jeder Nummer. Er arbeitet für die ›Iskra‹ mit höchster Energie, hält Referate (mit großem

Erfolg). Für Artikel und Notizen über aktuelle Fragen ist er uns nicht nur sehr nützlich, sondern geradezu unentbehrlich. Er ist zweifellos ein überzeugter und energischer Mensch von außerordentlichen Fähigkeiten, der es noch weit bringen kann. Auch auf dem Gebiet der Übersetzungen und der populären Literatur vermag er viel zu tun. Eventuelle Argumente dagegen: 1) die Jugend, 2) die (vielleicht) nahe bevorstehende Abreise nach Rußland, 3) die Feder (ohne Anführungsstriche) mit den Spuren feuilletonistischen Stils, mit übermäßiger Geziertheit usw.

Ad 1) Die ›Feder‹ wird nicht für einen selbständigen Posten, sondern für das Kollegium vorgeschlagen. Dort wird er eben Erfahrungen sammeln. Den ›Instinkt‹ eines Parteimenschen, eines Fraktionsmenschen besitzt er zweifellos, Wissen und Erfahrung sind Sachen, die man sich aneignen kann. Daß er studiert und arbeitet, ist ebenfalls zweifellos. Die Kooptation ist nötig, um ihn endgültig zu fesseln und zu fördern.

Ad 2) Wenn die ›Feder‹ in die Arbeit hineinkommt, so wird er vielleicht nicht so schnell abreisen. Falls er aber abreist, so ist auch dann die organisatorische Verbindung mit dem Kollegium, dem er untergeordnet wäre, kein Minus, sondern ein gewaltiges Plus.

Ad 3) Die Mängel des Stils sind kein wichtiger Fehler. Wird sich ausgleichen. Jetzt nimmt er ›Korrekturen‹ schweigend (und nicht sehr gern) an. Im Kollegium werden Auseinandersetzungen und Abstimmungen stattfinden, und die ›Anweisungen‹ werden Form und Charakter des Notwendigen erhalten.

Ich schlage also vor: 1. allen sechs Mitgliedern der Redaktion, über die Frage der vollständigen Kooptation der ›Feder‹ abzustimmen; 2. falls er aufgenommen wird, an die endgültige Gestaltung der innerredaktionellen Beziehungen und Abstimmungen sowie an die Ausarbeitung eines genauen Statuts zu gehen. *Das brauchen wir,* und das ist auch für den Kongreß von Wichtigkeit.

PS. Eine Vertagung der *Kooptation* würde ich als im *höchsten Maße verfehlt und ungeschickt* ansehen, denn ich bemerkte schon *reichlich* viel Unzufriedenheit bei der ›Feder‹ (die er natürlich nicht offen zeigt) darüber, daß er noch in der Luft hänge und daß man ihn noch immer (wie ihm scheint) als ›Jüngling‹ mißachte. Wenn wir die ›Feder‹ nicht aufnehmen und er, sagen wir in einem Monat, nach Rußland abreist, so wird er es als *offenes Mißtrauen betrachten.* Wir könnten ›versäumen‹, und das wäre recht schlimm.«

Diesen Brief, von dem ich selbst erst vor kurzem Kenntnis erhielt, führe ich fast vollständig an (unter Auslassung einiger technischer Details), weil er äußerst charakteristisch ist sowohl für die Verhältnisse innerhalb der Redaktion wie für Lenin und seine Stellung zu mir. Von dem Kampfe, der hinter meinem Rücken über meine Aufnahme in die Redaktion geführt wurde, habe ich, wie gesagt, nichts gewußt. Unrichtig und meiner damaligen Stimmung nicht im geringsten entsprechend sind die Worte Lenins über meine

›reichliche Unzufriedenheit‹ darüber, daß man mich nicht in die Redaktion aufnähme. In Wirklichkeit war das mir gar nicht in den Sinn gekommen. Mein Verhalten zu der Redaktion war das Verhalten eines Schülers zu Lehrern. Ich war dreiundzwanzig Jahre alt. Das jüngste der Redaktionsmitglieder, Martow, war sieben Jahre, Lenin zehn Jahre älter. Ich war mit dem Schicksal, das mich dieser hervorragenden Gruppe Menschen so nahegebracht hatte, im höchsten Grade zufrieden. Von jedem von ihnen konnte ich etwas lernen und lernte ich eifrig.

Woher stammt Lenins Berufung auf meine Unzufriedenheit? Ich denke, es war einfach ein taktischer Schachzug. Der ganze Brief Lenins ist erfüllt von dem Bestreben, zu beweisen, zu überzeugen und seinen Wunsch durchzusetzen. Lenin schreckt die anderen Mitglieder des Kollegiums absichtlich mit meiner angeblichen Unzufriedenheit und mit der Möglichkeit, daß ich mich von der ›Iskra‹ zurückziehen könnte. Das ist bei ihm ein Argument mehr, nichts weiter. Einen ähnlichen Charakter hat auch der Hinweis auf den ›Jüngling‹. So nannte mich häufig der alte Deutsch und nur er allein. Aber gerade mit Deutsch, der auf mich politisch keinen Einfluß hatte und haben konnte, verbanden mich sehr freundschaftliche Beziehungen. Lenin benutzt das Argument vom ›Jüngling‹ nur, um den Alten die Notwendigkeit zu suggerieren, mit mir als mit einem politisch erwachsenen Menschen zu rechnen.

Zehn Tage nach Lenins Brief schreibt Martow an Axelrod: »10. März 1903, London. Wladimir Iljitsch schlägt uns vor, die ›Feder‹ als vollberechtigtes Mitglied in das Redaktionskollegium aufzunehmen. Seine literarischen Arbeiten bezeugen zweifellos eine Begabung, er ist der Richtung nach absolut ›unser‹, geht völlig in den Interessen der ›Iskra‹ auf und hat hier (im Auslande) großen Einfluß dank seiner nicht unbeträchtlichen rednerischen Fähigkeiten. Er spricht großartig – wie man es besser nicht wünschen kann. Davon habe ich mich überzeugt wie auch Wladimir Iljitsch. Er besitzt Kenntnisse und arbeitet an ihrer Vervollständigung. Ich schließe mich dem Vorschlag Wladimir Iljitschs bedingungslos an.« In diesem Brief erscheint Martow nur als treues Echo von Lenin. Aber er wiederholt das Argument betreffs meiner Unzufriedenheit nicht. Wir lebten mit Martow in der gleichen Wohnung, Seite an Seite, er hatte mich zu gut beobachten können, um mich nicht der ungeduldigen Absicht, Redaktionsmitglied zu werden, zu verdächtigen.

Weshalb bestand Lenin so dringend darauf, mich dem Kollegium anzuschließen? Er wollte eine feste Mehrheit erreichen. In einer Reihe wichtiger Fragen spaltete sich die Redaktion in zwei Teile: die Alten (Plechanow, Sassulitsch und Axelrod) und die Jungen (Lenin, Martow und Potressow). Lenin hat nicht gezweifelt, daß ich in den wichtigsten Fragen mit ihm sein würde. Einmal, als man gegen Plechanow auftreten mußte, rief mich Lenin beiseite und

sagte mit einem schlauen Lächeln: »Soll doch lieber Martow auftreten, er verwischt, Sie aber hauen.« Als er auf meinem Gesicht wahrscheinlich einen Ausdruck der Verwunderung entdeckte, fügte er hinzu: »Ich ziehe sonst das Hauen vor, aber Plechanow gegenüber ist es diesmal besser, zu verwischen.«
Der Vorschlag Lenins, mich in die Redaktion aufzunehmen, ist an dem Widerstand Plechanows gescheitert. Mehr noch: dieser Vorschlag wurde die Hauptursache der scharfen Abneigung, die Plechanow gegen mich empfand, da er begriffen hatte, daß Lenin eine sichere Mehrheit gegen ihn anstrebte. Die Frage nach der Umgestaltung der Redaktion wurde bis zum Kongreß vertagt. Die Redaktion beschloß jedoch, mich vor dem Kongreß mit beratender Stimme zu den Sitzungen hinzuzuziehen. Plechanow widersprach dem kategorisch. Aber Wera Iwanowna sagte: »Und ich werde ihn doch bringen.« Und sie ›brachte‹ mich zur nächsten Sitzung tatsächlich. In Unkenntnis dessen, was sich hinter den Kulissen abspielte, war ich nicht wenig erstaunt, als Georgij Valentinowitsch mich mit ausgesuchter Kühle begrüßte, worin er ein besonderer Meister war. Die unfreundliche Haltung Plechanows gegen mich hat lange angehalten, sie ist eigentlich niemals völlig gewichen. Im April 1904 schreibt Martow in einem Brief an Axelrod von dem »persönlichen, ihn (Plechanow) erniedrigenden und unedlen Haß gegen die betreffende Person« (es handelte sich um mich).
Interessant ist die Bemerkung in Lenins Brief über meinen damaligen Stil. Sie ist richtig in beiden Fällen: sowohl was eine gewisse Geziertheit betrifft wie auch was meine starke Abneigung angeht, fremde Korrekturen hinzunehmen. Meine Schriftstellerei zählte damals kaum zwei Jahre, und die Fragen des Stils nahmen einen großen und selbständigen Platz in meiner Arbeit ein. Ich fand erst Geschmack an dem Wortmaterial. Wie Kinder, die zahnen, das Bedürfnis verspüren, den Gaumen zu reiben, selbst mit Hilfe wenig dafür geeigneter Gegenstände, so entsprach die mir so wichtig erschienene Jagd nach einem Wort, nach einer Formel, nach einem Bild der Periode des Wachstums meiner schriftstellerischen Zähne. Die Säuberung des Stils konnte erst mit der Zeit sich vollziehen. Und da mein Kampf um die Form kein zufälliger, äußerlicher war, sondern inneren geistigen Prozessen entsprach, so ist es nicht verwunderlich, daß ich trotz aller meiner Achtung für die Redaktion meine sich herausbildende schriftstellerische Individualität gegen den Einbruch seitens zwar vollendeter, aber doch anders gearteter Schriftsteller instinktiv verteidigte. ...
Der Termin des Kongresses rückte unterdessen immer näher heran, und es wurde endlich beschlossen, die Redaktion in die Schweiz, nach Genf, zu verlegen: dort war das Leben unvergleichlich billiger, und die Verbindung mit Rußland leichter. Nur schweren Herzens stimmte Lenin dem zu. »In Genf richteten wir uns in zwei kleinen Mansardenzimmern ein«, schreibt Sedowa, »L. D.

war mit der Arbeit für den Kongreß beschäftigt. Ich bereitete mich zur Abreise nach Rußland für Parteiarbeit vor.« Es trafen die ersten Delegierten zum Kongreß ein, mit denen endlose Beratungen geführt wurden. In dieser Vorbereitungsarbeit hatte Lenin die unbestrittene, wenn auch nicht immer sichtbare Führung. Ein Teil der Delegierten kam mit Zweifeln und Einwänden an. Die vorbereitende Arbeit nahm viel Zeit in Anspruch. Bei den Beratungen war ein großer Platz den Statuten eingeräumt, wobei den wichtigsten Punkt des organisatorischen Schemas die gegenseitigen Beziehungen zwischen dem Zentralorgan (der ›Iskra‹) und dem Zentralkomitee in Rußland bildeten. Ich war ins Ausland gekommen mit dem Gedanken, die Redaktion müsse sich dem Zentralkomitee ›unterordnen‹. So war die Stimmung der meisten ›Iskra‹-Anhänger in Rußland.
»Das wird nicht gehen«, erwiderte mir Lenin, »es besteht kein entsprechendes Kräfteverhältnis. Wie wollen sie von Rußland aus uns leiten? Es wird nicht gehen. ... Wir sind ein festes Zentrum, wir sind ideologisch stärker, und wir werden von hier aus leiten.«
»Da entsteht aber doch eine völlige Diktatur der Redaktion?« fragte ich. »Nun und was ist daran so schlimm?« erwiderte Lenin. »So muß es bei der gegenwärtigen Lage auch sein.«
Die organisatorischen Pläne Lenins riefen in mir einige Zweifel hervor. Aber wie weit war ich damals von dem Gedanken entfernt, daß der Parteikongreß über diese Frage auffliegen könnte...
Ich bekam das Mandat von dem Sibirischen Bund, zu dem ich während meiner Verbannung in engster Beziehung stand. Zusammen mit dem Delegierten aus Tula, dem Arzt Uljanow, dem jüngeren Bruder Lenins, fuhr ich zum Kongreß; um keinen ›Schwanz‹ anzuziehen, nicht von Genf, sondern von der nächsten kleinen und stillen Station Nion aus, wo der Schnellzug nur eine halbe Minute hielt. Als gute russische Provinzler erwarteten wir den Zug nicht auf dem Perron, wo er einlief, und als der Expreß stand, stürzten wir uns über die Puffer hinweg zum Waggon. Bevor wir das Trittbrett erreicht hatten, setzte sich der Zug in Bewegung. Als der Bahnhofsvorsteher zwischen den Puffern zwei Passagiere erblickte, gab er ein Alarmsignal. Der Zug hielt. Kaum daß wir im Waggon waren, gab uns der Schaffner zu verstehen, daß er zum erstenmal in seinem Leben solch tölpelhafte Subjekte sähe und daß wir für das Anhalten des Zuges fünfzig Franken zu entrichten hätten. Wir unsererseits gaben ihm zu verstehen, daß wir kein Wort Französisch sprechen könnten. Das war zwar nicht ganz richtig, aber sehr zweckmäßig: der dicke Schweizer schimpfte noch drei Minuten und ließ uns dann in Ruh. Er handelte um so vernünftiger, als wir keine fünfzig Franken besaßen. Nur später, bei der Billettkontrolle, äußerte er den anderen Fahrgästen gegenüber nochmals seine höchst absprechende Meinung über die beiden Herren,

die man vom Puffer hatte herunterholen müssen. Der Ärmste wußte nicht, daß wir unterwegs waren, eine Partei zu schaffen.
Die Sitzungen des Kongresses begannen in Brüssel, im Gebäude der Arbeitergenossenschaft, im Maison du Peuple. In dem uns zugewiesenen Raum, der vor fremden Augen genügend verborgen war, lagerten Ballen mit Wolle, und wir mußten eine Attacke unzähliger Flöhe aushalten. Wir nannten sie die Kriegerschar Anseeles, die für den Sturm auf die bürgerliche Gesellschaft mobilisiert war. Die Sitzungen stellten eine wahre physische Folter dar. Noch schlimmer war, daß die Delegierten gleich in den ersten Tagen entdeckten, daß sie von Spitzeln verfolgt wurden. Ich lebte auf den Paß eines mir unbekannten Bulgaren Samokowljew. In der zweiten Woche kam ich spät in der Nacht mit Wera Sassulitsch aus einem kleinen Restaurant, ›Goldener Fasan‹, heraus. Unseren Weg kreuzte der Delegierte aus Odessa, S., der, ohne uns anzusehen, vor sich hin zischte: »Hinter euch ist ein Spitzel, geht in verschiedene Richtungen auseinander, der Spitzel wird dem Manne folgen.« S. war ein großer Spezialist in bezug auf Spitzel, er hatte dafür Augen, präzis wie ein astronomisches Instrument. Er wohnte in einem oberen Stockwerk neben dem ›Fasan‹ und hatte sein Fenster in einen Beobachtungsposten verwandelt. Ich nahm sofort Abschied von Sassulitsch und ging geradeaus. In der Tasche hatte ich den bulgarischen Paß und fünf Franken. Der Spitzel, ein langer, hagerer Flame mit Lippen, die einem Entenschnabel ähnelten, folgte mir. Es war nach Mitternacht und die Straße völlig leer. Ich machte schroff kehrt. »M'sieu, wie heißt diese Straße?« Der Flame erschrak und drückte sich mit dem Rücken an die Wand. »Je ne sais pas.« Er hatte zweifellos einen Revolverschuß erwartet. Ich ging weiter, immer den Boulevard geradeaus. Irgendwo schlug eine Uhr eins. Als ich zu einer Quergasse kam, bog ich ein und begann aus aller Kraft zu rennen. Der Flame folgte mir. So jagten zwei Menschen, die sich nicht kannten, tief in der Nacht durch die Straßen Brüssels hintereinander her. Ich höre noch jetzt das Stampfen ihrer Füße. Ich umlief das Karree auf drei Seiten und brachte den Flamen wieder auf den Boulevard zurück. Wir waren beide müde, erbost und gingen finster weiter. In der Straße standen einige Droschken. Eine zu mieten wäre zwecklos gewesen, der Spitzel hätte eine andere genommen. Wir gingen weiter. Der endlose Boulevard schien aufzuhören, wir waren am Ende der Stadt. Neben einer kleinen Nachtkneipe stand eine einsame Droschke. Ich machte einen Anlauf und stieg ein. »Fahren Sie schnell, ich habe es sehr eilig!« »Wohin?« Der Spitzel lauschte. Ich nannte einen Park, fünf Minuten von meiner Wohnung entfernt. »Hundert Sous!« »Fahren Sie!« Der Kutscher nahm die Leine. Der Spitzel stürzte in die Kneipe, kam mit einem Kellner heraus und zeigte auf seinen Feind. Nach einer halben Stunde war ich in meinem Zimmer. Als ich die Kerze angezündet hatte, entdeckte ich auf meinem

Nachttischchen einen Brief, adressiert an meinen bulgarischen Namen. Wer konnte mir hierher schreiben? Es war eine Vorladung für Herrn Samokowljew, morgen um zehn Uhr mit dem Paß zur Polizei zu kommen. Also hatte mich wohl ein anderer Spitzel schon am Tage zuvor entdeckt, und die ganze nächtliche Jagd durch den Boulevard war für beide Teilnehmer eine überflüssige Übung gewesen. Eine ähnliche Ehrung wurde in dieser Nacht auch den anderen Delegierten zuteil. Denen, die zur Polizei gingen, wurde befohlen, in vierundzwanzig Stunden die Grenzen Belgiens zu verlassen. Ich ging nicht zum Polizeirevier, sondern reiste nach London ab, wohin der Kongreß verlegt wurde.
Harting, der die russische Spitzelabteilung in Berlin leitete, berichtete an das Polizeidepartement, daß »die Brüsseler Polizei über einen beträchtlichen Zustrom von Ausländern erstaunt war, wobei sie zehn Mann anarchistischer Umtriebe verdächtigte«. Die Brüsseler Polizei war ›erstaunt‹ gemacht worden durch Harting selbst, der in Wirklichkeit Hekkelmann hieß und Provokateur-Terrorist war; vom französischen Gericht in contumaciam zu Zuchthaus verurteilt, wurde er später Ochrana-General des Zarismus und schließlich, unter falschem Namen, Ritter der französischen Ehrenlegion. Harting seinerseits war durch den Agent-Provokateur Doktor Schitomirski informiert worden, der von Berlin aus sich an der Organisierung des Kongresses aktiv beteiligt hatte. Das alles wurde erst nach einer Reihe von Jahren bekannt. Es könnte scheinen, daß alle Fäden in den Händen des Zarismus gewesen waren. Dennoch hat es ihm nichts genützt. ...
Während des Kongresses zeigten sich die Gegensätze in den Grundkadern der ›Iskra‹; es offenbarten sich die ›Weichen‹ und die ›Harten‹. Die Meinungsverschiedenheiten gingen anfangs um den Punkt des Statuts: wer ist als Mitglied der Partei zu betrachten? Lenin bestand darauf, die Partei mit der illegalen Organisation zu identifizieren. Martow wollte, daß auch jene als Parteimitglieder gelten sollten, die unter der Leitung der illegalen Organisation arbeiteten. Unmittelbare praktische Bedeutung hatte dieser Gegensatz nicht, da das Recht der beschließenden Stimme nach beiden Formeln nur den Mitgliedern der illegalen Organisation zustehen sollte. Und doch waren zwei auseinandergehende Tendenzen offensichtlich. Lenin wollte eine geschlossene Form und scharfe Klarheit in den Parteibeziehungen. Martow neigte zur Verschwommenheit. Die Gruppierung in dieser Frage bestimmte den ganzen weiteren Verlauf des Kongresses, insbesondere die Zusammensetzung der führenden Parteiinstitutionen. Hinter den Kulissen ging ein Kampf um jeden einzelnen Delegierten. Lenin sparte keine Mühe, mich auf seine Seite zu ziehen. Er machte mit mir und mit Krassikow einen langen Spaziergang, wobei beide mich davon zu überzeugen suchten, daß Martow nicht mein Weg sei, denn Martow sei ein ›Weicher‹. Die Charakteristiken, die Krassikow von

den Mitgliedern der ›Iskra‹ gab, waren so ungeniert, daß Lenin die Stirn runzelte und ich erschauerte. In meinem Verhalten zu der Redaktion war noch viel Jugendlich-Sentimentales. Diese Unterhaltung hatte mich eher abgestoßen als angezogen. Die Differenzen waren noch unklar, man tappte im Dunkeln und operierte mit unwägbaren Größen. Es wurde beschlossen, eine Beratung der Kerngruppe der ›Iskra‹ einzuberufen, um sich zu verständigen. Aber schon die Wahl des Vorsitzenden bereitete Schwierigkeiten. »Ich schlage vor, unseren Benjamin zu wählen«, sagte Deutsch, nach einem Ausweg suchend. So fiel es mir zu, den Vorsitz in jener Versammlung der ›Iskra‹ zu führen, in der die spätere Spaltung in Bolschewiki und Menschewiki sich anzeigte. Die Nerven waren bei allen aufs äußerste gespannt. Lenin ging, die Tür laut hinter sich zuschlagend, aus der Versammlung. Das ist der einzige Fall, wo er in meiner Gegenwart im scharfen innerparteilichen Kampf die Selbstbeherrschung verlor. Die Lage spitzte sich noch mehr zu. Die Meinungsverschiedenheiten traten auf dem Kongreß offen zutage. Lenin machte noch einen Versuch, mich auf die Seite der ›Harten‹ hinüberzuziehen, indem er die Delegierte S. und seinen jüngeren Bruder Dmitrij zu mir schickte. Die Aussprache mit diesen in einem Park dauerte einige Stunden. Die Abgesandten wollten mich nicht weglassen. »Wir haben den Befehl, Sie auf alle Fälle mitzubringen.« Schließlich weigerte ich mich resolut, mit ihnen zu gehen.

Die Spaltung kam für alle Kongreßteilnehmer unerwartet. Auch Lenin, die aktivste Figur des Kampfes, hatte sie nicht vorausgesehen und nicht gewollt. Beide Parteien empfanden die hereingebrochenen Ereignisse sehr schwer. Lenin litt nach dem Kongreß einige Wochen an einer Nervenerkrankung. »Aus London schrieb L. D. fast täglich«, sagt Sedowa in ihren Aufzeichnungen, »die Briefe wurden immer besorgter, und schließlich berichtete ein Brief über die Spaltung der ›Iskra‹ verzweifelt: die ›Iskra‹ gibt es nicht mehr, sie ist gestorben... Die Spaltung in der ›Iskra‹ wurde von uns allen sehr schmerzlich empfunden. Nach der Rückkehr L. D.s vom Kongreß reiste ich bald nach Petersburg ab und nahm das Material über den Kongreß mit, das in ganz winziger Schrift auf dünnem Papier geschrieben im Einbanddeckel des französischen Wörterbuchs ›Larousse‹ untergebracht war.«

Wie kam es, daß ich auf dem Kongreß mit den ›Weichen‹ war? Mit den Redaktionsmitgliedern Martow, Sassulitsch und Axelrod war ich am engsten verbunden. Ihr Einfluß auf mich war unbestreitbar. In der Redaktion gab es vor dem Kongreß Schattierungen, es gab aber keine ausgesprochenen Differenzen. Plechanow stand ich am fernsten; nach den ersten, eigentlich nebensächlichen Zusammenstößen konnte Plechanow mich nicht leiden. Lenin stand zu mir sehr gut. Aber gerade er war es, der in meinen Augen jetzt ein Attentat unternahm auf die Redaktion, die für mich eine Gesamtheit darstellte und den bezaubernden Namen ›Iskra‹ trug. Der Gedanke an eine Spaltung des Kollegiums erschien mir wie Gotteslästerung. Der revolutionäre Zentralismus ist ein hartes, gebieterisches und anspruchsvolles Prinzip. Es nimmt nicht selten gegen einzelne und ganze Gruppen gestriger Gesinnungsgenossen unbarmherzige Formen an. Nicht umsonst sind in Lenins Wortschatz die Worte so häufig: *unversöhnlich und erbarmungslos.* Nur die höhere revolutionäre Zielsetzung, frei von allem Niedrig-Persönlichen, kann eine solche Erbarmungslosigkeit rechtfertigen. Im Jahre 1903 ging es nur darum, Axelrod und Sassulitsch außerhalb der Redaktion der ›Iskra‹ zu stellen. Ich empfand für die beiden nicht nur Achtung, sondern auch persönliche Zuneigung. Auch Lenin hatte sie wegen ihrer Vergangenheit hochgeschätzt. Aber er kam zu der Erkenntnis, daß sie immer mehr ein Hindernis auf dem Wege zur Zukunft würden, und er zog die organisatorische Schlußfolgerung: sie aus den führenden Stellungen zu entfernen. Damit konnte ich mich nicht abfinden. Mein ganzes Wesen lehnte sich gegen diese erbarmungslose Absägung der Alten auf, die endlich bis an die Schwelle der Partei gekommen waren. Aus dieser meiner Empörung ergab sich der Bruch mit Lenin auf dem zweiten Kongreß. Sein Verhalten schien mir unzulässig, schrecklich, empörend. Es war aber dennoch politisch richtig, folglich auch organisatorisch notwendig. Der Bruch mit den Alten, die in der vorbereitenden Epoche verharrten, war auf jeden Fall unvermeidlich. Lenin hatte dies früher als die anderen erkannt. Er machte noch den Versuch, Plechanow zu behalten, indem er ihn von Axelrod und Sassulitsch trennte. Aber auch dieser Versuch war, wie die Ereignisse bald zeigten, mißglückt.

Meine Trennung von Lenin erfolgte also gleichsam auf ›moralischem‹, ja sogar auf persönlichem Gebiet. Doch schien es nur äußerlich so. Im Grunde hatte unser Auseinandergehen einen politischen Charakter, der nur auf organisatorischem Gebiet nach außen durchbrach.

Ich zählte mich zu den Zentralisten. Aber es ist außer Zweifel, daß ich mir in jener Periode keine klare Rechenschaft darüber abzugeben vermochte, welch strenger und gebieterischer Zentralismus für eine revolutionäre Partei erforderlich sein würde, um eine Millionenmasse in den Kampf gegen die alte Gesellschaft zu führen. Meine frühe Jugend verlief in der dämmerigen Atmosphäre der Reaktion, die sich in Odessa um ein Jahrfünft verspätet hatte. Die Jugend Lenins führt zur Narodnaja Wolja. Jene, die um einige Jahre jünger waren als ich, wuchsen schon in der Umgebung eines neuen politischen Aufstiegs heran. Zur Zeit des Londoner Kongresses im Jahre 1903 war für mich die Revolution zur Hälfte noch immer eine theoretische Abstraktion. Der Leninsche Zentralismus ergab sich für mich noch nicht aus einer klaren, selbständig durchdachten revolutionären Konzeption. Das Bedürfnis aber, ein Pro-

blem selbständig zu erfassen und aus ihm alle notwendigen Schlußfolgerungen zu ziehen, war für mich, wie mir scheint, stets das gebieterischste Bedürfnis meines geistigen Lebens.
Die Zuspitzung des auf dem Kongreß entbrannten Konfliktes hatte ihren Grund sowohl in den sich bereits herauskristallisierenden prinzipiellen Fragen, wie in dem falschen Augenmaß der Alten bei der Einschätzung der Größe und der Bedeutung Lenins. Während des Kongresses und gleich danach gesellte sich zu der Empörung Axelrods und der anderen Redaktionsmitglieder über das Verhalten Lenins das Erstaunen: wie durfte er es wagen? »Es ist nicht so lange her, daß er ins Ausland kam, als Schüler«, dachten die Alten, »er hat sich auch wie ein Schüler benommen. Woher diese Selbstsicherheit? Wie konnte er es wagen?«
Aber Lenin konnte es wagen und hatte es gewagt. Er brauchte sich dabei nur von der Unfähigkeit der Alten, die unmittelbare Führung der Kampforganisation der proletarischen Avantgarde unter den Bedingungen der herannahenden Revolution in ihre Hände zu nehmen, zu überzeugen. Die Alten, und die Alten nicht allein, hatten sich geirrt; das war nicht nur ein hervorragender Arbeiter, das war auch ein Führer, der durch und durch zielgerichtet war und der, wie wohl anzunehmen ist, gerade dann, als er Seite an Seite mit den Älteren, den Lehrern, stand, sich endgültig als Führer zu fühlen und die Überzeugung zu gewinnen begann, daß er stärker und nötiger sei als diese. In jenen noch ziemlich unklaren Stimmungen, die sich um die Fahne der ›Iskra‹ gruppierten, vertrat allein Lenin voll und restlos den morgigen Tag mit all seinen ernsten Aufgaben, grausamen Zusammenstößen und unzähligen Opfern.
Auf dem Kongreß hatte Lenin sich Plechanow erobert; aber nicht verläßlich; gleichzeitig hatte er Martow verloren, und zwar für immer. Plechanow hatte auf dem Kongreß wohl so etwas wie eine Ahnung gehabt. Mindestens sagte er damals zu Axelrod über Lenin: »Aus einem solchen Teig werden Robespierres gemacht.« Plechanow selbst spielte auf dem Kongreß keine beneidenswerte Rolle. Nur einmal hatte ich Gelegenheit, ihn in seiner ganzen Macht zu sehen und zu hören: das war in der Programmkommission des Kongresses. Mit einem klaren, wissenschaftlich geschliffenen Programmschema im Kopfe, seiner selbst, seiner Kenntnisse, seiner Überlegenheit sicher, mit munterem, ironischem Feuer in den Augen, mit Grau im stacheligen lustigen Schnurrbart, mit etwas theatralischen, aber lebendigen und ausdrucksvollen Gesten beleuchtete Plechanow, der den Vorsitz innehatte, die gesamte vielköpfige Sektion, wie mit einem lebendigen Feuerwerk von Wissen und Witz.
Der Führer der Menschewiki, Martow, stellt eine der tragischsten Figuren der revolutionären Bewegung dar. Ein außerordentlich begabter Schriftsteller, ein Politiker mit reichen Einfällen, ein

scharfsinniger Geist, stand Martow hoch über jener ideologischen Strömung, die er vertrat. Aber seinen Gedanken fehlte die Kühnheit, seinem Scharfsinn der Wille. Anklammerungsfähigkeit konnte da nicht Ersatz sein. Martows erste Reaktion auf Ereignisse bewegte sich stets in revolutionärer Richtung. Aber sein Gedanke, nicht unterstützt von der Triebfeder des Willens, sank bald zusammen. Unsere guten Beziehungen überstanden die Prüfung der ersten großen Ereignisse der heranrückenden Revolution nicht. Wie dem auch sei, der zweite Kongreß bedeutet in meinem Leben einen großen Markstein schon allein deshalb, weil er mich für viele Jahre von Lenin getrennt hat. Die Vergangenheit als Ganzes erfassend, beklage ich das nicht. Ich bin zum zweitenmal zu Lenin gekommen, später als viele andere, aber ich bin gekommen auf eigenen Wegen, nachdem ich die Erfahrung der Revolution, der Konterrevolution und des imperialistischen Krieges durchgemacht und durchgedacht hatte. Ich bin zu ihm sicherer und ernster gekommen als jene ›Schüler‹, die, zu seinen Lebzeiten, nicht immer an rechter Stelle des Lehrers Worte wiederholten und seine Gesten nachahmten und die nach seinem Tode sich als hilflose Epigonen und als unbewußte Werkzeuge in der Hand feindlicher Mächte erwiesen haben.

Rückkehr nach Rußland

Meine Verbindung mit der Minderheit des zweiten Kongresses war von kurzer Dauer. Schon im Laufe der nächsten Monate begannen sich bei dieser Minderheit zwei Linien herauszubilden. Ich war für die Vorbereitung einer möglichst schnellen Wiedervereinigung mit der Mehrheit, denn ich betrachtete die Spaltung nur als eine wichtigere Episode, – und nichts mehr. Für die anderen war die Spaltung, die der zweite Kongreß gebracht hatte, ein Ausgangspunkt für die Entwicklung in die Richtung zum Opportunismus hin. Das ganze Jahr 1904 stand ich in politischen und organisatorischen Konflikten mit der führenden Gruppe der Menschewiki. Die Konflikte drehten sich um zwei Punkte: um die Stellung zum Liberalismus und die Stellung zu den Bolschewiki. Ich war für unversöhnliche Abwehr aller Versuche der Liberalen, sich auf die Massen zu stützen, und gleichzeitig und gerade deshalb forderte ich immer energischer die Vereinigung der beiden sozialdemokratischen Fraktionen. Im September erklärte ich formell meinen Austritt aus der Minderheit, der ich eigentlich schon seit April 1904 nicht mehr angehörte. Während dieser Periode verbrachte ich einige Monate abseits von der russischen Emigration in München, das damals als die demokratischste und künstlerischste Stadt Deutschlands galt. Ich habe die bayerische Sozialdemokratie, die

Münchener Galerien und – die Zeichner des ›Simplicissimus‹ recht gut gekannt.
Bereits während der Tagung des Parteikongresses war der ganze Süden Rußlands von einer mächtigen Streikwelle erfaßt. Bauernunruhen häuften sich. Die Universitäten waren in Gärung. Der russisch-japanische Krieg hatte für eine Weile die Bewegung aufgehalten; aber der militärische Zusammenbruch des Zarismus wurde bald zu einem gewaltigen Motor der Revolution. Die Presse wurde immer mutiger, terroristische Akte häuften sich, die Liberalen kamen in Bewegung, es begann die Bankettkampagne. Die grundlegenden Fragen der Revolution wurden akut. Die Abstraktionen füllten sich für mich gründlich mit sozialem Stoff. Die Menschewiki, besonders Wera Sassulitsch, übertrugen ihre Hoffnungen immer mehr auf die Liberalen.
Schon vor dem Parteitag, nach einer Redaktionssitzung im Café Landolt, beklagte sich Wera Sassulitsch mit der besonderen, ihr in solchen Fällen eigenen, schüchtern-eindringlichen Stimme, daß wir die Liberalen zu sehr angriffen. Das war ihr wundester Punkt.
»Seht doch, wieviel Mühe sie sich geben.« Sie blickte beim Sprechen zwar an Lenin vorbei, aber gerade ihn meinte sie in erster Linie. »Struve fordert, daß die russischen Liberalen mit dem Sozialismus nicht brechen mögen, denn sonst drohe ihnen das klägliche Schicksal des deutschen Liberalismus; lieber sollten sie sich ein Beispiel an den französischen Radikal-Sozialisten nehmen.«
»Um so mehr muß man sie prügeln«, sagte Lenin, lustig lächelnd und Wera Iwanowna gleichsam absichtlich reizend.
»Na, so was«, rief sie voller Verzweiflung aus, »sie kommen uns entgegen, und wir sollten sie prügeln!«
Ich stand in dieser Frage, die mit der Zeit immer entscheidenderen Charakter gewann, völlig auf Lenins Seite.
Während der liberalen Bankettkampagne, die schnell in eine Sackgasse geriet, stellte ich im Herbst 1904 die Frage: »Was weiter?« und antwortete darauf: »Den Ausweg kann nur ein allgemeiner Streik einleiten, dem ein Aufstand des Proletariats, das sich an die Spitze der Volksmassen gegen den Liberalismus stellt, folgen muß.« Das hat die Kluft zwischen mir und den Menschewiki vertieft.
Am 23. Januar (1905) kehrte ich von einer Vortragsreise nach Genf zurück, müde und zerschlagen nach einer schlaflosen, im Zuge verbrachten Nacht. Ein Junge hatte mir eine Zeitung vom vorigen Tage verkauft. Darin war in Zukunftsform von der Prozession der Arbeiter zum Winterpalais die Rede. Ich schloß daraus, daß sie nicht stattgefunden hatte. Nach etwa zwei Stunden kam ich in die Redaktion der ›Iskra‹. Martow war äußerst erregt. »Sie hat nicht stattgefunden?« fragte ich ihn. »Wie, nicht stattgefunden?« stürzte er sich auf mich. »Wir haben die ganze Nacht im Café ver-

bracht, um neue Telegramme zu lesen. Ja, wissen Sie denn nicht? Hier, hier, hier...« Er hielt mir die Zeitung hin. Ich durchlief die ersten zehn Zeilen des telegraphischen Berichts über den blutigen Sonntag. Eine dumpfe brennende Welle schlug mir gegen den Kopf.

Noch länger im Ausland zu bleiben, vermochte ich nicht. Mit den Bolschewiki hatte ich seit dem Parteitag keine Verbindung mehr. Mit den Menschewiki hatte ich organisatorisch gebrochen. Es blieb mir nur übrig, auf eigene Faust zu handeln. Mit Hilfe von Studenten erhielt ich einen Paß. Mit meiner Frau, die im Herbst 1904 ins Ausland zurückgekehrt war, fuhren wir nach München ab. Hier brachte uns Parvus bei sich unter. Er las mein Manuskript durch, das den Ereignissen bis zum 9. Januar gewidmet war, und kam in gehobene Stimmung. »Die Ereignisse haben diese Prognose vollauf bestätigt. Jetzt wird es niemand mehr zu bestreiten wagen, daß der allgemeine Streik die grundlegende Kampfmethode sei. Der 9. Januar, das ist der erste politische Streik, wenn auch unter der Hülle einer Popenkutte. Man muß es nur aussprechen, daß die Revolution in Rußland eine demokratische Arbeiterregierung an die Macht bringen kann.« In diesem Sinne schrieb Parvus ein Vorwort zu meiner Broschüre.

Parvus war zweifellos eine hervorragende Gestalt unter den Marxisten am Ende des vorigen und am Anfang dieses Jahrhunderts. Er beherrschte die marxistische Methode vollkommen, hatte einen weiten Blick, verfolgte alles Wesentliche in der Weltarena, was ihn bei seiner außerordentlichen Kühnheit des Denkens und einem männlichen, muskulösen Stil zu einem wahrhaft hervorragenden Schriftsteller machte. Seine alten Arbeiten haben mir die Fragen der sozialen Revolution nähergebracht und die Machteroberung des Proletariats aus einem astronomischen ›Endziel‹ in eine praktische Aufgabe unserer Zeit verwandelt. Leider war an Parvus stets etwas Unberechenbares und Unzuverlässiges. Außer allem anderen war dieser Revolutionär von einem ganz ungewöhnlichen Wunsch besessen: reich zu werden. Diesen Traum verband er in jenen Jahren mit seiner Auffassung von der sozialen Revolution. »Der Parteiapparat ist verknöchert«, klagte er, »selbst in Bebels Kopf ist schwer einzudringen. Wir revolutionären Marxisten brauchen eine große Tageszeitung, die gleichzeitig in drei europäischen Sprachen erscheint. Aber dazu ist Geld nötig, viel Geld.« So verflochten sich in diesem schweren, fleischigen Bulldoggenkopf Gedanken an die soziale Revolution mit Gedanken an Reichtum. Parvus machte in München den Versuch, einen eigenen Verlag zu gründen, aber das endete für ihn recht traurig. Dann folgte die Reise Parvus' nach Rußland und seine Teilnahme an der Revolution von 1905. Trotz seiner Initiative und dem Scharfsinn seines Denkens hat er niemals Führereigenschaften bewiesen. Nach der Niederlage der Revolution von 1905 begann Parvus' Abstieg. Aus

Deutschland übersiedelte er nach Wien, von dort nach Konstantinopel, wo ihn der Weltkrieg erreichte. An diesem bereicherte Parvus sich sehr schnell durch irgendwelche kriegskommerziellen Operationen. Gleichzeitig trat er öffentlich als Verkünder der fortschrittlichen Mission des deutschen Militarismus auf, brach endgültig mit den Linken und wurde einer der Inspiratoren des äußersten rechten Flügels der deutschen Sozialdemokratie. Es ist überflüssig zu sagen, daß ich seit Kriegsbeginn alle Beziehungen zu ihm abgebrochen hatte, nicht nur die politischen, sondern auch die persönlichen.

Von München reiste ich mit Sedowa nach Wien. Der Strom der Emigranten ergoß sich nach Rußland zurück. Victor Adler ging völlig in russischen Angelegenheiten auf: verschaffte für die Emigranten Geld, Pässe, Adressen... In seiner Wohnung veränderte ein Friseur mein Äußeres, das den russischen Spitzeln im Auslande zu gut bekannt war.

»Ich habe soeben von Axelrod ein Telegramm erhalten«, teilte mir Adler mit, »daß Gapon ins Ausland gekommen sei und sich als Sozialdemokrat erklärt habe. Schade... Verschwände er für immer, er würde eine schöne Legende bleiben. In der Emigration wird er nur eine komische Figur sein. Wissen Sie«, fügte er hinzu, während in seinen Augen jenes Feuer aufflammte, das die Härte seiner Ironie milderte, »es ist besser, solche Menschen als historische Märtyrer zu haben denn als Parteigenossen...«

In Wien erreichte mich die Nachricht von der Ermordung des Großfürsten Sergius. Die Ereignisse überstürzten sich. Die sozialdemokratische Presse wandte ihre Blicke nach dem Osten. Meine Frau fuhr voraus, um in Kiew Wohnung und Verbindungen vorzubereiten. Mit dem Paß eines verabschiedeten Fähnrichs Arbusow kam ich im Februar nach Kiew, wo ich während einiger Wochen aus einer Wohnung in die andere wanderte, zuerst bei einem jungen Advokaten wohnte, der vor seinem eigenen Schatten Angst hatte, dann bei einem Professor der Technischen Hochschule, später bei einer liberalen Witwe. Eine Zeitlang verbarg ich mich sogar in einer Augenklinik. Nach Vorschrift des Chefarztes, der in meine Geschichte eingeweiht war, machte mir die Schwester Fußbäder und harmlose Einspritzungen in die Augen. Ich mußte doppelt konspirieren: die Proklamationen schrieb ich geheim vor der Schwester, die streng darüber wachte, daß ich meine Augen nicht übermüde. Während seiner Besuchszeit stürzte der Professor, nachdem er unter irgendeinem Vorwand den verhaßten Assistenten entfernt hatte, mit der ihn begleitenden Ärztin, der er vertraute, in mein Zimmer, schloß die Tür hastig hinter sich, hing das Fenster zu, angeblich um meine Augen zu untersuchen. Dann lachten wir drei vorsichtig, aber lustig. »Gibt es Zigaretten?« fragte der Professor. »Jawohl«, antwortete ich. »Quantum satis?« »Quantum satis!« Wir lachten wieder. Damit endete die Untersuchung, und ich kehrte zu meinen Proklamationen zurück. Mich amüsierte dieses Leben sehr. Es war nur peinlich vor der freundlichen älteren Schwester, die mir so gewissenhaft die Fußbäder bereitete.

In Kiew existierte damals eine berühmte illegale Druckerei, die trotz der Verhaftungen ringsherum einige Jahre hintereinander direkt vor der Nase des Gendarmeriegenerals Nowitzki erhalten blieb. In dieser Druckerei wurden im Jahre 1905 auch meine Proklamationen gedruckt. Die größeren Aufrufe übergab ich jedoch dem jungen Ingenieur Krassin, den ich in Kiew kennengelernt habe. Krassin gehörte zum bolschewistischen Zentralkomitee und hatte eine glänzend eingerichtete illegale Druckerei im Kaukasus zu seiner Verfügung. Ich schrieb in Kiew eine Reihe Flugblätter, die in dieser Druckerei trotz der illegalen Verhältnisse ganz ungewöhnlich sauber gedruckt wurden.

Die Partei wie die Revolution waren damals noch sehr jung, und an den Menschen und den Handlungen fiel eine gewisse Unerfahrenheit und Unfertigkeit auf. Auch Krassin war natürlich von diesem Stempel nicht frei. Aber an ihm war doch etwas Festes, Entschiedenes und ›Administratives‹. Er war Ingenieur mit einer ansehnlichen Praxis, war in Stellung, und zwar in guter Stellung, wurde sehr geschätzt, sein Bekanntenkreis war weiter und mannigfaltiger, als es damals sonst der Fall war bei den jungen Revolutionären. In den Arbeitervierteln, in den Wohnungen der Ingenieure, in den Palästen der liberalen Moskauer Fabrikanten, in Schriftstellerkreisen – überall hatte Krassin seine Verbindungen. Er verstand das alles geschickt zu vereinen, und ihm eröffneten sich praktische Möglichkeiten, die anderen völlig unerreichbar waren. Im Jahre 1905 leitete Krassin, neben seiner Beteiligung an der allgemeinen Arbeit der Partei, die gefährlichsten Unternehmungen: Kampfgruppen, Ankauf von Waffen, Bereitung von Explosivstoffen und so weiter. Trotz seines weiten Horizonts war Krassin in der Politik und überhaupt im Leben in erster Linie ein Mensch der unmittelbaren Handlung. Das war seine Stärke. Aber darin bestand auch seine Achillesferse. Lange Jahre mühsamer Kräftesammlung, politischer Schulung, theoretischer Durcharbeitung von Erfahrungen – nein, dazu war er nicht geeignet. Als die Revolution 1905 die Hoffnungen nicht erfüllt hatte, traten für ihn die Elektrotechnik und die Industrie an die erste Stelle. Krassin hat sich auch hier als hervorragender Praktiker gezeigt, als ein Mensch, der Außerordentliches zu erreichen vermochte. Zweifellos gaben ihm die großen Erfolge seiner Tätigkeit als Ingenieur jene persönliche Befriedigung, die ihm in den vorangegangenen Jahren der revolutionäre Kampf bereitet hatte. Dem Oktoberumsturz begegnete er mit feindseliger Verständnislosigkeit, wie einem im voraus zum Mißerfolg verurteilten Abenteuer. Er hat lange an unsere Fähigkeit, mit dem Zerfall fertig zu werden, nicht geglaubt. Dann aber wurde

er von der großen Arbeitsmöglichkeit mitgerissen...
Für mich war die Verbindung mit Krassin im Jahre 1905 ein wahrer Schatz. Wir verabredeten, uns in Petersburg zu treffen. Von ihm erhielt ich auch die konspirativen Adressen. Die erste und wichtigste war die in der Konstantin-Artillerieschule bei dem Oberarzt Alexander Alexandrowitsch Litkens, mit dessen Familie mich das Schicksal für lange Jahre verbunden hat. In der Wohnung Litkens' auf dem Sabalkanski-Prospekt, im Gebäude der Schule, habe ich mich in den unruhigen Tagen und Nächten von 1905 mehr als einmal verborgen gehalten. Mitunter besuchten mich in der Wohnung des Oberarztes, an den Augen des Wachtmeisters vorbeigehend, Gestalten, wie sie der Hof und die Treppen der Kriegsschule vorher niemals gesehen hatten. Aber das untere Dienstpersonal war voller Sympathie für den Oberarzt. Verrat kam nicht vor, alles verlief glücklich. Der älteste Sohn des Doktors, Alexander, damals achtzehn Jahre alt, war bereits Mitglied der Partei, leitete einige Monate später den Bauernaufstand im Gouvernement Orlow, ertrug aber die nervösen Erschütterungen nicht, erkrankte und starb bald. Der jüngere Sohn, Jewgraf, zu jener Zeit noch Gymnasiast, spielte später eine bedeutende Rolle im Bürgerkriege und in der Kulturarbeit der Sowjetrepublik, wurde aber im Jahre 1921 in der Krim von Banditen ermordet.
Offiziell lebte ich in Petersburg unter dem Namen eines Gutsbesitzers Wikentjew. In revolutionären Kreisen trat ich als Peter Petrowitsch auf. Organisatorisch gehörte ich zu keiner Fraktion. Ich arbeitete weiter mit Krassin, der damals Bolschewik-Versöhnler war: das hatte uns einander noch nähergebracht, infolge meiner damaligen Einstellung. Gleichzeitig unterhielt ich die Verbindung mit der dortigen Gruppe der Menschewiki, die damals eine sehr revolutionäre Linie verfolgte. Unter meinem Einfluß stellte sich die Gruppe auf den Standpunkt des Boykotts der gesetzberatenden Duma und kam dadurch in Konflikt mit ihrem Zentrum im Auslande. Die menschewistische Gruppe flog jedoch bald auf. Sie wurde von ihrem aktiven Mitglied Dobroskok, genannt ›Nikolaus, die Goldene Brille‹, verraten, der, wie sich herausstellte, professioneller Provokateur war. Er wußte, daß ich mich in Petersburg aufhielt, und kannte mich von Angesicht. Meine Frau war bei der 1.-Mai-Versammlung im Walde verhaftet worden. Es wurde nötig, für einige Zeit zu verschwinden. Ich reiste im Sommer nach Finnland ab. Dort trat für mich eine Atempause ein, die aus intensiver literarischer Arbeit und kurzen Spaziergängen bestand. Ich verschlang die Zeitungen, beobachtete die Formierung der Parteien, machte Ausschnitte, gruppierte Tatsachen. In dieser Zeit hat sich meine Anschauung über die inneren Kräfte der russischen Gesellschaft und die Perspektiven der russischen Revolution endgültig gebildet.
»Rußland steht«, schrieb ich damals, »vor einer bürgerlich-demo-

kratischen Revolution. Die Basis dieser Revolution bildet das Agrarproblem. Die Macht wird jene Klasse erobern, jene Partei, die die Bauern gegen den Zarismus und gegen die Gutsbesitzer führen wird. Weder der Liberalismus noch die demokratische Intelligenz werden dies tun können: deren historische Mission ist vorbei. Die revolutionäre Bühne hat bereits das Proletariat eingenommen. Nur die Sozialdemokratie kann durch die Arbeiter die Bauernschaft führen. Dies eröffnet der Sozialdemokratie die Aussicht auf die Eroberung der Macht in Rußland früher als in den westlichen Staaten. Die unmittelbare Aufgabe der Sozialdemokratie wird die Vollendung der demokratischen Revolution bilden. Aber nach der Machtergreifung wird sich die Partei des Proletariats mit dem demokratischen Programm nicht begnügen können. Sie wird gezwungen sein, den Weg sozialistischer Maßnahmen zu betreten. Wie weit sie auf diesem Wege vorwärtskommt, das wird nicht nur vom inneren Kräfteverhältnis im Lande abhängen, sondern auch von der internationalen Situation. Die grundlegende strategische Linie erfordert folglich von der Sozialdemokratie, daß sie gegen den Liberalismus einen unversöhnlichen Kampf um den Einfluß auf die Bauernschaft führt und sich gleichzeitig schon während der bürgerlichen Revolution die Machtergreifung zur Aufgabe stellt.«
Die Frage nach der allgemeinen Perspektive der Revolution war aufs engste mit den taktischen Problemen verbunden. Die zentrale politische Parole der Partei war die konstituierende Versammlung. Der Verlauf des revolutionären Kampfes hatte aber die Frage akut gemacht: wer wird die konstituierende Versammlung einberufen, und wie soll das geschehen? Aus der Perspektive eines vom Proletariat geführten Volksaufstandes ergab sich notwendig die Schaffung einer provisorischen revolutionären Regierung. Die führende Rolle des Proletariats in der Revolution mußte auch seine ausschlaggebende Rolle in der provisorischen Regierung sichern. Dieses Thema rief bei den Spitzen der Partei große Meinungsstreitigkeiten hervor, auch zwischen mir und Krassin. Ich schrieb eine Reihe von Thesen nieder, in denen ich nachwies, daß der volle Sieg der Revolution über den Zarismus entweder die Macht des auf die Bauernschaft gestützten Proletariats bedeuten müsse oder den unmittelbaren Auftakt zu dieser Macht. Krassin erschrak vor einer so entschiedenen Fragestellung. Er akzeptierte die Parole der provisorischen revolutionären Regierung, wie auch das von mir skizzierte Arbeitsprogramm einer solchen Regierung, aber er lehnte es ab, die Lösung der Frage über die sozialdemokratische Mehrheit in der Regierung im voraus zu bestimmen. In dieser Form wurden meine Thesen in Petersburg gedruckt, und Krassin übernahm es, sie auf dem für Mai geplanten gemeinsamen Parteitag im Auslande zu vertreten. Der gemeinsame Parteitag fand jedoch nicht statt. Krassin beteiligte sich auf dem Parteitag der Bolschewiki aktiv an der

Beratung der Frage über die provisorische Regierung und brachte meine Thesen als Korrekturen zu der Resolution Lenins ein. Diese Episode ist politisch so interessant, daß ich gezwungen bin, ein Zitat aus dem Protokoll des dritten Kongresses zu bringen.
»Was die Resolution des Genossen Lenin betrifft«, sagte Krassin, »so sehe ich ihren Fehler gerade darin, daß sie die Frage nach der provisorischen Regierung nicht unterstreicht und nicht klar genug auf den Zusammenhang zwischen der provisorischen Regierung und dem bewaffneten Aufstand hinweist. In Wirklichkeit stellt der Volksaufstand die provisorische Regierung als sein Organ auf... Ich betrachte ferner die in der Resolution ausgedrückte Ansicht als falsch, wonach die provisorische revolutionäre Regierung erst *nach* dem endgültigen Siege des bewaffneten Aufstandes und *nach* dem Sturz des Zarismus auftreten soll. Nein, sie entsteht gerade im Prozeß des Aufstandes und beteiligt sich lebhaft an seiner Durchführung, durch ihre organisierende Hilfe den Sieg sichernd. Ich erachte es als naiv, zu glauben, daß es für die Sozialdemokratie möglich sein könne, sich an der provisorischen revolutionären Regierung erst von dem Moment an zu beteiligen, wo das Selbstherrschertum endgültig zusammengebrochen sein wird: wenn die Kastanien von den anderen aus dem Feuer geholt worden sind, wird es keinem in den Sinn kommen, sie mit jemandem zu teilen.« Das alles sind fast wörtlich Formulierungen nach meinen Thesen.
Lenin, der in seinem Hauptreferat die Frage nur rein theoretisch behandelt hatte, verhielt sich zu der Krassinschen Fragestellung mit größter Sympathie. Er sagte folgendes: »Im großen und ganzen teile ich die Meinung des Genossen Krassin. Es ist selbstverständlich, daß ich als Schriftsteller die literarische Seite der Frage in Betracht zog. Die Wichtigkeit des Kampfzieles ist vom Genossen Krassin sehr richtig angegeben worden, und ich schließe mich ihm voll an. Man kann nicht kämpfen, ohne damit zu rechnen, die Position, um die man kämpft, einzunehmen...«
Die Resolution wurde entsprechend umgearbeitet. Es ist nicht überflüssig, zu bemerken, daß die Resolution des dritten Parteitages über die provisorische Regierung hunderte Male in der Polemik der letzten Jahre dem ›Trotzkismus‹ entgegengestellt wurde. Die ›roten Professoren‹ der Stalinschen Formation haben keine Ahnung davon, daß sie als Muster des Leninismus gegen mich die von mir selbst geschriebenen Zeilen zitieren.

Die Umgebung, in der ich in Finnland lebte, erinnerte wenig an die permanente Revolution: Hügel, Fichten, Seen, durchsichtige herbstliche Luft, Ruhe. Ende September ging ich noch tiefer in das Land hinein und ließ mich im Walde, am Ufer eines Sees, in der einsamen Pension ›Rauha‹ nieder. Der Name bedeutet auf Finnisch Ruhe. Die große Pension war im Herbst völlig leer. Ein schwedischer Schriftsteller und eine englische Schauspielerin verbrachten dort zusammen noch einige Tage und reisten dann ab, ohne zu bezahlen. Der Wirt eilte ihnen nach Helsingfors nach. Die Wirtin lag schwer krank, ihre Herztätigkeit wurde nur noch durch Champagner aufrechterhalten. Ich habe sie übrigens niemals gesehen. In Abwesenheit des Wirtes starb sie. Ihr Körper lag im Zimmer über mir. Der ältere Kellner fuhr nach Helsingfors, den Wirt zu suchen. Zur Bedienung blieb ein Junge. Es fiel dichter Frühschnee. Die Fichten waren mit einem Leichentuch bedeckt. Die Pension war tot. Der Junge saß immer in der Küche, irgendwo unter der Erde. Oben lag die tote Wirtin. Ich war allein. Das alles zusammen hieß mit Recht ›Rauha‹ – Ruhe. Keine Seele, kein Laut. Ich schrieb und ging spazieren. Abends brachte der Briefträger einen Pack Petersburger Zeitungen. Ich entfaltete eine nach der anderen. Es war, als stürze ein rasender Orkan durch das offene Fenster. Der Streik wuchs, er breitete sich aus, griff von der einen Stadt auf die andere über. In der Stille des Hotels hallte das Rauschen der Zeitungen in meinen Ohren wie der Donner von Lawinen. Die Revolution war im vollen Gange. Ich verlangte von dem Jungen die Rechnung, bestellte ein Pferd und verließ die ›Ruhe‹, um der Lawine entgegenzufahren. Schon am nächsten Abend trat ich in Petersburg in der Aula des Polytechnischen Instituts auf.

1905

Der Oktoberstreik entwickelte sich nicht planmäßig. Er begann mit den Druckereiarbeitern in Moskau und flaute dann ab. Entscheidungskämpfe bereiteten die Parteien erst für den Jahrestag des 9. (22.) Januar vor. Aus diesem Grunde beeilte ich mich in meinem finnländischen Zufluchtsort nicht, die Arbeiten zu beenden. Aber ein zufälliger, bereits im Abflauen begriffener Streik übertrug sich unerwartet auf die Eisenbahner, und – es ging los. Vom 10. Oktober ab breiteten sich die Streiks, bereits unter politischen Parolen, von Moskau über das ganze Land aus. Einen solchen Generalstreik hatte die Welt noch nicht gesehen. In vielen Städten kam es zu offenen Zusammenstößen mit den Truppen, aber im großen und ganzen blieben die Oktoberereignisse im Rahmen des politischen Streiks, ohne in einen bewaffneten Aufstand überzugehen. Und doch verlor der Absolutismus den Kopf und trat den Rückzug an. Es wurde das konstitutionelle Manifest vom 17. (30.) Oktober erlassen. Zwar behielt der getroffene Zarismus die Machtmaschinerie in den Händen. Die Regierungspolitik war, nach der Bezeichnung Wittes, mehr denn je »ein Netz aus Feigheit, Blindheit, Treubruch und Dummheit«. Aber die Revolution hatte doch den ersten, unvollkommenen, aber vielversprechenden Sieg errungen.

»Der ernsteste Teil der russischen Revolution von 1905«, schrieb derselbe Witte später, »bestand natürlich... in der Parole der Bauern: gebt uns Land...« Dem kann man zustimmen. Aber Witte geht weiter: »Dem Sowjet der Arbeiter maß ich keine besondere Bedeutung bei. Er hat sie auch nicht gehabt.« Das zeigt nur, daß auch der hervorragendste der Bürokraten den Sinn der Ereignisse nicht verstanden hatte, die die letzte Warnung an die herrschenden Klassen gewesen sind. Witte starb noch rechtzeitig, um nicht gezwungen zu werden, seine Ansichten über die Bedeutung der Sowjets der Arbeiter zu korrigieren.
Als ich nach Petersburg kam, war der Oktoberstreik in vollem Gange. Die Streikwelle wuchs immer mehr an, aber es bestand die Gefahr, daß die Bewegung, von keiner Massenorganisation geleitet, resultatlos versanden könnte. Ich war aus Finnland mit dem Plan gekommen, eine parteilose Arbeitervertretung zu schaffen durch Wahl je eines Delegierten auf tausend Arbeiter. Von dem Schriftsteller Jordanski, dem späteren Sowjetgesandten in Italien, erfuhr ich am Tage meiner Ankunft, daß bereits die Menschewiki die Parole aufgestellt hätten, ein revolutionäres Organ zu bilden aus je einem Delegierten auf 500 Arbeiter. Das war richtig. Der in Petersburg anwesende Teil des bolschewistischen Zentralkomitees war jedoch entschieden gegen eine parteilose Arbeitervertretung, da er davon eine Konkurrenz für die Partei befürchtete. Den bolschewistischen Arbeitern aber war diese Befürchtung ganz fremd. Die sektiererische Stellung der bolschewistischen Spitzen dem Sowjet gegenüber dauerte bis zur Ankunft Lenins in Rußland im November. Über das Führertum der ›Leninisten‹ ohne Lenin könnte man überhaupt manch lehrreiches Kapitel schreiben. Lenin überragte in einem solchen Maße seine nächsten Schüler, daß sie in seiner Gegenwart sich von der Notwendigkeit, theoretische und taktische Probleme selbständig zu lösen, ein für allemal befreit fühlten. Von ihm in kritischen Momenten getrennt, verblüfften sie durch ihre Hilflosigkeit. So war es im Herbst 1905. So war es im Frühling 1917. In diesen beiden Fällen, wie bei vielen anderen, historisch weniger wichtigen Gelegenheiten, erfaßten die breiten Parteikreise instinktiv die richtige Linie viel sicherer als die sich selbst überlassenen Halbführer. Die verspätete Ankunft Lenins aus dem Auslande war einer der Gründe, weshalb es der bolschewistischen Fraktion nicht gelang, bei den Ereignissen der ersten Revolution eine führende Stellung einzunehmen.
Ich habe schon erwähnt, daß Natalia Iwanowna Sedowa bei der 1.-Mai-Versammlung im Walde von einer Kosakenrazzia verhaftet worden war. Sie saß etwa ein halbes Jahr im Gefängnis und wurde dann nach Twer ausgewiesen und unter Polizeiaufsicht gestellt. Nach dem Oktobermanifest kehrte sie nach Petersburg zurück. Unter dem Namen Wikentjew mieteten wir ein Zimmer, wie es sich später herausstellte, bei einem Börsenspekulanten. Die Ge-

schäfte an der Börse gingen schlecht. Viele Spekulanten waren gezwungen, sich in ihren Wohnungen einzuschränken. Ein Austräger brachte uns jeden Morgen alle erschienenen Zeitungen. Der Wohnungsbesitzer lieh sie sich manchmal von meiner Frau aus; er las die Zeitungen und knirschte mit den Zähnen. Seine Geschäfte gingen immer schlechter. Einmal stürzte er, die Zeitung schwingend, zu Natalia Iwanowna ins Zimmer: »Sehen Sie«, kreischte er, mit dem Finger auf meinen neuen Artikel ›Guten Morgen, Petersburger Portier!‹ zeigend, »sehen Sie, an die Portiers pürschen sie sich schon heran. Wenn mir dieser Zuchthäusler vor die Augen käme, ich würde ihn mit diesem Revolver erschießen.« Er zog einen Revolver aus der Tasche und fuchtelte damit in der Luft herum. Er hatte das Aussehen eines Wahnsinnigen. Er suchte Teilnahme. Meine Frau kam zu mir in die Redaktion mit dieser Nachricht. Man mußte eine neue Wohnung suchen. Aber wir hatten keinen freien Augenblick und verließen uns auf das Schicksal. So blieben wir bis zu meiner Verhaftung bei dem verzweifelten Börsenspekulanten. Zum Glück hatten weder der Wirt noch die Polizei erfahren können, wer unter dem Namen Wikentjew lebte. Nach meiner Verhaftung wurde in meiner Wohnung nicht einmal eine Haussuchung vorgenommen.

Im Sowjet trat ich unter dem Namen Janowski auf, nach dem Dorfe, in dem ich geboren bin. In der Presse schrieb ich als Trotzki. Ich arbeitete an drei Zeitungen. Gemeinsam mit Parvus stellten wir uns an die Spitze der kleinen ›Rußkaja Gazetta‹ (›Russische Zeitung‹), die wir in ein Kampforgan für die Massen umwandelten. Im Laufe von einigen Tagen stieg die Zahl der Bestellungen von 30000 auf 100000. Nach einem Monat betrug sie schon eine halbe Million. Die Technik der Druckerei vermochte mit dem Wachsen der Auflage der Zeitung nicht Schritt zu halten. Aus diesem Dilemma half uns schließlich die Zerstörung der Zeitung durch die Regierung. Am 13. November gründeten wir im Block mit den Menschewiki ein großes politisches Organ ›Natschalo‹ (›Anfang‹). Die Auflage der Zeitung nahm nicht täglich, sondern stündlich zu. Die bolschewistische ›Nowaja Schisn‹ (›Neues Leben‹) ohne Lenin war ziemlich farblos. ›Natschalo‹ dagegen hatte einen kolossalen Erfolg. Ich glaube, daß diese Zeitung sich mehr als irgendein anderes Organ des letzten halben Jahrhunderts ihrem klassischen Vorbild, der ›Neuen Rheinischen Zeitung‹ von Marx aus dem Jahre 1848, genähert hatte. Kamenjew, der zur Redaktion der ›Nowaja Schisn‹ gehörte, erzählte mir später, wie er, mit der Eisenbahn fahrend, unterwegs auf den Bahnhöfen den Zeitungsverkauf beobachtete. Die Ankunft des Petersburger Zuges mit den Zeitungen erwarteten endlose Reihen. Die Nachfrage galt nur revolutionären Blättern. »Natschalo! Natschalo! Natschalo!« schrie man aus der Menge. »Nowaja Schisn!« und wieder »Natschalo! Natschalo! Natschalo!« »Da habe ich mir«, gestand Kamenjew,

»verärgert gesagt: ja, sie schreiben im ›Natschalo‹ besser als wir.«
Außer für die ›Rußkaja Gazetta‹ und ›Natschalo‹ schrieb ich noch Leitartikel für die ›Iswestja‹ (›Mitteilungen‹), das offizielle Organ des Sowjets, ferner zahllose Aufrufe, Manifeste und Resolutionen. Die zweiundfünfzig Tage des Bestehens des ersten Sowjets waren über den Rand mit Arbeit gefüllt: der Sowjet, das Exekutivkomitee, ununterbrochene Meetings und drei Zeitungen. Wie wir in diesem Strudel gelebt haben, ist mir selbst heute unklar. Aber in der Vergangenheit ist vieles unbegreiflich, weil in der Erinnerung das Element der Aktivität wegfällt: du betrachtest dich selbst gewissermaßen als Außenstehender. Wir aber waren in jenen Tagen reichlich aktiv. Wir kreisten nicht nur im Strudel, wir schufen ihn auch. Alles wurde in der Hast gemacht, aber dennoch nicht gar so schlecht, manches sogar recht gut. Unser verantwortlicher Redakteur, der alte Demokrat Doktor D. M. Herzenstein, erschien manchmal im tadellosen schwarzen Gehrock in der Redaktion, stellte sich in die Mitte des Zimmers und bewunderte liebevoll unser Chaos. Nach einem Jahr mußte er vor Gericht Rede stehen für die revolutionäre Raserei der Zeitung, auf die er nicht den geringsten Einfluß gehabt hatte. Der Greis verleugnete uns nicht. Im Gegenteil, mit Tränen in den Augen schilderte er vor Gericht, wie wir, die populärste Zeitung redigierend, uns zwischen der Arbeit von trockenem Kuchen nährten, den der Portier aus der nächsten Bäckerei, in Zeitungspapier eingewickelt, brachte. Der alte Mann mußte ein Jahr Gefängnis absitzen – für die Revolution, die nicht gesiegt hatte, für die Kameradschaft mit den Emigranten und für die trockenen Kuchen...
In seinen Erinnerungen schrieb später Witte, daß im Jahre 1905 »die große Mehrheit Rußlands gleichsam verrückt geworden war«. Die Revolution erscheint dem Konservativen nur dehalb als ein kollektives Irresein, weil sie den ›normalen‹ Wahnsinn der sozialen Gegensätze aufs höchste steigert. So pflegen Menschen sich in einer kühnen Karikatur nicht erkennen zu wollen. Aber die gesamte moderne Entwicklung verdichtet, intensiviert, verschärft die Gegensätze bis zur Unerträglichkeit und bereitet damit jenen Zustand vor, wo die große Mehrheit ›verrückt wird‹. In diesen Fällen pflegt dann die wahnsinnige Mehrheit der weisen Minderheit die Zwangsjacke anzulegen. Und so bewegt sich die Geschichte weiter.
Das revolutionäre Chaos ist etwas ganz anderes als ein Erdbeben oder eine Überschwemmung. Inmitten der Unordnung der Revolution beginnt sofort eine neue Ordnung zu entstehen, Menschen und Gedanken ordnen sich um neue Achsen an. Als absoluter Wahnsinn erscheint die Revolution nur denen, die sie wegfegt, vernichtet. Für uns war die Revolution unser Element, wenn auch ein sehr stürmisches. Alles fand seine Stunde und seinen Platz,

einige fanden dabei noch Zeit für das persönliche Leben: verliebten sich, schlossen neue Bekanntschaften, besuchten sogar revolutionäre Theater. Parvus gefiel ein neues satirisches Stück so gut, daß er zur nächsten Vorstellung gleich fünfzig Eintrittskarten für seine Freunde kaufte. Man muß hier gleich sagen, daß er am Tage zuvor gerade das Honorar für seine Bücher bekommen hatte. Als man Parvus verhaftete, fand man in seiner Tasche die fünfzig Theaterbillets. Die Gendarmen zerbrachen sich lange den Kopf über dieses revolutionäre Rätsel. Sie wußten nicht, daß Parvus eben alles mit Schwung tat.

Der Sowjet hatte riesige Massen auf die Beine gebracht. Die gesamte Arbeiterschaft stand hinter ihm. Auf dem Lande herrschten Unruhen, ebenso bei den Truppen, die nach dem Portsmouther Frieden aus dem fernen Osten zurückkehrten. Aber die Garde- und Kosakenregimenter waren noch fest. Alle Elemente einer siegreichen Revolution waren vorhanden, aber diese Elemente waren noch nicht reif.

Am 18. Oktober, dem Tage nach der Veröffentlichung des Manifestes, standen vor der Petersburger Universität Tausende und aber Tausende noch vom Kampfe nicht abgekühlter, von der Begeisterung des ersten Sieges noch trunkener Menschen. Ich schrie ihnen vom Balkon hinunter zu, daß der halbe Sieg noch keine Sicherung bedeute, daß der Feind unversöhnlich sei, daß vor uns eine Falle lauere; ich zerriß das Zarenmanifest und ließ es im Winde flattern. Aber solche politische Warnungen hinterlassen im Bewußtsein der Masse nur leichte Kratzer. Sie braucht die Schule der großen Ereignisse.

Ich erinnere mich bei dieser Gelegenheit an zwei Szenen aus dem Leben des Petersburger Sowjets. Die eine vom 29. Oktober, als die Stadt voll von Gerüchten über einen Pogrom war, den die Schwarzen Hundert vorbereiteten. Die Delegierten, die aus ihren Betrieben direkt in die Sitzung des Sowjets kamen, zeigten von der Tribüne herab Muster der Waffen, mit denen die Arbeiter gegen die Schwarzen Hundert ausgerüstet waren. Sie schwangen in der Luft finnische Messer, Schlagringe, Dolche, Drahtknüppel; aber das alles vollführten sie eher belustigt als besorgt, unter Scherzen und Späßen. Es schien, als glaubten sie, ihre Bereitschaft zur Abwehr genüge schon, um die Aufgabe zu lösen. Die Mehrzahl war noch nicht von dem Gedanken durchdrungen, daß der Kampf auf Leben und Tod ging. Dieses haben sie erst die Dezembertage gelehrt.

Am Abend des 3. Dezember wurde der Petersburger Sowjet von Truppen umringt. Die Ein- und Ausgänge wurden abgesperrt. Von oben, wo das Exekutivkomitee tagte, schrie ich in den Saal, wo sich schon Hunderte Delegierter zusammendrängten: »Keinen Widerstand leisten, die Waffen dem Feinde nicht ausliefern.« Es handelte sich um Handwaffen: Revolver. Und nun begannen die Arbeiter

im Sitzungssaal, der von allen Seiten durch Abteilungen der Gardeinfanterie, Kavallerie und Artillerie umstellt war, ihre Waffen unbrauchbar zu machen. Sie zerschlugen mit erfahrener Hand den Mauser an dem Browning und den Browning an dem Mauser. Dies klang nicht mehr nach Scherz und Spaß, wie am 29. Oktober. Im Klirren und Rasseln, im Knirschen des zerbrechenden Metalls hörte man das Zähneknirschen des Proletariats, das zum erstenmal restlos von dem Gefühl erfaßt war, es sei eine andere, mächtigere und erbarmungslosere Kraftanstrengung nötig, um den Feind niederzuwerfen und zu erdrücken.
Der halbe Sieg des Oktoberstreiks hatte für mich neben der politischen eine immens theoretische Bedeutung. Nicht die oppositionelle Bewegung der liberalen Bourgeoisie, nicht der elementare Aufstand der Bauern, nicht terroristische Akte der Intellektuellen, sondern der Arbeiterstreik hatte den Zarismus zum erstenmal auf die Knie gezwungen. Die revolutionäre Hegemonie des Proletariats war zur unbestreitbaren Tatsache geworden. Ich erkannte: die Theorie der permanenten Revolution hatte die erste große Prüfung bestanden. Die Revolution hatte dem Proletariat deutlich die Perspektive der Machteroberung eröffnet. Von dieser Position konnten mich die bald heranbrechenden Jahre der Reaktion nicht verdrängen. Aber daraus zog ich auch Schlüsse für den Westen. Wenn dies die Macht des jungen Proletariats in Rußland ist, wie mag dann seine revolutionäre Macht in den vorgeschrittenen Ländern aussehen?
In der ihm eigenen unpräzisen und liederlichen Manier charakterisierte Lunatscharski später meine revolutionäre Einstellung folgendermaßen: »Genosse Trotzki stand (1905) auf dem Standpunkte, daß beide Revolutionen (die bürgerliche und die sozialistische) zwar nicht zusammenfallen, aber miteinander derart verknüpft seien, daß wir eine permanente Revolution vor uns hätten. Durch die bürgerliche politische Umwälzung in eine revolutionäre Periode eintretend, werde der russische Teil der Menschheit und mit ihm die übrige Welt bis zur Vollendung der sozialen Revolution nicht mehr aus dieser Periode hinauskommen können. Man kann nicht leugnen, daß Genosse Trotzki, als er diese Ansichten formulierte, großen Scharfsinn bewies, wenn er sich auch um fünfzehn Jahre irrte.«
Die Bemerkung von dem Irrtum um fünfzehn Jahre ist dadurch nicht tiefsinniger geworden, daß sie später von Radek wiederholt wurde. Alle unsere Perspektiven und Parolen waren im Jahre 1905 auf den Sieg der Revolution berechnet, nicht auf ihre Niederlage. Wir haben damals weder die Republik, noch die Agrarumwälzung, noch den Achtstundentag durchgeführt. Heißt dies, daß wir uns geirrt hatten, als wir diese Forderungen aufstellten? Die Niederlage der Revolution hat alle unsere Perspektiven umgeworfen, nicht nur jene, die ich entwickelte. Es hat sich dabei nicht um die

Festsetzung der Termine der Revolution gehandelt, sondern um die Analyse ihrer inneren Kräfte, um das Voraussehen ihrer Entwicklung als Ganzes betrachtet.

Wie waren in der Revolution von 1905 die Beziehungen zwischen mir und Lenin? Nach seinem Tode ist die offizielle Geschichte neu umgearbeitet worden, wobei auch für das Jahr 1905 der Kampf zweier Prinzipien entdeckt wurde: des Guten und des Bösen. Wie verhielt sich die Sache in Wirklichkeit? An der Arbeit des Sowjets nahm Lenin keinen unmittelbaren Anteil, er trat im Sowjet nicht auf. Es ist unnötig zu sagen, daß er jeden Schritt des Sowjets aufmerksam verfolgte, dessen Politik durch die Vertreter der bolschewistischen Fraktion beeinflußte und die Tätigkeit des Sowjets in seiner Zeitung beleuchtete. In keiner einzigen Frage bestanden Differenzen zwischen Lenin und der Politik des Sowjets. Wie aber die Dokumente beweisen, waren sämtliche Beschlüsse des Sowjets, vielleicht mit Ausnahme einiger zufälligen und unwichtigen, von mir formuliert und von mir zuerst im Exekutivkomitee und dann, in seinem Namen, im Sowjet eingebracht worden. Und als die föderative Kommission aus Vertretern der Bolschewiki und der Menschewiki geschaffen wurde, mußte wiederum ich in ihrem Namen im Exekutivkomitee auftreten. Es ergab sich dabei kein einziger Konflikt.

Zum ersten Vorsitzenden des Sowjets war vor meiner Ankunft aus Finnland der junge Advokat Chrustaljew gewählt worden, eine in der Revolution zufällige Figur, eine Zwischenstufe von Gapon zur Sozialdemokratie. Chrustaljew führte den Vorsitz, aber die politische Führung hatte er nicht. Nach seiner Verhaftung wurde ein Präsidium mit mir als Vorsitzendem gewählt. Swertschkow, einer der sichtbaren Teilnehmer des Sowjets, schreibt in seinen Erinnerungen: »Der ideologische Führer des Sowjets war L. D. Trotzki. Der Vorsitzende des Sowjets, Nossarj- Chrustaljew, war eher eine Kulisse, da er selbst nicht imstande war, auch nur eine einzige prinzipielle Frage zu beantworten. Ein Mann von krankhaftem Ehrgeiz, entbrannte er in Haß gegen L. D. Trotzki gerade deshalb, weil er gezwungen war, sich stets an diesen zu wenden um Ratschläge und Anweisungen.« Lunatscharski erzählt in seinen Erinnerungen: »Ich erinnere mich, wie jemand in Lenins Gegenwart sagte: ›Der Stern Chrustaljews beginnt unterzugehen, jetzt ist der mächtige Mann im Sowjet Trotzki.‹ Lenins Gesicht verfinsterte sich für einen Augenblick, und dann sagte er: ›Nun, Trotzki hat es sich in unermüdlicher und hervorragender Arbeit erkämpft‹.«

Die Beziehungen der beiden Redaktionen waren die allerfreundschaftlichsten. Es gab zwischen ihnen keine Polemik. »Die erste Nummer des ›Natschalo‹ ist erschienen«, schrieb die bolschewistische ›Nowaja Schisn‹. »Wir begrüßen den Kampfgenossen. In der ersten Nummer fällt die glänzende Schilderung des Novemberstreiks auf, die vom Genossen Trotzki stammt.« So schreibt man nicht über jemanden, gegen den man im Kampfe steht. Es gab auch keinen Kampf. Im Gegenteil, die Zeitungen verteidigten einander gegen die bürgerliche Kritik. Nachdem Lenin bereits angekommen war, ergriff die ›Nowaja Schisn‹ das Wort zur Rechtfertigung meiner Artikel über die permanente Revolution: Die Zeitungen hielten, wie beide Fraktionen, den Kurs auf eine Verschmelzung. Das Zentralkomitee der Bolschewiki nahm unter Lenins Mitwirkung einstimmig eine Resolution in dem Sinne an, daß die Spaltung überhaupt nur eine Folgeerscheinung der Verhältnisse in der Emigration sei und daß die Ereignisse der Revolution dem fraktionellen Kampfe jeglichen Boden entzogen hätten. Die gleiche Linie verteidigte ich, bei passivem Widerstand von Martow, im ›Natschalo‹.

Unter dem Drängen der Massen versuchten die Menschewiki im Sowjet, sich mit allen Kräften dem linken Flügel anzupassen. Die Wendung vollzog sich bei ihnen erst später, nach den ersten Schlägen der Reaktion. Im Februar 1906 klagt der Führer der Menschewiki, Martow, in einem Brief an Axelrod: »Es sind nun zwei Monate... ich konnte kein einziges begonnenes Werk zu Ende führen... Ist es Neurasthenie oder psychische Müdigkeit – aber ich kann mit keinem einzigen Gedanken fertig werden.« Martow wußte nicht, wie er seine Krankheit bezeichnen sollte. Sie hatte aber einen ganz ausgesprochenen Namen: *Menschewismus.* In der Epoche der Revolution bedeutet Opportunismus vor allem Geistesverwirrung und Unfähigkeit, »mit den Gedanken fertig zu werden«.

Als die Menschewiki begannen, öffentlich Reue abzulegen und die Politik des Sowjets zu verurteilen, habe ich diese Politik zuerst in der russischen, dann in der deutschen Presse und in der von Rosa Luxemburg herausgegebenen polnischen Zeitschrift verteidigt. Aus diesem Kampfe um die Methoden und Traditionen von 1905 erwuchs mein Buch, das zuerst ›Rußland in der Revolution‹ hieß und später unter dem Titel ›1905‹ in verschiedenen Ländern wiederholt aufgelegt wurde. Nach dem Oktoberumsturz gewann dieses Buch den Charakter eines offiziellen Lehrbuchs der Partei, nicht nur in Rußland, sondern auch bei den kommunistischen Parteien des Westens. Erst nach dem Tode Lenins, als die sorgfältigst vorbereitete Kampagne gegen mich begann, geriet auch mein Buch über das Jahr 1905 in die Zone des Feuers. Zuerst beschränkte sich die Sache auf einzelne Bemerkungen kleinlicher und nichtiger Art. Aber allmählich wurde die Kritik kühner; sie wuchs an, vervielfältigte sich, ward komplizierter und frecher und um so lauter, je mehr sie gezwungen war, die Stimme ihrer eigenen Unruhe zu übertönen. So entstand nachträglich die Legende vom Kampfe der Richtungen Lenin und Trotzki während der Revolution von 1905.

Die Revolution von 1905 brachte einen Umschwung im Leben des

Landes, im Leben der Partei und in meinem persönlichen Leben. Der Umschwung vollzog sich in der Richtung zur Reife. Meine erste revolutionäre Arbeit in Nikolajew war ein provinzieller Versuch, tastend gemacht. Dieser Versuch war jedoch nicht ohne Folgen geblieben. Vielleicht niemals in all den späteren Jahren hatte ich Gelegenheit gehabt, mit den Arbeitern aus der Masse in so nahe Berührung zu kommen wie in Nikolajew. Ich hatte damals noch gar keinen ›Namen‹, und nichts hatte mich von ihnen getrennt. Die grundlegenden Typen des russischen Proletariats sind dort für immer in mein Bewußtsein eingegangen. Später begegnete ich fast nur noch verschiedenen Abarten. Im Gefängnis mußte ich das revolutionäre Studium beinah beim Abc beginnen. Zweieinhalb Jahre Gefängnis, zwei Jahre Verbannung gaben mir die Möglichkeit, das theoretische Fundament für meine revolutionäre Weltanschauung zu legen. Die erste Emigration war eine hohe Schule der Politik. Unter der Führung hervorragender revolutionärer Marxisten lernte ich hier, von großen historischen Perspektiven aus und unter Berücksichtigung internationaler Zusammenhänge an die Ereignisse heranzugehen. Gegen Ende der Emigration hatte ich mich von den beiden führenden Gruppen getrennt: von der bolschewistischen und von der menschewistischen. Nach Rußland kehrte ich im Februar 1905 zurück, während die anderen führenden Emigranten erst im Oktober und November dort eintrafen. Unter den russischen Genossen gab es keinen einzigen, von dem ich hätte lernen können. Im Gegenteil, ich kam selbst in die Lage des Lehrers. Die Ereignisse des stürmischen Jahres wechselten einander ab. Man mußte eine Position einnehmen, sofort, auf der Stelle. Die Proklamationen gingen aus der Feder in die illegale Druckerei. Die theoretischen Grundlagen, erworben im Gefängnis und in der Verbannung, die politische Methode, angeeignet in der Emigration, fanden jetzt zum erstenmal unmittelbare Anwendung im Kampfe. Ich fühlte mich den Ereignissen gegenüber sicher. Ich verstand ihre Mechanik – so schien es mir jedenfalls –, ich stellte mir vor, wie sie sich auf das Bewußtsein der Arbeiter auswirken mußten, und ich sah den morgigen Tag in den Grundzügen voraus. Vom Februar bis Oktober trug meine Teilnahme an den Ereignissen hauptsächlich literarischen Charakter. Im Oktober stürzte ich mich gleich in den gigantischen Strudel, der in persönlicher Hinsicht die höchste Prüfung bedeutete. Die Entschlüsse mußten im Feuer gefaßt werden. Ich darf es hier sagen, daß mir die Entschlüsse als etwas Selbstverständliches nicht schwerfielen. Ich schaute mich nicht danach um, was die anderen sagen würden, nur selten hatte ich die Möglichkeit, mich mit jemand zu beraten – alles geschah in Hast. Mit Staunen und Befremdung beobachtete ich später den gescheitesten der Menschewiki, Martow, den jedes große Ereignis überrumpelte und fassungslos machte. Ohne darüber viel nachzudenken – es blieb keine Zeit,

sich zu prüfen –, fühlte ich dennoch innerlich, daß die Schülerjahre hinter mir geblieben waren. Sie waren für mich nicht in dem Sinne zu Ende, daß ich aufhörte zu lernen. Nein, das Bedürfnis und die Bereitwilligkeit zu Lernen habe ich in aller Intensität und Frische durch mein ganzes Leben getragen. Damals lernte ich jedoch bereits, wie Lehrer lernen, nicht aber wie Schüler. Im Augenblick meiner zweiten Verhaftung war ich sechsundzwanzig Jahre alt. Auch von dem alten Deutsch erhielt ich die Anerkennung meiner Reife: im Gefängnis hörte er feierlich auf, mich Jüngling zu nennen, und ging auf Namen und Vatersnamen über.
In dem bereits zitierten Buch von Lunatscharski ›Silhouetten‹, das jetzt auf dem Index steht, charakterisiert der Verfasser die Rolle der Führer in der ersten Revolution folgendermaßen: »Seine (Trotzkis) Popularität im Petersburger Proletariat war in jener Zeit sehr groß und stieg noch mehr infolge seines ungewöhnlich wirkungsvollen und heroischen Verhaltens vor Gericht. Ich muß sagen, daß die Jahre 1905–06 Trotzki, trotz seiner Jugend, unter allen sozialdemokratischen Führern als am besten vorbereitet gefunden haben; auf ihm lastete am wenigsten der Stempel der Emigration, der damals sogar Lenin hemmte. Trotzki fühlte deutlicher als die anderen, was ein umfassender Kampf gegen den Staat bedeutet. Er ist auch aus der ersten Revolution mit dem größten Gewinn an Popularität hervorgegangen; eigentlich hatten weder Lenin noch Martow dabei etwas gewonnen. Plechanow hatte sogar infolge der verschiedenen halbliberalen Tendenzen, die bei ihm zutage getreten waren, sehr viel eingebüßt. Trotzki aber nahm seitdem einen Platz in der ersten Reihe ein.« Diese Zeilen, 1923 geschrieben, klingen um so eindrucksvoller, als Lunatscharski heute – nicht sehr ›wirkungsvoll‹ und nicht sehr ›heroisch‹ – gerade das Entgegengesetzte schreibt.
Keine große Arbeit ist ohne Intuition denkbar, das heißt ohne jenen Instinkt im Unterbewußtsein, der sich durch theoretische und praktische Arbeit entwickeln und bereichern kann, der aber von Natur aus vorhanden sein muß. Weder theoretische Bildung noch praktische Routine können das politische Augenmaß ersetzen, daß die Möglichkeit verleiht, sich in einer Situation zurechtzufinden, sie richtig einzuschätzen und ihre weitere Entwicklung vorauszusehen. Entscheidende Bedeutung gewinnt diese Fähigkeit in Augenblicken scharfer Wendungen und Krisen, das heißt unter den Bedingungen einer Revolution. Die Ereignisse von 1905 haben, wie mir scheinen will, das Vorhandensein dieser revolutionären Intuition bei mir bewiesen und haben mir erlaubt, mich in der Zukunft auf sie zu verlassen. Ich möchte hier gleich bemerken, daß die Fehler, die ich begangen habe, so wichtig sie auch sein mögen – es gab Fehler von großer Bedeutung –, stets von der Organisation und der Taktik abgeleitete Fragen betrafen, niemals aber grundlegende strategische Fragen. In der Einschätzung der politischen Si-

tuation im ganzen und ihrer revolutionären Perspektiven kann ich mich mit gutem Gewissen von ernsten Fehlern freisprechen.
Im Leben Rußlands war die Revolution von 1905 die Generalprobe für die Revolution von 1917. Die gleiche Bedeutung hat sie auch in meinem persönlichen Leben gehabt. An die Ereignisse von 1917 ging ich entschlossen und sicher heran, weil sie für mich nur die Fortsetzung und die Weiterentwicklung jener revolutionären Arbeit waren, die die Verhaftung des Petrograder Sowjets am 3. Dezember 1905 unterbrochen hatte.
Meine Verhaftung erfolgte am Tage, nachdem wir das sogenannte Finanzmanifest veröffentlicht hatten, das die Unvermeidlichkeit des finanziellen Bankrotts des Zarismus proklamierte und kategorisch erklärte, daß die Schuldverpflichtungen der Romanows vom siegreichen Volke nicht anerkannt werden würden. »Das Selbstherrschertum hat niemals das Vertrauen des Volkes besessen und hat von diesem keine Vollmacht erhalten«, lautete das Manifest des Sowjets der Arbeiterdeputierten. »Darum beschließen wir, die Tilgung der Schulden aus allen jenen Anleihen, die die zaristische Regierung aufgenommen hat, als sie offen Krieg führte gegen das gesamte Volk, nicht zuzulassen.« Die französische Börse hat einige Monate später unser Manifest mit einer neuen Anleihe von dreiviertel Milliarden Franken an den Zaren beantwortet. Die Presse der Reaktion und des Liberalismus höhnte über die ohnmächtige Drohung des Sowjets an die Adresse der Finanzen des Zaren und der europäischen Bankiers. Dann bemühte man sich, das Manifest zu vergessen. Es hat sich aber in Erinnerung gebracht. Der finanzielle Bankrott des Zarismus, von der ganzen Vergangenheit vorbereitet, hat sich gleichzeitig mit seinem militärischen Zusammenbruch offenbart. Später, nach dem Siege der Revolution, hat das Dekret der Volkskommissare vom 10. Februar 1918 die völlige Annullierung aller zaristischen Schulden ausgesprochen. Dieses Dekret ist noch jetzt in Kraft. Unrecht haben jene, die behaupten, die Oktoberrevolution anerkenne keine Verpflichtungen. *Ihre* Verpflichtungen erkennt die Revolution an. Die Verpflichtung, die sie am 2. Dezember 1905 übernommen hatte, hat sie am 10. Februar 1918 erfüllt. Den Gläubigern des Zarismus kann die Revolution mit vollem Recht in Erinnerung bringen: »Meine Herren, Sie waren rechtzeitig gewarnt!«
In dieser Frage, wie in allen anderen, hat das Jahr 1905 das Jahr 1917 vorbereitet.

Prozeß, Verbannung, Flucht

Es begann der zweite Gefängniszyklus. Ich ertrug ihn leichter als den ersten, die Haftbedingungen waren auch unvergleichlich günstiger als vor acht Jahren. Ich saß einige Zeit im ›Kresty‹, dann in der Peterpaulfestung und zum Schluß im Untersuchungsgefängnis. Vor dem Abtransport nach Sibirien wurden wir noch in das Etappengefängnis überführt. Alles zusammen dauerte fünfzehn Monate. Jedes dieser Gefängnisse hatte seine besonderen Eigenarten, denen man sich anpassen mußte. Darüber zu berichten wäre jedoch zu umständlich, denn trotz ihrer Verschiedenheiten ähnelte jedes Gefängnis dem anderen. Wieder kam eine Zeit systematischer wissenschaftlicher und literarischer Arbeit. Ich studierte die Theorie der Bodenrente und die Geschichte der sozialen Verhältnisse Rußlands. Eine große, aber unvollendete Arbeit über Bodenrente ging in den ersten Jahren nach dem Oktoberumsturz verloren. Das bedeutete für mich den schwersten Verlust nach dem Verschwinden meiner Arbeit über die Freimaurerei. Das Studium der sozialen Geschichte Rußlands fand seinen Ausdruck in dem Aufsatz ›Ergebnisse und Perspektiven‹, der eine für jene Periode mehr oder weniger vollendete Begründung der Theorie der permanenten Revolution darstellt.

Nach der Überführung in das Untersuchungsgefängnis erhielten die Anwälte Zutritt zu uns. Die erste Duma brachte eine Belebung des politischen Daseins. Die Zeitungen begannen wieder eine mutigere Sprache zu führen. Marxistische Verlage lebten auf. Man konnte zu der Kampfpublizistik zurückkehren. Ich schrieb im Gefängnis viel, die Rechtsanwälte trugen meine Manuskripte in ihren Aktenmappen hinaus. Aus jener Zeit stammt meine Broschüre ›Peter Struve in der Politik‹. Ich arbeitete an ihr mit solchem Eifer, daß mir die Gefängnisspaziergänge als eine lästige Pflicht erschienen. Gegen den Liberalismus gerichtet, war diese Arbeit im wesentlichen eine Verteidigung des Petersburger Sowjets, des bewaffneten Dezember-Aufstandes in Moskau und der revolutionären Politik überhaupt gegen die Kritik des Opportunismus. Die bolschewistische Presse brachte meiner Streitschrift Sympathie entgegen. Die menschewistischen Blätter reagierten nicht. Die Schrift fand in wenigen Wochen einen Absatz in vielen Zehntausenden von Exemplaren.

D. Swertschkow, der mit mir die Haft teilte, beschrieb später die Gefängnisperiode in seinem Buch ›In der Morgenröte der Revolution‹ folgendermaßen: »L. D. Trotzki schrieb in einem Zuge sein Buch ›Rußland und die Revolution‹ und übergab es stückweise zum Druck, wo er zum ersten Mal (stimmt nicht! L. T.) den Gedanken klar aussprach, daß die in Rußland begonnene Revolution so lange nicht abgeschlossen werden könne, bis die sozialistische Ordnung erkämpft sein würde. Seine Theorie von der ›permanenten Revolution‹ – wie man diesen Gedanken nannte – wurde damals fast von keinem geteilt. Trotzki verharrte jedoch fest auf seinem Standpunkt und erblickte schon damals in der ökonomischen Lage aller Staaten der Welt die Merkmale der Zersetzung der bürgerlichen kapitalistischen Wirtschaft und die relative Nähe der sozialen Revolution...

»Die Gefängniszelle Trotzkis«, fährt Swertschkow fort, »verwandelte sich bald in eine Art Bibliothek. Man brachte ihm buchstäblich alle einigermaßen beachtenswerten neuen Bücher; er las sie und war den ganzen Tag, vom Morgen bis zum Abend, mit literarischen Arbeiten beschäftigt. – Ich fühle mich glänzend – pflegte er uns zu sagen –, ich sitze, arbeite und bin unter allen Umständen vor einer Verhaftung sicher... Ihr müßt doch zugeben, daß dies innerhalb des zaristischen Rußlands ein ganz ungewöhnliches Gefühl ist...«

Zur Erholung las ich die Klassiker der europäischen Literatur. Ich lag auf der Pritsche und verschlang die Werke mit einem solchen physischen Lustgefühl, wie Gourmets einen feinen Wein schlürfen oder an einer duftenden Zigarre ziehen. Das waren die schönsten Stunden. Spuren meiner Beschäftigung mit den Klassikern sind als Zitate und Epigramme in allen meinen literarischen Arbeiten aus jener Zeit zu finden. Damals lernte ich zum erstenmal die Grandseigneure der französischen Literatur im Urtext kennen. Die Kunst der Erzählung ist vor allem eine französische Kunst. Obwohl ich die deutsche Sprache gut, sicher besser als die französische, beherrsche, besonders auf dem Gebiet der wissenschaftlichen Terminologie, lese ich französische Belletristik doch leichter als deutsche. Die Liebe zum französischen Roman habe ich bis auf den heutigen Tag mir bewahrt. Selbst im Wagen während des Bürgerkrieges fand ich eine freie Stunde für die Neuerscheinungen der französischen Literatur.

Eigentlich kann ich mich über meine Gefängnisse nicht beklagen. Sie waren für mich eine gute Schule. Die fest zugekorkte Einzelzelle der Peterpaulfestung verließ ich mit einem Gefühl des leichten Bedauerns; es war dort so still, so gleichförmig, so lautlos, so ideal für geistige Arbeit. Das Untersuchungsgefängnis dagegen war von Menschen und Lärm erfüllt. Es gab da nicht wenig Todeskandidaten: terroristische Akte und bewaffnete Expropriationen ergossen sich im breiten Strom über das ganze Land. Das Gefängnisregime war in Anbetracht der ersten Duma liberal, die Zellen wurden am Tage nicht geschlossen, die Spaziergänge waren gemeinsam. Stundenlang spielten wir begeistert Bockspringen. Auch die zum Tode Verurteilten sprangen und beugten ihre Rücken wie alle anderen. Meine Frau besuchte mich zweimal die Woche. Die wachhabenden Gefängnisaufseher sahen durch die Finger, wenn wir Briefe und Manuskripte austauschten. Einer von ihnen, schon ein älterer Mensch, zeigte uns sein besonderes Wohlwollen. Ich

schenkte ihm auf seine Bitte hin mein Buch und meine Photographie mit einer Widmung. »Meine Töchter sind Studentinnen«, flüsterte er mir verzückt zu und blinzelte geheimnisvoll mit dem Auge. Ich traf ihn nach der Oktoberrevolution wieder und tat für ihn, was ich in jenen hungrigen Jahren tun konnte.
Parvus pflegte im Hof mit dem alten Deutsch spazierenzugehen. Nicht selten schloß ich mich ihnen an. Es gibt eine Photographie, die uns drei in der Gefängnisküche zeigt. Der unermüdliche Deutsch plante eine Gruppenflucht, er gewann Parvus leicht dafür und redete auch mir dringend zu... Ich weigerte mich, weil mich die politische Bedeutung des bevorstehenden Prozesses lockte. In den Fluchtplan wurden übrigens zu viel Menschen eingeweiht. In der Gefängnisbibliothek, die die Rolle des Operationszentrums spielte, fand der Aufseher eine Kollektion Schlosserinstrumente. Zwar unterdrückte die Verwaltung die Angelegenheit, in der Annahme, die Instrumente seien von den Gendarmen untergeschoben worden, um eine Änderung des Gefängnisregimes zu erzwingen. Deutsch aber mußte seine vierte Flucht nicht vom Gefängnis, sondern von Sibirien aus durchführen.
Fraktionelle Differenzierungen in der Partei nahmen nach der Dezemberniederlage in verschärftem Maße zu. Das Auseinandertreiben der Duma machte alle Probleme der Revolution wieder akut. Ich widmete ihnen eine Broschüre über Taktik, die Lenin in einem bolschewistischen Verlag erscheinen ließ. Die Menschewiki bliesen bereits auf der ganzen Linie zum Rückzug. Fraktionelle Absonderungen erreichten jedoch im Gefängnis nicht die Schärfe wie in der Freiheit. Das gab uns die Möglichkeit, eine Kollektivarbeit über den Petersburger Sowjet herauszugeben, an der noch die Menschewiki mitarbeiteten.
Die Gerichtsverhandlung gegen die Sowjetdeputierten begann am 19. Spetember, in den Flitterwochen der Stolypinschen Feldgerichte. Der Hof des Gerichtsgebäudes und die anliegenden Straßen waren in ein Militärlager verwandelt. Alle Polizeikräfte Petersburgs waren auf die Beine gebracht worden. Den Prozeß selbst aber führte man ziemlich frei: die Reaktion beabsichtigte, Witte endgültig zu kompromittieren, indem sie seinen ›Liberalismus‹, seine Schwäche der Revolution gegenüber, aufdeckte. Etwa vierhundert Zeugen waren geladen, von denen mehr als zweihundert erschienen und Aussagen machten. Arbeiter, Fabrikanten, Gendarme, Ingenieure, Dienstboten, Bürger, Journalisten, Post- und Telegraphenbeamte, Polizeimeister, Gymnasiasten, Abgeordnete der Stadtduma, Portiers, Senatoren, Hooligans, Arbeiterdeputierte, Professoren und Soldaten defilierten während eines Monats an dem Gerichtshof vorbei und stellten unter dem Kreuzfeuer des Richterkollegiums, der Staatsanwaltschaft, der Verteidigung und der Angeklagten – der Angeklagten vor allem – die Epoche des Arbeitersowjets Strich für Strich wieder her. Die Angeklagten gaben

Erklärungen ab. Ich sprach über den bewaffneten Aufstand in der Revolution. Das Wichtigste war somit erreicht worden. Als das Gericht die Ladung des Senators Lopuchin, der im Herbst 1905 im Polizeidepartement eine Pogromdruckerei entdeckt hatte, als Zeugen ablehnte, ließen wir die Verhandlung auffliegen, indem wir erzwangen, daß man uns ins Gefängnis zurückführte. Nach uns verließen die Verteidiger, die Zeugen und die Zuhörer den Raum. Die Richter blieben Aug' in Auge mit dem Staatsanwalt. In unserer Abwesenheit verlasen sie das Urteil. Der stenographische Bericht über diesen außerordentlichen Prozeß, der einen ganzen Monat gedauert hat, ist bis jetzt nicht veröffentlicht und, wie es scheint, nicht einmal aufgefunden worden. Das Wesentlichste über diesen Prozeß habe ich in meinem Buche ›1905‹ dargestellt.
Sowohl mein Vater wie meine Mutter waren bei der Verhandlung anwesend. Ihre Gedanken und ihre Gefühle waren gespalten. Man konnte nun nicht mehr mein Benehmen als knabenhafte Torheit erklären, wie in den Tagen meines Lebens in Nikolajew im Garten Schwigowskis. Ich war Zeitungsredakteur, Sowjetvorsitzender gewesen, hatte einen Namen als Schriftsteller. Den Alten mußte das imponieren. Die Mutter sprach mit den Verteidigern und war bemüht, von ihnen wieder und wieder etwas Angenehmes über mich zu hören. Während meiner Rede, deren Sinn ihr nicht ganz klar gewesen sein konnte, weinte sie leise. Sie fing lauter zu weinen an, als etwa zwanzig Verteidiger, einer nach dem anderen, an mich herantraten, um mir die Hand zu drücken. Einer der Anwälte beantragte unter Berufung auf die allgemeine Erregung eine Unterbrechung der Verhandlung. Das war A. S. Sarudnyj. In der Regierung Kerenski war er Justizminister und hielt mich im Gefängnis unter der Anklage des Landesverrats... Aber das war zehn Jahre später. In den Pausen betrachteten mich die Alten mit glücklichen Augen. Meine Mutter war überzeugt, daß man mich nicht nur freisprechen, sondern auch noch auszeichnen würde. Ich sagte ihr, daß man sich auf Katorga gefaßt machen müsse. Erschrocken und verständnislos blickte sie von mir auf die Verteidiger, vergebens bemüht, zu begreifen, wie denn das möglich sein könnte. Der Vater war blaß, schweigsam, glücklich und niedergeschlagen zugleich.
Man verurteilte uns alle zum Verlust der bürgerlichen Rechte und zur Verbannung nach Sibirien. Das war ein verhältnismäßig mildes Urteil. Wir hatten Katorga erwartet. Aber die Verbannung nach Sibirien war nicht jene administrative Verbannung, zu der man mich das erste Mal verurteilt hatte. Die Verbannung war jetzt unbefristet, und jeder Fluchtversuch wurde mit drei Jahren Katorga bestraft. Die fünfundvierzig Peitschenhiebe, die früher die Katorga ergänzten, waren zwei bis drei Jahre vorher abgeschafft worden.
»Nun sind es zwei – drei Stunden, daß wir in das Etappengefängnis

gebracht wurden«, schrieb ich den 3. Januar 1907 meiner Frau. »Ich gestehe, daß ich mit nervöser Unruhe von meiner Zelle im Untersuchungsgefängnis Abschied nahm. Ich hatte mich an diese kleine Kajüte, wo sich bequem arbeiten ließ, so sehr gewöhnt. Im Etappengefängnis – wie wir im voraus gewußt haben – wird man uns wieder in einer Gemeinschaftszelle unterbringen – und was kann es Ermüdenderes geben? Und dann – der mir so wohlbekannte Schmutz, Lärm und das Durcheinander des Etappenweges. Wer weiß, wieviel Zeit vergehen wird, bis wir den Bestimmungsort erreichen? Und wer kann voraussagen, wann wir zurückkehren werden? Wäre es da nicht besser, in alter Weise in der Zelle Nr. 462 zu sitzen, zu lesen, zu schreiben und – zu warten?...
Wir wurden heute hierher überführt, ganz plötzlich, ohne daß man uns darauf vorbereitet hatte. In dem Aufnahmeraum zwang man uns, die Sträflingskleidung anzuziehen. Wir unterzogen uns dieser Prozedur mit der Neugierde von Schuljungen. Es war amüsant, einander in grauen Hosen, grauem Kittel und grauer Mütze zu betrachten. Das klassische Karo-As auf dem Rücken fehlt jedoch. Man erlaubte uns, die eigene Wäsche und das eigene Schuhzeug zu behalten. Eine große lebhafte Gesellschaft, stürzten wir in unserer neuen Ausstattung in die Zelle hinein.«
Das Anbehalten des eigenen Schuhzeugs war für mich von nicht geringer Bedeutung: in der einen Sohle hatte ich einen vorzüglichen Paß und in den hohen Absätzen goldene Tscherwonzen. Wir wurden alle in das Dorf Obdorsk verschickt, weit hinter den Polarkreis. Von Obdorsk bis zur nächsten Eisenbahn sind es fünfzehnhundert, bis zur nächsten Telegraphenstation achthundert Werst. Die Post kommt einmal in zwei Wochen an. Während des Hochwassers im Frühling und im Herbst bleibt sie anderthalb bis zwei Monate aus. Unterwegs waren ganz besondere Schutzmaßnahmen vorgesehen. Die Petersburger Begleitwache galt als nicht genügend zuverlässig. Und in der Tat, der Unteroffizier, der in unserem Gefangenenwagen mit entblößtem Säbel Wache stand, deklamierte uns die neuesten revolutionären Gedichte vor. In dem benachbarten Wagen war ein Trupp Gendarmen untergebracht, der auf jeder Station unseren Wagen umstellte. Die Gefängnisbehörden dagegen benahmen sich gegen uns mit größter Zuvorkommenheit. Die Waage der Revolution und der Konterrevolution war noch im Schwanken, man wußte nicht, auf welcher Seite das Übergewicht bleiben würde. Der Begleitoffizier begann damit, daß er uns eine Verfügung seiner vorgesetzten Behörde zeigte, die ihn ermächtigte, uns keine Handfesseln anzulegen, obwohl das Gesetz sie vorschrieb. Am 11. Januar schrieb ich meiner Frau: »Ist schon der Offizier zuvorkommend und höflich, so braucht man über die Mannschaften nichts zu sagen; fast alle haben den Bericht über unseren Prozeß gelesen und stehen uns mit höchster Sympathie gegenüber... Bis zum letzten Augenblick haben die Soldaten nicht

gewußt, wen sie begleiten sollten, noch wohin. Nach den Vorsichtsmaßnahmen, mit denen man sie plötzlich aus Moskau nach Petersburg gebracht hatte, glaubten sie, sie hätten zum Tode Verurteilte nach Schlüsselburg zu schaffen. Im Aufnahmeraum des Etappengefängnisses fiel mir auf, daß die Wache sehr erregt, seltsam diensteifrig mit einem Schatten von Schuldbewußtsein war. Erst im Wagen erfuhr ich den Grund. Wie waren sie erfreut, als sie hörten, daß sie es mit ›Arbeiterdeputierten‹ zu tun hatten, die nur zur Verbannung verurteilt waren. Die Gendarmen, die eine Oberwache bilden, zeigen sich in unserem Wagen überhaupt nicht. Sie besorgen die Außenbewachung: umstellen auf den Stationen den Wagen, stehen an der Außenseite der Tür Wache, hauptsächlich aber scheint ihre Aufgabe in der Überwachung der Begleitmannschaft zu bestehen.« Unsere Briefe wurden von den Wachsoldaten unterwegs heimlich in den Briefkasten gesteckt.
Bis Tjumen fuhren wir mit der Eisenbahn. Von Tjumen ab mit Pferden. Auf vierzehn Verbannte kamen zweiundfünfzig Wachsoldaten, den Kapitän, den Polizeioffizier und den Wachtmeister nicht einberechnet. Wir fuhren auf ungefähr vierzig Schlitten. Von Tjumen über Tobolsk ging der Weg den Ob entlang. »Jeden Tag«, schrieb ich meiner Frau, »rücken wir in der letzten Zeit 70 bis 100 Werst weiter gegen Norden, das heißt fast um einen Grad. Dank dieser ununterbrochenen Vorwärtsbewegung tritt das Abnehmen der Kultur – wenn man hier überhaupt von Kultur sprechen darf – uns schroff vor Augen. Jeden Tag steigen wir eine Stufe tiefer in das Reich der Kälte und der Wildnis.«
Nachdem wir die durch Typhus verseuchten Gebiete durchquert hatten, kamen wir den 12. Februar, am dreiunddreißigsten Tag unserer Reise, in Beresow an, wohin einstmals der Mitarbeiter Peters des Großen, Fürst Menschikow, verbannt war. In Beresow gab man uns zwei Tage Rast. Es standen uns bis Obdorsk noch 500 Werst bevor. Wir gingen im Freien spazieren. Eine Flucht befürchteten die Behörden hier nicht. Zurück gab es nur einen einzigen Weg – auf dem Ob, an der Telegraphenlinie entlang; jeder Flüchtling wäre da leicht zu ergreifen gewesen. In Beresow lebte in Verbannung der Feldmesser Roschkowski. Mit ihm beriet ich die Frage der Flucht. Er sagte mir, man könnte versuchen, den Weg direkt nach dem Westen zu nehmen, auf dem Fluß Sossjwa, in der Richtung zum Ural, dann mit Renntieren bis zu den Bergwerken; vom Bogoslowskiwerk aus könne man mit der Schmalspurbahn bis Kuschwa kommen, wo diese sich mit der Linie Perm trifft. Und dann – Perm, Wjatka, Wologda, Petersburg, Helsingfors ...! Wege gibt es auf der Sossjwa allerdings nicht. Hinter Beresow beginnt gleich die Einöde, die Wildnis. Keine Polizei auf einer Strecke von tausend Werst, keine russische Siedlung, nur zerstreute Jurten der Ostjaken, vom Telegraph keine Rede, nicht einmal Pferde gibt es unterwegs, nur Renntiere. Die Polizei kann einen da nicht einholen. Da-

für aber kann man sich in der Wüste verirren, im Schnee umkommen. Jetzt ist Februar, der Monat der Schneegestöber...

Doktor Veit, ein alter Revolutionär aus unserer Verbanntengruppe, lehrte mich Ischias simulieren, damit ich einige Tage in Beresow bleiben könnte. Ich erfüllte erfolgreich diesen bescheidenen Teil des gefaßten Planes. Bekanntlich läßt sich Ischias nicht kontrollieren. Man brachte mich ins Krankenhaus. Das Regime dort war ganz frei. Ich entfernte mich oft für viele Stunden, sobald es mir ›besser‹ ging. Der Arzt begünstigte meine Spaziergänge. Niemand, wie gesagt, befürchtete in dieser Jahreszeit eine Flucht. Man mußte sich entschließen. Ich entschied mich für die westliche Richtung, direkt zum Ural.

Roschkowski zog einen einheimischen Bauern mit dem Spitznamen Ziegenfuß zu Rate. Dieses kleine, dürre, besonnene Männlein wurde der Organisator der Flucht. Er handelte völlig uneigennützig. Als seine Rolle bekannt wurde, mußte er es schwer büßen. Nach der Oktoberrevolution hatte der Ziegenfuß es nicht sehr bald erfahren, daß ich es war, dem er vor zehn Jahren zur Flucht verholfen hatte. Erst im Jahre 1923 kam er zu mir nach Moskau; unsere Begegnung war sehr herzlich. Man steckte ihn in die Paradeuniform eines Rotarmisten, führte ihn in die Theater, schenkte ihm ein Grammophon und anderes mehr. Bald danach starb der Alte in seinem fernen Norden.

Man mußte von Beresow aus mit Renntieren fahren. Die Hauptsache war, einen Führer zu finden, der es wagte, in dieser Jahreszeit sich auf den unsicheren Weg zu begeben. Ziegenfuß fand einen Zyrier, der, wie so viele seines Stammes, geschickt und erfahren war. »Ist er aber auch kein Säufer?« »Was heißt, kein Säufer? Ein furchtbarer Säufer. Dafür aber spricht er Russisch, Zyrianisch und zwei ostjakische Mundarten; die man oben und die man in der Ebene spricht und die sich gar nicht ähneln. Einen besseren Fuhrmann gibt es nicht; ein Schelm.« Gerade dieser Schelm hat später den Ziegenfuß verraten. Mich aber hat er glücklich hinausgebracht*.

Die Abfahrt war auf Sonntagmitternacht festgesetzt. An diesem Tage wurde von den Ortsbehörden eine Liebhaberaufführung veranstaltet. Ich zeigte mich in der Kaserne, die als Theater diente, und als ich dem Kreischef begegnete, sagte ich ihm, ich fühlte mich bedeutend besser und würde bald nach Obdorsk fahren können. Das war recht hinterlistig, aber unbedingt zweckmäßig gehandelt.

Als die Uhr vom Turm zwölf schlug, stahl ich mich in den Hof des

* In meinem Buch ›1905‹ ist dieser Teil der Flucht absichtlich anders geschildert. Zu jenen Zeiten alles wahrheitsgetreu wiederzugeben hätte bedeutet, die zaristische Polizei auf die Spuren meiner Helfer zu lenken. Jetzt hoffe ich, daß Stalin sie nicht verfolgen wird, um so mehr als ja für ihr Verbrechen alle Verjährungsfristen abgelaufen sind. Außerdem hat mir, wie man später sehen wird, auf der letzten Etappe meiner Flucht auch Lenin geholfen.

Ziegenfuß. Der Bauernschlitten stand bereit. Ich legte mich auf den Boden, auf einen ausgebreiteten zweiten Pelz. Ziegenfuß bedeckte mich mit kaltem, gefrorenem Stroh, band es kreuzweise fest, und wir fuhren ab. Das Stroh taute, und das Wasser rann mir in kleinen kalten Strahlen übers Gesicht. Nachdem wir einige Werst gefahren waren, hielten wir. Ziegenfuß band den Wagen auf. Ich kroch aus dem Stroh heraus. Mein Fuhrmann pfiff. Als Antwort ertönten Stimmen, aber ach, keine nüchternen. Der Zyrier war betrunken und kam außerdem noch mit einem Freund. Das war ein schlechter Anfang. Aber es gab keine Wahl. Ich stieg mit meinem kleinen Gepäck in einen Renntierschlitten um. Ich hatte zwei Pelze an, einen mit dem Fell nach außen und einen mit dem Fell nach innen, Pelzstrümpfe, Pelzstiefel, aus doppeltem Pelz eine Mütze und Fausthandschuhe, kurz die winterliche Ausrüstung eines Ostjaken. Im Gepäck hatte ich einige Flaschen Alkohol, das heißt das zuverlässigste Zahlungsmittel in der Schneewüste.

»Vom Feuerwehrturm in Beresow«, erzählt Swertschkow in seinen Erinnerungen, »konnte man mindestens auf eine Werst im Umkreise alles, was sich auf der weißen Schneedecke in die Stadt oder aus der Stadt bewegte, übersehen. Roschkowski, der mit Recht vermutete, daß die Polizei den Turmwächter befragen würde, ob nicht jemand in dieser Nacht aus der Stadt weggefahren sei, richtete es so ein, daß ein Einwohner aus Beresow zu dieser Zeit auf dem Tobolsker Weg ein geschlachtetes Kalb davonfuhr. Dieser Transport wurde, wie Roschkowski vorausgesehen hatte, bemerkt, und die Polizei, die nach zwei Tagen die Flucht Trotzkis entdeckte, stürzte sich hinter dem geschlachteten Kalb her, wodurch sie weitere zwei Tage verlor...« Das aber erfuhr ich erst lange Zeit später.

Wir nahmen den Weg über die Sossjwa. Es waren herrliche Renntiere, die mein Führer aus einer Herde von einigen hundert Stück ausgewählt hatte. Der betrunkene Kutscher schlief anfangs häufig ein, und die Renntiere blieben dann stehen. Uns beiden drohte Gefahr. Allmählich hörte er überhaupt auf, meine Puffe zu beachten. Da nahm ich ihm die Mütze vom Kopfe, sein Haar wurde schnell von Reif durchzogen, und sein Rausch begann zu weichen. Wir fuhren weiter. Es war eine wirklich zauberhafte Reise über die jungfräuliche Schneewüste, zwischen Tannen und Tierfährten. Die Renntiere liefen munter, die Zungen hingen ihnen seitwärts zum Munde heraus, und sie atmeten oft: tschu-tschu-tschu-tschu... Der Weg war schmal, die Tiere drängten sich auf einen Haufen zusammen, und man mußte sich nur wundern, daß sie einander beim Laufen nicht behinderten. Seltsame Geschöpfe, – ohne Hunger und Müdigkeit. Sie hatten vierundzwanzig Stunden vor unserer Abfahrt nichts mehr gefressen, und nun waren es bald vierundzwanzig Stunden, daß wir ohne Fütterungspause fuhren. Nach der Erklärung meines Führers waren sie erst jetzt ›in Zug‹ ge-

kommen. Sie liefen gleichmäßig, unermüdlich, 8 bis 10 Werst die Stunde. Futter suchten sich die Renntiere selbst. Man band ihnen ein Scheit Holz um den Hals und ließ sie frei. Sie fanden dann einen Platz, wo sie unter dem Schnee Moos witterten, gruben mit den Hufen ein tiefes Loch, versanken darin fast über den Kopf und fraßen. Ich hatte für diese Tiere ungefähr ein ähnliches Gefühl wie ein Flieger für seinen Motor einige hundert Meter über dem Ozean. Das Haupt der drei Renntiere, das Leittier, begann zu hinken. Welche Sorge! Man mußte es auswechseln. Wir schauten nach einem Ostjakenlager aus. Sie waren auf einer Strecke von vielen Dutzend Werst voneinander zerstreut. Mein Führer fand die Lager nach ganz unmerklichen Anzeichen. Er roch den Rauch auf viele Werst Entfernung. Mit dem Auswechseln der Renntiere verloren wir über vierundzwanzig Stunden. Dafür war ich im Morgengrauen Zeuge eines herrlichen Bildes: im vollen Lauf fingen drei Ostjaken mit Hilfe des Lassos drei vorgemerkte Renntiere aus einer Herde von mehreren hundert Stück heraus, die die Hunde den Jägern zutrieben. Wieder fuhren wir bald durch Wald, bald über schneebedeckte Sümpfe, bald an riesigen Waldbrandstätten vorbei. Im Schnee kochten wir Wasser aus dem Schnee und machten uns Tee. Mein Führer zog allerdings Alkohol vor, ich überwachte aber sorgfältigst, daß er die Norm nicht überschreite.
Der Weg, der sich stets gleichzubleiben scheint, ist doch immer verschieden. Das entdeckt man an den Renntieren. Jetzt fahren wir durch eine offene Stelle, zwischen einem Birkenhain und einem Flußbett. Der Weg ist mörderisch. Der Wind verschüttet vor unseren Augen die schmale Spur, die unser Schlitten hinterläßt. Das dritte Renntier kommt fortwährend aus der Bahn. Es versinkt im Schnee bis zum Bauch und noch tiefer, macht einige verzweifelte Sprünge, kommt wieder auf den Weg, bedrängt das mittlere Tier und stößt das Leittier zur Seite. In einem späteren Revier wird der von der Sonne erwärmte Weg so beschwerlich, daß an dem vorderen Schlitten zweimal die Strangriemen reißen: bei jedem Halten frieren die Kufen auf dem Wege fest, und es kostet Mühe, die Schlitten vom Fleck zu bringen. Nach den zwei ersten Läufen ermüden die Renntiere sichtbar... Aber die Sonne geht unter, der Weg gefriert, und alles wird wieder besser. Ein weicher, aber nicht einsinkender Weg – ein sachlicher Weg –, sagt der Fahrer. Die Renntiere laufen kaum hörbar und ziehen spielend die Schlitten. Schließlich muß man das dritte Tier ausspannen und hinten anbinden, weil die Renntiere vor Übermut Reißaus zu nehmen versuchen und dabei leicht das Gefährt zertrümmern können. Die Schlitten gleiten ruhig, lautlos, wie ein Boot über einen spiegelglatten Teich. In der dichten Dämmerung wirkt der Wald noch gigantischer. Ich sehe den Weg nicht, ich verspüre die Bewegung des Schlittens kaum. Die verzauberten Bäume eilen uns hastig entgegen, die Sträucher stürzen flüchtend zur Seite, alte, schneebe-

deckte Baumstümpfe laufen neben den schlanken Birken an uns vorbei. Alles scheint voller Geheimnisse. Tschu-tschu-tschu... hört man das schnelle und gleichmäßige Schnaufen der Renntiere in der lautlosen Stille des Waldesnacht.
Die Reise dauerte acht Tage. Wir hatten siebenhundert Kilometer zurückgelegt und näherten uns dem Ural. Immer häufiger kamen uns Gefährte entgegen. Ich gab mich für einen Ingenieur der Polarexpedition des Barons Toll aus. Nicht weit vom Ural begegneten wir einem Kaufmannsangestellten, der früher bei dieser Expedition tätig gewesen war und ihre Teilnehmer kannte. Er überschüttete mich mit Fragen. Zum Glück war er nicht ganz nüchtern. Ich beeilte mich, mit Hilfe einer Flasche Rum, die ich für alle Fälle mitgenommen hatte, der schwierigen Situation zu entkommen. Alles verlief glimpflich. Den Ural entlang konnte man schon mit Pferden fahren. Jetzt war ich bereits Beamter und fuhr zusammen mit einem Steuereinnehmer, der sein Revier bereiste, bis zur Schmalspurbahn. Der Stationsgendarm sah teilnahmslos zu, wie ich mich aus meinen Ostjakenpelzen befreite.
Auf der Uraler Zweigbahn war meine Lage noch längst nicht sicher: hier, wo alle ›fremden‹ Menschen auffielen, konnte man mich jeden Augenblick auf eine telegraphische Meldung aus Tobolsk hin verhaften. Ich war in Unruhe. Als ich aber nach vierundzwanzig Stunden im bequemen Wagen der Permer Bahn saß, fühlte ich plötzlich, daß meine Sache gewonnen war. Der Zug passierte die gleichen Stationen, auf denen uns noch vor kurzem Gendarmen, Wachen und Polizei mit so viel Feierlichkeit empfangen hatten. Jetzt aber lag mein Ziel in einer anderen Richtung, und ich reiste mit anderen Gefühlen. In den ersten Minuten schien es mir eng und schwül zu sein in dem geräumigen, fast leeren Wagen. Ich ging auf die Plattform hinaus, wo der Wind wehte und wo es dunkel war, und meiner Brust entrang sich unwillkürlich ein lauter Schrei – der Freude und der Freiheit!
Bei dem nächsten Halten des Zuges bestellte ich meine Frau telegraphisch zu einer Station, wo die Züge aus beiden Richtungen sich trafen. Sie hatte dieses Telegramm nicht erwartet, jedenfalls nicht so schnell. Das war auch nicht verwunderlich. Unser Weg bis Beresow hatte über einen Monat gedauert. Die Petersburger Zeitungen waren voll von Schilderungen über unsere Fahrt nach dem Norden. Die Korrespondenz begann erst anzukommen. Alle glaubten mich unterwegs nach Obdorsk. Währenddessen hatte ich den ganzen Rückweg in elf Tagen gemacht. Es war klar, daß meiner Frau eine Begegnung mit mir in der Nähe von Petersburg ganz unwahrscheinlich vorkommen mußte. Um so besser: die Begegnung fand doch statt.
Folgendes ist darüber in den Erinnerungen von N. J. Sedowa enthalten: »Als ich in Terioki, einem finnländischen Dorf bei Petersburg, wo ich ganz allein mit meinem kleinen Sohn war, das Tele-

gramm bekam, war ich außer mir vor Freude und Aufregung. Am selben Tage hatte ich von L. D. einen langen Brief von unterwegs erhalten, in dem außer einer Beschreibung der Reise die Bitte enthalten war, ihm, wenn ich nach Obdorsk reisen würde, bestimmte Bücher und verschiedene im Norden nötige Gegenstände mitzubringen. Es sah so aus, als habe er sich die Sache plötzlich überlegt, rase auf einem phantastischen Wege zurück und bestelle mich sogar zu einem Rendesvous auf eine Station, wo die Züge sich treffen. Seltsamerweise fehlte in dem Telegramm der Name der Station. Am nächsten Morgen fuhr ich nach Petersburg ab und versuchte nach dem Fahrplan festzustellen, bis zu welcher Station ich eine Fahrkarte nehmen müßte. Ich wagte es nicht, eine Auskunft einzuholen, und begab mich auf den Weg, ohne den Namen der Station festgestellt zu haben. Ich nahm ein Billett bis Wjatka und fuhr abends ab. Der Wagen war voll von Gutsbesitzern, die aus Petersburg mit Paketen aus Delikatessengeschäften auf ihre Güter zurückfuhren, die Butterwoche zu feiern; die Gespräche drehten sich um Blini*, Kaviar, Stör, Weine und so weiter. Ich konnte diese Gespräche kaum ertragen, durch das bevorstehende Zusammentreffen aufgeregt, von den Gedanken an die möglichen Zwischenfälle gepeinigt... und doch lebte in meiner Seele die Gewißheit: das Zusammentreffen wird stattfinden. Mit Mühe wartete ich den Morgen ab, da dann der Gegenzug die Station Samino erreichen sollte: erst unterwegs hatte ich ihren Namen erfahren und habe ihn für mein ganzes Leben behalten. Die Züge hielten, sowohl unser, wie der entgegenkommende. Ich lief auf den Bahnsteig hinaus – niemand. Ich sprang in den anderen Zug hinein, lief in schrecklicher Unruhe durch die Waggons; nein, niemand. Plötzlich erblickte ich in einem Abteil L. D.'s Pelz – also ist er hier, aber wo, wo? Ich sprang aus dem Zug und stieß mit L. D. zusammen, der aus dem Wartesaal kam, wo er mich gesucht hatte. Er war empört über die Verstümmelung des Telegramms und wollte hier gleich Krach schlagen. Es gelang mir kaum, ihn davon abzuhalten. Als er das Telegramm aufgab, hatte er natürlich mit der Möglichkeit gerechnet, daß ihn statt meiner Gendarmen empfangen könnten; er aber dachte, daß es ihm in Petersburg mit mir zusammen leichter sein werde, sich zu verbergen, und im übrigen verließ er sich auf einen glücklichen Stern. Wir gingen ins Coupé und setzten den Weg gemeinsam fort. Ich war verblüfft über die Freiheit und Ungezwungenheit, mit der L. D. sich benahm, er lachte und sprach laut im Waggon und auf dem Bahnhof. Ich hätte ihn am liebsten ganz unsichtbar machen mögen, gut verstecken: für die Flucht drohte ihm Katorga. Er jedoch zeigte sich offen allen Menschen und behauptete, das gerade sei der beste Schutz.«

Vom Bahnhof begaben wir uns direkt in die Artillerieschule, zu

* Eine Art Plinsen; eine russische Nationalspeise, die besonders in der Butterwoche gegessen wird.

unseren treuen Freunden. Niemals in meinem Leben habe ich Menschen gesehen, die derart erstaunt waren wie die Familie des Doktors Litkens. Ich stand im großen Eßzimmer, und alle blickten auf mich, atemlos wie auf ein Gespenst. Nachdem wir uns abgeküßt hatten, begannen wieder alle zu staunen und es abermals unfaßbar zu finden. Schließlich überzeugten sie sich doch, daß ich es war. Ich fühle es noch heute: das waren glückliche Stunden. Die Gefahr aber war noch lange nicht vorüber. Daran erinnerte als erster der Doktor. In gewissem Sinne begann die Gefahr erst jetzt. Aus Beresow waren sicherlich schon Telegramme angekommen, die mein Verschwinden meldeten. In Petersburg kannten mich zu viele aus dem Sowjet der Deputierten. Wir beschlossen deshalb, nach Finnland zu gehen, wo die von der Revolution eroberten Freiheiten viel länger erhalten geblieben waren als in Petersburg. Der gefährlichste Punkt war der finnische Bahnhof. Kurz vor Abgang des Zuges kamen einige Gendarmerieoffiziere, die den Zug kontrollierten, in unseren Waggon. An den Augen meiner Frau, die mit dem Gesicht zur Eingangstür saß, erkannte ich, in welcher Gefahr wir uns befanden. Wir erlebten einen Augenblick starker Nervenbelastung. Die Gendarmen sahen uns gleichgültig an und gingen weiter. Das war das beste, was sie tun konnten.
Sowohl Lenin wie Martow hatten schon lange vorher Petersburg verlassen und lebten in Finnland. Die Vereinigung der Fraktionen, die im April 1906 in Stockholm stattgefunden hatte, zeigte schon wieder einen tiefen Riß. Das Abflauen der Revolution setzte sich fort. Die Menschewiki bereuten ihre Torheiten von 1905. Die Bolschewiki hatten nichts zu bereuen, sondern nahmen den Kurs auf eine neue Revolution. Ich besuchte Lenin und Martow, die in benachbarten Dörfern wohnten. In Martows Zimmer herrschte wie immer eine tolle Unordnung. In einer Ecke auf dem Fußboden lagerten Zeitungen mannshoch herum. Während der Unterhaltung tauchte Martow von Zeit zu Zeit in diesem Haufen unter und holte den Aufsatz, den er brauchte, hervor. Auf dem Tisch lagen mit Zigarettenasche bedeckte Manuskripte. Der ungeputzte Zwikker hing schief auf der dünnen Nase. Martow war, wie immer, voller feiner, glänzender Gedanken, es fehlte ihm nur der eine Gedanke, der wichtigste: Martow wußte nicht, was zu tun war. In Lenins Zimmer herrschte wie stets mustergültige Ordnung. Lenin rauchte nicht. Die nötigen Zeitungen mit den Notizen waren zur Hand. Und die Hauptsache – es lag eine unerschütterliche, wenn auch abwartende Sicherheit auf diesem prosaischen, aber ungewöhnlichen Gesicht. Es war noch unklar: ist es ein endgültiges Verebben der Revolution oder nur eine Stockung vor einem neuen Aufstieg. In dem einen wie in dem anderen Falle aber war ein Kampf gegen die Skeptiker im gleichen Maße erforderlich, eine theoretische Nachprüfung der Erfahrungen von 1905, die Erziehung der Kader für die neuaufsteigende Welle oder für die kom-

mende Revolution. Lenin stimmte im Gespräch meinen Arbeiten aus dem Gefängnis zu, machte mir jedoch Vorwürfe, daß ich die notwendigen organisatorischen Schlußfolgerungen nicht zöge, das heißt, nicht in die Reihen der Bolschewiki eintrete. Er hatte recht. Zum Abschied gab er mir Adressen für Helsingfors, die sich für mich als unschätzbar wichtig erwiesen. Die von Lenin genannten Freunde halfen mir, mit meiner Familie Unterkunft zu finden in dem versteckt gelegenen Oglbü, bei Helsingsfors, wo nach uns auch Lenin einige Zeit gelebt hat. Der Helsingforser Polizeimeister war *Aktivist*, daß heißt ein revolutionärer finnischer Nationalist. Er versprach, im Falle einer aus Petersburg drohenden Gefahr mich zu warnen. In Oglbü verbrachte ich einige Wochen mit meiner Frau und meinem kleinen Sohn, der geboren worden war, als ich im Gefängnis saß. Hier, in der Einsamkeit, beschrieb ich meine Reise in dem Büchlein ›Hin und Zurück‹, und für das Honorar, das ich dafür erhielt, fuhr ich über Stockholm ins Ausland. Meine Frau blieb mit dem Sohne vorläufig in Rußland. Bis zur Grenze begleitete mich eine junge finnische Aktivistin. In jener Periode waren das unsere Freunde. Im Jahre 1917 wurden sie Faschisten und geschworene Feinde der Oktoberrevolution.
Auf einem skandinavischen Dampfer fuhr ich in die neue Emigration, die zehn Jahre währte.

Die zweite Emigration und der deutsche Sozialismus

Der Parteitag von 1907 tagte in einer Londoner sozialistischen Kirche. Das war ein starkbesuchter, langer, stürmischer und chaotischer Kongreß. In Petersburg lebte noch die zweite Duma. Die Revolution war im Abflauen, aber das Interesse für sie war, selbst in englischen politischen Kreisen, noch sehr stark. Berühmte Kongreßdelegierte wurden von den englischen Liberalen in deren Häuser eingeladen, um sie den Gästen zu zeigen. Die begonnene revolutionare Ebbe hatte sich bereits in der Schwächung der Parteikasse geäußert. Nicht nur für die Rückkehr, auch um den Kongreß zu Ende zu führen, reichten die Mittel nicht aus. Als diese trübe Kunde in dem Gewölbe der Kirche erklang, einschneidend in die Diskussion über den bewaffneten Aufstand, sahen sich die Delegierten unruhig und ratlos an. Was tun? Doch nicht in der Londoner Kirche bleiben? Aber ein Ausweg fand sich und ganz unerwartet. Ein englischer Liberaler erklärte sich bereit, der russischen Revolution eine Anleihe zu geben, wenn ich mich recht erinnere, waren es dreitausend Pfund. Doch er verlangte, daß der Wechsel der Revolution die Unterschriften sämtlicher Kongreßteilnehmer trage. Der Engländer erhielt ein Dokument, das mit einigen hundert Unterschriften in den Zeichen sämtlicher Völker Rußlands versehen war. Auf die Einlösung des Wechsels mußte er allerdings lange warten. Die Jahre der Reaktion wie die Kriegsjahre machten es der Partei unmöglich, an solche Summen zu denken. Erst die Sowjetregierung hat den Wechsel des Londoner Parteitages eingelöst. Ihre Verpflichtungen erfüllt die Revolution stets, wenn auch gewöhnlich mit einer Verspätung.

In den ersten Tagen des Kongresses spach mich im Wandelgang der Kirche ein großer, eckiger Mann an. Er hatte ein breites Gesicht, hervorstehende Backenknochen und trug einen runden Hut. »Ich bin einer Verehrer von Ihnen«, sagte er mit einem freundlichen Lächeln. »Ein Verehrer?« fragte ich erstaunt. Es stellte sich heraus, daß er von meinen politischen Streitschriften aus dem Gefängnis sprach. Vor mir stand Maxim Gorki. Ich sah ihn damals zum erstenmal. »Ich hoffe, ich brauche es nicht erst zu sagen, daß auch ich ein Verehrer von Ihnen bin«, beantwortete ich eine Freundlichkeit mit einer Freundlichkeit. Gorki stand in jener Zeit den Bolschewiki nahe. In seiner Begleitung befand sich die bekannte Schauspielerin Andrejewa. Wir sahen uns später gemeinsam London an. »Begreifen Sie es?« sagte Gorki mit einer verwunderten Kopfbewegung auf die Andrejewa weisend, »sie spricht alle Sprachen.« Gorki selbst sprach nur Russisch, dieses aber gut. Wenn hinter ihm ein Bettler die Türe des Cab schloß, wandte sich Gorki bittend an seine Begleiterin: »Man müßte ihm diese Pence geben.« Worauf Andrejewa antwortete: »Ist schon geschehen, Aljoschenka, ist schon geschehen.«

Auf dem Londoner Kongreß kam ich mit Rosa Luxemburg, die ich schon seit 1904 kannte, näher zusammen. Klein, zart, sogar kränklich, mit edlen Gesichtszügen und herrlichen Augen, die Geist sprühten, bezwang sie durch die Stärke ihres Charakters und den Mut ihrer Gedanken. Ihr Stil – konzentriert, präzis, erbarmungslos – wird stets ein Spiegel ihres heroischen Geistes bleiben. Das war eine vielseitige, an Nuancen reiche Natur. Die Revolution und ihre Leidenschaften, der Mensch und seine Kunst, die Natur, ihre Vögel und Gräser waren in gleichem Maße fähig, Rosa Luxemburgs Seele, die viele Saiten hatte, ins Schwingen zu bringen. »Aber ich muß doch jemand haben, der mir glaubt«, schrieb sie an Luise Kautsky, »daß ich nur aus Versehen im Strudel der Weltgeschichte herumkreisle, eigentlich aber zum Gänsehüten geboren bin.« In näheren persönlichen Beziehungen stand ich zu Rosa Luxemburg nicht: dazu waren unsere Begegnungen zu kurz und zu selten. Ich bewunderte sie aus der Ferne. Und habe sie in jener Zeit vielleicht doch nicht hoch genug eingeschätzt... In der Frage der sogenannten permanenten Revolution nahm sie die gleiche prinzipielle Stellung ein wie ich. In den Wandelgängen entstand zwischen mir und Lenin über dieses Thema ein halb scherzhafter Streit. Die Delegierten umstanden uns im dichten Kreise. »Das kommt alles daher«, sagte Lenin in bezug auf Rosa, »daß sie Rus-

sisch nicht genug spricht.« »Dafür aber«, antwortete ich, »spricht sie gut marxistisch.« Die Delegierten lachten und wir mit ihnen.
Auf der Tagung des Kongresses hatte ich Gelegenheit, meine Ansicht über die Rolle des Proletariats in der bürgerlichen Revolution und insbesondere über seine Stellung zur Bauernschaft darzulegen. In einem Schlußwort sagte Lenin darüber: »Trotzki vertritt den Standpunkt der Gemeinsamkeit der Interessen des Proletariats und der Bauernschaft in der heutigen Revolution«, deshalb »besteht hier eine Solidarität in den grundlegenden Punkten der Frage über die Stellung zu den bürgerlichen Parteien.« Wie ähnelt das der Legende, als hätte ich 1905 die Bauernschaft ›ignoriert‹! Es bleibt noch hinzuzufügen, daß meine Londoner Programmrede von 1907, die ich auch heute noch als völlig richtig betrachte, nach der Oktoberrevolution wiederholt gedruckt wurde als Muster bolschewistischer Stellung zur Bauernschaft und zur Bourgeoisie.
Von London reiste ich nach Berlin, meiner Frau entgegen, die aus Petersburg kommen sollte. Zu dieser Zeit war Parvus aus Sibirien geflohen. Bei dem sozialdemokratischen Verlag von Kaden in Dresden hatte er mein Buch ›Hin und zurück‹ angebracht. Ich hatte es übernommen, für die Broschüre, die meiner Flucht gewidmet war, eine Vorrede über die Revolution zu schreiben. Aus dieser Vorrede ist in einigen Monaten das Buch ›Rußland und die Revolution‹ erwachsen. Zu dreien – meine Frau, Parvus und ich – machten wir eine Fußwanderung durch die Sächsische Schweiz. Es war Ende des Sommers, die Tage waren herrlich, in den Morgenstunden wehte eine Kühle, wir tranken Milch und die Luft der Berge. Unser Versuch, nicht auf dem gegebenen Weg den Berg hinabzusteigen, hat meiner Frau und mir beinahe den Kopf gekostet. Wir landeten in Böhmen, in dem Städtchen Hirschberg, einer Sommerfrische für kleine Beamte, und blieben dort eine Reihe von Wochen. Ging uns das Geld aus – und das geschah periodisch –, dann schrieb Parvus oder ich schnell einen Artikel für die sozialdemokratische Presse. In Hirschberg vollendete ich für einen bolschewistischen Verlag in Petersburg ein Buch über die deutsche Sozialdemokratie. Ich habe darin zum zweitenmal (das erste Mal im Jahre 1905) den Gedanken ausgesprochen, daß die gigantische Maschinerie der deutschen Sozialdemokratie in einem für die bürgerliche Gesellschaft kritischen Moment zu einer Hauptsäule konservativer Ordnung werden könnte. Zu jener Zeit habe ich allerdings nicht voraussehen können, in welchem Maße diese theoretische Annahme sich in der Praxis bestätigen würde. Von Hirschberg fuhren wir in verschiedenen Richtungen auseinander. Ich zum Kongreß nach Stuttgart, meine Frau nach Rußland, das Kind zu holen, Parvus nach Deutschland.
Auf dem Stuttgarter Kongreß der Internationale konnte man den Hauch der russischen Revolution von 1905 zwar noch verspüren. Vorherrschend war der linke Flügel. Aber schon war eine Enttäu-

schung über die Revolutionären Methoden erkennbar. Man zeigte noch Interesse für die russischen Revolutionäre, aber es war darin bereits ein Anflug von Ironie: na, ihr seid wieder zu uns zurückgekehrt. Als ich im Februar 1905 über Wien nach Rußland gereist war, hatte ich Victor Adler gefragt, was er über eine Beteiligung der Sozialdemokratie an einer zukünftigen provisorischen Regierung denke. Adler hatte mir in der Adlerschen Art geantwortet: »Ihr habt noch zu viel mit der *bestehenden* Regierung zu tun, um euch den Kopf über eine *zukünftige* Regierung zu zerbrechen.« In Stuttgart erinnerte ich Adler an diese seine Worte. »Ich gestehe, ihr wart einer provisorischen Regierung näher, als ich es gedacht hatte.« Adler war gegen mich überhaupt sehr wohlwollend: war doch das allgemeine Wahlrecht in Österreich im wesentlichen eine Errungenschaft des Petersburger Sowjets der Arbeiterdeputierten.
Der englische Delegierte Quelch, der mir im Jahre 1902 den Zutritt zum Britischen Museum ermöglichte, hatte während des Stuttgarter Kongresses die diplomatische Konferenz unehrerbietig eine Versammlung von Räubern genannt. Das konnte dem Fürsten Bülow nicht gefallen. Die württembergische Regierung wies unter dem Druck von Berlin Quelch aus. Bebel bereitete das Unbehagen. Doch die Partei konnte sich nicht entschließen, gegen die Ausweisung etwas zu unternehmen. Nicht einmal eine Protestdemonstration. Der internationale Kongreß ähnelte einem Schulzimmer: man weist einen ungebührlichen Schüler aus der Klasse, die übrigen Schüler schweigen. Hinter den mächtigen Zahlen der deutschen Sozialdemokratie verspürte man deutlich einen Schatten der Ohnmacht.
Im Oktober (1907) war ich schon in Wien. Bald kam meine Frau mit dem Kinde. In Erwartung der neuen revolutionären Welle ließen wir uns außerhalb der Stadt, in Hütteldorf, nieder. Man mußte lange warten. Aus Wien trug uns nach sieben Jahren eine ganz andere als die revolutionäre Welle hinaus, – jene, die den Boden Europas mit Blut getränkt hat. Weshalb wir Wien wählten, während die Emigration sich in jener Zeit in der Schweiz und in Paris konzentrierte? In jener Periode stand ich dem deutschen politischen Leben am nächsten. In Berlin konnte man sich aus polizeilichen Gründen nicht niederlassen. Somit wählten wir Wien. Aber während all dieser sieben Jahre verfolgte ich viel aufmerksamer das deutsche Leben als das österreichische, das zu sehr an das Treiben eines Eichhörnchens in einer Trommel erinnerte.
Victor Adler, den anerkannten Führer der Partei, kannte ich seit 1902. Jetzt war die Zeit, seine nächste Umgebung d die Partei in ihrer Gesamtheit kennenzulernen. Mit Hilferding wurde ich im Sommer 1907 im Hause von Kautsky bekannt. Er erklomm damals den Gipfelpunkt seines Revolutionarismus, was ihn jedoch nicht hinderte, Haß gegen Rosa Luxemburg und Verachtung für Karl

Liebknecht zu hegen. In bezug auf Rußland jedoch war er damals, wie so viele andere, zu den radikalsten Schlußfolgerungen bereit. Er lobte meine Artikel, die die ›Neue Zeit‹ noch vor meiner Flucht ins Ausland aus dem Russischen hatte übersetzen lassen, und schlug mir zu meiner Überraschung schon nach den ersten Worten vor, auf ›du‹ überzugehen. Das gab unseren Beziehungen äußerlich eine Form von Intimität, für die aber weder moralische noch politische Voraussetzungen existierten.

Mit höchster Verachtung sprach Hilferding in jener Zeit von der starren und passiven deutschen Sozialdemokratie, ihr die österreichische Aktivität gegenüberstellend. Diese Kritik jedoch ging über den Rahmen der vier Wände nicht hinaus. Offiziell blieb Hilferding ein literarischer Beamter im Dienste der deutschen Partei und – nichts weiter. Wenn er nach Wien kam, besuchte er mich und brachte mich eines Abends in einem Café mit seinen austro-marxistischen Freunden zusammen. Kam ich nach Berlin, besuchte ich auch ihn. Gemeinsam mit ihm hatten wir in einem Berliner Café eine Zusammenkunft mit Macdonald. Dolmetscher war Eduard Bernstein. Hilferding stellte Fragen, Macdonald antwortete. Ich erinnere mich jetzt weder an eine Frage noch an eine Antwort, denn sie zeichneten sich durch nichts anderes als durch ihre Banalität aus. Ich fragte mich in Gedanken: wer von diesen drei Menschen ist am weitesten entfernt von dem, was ich gewohnt bin als Sozialismus zu betrachten? Die Antwort bereitete mir Schwierigkeiten.

Während der Brester Friedensverhandlungen erhielt ich von Hilferding einen Brief. Ich konnte nichts Bedeutsames erwarten, und doch machte ich das Kuvert nicht ohne Interesse auf: nach dem Oktoberumsturz war es die erste direkte Stimme aus dem sozialistischen Westen. Und nun? In diesem Brief bat mich Hilferding um die Befreiung eines Gefangenen der verbreiteten Gattung der Wiener ›Doktoren‹. *Die Revolution war im Brief mit keinem Wort erwähnt.* Der Brief aber war per ›du‹ geschrieben. Ich glaubte Hilferding gut genug zu kennen. Mir schien, ich hätte mich über ihn keinen Illusionen hingegeben. Und doch traute ich jetzt meinen Augen nicht. Ich erinnere mich, wie lebhaft Lenin fragte: »Man sagt, Sie hätten von Hilferding einen Brief bekommen?« »Ich habe einen Brief bekommen.« »Nun?« »Er bittet um die Freilassung eines gefangenen Landsmannes.« »Und was sagt er über die Revolution?« »Über die Revolution sagt er nichts.« »N-ichts?« »Nichts!« »Unmöglich!« Lenin sah mich mit aufgerissenen Augen an. Ich war ihm überlegen: ich hatte mich schon mit dem Gedanken abgefunden, daß dem Hilferding die Oktober-Revolution und die Brester Tragödie nur Gelegenheiten waren, sich um seinen Landsmann zu bemühen. Ich erspare dem Leser die Wiedergabe jener Epitheta, in die sich Lenins Verwunderung erging.

Hilferding brachte mich zuerst mit seinen Wiener Freunden zusammen: Otto Bauer, Max Adler und Karl Renner. Das waren sehr gebildete Menschen, die auf verschiedenen Gebieten mehr wußten als ich. Ich habe mit lebhaftestem, man kann schon sagen mit ehrfurchtsvollem Interesse ihrer ersten Unterhaltung im Café ›Zentral‹ zugehört. Doch schon sehr bald gesellte sich zu meiner Aufmerksamkeit ein Erstaunen. Diese Menschen waren keine Revolutionäre. Mehr noch: sie stellten einen Menschentypus dar, der dem Typus des Revolutionärs entgegengesetzt war. Das äußerte sich in allem: in der Art, wie sie an Fragen herangingen, in ihren politischen Bemerkungen und psychologischen Wertungen, in ihrer Selbstzufriedenheit – nicht Selbstsicherheit, sondern Selbstzufriedenheit –; mir war mitunter sogar, als vernähme ich schon in der Vibration ihrer Stimmen das Philistertum.

Besonders verblüffte mich, daß diese gebildeten Marxisten absolut unfähig waren, die Marxsche Methode anzuwenden, sobald es um große politische Probleme, besonders um deren revolutionäre Wendungen ging. Zuallererst überzeugte ich mich davon bei Renner. Wir blieben lange im Café sitzen, es gab keine Tram mehr nach Hütteldorf, wo ich wohnte, und Renner schlug mir deshalb vor, bei ihm zu übernachten. Dieser gebildete und begabte habsburgische Beamte war damals noch weit entfernt von dem Gedanken, daß das unglückliche Schicksal Österreich-Ungarns, dessen historischer Advokat er war, ihn nach einem Jahrzehnt zum Reichskanzler der österreichischen Republik machen würde. Unterwegs aus dem Café nach Hause sprachen wir über die Perspektiven der Entwicklung Rußlands, wo sich zu jener Zeit die Konterrevolution bereits gefestigt hatte. Renner sprach über diese Fragen mit der Höflichkeit und Gleichgültigkeit eines gebildeten Ausländers. Das österreichische Ministerium des Barons Beck beschäftigte ihn viel stärker. Das Wesentliche seiner Ansichten über Rußland lief darauf hinaus, daß der Block der Gutsbesitzer mit der Bourgeoisie, der nach der Staatsumwälzung vom 16. Juni 1907 seinen Ausdruck fand in der Stolypinschen Konstitution, der Entwicklung der Produktivkräfte des Landes entspräche und folglich Chancen habe, bestehen zu bleiben. Ich erwiderte ihm, daß nach meiner Ansicht der regierende Block der Gutsbesitzer und der Bourgeoisie eine zweite Revolution vorbereite, die wahrscheinlich das russische Proletariat an die Macht stellen werde. Ich sehe unter der nächtlichen Straßenlaterne noch den flüchtigen, fassungslosen und herablassenden Blick Renners. Er hielt sicherlich meine Prognose für die Phantastereien eines politischen Analphabeten, etwa in der Art der Prophezeiungen jenes australischen Mystikers, der einige Monate vorher auf dem internationalen Sozialistenkongreß zu Stuttgart Tag und Stunde der kommenden Weltrevolution vorausgesagt hatte. »Glauben Sie's?« fragte Renner. »Es ist möglich, daß ich die russischen Verhältnisse nicht genügend übersehe«, fügte er mit vernichtender Höflichkeit hinzu. Wir hatten keinen

gemeinsamen Boden für die Fortsetzung des Gesprächs. Mir wurde klar, daß dieser Mensch von der revolutionären Dialektik ebenso weit entfernt war wie der konservativste der ägyptischen Pharaonen.
Die ersten Eindrücke vertieften sich in der Folge nur. Diese Menschen wußten viel und waren fähig, im Rahmen der politischen Routine – gute marxistische Aufsätze zu schreiben. Aber es waren mir fremde Menschen. Davon überzeugte ich mich um so stärker, je mehr sich der Kreis meiner Verbindungen und Beobachtungen erweiterte. Im ungezwungenen Gespräch untereinander zeigten sie viel offener als in Artikeln und Reden bald einen unverhüllten Chauvinismus, bald die Prahlsucht des kleinen Besitzers, bald den heiligen Schauer vor der Polizei, bald das vulgäre Benehmen gegen die Frau. Ich konnte nur erstaunt innerlich ausrufen: »Das sind schon Revolutionäre!« Ich meinte damit nicht die Arbeiter, bei denen man natürlich ebenfalls nicht wenige spießige Eigenschaften, nur einfachere und naivere, finden konnte. Nein, ich begegnete der Blüte des österreichischen Vorkriegsmarxismus, Abgeordneten, Schriftstellern, Journalisten. Bei diesen Begegnungen lernte ich verstehen, welche verschiedenartigen Elemente die Psyche eines einzigen Menschen zu bergen fähig sein kann und wie weit es ist von der passiven Aufnahme bestimmter Teile eines Systems bis zu dem psychischen Erleben und zur Selbsterziehung im Geiste dieses Systems. Der psychologische Typus des Marxisten kann nur in der Epoche der sozialen Erschütterungen, des revolutionären Bruchs mit den Traditionen und Gewohnheiten entstehen. Der Austromarxist aber erwies sich zu oft als ein Philister, der den einen oder den anderen Teil der Marxschen Theorie studierte, wie man Jus studiert, und von den Prozenten vom ›Kapital‹ lebt. Im alten, kaiserlichen, hierarchischen, betriebsamen und eitlen Wien titulierten die Marxisten einander wonnevoll mit ›Herr Doktor‹. Die Arbeiter redeten die Akademiker oft mit ›Genosse Herr Doktor‹ an. Während der ganzen sieben Jahre, die ich in Wien verlebte, war es mir nicht möglich, auch nur mit einer dieser Spitzen mich offen auszusprechen, obwohl ich Mitglied der österreichischen Sozialdemokratie war, ihre Versammlungen besuchte, an ihren Demonstrationen teilnahm, an ihren Organen mitarbeitete und manchmal kleine Referate in deutscher Sprache hielt. Ich empfand die sozialdemokratischen Führer als fremde Menschen, während ich gleichzeitig in Versammlungen oder bei Maidemonstrationen mühelos eine gemeinsame Sprache mit den sozialdemokratischen Arbeitern fand.
Der Briefwechsel zwischen Marx und Engels war für mich unter diesen Bedingungen das Buch, das ich am nötigsten hatte und das mir am nächsten stand, es war die größte und zuverlässigste Kontrolle nicht nur meiner Ansichten, sondern auch meines gesamten Weltempfindens. Die Wiener Führer der Sozialdemokratie be-

nutzten die gleichen Formeln, die ich benutzte. Aber es genügte, diese Formeln um fünf Grad an der Achse zu verschieben, und es ergab sich, daß wir die gleichen Begriffe mit ganz anderen Inhalten füllten. Unsere Solidarität war eine zeitlich beschränkte, oberflächliche und nur scheinbare. Der Briefwechsel Marx–Engels war für mich keine theoretische, sondern eine psychologische Offenbarung. Toutes proportions gardées, überzeugte ich mich auf jeder Seite, daß mich mit diesen beiden eine unmittelbare psychische Verwandtschaft verband. Ihre Beziehungen zu Menschen und Ideen waren mir vertraut. Ich erriet das, was sie unausgesprochen gelassen, ich teilte ihre Sympathien, ihre Empörung und ihren Haß. Marx und Engels waren durch und durch Revolutionäre. Dabei war bei ihnen keine Spur von Sektierertum oder Askese. Beide, und besonders Engels, konnten in jedem Augenblick sagen, daß ihnen nichts Menschliches fremd sei. Aber das revolutionäre Bewußtsein, das ihnen schon eine Nervensache war, erhob sie stets über die Zufälle des Schicksals und über die Werke von Menschenhand. Kleinlichkeit war nicht nur mit ihnen selbst, sondern auch mit ihrer Anwesenheit nicht zu vereinbaren. Banalität blieb nicht einmal an ihren Sohlen kleben. Ihre Wertungen, ihre Sympathien, ihre Scherze, selbst die alltäglichsten, waren stets von der Höhenluft geistigen Adels umweht. Sie waren imstande, über einen Menschen ein vernichtendes Urteil abzugeben, aber sie klatschten nicht. Sie waren erbarmungslos, aber nicht treubrüchig. Für äußeren Glanz, Titel, Rang und Würden hatten sie nur eine ruhige Verachtung übrig. Was Philistertum und niedrige Gesinnung als ihren Aristokratismus betrachtete, war in Wirklichkeit nur ihre revolutionäre Überlegenheit. Deren wichtigstes Merkmal war: – die absolute organische Unabhängigkeit von der offiziellen Meinung, stets und unter allen Umständen. Bei dem Lesen ihrer Briefe empfand ich noch stärker und krasser als beim Lesen ihrer Werke: das gleiche, was mich mit Marx und Engels intim verband, trennte mich unversöhnlich von den Austromarxisten.

Diese Menschen waren auf ihren Realismus und ihre Sachlichkeit stolz. Aber auch hier schwammen sie an der Oberfläche. Im Jahre 1907 hatte die Partei, um ihre Einkünfte zu erhöhen, beschlossen, eine eigene Brotfabrik zu errichten. Das war ein grobes Abenteuer, prinzipiell gefährlich und praktisch unhaltbar. Ich führte gegen dieses Vorhaben von Anfang an einen Kampf, fand aber bei den Wiener Marxisten nur ein herablassendes Lächeln der Überlegenheit. Nach fast zwei Jahrzehnten war die österreichische Partei nach allerhand Plackereien gezwungen, das Unternehmen mit Verlust und Schande in Privathände zu übergeben. Sich gegen die Unzufriedenheit der Arbeiter verteidigend, die zwecklos so viele Opfer gebracht hatten, berief sich Otto Bauer zum Beweise für die Notwendigkeit, die Fabrik preiszugeben, nachträglich auch auf jene Warnungen, die ich bei der Gründung des Unternehmens er-

hoben hatte. Aber er erklärte den Arbeitern nicht, warum er damals das nicht gesehen hatte, was ich sah, und weshalb er meine Warnungen, die keinesfalls die Frucht persönlichen Scharfsinns gewesen waren, unbeachtet ließ. Ich ging nicht von der Konjunktur des Getreidemarktes und nicht von dem Stand der Parteikasse aus, sondern von der Stellung der Partei des Proletariats in der kapitalistischen Gesellschaft. Das schien doktrinär, es hat sich aber als das realere Kriterium erwiesen. Daß meine Warnungen als richtig bestätigt wurden, beweist nur die Überlegenheit der marxistischen Methode über ihr österreichisches Surrogat.
Victor Adler stand in jeder Hinsicht unvergleichlich höher als seine Mitarbeiter. Doch er war schon lange Skeptiker geworden. Sein Temperament, das eines Kämpfers, hatte sich im österreichischen Getümmel um Lappalien verausgabt. Die Perspektiven waren undurchsichtig, und Adler drehte ihnen manchmal demonstrativ den Rücken. »Das Handwerk des Propheten ist ein undankbares Handwerk, in Österreich ganz besonders.« Das war der ständige Refrain der Adlerschen Reden. »Wie dem auch sei«, sagte er in den Wandelgängen des Stuttgarter Kongreßlokales anläßlich des oben erwähnten australischen Wahrsagers, »aber mir persönlich sind politische Prognosen auf der Basis der Apokalypse angenehmer als Prophezeiungen auf der Basis der materialistischen Geschichtsauffassung.« Das war selbstredend ein Scherz. Aber immerhin nicht nur ein Scherz. Und das brachte mich im wichtigsten Punkte meines Lebens in Gegensatz zu Adler: ohne breiteste historische Prognosen konnte ich mir nicht nur keine politische Tätigkeit, sondern auch kein geistiges Leben vorstellen; Victor Adler wurde Skeptiker, und in dieser Eigenschaft duldete er alles und paßte sich allem an, besonders dem Nationalismus, der die österreichische Partei völlig zerfraß.
Meine Beziehungen zu den Parteispitzen verschlechterten sich noch, als ich offen gegen den Chauvinismus der austro-deutschen Sozialdemokratie auftrat. Das geschah im Jahre 1909. Während meiner Begegnungen mit den Sozialisten des Balkans, besonders mit den Serben und in erster Linie mit Dimitrij Tuzowitsch, der später im Balkankrieg als Offizier getötet wurde, mußte ich wiederholt entrüstete Klagen darüber vernehmen, daß die serbische bürgerliche Presse schadenfroh die chauvinistischen Ausfälle der ›Arbeiter-Zeitung‹ gegen die Serben zitierte, als Beweis dafür, daß die internationale Solidarität der Arbeiter nichts anderes als ein Lügenmärchen sei. Ich schrieb für die ›Neue Zeit‹ einen sehr gemäßigten und vorsichtigen Artikel gegen den Chauvinismus der ›Arbeiter-Zeitung‹. Nach langem Schwanken veröffentlichte Kautsky diesen Artikel. Der alte russische Emigrant S. L. Kljatschko, mit dem ich sehr befreundet war, berichtete mir am nächsten Tage, daß in den führenden Parteikreisen höchste Entrüstung über mich herrsche. »Wie konnte er es wagen!«... Otto Bauer und andere

Austromarxisten gaben in Privatgesprächen zu, daß Leitner, der Redakteur der ausländischen Abteilung, zu weit gehe. Sie äußerten damit die Meinung Victor Adlers, der die chauvinistischen Auswüchse zwar duldete, aber nicht billigte. Doch vor dem Antlitz der frechen Einmischung von außen fühlten sich alle Führer einig. An einem der nächsten Sonnabende kam Otto Bauer im Café an das Tischchen heran, an dem ich mit Kljatschko saß, und begann mir streng die Leviten zu lesen. Ich gestehe, daß mich der Schwall seiner Worte fast betäubte. Dabei war ich nicht so sehr verblüfft über den lehrhaften Ton Bauers wie über den Charakter seiner Argumentation. »Welche Bedeutung haben die Artikel Leitners?« sagte er mit komischem Hochmut. »Die Außenpolitik existiert für Österreich-Ungarn nicht. Kein einziger Arbeiter liest es. Das hat nicht die geringste Bedeutung«... Ich hörte mit weitgeöffneten Augen zu. Es stellte sich also heraus, daß diese Menschen nicht nur nicht an die Revolution glaubten, sondern auch nicht an den Krieg. Sie schrieben in ihren Manifesten zum 1. Mai zwar über Krieg und Revolution, nahmen das jedoch niemals ernst und wurden gar nicht gewahr, daß über dem Ameisenhaufen, in dem sie so selbstvergessen wühlten, die Geschichte bereits den gigantischen Soldatenstiefel erhoben hatte. Sechs Jahre später mußten sie sich davon überzeugen lassen, daß auch für Österreich-Ungarn eine Außenpolitik existierte. Sie selbst haben bei Beginn des Krieges jene schamlose Sprache gesprochen, die Leitner und ähnliche Chauvinisten sie gelehrt.

In Berlin herrschte ein anderer Geist; vielleicht war er im wesentlichen nicht viel besser, aber er war anders. Das lächerliche Wiener Mandarinentum der Akademiker spürte man dort fast nicht. Die Beziehungen waren einfacher. Es gab weniger Nationalismus, mindestens hatte er dort keinen Anlaß, so oft und so marktschreierisch sich zu äußern wie in dem vielstämmigen Österreich. Das Nationalgefühl löste sich bis zu einer gewissen Zeit im Parteistolz auf: die mächtigste sozialdemokratische Partei, die erste Geige der Internationale!

Für uns Russen war die deutsche Sozialdemokratie die Mutter, die Lehrerin, das lebendige Beispiel. Wir idealisierten sie aus der Entfernung. Die Namen von Bebel und Kautsky sprach man andächtig aus. Trotz meiner obenerwähnten alarmierenden theoretischen Ahnungen in bezug auf die deutsche Sozialdemokratie stand ich in jener Periode zweifellos in ihrem Bann. Dazu trug in großem Maße der Umstand bei, daß ich in Wien lebte und, wenn ich von Zeit zu Zeit nach Berlin kam und die zwei sozialdemokratischen Hauptstädte verglich, mir zum Troste sagen mußte: nein, Berlin ist nicht Wien.

In Berlin hatte ich zweimal Gelegenheit, die wöchentlichen Zusammenkünfte der Linken zu besuchen, die an jedem Freitag im Restaurant Rheingold stattfanden. Die Hauptfigur dieser Zusammenkünfte war Franz Mehring. Manchmal erschien auch Karl Liebknecht, stets mit Verspätung, und ging vor den anderen wieder weg. Mich führte Hilferding ein. Er zählte sich zu den Linken, obwohl er, wie oben bemerkt, schon damals Rosa Luxemburg haßte, mit dem Haß, den in Österreich Daschinski gesät hatte. Aus den Gesprächen blieb mir nichts Bedeutsames in Erinnerung. Mit der Wange zuckend – was manchmal seine Gewohnheit war – fragte mich Mehring ironisch, welche von seinen ›unsterblichen Werken‹ ins Russische übersetzt seien? Hilferding bezeichnete im Gespräch die deutschen Linken als Revolutionäre. »Was sind wir für Revolutionäre?« unterbrach ihn Mehring, »Revolutionäre sind sie!« Er nickte in meine Richtung. Ich hatte Mehring zu wenig gekannt, war zu oft auf das ironische Verhalten der Philister zur russischen Revolution gestoßen und wußte deshalb nicht, ob Mehring scherzte oder ernst sprach. Aber er sprach ernst, er hat es durch sein ganzes späteres Leben bewiesen.

Kautsky sah ich zum erstenmal im Jahre 1907. Mich brachte Parvus zu ihm. Nicht ohne Erregung ging ich die Treppe des sauberen Häuschens in Friedenau bei Berlin hinauf. Ein weißer, lustiger, kleiner Alter, mit klaren blauen Augen, begrüßte mich auf Russisch. In Verbindung mit dem, was ich über Kautsky aus dessen Büchern wußte, war er für mich eine sehr anziehende Gestalt. Besonders bestach mich das Fehlen jeglicher Eitelkeit, was, wie ich erst später begriff, die Folge seiner zu jener Zeit unbestrittenen Autorität und der sich daraus ergebenden inneren Ruhe war. Die Gegner nannten Kautsky den ›Papst‹ der Internationale. Nicht selten titulierten ihn auch seine Freunde so, aber mit einer gewissen Zärtlichkeit. Die alte Mutter Kautskys, die Verfasserin tendenziöser Romane, die sie ›meinem Sohn und meinem Lehrer‹ widmete, bekam zu ihrem fünfundsiebzigsten Geburtstag von den italienischen Sozialisten einen Gruß: alla mamma del papa (›Papas Mama‹).

Seine wichtigste theoretische Mission sah Kautsky in der Versöhnung der Reform mit der Revolution. Er selbst hatte sich ideologisch in der Epoche der Reform herangebildet. Realität besaß für ihn nur die Reform. Die Revolution war eine nebelhafte historische Perspektive. Kautsky nahm den Marxismus als ein fertiges System hin und popularisierte es wie ein Schullehrer. Großen Ereignissen war er nicht gewachsen. Sein Niedergang begann schon mit der Revolution von 1905. Eine persönliche Unterhaltung mit Kautsky brachte wenig ein. Seine Denkungsart war eckig, trocken, entbehrte des Scharfsinns, war unpsychologisch, seine Werturteile schematisch, seine Witze banal. Aus diesen Gründen war Kautsky auch als Redner schwach.

Seine Freundschaft mit Rosa Luxemburg fiel in die beste Periode der geistigen Arbeit Kautskys. Doch schon bald nach der Revolution von 1905 tauchten die ersten Anzeichen der Abkühlung in ihren Beziehungen auf. Kautsky sympathisierte mit der russischen Revolution und kommentierte sie recht gut – aus der Entfernung. Aber er hatte eine organische Feindseligkeit gegen die Übertragung der revolutionären Methoden auf deutschen Boden. Vor der Demonstration im Treptower Park traf ich in der Wohnung von Kautsky Rosa Luxemburg in grimmigem Streit mit dem Alten. Obwohl sie noch per ›du‹ und im Tone naher Freundschaft sprachen, konnte man doch in den Repliken von Rosa deutlich eine verhaltene Wut verspüren und bei Kautsky eine tiefe innere Verlegenheit, die durch einen hilflosen Scherz maskiert war. Zu der Demonstration gingen wir zusammen: Rosa, Kautsky, dessen Frau, Hilferding, der im Kriege verstorbene Gustav Eckstein und ich. Scharfe Zusammenstöße gab es auch unterwegs: Kautsky wollte Zuschauer bleiben, Rosa Luxemburg Teilnehmerin sein.

Der Antagonismus kam offen zum Ausbruch im Jahre 1910 in der Frage des Kampfes um das preußische Wahlrecht. Kautsky entwikkelte damals die Philosophie der Ermattungsstrategie im Gegensatz zu der Niederwerfungsstrategie. Es handelte sich um zwei unversöhnliche Tendenzen. Die Linie Kautsky war die Linie der immer tieferen Anpassung an das bestehende Regime. ›Ermattet‹ wurde dabei nicht die bürgerliche Gesellschaft, sondern der revolutionäre Idealismus der Arbeitermassen. Alle Philister, alle Bürokraten, alle Karrieristen waren auf der Seite von Kautsky, der für sie ideologische Hüllen webte, um ihre natürliche Nacktheit zu verbergen.

Der Krieg kam; die politische Ermattungsstrategie wurde durch die Schützengrabenstrategie verdrängt. Kautsky paßte sich auch dem Kriege an, wie früher dem Frieden. Während Rosa Luxemburg gezeigt hat, wie sie Treue zu Ideen verstand.

Ich erinnere mich, wie in der Wohnung von Kautsky der sechzigste Geburtstag Ledebours gefeiert wurde. Unter den zehn Gästen war auch August Bebel, der damals ins achte Jahrzehnt schritt. Das war die Zeit, als die Partei ihren Gipfelpunkt erreichte. Die taktische Einheit schien vollständig. Die Alten registrierten die Erfolge und schauten zuversichtlich in die Zukunft. Der Held der Feier, Ledebour, zeichnete beim Abendessen amüsante Karikaturen. Auf dieser intimen Feier lernte ich Bebel und seine Julia kennen. Die Anwesenden, darunter auch Kautsky, haschten nach jedem Wort des alten August Bebel. Von mir ganz zu schweigen.

In der Person Bebels verkörperte sich der langsame, aber beständige Aufstieg der neuen Klasse. Dieser magere Alte schien ganz aus geduldigem, aber unbeugsamem Willen geschaffen, der auf ein einziges Ziel gerichtet war. In seinem Denken, in seinen Reden, in seinen Artikeln kannte Bebel absolut nicht den Aufwand von geistigen Energien, die nicht unmittelbar einer praktischen Aufgabe dienten. Darin bestand auch die besondere Schönheit seines politischen Pathos. Er verkörperte jene Klasse, die nur in freien Stunden lernt, darum jede Minute schätzt und gierig nur das aufnimmt, was sie unbedingt nötig hat. Welch ausgeglichene menschliche Gestalt! Bebel starb in der Periode der Bukarester Friedenskonferenz, in der Zeit zwischen dem Balkankrieg und dem Weltkrieg. Auf dem Bahnhof in Ploësci, in Rumänien, erfuhr ich diese Kunde. Sie klang unwahrscheinlich: Bebel tot! Was wird aus der Sozialdemokratie werden? Mir kamen sofort Ledebours Worte über das innere Leben der deutschen Partei in den Sinn: 20 Prozent Radikale, 30 Prozent Opportunisten, und die übrigen gehen mit Bebel.

Als seinen Nachfolger hatte Bebel sich Haase auserkoren. Den Alten zog ohne Zweifel Haases Idealismus an, – nicht der weite revolutionäre Idealismus, den Haase nicht besaß, sondern der engere, persönliche, alltägliche, wie etwa die Bereitschaft, im Namen der Parteiinteressen auf die große Rechtsanwaltspraxis in Königsberg zu verzichten. Über diese wahrhaftig nicht sehr heroische Selbstaufopferung sprach Bebel – zur großen Verwunderung der russischen Revolutionäre – sogar in seiner Rede auf dem Parteitag, ich glaube in Jena, als er dringend Haase für den Posten des zweiten Vorsitzenden im Vorstand der Partei empfahl. Ich habe Haase ziemlich gut gekannt. Nach einem Parteitag machten wir zusammen eine kleine Reise durch Deutschland und sahen uns gemeinsam Nürnberg an. Weich und aufmerksam in persönlichen Beziehungen, blieb Haase in der Politik bis an sein Ende das, was er seiner Natur nach nur sein konnte: eine ehrliche Mittelmäßigkeit, ein provinzieller Demokrat ohne revolutionäres Temperament und ohne theoretischen Horizont. Auf dem Gebiete der Philosophie nannte er sich etwas verschämt Kantianer. In jeder kritischen Situation neigte er dazu, unwiderruflichen Entschlüssen auszuweichen, zu halben Maßnahmen und zum Abwarten Zuflucht zu nehmen. Es ist nicht verwunderlich, daß ihn später die Unabhängigen zu ihrem Führer gemacht haben.

Ein ganz anderer Typus war Karl Liebknecht. Ich kannte ihn viele Jahre hindurch, aber wir trafen uns nur in großen Zwischenräumen. Die Berliner Wohnung Liebknechts war das Stabsquartier der russischen Emigranten. Wenn es galt, die Stimme des Protestes zu erheben gegen die Schergendienste, die von der deutschen Polizei dem Zarismus geleistet wurden, dann wandten wir uns vor allem an Liebknecht, und er klopfte seinerseits an alle Türen und an alle Schädel. Ein gebildeter Marxist, war Liebknecht dennoch kein Theoretiker. Er war ein Mann der Tat. Eine impulsive, leidenschaftliche, sichaufopfernde Natur, besaß er politische Intuition und einen Instinkt für die Massen und für die Umstände und war von unvergleichlichem Mut zur Initiative erfüllt. Das war ein Revolutionär. Deshalb blieb er stets ein halber Fremdling im Hause der deutschen Sozialdemokratie mit ihrer bürokratischen Ge-

mächlichkeit und der steten Bereitschaft zum Rückzug. Wieviele Philister und Banausen blickten vor meinen Augen auf Liebknecht ironisch von oben herab!
Auf dem sozialdemokratischen Parteitag in Jena im Jahre 1911 wurde mir auf Anregung von Liebknecht vorgeschlagen, über die Vergewaltigung Finnlands durch die zaristische Regierung zu referieren. Bevor ich jedoch zu meinem Referat kam, traf die telegraphische Nachricht ein von der Ermordung Stolypins in Kiew. Bebel nahm mich sofort ins Verhör: Was bedeutet das Attentat? Welche Partei kann dafür die Verantwortung übernehmen? Ob ich nicht durch mein Auftreten die unerwünschte Aufmerksamkeit der deutschen Polizei auf mich lenken würde? »Sie befürchten«, fragte ich den Alten vorsichtig, indem ich mich an die Geschichte mit Quelch in Stuttgart erinnerte, »daß mein Auftreten gewisse Schwierigkeiten verursachen könnte?« »Ja«, antwortete Bebel, »ich gestehe, ich würde es lieber sehen, daß Sie nicht auftreten.« »In diesem Falle kann von meinem Auftreten nicht die Rede sein.« Bebel atmete erleichtert auf. Nach einer Minute stürzte Liebknecht aufgeregt zu mir: »Ist es wahr, daß sie Ihnen nahegelegt haben, nicht aufzutreten? Und Sie stimmten zu?« »Wie konnte ich nicht zustimmen«, rechtfertigte ich mich, »hier ist doch Bebel der Herr und nicht ich.« Seiner Empörung gab Liebknecht in der Rede Ausdruck, in der er schonungslos gegen die zaristische Regierung losging, ohne die Signale des Präsidiums zu beachten, das keine Komplikationen durch Majestätsbeleidigung entstehen lassen wollte. Die gesamte weitere Entwicklung der Partei ist in dieser kleinen Episode enthalten...
Als die tschechischen Gewerkschaften sich in Opposition zu der deutschen Führung gestellt hatten, rückten die Austromarxisten gegen die Spaltung der Gewerkschaften mit einer Argumentation heraus, die recht geschickt mit dem Internationalismus operierte. Auf dem internationalen Kongreß in Kopenhagen sprach zu dieser Frage Plechanow. Wie alle Russen unterstützte er uneingeschränkt die deutsche Position gegenüber den Tschechen. Plechanows Kandidatur hatte der alte Adler aufgestellt, für den es bequemer war, in einer so delikaten Sache einen Russen als Hauptankläger gegen den slawischen Chauvinismus zu haben. Ich konnte selbstverständlich nichts mit der kläglichen nationalen Beschränktheit solcher Leute wie Nemec, Soukup oder Smeral gemein haben, obgleich Smeral mich beharrlich von dem guten Recht der Tschechen zu überzeugen versuchte. Aber gleichzeitig hatte ich das Innenleben der österreichischen Arbeiterbewegung zu nahe beobachten können, um die ganze Schuld oder auch nur die Hauptschuld den Tschechen zuzuschreiben. Vieles sprach dafür, daß die tschechische Partei in ihrer Masse radikaler war als die deutsch-österreichische und daß die berechtigte Unzufriedenheit der tschechischen Arbeitermassen mit der opportunistischen

Führung Wiens von tschechischen Chauvinisten vom Schlage Nemecs geschickt ausgenutzt wurde.
Unterwegs von Wien zum Kopenhagener Kongreß traf ich auf einem Bahnhof, auf dem man umsteigen mußte, ganz unerwartet Lenin, der aus Paris kam. Wir mußten eine Stunde warten, und es entspann sich zwischen uns ein großes Gespräch, das sehr freundschaftlich in seinem ersten und weniger freundschaftlich in seinem zweiten Teil war. Ich versuchte zu beweisen, daß an der Abspaltung der tschechischen Gewerkschaften die Schuld in erster Linie die Wiener Leitung trage, die hochtrabend die Arbeiter aller Länder, darunter auch Böhmens, zum Kampfe aufrufe, zum Schluß aber stets hinter den Kulissen ein Abkommen mit der Monarchie treffe. Lenin lauschte mit größtem Interesse. Er hatte eine besondere Fähigkeit, aufmerksam zuzuhören, wenn er aus den Worten des andern unbedingt das herausholen wollte, was er brauchte; er sah dann an dem Sprecher vorbei in die Weite.
Das Gespräch nahm aber einen völlig anderen Charakter an, als ich Lenin von meinem letzten Artikel im ›Vorwärts‹ über die russische Sozialdemokratie erzählte. Der Artikel war zum Kongreß geschrieben worden und unterwarf sowohl die Menschewiki wie die Bolschewiki einer scharfen Kritik. Ein besonders zugespitztes Moment in dem Aufsatz bildete die Frage über die sogenannten ›Expropriationen‹. Nach einer niedergeschlagenen Revolution werden bewaffnete Expropriationen und terroristische Überfälle unvermeidliche Quellen zur Desorganisierung auch der revolutionärsten Partei. Der Londoner Kongreß hatte mit den Stimmen der Menschewiki, der Polen und eines Teiles der Bolschewiki Expropriationen verboten. Auf die Rufe: »Und Lenin? Und Lenin?« hatte dieser geheimnisvoll gelächelt. Die Expropriationen setzten sich nach dem Londoner Kongreß weiter fort und fügten der Partei Schaden zu. Auf diesen Punkt hatte ich im ›Vorwärts‹ den Schlag konzentriert. »Haben Sie das wirklich so geschrieben?« fragte Lenin vorwurfsvoll, als ich ihm auf sein Drängen die wichtigsten Gedanken und Formulierungen des Aufsatzes aus dem Gedächtnis wiederholte. »Wäre es nicht möglich, den Druck des Aufsatzes telegraphisch aufzuhalten?« »Nein«, erwiderte ich, »der Artikel sollte heute morgen erscheinen, und weshalb auch aufhalten? Der Artikel ist richtig.«
In Wirklichkeit war der Artikel nicht richtig, denn er rechnete damit, daß eine Partei entstehen würde durch Verschmelzung der Bolschewiki mit den Menschewiki, unter Wegfall aller Extreme, während in Wirklichkeit eine Partei entstanden ist im schonungslosen Kampf der Bolschewiki gegen die Menschewiki. Lenin versuchte, eine Verurteilung meines Artikels bei der russischen Delegation zu erwirken. Das war in meinem Leben der Augenblick des schärfsten Zusammenstoßes mit Lenin. Lenin war überdies krank, er litt an starken Zahnschmerzen, sein ganzer Kopf war verbun-

den. In der Delegation entstand eine reichlich feindselige Einstellung gegen den Artikel und seinen Autor, weil die Menschewiki mit dem Artikel nicht weniger unzufrieden waren, da er sich in prinzipieller Hinsicht gegen sie richtete. »Und wie empörend ist sein Artikel in der ›Neuen Zeit‹, vielleicht noch empörender als der im ›Vorwärts‹«, schrieb Axelrod im Oktober 1910 an Martow. »Plechanow, der Trotzki nicht ausstehen konnte«, schreibt Lunatscharski, »benutzte die Gelegenheit, um so etwas wie ein Schiedsgericht gegen ihn zu fordern. Mir erschien das ungerecht, und ich trat ziemlich energisch für Trotzki ein und trug gemeinsam mit Rjasanow dazu bei, daß die Absicht Plechanows vereitelt wurde«... Die Mehrzahl der Delegation kannte den Artikel nur aus mündlicher Wiedergabe. Ich forderte die Verlesung des Artikels. Sinowjew versuchte nachzuweisen, daß es nicht nötig sei, den Artikel zu kennen, um ihn zu verurteilen. Die Mehrzahl war nicht mit ihm einverstanden. Den Artikel las dann laut vor und übersetzte, wenn ich nicht irre, Rjasanow. Bei der vorangegangenen Wiedergabe des Inhalts in den Wandelgängen war der Artikel allen so schrecklich erschienen, daß das Vorlesen den direkt entgegengesetzten Eindruck machte: der Artikel kam allen harmlos vor. Mit erdrückender Mehrheit lehnte die Delegation eine Verurteilung ab. Das hindert mich nicht, diesen Artikel als in der Kritik der bolschewistischen Fraktion falsch jetzt selbst zu verurteilen.
In der Frage der tschechischen Gewerkschaften stimmte die russische Delegation auf dem Kongreß für die Wiener und gegen die Prager Resolution. Ich versuchte eine Korrektur hineinzubringen, doch vergeblich. Übrigens war mir selbst die ›Korrektur‹ noch nicht ganz klar, die man an der Politik der Sozialdemokratie vorzunehmen hatte. Die Korrektur hätte darin bestehen müssen, daß man der Sozialdemokratie den heiligen Krieg erklärte. Diesen Weg haben wir erst im Jahre 1914 beschritten.

Vorbereitung zur neuen Revolution

Meine Arbeit in den Jahren der Reaktion bestand zur guten Hälfte in der Deutung der Revolution von 1905 und in der theoretischen Wegbereitung für die zweite Revolution.
Schon bald nach meiner Ankunft im Ausland machte ich eine Reise durch die russischen Studenten- und Emigrantenkolonien mit zwei Referaten: ›Das Schicksal der russischen Revolution (zum gegenwärtigen politischen Moment)‹ und ›Kapitalismus und Sozialismus (sozialrevolutionäre Perspektiven)‹. Das eine Referat wies nach, daß die Perspektive von 1905 bestätigt worden war. Das zweite Referat hatte zur Aufgabe, die russische Revolution mit der Weltrevolution zu verbinden.
Seit Oktober 1908 gab ich in Wien die russische Zeitung ›Prawda‹

heraus, die für breite Arbeiterkreise bestimmt war. Nach Rußland wurde sie geschmuggelt, entweder über die galizische Grenze oder über das Schwarze Meer. Die Zeitung erschien während dreieinhalb Jahren, nicht häufiger als zweimal im Monat, aber die Herausgabe erforderte große und mühselige Arbeit. Die illegale Korrespondenz mit Rußland nahm viel Zeit in Anspruch. Ich stand außerdem in engster Verbindung mit dem illegalen Bund der Schwarzmeer-Seeleute, denen ich half, ihr Organ herauszugeben.

Mein Hauptmitarbeiter an der ›Prawda‹ war A. A. Joffe, der später bekannte Sowjetdiplomat. Seit den Wiener Tagen datiert unsere Freundschaft. Joffe war ein Mann von hoher Geistigkeit, großer persönlicher Weichheit und der Sache unverbrüchlich ergeben. Er opferte der ›Prawda‹ seine Zeit und seine Mittel. Wegen einer nervösen Krankheit stand Joffe in psychoanalytischer Behandlung bei dem bekannten Wiener Arzt Alfred Adler, der als Schüler des Professors Freud begonnen hatte, sich aber dann in Opposition zu seinem Lehrer stellte und eine eigene individualpsychologische Schule gründete. Durch Joffe wurde ich mit den Problemen der Psychoanalyse bekannt, die mir sehr verführerisch erschienen, obwohl auf diesem Gebiete vieles sehr schwankend und unbeständig ist und den Boden für Phantastik und Willkür öffnet. Mein zweiter Mitarbeiter war der Student Skobeljew, später Arbeitsminister in der Regierung Kerenski: wir trafen uns im Jahre 1917 als Feinde. Als Sekretär der ›Prawda‹ hat eine Zeitlang Victor Kopp gearbeitet, der spätere Sowjetgesandte in Schweden.

In Angelegenheiten der Wiener ›Prawda‹ reiste Joffe nach Rußland. Er wurde in Odessa verhaftet, saß lange im Gefängnis und wurde dann nach Sibirien verschickt. Erst die Februarrevolution von 1917 befreite ihn. Joffe war einer der aktivsten Teilnehmer am Oktoberumsturz. Der persönliche Mut dieses schwerkranken Menschen war wahrhaft herrlich. Ich sehe noch jetzt seine schwerfällige Gestalt auf dem herbstlichen, von Geschossen zerwühlten Feld bei Petersburg im Herbst 1919. In der ausgesuchten Kleidung des Diplomaten, mit einem weichen Lächeln auf dem ruhigen Gesicht, mit einem Stöckchen, als wäre er Unter den Linden, beobachtete Joffe neugierig die in seiner Nähe platzenden Geschosse, ohne die Schritte zu beschleunigen oder zu verlangsamen. Er war ein guter, nachdenklicher, gemütvoller Redner und auch solch ein Schriftsteller. Bei jeder Arbeit war Joffe bis in die kleinsten Details aufmerksam, was bei so vielen Revolutionären nicht der Fall ist. Lenin hat die diplomatische Tätigkeit Joffes sehr geschätzt. Ich war viele Jahre lang enger als sonst jemand mit diesem Manne verbunden. Seine Ergebenheit in der Freundschaft und seine geistige Treue waren unvergleichlich. Sein Leben hat Joffe tragisch beendet. Schwere ererbte Krankheiten hatten seine Gesundheit untergraben. Nicht weniger hart traf ihn die wüste Hetze der Epigonen gegen die Marxisten. Der Möglichkeit beraubt, gegen seine Krankheit anzukämpfen, und damit auch, sich politisch zu betätigen, nahm sich Joffe im Herbst 1927 das Leben. Seinen vor dem Tode an mich gerichteten Brief haben die Agenten Stalins von Joffes Nachttisch gestohlen. Die Zeilen, die der Beachtung des Freundes gewidmet waren, wurden durch die Jaroslawski und andere innerlich demoralisierte Subjekte aus dem Zusammenhang gerissen, entstellt und umgelogen. Dies wird jedoch nicht verhindern, daß Joffes Name im Buche der Revolution als einer ihrer besten Namen eingetragen bleiben wird.

In den trübsten und lichtlosesten Tagen der Reaktion haben wir beide zuversichtlich das Nahen der neuen Revolution erwartet, und wir haben sie gerade so erwartet, wie sie sich im Jahre 1917 entfaltete. Swertschkow, der in jenen Jahren Menschewik war und jetzt Stalinist ist, schreibt in seinen Erinnerungen über die Wiener ›Prawda‹: »In dieser Zeitung setzte er (Trotzki) in alter Weise beharrlich und hartnäckig den Gedanken von der ›Permanenz‹ der russischen Revolution auseinander, das heißt, er versuchte zu beweisen, daß die Revolution, einmal begonnen, nicht aufhören würde, bis sie zur Niederwerfung des Kapitalismus und der Errichtung einer sozialistischen Gesellschaftsordnung in der ganzen Welt geführt haben wird. Man lachte über ihn, sowohl die Bolschewiki wie die Menschewiki beschuldigten ihn der Romantik und der sieben Todsünden, er aber blieb hartnäckig und fest auf seinem Standpunkt, ohne sich durch die Angriffe beirren zu lassen.«

Im Jahre 1909 habe ich in der polnischen Zeitschrift von Rosa Luxemburg das gegenseitige Verhältnis zwischen Proletariat und Bauernschaft folgendermaßen charakterisiert: »Lokalkretinismus ist der historische Fluch der Bauernbewegungen. An der politischen Beschränktheit des Bauern, der in seinem Dorfe den Gutsbesitzer plündert, um sich dessen Landes zu bemächtigen, der aber, sobald er in den Soldatenrock kriecht, Arbeiter niederschießt, ist die erste Welle der russischen Revolution (1905) zerschellt. Ihren ganzen Verlauf kann man als einen erbarmungslosen Anschauungsunterricht betrachten, mit dessen Hilfe die Geschichte dem Bauern das Bewußtsein einzuhämmern versuchte, daß zwischen seiner lokalen Landnot und dem zentralen Problem der Staatsmacht eine direkte Verbindung besteht.«

Auf das Beispiel Finnlands verweisend, wo die Sozialdemokratie auf Grund der Kleinpächter-Frage einen riesigen Einfluß auf das Dorf gewonnen hatte, führte ich aus: »Welchen Einfluß auf die Bauernschaft wird unsere Partei im Prozeß und als Folge der Führung einer neuen unvergleichlich breiteren Massenbewegung in Stadt und Dorf gewinnen können! Natürlich nur dann, wenn wir nicht selbst die Waffen strecken werden aus Angst vor den Verlokkungen der politischen Macht, der uns die neue Welle unvermeidlich entgegentragen wird.« Wie sieht dies doch einer ›Ignorierung der Bauernschaft‹ oder einem ›Überspringen der Agrarfrage‹ ähnlich!

Am 4. Dezember 1909, als die Revolution endgültig und hoffnungslos zertreten schien, schrieb ich in der ›Prawda‹: »Schon heute, durch die uns umlagernden schwarzen Wolken der Reaktion hindurch, erkennen wir den siegreichen Widerschein eines neuen Oktober.« Nicht nur die Liberalen, sondern auch die Menschewiki höhnten damals über diese Worte, die ihnen als pure Agitationsphrase ohne Inhalt erschienen. Professor Miljukow, dem die Ehre der Erfindung des Terminus ›Trotzkismus‹ gebührt, erwiderte mir: »Die Idee der Diktatur des Proletariats ist eine rein kindische Idee, und kein Mensch in Europa wird sie ernstlich unterstützen.« Nichtsdestoweniger vollzogen sich im Jahre 1917 Ereignisse, die die großartige Überzeugung des liberalen Professors stark erschüttern mußten.

In den Jahren der Reaktion beschäftigte ich mich mit der Frage der Handels- und Industriekonjunktur, sowohl im Weltmaßstabe wie im nationalen Ausmaße. Mich leitete dabei das revolutionäre Interesse: ich wollte das Abhängigkeitsverhältnis zwischen den Schwankungen des Handels und der Industrie einerseits und dem Stadium der Arbeiterbewegung und des revolutionären Kampfes andererseits feststellen. Auch hier, wie in allen anderen Fragen, habe ich mich am meisten davor gehütet, eine automatische Abhängigkeit der Politik von der Ökonomie festzustellen. Die Wechselwirkung mußte man aus dem Gesamtprozeß ableiten. Ich befand mich noch im böhmischen Städtchen Hirschberg, als auf der New Yorker Börse sich der *Schwarze Freitag* abspielte. Er wurde der Vorbote einer Weltkrise, die unvermeidlich auch Rußland erfassen sollte, das durch den russisch-japanischen Krieg und danach durch die Revolution erschüttert war. Was werden die Folgen der Krise sein? Der in der Partei, und zwar in beiden Fraktionen, vorherrschende Standpunkt war, daß die Krise eine Verschärfung des revolutionären Kampfes mit sich bringen müsse. Ich nahm einen anderen Standpunkt ein. Nach einer Periode großer Kämpfe und großer Niederlagen wirken Krisen auf die Arbeiterklasse nicht erhebend, sondernd drückend, rauben ihr die Zuversicht zu ihren Kräften und zersetzen sie politisch. Unter solchen Umständen vermag nur ein neuer industrieller Aufschwung das Proletariat zusammenzuschweißen, zu neuem Leben zu erwecken, ihm das Vertrauen zu seiner Kraft zurückzugeben und es wieder kampffähig zu machen. Diese Perspektive begegnete Kritik und Mißtrauen. Die offiziellen Ökonomisten der Partei entwickelten außerdem den Gedanken, daß ein industrieller Aufschwung unter dem Regime der Konterrevolution überhaupt unmöglich sei. Im Gegensatz zu ihnen ging ich davon aus, daß ein wirtschaftlicher Aufschwung unvermeidlich wäre; daß er eine neue Streikwelle hervorrufen würde, wonach erst eine neue ökonomische Krise den Anstoß zum revolutionären Kampfe geben könne. Diese Prognose hat sich völlig bestätigt. Ein industrieller Aufstieg begann im Jahre 1910, trotz der Konterrevolution. Zusammen mit ihm kamen auch Streiks. Die Niederschießung der Arbeiter in den Goldgruben von Lena im Jahre 1912 fand einen gigantischen Widerhall im ganzen Lande. Im Jahre 1914, als die Krise schon unzweifelhaft vorhanden war, wurde Petersburg wieder die Arena von Arbeiterbarrikaden. Ihr Zeuge war Poincaré, der am Vorabend des Krieges dem Zaren einen Besuch abstattete.

Diese theoretische und politische Erfahrung ist für mich in der Folge von unschätzbarer Bedeutung geworden. Auf dem dritten Kongreß der Kommunistischen Internationale hatte ich die erdrückende Mehrzahl der Delegierten gegen mich, als ich auf die Unvermeidlichkeit des ökonomischen Aufstiegs des Nachkriegseuropa als auf die Voraussetzung weiterer revolutionärer Krisen verwies. In der allerjüngsten Zeit war ich wieder gezwungen, gegen den sechsten Kongreß der Komintern die Beschuldigung zu erheben, daß er den in China stattgefundenen Umschwung der ökonomischen und politischen Verhältnisse ganz und gar nicht begriffen habe, als er nach der grausamen Niederlage der Revolution irrtümlich ihre Weiterentwicklung als Folge der zugespitzten ökonomischen Krise im Lande erwartete.

Die Dialektik des Prozesses ist an sich gar nicht so kompliziert. Es ist aber leichter, sie in allgemeinen Zügen zu formulieren, als sie jedesmal aufs neue an lebendigen Beispielen zu entdecken. Mindestens stoße ich in dieser Frage bis auf den heutigen Tag auf die hartnäckigsten Vorurteile, die in der Politik zu groben Fehlern und schweren Folgen führen.

In der Einschätzung des weiteren Schicksals des Menschewismus und der organisatorischen Aufgaben der Partei hat die ›Prawda‹ niemals die Leninsche Klarheit erreicht. Ich hatte immer noch gehofft, daß eine neue Revolution die Menschewiki – wie im Jahre 1905 – zwingen würde, den revolutionären Weg zu beschreiten. Ich habe die Bedeutung der vorbereitenden ideologischen Aufzucht und politischen Stählung unterschätzt. In Fragen der innerparteilichen Entwicklung beging ich die Sünde, mich einer Art *sozialrevolutionärem* Fatalismus hinzugeben. Das war eine falsche Position. Aber sie war unermeßlich höher als jener ideenlose *bürokratische* Fatalismus, der die Mehrzahl meiner heutigen Kritiker aus dem Lager der Kommunistischen Internationale auszeichnet.

Im Jahre 1912, als sich der neue politische Aufstieg klar zeigte, machte ich den Versuch, eine Vereinigungskonferenz von Vertretern aller sozialdemokratischen Fraktionen einzuberufen. Daß in jener Zeit die Hoffnung auf eine Wiederherstellung einer einigen russischen Sozialdemokratie nicht nur mich beschäftigte, zeigt das

Beispiel Rosa Luxemburgs. Im Sommer 1911 schrieb sie: »Trotz alledem kann die Parteieinheit noch gerettet werden, wenn man beide Seiten *zwingt*, zusammen die Konferenz einzuberufen.« Im August 1911 wiederholte sie: »*Der einzige Weg*, die Einigkeit zu retten, ist – eine allgemeine *aus Rußland* beschickte Konferenz zustandezubringen, denn die Leute in Rußland wollen alle den Frieden und die Einigkeit, und sie sind die einzige Macht, die die ausländischen Kampfhähne zur Räson bringen wird.«

Unter den Bolschewiki selbst waren die versöhnlerischen Tendenzen in jener Periode sehr stark, und ich verlor die Hoffnung nicht, daß dieses auch Lenin veranlassen würde, sich an der Konferenz zu beteiligen. Lenin jedoch widersetzte sich der Vereinigung mit aller Kraft. Der ganze Verlauf der Ereignisse hat gezeigt, daß Lenin recht hatte. Die Konferenz versammelte sich im August 1912 in Wien, ohne die Bolschewiki, und ich geriet formell in einen ›Block‹ mit den Menschewiki und einzelnen Gruppen der Bolschewiki-Dissidenten. Eine politische Basis hatte dieser Block nicht, in allen grundlegenden Fragen ging ich mit den Menschewiki auseinander. Der Kampf gegen sie wurde am Tage nach der Konferenz wieder aufgenommen. Zugespitzte Konflikte erwuchsen täglich aus den zwei tief entgegengesetzten Tendenzen: der sozialrevolutionären und der demokratisch-reformistischen.

»Aus dem Brief Trotzkis«, schreibt Axelrod am 4. Mai, kurz vor der Konferenz, »habe ich den für mich recht schweren Eindruck gewonnen, daß er gar nicht den Wunsch hat, sich tatsächlich ernstlich uns und unseren Freunden in Rußland zu nähern ... zum gemeinsamen Kampfe gegen den gemeinsamen Feind.« Eine solche Absicht: mich mit den Menschewiki zu verbinden zum gemeinsamen Kampfe gegen die Bolschewiki, hatte ich tatsächlich nicht und konnte ich nicht haben. Nach der Konferenz beklagte sich Martow in einem Brief an Axelrod darüber, daß Trotzki die »schlimmsten Sitten des Lenin-Plechanowschen Literaten-Individualismus« auferstehen lasse. Der vor einigen Jahren veröffentlichte Briefwechsel zwischen Axelrod und Martow legt Zeugnis ab für deren ganz unverfälschten Haß gegen mich. Trotz dem mich von ihnen trennenden Abgrunde hatte ich niemals ein solches Gefühl gegen sie gehegt. Auch jetzt noch denke ich mit Dankbarkeit daran, daß sie mir in meinen jungen Jahren Wertvolles gegeben haben.

Die Episode des August-Blocks ist in alle ›antitrotzkistischen‹ Lehrbücher des Epigonentums hineingekommen. Für Neulinge und Analphabeten wird die Vergangenheit so dargestellt, als sei der Bolschewismus gleich in voller Rüstung aus dem historischen Laboratorium herausgekommen. Die Geschichte des Kampfes der Bolschewiki mit den Menschewiki ist aber in Wahrheit gleichzeitig die Geschichte ununterbrochener Vereinigungsbestrebungen. Im Jahre 1917 nach Rußland zurückgekehrt, macht Lenin den letzten Versuch einer Verständigung mit den Menschewiki-Internationalisten. Als ich im Mai aus Amerika eintraf, bestand die Mehrzahl der sozialdemokratischen Organisationen in der Provinz aus vereinigten Bolschewiki und Menschewiki. Auf der Parteikonferenz im März 1917, einige Tage vor der Ankunft Lenins, predigte Stalin die Vereinigung mit der Partei Zeretellis. Noch nach der Oktoberrevolution haben Sinowjew, Kamenjew, Rykow, Lunatscharski und Dutzende anderer wütend für eine Koalition mit den Sozialrevolutionären und den Menschewiki gekämpft. Diese Menschen versuchen heute, ihre geistige Existenz mit dem schrecklichen Märchen von der Wiener Vereinigungskonferenz des Jahres 1912 zu fristen.

Die ›Kijewskaja Mysl‹ (›Kiewer Gedanke‹) machte mir das Angebot, als Kriegskorrespondent nach dem Balkan zu gehen. Dieses Angebot kam mir um so gelegener, als die August-Konferenz sich inzwischen als eine Fehlgeburt erwiesen hatte. Ich empfand das Bedürfnis, mindestens für eine kurze Zeit mich von den Angelegenheiten der russischen Emigration fernzuhalten. Die wenigen Monate, die ich auf der Balkanhalbinsel verbrachte, waren Kriegsmonate, und sie haben mich vieles gelehrt.

Ich fuhr im September 1912 gen Südosten, den Krieg im voraus nicht nur als wahrscheinlich, sondern als unvermeidlich betrachtend. Als ich jedoch in den Straßen von Belgrad war, die langen Reihen der Reservisten erblickte, als ich mich mit meinen eigenen Augen überzeugte, daß es kein Zurück mehr gab, daß der Krieg kommen werde, kommen werde in wenigen Tagen, als ich erfuhr, daß einige mir gut bekannte Menschen bereits unter Waffen an der Grenze standen und daß sie als erste gezwungen sein würden, zu morden und zu sterben, – da erschien mir der Krieg, mit dem ich in meinen Gedanken und Artikeln so leicht umgegangen war – unwahrscheinlich und unmöglich. Wie auf ein Gespenst blickte ich auf das Regiment, das in den Krieg ging – das 18. Infanterie-Regiment –, in feldgrauen Uniformen, in Bastschuhen und mit grünen Zweigen an den Käppchen. Die Bastschuhe an den Füßen und die Zweige an den Käppchen – bei voller Kriegsausrüstung – gaben den Soldaten das Aussehen von Opfergeweihten. Und nichts vom Wahnsinn des Krieges brannte in diesem Augenblick im Bewußtsein so unerträglich wie diese Zweige und Bauernschuhe. Wie weit ist die heutige Generation von den Gewohnheiten und Stimmungen des Jahres 1912 entfernt! Ich verstand auch damals sehr gut, daß der humanitär-moralisierende Standpunkt dem historischen Prozeß gegenüber der fruchtloseste Standpunkt ist. Aber es handelte sich nicht um Deutungen, sondern um Erlebnisse. Die Seele war erfüllt von einem unmittelbaren, nicht wiederzugebenden Gefühl der historischen Tragik: Die Ohnmacht vor dem Fatum, der brennende Schmerz für die menschliche Heuschrecke.

Der Krieg wurde nach zwei, drei Tagen erklärt. »Sie in Rußland wissen es und glauben es«, schrieb ich, »ich aber, hier an Ort und

Stelle, glaube daran nicht. Diese Verbindung des Üblichen, des Alltäglich-Menschlichen: Hühner, Zigaretten, barfüßige Jungen mit Rotznasen – mit der unwahrscheinlichen tragischen Tatsache des Krieges findet in meinem Kopfe keinen Platz. Ich weiß, daß der Krieg erklärt ist, daß er bereits begonnen hat, aber ich habe noch nicht gelernt, an ihn zu glauben.« Man wurde aber gezwungen, fest und für lange Zeit an ihn zu glauben.

Die Jahre 1912–13 haben mir die nahe Bekanntschaft mit Serbien, Bulgarien, Rumänien und – dem Krieg vermittelt. Dies war in vieler Beziehung eine gute Vorbereitung nicht nur für das Jahr 1914, sondern auch für 1917. Ich begann in meinen Artikeln einen Kampf gegen die Lüge des Slawophilentums zu führen, gegen den Chauvinismus überhaupt, gegen die Illusionen des Krieges, gegen das wissenschaftlich organisierte System der Nasführung der öffentlichen Meinung. Die Redaktion der ›Kijewskaja Mysl‹ besaß Entschlossenheit genug, meinen Artikel zu drucken, der die bulgarischen Bestialitäten gegen die verwundeten und gefangenen Türken schilderte und die Verschwörung der russischen Presse, die sie verschwieg, entlarvte. Das rief einen Sturm der Entrüstung bei den liberalen Zeitungen hervor. Am 30. Januar 1913 stellte ich Miljukow in der Presse die ›außerparlamentarische Interpellation‹ betreffs der ›slawischen‹ Bestialitäten gegen die Türken. An die Wand gedrückt, antwortete Miljukow, der geschworene Vertreter des offiziellen Bulgariens, mit einem hilflosen Gestammel. Die Polemik dauerte einige Wochen und entbehrte nicht der Anspielungen der Regierungsorgane darauf, daß sich hinter dem Pseudonym Antid Oto nicht etwa nur ein Emigrant, sondern auch ein österreichisch-ungarischer Agent verberge.

Der Monat, den ich in Rumänien verlebte, hatte mich Dobrudschanu-Gherea genähert und meine Freundschaft mit Rakowski, den ich seit 1903 kannte, für immer befestigt.

Ein russischer Revolutionär der siebziger Jahre blieb ›im Vorbeigehen‹ am Vorabend des russisch-türkischen Krieges in Rumänien, wurde dort zufällig aufgehalten, – und bereits nach wenigen Jahren gewann unser Landsmann, unter dem Namen Gherea, großen Einfluß zuerst auf die rumänische Intelligenz, dann auf die fortgeschrittenen Arbeiter. Die literarische Kritik auf sozialer Basis war das Hauptgebiet, auf dem Gherea das Bewußtsein der fortschrittlichen Elemente der rumänischen Intelligenz formte. Von den Fragen der Ästhetik und der persönlichen Moral leitete er über zum wissenschaftlichen Sozialismus. Die Mehrzahl der Politiker fast sämtlicher Parteien Rumäniens hat in ihrer Jugend eine flüchtige Schule des Marxismus unter der Leitung von Gherea durchgemacht. Das hat sie übrigens nicht gehindert, im reifen Alter eine Politik des reaktionären Banditismus zu verfolgen.

Ch. G. Rakowski ist eine der internationalsten Gestalten in der europäischen Bewegung. Ein Bulgare der Abstammung nach, aus der

Stadt Kotel, dem Herzen Bulgariens, aber rumänischer Untertan dank der Balkankarte, französischer Arzt der Bildung nach, Russe durch seine Verbindungen, Sympathien und literarischen Arbeiten, beherrscht Rakowski alle Balkansprachen und vier europäische, hat sich zu verschiedenen Perioden aktiv am Leben von vier sozialistischen Parteien beteiligt – der bulgarischen, russischen, französischen und rumänischen –, um später einer der Führer der Sowjetföderation, einer der Begründer der Kommunistischen Internationale, der Vorsitzende des ukrainischen Sowjets der Volkskommissare, der diplomatische Vertreter der Sowjetunion in England und Frankreich zu werden und schließlich das Schicksal der linken Opposition zu teilen. Die persönlichen Eigenschaften Rakowskis: ein weiter internationaler Horizont und ein tiefer, edler Charakter haben ihn bei Stalin besonders verhaßt gemacht, da dieser gerade die entgegengesetzten Eigenschaften verkörpert.
Im Jahre 1913 war Rakowski der Gründer und Führer der rumänischen sozialistischen Partei, die sich später der Kommunistischen Internationale anschloß. Die Partei erlebte einen Aufstieg. Rakowski redigierte eine Tageszeitung, er finanzierte sie auch. Am Ufer des Schwarzen Meeres, unweit von Mangalien, hatte Rakowski ein kleines Erbgut, dessen Erträgnisse zur Unterstützung der rumänischen sozialistischen Partei und einer Reihe revolutionärer Gruppen und Personen in anderen Ländern dienten. Drei Tage in der Woche verbrachte Rakowski in Bukarest, schrieb Artikel, leitete die Sitzungen des Zentralkomitees, trat in Versammlungen auf, beteiligte sich an Straßendemonstrationen. Dann eilte er mit dem Zug an das Ufer des Schwarzen Meeres zurück, brachte Bindfaden, Nägel und andere Gebrauchsgegenstände für das Gut mit, fuhr auf das Feld, kontrollierte die Arbeit des neuen Traktors, lief im städtischen Gehrock über die Furchen hinter ihm her und hastete tags darauf wieder zurück, um nicht ein Meeting oder eine Sitzung zu versäumen. Ich begleitete Rakowski auf einer Reise und bewunderte dessen überschäumende Energie, dieses Nieermüden, die ständige geistige Frische und die freundliche Aufmerksamkeit gegen kleine Leute. Auf der Straße in Mangalien ging Rakowski in Gesprächen mit den Kolonisten und Handelsagenten im Verlaufe von fünfzehn Minuten von der rumänischen zur türkischen, von der türkischen zur bulgarischen, dann zur deutschen und französischen Sprache über, um schließlich mit den vielen in der Umgegend lebenden russischen Skopzen* Russisch zu sprechen. Er unterhielt sich als Gutsbesitzer, als Arzt, als Bulgare, als rumänischer Untertan und am häufigsten als Sozialist. So ging er vor meinen Augen wie ein Wunder einher, durch die Straßen des weltentlegenen, sorglosen, trägen Seestädtchens. Und in der Nacht jagte er

* Eine russische Sekte.

schon wieder zum Kampfplatz. Er fühlte sich überall wohl und heimisch, in Bukarest, Sofia, Paris, Petersburg oder Charkow.
Die Jahre der zweiten Emigration waren für mich Jahre der Mitarbeit an der russischen demokratischen Presse. Ich debütierte in der ›Kijewskaja Mysl‹ mit einem großen Aufsatz über den Münchener ›Simplicissimus‹, der mich einige Zeit, als die Zeichnungen von Th. Th. Heine noch von einem starken sozialen Geiste erfüllt waren, so sehr interessierte, daß ich alle seit der Gründung dieser Zeitschrift erschienenen Nummern aufmerksam durchsah. In diese Zeit fällt auch meine nähere Bekanntschaft mit der neuen deutschen Belletristik. Über Wedekind schrieb ich einen großen sozialkritischen Aufsatz, weil in Rußland das Interesse für diesen Dichter parallel mit dem Niedergang der revolutionären Stimmungen stieg.
Die ›Kijewskaja Mysl‹ war die im Süden verbreitetste radikale Zeitung marxistischer Färbung. Eine solche Zeitung konnte nur in Kiew existieren, mit seiner schwachen Industrie, seinen unentwikkelten Klassengegensätzen und den starken Traditionen des intellektuellen Radikalismus. Man kann mutatis mutandis behaupten, daß die radikale Zeitung in Kiew aus demselben Grunde entstanden war, aus dem der ›Simplicissimus‹ in München erschien. Ich schrieb in der Zeitung über die verschiedensten, mitunter im Sinne der Zensur gewagtesten Themen. Kleine Artikel waren manchmal das Resultat großer Vorarbeiten. Natürlich konnte ich in einer legalen parteilosen Zeitung nicht alles das sagen, was ich wollte. Aber ich habe niemals das geschrieben, was ich nicht sagen wollte. Meine Artikel aus der ›Kijewskaja Mysl‹ sind von dem Staatsverlag in einigen Bänden gesammelt und neu herausgegeben worden. Ich habe nichts zurückzunehmen gebraucht. Es ist vielleicht nicht überflüssig, hier daran zu erinnern, daß ich an der bürgerlichen Presse mit formeller Zustimmung des Zentralkomitees, in dem Lenin die Mehrheit hatte, mitarbeitete.
Ich habe bereits erwähnt, daß wir uns gleich nach unserer Ankunft in Wien außerhalb der Stadt niedergelassen hatten. »Hütteldorf hatte mir gefallen«, schrieb meine Frau. »Die Wohnung hier war besser, als wir sie sonst haben konnten, da hier die Villen gewöhnlich erst im Frühling vermietet werden, wir aber für den Herbst und Winter mieteten. Aus den Fenstern sah man Berge, alle in dunkelroter herbstlicher Farbe. Ins Freie gelangte man durch eine kleine Tür, ohne die Straße zu berühren. Im Winter kamen sonntags auf ihren Ausflügen in die Berge die Wiener mit Schlitten und Schiern in bunten Mützen und Sweatern vorbei. Im April, als wir unsere Wohnung verlassen mußten, da die Miete verdoppelt wurde, blühten im Garten und hinter dem Garten schon die Veilchen, ihr Duft drang durch die offenen Fenster ins Zimmer. Hier wurde Serjoscha geboren. Man mußte dann nach dem demokratischeren Sievering umziehen.

Die Kinder sprachen Russisch und daneben auch Deutsch. Im Kindergarten und in der Schule verständigten sie sich auf Deutsch und sprachen darum auch zu Hause beim Spiel in dieser Sprache miteinander; sobald aber ich oder ihr Vater sie anredeten, gingen sie sofort auf Russisch über. Sprachen wir sie deutsch an, wurden sie verlegen und antworteten russisch. In den letzten Jahren hatten sie sich auch den Wiener Dialekt angeeignet und sprachen ihn vorzüglich.«

Sie liebten es, die Familie Kljatschko zu besuchen, wo alle, das Oberhaupt der Familie, die Hausfrau und die erwachsenen Kinder, sehr aufmerksam gegen sie waren, ihnen allerhand Interessantes zeigten und sie mit herrlichen Dingen bewirteten.

Die Kinder liebten auch Rjasanow, den bekannten Marxforscher. Rjasanow, der damals in Wien lebte, versetzte die Kinder in Begeisterung durch seine gymnastischen Heldentaten und gefiel ihnen durch sein lärmendes Benehmen. Einmal wurde dem jüngeren Knaben das Haar vom Friseur geschnitten. Ich saß dabei. Serjoscha winkte mich mit dem Finger heran und sagte mir leise ins Ohr: »Ich möchte, daß er mir so eine Frisur macht wie bei Rjasanow.« Er war von der großen, glatten Glatze des Rjasanow begeistert – das war etwas Besonderes, nicht wie bei allen, sondern viel schöner.

Als Ljowa in die Schule kam, entstand die Frage nach dem Religionsunterricht. Gemäß dem damaligen österreichischen Gesetz mußten Kinder bis zu vierzehn Jahren in der Religion ihrer Väter erzogen werden. Da in unseren Dokumenten keine Religion vermerkt war, so wählten wir für die Kinder den protestantischen Religionsunterricht, da diese Religion uns für die kindlichen Schultern und Seelen als am leichtesten tragbar schien. Die Lehre Luthers unterrichtete eine Lehrerin außerhalb der Schulstunden, aber im Schulgebäude. Ljowa gefiel dieser Unterricht, das sah man seinem Frätzchen an, aber zu Hause sich darüber auszulassen, hielt er für überflüssig. Einmal hörte ich, wie er schon im Bett liegend etwas flüsterte. Auf meine Frage antwortete er: »Das ist ein Gebet; weißt du, es gibt sehr schöne Gebete, wie Gedichte.«

Schon während meiner ersten Emigration hatten meine Eltern begonnen, Reisen ins Ausland zu machen. Sie waren bei mir in Paris, kamen später mit meiner älteren Tochter, die bei ihnen im Dorfe lebte, nach Wien. Im Jahre 1910 waren sie in Berlin. Zu jener Zeit hatten sie sich schon mit meinem Schicksal abgefunden. Das letzte, schwerwiegende Argument war wohl das Erscheinen meines ersten Buches in deutscher Sprache. Die Mutter war schwer krank (Actinomycosis). Die letzten zehn Jahre ihres Lebens ertrug sie die Krankheit wie eine neue ergänzende Last, ohne die Arbeit einzustellen. In Berlin hatte man ihr eine Niere entfernt. Die Mutter war sechzig Jahre alt. In den ersten Monaten nach der Operation blühte sie förmlich auf. Dieser Fall wurde in der medizinischen Welt viel besprochen. Aber die Krankheit kam bald wieder und

raffte die Mutter in wenigen Monaten hinweg. Sie starb in Janowka, wo sie ihr arbeitsreiches Leben verbracht und ihre Kinder großgezogen hatte.
Das große Kapitel meines Wiener Lebens wäre nicht vollständig, wenn ich nicht erwähnen würde, daß die Familie des alten Emigranten S. L. Kljatschko in Wien zu unseren nächsten Freunden zählte. Die Geschichte meiner zweiten Emigration ist aufs engste verflochten mit dieser Familie, die ein wahrer Herd breitester politischer und überhaupt geistiger Interessen war; in diesem Hause wurde Musik getrieben, waren vier europäische Sprachen heimisch und wurden europäische Verbindungen unterhalten. Der Tod des Familienhauptes, Semjon Lwowitsch, im April 1914, war für mich und meine Frau ein großer Schmerz. Leo Tolstoi schrieb über seinen sehr begabten Bruder Sergej, daß ihm nur einige Mängel fehlten, um ein großer Künstler zu werden. Das gleiche läßt sich von Semjon Lwowitsch sagen: er besaß alles für einen hervorragenden Politiker, nur nicht die dafür notwendigen Fehler. In der Familie Kljatschko fanden wir stets Hilfe und Freundschaft, und wir bedurften oft der einen wie der anderen.
Mein Einkommen aus der ›Kijewskaja Mysl‹ hätte für unsere bescheidene Existenz hingereicht. Aber es gab Monate, wo die Arbeit an der ›Prawda‹ mir keine Möglichkeit ließ, auch nur eine bezahlte Zeile zu schreiben. Dann trat eine Krise ein. Meine Frau kannte den Weg ins Leihhaus gut, und ich habe wiederholt meine in üppigeren Tagen erworbenen Bücher zu den Antiquaren getragen. Es kam vor, daß unsere bescheidene Wohnungseinrichtung rückständiger Miete wegen gepfändet wurde. Wir hatten zwei kleine Kinder und keine Kinderfrau. Die Schwere des Lebens lastete doppelt auf meiner Frau. Aber sie fand dennoch Zeit und Kraft, mir bei meiner revolutionären Arbeit zu helfen.

Der Beginn des Krieges

Auf den Wiener Zäunen erschienen Aufschriften: »Alle Serben müssen sterben.« Das wurde der Ruf der Straßenjungen. Unser jüngster Knabe, Serjoscha, wie immer vom Geiste des Widerspruchs erfüllt, proklamierte auf der Sieveringer Wiese: »Hoch Serbien!« Er kehrte heim mit blauen Flecken und einer Lehre der internationalen Politik.
Buchanan, der frühere englische Gesandte in Petersburg, erzählt in seinen Memoiren mit Begeisterung von den »ersten wundervollen Augusttagen«, als »Rußland wie völlig verwandelt erschien«. Ähnliche Aussprüche der Begeisterung kann man auch in den Memoiren anderer Staatsmänner finden, wenn sie auch nicht so vollkommen die selbstzufriedene Beschränktheit der regierenden

Klassen personifizieren wie Buchanan. In allen europäischen Hauptstädten waren die ersten Augusttage in gleicher Weise ›wundervoll‹, alle Länder gingen wie ›verwandelt‹ an die Arbeit ihrer gegenseitigen Vernichtung.
Besonders unerwartet kam die patriotische Erhebung der Massen in Österreich-Ungarn. Was trieb den Wiener Schuhmachergesellen, den Halbdeutschen-Halbtschechen Pospischil, oder unsere Grünkramhändlerin Frau Maresch oder den Droschkenkutscher Frankl auf den Platz vor dem Kriegsministerium? Der nationale Gedanke? Welcher? Österreich-Ungarn war die Verneinung der nationalen Idee. Nein, die bewegende Kraft war eine andere.
Solcher Menschen, deren ganzes Leben, tagaus, tagein, in monotoner Hoffnungslosigkeit verläuft, gibt es viele auf der Welt. Auf ihnen beruht die heutige Gesellschaft. Die Alarmglocke der Mobilisierung dringt in ihr Leben ein wie eine Verheißung. Alles Gewohnte, das man tausendmal zum Teufel gewünscht hat, wird umgeworfen, es tritt etwas Neues, Ungewöhnliches auf. Und in der Ferne müssen noch unübersehbarere Veränderungen geschehen. Zum Besseren? Oder zum Schlimmeren? Selbstverständlich zum Besseren: kann es den Pospischil schlimmer ergehen als zu ›normalen‹ Zeiten?
Ich wanderte durch die Hauptstraßen des mir so gut bekannten Wien und beobachtete die für den prunkvollen Ring so ungewöhnliche Menschenmenge, in der Hoffnungen lebendig wurden. Und hatte sich ein Teilchen dieser Hoffnungen nicht schon heute verwirklicht? Hätten sich zu einer anderen Zeit die Gepäckträger, Waschfrauen, Schuhmacher, Gehilfen und die Halbwüchsigen der Vorstadt auf der Ringstraße als Herren der Lage fühlen können? Der Krieg erfaßt alle, und folglich fühlen sich die Unterdrückten, vom Leben Betrogenen mit den Reichen und Mächtigen auf gleichem Fuße. Das soll nicht paradox genommen sein, daß ich in der Stimmung der Wiener Menschenmenge, die zum Ruhme der habsburgischen Waffen demonstrierte, jene Merkmale wiederfand, die ich von den Petersburger Oktobertagen 1905 her kannte. Ist doch der Krieg in der Geschichte der Vater der Revolution gewesen.
Aber wie verschieden, oder richtiger gesagt, entgegengesetzt ist das Benehmen der herrschenden Klassen in dem einen und in dem anderen Falle. Buchanan erschienen jene Tage wundervoll und Rußland erwacht. Dagegen schrieb Graf Witte über die pathetischsten Tage der Revolution von 1905: »Die ungeheure Mehrheit Rußlands hat gleichsam den Verstand verloren.«
Wie die Revolution wirft auch der Krieg das ganze Leben, von oben bis unten, aus dem Geleise. Aber die Revolution richtet ihre Schläge gegen die bestehende Macht. Der Krieg dagegen festigt in der ersten Zeit die Staatsmacht, die in dem durch den Krieg entstandenen Chaos als die einzige sichere Stütze erscheint... bis

derselbe Krieg sie untergräbt. Die Hoffnungen auf stürmische soziale und internationale Bewegungen sind in Prag wie in Triest, in Warschau wie in Tiflis zu Beginn eines Krieges völlig unbegründet. Im September 1914 schrieb ich nach Rußland: »Mobilisierung und Kriegserklärung haben alle nationalen und sozialen Gegensätze im Lande gleichsam ausgewischt. Aber das ist nur eine historische Vertagung, sozusagen ein politisches Moratorium. Die Wechsel sind auf eine neue Frist umgeschrieben worden, aber man wird sie einlösen müssen.« Mit diesen Zeilen, die der Zensur unterlagen, habe ich nicht nur Österreich-Ungarn gemeint, sondern auch Rußland, Rußland vor allem.

Die Ereignisse häuften sich. Es kam das Telegramm von der Ermordung Jaurès'. In den Zeitungen gab es so viel böswillige Lügen, daß, mindestens für einige Stunden, Zweifel und Hoffnung möglich blieben. Bald war diese Möglichkeit verschwunden. Jaurès war von den Feinden ermordet und von der eigenen Partei verraten worden.

Welche Stellung zum Kriege fand ich bei den leitenden Kreisen der österreichischen Sozialdemokratie? Die einen frohlockten offen, besudelten die Serben und Russen, ohne viel Unterschied zwischen Regierung und Volk zu machen: das waren die organischen Nationalisten, vom Lack der sozialistischen Kultur nur wenig bedeckt, und auch der bröckelte jetzt stündlich mehr und mehr von ihnen ab. Ich erinnere mich, wie Hans Deutsch, später so etwas wie ein Kriegsminister, offenherzig von der Unvermeidlichkeit und Heilsamkeit dieses Krieges sprach, der Österreich endlich vom serbischen ›Alpdruck‹ befreien würde. Die anderen – an deren Spitze Victor Adler stand – verhielten sich zum Krieg wie zu einer Naturkatastrophe, die man überstehen müsse. Diese abwartende Passivität diente dem aktiv nationalistischen Flügel als Deckung. Der eine oder der andere erinnerte tiefsinnig an den deutschen Sieg von 1871, der der deutschen Industrie einen mächtigen Stoß vorwärts gegeben hatte und damit auch der Sozialdemokratie.

Am 2. August erklärte Deutschland Rußland den Krieg. Schon vorher hatte die Abreise der Russen aus Wien begonnen. Am 3. August, morgens, begab ich mich in die Wienzeile, um mit den sozialistischen Deputierten zu beraten, was wir russischen Emigranten tun sollten. Friedrich Adler kramte in seinem Arbeitszimmer mechanisch weiter in Büchern, Papieren und Marken für den internationalen sozialistischen Kongreß, der demnächst in Wien stattfinden sollte. Aber der Kongreß war bereits in die Vergangenheit gesunken. In die Arena waren andere Kräfte getreten ... Der alte Adler schlug mir vor, mit ihm zusammen direkt an die Urquelle, das heißt zu dem Chef der politischen Polizei, Geyer, zu gehen. Im Auto, unterwegs zur Präfektur, machte ich Adler darauf aufmerksam, daß der Krieg äußerlich eine festliche Stimmung hervorgerufen habe. »Es freuen sich alle jene, die nicht in den

Krieg zu gehen brauchen«, antwortete er mir. »Außerdem strömen jetzt alle Überspannten, alle Verrückten auf die Straße: das ist ihre Zeit. Die Ermordung Jaurès ist nur der Anfang. Der Krieg entfesselt alle Instinkte, alle Arten des Wahnsinns...«
Psychiater seinem alten medizinischen Fach nach, ging Adler an politische Ereignisse, ›besonders an österreichische‹ – wie er ironisch zu bemerken pflegte –, oft vom psychopathologischen Standpunkt aus heran. Wie weit war er in jenem Augenblick von dem Gedanken entfernt, daß sein eigener Sohn einen politischen Mord begehen würde. In der Zeitschrift ›Kampf‹, die vom Adler-Sohn redigiert wurde, hatte ich gerade am Vorabend des Krieges einen Artikel über die Unhaltbarkeit des individuellen Terrors veröffentlicht. Es ist bemerkenswert, daß der Redakteur diesen Artikel sehr gelobt hatte. Der terroristische Akt Friedrich Adlers war ein Aufbäumen des verzweifelten Opportunismus, nichts weiter. Nachdem er seiner Verzweiflung einen Ausweg gegeben hatte, kehrte Adler auf sein altes Geleise zurück.
Geyer sprach vorsichtig die Vermutung aus, daß schon am andern Morgen früh ein Befehl zur Verhaftung der Russen und Serben herausgegeben werden würde.
»Also Sie empfehlen abzureisen?«
»Je schneller, um so besser.«
»Schön, ich fahre morgen mit der Familie in die Schweiz.«
»Hm... ich würde es vorziehen, Sie täten es heute.«
Dieses Gespräch fand um 3 Uhr mittags statt, und um 6.10 saß ich schon mit meiner Familie im Zug, der nach Zürich fuhr. Hinter mir blieben siebenjährige Verbindungen, Bücher, Archive, angefangene Arbeiten, darunter eine Polemik gegen Professor Masaryks Buch über die Schicksale der russischen Kultur.
Das Telegramm von der Kapitulation der deutschen Sozialdemokratie erschütterte mich mehr als die Kriegserklärung, obwohl ich von einer naiven Idealisierung des deutschen Sozialismus weit entfernt war. Im Jahre 1905 und auch später schrieb ich wiederholt: »Die europäischen sozialistischen Parteien haben einen eigenen Konservativismus ausgearbeitet, der um so stärker ist, je größere Massen der Sozialismus erfaßt... Infolgedessen kann die Sozialdemokratie im gegebenen Augenblick ein unmittelbares Hindernis werden auf dem Wege des offenen Zusammenstoßes der Arbeiter mit der bürgerlichen Reaktion. Mit anderen Worten, der propagandistisch-sozialistische Konservativismus der proletarischen Partei kann in einem bestimmten Augenblick den direkten Kampf des Proletariats um die Macht verhindern.« Ich hatte nicht erwartet, daß die offiziellen Führer der Internationale im Falle eines Krieges sich als fähig erweisen würden zur revolutionären Initiative. Aber gleichzeitig ließ ich den Glauben nicht zu, daß die Sozialdemokratie einfach auf dem Bauche kriechen werde vor dem nationalen Militarismus.

Als die Nummer des ›Vorwärts‹ mit dem Bericht über die Reichstagssitzung vom 4. August in die Schweiz kam, war Lenin der festen Überzeugung, es sei eine gefälschte Nummer, die der deutsche Generalstab zum Betruge und zur Einschüchterung der Feinde herausgebracht habe. So groß war noch, trotz allem Kritizismus, Lenins Vertrauen zur deutschen Sozialdemokratie. Zur gleichen Zeit hatte die Wiener ›Arbeiter-Zeitung‹ den Tag der Kapitulation des deutschen Sozialismus als »den großen Tag der deutschen Nation« proklamiert. Das war der Höhepunkt des Austerlitz! – Sein ›Austerlitz!‹... Ich glaubte nicht, daß der ›Vorwärts‹ gefälscht war: die ersten unmittelbaren Eindrücke in Wien hatten mich bereits auf das Schlimmste vorbereitet. Und doch blieb die Abstimmung vom 4. August eines meiner tragischsten Erlebnisse. Was würde Engels sagen? fragte ich mich. Die Antwort war mir klar. Aber wie hätte Bebel gehandelt? Da konnte ich keine volle Klarheit finden. Doch Bebel gab es nicht mehr. Es gab nur Haase, den ehrlichen kleinstädtischen Demokraten, ohne theoretischen Horizont und ohne revolutionäres Temperament. In jeder kritischen Lage neigte er dazu, sich vor unabänderlichen Entschlüssen zurückzuhalten und Zuflucht zu nehmen zu halben Maßnahmen und zum Abwarten. Die Ereignisse waren für ihn zu groß. Und dann folgten die Scheidemann, Ebert, Wels...
Die Schweiz war eine Widerspiegelung von Deutschland und Frankreich, nur in neutralem, das heißt gemildertem und auch kleinerem Maßstab. Zur vollständigen Anschaulichkeit saßen im Schweizer Parlament zwei sozialistische Deputierte mit gleichem Namen und Vornamen: Johann Sigg aus Zürich und Jean Sigg aus Genf. Johann, ein wütender Germanophile, und Jean, ein noch wütenderer Frankophile. Das war der Schweizer Spiegel der Internationale.
Ungefähr im zweiten Kriegsmonat traf ich in Zürich auf der Straße den alten Molkenbuhr, der zur Bearbeitung der öffentlichen Meinung hierher gekommen war. Auf meine Frage, wie sich seine Partei den Verlauf des Weltkrieges denke, antwortete mir das alte Vorstandsmitglied: »Im Laufe der nächsten zwei Monate werden wir mit Frankreich fertig sein, dann werden wir uns dem Osten zuwenden, um mit den Zarentruppen fertig zu werden, und in drei, höchstens vier Monaten werden wir Europa einen dauerhaften Frieden geben.« Diese Antwort ist in meinem Tagebuch wörtlich notiert. Molkenbuhr sprach selbstverständlich nicht seine persönliche Meinung aus. Das war einfach die offizielle Ansicht der Sozialdemokratie. Zur gleichen Zeit ging der französische Gesandte in Petersburg mit Buchanan eine Wette um fünf Pfund Sterling ein, daß der Krieg bis zu Weihnachten beendet sein würde. Da haben wir ›Utopisten‹ doch so manches besser vorausgesehen als diese ›realpolitischen‹ Herrschaften – von der Sozialdemokratie und von der Diplomatie.

Die Schweiz, wo ich gezwungen war, den Krieg abzuwarten, erinnerte mich an die finnische Pension Rauha, wo mich im Herbst 1905 die Nachricht von der revolutionären Erhebung erreichte. Gewiß, auch in der Schweiz war die Armee mobilisiert, und in Basel konnte man sogar den Kanonendonner hören. Und doch erinnerte die helvetische Pension, deren Hauptsorge in dem Überfluß an Käse und dem Mangel an Kartoffeln bestand, an eine ruhige Oase, die von einem Feuerring des Krieges umgeben war. Vielleicht ist die Stunde doch nicht gar so fern, fragte ich mich, wo man die Schweizer Oase Rauha (Ruhe) wird verlassen können, um wieder im Saal des Technologischen Instituts mit den Petersburger Arbeitern zusammenzukommen? Doch diese Stunde schlug erst nach dreiunddreißig Monaten.
Das Bedürfnis, mir selbst Rechenschaft abzulegen über das, was geschah, zwang mich, zu einem Tagebuch zu greifen. Bereits am 9. August schrieb ich darin: »Es ist ganz klar: es handelt sich nicht um Irrtümer, nicht um einzelne opportunistische Schritte, nicht um ungeschickte Erklärungen von der Parlamentstribüne herab, nicht um die Abstimmung der großherzoglich badischen Sozialdemokraten für das Budget, nicht um das Experiment des französischen Ministerialismus, nicht um das Renegatentum einiger Führer, – es handelt sich um den *Zusammenbruch der Internationale* in der verantwortlichsten Periode, für die die gesamte vergangene Arbeit nur eine Vorbereitung gewesen war.«
Am 11. August schrieb ich in mein Tagebuch: »Nur die Entfachung einer revolutionären sozialistischen Bewegung, die gleich einen stürmischen Charakter wird annehmen müssen, kann das Fundament für die neue Internationale legen. Die kommenden Jahre werden eine Epoche sozialer Revolutionen sein.«
Ich trat aktiv in das Leben der sozialistischen Partei der Schweiz ein. Bei den unteren Arbeiterschichten fand der Internationalismus fast ungeteile Sympathie. Aus jeder Parteiversammlung nahm ich einen doppelten Vorrat an Überzeugung von der Richtigkeit meiner Position mit. Den ersten Stützpunkt fand ich bei dem seiner Zusammensetzung nach internationalen Arbeiterverein ›Eintracht‹. Nach Verständigung mit der Leitung arbeitete ich Anfang September ein Manifest aus gegen den Krieg und den Sozialpatriotismus. Die Leitung der ›Eintracht‹ lud die Parteiführer zu einer Versammlung ein, in der ich ein deutsches Referat zur Verteidigung des Manifestes hielt. Die Führer jedoch waren nicht erschienen. Sie betrachteten es als zu riskant, zu dieser akuten Frage Stellung zu nehmen, und zogen es vor, abzuwarten und sich vorläufig auf die Zimmerkritik an den ›Exzessen‹ des französischen und des deutschen Chauvinismus zu beschränken. Die von der ›Eintracht‹ einberufene Versammlung nahm fast einstimmig das Manifest an, das trotz all seiner Zurückhaltung ein ernster Antrieb für die öffentliche Meinung in der Partei wurde. Das war seit Be-

ginn des Krieges vielleicht das erste internationalistische Dokument im Namen einer Arbeiterorganisation.
In jenen Tagen kam ich zum erstenmal mit Radek näher zusammen, der zu Kriegsbeginn aus Deutschland in die Schweiz gekommen war. Er stand in der deutschen Partei auf der äußersten Linken, und ich hoffte, in ihm einen Gesinnungsgenossen zu treffen. In der Tat, Radek äußerte sich in schärfster Weise über die regierende Schicht der deutschen Sozialdemokratie. Darin waren wir einig. Aber mit Staunen gewahrte ich bei einem Gespräch mit ihm, daß er an die Möglichkeit einer proletarischen Revolution im Zusammenhang mit dem Krieg wie überhaupt in der nächsten Epoche gar nicht dachte. Nein, sagte er, dazu sind die Produktivkräfte der Menschheit im ganzen betrachtet noch nicht entwickelt genug. Ich war zu sehr daran gewöhnt, zu hören, daß die Produktivkräfte Rußlands für die Eroberung der Macht durch die Arbeiterklasse nicht genügend entwickelt wären. Aber ich hatte mir bis dahin eine solche Antwort von einem revolutionären Politiker eines fortgeschrittenen kapitalistischen Landes nicht denken können. Kurz nach meiner Abreise aus Zürich hielt Radek in derselben ›Eintracht‹ ein großangelegtes Referat und wies ausführlich nach, daß die kapitalistische Welt für die sozialistische Revolution noch nicht reif sei.
Über Radeks Referat wie überhaupt über den Züricher sozialistischen Kreuzweg zu Beginn des Krieges berichtet der Schweizer Schriftsteller Fritz Brupbacher in seinen nicht uninteressanten Erinnerungen. Es ist bemerkenswert, daß Brupbacher meine damaligen Ansichten... pazifistisch nennt. Was er damit meint, ist unverständlich. Seine eigene Entwicklung seit jener Zeit charakterisiert er in dem Titel eines seiner Bücher also: ›Vom Kleinbürger zum Bolschewik.‹ Ich habe eine hinreichend klare Vorstellung von den damaligen Ansichten Brupbachers bekommen, um mich völlig der ersten Hälfte dieses Titels anzuschließen. Was die zweite Hälfte betrifft, so übernehme ich für sie keine Verantwortung.
Als die deutschen und französischen sozialistischen Zeitungen ein klares Bild der politischen und moralischen Katastrophe des offiziellen Sozialismus boten, legte ich das Tagebuch beiseite zugunsten einer politischen Broschüre über Krieg und Internationale. Unter dem Eindruck meiner ersten Unterhaltung mit Radek schrieb ich zu der Broschüre ein Vorwort, in dem ich besonders energisch betonte, daß der gegenwärtige Krieg nichts anderes sei als eine Rebellion der Produktivkräfte des Kapitalismus, im Weltmaßstabe gesehen, – gegen den Privatbesitz einerseits und die Staatsgrenzen andererseits. Das Buch ›Krieg und Internationale‹, wie auch alle anderen Bücher, hatte sein eigenes Schicksal, zuerst in der Schweiz, dann in Deutschland und Frankreich, später in Amerika und schließlich in der Sowjetrepublik. Darüber muß ich hier einige Worte sagen.

Meine Arbeit übersetzte ein Russe, der Deutsch nur sehr unvollkommen beherrschte, aus dem russischen Manuskript. Die Übersetzung durchzuredigieren übernahm der Züricher Professor Ragaz. Das gab mir die Möglichkeit, diese eigenartige Persönlichkeit kennenzulernen. Ein gläubiger Christ, mehr noch: Theologe seiner Bildung und Profession nach, stand Ragaz auf dem äußersten linken Flügel des schweizerischen Sozialismus, er vertrat die radikalsten Kampfmethoden gegen den Krieg und war für die proletarische Revolution. Sowohl er wie seine Frau erregten meine Sympathie durch den tiefen sittlichen Ernst, mit dem sie an politische Probleme herangingen, was sie von den österreichischen, deutschen, schweizerischen und anderen gedankenlosen Bürokraten der Sozialdemokratie so vorteilhaft unterschied. Soviel wie mir bekannt ist, war Ragaz später gezwungen, das Universitätskatheder seinen Überzeugungen zum Opfer zu bringen. Für das Milieu, dem er angehörte, ist das nicht wenig. Bei den Unterhaltungen, die ich mit ihm hatte, empfand ich neben der Hochachtung für diesen hervorragenden Menschen beinah physisch einen dünnen, aber absolut undurchdringlichen Schleier zwischen uns. Er war Mystiker durch und durch, und obwohl er seinen Glauben keinem aufzudrängen suchte noch ihn überhaupt erwähnte, umgab er in seinen Reden sogar den bewaffneten Aufstand mit einem Hauch von Jenseitigkeit, der bei mir einen unangenehmen Schüttelfrost hervorrief. Seit ich zu denken begonnen hatte, war ich stets, zuerst intuitiver, dann bewußter Materialist; ich empfand nicht nur kein Bedürfnis nach anderen Welten, sondern ich konnte niemals eine psychologische Brücke zu jenen Menschen finden, denen es gelingt, gleichzeitig Darwin und die Heilige Dreieinigkeit anzuerkennen.

Dank Ragaz erschien mein Buch in einer guten deutschen Sprache. Schon im Dezember 1914 fand es aus der Schweiz den Weg nach Österreich und Deutschland. Dafür hatten vor allem die Schweizer Linken gesorgt; F. Platten und andere. Die für die deutschen Länder bestimmte Broschüre richtete sich in erster Linie gegen die deutsche Sozialdemokratie, die führende Partei der Zweiten Internationale. Ich glaube, es war der Journalist Heilmann, der die erste Geige im Orchester des Chauvinismus spielte, welcher mein Buch irrsinnig, aber in seinem Irrsinn konsequent nannte! Ein größeres Lob konnte ich mir nicht wünschen. Es fehlte natürlich auch nicht an Anspielungen, daß die Broschüre ein geschicktes Mittel ententistischer Propaganda sei.

Später, in Frankreich, las ich eines Tages zufällig in einer französischen Zeitung ein Telegramm aus der Schweiz, daß ein deutsches Gericht mich wegen meiner Züricher Broschüre in contumaciam zu Gefängnis verurteilt habe. Daraus schloß ich, daß die Broschüre ihr Ziel erreicht hatte. Die Richter des Hohenzollern erwiesen mir durch dieses Urteil, das zu begleichen ich mich nicht beeilte, einen

sehr wertvollen Dienst. Für die Verleumder und Spitzel der Entente blieb das deutsche Gerichtsurteil stets ein Stein des Anstoßes bei ihren edlen Bemühungen, zu beweisen, daß ich eigentlich ein Agent des deutschen Generalstabs sei.
Das hat aber die französische Behörde nicht gehindert, mein Buch an der Grenze festzuhalten, wegen seines ›germanischen Ursprunges‹. Zur Verteidigung meiner Broschüre vor der französischen Zensur erschien eine zweideutige Notiz in der Zeitung des Hervé. Ich nehme an, daß die Notiz von dem hinreichend bekannten Ch. Rappaport stammte, der, selbst beinahe Marxist, jedenfalls der Autor der größten Anzahl von Wortspielen ist, die je ein Mensch, der ihnen sein langes Leben widmete, vollbracht hat.
Nach der Oktoberrevolution hat ein findiger New Yorker Verleger meine deutsche Broschüre in der Form eines soliden amerikanischen Buches herausgegeben. Nach seiner eigenen Erzählung hat Wilson ihn aus dem Weißen Hause telephonisch um die Zusendung der Korrekturabzüge gebeten: der Präsident fabrizierte zu jener Zeit seine 14 Punkte und konnte, wie unterrichtete Personen behaupten, es nicht verdauen, daß die Bolschewiki ihm seine besten Formeln vorweggenommen hatten. Im Laufe von zwei Monaten wurde das Buch in Amerika in 16000 Exemplaren verbreitet. Aber es kamen die Tage des Brest-Litowsker-Friedens, die amerikanische Presse begann gegen mich eine wüste Hetze, und das Buch verschwand vom Büchermarkt.
In der Sowjetrepublik erlebte meine Züricher Broschüre inzwischen nicht wenige Auflagen und diente als Material für das Studium marxistischer Kriegsbetrachtung. Vom ›Markte‹ der Komintern verschwand sie erst im Jahre 1924, nachdem der ›Trotzkismus‹ entdeckt worden war. Heute ist sie dort ein verbotenes Werk, wie vor der Revolution. Somit sehen wir, daß Bücher tatsächlich ihr Schicksal haben.

Paris und Zimmerwald

Am 19. November 1914 passierte ich in der Eigenschaft des Kriegskorrespondenten der ›Kijewskaja Mysl‹ die Grenze Frankreichs. Ich hatte das Angebot der Zeitung um so bereitwilliger angenommen, als es mir die Möglichkeit verschaffte, näher an den Krieg heranzukommen. Paris war traurig, die Straßen versanken abends in Dunkelheit. Zeppeline statteten Besuche ab. Nachdem die deutschen Armeen an der Marne zum Stehen gebracht worden waren, wurde der Krieg immer fordernder und erbarmungsloser. Im uferlosen Chaos, das an Europa fraß, unter dem Schweigen der von der Sozialdemokratie betrogenen und verratenen Arbeitermassen entwickelten die Vernichtungsmaschinen ihre automatische Kraft.

Die kapitalistische Zivilisation führte sich selbst ad absurdum, indem sie sich bemühte, der Menschheit den harten Schädel einzuschlagen.
In jenem Augenblick, als die Deutschen sich Paris näherten und die bürgerlichen französischen Patrioten es verließen, begründeten zwei russische Emigranten in Paris eine kleine Tageszeitung in russischer Sprache. Sie hatte die Aufgabe, die nach Paris verschlagenen Russen über die sich entwickelnden Ereignisse aufzuklären und den Geist der internationalen Solidarität nicht erlöschen zu lassen. Vor dem Erscheinen der ersten Nummer waren in der ›Kasse‹ des Verlages genau 30 Franken. Nicht ein ›vernünftig denkender‹ Mensch würde geglaubt haben, daß man mit einem solchen Gründungskapital eine Tageszeitung herausgeben könnte. Und wirklich: mindestens einmal in der Woche durchlebte die Zeitung, trotz der unbezahlten Arbeit der Redaktion und der Mitarbeiter, eine solche Krise, daß es schien, als gäbe es keinen Ausweg. Aber der Ausweg fand sich. Es hungerten die der Zeitung ergebenen Setzer, die Redakteure hetzten in der Stadt herum auf der Suche nach dem nötigen Dutzend Franken, – und die fällige Nummer erschien. So existierte, unter den Schlägen des Defizits und der Zensur, bald verschwindend, bald wiedererscheinend, die Zeitung während zweieinhalb Jahre, das heißt bis zur Februarrevolution 1917. Nach meiner Ankunft in Paris begann ich eifrig an dem ›Nasche Slowo‹, das damals noch ›Golos‹ (›Die Stimme‹) hieß, mitzuarbeiten. Die täglich erscheinende Zeitung war für mich selbst ein wichtiges Orientierungsmittel über die heranwachsenden Ereignisse. Die Erfahrungen des ›Nasche Slowo‹ erwiesen mir später, als ich näher an die Kriegssache herangehen mußte, einen guten Dienst.
Meine Familie übersiedelte erst im Mai des Jahres 1915 nach Frankreich. Wir nahmen eine Wohnung in Sèvres, in einem kleinen Häuschen, das uns ein junger Freund, der italienische Maler Renè Parece, für einige Monate zur Verfügung gestellt hatte. Die Jungens besuchten die Schule in Sèvres. Der Frühling war herrlich, das Grün schien besonders zart und lieblich. Aber die Zahl der Frauen in Schwarz nahm immer mehr zu. Die Schuljungens blieben ohne Väter. Zwei Armeen gruben sich in die Erde ein. Ein Ausweg war nicht zu sehen. Clemenceau begann in seiner Zeitung Joffre zu attackieren. Die unterirdische Reaktion bereitete sich für einen Staatsstreich vor. Gerüchte darüber wurden von Mund zu Mund weitergegeben. In den Spalten des ›Temps‹ wurde das Parlament ein oder zwei Tage lang nicht anders als der Esel genannt. Von den Sozialisten forderte der ›Temps‹ jedoch die strengste Wahrung der nationalen Einigkeit.
Jaurès war nicht mehr. Ich besuchte das Cafè du Croissant, wo Jaurès ermordet worden war: ich wollte seine Spuren finden. Politisch stand ich Jaurès fern. Aber es war unmöglich, die An-

ziehungskraft dieser gewaltigen Persönlichkeit nicht zu fühlen. Jaurès' geistige Welt, die aus nationalen Traditionen, aus der Metaphysik der sittlichen Grundsätze, aus Liebe zu den Erniedrigten und aus poetischer Phantasie bestand, trug ebenso scharf ausgesprochen aristokratische Züge, wie das geistige Antlitz Bebels plebejisch einfach war. Und doch überragten sie beide um Hauptes-länge die Erben, die sie hinterlassen hatten. Ich hatte Jaurès in Pariser Volksversammlungen, auf internationalen Kongressen und in Kommissionen sprechen hören. Und immer lauschte ich ihm, als wäre es das erste Mal. Er pflegte keine Routine anzuhäufen, wiederholte sich im wesentlichen nicht, fand sich stets selbst, mobilisierte jedesmal aufs neue die unterirdischen Quellen seines Geistes. Mit einer gewaltigen Kraft, die elementar wie ein Wasserfall war, vereinigte er viel Weichheit, die auf seinem Gesicht leuchtete wie der Abglanz einer höheren Geisteskultur. Er stürzte Felsen, donnerte, erschütterte, er betäubte sich aber niemals selbst, er war immer auf der Wacht, mit einem feinen Ohr erlauschte er jedes Echo, nahm es auf, parierte auf Erwiderungen, manchmal erbarmungslos, wie ein Sturm fegte er auf seinem Wege Widerstände hinweg, manchmal großmütig und weich, wie ein Lehrer, wie ein älterer Bruder. Jaurès und Bebel waren Antipoden und gleichzeitig die Gipfel der Zweiten Internationale. Beide waren tief national: Jaurès mit seiner feurigen lateinischen Rhetorik und Bebel mit seiner protestantischen Trockenheit. Ich liebte beide, aber auf verschiedene Art. Bebel hatte sich physisch ausgeschöpft. Jaurès fiel in der Blüte seiner Kraft. Aber beide starben rechtzeitig. Ihr Tod bezeichnet jene Grenze, wo die fortschreitende historische Mission der Zweiten Internationale endete.

Die französische sozialistische Partei befand sich im Zustande völliger Demoralisation. Den Platz von Jaurès konnte niemand einnehmen. Vaillant, der alte ›Antimilitarist‹, verausgabte sich täglich in Artikeln im Geiste des wütendsten Chauvinismus. Ich traf den Alten zufällig im Comité d'Action, das aus Vertretern der Partei und der Gewerkschaften bestand. Vaillant ähnelte seinem Schatten – dem Schatten des Blanquismus mit den Traditionen aus dem Sansculotten-Kriege in der Epoche Raymond Poincarés. Das Vorkriegsfrankreich mit seiner dauernd sinkenden Bevölkerungszahl und den konservativen Formen der Wirtschaft und des Denkens erschien Vaillant als das einzige Land der Bewegung und des Fortschritts, als die auserwählte, befreiende Nation, deren Berührung allein schon andere Völker zum geistigen Leben erwecke. Sein Sozialismus war chauvinistisch wie sein Chauvinismus messianisch war. Jules Guesde, der Führer des marxistischen Flügels, der sich im langen erschöpfenden Kampfe gegen die Fetische der Demokratie verbraucht hatte, war nur noch imstande, seine unbefleckte moralische Autorität am ›Altar‹ der nationalen Verteidigung niederzulegen. Alles bot ein Durcheinander. Marcel Sembat, der Autor des Buches: ›Schafft einen König, oder schafft Frieden!‹, sekundierte Guesde im Ministerium – Briand. Pierre Renaudel wurde für eine Zeit ›Führer‹ der Partei. Schließlich mußte ja doch irgendwer Jaurès Platz einnehmen. Sich überanstrengend, ahmte er den getöteten Führer in Gesten und Stimmgedonner nach. Longuet folgte Renaudels Spuren, aber mit einer gewissen Verlegenheit, die er für links ausgab. Durch sein ganzes Benehmen erinnerte er daran, daß Marx für seine Enkel keine Verantwortung trägt. Der offizielle Syndikalismus, den der Vorsitzende der Confédération Générale, Jouhauc, vertrat, war in vierundzwanzig Stunden verblaßt. Er ›verneinte‹ den Staat in Friedenszeiten, um im Kriege vor ihm auf den Knien zu liegen. Der revolutionäre Clown Hervé, der gestrige radikale Antimilitarist, zeigte seine Kehrseite und blieb als radikaler Chauvinist der gleiche selbstzufriedene Clown. Gleichsam als verhöhne er seine gestrigen Ideale, fuhr er fort, seine Zeitung ›La guerre sociale‹ zu nennen. Alles zusammen ähnelte einer Trauermaskerade, einem Karneval des Todes. Man durfte sich sagen: »Nein, wir sind doch aus einem solideren Material gemacht, – uns haben die Ereignisse nicht überrascht, wir haben manches vorausgesehen, sagen manches jetzt voraus und sind zu vielem bereit!« Wie oft haben wir die Fäuste geballt, wenn die Renaudel, Hervé und das übrige Publikum sich aus der Ferne mit Karl Liebknecht zu verbrüdern versuchten! Vereinzelte oppositionelle Elemente waren hie und da verstreut, in der Partei und in den Gewerkschaften, – aber sie gaben fast keine Lebenszeichen von sich.

Die bedeutendste Figur, die ich in Paris unter den russischen Emigranten vorfand, war zweifellos Martow, der Führer der Menschewiki, einer der begabtesten Köpfe, die ich in meinem Leben überhaupt getroffen habe. Das Unglück dieses Mannes bestand darin, daß das Schicksal ihn zu einem Politiker in einer revolutionären Epoche gemacht hatte, ohne ihm den dazu erforderlichen Vorrat an Willensstärke zu verleihen. In der geistigen Wirtschaft Martows herrschte kein Gleichgewicht, und das zeigte sich jedesmal tragisch, wenn große Ereignisse eintraten. Ich habe Martow in drei historischen Etappen beobachtet: in den Jahren 1905, 1914 und 1917. Die erste Reaktion auf die Ereignisse trug bei Martow fast stets einen revolutionären Charakter. Aber bevor er noch Zeit gefunden hatte, seine Gedanken zu Papier zu bringen, setzten ihm von allen Seiten Zweifel zu. Seinem reichen, elastischen und mannigfaltigen Denken fehlte die Achse des Willens. In den Briefen von 1905 an Axelrod, geschrieben auf dem Höhepunkt der ersten russischen Revolution, klagt Martow bitter darüber, daß er seine Gedanken nicht sammeln könne. Er vermochte sie auch wirklich nicht zu sammeln, bis zum Eintreten der Reaktion. Zu Beginn des Krieges klagt Martow, die Ereignisse hätten ihn an die Grenze des Wahnsinns gebracht. Schließlich, 1917, macht er eine unsichere

Bewegung nach links und – überläßt innerhalb seiner Fraktion die Führung Zeretelli und Dan, das heißt zwei Personen, von denen der erste in geistiger Beziehung, der andere in jeder Beziehung ihm knapp bis zu den Knien reichte.
Am 14. Oktober 1914 schreibt Martow an Axelrod: »Eher noch als mit Plechanow könnten wir uns vielleicht mit Lenin verständigen, der, allem Anschein nach, sich für die Rolle des Kämpfers gegen den Opportunismus in der Internationale vorbereitet.« Solche Stimmungen aber dauerten bei Martow nicht lange an. Ich fand ihn in Paris schon im Zustand des Welkens. Unsere Mitarbeit an dem ›Nasche Slowo‹ gestaltete sich von den ersten Tagen an zu einem unversöhnlichen Kampf, der mit dem Austritt Martows aus der Redaktion und dann aus dem Mitarbeiterstab endete.
Bald nach meiner Ankunft in Paris besuchte ich zusammen mit Martow Monatte, einen der Redakteure der syndikalistischen Zeitschrift ›La vie ouvrière. Ein früherer Volksschullehrer, dann Korrektor, dem Aussehen nach ein typischer Pariser Arbeiter, ein gescheiter Kerl mit Charakter, wich Monate keinen Augenblick in die Richtung der Versöhnung mit dem Militarismus und dem bürgerlichen Staat ab. Aber wo einen Ausweg suchen? In dieser Frage gingen wir auseinander. Monatte ›verneinte‹ den Staat und den politischen Kampf. Der Staat kümmerte sich um Monattes ›Verneinung‹ nicht und zwang ihn, rote Hosen anzuziehen, nachdem er mit einem offenen Protest gegen den syndikalistischen Chauvinismus hervorgetreten war. Durch Monatte kam ich in nahe Beziehungen zu dem Journalisten Rosmer, der ebenfalls zur anarchosyndikalistischen Schule gehörte, aber, wie die Ereignisse gezeigt hatten, schon damals dem Marxismus eigentlich viel näher stand als die Guesdeisten. Mit Rosmer verbindet mich seit jenen Tagen eine enge Freundschaft, die allen Prüfungen des Krieges, der Revolution, der Sowjetmacht und der Niederschlagung der Opposition standgehalten hat... In jenen Pariser Tagen lernte ich außerdem eine Reihe anderer mir bis dahin unbekannter Vertreter der französischen Arbeiterbewegung kennen: den Sekretär des Metallarbeiterverbandes, den vorsichtigen, verschlagenen, verbindlichen Merrheim, der in jeder Hinsicht so traurig geendet hat; den Journalisten Guilbeaux, der später wegen angeblichen ›Hochverrats‹ in contumaciam zum Tode verurteilt wurde; den Sekretär der Böttchergewerkschaft, ›Papa‹ Bourderon; den Lehrer Loriot, der den Weg zum revolutionären Sozialismus suchte, und viele andere. Wir trafen uns jede Woche in der Quai de Jemappes, manchmal versammelten wir uns in großer Zahl in der Grange-aux-Belles, tauschten interne Nachrichten aus über den Krieg, über die Arbeit der Diplomatie, kritisierten den offiziellen Sozialismus, haschten nach Anzeichen sozialistischen Erwachens, bemühten uns, die Schwankenden zu überzeugen, bereiteten die Zukunft vor.
Am 4. August 1915 schrieb ich im ›Nasche Slowo‹: »Und doch be-

gegnen wir dem blutigen Jahresjubiläum ohne seelische Niedergeschlagenheit oder politischen Skeptizismus. Wir revolutionären Internationalisten haben der größten Weltkatastrophe standgehalten, auf den Positionen der Analyse, der Kritik und der politischen Voraussicht. Wir haben auf alle ›nationalen‹ Brillen verzichtet, die die Generalstäbe nicht nur zu billigem Preise, sondern mit Zuzahlung verteilten. Wir überblickten die Dinge, so wie sie waren, wir nannten sie bei ihrem Namen und sahen die Logik ihrer weiteren Entwicklung voraus.«
Auch jetzt, dreizehn Jahre später, kann ich diese Worte nur wiederholen. Das Gefühl, das uns nicht für einen Tag verlassen hatte: dem offiziellen politischen Gedanken, einschließlich dem des patriotischen Sozialismus überlegen zu sein, dies Gefühl war nicht die Frucht hochmütiger Überheblichkeit. In diesem Gefühl war nichts Persönliches, es folgerte nur aus unserer prinzipiellen Position: wir standen auf einem hohen Gipfel. Der kritische Gesichtspunkt gab uns vor allem die Möglichkeit, die Perspektiven des Krieges selbst klarer zu überblicken. Beide Seiten rechneten, wie bekannt, mit einem schnellen Sieg. Man könnte zahllose Beispiele für den leichtsinnigen Optimismus sammeln. »Mein französischer Kollege«, schreibt Buchanan in seinen Memoiren, »war eine Zeitlang so optimistisch gestimmt, daß er mit mir eine Wette auf fünf Pfund Sterling hielt, der Krieg werde bis zu Weihnachten beendet sein.« Buchanan selbst verlegte in der Tiefe seiner Seele das Kriegsende bis auf Ostern. Seit dem Herbst 1914 wiederholten wir, allen Prophezeiungen entgegen, in unserer Zeitung tagaus, tagein, daß der Krieg hoffnungslos lange dauern und daß ganz Europa geschlagen aus ihm hervorgehen würde. Dutzende Male schrieben wir im ›Nasche Slowo‹, daß Frankreich selbst im Falle eines Sieges der Alliierten, nach dem Kriege, wenn Dunst und Nebel verflogen, in der internationalen Arena als ein großes Belgien erscheinen würde – als nichts weiter. Wir sahen die künftige Weltdiktatur der Vereinigten Staaten klar voraus. »Der Imperialismus«, schrieben wir zum hundertstenmal am 5. September 1916, »setzt durch diesen Krieg seinen Einsatz auf die Starken: ihnen wird die Welt gehören.«
Aus Sèvres war meine Familie schon längst nach Paris übergesiedelt, in die kleine Rue Oudry. Paris entleerte sich immer mehr. Eine Straßenuhr nach der anderen blieb stehen. Dem Belforter Löwen steckte aus irgendeinem Grunde schmutziges Stroh aus dem Maul heraus. Der Krieg buddelte sich immer tiefer in die Erde ein. Hinaus aus den Schützengräben, aus der Passivität, aus den Gruben, aus der Unbeweglichkeit – das war der Schrei des Patriotismus. Bewegung! Bewegung! So entstand der entsetzliche Wahnsinn der Kämpfe bei Verdun. Mich durch die Blitze der Kriegszensur durchwindend, schrieb ich in jenen Tagen im ›Nasche Slowo‹: »Wie groß die militärische Bedeutung der Kämpfe bei Verdun

auch sein mag, ihr politischer Sinn ist unvergleichlich größer. In Berlin und an anderen Orten (sic!) wollten sie die ›Bewegung‹, sie werden sie haben. Bei Verdun wird *unser* morgiger Tag geschmiedet.«

Im Sommer 1915 kam der italienische Deputierte Morgari, der Sekretär der sozialistischen Fraktion des römischen Parlaments, ein naiver Eklektiker, nach Paris, mit der Absicht, die französischen und die englischen Sozialisten zu einer internationalen Konferenz hinzuzuziehen. Auf der Terrasse eines Cafés auf einem der großen Boulevards hatten wir mit Morgari und einigen sozialistischen Deputierten, die sich aus irgendeinem Grunde als ›Linke‹ bezeichneten, eine Aussprache. Solange sich die Unterhaltung auf pazifistische Redensarten und die Wiederholung der Gemeinplätze über die Notwendigkeit der Wiederherstellung von internationalen Verbindungen beschränkte, ging die Sache glatt. Aber als Morgari im tragischen Flüsterton von der Notwendigkeit zu sprechen begann, falsche Pässe für die Reise in die Schweiz zu beschaffen – er begeisterte sich offensichtlich für die ›karbonarische‹ Seite der Angelegenheit –, bekamen die Herren Deputierten lange Gesichter, und einer von ihnen, ich erinnere mich nicht mehr wer, rief hastig den Garçon und bezahlte den gesamten von der Konferenz konsumierten Kaffee. Der Geist Molières schwebte über der Terrasse, wahrscheinlich auch der Geist Rabelais'. Damit endete die Sache. Auf dem Rückwege mit Martow lachten wir beide sehr, belustigt und ergrimmt zugleich. Monatte und Rosmer waren inzwischen mobilisiert und konnten nicht reisen. Zur Konferenz fuhr ich mit Merrheim und Bourderon, dem sehr gemäßigten Pazifisten. Falsche Pässe brauchte niemand von uns; die Regierung, die sich von den Vorkriegssitten noch nicht völlig befreit hatte, stellte reguläre Pässe aus.

Die organisatorische Seite der Sache oblag dem Berner sozialistischen Führer Grimm, der zu jener Zeit mit aller Kraft bestrebt war, sich über das Niveau des Philistertums seiner Partei (und sein eigenes) zu erheben. Er hatte für die Konferenz einen Platz zehn Kilometer von Bern vorbereitet, in einem kleinen Dörfchen Zimmerwald, hoch in den Bergen. Wir drängten uns in vier Wagen zusammen und fuhren ins Gebirge. Die Vorübergehenden blickten neugierig auf diese seltsame Karawane. Die Delegierten scherzten selbst darüber, daß es ein halbes Jahrhundert nach der Begründung der Ersten Internationale möglich war, alle Internationalisten in vier Wagen unterzubringen. Aber in diesen Scherzen war kein Skeptizismus. Der historische Faden zerreißt oft. Dann muß man einen neuen Knoten binden. Das eben taten wir in Zimmerwald.

Die Tage der Konferenz (vom 5. bis 8. September) waren stürmische Tage. Der revolutionäre Flügel, den Lenin repräsentierte, und der pazifistische Flügel, dem die Mehrzahl der Delegierten angehörte, konnten sich nur mit Mühe auf ein gemeinsames Manifest einigen, dessen Entwurf ich ausgearbeitet hatte. Das Manifest sprach bei weitem nicht alles aus, was zu sagen nötig war. Aber es bedeutete doch einen gewaltigen Schritt vorwärts. Lenin stand auf dem äußersten linken Flügel der Konferenz. In einer Reihe Fragen blieb er mit seiner Stimme allein innerhalb der Zimmerwalder Linken, der ich formell nicht angehörte, obwohl ich ihr in allen grundlegenden Fragen nahestand. In Zimmerwald spannte Lenin die Feder scharf an für die späteren internationalen Handlungen. In dem schweizerischen Bergdörfchen legte er die ersten Grundsteine für die revolutionäre Internationale.

Die französischen Delegierten unterstrichen in ihrem Bericht jene Bedeutung, die für sie das Bestehen des ›Nasche Slowo‹ habe, das eine geistige Verbindung mit der internationalen Bewegung der anderen Länder aufrecht erhielt. Rakowski wies darauf hin, daß ›Nasche Slowo‹ eine bedeutende Rolle spielte in dem Prozeß der Ausarbeitung einer internationalen Position der Sozialdemokratie auf dem Balkan. Der italienischen Partei war ›Nasche Slowo‹ aus den vielen Übersetzungen der Balabanowa bekannt. Am häufigsten jedoch wurde ›Nasche Slowo‹ von der deutschen Presse zitiert, darunter auch von der offiziösen: wie Renaudel sich auf Liebknecht zu stützen versuchte, so war Scheidemann nicht abgeneigt, in uns Verbündete zu sehen.

Liebknecht selbst kam nicht nach Zimmerwald. Er war bereits Gefangener der Hohenzollernarmee, bevor er Gefangener des Zuchthauses wurde. Aber er schickte der Konferenz einen Brief, der einen schroffen Übergang von der pazifistischen zur revolutionären Linie bedeutete. Der Name Liebknecht wurde auf der Konferenz nicht selten genannt. Er war schon zu einer Parole geworden in dem Kampfe, der den Weltsozialismus zerriß.

Es war strengstens verboten, von Zimmerwald aus über die Konferenz zu schreiben, damit nicht vorzeitig Nachrichten in die Presse drangen, was den Delegierten auf der Rückreise beim Überschreiten der Grenzen Schwierigkeiten bereitet hätte. Nach einigen Tagen erklang der bis dahin unbekannte Name Zimmerwald in der ganzen Welt. Das machte einen erschütternden Eindruck auf den Gasthausbesitzer. Der verdienstvolle Schweizer erklärte Grimm, er hoffe stark, der Preis seines Besitztums werde steigen, und er sei darum bereit, einen gewissen Betrag für den Fonds der Dritten Internationale zu spenden. Ich glaube allerdings, daß er sich das bald anders überlegt hat.

Die Zimmerwalder Konferenz war ein starker Antrieb für die Antikriegsbewegung in den verschiedenen Ländern. In Deutschland hatte sie eine intensivere Tätigkeit der Spartakisten zur Folge. In Frankreich wurde das ›Komitee zur Herstellung internationaler Verbindungen‹ geschaffen. Die Arbeiter aus der russischen Kolonie in Paris schlossen sich enger dem ›Nasche Slowo‹ an und nahmen die finanziellen und anderen Schwierigkeiten der Zeitung auf ihre Schultern. Martow, der in der ersten Periode eifrig am ›Nasche Slowo‹ mitgearbeitet hatte, zog sich von ihm jetzt zurück. Die nebensächlichen Meinungsverschiedenheiten, die mich in Zimmerwald noch von Lenin getrennt hatten, wurden in den nächsten Monaten völlig ausgeglichen.

Unterdessen sammelten sich über unseren Häuptern Wolken, die sich im Laufe des Jahres 1916 immer mehr verdichteten. Im Inseratenteil brachte das reaktionäre Blatt ›Liberté‹ Notizen unbekannter Herkunft, die uns der Germanophilentums beschuldigten. Immer häufiger erhielten wir anonyme Drohbriefe. Die Beschuldigungen wie die Drohungen stammten ganz sicher aus der russischen Botschaft. In der Nähe unserer Druckerei trieben sich ständig verdächtige Gestalten herum. Hervé drohte uns mit dem Polizeifinger. Professor Dürckheim, der Vorsitzende der Regierungskommission in Fragen der russischen Emigranten, berichtete, daß man in den Regierungssphären von einem Verbot des ›Nasche Slowo‹ und der Ausweisung seines Redakteurs spreche. Die Sache verzögerte sich jedoch. Es bot sich kein Anlaß, da ich die Gesetze nicht verletzte, nicht einmal die Gesetzlosigkeiten der Zensur. Man mußte immerhin einen anständigen Vorwand haben. Er wurde schließlich auch gefunden, oder richtiger, geschaffen.

Ausweisung aus Frankreich

Einige Organe der französischen Presse berichteten gleich nach meiner Ankunft in Konstantinopel, der Befehl zu meiner Ausweisung aus Frankreich sei noch immer, nach dreizehn Jahren, in Kraft. Wenn das richtig ist, so könnte man sich wieder davon überzeugen, daß in der schrecklichsten aller Weltkatastrophen doch nicht alle Werte verlorengegangen sind. Zwar wurden ganze Generationen in jenen Jahren hinwegkartätscht, ganze Städte vernichtet, kaiserliche und königliche Kronen rollten in den Wüsten Europas herum, die Staatsgrenzen wurden verschoben, auch die für mich verbotene Grenze Frankreichs hat sich verrückt. Dafür aber blieb in diesem grandiosen Kataklysma der im Frühherbst 1916 von Herrn Malvy unterschriebene Befehl glücklich erhalten. Was folgt schon daraus, daß Malvy danach selbst ausgewiesen wurde und inzwischen auch zurückgekehrt ist? Häufig kommt es in der Geschichte vor, daß die Schöpfung eines Menschen sich stärker erweist als ihr Schöpfer.

Zwar könnte ein strenger Jurist erwidern, er erblicke die notwendige Kontinuität in der Existenz des Befehls nicht. Hat doch die französische Mission in Moskau im Jahre 1918 ihre aktiven Offiziere zu meiner Verfügung gestellt. Das wäre wohl kaum möglich gewesen in bezug auf einen ›lästigen‹ Ausländer, den man des Rechts des Zutritts nach Frankreich verlustig erklärte. Hat doch am 10. Oktober 1922 Herriot mir in Moskau einen Besuch abgestattet, keinesfalls zu dem Zwecke, mich an den Befehl von meiner Ausweisung aus Frankreich zu erinnern. Im Gegenteil, an diesen Befehl erinnerte ich, nachdem sich Herr Herriot liebenswürdig erkundigt hatte, wann ich Paris zu besuchen gedenke. Aber auch mein Hinweis trug den Charakter eines Scherzes. Wir lachten beide. Zwar aus verschiedenen Gründen, aber doch gemeinsam. Hat doch im Jahre 1925 der Botschafter Frankreichs, Herbette, bei der Eröffnung der Elektrostation Schatura im Namen der anwesenden Diplomaten auf meine Rede mit einer liebenswürdigen Begrüßung geantwortet, in der auch das mißtrauischste Ohr keinen Widerhall des Befehls des Herrn Malvy hätte entdecken können. Aber was folgt aus dem allem? Recht hatte einer der zwei Polizeiinspektoren, die mich im Jahre 1916 von Paris bis Irun begleiteten, als er mir erklärte: »Regierungen kommen und gehen, – die Polizei bleibt.«

Um die Umstände meiner Ausweisung aus Frankreich besser zu verstehen, muß man mit wenigen Worten bei den Bedingungen verweilen, unter denen die von mir redigierte kleine russische Zeitung existiert hatte. Ihr Hauptfeind war natürlich die zaristische Gesandtschaft. Dort übersetzte man die Artikel des ›Nasche Slowo‹ eifrig ins Französische und schickte sie mit entsprechenden Kommentaren in den Quai d'Orsay und in das Kriegsministerium. Von dort telephonierte man besorgt an unseren Kriegszensor, Monsieur Chasles, der vor dem Kriege als Lehrer der französischen Sprache viele Jahre in Rußland gewesen war. Chasles zeichnete sich nicht durch Entschlossenheit aus. Sein Schwanken beendete er jedesmal in dem Sinne, daß es besser sei, zu streichen, als stehen zu lassen. Wie schade, daß er diese Regel nicht auch auf die einige Jahre später von ihm selbst verfaßte, unter jeder Kritik schlechte Biographie Lenins angewandt hat... Als ängstlicher Zensor nahm Chasles nicht nur den Zaren, die Zarin, Sassonow, die Dardanellenträume Miljukows unter seinen Schutz, sondern auch Rasputin. Man könnte mühelos nachweisen, daß der ganze Krieg – ein wahrer Vernichtungskrieg – gegen ›Nasche Slowo‹ geführt wurde nicht wegen der internationalen Tendenzen dieser Zeitung, sondern wegen ihres revolutionären Geistes gegen den Zarismus.

Mit dem ersten akuten Paroxysmus der Zensur stießen wir in der Zeit der russischen Erfolge in Galizien zusammen. Bei dem geringsten Kriegsglück wurde die zaristische Gesandtschaft furchtbar frech. Es ging diesmal so weit, daß man uns den Nekrolog auf den Grafen Witte völlig strich, sogar den Titel des Artikels, der aus fünf Buchstaben bestand: Witte. Man muß noch hinzufügen, daß zur gleichen Zeit im offiziellen Organ des Petersburger Marineamtes unerhört heftige Artikel gegen die französische Republik gedruckt wurden, unter Verhöhnung des Parlamentarismus und seiner ›kleinen Zaren‹, der Deputierten. Mit einem Band der Petersburger Zeitschrift in der Hand ging ich in die Zensur, um mich dort auseinanderzusetzen.

»Ich habe damit eigentlich nichts zu tun«, sagte mir Herr Chasles, »alle Instruktionen in bezug auf Ihre Zeitung gehen vom Ministerium des Auswärtigen aus. Wollen Sie vielleicht einen unserer Diplomaten sprechen?«

Nach einer halben Stunde erschien im Gebäude des Kriegsministeriums ein grauhaariger diplomatischer Gentleman. Es fand zwischen uns etwa folgender Dialog statt, den ich bald danach niedergeschrieben habe.

»Wollen Sie mir nicht erklären, weshalb man mir den Artikel gestrichen hat, der einem russischen Bürokraten außer Dienst gewidmet war, der sich in Ungnade befand und außerdem tot ist, und welche Beziehungen bestehen zwischen dieser Maßnahme und den Kriegsoperationen?«

»Wissen Sie, solche Artikel sind *ihnen* unangenehm«, sagte der Diplomat und machte eine unbestimmte Kopfbewegung, wahrscheinlich in die Richtung, in der sich die russische Gesandtschaft befand.

»Aber wir schreiben ja eben zu dem Zwecke, daß es ihnen unangenehm sein soll...«

Der Diplomat lächelte herablassend über diese Antwort wie über einen netten Scherz.

»Wir befinden uns im Kriege. Wir hängen von unseren Verbündeten ab.«

»Wollen Sie sagen, daß das innere Regime Frankreichs unter der Kontrolle der zaristischen Diplomatie steht? Haben sich in diesem Falle Ihre Ahnen nicht geirrt, als sie Louis Capet den Kopf abschlugen?«

»Oh, Sie übertreiben. Und dabei vergessen Sie bitte nicht: wir befinden uns im Krieg...«

Jede weitere Unterhaltung wurde gegenstandslos. Mit ausgesuchtem Lächeln bedeutete mir der Diplomat, daß die Lebenden es nicht lieben, wenn man von den Toten schlecht spricht, da auch die Würdenträger sterblich sind. Nach dieser Zusammenkunft ging es in der gleichen Art weiter. Der Zensor strich. Anstatt einer Zeitung erschien nicht selten ein weißer Bogen Papier. Eine Verletzung des Willens des Herrn Chasles ließen wir uns niemals zuschulden kommen. Noch weniger war Herr Chasles geneigt, den Willen seiner Auftraggeber zu verletzen.

Trotz alledem unterbreitete man mir im September 1916 in der Präfektur einen Ausweisungsbefehl, wonach ich Frankreich zu verlassen hätte. Was war die Ursache? Darüber wurde mir kein Wort gesagt. Nur allmählich kam es heraus, daß eine bösartige

Provokation, die von der russischen Ochrana in Frankreich organisiert worden war, den Vorwand geliefert hatte.
Als der Deputierte Jean Longuet zu Briand kam, um gegen meine Ausweisung zu protestieren, oder richtiger gesagt, sein Bedauern auszudrücken – die Proteste Longuets erklangen stets als zärtlichste Melodie –, antwortete ihm der französische Ministerpräsident: »Und wissen Sie, daß man in Marseille bei russischen Soldaten, die ihren Oberst ermordet haben, ›Nasche Slowo‹ fand?« Das hatte Longuet nicht erwartet. Er kannte die ›Zimmerwalder‹ Richtung der Zeitung, damit vermochte er sich noch halb und halb abzufinden, aber die Ermordung eines Obersten – das mußte ihn unvorbereitet treffen. Longuet wandte sich um Auskunft an meine französischen Freunde, diese ihrerseits an mich, aber ich wußte von dem Mord in Marseille nicht mehr als sie. In die Geschichte mischten sich zufällig die Korrespondenten der liberalen russischen Presse, patriotische Gegner des ›Nasche Slowo‹, und klärten die Umstände der Marseiller Geschichte auf. Es handelte sich nämlich um folgendes: zusammen mit der Lieferung russischer Soldaten auf den republikanischen Boden – es waren so wenige, daß man sie ›symbolische Abteilungen‹ nannte – hatte die zaristische Regierung eiligst eine entsprechende Anzahl von Spionen und Agents-Provokateurs mobilisiert. Unter ihnen war ein gewisser Winning (ich glaube, so hieß er), der mit einer Empfehlung vom russischen Konsul aus London kam. Zuerst versuchte Winning, die gemäßigten russischen Korrespondenten zur ›revolutionären‹ Propaganda unter den Soldaten zu gewinnen. Da wurde er aber zurückgewiesen. An die Redaktion des ›Nasche Slowo‹ hatte er sich gar nicht erst herangewagt, so daß wir von seiner Existenz nichts wußten. Nach seinem in Paris erlittenen Mißerfolg begab sich Winning nach Toulon, wo er wahrscheinlich unter den russischen Matrosen, für die es schwieriger war, ihn zu durchschauen, einen gewissen Erfolg hatte. »Der Boden für unsere Arbeit ist hier sehr günstig, schickt revolutionäre Bücher und Zeitungen«, schrieb Winning aus Toulon aufs Geratewohl an verschiedene russische Journalisten; doch eine Antwort erhielt er von ihnen nicht. In Toulon entbrannte eine Meuterei auf dem russischen Kreuzer ›Askold‹; sie wurde grausam unterdrückt. Die Rolle Winnings an diesem Vorfall war zu offenkundig, deshalb zog er es vor, sein Tätigkeitsfeld rechtzeitig nach Marseille zu verlegen. Der Boden erwies sich auch hier als ›sehr günstig‹. Nicht ohne Winnings Beihilfe kam es nun auch in Marseille zu einer Meuterei unter den russischen Soldaten, die damit endete, daß der russische Oberst Krause auf dem Kasernenhof mit Steinen erschlagen wurde. Bei der Verhaftung der in diese Angelegenheit verwickelten Soldaten fand man bei mehreren die gleiche Nummer des ›Nasche Slowo‹. Als die russischen Journalisten nach Marseille kamen, um zu erfahren, was dort vorgefallen war, berichteten ihnen Offiziere, daß während des Aufstandes irgend-

ein Winning allen, die es wollten und die es nicht wollten, ›Nasche Slowo‹ zugesteckt hätte. Nur deshalb wurde die Zeitung bei den Verhafteten gefunden, die nicht mal Zeit gehabt hatten, sie zu lesen.

Man muß hier einfügen, daß ich gleich nach der Unterredung Longuets mit Briand über meine Ausweisung, das heißt, noch bevor die Rolle Winnings aufgeklärt war, in einem offenen Brief an Jules Guesde die Vermutung aussprach, daß ›Nasche Slowo‹ den Soldaten von einem Provokateur absichtlich zugesteckt sein könnte. Die Richtigkeit dieser Vermutung erhielt schneller, als ich gehofft hatte, eine unwiderlegbare Bestätigung seitens der schärfsten Gegner unserer Zeitung. Doch gleichviel. Die zaristische Diplomatie hatte der Regierung der Republik zu deutlich zu verstehen gegeben, daß sie, falls sie russische Soldaten haben wollte, unverzüglich das Nest der russischen Revolutionäre vernichten müsse. Das Ziel war erreicht: die französische Regierung, die bis jetzt geschwankt hatte, verbot ›Nasche Slowo‹, und der Minister des Innern, Malvy, unterschrieb den von der Polizeipräfektur bereitgehaltenen Ausweisungsbefehl gegen mich.

Jetzt fühlte sich das Ministerium solide gedeckt. Nicht nur Jean Longuet, sondern auch einigen anderen Deputierten gegenüber, besonders dem Vorsitzenden der parlamentarischen Kommission, Leygues, bezeichnete Briand die Marseiller Geschichte als den Grund meiner Ausweisung. Das konnte seine Wirkung nicht verfehlen. Da aber ›Nasche Slowo‹ zur Ermordung des Obersten nicht hatte auffordern können, da es ja unter strenger Vorzensur stand und in den Pariser Kiosken offen verkauft wurde, so blieb die Sache rätselhaft – bis ihre provokatorische Basis aufgedeckt worden war. Das wurde auch in der Kammer bekannt. Man erzählte mir, daß der damalige Minister für Volksaufklärung, Painlevé, als man ihm die Begleitumstände der Geschichte schilderte, ausgerufen habe: »Das ist eine Schande... das darf so nicht bleiben!« Doch es war Krieg. Der Zar war Verbündeter. Man durfte Winning nicht bloßstellen. Es blieb also nur übrig, Malvys Befehl auszuführen.

Die Pariser Präfektur teilte mir mit, ich werde aus Frankreich in ein Land nach meiner freien Wahl ausgewiesen. Allerdings wurde mir gleich bedeutet, daß England und Italien auf die Ehre, mir Gastfreundschaft zu erweisen, verzichten. Ich mußte in die Schweiz zurückkehren. Aber – das Schweizer Konsulat verweigerte mir das Visum. Ich telegraphierte an meine Schweizer Freunde und erhielt von ihnen eine beruhigende Antwort: die Frage werde in positivem Sinne entschieden werden. Das Schweizer Konsulat jedoch weigerte sich auch weiterhin, mir das Visum zu geben. Wie es sich später herausstellte, hatte die russische Gesandtschaft mit Hilfe der Alliierten den nötigen Druck in Bern ausgeübt, und die Schweizer Behörde verschleppte absichtlich die Lösung der Frage, um Zeit zu gewinnen, bis ich aus Frankreich ausgewiesen sein

würde. Holland oder Skandinavien konnte man nur über England erreichen. Aber die englische Regierung weigerte sich kategorisch, mir die Durchreise zu erlauben. Es blieb also nur Spanien übrig. Aber da weigerte ich mich, freiwillig auf die Pyrenäen-Halbinsel zu gehen. Etwa sechs Wochen dauerten die Verhandlungen mit der Pariser Polizei. Die Spitzel verfolgten mich auf Schritt und Tritt, hielten Wache vor meiner Wohnung und vor der Redaktion der Zeitung; sie ließen mich nicht aus den Augen. Endlich beschloß die Pariser Behörde, energische Maßnahmen anzuwenden. Der Polizeipräfekt Laurent lud mich ein und erklärte mir: da ich mich weigerte, freiwillig abzureisen, so würden zwei Polizeiinspektoren bei mir erscheinen, übrigens ›in Zivil‹, fügte er mit der größten Zuvorkommenheit hinzu. Die zaristische Gesandtschaft hatte nun erreicht, was sie wollte: ich war aus Frankreich ausgewiesen.
In den Einzelheiten meiner Darstellung, die auf Notizen aus jener Zeit beruht, können kleine Ungenauigkeiten enthalten sein. Alles Wesentliche aber ist absolut unbestreitbar. Noch lebt außerdem die Mehrzahl der Personen, die mit dieser Geschichte zu tun hatten. Viele von ihnen befinden sich in Frankreich. Es existieren Dokumente. Die Tatsachen zu rekonstruieren wäre wahrhaftig nicht schwer. Ich meinerseits zweifle nicht daran: zöge man Malvys Ausweisungsbefehl gegen mich aus den Polizeiarchiven hervor und unterwürfe man dieses Dokument einer daktyloskopischen Untersuchung, so würde sich ganz sicher an irgendeiner Ecke ein Abdruck vom Zeigefinger des Herrn Winning entdecken lassen.

Durch Spanien

Zwei Polizeiinspektoren warteten in meiner Wohnung in der kleinen Rue Oudry. Der eine war klein, fast ein Greis; der andere ein Riese, glatzköpfig, etwa fünfundvierzig Jahre alt, schwarz wie Pech. Die Zivilkleidung saß auf beiden ungeschickt, und wenn sie antworteten, hoben sie die Hand zum unsichtbaren Mützenschirm. Als ich von den Freunden und der Familie Abschied nahm, versteckten sich die Polizisten äußerst höflich hinter der Türe. Beim Hinausgehen zog der ältere mehrere Male den Hut: »Excusez, Madame.«
Einer der Spitzel, die unermüdlich und bösartig mich während der letzten zwei Monate verfolgt hatten, wartete vor dem Hause. Freundlich, als sei nichts gewesen, ordnete er den Plaid und schloß die Türe des Automobils. Er sah einem Jäger ähnlich, der sein Wild dem Käufer aushändigte. Wir fuhren ab.
Schnellzug. Coupé dritter Klasse. Der ältere Inspektor entpuppt sich als ein guter Geograph. Tomsk, Kasan, der Jahrmarkt von Nischni-Nowgorod – er kennt alles. Spricht Spanisch, kennt das

Land. Der andere, der große und schwarze, schwieg lange und saß finster abseits. Später aber ging auch er aus sich heraus. »Die lateinische Rasse stampft auf einem Platz herum, die anderen kommen ihr zuvor«, erklärte er unerwartet, während er in seinen mit schweren Ringen geschmückten, behaarten Händen ein Stück Schweinespeck hielt, das er mit dem Messer bearbeitete. »Was haben wir in der Literatur? Niedergang überall. In der Philosophie dasselbe. Seit der Zeit Descartes' und Pascals keine Bewegung mehr... Die lateinische Rasse stampft auf einem Platz herum.« Erstaunt wartete ich auf die Fortsetzung. Aber er schwieg und kaute an seinem Speck mit Weißbrot. »Sie hatten vor kurzem Tolstoi, aber Ibsen ist uns verständlicher als Tolstoi.« Und er schwieg wieder.

Der Alte, durch den Ausbruch dieser Gelehrsamkeit verletzt, begann die Bedeutung der sibirischen Eisenbahn zu erklären. Und dann, die pessimistische Schlußfolgerung seines Kollegen ergänzend und sie gleichzeitig mildernd, fügte er hinzu: »Ja, uns fehlt die Initiative. Alle wollen Beamte werden. Das ist traurig, aber nicht abzuleugnen.« Ich hörte beiden notgedrungen, aber nicht ohne Interesse zu.

»Überwachung? Oh, das ist jetzt eine unmögliche Sache. Die Überwachung ist nur dann wirksam, wenn sie unsichtbar bleibt, nicht wahr? Man muß offen sagen: die Metro tötet die Überwachung. Man sollte Personen, die man überwacht, vorschreiben: steigt nicht in die Metro, – nur dann wäre die Überwachung möglich.« Der Schwarze lachte finster. Der Alte sagte mildernd: »Oft überwachen wir, ohne selbst zu wissen, aus welchem Grunde.«

»Wir Polizisten sind Skeptiker«, begann wieder ohne Übergang der Schwarze. »Sie haben Ihre Ideen. Wir beschützen das, was besteht. Nehmen Sie die große Revolution. Welche Bewegung der Ideen! Vierzehn Jahre nach der Revolution war das Volk unglücklicher denn je. Lesen Sie Taine. Wir Polizisten sind von Amts wegen konservativ. Der Skeptizismus ist die einzige Philosophie, die unserem Beruf entspricht. Schließlich, – niemand wählt sich seinen Weg. Es existiert überhaupt keine Freiheit des Willens. Alles ist durch den Lauf der Dinge vorbestimmt.«

Er begann stoisch Rotwein zu trinken, direkt aus der Flasche. Dann diese zupfropfend, fing er wieder an: »Renan hat gesagt, daß neue Ideen immer zu früh kommen. Und das ist richtig.«

Dabei warf er einen lauernden Blick auf meine Hand, die ich zufällig auf den Türgriff gelegt hatte. Um ihn zu beruhigen, steckte ich die Hand in die Tasche.

Der Alte nahm wieder Revanche: er sprach von den Basken, von ihrer Sprache, ihren Frauen, ihrem Kopfputz und so weiter. Wir näherten uns der Station Hendaye.

»Hier hat Déroulède gewohnt, unser Nationalromantiker. Ihm genügte es, die Berge Frankreichs zu sehen. Ein Don Quichotte in

seinem spanischen Winkel.« Der Schwarze lächelte mit gemessener Herablassung. »Bitte, Monsieur, folgen Sie mir in das Bahnhofskommissariat.«
In Irun wandte sich ein französischer Gendarm mit einer Frage an mich, aber mein Begleiter machte ihm ein Freimaurerzeichen und führte mich durch irgendwelche Bahnhofsausgänge schnell weg.
»C'est fait avec discrétion? N'est-ce pas!« fragte mich der Schwarze. »Sie können aus Irun mit der Straßenbahn nach San Sebastian reisen. Sie müssen sich das Aussehen eines Touristen geben, um nicht den Verdacht der spanischen Polizei zu erwecken, die sehr, sehr mißtrauisch ist. Und nun kenne ich Sie nicht mehr, nicht wahr?«
Wir verabschiedeten uns kühl...
Von San Sebastian, wo ich das Meer bewunderte und über die Preise entsetzt war, fuhr ich nach Madrid und war nun in einer Stadt, wo ich niemanden kannte – nicht einen Menschen – und wo mich niemand kannte. Und da ich auch die spanische Sprache nicht kannte, so hätte ich in der Sahara oder in der Peterpaulfestung kaum einsamer sein können. Es blieb nur übrig, zu der Sprache der Kunst Zuflucht zu nehmen. Zwei Jahre Krieg hatten vergessen lassen, daß sie überhaupt auf der Welt existierte. Mit der Gier eines Ausgehungerten genoß ich die kostbaren Schätze des Madrider Museums und fühlte wie einst das Element des ›Ewigen‹ in dieser Kunst. Rembrandt, Ribera. Bilder des Hiernoymus Bosch, genial in ihrer naiven Lebensfreude. Der alte Wächter gab mir eine Lupe, damit ich die kleinen Figuren der Bauern, Eselchen und Hunde auf den Bildern Miguels besser betrachten könnte. Der Krieg war hier gar nicht zu spüren, alles stand fest auf seinem Platz, die Farben lebten ihr eigenes, unkontrolliertes Leben.
Folgendes trug ich im Museum in mein Notizbuch ein:
»Zwischen uns und diese Alten stellte sich vor dem Kriege – ohne das Alte zu verdrängen oder zu verkleinern – die neue Kunst, die intimere, individuellere, nuanciertere, subjektivere, bewegtere. Der Krieg wird wahrscheinlich diese Stimmungen und diese Art für lange Zeit wegspülen und durch Massenleidenschaften und Massenleiden ersetzen, – aber auch dann wird nicht die Rückkehr zu der alten Form erfolgen, der schönen, anatomisch und botanisch vollendeten, zu den Rubensschen Hüften (wenn auch die Hüften wahrscheinlich in der neuen, lebensgierigen Nachkriegskunst eine große Rolle spielen werden). Es ist schwer, zu prophezeien, aber aus den unerhörten Erlebnissen, von denen fast die ganze zivilisierte Menschheit unmittelbar erfaßt ist, wird eine neue Kunst entstehen müssen...«
Ich saß im Hotel, las mit dem Wörterbuch in der Hand spanische Zeitungen und erwartete die Antworten auf meine Briefe, die ich nach Italien und nach der Schweiz gesandt hatte. Ich hoffte noch

immer, in die Schweiz reisen zu können. Am vierten Tag meines Aufenthaltes in Madrid erhielt ich aus Paris einen Brief mit der Adresse des französischen Sozialisten Gabier. Er war hier Direktor einer Versicherungsgesellschaft. Trotz seiner bürgerlichen sozialen Stellung erwies sich Gabier als ein entschiedener Gegner der patriotischen Politik seiner Partei. Von ihm erfuhr ich, daß die spanische Partei ganz unter dem Einfluß des französischen Sozialpatriotismus stand. Eine ernste Opposition gab es nur in Barcelona bei den Syndikalisten. Der Sekretär der sozialistischen Partei, Anguillano, den ich besuchen wollte, befand sich gerade für fünfzehn Tage im Gefängnis, weil er sich respektlos über einen katholischen Heiligen geäußert hatte. In früheren Zeiten wäre Anguillano einfach auf dem Scheiterhaufen verbrannt worden.
Ich wartete auf die Antwort aus der Schweiz, studierte spanische Vokabeln, unterhielt mich mit Gabier und besuchte Museen. Am 9. November rief mich das Stubenmädchen der kleinen Pension, in der mich Gabier untergebracht hatte, mit erschrockenen Gesten in den Korridor hinaus. Dort standen zwei Kerle von sehr eindeutigem Aussehen, die mich ohne große Höflichkeiten aufforderten, ihnen zu folgen. – Wohin? – Selbstverständlich in die Madrider Präfektur. Dort setzte man mich in eine Ecke. »Ich bin also verhaftet?« fragte ich.
»Ja, par una hora, dos horas (für eine, zwei Stunden).«
Ohne meine Körperstellung zu verändern, verbrachte ich in der Präfektur sieben volle Stunden. Um neun Uhr abends führte man mich nach oben. Ich stand vor einem ziemlich zahlreich bevölkerten Olymp.
»Weshalb haben Sie mich eigentlich verhaftet?«
Diese einfache Frage verblüffte die Olympier. Der Reihe nach äußerten sie verschiedene Hypothesen. Der eine berief sich auf Paßschwierigkeiten, die die russische Regierung Ausländern bereite, die nach Rußland wollen.
»Wenn Sie gewußt hätten, wieviel Geld wir für die Verfolgung unserer Anarchisten ausgeben müssen...«, suchte ein anderer mein Mitleid zu erwecken.
»Aber erlauben Sie, ich kann doch nicht gleichzeitig für die russische Polizei und für die spanischen Anarchisten verantwortlich gemacht werden.«
»Gewiß, gewiß, das war auch nur so als Beispiel gesagt...«
»Welches sind Ihre Anschauungen?« fragte nach kurzem Grübeln der Chef.
Ich setzte in populärer Form meine Anschauungen auseinander.
»Also, sehen Sie«, antwortete er mir.
Schließlich erklärte mir der Chef durch einen Dolmetscher, ich werde aufgefordert, unverzüglich Spanien zu verlassen, und bis dahin müsse meine Freiheit ›einigen Einschränkungen‹ unterliegen. »Ihre Ansichten sind für Spanien ein wenig zu fortgeschrit-

ten« (trop avancées), sagte er mir offenherzig, durch den Übersetzer.
Um zwölf Uhr nachts brachte mich ein Polizeiagent mit einer Droschke ins Gefängnis. Die unvermeidliche Kontrolle der Sachen im Zentrum des ›Sterns‹, wo fünf Gebäudeflügel zu je vier Etagen sich kreuzen. Eiserne Hängetreppen. Stille, die besondere, nächtliche, von schweren Ausdünstungen und Alpdrücken erfüllte Gefängnisstille. Düstere elektrische Lämpchen in den Korridoren. Alles bekannt, alles dasselbe. Das Gepolter beim Öffnen der schmiedeeisernen Tür. Ein großes Zimmer, Halbdunkel, schlechte Gefängnisluft, ein armseliges, ekelerregendes Bett. Das Poltern beim Zuschließen der Tür. Zum wievielten Mal? Ich machte das kleine Lüftungsfensterchen vor dem Gitter auf. Es wehte Kühle herein. Ohne mich auszuziehen, alle Knöpfe geschlossen, legte ich mich aufs Bett und deckte mich mit meinem Mantel zu. Hier erst wurde mir die ganze Absurdität des Vorgefallenen klar. In Madrid im Gefängnis! Davon hatte ich niemals geträumt. Iswolski hatte gründlich gearbeitet. In Madrid! Ich lag auf dem Bett des Madrider ›Mustergefängnisses‹ und lachte aus vollem Herzen. Ich lachte, bis ich einschlief.
Beim Spaziergang erklärten mir die kriminellen Sträflinge, in diesem Gefängnis gäbe es Zellen, die gratis, und solche, die zu bezahlen seien. Eine Zelle erster Klasse koste anderthalb Pesetas, eine zweiter 75 Centimes den Tag. Jeder Sträfling habe Anrecht auf einen vermietbaren Raum, habe aber nicht das Recht, den Gratisraum abzulehnen. Meine Zelle war eine kostenpflichtige erster Klasse. Ich lachte wieder herzlich. Aber eigentlich war die Einrichtung nur konsequent. Warum soll es im Gefängnis einer Gesellschaft, die ganz und gar auf Ungleichheit aufgebaut ist, Gleichheit geben? Ich erfahre weiter, daß die Insassen der kostenpflichtigen Zellen zweimal am Tage je eine Stunde spazierengehen dürfen, die anderen nur eine halbe Stunde am Tage. Wiederum richtig. Die Lungen des Staatsschatzdefraudanten, der täglich anderthalb Franken bezahlt, haben das Recht auf eine größere Portion Luft als die Lungen eines Streikenden, der gratis atmet.
Am dritten Tag holte man mich zu anthropometrischen Messungen und forderte mich auf, meine Finger auf Druckerschwärze zu legen, um von ihnen dann einen Abdruck zu nehmen. Ich weigerte mich. Da wandte man ›Gewalt‹ an, allerdings mit ausgesuchter Höflichkeit. Ich blickte aus dem Fenster, während der Aufseher meine Hand, einen Finger nach dem anderen, behutsam beschmierte und sie etwa zehnmal auf verschiedene Karten und Papierbogen legte, – zuerst die rechte Hand, dann die linke. Danach forderte man mich auf, mich hinzusetzen und meine Schuhe abzunehmen. Ich weigerte mich. Mit den Füßen war die Sache schwieriger. Die Beamten umkreisten mich unschlüssig. Endlich ließ man von mir ab und führte mich in das Sprechzimmer, wo mich Gabier

und Anguillano, der gestern aus dem Gefängnis – aber aus einem anderen – entlassen worden war, erwarteten. Sie teilten mir mit, daß zu meiner Befreiung alle Hebel in Bewegung gesetzt seien. Im Korridor stieß ich mit dem Gefängnisgeistlichen zusammen. Er drückte mir seine katholischen Sympathien für meinen Pazifismus aus und fügte trostreich hinzu: »Paciencia, paciencia.« Nichts anderes blieb mir ja vorläufig übrig.
Am 12. morgens teilte mir ein Polizeiagent mit, daß ich am Abend nach Cadiz fahren müsse, und fragte mich, ob ich für mein Billett selbst zahlen wolle. Aber es war nicht meine Absicht, nach Cadiz zu fahren. Ich bedankte mich entschieden, für das Billett zu zahlen. Es genügte die Bezahlung für den Aufenthalt in dem mustergültigen Gefängnis.
Und so begaben wir uns abends von Madrid nach Cadiz. Reisespesen auf Kosten des spanischen Königs. Aber warum nach Cadiz? Ich betrachtete einmal die Karte. Cadiz befindet sich am äußersten Punkt der südwestlichen Halbinsel Europas. Aus Beresow auf Renntieren über den Ural nach Petersburg, von dort auf Umwegen nach Österreich, aus Österreich über die Schweiz nach Frankreich, aus Frankreich nach Spanien und schließlich durch die ganze Pyrenäische Halbinsel nach Cadiz. Gesamtrichtung: von Nordost nach Südwest. Weiter hört das Festland auf und es beginnt der Ozean. Paciencia!
Die Agenten, die mich begleiteten, umgaben unsere Reise keinesfalls mit einem Geheimnis: im Gegenteil, allen, allen, die sich dafür interessierten, erzählten sie ausführlich meine Geschichte, wobei sie mich von der besten Seite charakterisierten: kein Falschmünzer, sondern ein Caballero, aber mit unpassenden Anschauungen. Alle trösteten mich damit, daß in Cadiz ein sehr gutes Klima sei.
»Wie haben Sie mich eigentlich gefunden?« fragte ich die Agenten. Sehr einfach, nach einem Telegramm aus Paris. So hatte ich es mir auch gedacht. Die Madrider Polizeidirektion empfing ein Telegramm von der Pariser Präfektur: Gefährlicher Anarchist, folgte Name, hat die Grenze bei San Sebastian passiert. Will in Madrid Aufenthalt nehmen. – So daß man mich erwartete, suchte und beunruhigt war, als man mich eine ganze Woche lang nicht zu finden vermochte. Die französischen Polizisten hatten mich ›delikat‹ über die Grenze geführt, der Verehrer Montaignes und Renans hatte sogar gefragt: »C'est fait avec discrétion, n'est-ce pas?«, gleichzeitig aber telegraphierte die gleiche Polizei nach Madrid, daß ein gefährlicher ›Anarchist‹ durch Irun-San Sebastian gereist sei.
In dieser ganzen Geschichte spielte der Chef der sogenannten Juristischen Polizei, Bidet-Faupas, eine hervorragende Rolle. Er war die Seele der Überwachung und der Ausweisung. Von seinen Kollegen unterschied sich Bidet durch ungewöhnliche Roheit und

Bösartigkeit. Er versuchte, mit mir in einem Ton zu sprechen, wie es die zaristischen Gendarmerieoffiziere sich nicht erlaubt hatten. Unsere Unterhaltungen endeten jedesmal mit einer Explosion. Wenn ich von ihm wegging, fühlte ich in meinem Rücken einen haßerfüllten Blick. Bei meiner Zusammenkunft mit Gabier im Gefängnis sprach ich die Überzeugung aus, daß meine Verhaftung durch Bidet-Faupas vorbereitet worden sei. Dieser Name machte dank meiner leichten Hand eine Runde durch die gesamte spanische Presse. Nach weniger als zwei Jahren sollte das Schicksal mir auf Kosten des Herrn Bidet eine ganz unerwartete Genugtuung geben. Im Sommer 1918 teilte man mir telephonisch in das Kriegskommissariat mit, Bidet, der Donnergott Bidet, säße in einem Sowjetgefängnis. Ich wollte meinen Ohren nicht trauen. Es stellte sich heraus, daß die französische Regierung ihn zu Zwecken der Spionage und der Anzettelung von Verschwörungen mit der Militärmission in die Sowjetrepublik geschickt hatte. Er aber besaß die Unvorsichtigkeit, hineinzufallen. Wahrhaftig, eine größere Genugtuung konnte man von der Nemesis nicht verlangen, besonders wenn man hinzufügt, daß Malvy, der Innenminister Frankreichs, der meinen Ausweisungsbefehl unterschrieben hatte, bald danach selbst vom Ministerium Clemenceau unter der Beschuldigung pazifistischer Intrigen aus Frankreich ausgewiesen wurde. Solch ein Zusammentreffen der Ereignisse, wie für einen Film ausgedacht!
Als man Bidet zu mir ins Kommissariat brachte, erkannte ich ihn zuerst nicht. Der Donnergott hatte sich in einen ganz einfachen Sterblichen verwandelt, dazu noch in einen heruntergekommenen. Ich blickte ihn fragend an. »Mais oui, monsieur«, sagte er, den Kopf neigend »c'est moi.« Ja, das war Bidet. Aber wie denn? Wie konnte das geschehen? Ich war wirklich erstaunt. Bidet machte eine philosophische Handbewegung und erklärte mit der Überzeugung eines Polizeistoikers: »C'est la marche des événements.« Jawohl! Eine herrliche Formel. In meiner Erinnerung tauchte jener schwarze Fatalist auf, der mich nach San Sebastian geführt hatte: Willensfreiheit gibt es nicht, alles ist vorbestimmt. »Aber immerhin, Herr Bidet, Sie waren zu mir nicht sehr höflich in Paris...!« »Leider, ich muß es mit Wehmut gestehen, Herr Volkskommissar. Ich habe in meiner Zelle oft darüber nachgedacht. Es ist für einen Menschen manchmal nützlich«, ergänzte er bedeutungsvoll, »das Gefängnis von innen kennenzulernen. Ich hoffe aber, daß mein Pariser Benehmen für mich keine traurigen Folgen haben wird?« Ich beruhigte ihn. »Nach Paris zurückgekehrt, werde ich nicht mehr die Beschäftigung ausüben, die ich bisher ausgeübt«, versicherte er mir. »Wirklich, Herr Bidet? On revient toujours à ses premiers amours.« Ich habe diese Szene meinen Freunden so oft erzählt, daß ich mich an unseren Dialog erinnere, als hätte er erst gestern stattgefunden. Beim Gefangenenaustausch wurde Bidet später

nach Frankreich entlassen. Mir ist sein weiteres Schicksal unbekannt.
Wir müssen jedoch das Kriegskommissariat verlassen und noch etwas zurückkehren nach Cadiz. Nachdem er sich mit dem Gouverneur beraten hatte, erklärte mir der Präfekt von Cadiz, daß ich morgen früh um 8 Uhr nach Havanna transportiert werden würde, wohin – ein glücklicher Zufall wolle es – gerade morgen ein Dampfer abgehe.
»Wohin?«
»Nach Havanna.«
»Nach Ha-van-na?«
»Nach Havanna!«
»Freiwillig werde ich nicht fahren.«
»Wir werden dann gezwungen sein, Sie in den Kielraum zu bringen.«
Der bei dem Gespräch als Dolmetscher anwesende Sekretär des deutschen Konsulats, ein Freund des Präfekten, empfahl mir, »mich mit den Realitäten abzufinden«.
Paciencia, paciencia! Aber das war zuviel. Ich erklärte noch einmal, daß ich nicht gehen würde. In Begleitung von Spitzeln lief ich durch die Straßen des bezaubernden Städtchens, ohne viel davon zu merken, zum Telegraphenamt und gab ›dringende‹ Telegramme auf, an Gabier, Anguillano, an den Direktor der politischen Polizei, an den Minister des Innern, an den Premier Romanones, an die liberalen Blätter, an die republikanischen Deputierten; ich mobilisierte alle Argumente, die im Rahmen eines Telegramms Platz fanden. Sandte in alle Ecken und Enden der Welt Briefe. »Stellen Sie sich vor, lieber Freund«, schrieb ich an den italienischen Deputierten Serrati, »Sie wären jetzt in Twer unter Aufsicht der russischen Polizei, und man will Sie nach Tokio ausweisen, wohin zu gehen aber durchaus nicht Ihre Absicht ist, – so ungefähr ist augenblicklich meine Lage in Cadiz, am Vorabend des Abtransportes nach Havanna.« Dann jagte ich wieder mit den Spitzeln zum Präfekten. Auf mein Drängen hin telegraphierte dieser auf meine Kosten nach Madrid, daß ich es eher vorzöge, bis zur Ankunft des New Yorker Dampfers im Gefängnis von Cadiz zu bleiben, als nach Havanna zu gehen. Ich wollte die Waffen nicht strecken. Das war ein heißer Tag!
Unterdessen brachte der republikanische Deputierte Castrovido in den Cortes eine Anfrage ein über meine Verhaftung und Ausweisung. In den Zeitungen entstand eine Polemik. Die Linken griffen die Polizei an, verurteilten als Frankophile aber meinen Pazifismus. Die Rechten sympathisierten mit meinem ›Germanophilentum‹ (ich sei doch nicht umsonst aus Frankreich ausgewiesen), fürchteten aber meinen Anarchismus. In diesem Wirrwarr konnte sich niemand auskennen. Es wurde mir aber doch erlaubt, in Cadiz den nächsten Dampfer nach New York abzuwarten. Das

war ein erster Sieg!

Einige Wochen lang stand ich nun unter Aufsicht der Polizei von Cadiz. Dies war aber eine sehr friedliche und familiäre Aufsicht, anders als in Paris. Dort hatte ich während der zwei letzten Monate nicht wenig Energie darauf verwendet, den Spitzeln zu entkommen, – ich fuhr in einem einsamen Automobil davon, verschwand in ein dunkles Kino, sprang im allerletzten Augenblick in einen Wagen der Metro oder, umgekehrt, sprang aus ihm hinaus und so weiter, und so weiter. Die Spitzel aber schliefen auch nicht und wandten bei der Jagd nach mir alle ihre Kunst an: schnappten mir das Auto vor der Nase weg, wachten vor den Kinoausgängen, flogen wie Bomben aus Tram oder Metro zur Entrüstung des Publikums und des Wagenführers. Im wesentlichen war es ein gewisses l'art pour l'art. Meine politische Betätigung verlief ohnehin vollständig unter den Augen der Polizei. Aber die Verfolgungen der Spitzel reizten und weckten Sportinstinkte. In Cadiz dagegen erklärte der Spitzel, er käme zu der und der Stunde, ich möge im Hotel auf ihn geduldig warten. Dagegen verteidigte er beharrlich meine Interessen, half mir bei Einkäufen, machte mich auf die Löcher im Trottoir aufmerksam. Als einmal ein Krawattenverkäufer mir zwei Realen für das Dutzend abverlangte, schimpfte der Spitzel wie besessen, fuchtelte drohend mit den Händen, und als der Verkäufer bereits aus dem Café hinaus war, stürzte der Spitzel hinterher und erhob vor den Fenstern ein solches Geschrei, daß sich eine Menge ansammelte.

Ich war bemüht, die Zeit nicht unnütz verstreichen zu lassen: arbeitete in der Bibliothek über die Geschichte Spaniens, büffelte spanische Konjugationen und erneuerte, mich auf Amerika vorbereitend, den Vorrat meiner englischen Worte. Die Tage vergingen unmerklich, und oft konstatierte ich am Abend mit Bedauern, daß der Tag der Abreise nahe und ich zu wenig vorwärtsgekommen war. In der Bibliothek saß ich stets allein, wenn man die Bücherwürmer, die unzählige Bände des achtzehnten Jahrhunderts angefressen hatten, nicht mitrechnet. Man mußte manchmal nicht wenig Mühe aufwenden, um einen Namen oder eine Zahl zu entziffern.

In meinem damaligen Notizbuch finde ich folgenden Auszug: »– Die Geschichte Spaniens berichtet von Politikern, die fünf Minuten vor dem Sieg einer Volksbewegung diese als Verbrechen und Wahnsinn schmähten, um sich nach dem Siege an ihre Spitze zu stellen. ›Diese schlauen Herrschaften –‹, fährt der alte Historiker fort, ›– tauchten in allen folgenden Revolutionen auf und schrien am lautesten.‹ Die Spanier nennen solche Konjunkturkerle panzistas – vom Worte Wanst. Von diesem Wort stammt auch der Name unseres alten bekannten Sancho Pansa. Diese Bezeichnung ist schwer übersetzbar (etwa Fettwanst), aber die Schwierigkeit ist nur eine linguistische, nicht eine

politische. Der Typus an sich ist absolut international.« Nach 1917 hatte ich nicht selten Gelegenheit, mich davon zu überzeugen.
Es war bemerkenswert, daß die Zeitungen in Cadiz nichts über den Krieg berichteten, sie sahen aus, als gäbe es ihn nicht. Als ich die Aufmerksamkeit der Leute, mit denen ich mich unterhielt, auf das völlige Fehlen von Kriegsnachrichten in der verbreitetsten Zeitung ›El Diario de Cadiz‹ aufmerksam machte, antwortete man mir verwundert: »Wirklich? Unmöglich... Ja, ja, tatsächlich.« Folglich hatten sie selbst es bisher nicht gemerkt. Der Krieg wurde ja auch irgendwo hinter den Pyrenäen geführt. Auch ich begann, mir den Krieg abzugewöhnen.
Der Dampfer nach New York ging von Barcelona ab. Ich bekam die Erlaubnis, der Familie dorthin entgegenzufahren. In Barcelona neue Schwierigkeiten mit der Präfektur, neue Proteste und Telegramme, neue Spitzel. Meine Familie kam an. Sie hatte inzwischen nicht wenige Aufregungen in Paris zu bestehen gehabt. Dafür aber war jetzt alles gut. Wir sahen uns in Begleitung der Spitzel Barcelona an. Den Jungens sagten Meer und Früchte sehr zu. Mit dem Gedanken, nach Amerika überzusiedeln, hatten wir uns alle abgefunden. Meine Bemühungen, von Spanien aus über die Schweiz nach Italien zu gelangen, hatten zu nichts geführt. Die Erlaubnis wurde zwar schließlich auf Drängen der italienischen und schweizerischen Sozialisten erteilt, aber erst als ich mit meiner Familie bereits auf dem spanischen Dampfer war, der am 25. Dezember den Hafen von Barcelona verließ. Die Verspätung war natürlich beabsichtigt gewesen. Iswolski hatte nicht schlecht alles arrangiert.
Die Türe Europas fiel in Barcelona hinter mir zu. Die Polizei brachte mich mit meiner Familie auf den spanischen Dampfer ›Monserat‹ der Transatlantischen Gesellschaft, der in siebzehn Tagen seine lebende und tote Fracht nach New York brachte. Siebzehn Tage – diese Frist wäre sehr verlockend gewesen in der Epoche des Christoph Columbus, dessen Denkmal sich über dem Hafen von Barcelona erhebt. Das Meer war in dieser schlechtesten Jahreszeit sehr stürmisch; und das Schiff tat alles, um uns an die Vergänglichkeit des Daseins zu erinnern. ›Monserat‹ war ein Wrack, wenig geeignet für Ozeanfahrten. Aber die neutrale spanische Flagge verminderte während des Krieges die Chancen auf Ertränkung. Aus diesem Grunde nahm die spanische Gesellschaft viel Geld für die Überfahrt, brachte die Passagiere schlecht unter und verpflegte sie noch schlechter.
Die Bevölkerung des Dampfers war sehr bunt und in ihrer Buntheit wenig anziehend. Da waren nicht wenige Deserteure aller Länder, vorwiegend bessere Marke. Ein Maler schaffte seine Bilder, sein Talent, seine Familie, sein Vermögen unter dem Schutz eines alten Vaters aus der Feuerlinie weit weg. Ein Boxer, gleichzeitig auch belletristischer Schriftsteller, ein Vetter Oscar Wildes,

gestand offen, er ziehe es vor, die Kiefer der Herren Yankees im edlen Sport zu zertrümmern, als seine Rippen von irgendeinem unbekannten Deutschen durchstechen zu lassen. Ein Champion des Billardspiels, ein tadelloser Gentleman, empörte sich darüber, daß die Reihe auch an sein Alter gekommen war. Und wofür denn? Wegen dieser sinnlosen Schlächterei? Nein! Und er äußerte seine Sympathien mit den Ideen von ... Zimmerwald. Die übrigen waren von derselben Art: Deserteure, Abenteurer, Spekulanten oder aus Europa hinausgeworfene ›lästige‹ Elemente, – wem wäre denn sonst in den Sinn gekommen, in dieser Zeit auf einem armseligen spanischen Dampferchen den Atlantischen Ozean zu durchqueren? ...

Schwieriger war es, sich in den Passagieren der dritten Klasse auszukennen. Diese lagen zusammengedrängt, sprachen wenig, bewegten sich kaum, denn sie hatten wenig zu essen, waren düster, schwammen von einer bösen und dumpfen Not zu der anderen, die für sie noch im völligen Dunkel lag. Amerika arbeitete für das kriegführende Europa und brauchte frische Arbeitskräfte, aber ohne Trachome, ohne Anarchismus und andere Krankheiten.

Der Dampfer bot den Jungens ein unermeßliches Feld für Beobachtungen. Fortwährend entdeckten sie etwas Neues. »Weißt du, unser Heizer hier ist ein sehr guter Mann. Er ist ein Republikler.« Infolge des ewigen Hin- und her, aus einem Lande in das andere, sprachen sie ihre besondere, eigene Sprache. »Ein Republikaner? Wie habt ihr euch mit ihm verständigt?« »Er hat uns alles gut erklärt. Er sagte: *Alfonso*, und machte dann so: piff-paff.« »Ja, dann ist er wirklich ein Republikaner«, stimmte ich ihnen zu. Die Jungens schleppten für den Heizer getrocknete Trauben und andere schöne Sachen heran. Sie machten uns mit ihm bekannt. Der Republikaner war etwa zwanzig Jahre alt und hatte über Monarchie offenbar absolut festgelegte Ansichten.

1. Januar 1917. Auf dem Dampfer gratulierten alle einander zum neuen Jahr. Zwei Kriegs-Neujahren begegnete ich in Frankreich, dem dritten auf dem Ozean. Was bereitete das Jahr 1917 vor?

Sonntag, den 13. Januar. Wir fahren an New York heran. Um drei Uhr nachts Erwachen. Wir stehen. Es ist dunkel. Kalt. Windig. Am Ufer ein nasser, gewaltiger Häuserhaufen. Die Neue Welt!

In New York

Ich bin in New York, in der märchenhaft prosaischen Stadt des kapitalistischen Automatismus, wo in den Straßen die ästhetische Theorie des Kubismus und in den Herzen die sittliche Philosophie des Dollars herrscht. New York imponiert mir, als der vollkommenste Ausdruck des Geistes der Gegenwartsepoche.

Die meisten Legenden, glaube ich, existieren über mein Leben in den Vereinigten Staaten. Wenn in Norwegen, wo ich nur auf der Durchreise war, erfinderische Journalisten berichteten, wie ich mit dem Reinigen des Stockfisches beschäftigt war, so erfand für mich die Presse in New York, wo ich zwei Monate verlebte, eine Reihe von Berufen, einer immer interessanter als der andere. Wollte man die von den Zeitungen mir zugeschriebenen Abenteuer alle sammeln, es würde wahrscheinlich eine viel unterhaltsamere Biographie entstehen als die, die ich hier gebe. Ich bin aber gezwungen, meine amerikanischen Leser zu enttäuschen. Mein einziger Beruf in New York war der Beruf eines revolutionären Sozialisten. Und da es vor dem ›befreienden‹ demokratischen Krieg war, so galt diese Profession damals in den Vereinigten Staaten noch nicht als verbrecherischer denn die Profession eines Alkoholschmugglers. Ich schrieb Artikel, redigierte eine Zeitung und trat in Arbeiterversammlungen auf. Ich war bis über die Ohren beschäftigt und fühlte mich in New York nicht fremd. In einer dortigen Bibliothek studierte ich fleißig das Wirtschaftsleben der Vereinigten Staaten. Die Zahlen des wachsenden amerikanischen Exportes während des Krieges verblüfften mich. Sie waren für mich eine wirkliche Offenbarung. Diese Zahlen weissagten nicht nur die Einmischung Amerikas in den Krieg, sondern auch die ausschlaggebende Weltrolle der Vereinigten Staaten nach dem Krieg. Ich habe gleich damals über dies Thema eine Reihe Artikel geschrieben und einige Referate gehalten. Seit jener Zeit ist das Problem ›Amerika und Europa‹ für immer in den Kreis meiner Hauptinteressen getreten. Ich beschäftige mich auch jetzt eifrigst mit dieser Frage und hoffe, ihr ein Buch zu widmen. Um die zukünftigen Schicksale der Menschheit zu verstehen, gibt es kein wichtigeres Thema als dieses.

Am Tag nach meiner Ankunft schrieb ich in der russischen Zeitung ›Nowij Mir‹ (Neue Welt):

»Mit einem tiefen Glauben an die nahende Revolution habe ich das blutgetränkte Europa verlassen. Und ganz ohne ›demokratische‹ Illusionen habe ich das Ufer dieser reichlich gealterten neuen Welt betreten.« Und zehn Tage später sagte ich auf dem internationalen ›Begrüßungsmeeting‹:

»Die bedeutendste ökonomische Tatsache besteht darin, daß Europa die Grundlagen seiner Wirtschaft ruiniert, während Amerika sich bereichert. Und indem ich New York mit Neid betrachte, frage ich, der ich noch nicht aufgehört habe, mich als Europäer zu fühlen, besorgt: Wird Europa es aushalten? Wird es sich nicht in einen Friedhof verwandeln? Und wird nicht das ökonomische und kulturelle Zentrum des Schwergewichts der Welt hierher, nach Amerika, verlegt werden?« Trotz der Erfolge der sogenannten europäischen Stabilisation behält diese Frage auch heute ihre ganze Kraft.

Ich hielt Referate in russischer und deutscher Sprache in verschiedenen Teilen New Yorks, in Philadelphia und anderen benachbarten Städten. Mein Englisch war damals noch schwächer als heute, so daß ich nicht daran denken konnte, öffentlich in englischer Sprache aufzutreten. Ich fand dennoch nicht selten Hinweise auf meine englischen Reden in New York. (Erst vor wenigen Tagen hat mir der Redakteur eines Konstantinopeler Blattes eine meiner angeblichen Reden geschildert, der er als amerikanischer Student beigewohnt haben will. Ich muß gestehen: ich hatte nicht den Mut, ihm zu sagen, daß er ein Opfer seiner Einbildung sei. Mit um so größerer Sicherheit hat er seine Erinnerung in der Zeitung wiederholt.)

Wir mieteten eine Wohnung in einem Arbeiterviertel und nahmen Möbel auf Abzahlung. Die Wohnung für achtzehn Dollar im Monat war mit einem für europäische Begriffe unerhörten Komfort ausgestattet: elektrisches Licht, Gasofen, Badestube, Telephon, automatischer Aufzug für Lebensmittel und ein ebensolcher, um den Müllkasten hinunterzubefördern. Das alles hatte unsere Jungens sofort für New York eingenommen. Der Mittelpunkt ihres Lebens wurde für eine Weile das Telephon. Dieses kriegerische Instrument hatten wir weder in Wien noch in Paris gehabt.

Der Genitory (der Portier) unseres Hauses war ein Neger. Meine Frau bezahlte ihm die Miete für drei Monate im voraus, bekam aber die vorschriftsmäßige Quittung nicht, da der Hausbesitzer das Quittungsbuch am Vorabend zur Nachprüfung mitgenommen hatte. Als wir nach zwei Tagen in die Wohnung einzogen, stellte sich heraus, daß der Neger flüchtig geworden war unter Mitnahme des Wohnungsgeldes von einigen Mietern. Außer dem Geld hatten wir ihm auch unsere Sachen zur Aufbewahrung gegeben. Wir waren beunruhigt. Das war ein schlechter Anfang. Aber es stellte sich heraus, daß die Sachen vorhanden waren. Und als wir die Holzkiste mit dem Geschirr aufmachten, fanden wir darin zu unserer größten Verwunderung unsere Dollars, die sorgfältig in ein Papierchen eingewickelt waren. Der Genitory hatte nur das Geld jener Mieter mitgenommen, die rechtmäßige Quittungen erhalten hatten. Der Neger besaß mit dem Hausbesitzer kein Mitleid, wollte aber die Mieter nicht schädigen. Wahrhaftig, das war ein herrlicher Mann. Ich und meine Frau waren tief gerührt von seiner Aufmerksamkeit und haben ihm eine dankbare Erinnerung bewahrt. Die symptomatische Bedeutung dieses kleinen Abenteuers kam mir sehr groß vor. Es enthüllte sich mir gleichsam ein Eckchen des ›schwarzen‹ Problems der Vereinigten Staaten.

Amerika bereitete sich in jenen Tagen eifrigst für den Krieg vor. Am meisten trugen – wie stets – die Pazifisten dazu bei. Die billigen Reden von den Vorzügen des Friedens gegenüber dem Krieg schlossen sie mit dem Versprechen, den Krieg zu unterstützen, wenn er sich als ›unabwendbar‹ erweisen sollte. In diesem Sinne führte Bryan die Agitation. Die Sozialisten fielen in den Gesang

der Pazifisten ein. Es ist ja bekannt, daß für Pazifisten der Krieg nur im Frieden ein Feind ist. Nach der deutschen Erklärung des uneingeschränkten U-Boot-Krieges wurden auf allen Bahnhöfen und in den Häfen des Ostens der Vereinigten Staaten Berge von Kriegsvorräten konzentriert, die den Eisenbahnverkehr lahmlegten. Die Preise für Lebensmittel machten plötzlich einen großen Sprung nach oben, und ich beobachtete in dem reichen New York, wie Tausende und aber Tausende von Frauen und Müttern auf die Straße gingen, an den Verkaufsstellen Körbe umwarfen und Lebensmittelläden plünderten. Was wird das in der ganzen Welt erst nach dem Kriege geben, fragte ich mich und andere.
Am 3. Februar vollzog sich der langerwartete Abbruch der diplomatischen Beziehungen zu Deutschland. Die chauvinistische Musik wurde mit jedem Tag lauter. Die Tenöre der Pazifisten und die Fistelstimmen der Sozialisten störten die Harmonie nicht. Ich hatte das alles schon in Europa beobachtet, und die amerikanische Mobilmachung des Patriotismus war für mich nur eine Wiederholung des schon Durchgenommenen. Ich registrierte die Etappen des Prozesses in meiner russischen Zeitung und dachte über die Dummheit der Menschen nach, die so schrecklich langsam lernt.
Aus dem Fenster des Redaktionsraumes beobachtete ich folgendes Bild: Ein alter Mann mit eiternden Augen und einem zerzausten grauen Bart blieb vor einem Blechkasten mit Abfällen stehen und wühlte einen Kanten Brot hervor. Der Alte versuchte, das Brot mit den Händen zu zerbrechen, brachte das steinharte Stück an die Zähne, schlug es dann einige Male an den Blechkasten. Es half nichts, das Brot widerstand. Dann sah sich der Alte halb erschrokken, halb beschämt um, schob den Fund unter sein rotgelbes Jakkett und hinkte weiter die Straße des Heiligen Markus entlang…
Dieses kleine Erlebnis hatte ich am 2. März 1917. Es hat die Pläne der herrschenden Klasse nicht im geringsten gestört. Der Krieg mußte unvermeidlich kommen, und die Pazifisten mußten ihn unterstützen.
Als einer der ersten begegnete uns auf dem Boden New Yorks Bucharin, der kurz vorher aus Skandinavien ausgewiesen worden war. Bucharin kannte meine Familie schon aus den Wiener Zeiten und begrüßte uns mit der ihm eigenen kindlichen Begeisterung. Trotz unserer Müdigkeit und der späten Stunde führte er mich und meine Frau gleich am Tage unserer Ankunft zur Besichtigung einer öffentlichen Bibliothek. Seit der gemeinsamen Arbeit in New York beginnt die Anhänglichkeit Bucharins an mich, die, ständig wachsend, im Jahre 1923 in ihr Gegenteil umschlug. Die Eigenschaft dieses Menschen besteht darin, daß er sich immer auf jemand stützen, an jemand attachiert sein, an jemand kleben muß. In solchen Zeiten erscheint Bucharin einfach als Medium, durch das irgendein anderer spricht und handelt. Doch darf man ein Medium nie aus den Augen lassen: sonst gerät es unmerklich für sich

selbst unter einen direkt entgegengesetzten Einfluß, wie andere Menschen unter ein Automobil geraten, und beginnt dann seinen Abgott mit derselben leidenschaftlichen Hingabe zu verleumden, mit der es ihn vorher in alle Himmel gehoben hat. Ich habe niemals Bucharin sehr ernst genommen und überließ ihn sich selbst, und das heißt – den anderen. Bucharin wurde nach dem Tode Lenins das Medium von Sinowjew und später von Stalin. Im Augenblick, wo diese Zeilen geschrieben werden, macht Bucharin eine neue Krise durch, und ein neues, mir noch unbekanntes Fluidum durchdringt ihn.

In Amerika war damals auch die Kolontay. Sie reiste viel herum, und ich habe sie verhältnismäßig selten getroffen. Während des Krieges hat sie eine scharfe Evolution nach links durchgemacht und ist aus den Reihen der Menschewiki zu dem linkesten Flügel der Bolschewiki übergegangen. Ihre Sprachkenntnisse und ihr Temperament machten sie zu einem wertvollen Agitator. Ihre theoretischen Ansichten waren stets konfus. In der New Yorker Periode war ihr nichts revolutionär genug. Sie korrespondierte mit Lenin. Tatsachen und Ideen durch ihr damals ultralinkes Prisma brechend, versorgte Kolontay Lenin mit amerikanischen Informationen, unter anderem auch über meine Tätigkeit. In den Antwortbriefen von Lenin kann man einen Widerhall dieser völlig untauglichen Informationen finden. Im Kampfe gegen mich haben die Epigonen später nicht versäumt, wissentlich die irrtümlichen Urteile Lenins anzuführen, von denen er sich später durch Wort und Tat selbst losgesagt hat. In Rußland trat die Kolontay von den ersten Tagen an in ultralinke Opposition nicht nur zu mir, sondern auch zu Lenin. Sie hat sehr viel gegen das ›Regime Lenin-Trotzki‹ gekämpft, um sich später vor dem Regime Stalin rührend zu beugen.

Die sozialistische Partei der Vereinigten Staaten ist ideologisch weit zurückgeblieben, sogar hinter dem europäischen Sozialpatriotismus. Der Hochmut der damals noch neutralen amerikanischen Presse gegenüber dem ›besessenen‹ Europa fand auch in den Urteilen der amerikanischen Sozialisten ein Echo. Menschen wie Hillquit waren nicht abgeneigt, die Rolle des sozialistischen amerikanischen Onkelchens zu spielen, der im rechten Augenblick nach Europa kommen und die streitenden Parteien der Zweiten Internationale miteinander versöhnen würde. Noch jetzt kann ich mich nicht ohne Lächeln an die Führer des amerikanischen Sozialismus erinnern. Emigranten, die in der Jugend irgendeine Rolle in Europa gespielt hatten, verloren sie die mitgebrachten theoretischen Voraussetzungen schnell im Gedränge des Ringens um den Erfolg. In den Vereinigten Staaten gibt es eine breite Schicht prosperierender und halbprosperierender Ärzte, Advokaten, Dentisten, Ingenieure und so weiter, die ihre kostbaren Mußestunden zwischen den Konzerten europäischer Berühmtheiten und der amerikani-

schen sozialistischen Partei teilen. Ihre Weltanschauung besteht aus Brocken und Fetzen der Weisheit, die sie in ihren Studentenjahren sich aneigneten. Da jeder von ihnen außerdem ein Automobil besitzt, so wählt man sie unvermeidlich in führende Komitees, Kommissionen, Parteidelegationen. Dieses hochnäsige Publikum drückt seinen Stempel dem Geist des amerikanischen Sozialismus auf. Wilson war für sie eine unvergleichlich größere Autorität als Marx. Im Grunde sind es nur Abarten des Mister Babbit, der seine Business durch faule Sonntagsbetrachtungen über die Zukunft der Menschheit ergänzt. Diese Menschen leben in kleinen nationalen Clans, wo die Ideensolidarität vor allem als Deckmantel für geschäftliche Verbindungen dient. Jeder Clan hat seinen Führer, meist ist es der vermögendste Babbit. Sie sind sehr duldsam gegen alle Ideen, falls diese ihre traditionelle Autorität nicht untergraben und – Gott behüte – ihr persönliches Wohlergehen nicht bedrohen. Der Babbit aller Babbits ist Hillquit, der idealste sozialistische Führer der prosperierenden Zahnärzte.
Schon mein erstes Zusammentreffen mit diesen Menschen genügte, um in ihnen einen offenen Haß gegen mich hervorzurufen. Meine Gefühle für sie, die vielleicht ruhiger waren, zeichneten sich gleichfalls nicht durch Sympathie aus. Wir gehörten verschiedenen Welten an. In meinen Augen waren sie der verfaulteste Teil einer Welt, gegen die ich den Krieg geführt hatte und führe.
Der alte Eugen Debbs hob sich auf dem Hintergrunde der älteren Generation stark ab durch das nicht erlöschende innere Flämmchen des sozialistischen Idealismus. Ein aufrichtiger Revolutionär, aber Romantiker und Prediger, absolut kein Politiker und Führer, geriet Debbs unter den Einfluß von Menschen, die in jeder Beziehung unter ihm standen. Die Hauptkunst Hillquits bestand darin, auf seinem linken Flügel Debbs zu behalten, ohne die geschäftliche Freundschaft mit Gompers einzubüßen. Persönlich machte Debbs einen bezaubernden Eindruck. Bei unseren Begegnungen umarmte und küßte er mich: man darf nicht übersehen, daß der Alte nicht zu den ›Trockenen‹ zählte. Als die Babbits die Blockade gegen mich erklärten, beteiligte sich Debbs daran nicht, er ging nur betrübt beiseite.
Ich trat gleich in den ersten Tagen in die Redaktion der russischen Zeitung ›Nowij Mir‹ ein, wo, außer Bucharin, der später von den Sozialrevolutionären bei Petrograd ermordete Wolodarski und der bei Petrograd verwundete und dann in der Ukraine getötete Tschudnowski bereits arbeiteten. Diese Zeitung wurde das Zentrum der revolutionär-internationalistischen Propaganda. In allen nationalen Föderationen der sozialistischen Partei waren Mitarbeiter, die die russische Sprache beherrschten. Viele Mitglieder der russischen Föderation sprachen Englisch. Die Ideen der ›Nowij Mir‹ drangen auf diese Weise in die breitesten Kreise der amerikanischen Arbeiter. Die Mandarinen des offiziellen Sozialismus wur-

den scheu. Es begannen rasende Intrigen der Gruppen gegen den europäischen Eindringling, der erst gestern amerikanischen Boden betreten hat, die amerikanische Psychologie nicht kennt und den amerikanischen Arbeitern seine phantastischen Methoden aufdrängen möchte. Der Kampf entwickelte sich mit aller Schärfe. In der russischen Föderation wurden die ›erprobten‹ und ›verdienten‹ Babbits sofort zurückgedrängt. In der deutschen Föderation verlor der alte Schlüter, der Chefredakteur der ›Volkszeitung‹ und Mitkämpfer Hillquits, seinen Einfluß immer mehr an den jungen Redakteur Lore, der mit uns ging. Die Letten waren völlig mit uns. Die finnische Föderation neigte zu uns. Immer erfolgreicher drangen wir in die mächtige jüdische Föderation mit ihrem vierzehnstöckigen Palast ein, aus dem täglich zweihunderttausend Exemplare der Zeitung ›Vorwärts‹ mit dem stickigen Geiste des sentimental-spießbürgerlichen Sozialismus, der stets zu schlimmeren Verrätereien bereit ist, herausgeschleudert wurden. In der rein amerikanischen Arbeitermasse waren die Verbindungen und der Einfluß der sozialistischen Partei insgesamt und unseres revolutionären Flügels im besonderen nicht bedeutend. Die englische Parteizeitung ›The Call‹ wurde im Geiste der inhaltlosen pazifistischen Neutralität geleitet. Wir beschlossen, eine aktive marxistische Wochenschrift zu gründen. Die Vorbereitungsarbeiten waren in vollem Gange. Doch wurden sie vereitelt durch die russische Revolution.
Nach einem geheimnisvollen, zwei, drei Tage währenden Schweigen des Telegraphen kamen die ersten Nachrichten vom Umsturz in Petrograd, sie waren wirr und chaotisch. Das vielstämmige Arbeitervolk von New York wurde von heller Aufregung erfaßt. Man wollte hoffen und fürchtete zu hoffen. Die amerikanische Presse war in vollster Verwirrung. Von überall kamen Journalisten, Interviewer, Berichterstatter, Reporter in die Redaktion der ›Nowij Mir‹ gestürzt. Für eine gewisse Zeit stand unsere Zeitung im Brennpunkt der gesamten New-Yorker Presse. Aus sozialistischen Redaktionen und Organisationen läutete man ununterbrochen an.
»Es ist ein Telegramm eingetroffen, daß in Petrograd ein Ministerium Gutschkow-Miljukow gebildet sei. Was bedeutet das?«
»Daß morgen ein Ministerium Miljukow-Kerenski kommen wird.«
»So! Na und dann?«
»Und dann – kommen wir.«
»Oho!«
Solche Dialoge wiederholten sich dutzendemal. Fast alle faßten meine Worte als einen Scherz auf. In einer engeren Versammlung der ehrenwerten und der allerehrenwertesten russischen Sozialdemokraten hielt ich ein Referat, in dem ich die Unvermeidlichkeit der Eroberung der Macht durch die Partei des Proletariats im zwei-

ten Stadium der russischen Revolution nachwies. Das rief eine solche Wirkung hervor wie etwa ein Stein, den man in einen von gutgesitteten und phlegmatischen Fröschen bevölkerten Sumpf hineinwirft. Doktor Ingerman konnte es nicht unterlassen, der Versammlung zu erklären, ich begriffe die ersten vier Regeln der Arithmetik nicht, und es verlohne sich kaum, auf die Widerlegung meiner Fieberphantasien fünf Minuten Zeit zu verlieren.
Die Arbeitermassen verhielten sich zu den Perspektiven der Revolution anders. In allen Teilen New Yorks fanden nach Umfang und Stimmung ungewöhnliche Meetings statt. Die Nachricht, daß über dem Winterpalais die rote Fahne wehe, rief begeisterten Jubel hervor. Nicht nur die russischen Emigranten, sondern auch deren Kinder, die oft der russischen Sprache nicht mehr mächtig waren, kamen in die Versammlungen, um den Abglanz der Revolutionsbegeisterung zu genießen.
Ich zeigte mich in der Familie nur kurz. Dort aber herrschte ein eigenes Leben. Meine Frau richtete das Heim ein. Die Kinder bekamen neue Freunde. Der wichtigste Freund war der Chauffeur des Doktors M. Die Frau des Doktors hatte sich mit meiner Frau angefreundet, machte mit den Jungens Fahrten und war zu ihnen sehr freundlich. Aber sie war nur ein einfacher sterblicher Mensch. Der Chauffeur jedoch war ein Zauberer, ein Titan, ein Übermensch. Seiner Handbewegung gehorchte das Automobil. Neben ihm zu sitzen war das höchste Glück. Besuchte man eine Konditorei, dann zupften die Jungens beleidigt an der Mutter: »Warum kommt der Chauffeur nicht mit?«
Die Anpassungsfähigkeit der Kinder ist unermeßlich. Da wir in Wien meistens im Arbeiterviertel gelebt hatten, beherrschten die Jungens außer Russisch und Deutsch auch den Wiener Dialekt vorzüglich. Doktor Alfred Adler pflegte vergnügt zu sagen, sie sprächen wienerisch wie ein guter alter Wiener Fiakerkutscher. In der Züricher Schule mußten sie zum Züricher Dialekt übergehen, der in den unteren Klasse die Unterrichtssprache ist; Deutsch wird als fremde Sprache gelehrt. In Paris gingen die Jungens schroff zur französischen Sprache über. In einigen Monaten beherrschten sie diese Sprache völlig. Ich habe sie nicht selten um die Ungezwungenheit beneidet, mit der sie redeten. In Spanien und auf dem spanischen Dampfer hatten sie nicht einen Monat verbracht. Aber das hatte für sie hingereicht, um sich die gebräuchlichsten Worte und Ausdrücke anzueignen. Schließlich besuchten sie jetzt in New York zwei Monate eine amerikanische Schule und beherrschten nun ein ungeschliffenes Englisch. Nach der Februarrevolution wurden sie Petrograder Schüler. Es war kein geordnetes Schulleben. Die fremden Sprachen verflüchtigten sich aus ihrem Gedächtnis noch schneller, als sie dort eingedrungen waren. Russisch aber sprachen sie wie Ausländer. Häufig entdeckten wir erstaunt, daß der russische Satzbau bei ihnen eine genaue Übersetzung aus dem

Französischen war. Französisch aber vermochten sie den Satz nicht mehr zu konstruieren. So zeichnete sich in den Gehirnen der Kinder, wie auf dem Palimpsest, die Geschichte unserer Wanderungen in der Emigration ab.
Als ich meiner Frau aus der Redaktion telephonierte, in Petrograd sei Revolution, lag der jüngere Knabe an Diphtherie krank. Er war neun Jahre alt. Er wußte aber schon genau, daß Revolution Amnestie bedeutet, Rückkehr nach Rußland und tausend andere Segen. Er sprang hoch und hopste im Bett herum zu Ehren der Revolution. So offenbarte sich seine Genesung. Wir beeilten uns, mit dem ersten Dampfer abzufahren. Ich lief in die Konsulate nach Papieren und Visen. Am Tage vor der Abreise hatte der Arzt dem genesenden Knaben erlaubt, auszugehen. Meine Frau ließ den Jungen für eine halbe Stunde hinunter und packte die Sachen. Wie viele Male schon mußte sie diese Operation vornehmen! Aber der Junge kam nicht zurück. Ich war in der Redaktion. Es vergingen drei qualvolle Stunden. Dann klingelte man in unserer Wohnung. Zuerst eine unbekannte Männerstimme, dann die Stimme von Serjoscha: »Ich bin hier.« ›Hier‹ bedeutete das Polizeirevier am anderen Ende von New York. Der Junge hatte seinen ersten Spaziergang benutzt, um die ihn schon lange beschäftigende Frage zu lösen: gibt es denn wirklich die *erste* Straße (wir wohnten, wenn ich nicht irre, in der 164.). Er verirrte sich aber, begann zu fragen und wurde schließlich ins Polizeirevier gebracht. Zum Glück wußte er die Nummer unseres Telephons. Als meine Frau mit dem älteren Jungen nach einer Stunde ins Polizeirevier kam, empfing man sie dort mit freundlichen Begrüßungen wie einen lang erwarteten Besuch. Serjoscha, ganz rot im Gesicht, spielte mit einem Polizeibeamten Dame. Um die Verlegenheit zu verbergen, in die ihn der Überfluß administrativer Aufmerksamkeit versetzt hatte, kaute er zusammen mit seinen neuen Freunden den schwarzen amerikanischen Kaugummi. Dafür aber kennt er bis auf den heutigen Tag die Telephonnummer unserer New-Yorker Wohnung.
Zu sagen, daß ich New York kennengelernt habe, wäre eine schreiende Übertreibung, allzubald hatte ich mich – und zwar bis über den Kopf – in die Angelegenheiten des amerikanischen Sozialismus vertieft. Die russische Revolution kam schnell. Ich hatte allenfalls Zeit gehabt, den allgemeinen Rhythmus jenes Ungeheuers zu erfassen, das man New York nennt. Ich reiste nach Europa mit dem Gefühl eines Menschen ab, der nur mit einem Auge in jene Schmiede hineinblicken konnte, in der das Schicksal der Menschheit geschmiedet wird. Ich tröstete mich damit, daß ich einmal zurückkehren würde. Ich habe bis jetzt diese Hoffnung nicht aufgegeben.

Im Konzentrationslager

Am 25. März kam ich in das New-Yorker Generalkonsulat, aus dem zu dieser Zeit das Porträt Nikolaus' II. zwar schon entfernt war, wo aber die dicke Luft des alten russischen Polizeireviers noch herrschte. Nach den üblichen Ausflüchten und nach Streitereien ordnete der Generalkonsul an, mir die für die Durchfahrt nach Rußland nötigen Papiere auszustellen. Im englischen Konsulat zu New York, wo ich die Fragebogen ausfüllte, wurde mir versichert, seitens der englischen Behörden würden keine Hindernisse für meine Durchreise entstehen. Alles war also in Ordnung.

Am 27. März fuhr ich mit meiner Familie und einigen Landsleuten auf dem norwegischen Dampfer ›Christianiafjord‹ ab. Man gab uns mit Blumen und Ansprachen das Geleit. Wir fuhren in das Land der Revolution. Wir hatten Pässe und Visen. Revolution, Blumen und Visen erfüllten unsere Nomadenseelen mit Harmonie. In Halifax (Kanada), wo der Dampfer von englischen Marinebehörden kontrolliert wurde, unterwarfen Polizeioffiziere, die die Papiere der Amerikaner, Norweger, Dänen etc. nur formell prüften, uns Russen einem direkten Verhör: was seien unsere Überzeugungen, unsere politischen Absichten? und so weiter. Ich lehnte es ab, mich darüber mit ihnen in Gespräche einzulassen. Auskünfte über meine Personalien könnten sie erhalten, mehr aber nicht: die innere russische Politik stehe vorläufig nicht unter Kontrolle der britischen Marinepolizei. Das hinderte die Offiziere der Detektivagentur, Mackan und Westwood, nicht, nach einem zweiten resultatlosen Versuch eines Verhörs bei den anderen Passagieren Recherchen über mich anzustellen. Die Detektivoffiziere bestanden darauf, daß ich ein terrible socialist (ein schrecklicher Sozialist) sei. Die ganze Untersuchung trug einen so entwürdigenden Charakter und stellte die russischen Revolutionäre so offensichtlich unter einen Ausnahmezustand im Vergleich zu den anderen Passagieren, die nicht das Unglück hatten, einer England verbündeten Nation anzugehören, daß einige der Verhörten an Ort und Stelle an die englische Regierung einen energischen Protest gegen das Benehmen der englischen Polizeiagenten absandten. Ich tat es nicht, um nicht den Teufel bei Beelzebub anzuklagen. In jenem Augenblick hatten wir jedoch die weitere Entwicklung der Ereignisse noch nicht vorausgesehen.

Am 3. April kamen englische Offiziere in Begleitung von Matrosen an Bord der ›Christianiafjord‹ und verlangten im Namen des Ortsadmirals, daß ich, meine Familie und noch fünf Personen den Dampfer verlassen sollten. Was die Begründung dieser Forderung betraf, so wurde uns versprochen, den ganzen Vorfall in Halifax ›aufzuklären‹. Wir kennzeichneten die Forderung als ungesetzlich und weigerten uns, ihr nachzukommen. Die bewaffneten Matro-

sen stürzten sich auf uns und trugen uns unter den Zurufen »shame« (Schande) seitens eines großen Teiles der Passagiere auf den Händen in einen englischen Kriegskutter hinunter, der uns unter der Eskorte eines Kreuzers nach Halifax brachte. Als an die zehn Matrosen mich auf den Händen trugen, stürzte mein älterer Junge mir zu Hilfe, versetzte mit seiner kleinen Faust dem Offizier einen Schlag und schrie: »Papa, soll ich ihm noch eine geben?« Er war elf Jahre alt. Das war seine erste Unterrichtsstunde in englischer ›Demokratie‹.
Meine Frau mit den Kindern ließ die Polizei in Halifax. Die übrigen brachte man per Eisenbahn nach Amherst, einem Lager, in dem die deutschen Gefangenen untergebracht waren. Hier wurden wir im Büro des Lagers einer Leibesvisitation unterworfen, wie ich sie sogar bei der Einlieferung in die Peterpaulfestung nicht durchgemacht hatte. Denn das Nacktausziehen und das Abtasten des Körpers vollzogen die Gendarmen in der zaristischen Festung unter vier Augen, hier aber, bei den demokratischen Verbündeten, unterwarf man uns der schamlosen Verhöhnung in Gegenwart von etwa zehn Menschen. Für immer ist mir in Erinnerung geblieben der schwedisch-kanadische Sergeant Olsen mit dem roten Kopf eines Kriminalpolizisten, die Hauptfigur der Visitation. Jene Canaillen, die dieses Unternehmen aus der Ferne leiteten, wußten genau, daß sie es mit untadeligen russischen Revolutionären zu tun hatten, die in das durch die Revolution befreite Land zurückkehrten.
Erst am nächsten Tag legte der Lagerkommandant, Oberst Morris, als Antwort auf unsere unablässigen Forderungen und Proteste, die offiziellen Gründe für unsere Verhaftung dar: »Sie sind für die jetzige russische Regierung gefährlich«, erklärte er uns kurz und bündig: der Oberst war nicht gesprächig, und sein Gesicht sah schon morgens verdächtig aufgeregt aus. Aber die New-Yorker Agenten der russischen Regierung haben uns doch die Reisepässe nach Rußland ausgestellt, und schließlich muß man die Sorgen der russischen Regierung ihr selbst überlassen! Oberst Morris dachte nach, kaute mit den Kinnbacken und fügte hinzu: »Sie sind für die Alliierten überhaupt gefährlich.« Kein Haftbefehl wurde uns vorgezeigt. Von sich aus ergänzte der Oberst: als politische Emigranten, die wohl nicht grundlos ihr eigenes Land verlassen mußten, hätten wir uns nicht darüber zu wundern, was mit uns jetzt geschehe. Die russische Revolution existierte für diesen Mann nicht. Wir versuchten ihm zu erklären, daß die zaristischen Minister, die uns einst in politische Emigranten verwandelt hätten, jetzt selbst im Gefängnis säßen, insofern sie keine Zeit gefunden, zu emigrieren. Aber das war zu kompliziert für den Herrn Oberst, der seine Karriere in den englischen Kolonien und im Burenkrieg gemacht hatte. Da ich mit ihm ohne die üblichen Respektsbezeigungen sprach, brüllte er hinter meinem Rücken: »Der sollte mir an der

südafrikanischen Küste begegnen...« Das war überhaupt sein Lieblingssatz.
Meine Frau war formell keine politische Emigrantin, da sie mit einem rechtmäßigen Paß ins Ausland gereist war. Dennoch wurde auch sie mit unseren beiden Jungen von elf und neun Jahren verhaftet. Der Ausdruck, daß die Kinder verhaftet wurden, ist nicht übertrieben. Zuerst versuchten die kanadischen Behörden, die Knaben von der Mutter zu trennen und in ein Kinderasyl zu bringen. Über diese Aussicht entsetzt, erklärte meine Frau, sie werde es unter keinen Umständen dulden, daß man sie von den Kindern trenne. Erst infolge ihres energischen Protestes wurden die Knaben zusammen mit der Mutter in der Wohnung eines anglo-russischen Polizeiagenten untergebracht, der, um eine ›unrechtmäßige‹ Absendung von Telegrammen oder Briefen zu verhindern, auch die Kinder allein nicht ohne Aufsicht auf die Straße ließ. Erst nach elf Tagen durften Mutter und Kinder in ein Hotel übersiedeln mit der Verpflichtung, sich täglich bei der Polizei zu melden.
Das Kriegslager Amherst befand sich in dem alten, bis zum äußersten verwahrlosten Gebäude einer Gußeisenfabrik, die man dem Besitzer, einem Deutschen, weggenommen hatte. An jeder Seite des Raumes waren zwei Reihen Pritschen, immer drei übereinander, aufgestellt. Unter solchen Verhältnissen lebten achthundert Mann. Es ist nicht schwer, sich vorzustellen, welche Atmosphäre nachts in diesem Schlafraum herrschte. Die Menschen drängten sich verzweifelt in den Gängen, stießen einander mit den Ellenbogen an, legten sich hin, standen auf, spielten Karten oder Schach. Viele bastelten, einige erstaunlich kunstvoll. Ich halte noch jetzt in Moskau Erzeugnisse von Amherster Internierten aufbewahrt. Von den Gefangenen verfielen, trotz der heroischen Anstrengungen, die sie für ihre physische und moralische Selbsterhaltung aufbrachten, fünf in Wahnsinn. Wir schliefen und saßen mit den Irren in einem Raum.
Unter den achthundert Gefangenen, in deren Gesellschaft ich fast einen Monat verbracht habe, waren etwa fünfhundert Matrosen deutscher, von den Engländern versenkter Kriegsschiffe, etwa zweihundert Arbeiter, die der Krieg in Kanada überrascht hatte, und an die hundert Offiziere und Zivilgefangene aus bürgerlichen Kreisen. Das Verhalten der deutschen Gefangenschaftskameraden uns gegenüber begann in dem Augenblick sich zu klären, da sie erfuhren, daß wir als revolutionäre Sozialisten verhaftet seien. Die Offiziere und die älteren Unteroffiziere der Marine, die hinter einer Bretterwand hausten, ordneten uns sofort in die Reihe ihrer Feinde ein. Dafür aber sympathisierte die einfache Masse mit uns mehr und mehr. Der Monat dieses Lebens im Lager ähnelte einem ununterbrochenen Meeting. Ich erzählte den Gefangenen über die russische Revolution, über Liebknecht, über Lenin, über die Ursachen des Zusammenbruchs der alten Internationale, über die Ein-

mischung der Vereinigten Staaten in den Krieg. Außer den öffentlichen Referaten führten wir dauernd Gruppendiskussionen. Unsere Freundschaft wurde mit jedem Tage enger.
Der Stimmung nach zerfiel die Masse der Gefangenen in zwei Gruppen. Die einen sagten: »Nein, genug, damit muß man Schluß machen, ein für allemal.« Sie träumten von Straßen mit Barrikaden. Die anderen sagten: »Was wollen die von mir? Nein, die sollen mich nicht mehr bekommen...« »Wie willst du dich vor ihnen verbergen?« Der Grubenarbeiter Babinski, ein großer, blauäugiger Schlesier, erwiderte: »Ich werde mich mit Frau und Kindern im tiefen Walde ansiedeln, ringsherum Wolfsgraben auswerfen und nicht ohne Gewehr aus dem Hause gehen. Es soll niemand wagen, sich mir zu nähern!...« »Wirst du auch mich nicht heranlassen, Babinski?« »Auch dich nicht. Ich traue keinem...« Die Matrosen waren bemüht, mir die Bedingungen meines Daseins auf jede Weise zu erleichtern, und erst nach energischen Protesten erkämpfte ich mir das Recht, mich um das Mittagessen anzustellen und an den gemeinsamen Arbeiten teilzunehmen, wie Fegen der Fußböden, Kartoffelputzen, Geschirrwaschen und Instandhaltung der Gemeinschafts-Retirade.
Die Beziehungen zwischen der einfachen Masse und den Offizieren, von denen einige auch in Gefangenschaft Führungslisten über ›ihre‹ Matrosen anfertigten, waren feindlich. Die Offiziere beschwerten sich schließlich bei dem Lagerkommandanten, Oberst Morris, über meine antipatriotische Propaganda. Der englische Oberst stellte sich sofort auf die Seite des hohenzollerischen Patriotismus und untersagte mir das öffentliche Auftreten. Das geschah allerdings erst in den letzten Tagen unseres Aufenthaltes im Lager und hat meine Beziehungen zu den Matrosen und Arbeitern nur noch enger gestaltet; sie beantworteten das Verbot des Obersten durch einen schriftlichen Protest mit 530 Unterschriften. Dieses Plebiszit, durchgeführt unter dem schweren Arm des Sergeanten Olsen, war mir eine hinreichende Genugtuung für alle Beschwerlichkeiten der Amherster Gefangenschaft.
Während unseres ganzen Aufenthaltes im Lager verweigerten uns die Behörden das Recht, mit der russischen Regierung in Verbindung zu treten. Unsere Telegramme nach Petrograd wurden nicht abgeschickt. Wir machten den Versuch, uns telegraphisch über dieses Verbot bei Lloyd George, dem englischen Ministerpräsidenten, zu beschweren. Aber auch dies Telegramm wurde nicht durchgelassen. Der Oberst Morris hatte sich in den Kolonien an ein vereinfachtes habeas corpus gewöhnt. Dazu deckte ihn noch der Krieg. Bevor er mir die Sprecherlaubnis mit meiner Frau erteilte, stellte der Kommandant die Bedingung, ich dürfe ihr keine Aufträge für den russischen Konsul geben. Das klingt unwahrscheinlich, ist aber eine Tatsache. Ich verzichtete auf die Sprecherlaubnis. Es versteht sich von selbst, daß auch der Konsul sich nicht übereilte, uns

zu Hilfe zu kommen. Er wartete auf Instruktionen. Aber die Instruktionen kamen wohl nicht.

Ich muß sagen, daß mir die hinter den Kulissen versteckte Mechanik unserer Verhaftung und unserer Freilassung bis heute noch nicht ganz klar geworden ist. Die englische Regierung hatte meinen Namen in ihren schwarzen Listen geführt, wahrscheinlich noch aus der Zeit meiner Arbeit in Frankreich. Sie half auf jede Weise der zaristischen Regierung, mich aus Europa hinauszudrängen. Wahrscheinlich haben die englischen Behörden mich auf Grund dieser alten Listen, die durch die Mitteilungen über meine antipatriotische Tätigkeit in Amerika ergänzt worden waren, in Halifax verhaftet. Als die Nachricht von der Verhaftung in die revolutionäre russische Presse drang, verschickte die englische Gesandtschaft, die meine baldige Rückkehr nicht vermutete, an alle Petrograder Zeitungen die offizielle Mitteilung, daß sich die in Kanada verhafteten Russen »mit einer Subvention der deutschen Gesandtschaft zur Niederwerfung der Provisorischen Regierung« auf der Fahrt nach Rußland befunden hätten. Das war mindestens nicht mißverständlich. Die von Lenin geleitete ›Prawda‹ antwortete, zweifellos durch die Feder Lenins, am 16. April Buchanan: »Kann man auch nur einen Augenblick den guten Glauben der Nachricht annehmen, daß Trotzki, der ehemalige Vorsitzende des Sowjets der Arbeiterdeputierten in Petersburg von 1905 – ein Revolutionär, der Jahrzehnte seines Lebens selbstlos dem Dienste der Revolution gewidmet hat –, daß dieser Mann in Verbindung stehe mit einem Plan, der von der deutschen Regierung subsidiert wurde? Das ist doch eine offene, unerhörte, gewissenlose Verleumdung gegen einen Revolutionär! Von wem haben Sie diese Nachricht erhalten, Herr Buchanan? Warum sagen Sie das nicht?... Sechs Mann schleppten den Genossen Trotzki an den Armen und Beinen – alles im Namen der Freundschaft zur russischen Provisorischen Regierung!«

Welche Rolle die Provisorische Regierung selbst dabei spielte, ist weniger durchsichtig. Daß der damalige Außenminister, Miljukow, mit ganzer Seele für die Verhaftung war, bedarf keiner Beweise: er führte schon seit 1905 einen wütenden Kampf gegen den ›Trotzkismus‹; von ihm stammt auch dieser Terminus. Doch Miljukow war von den Sowjets abhängig und mußte mit um so größerer Vorsicht manövrieren, als seine sozialpatriotischen Verbündeten sich noch nicht in die Hetze gegen die Bolschewiki hineinbegeben hatten.

In seinen Erinnerungen schildert der englische Gesandte Buchanan die Sache folgendermaßen: »Trotzki und die anderen wurden in Halifax festgenommen bis zur Aufklärung der Absichten, die die Provisorische Regierung in bezug auf sie hatte.« Miljukow war, nach den Worten Buchanans, von unserer Verhaftung sofort in Kenntnis gesetzt worden. Schon am 8. April will der englische

Gesandte Miljukows Bitte um unsere Freilassung an seine Regierung weitergegeben haben. Aber zwei Tage danach zog derselbe Miljukow seine Bitte zurück und sprach die Hoffnung aus, daß wir weiter in Halifax festgehalten werden würden. »Deshalb«, folgert Buchanan, »ist gerade die Provisorische Regierung verantwortlich für das weitere Festhalten.« Das sieht alles sehr nach Wahrheit aus. Buchanan vergißt nur in seinen Memoiren zu erklären, was aus der von mir zur Niederwerfung der Provisorischen Regierung bezogenen deutschen Subvention geworden ist. Aber auch das ist nicht weiter verwunderlich: gleich nach meiner Ankunft in Petrograd von mir an die Wand gedrückt, war Buchanan gezwungen, in der Presse zu erklären, er wisse von dieser Subvention überhaupt nichts. Niemals haben die Menschen so gelogen wie während des großen ›Befreiungs‹-krieges. Wenn die Lüge eine Explosivkraft besäße, unser Planet hätte sich lange vor dem Versailler Frieden in Staub verwandelt.
Schließlich mischte sich der Sowjet ein, und Miljukow mußte nachgeben. Am 29. April schlug die Stunde unserer Befreiung aus dem Konzentrationslager. Aber auch unsere Freilassung erfolgte unter Gewaltanwendung. Es wurde uns einfach befohlen, unsere Sachen zu packen und unter Eskorte wegzugehen. Wir verlangten, daß man uns sage, wohin und zu welchem Zwecke man uns wegschicke. Das wurde abgelehnt. Die Gefangenen waren erregt, sie glaubten, man wolle uns in eine Festung bringen. Wir forderten die Herbeiholung des nächsten russischen Konsuls. Das wurde abgelehnt. Wir hatten Gründe genug, den guten Absichten dieser Herren vom großen Seeweg nicht zu trauen. Wir erklärten, wir würden nicht freiwillig gehen, wenn man uns nicht vorher das Ziel unserer Reise nenne. Der Kommandant befahl Gewaltanwendung. Die Soldaten der Eskorte trugen unser Gepäck hinaus. Wir lagen beharrlich auf den Pritschen. Und erst als die Eskorte vor der Aufgabe stand, uns auf den Händen hinauszutragen, wie man uns vor einem Monat von dem Dampfer hinuntergetragen hatte – diesmal noch dazu durch die Menge erregter Matrosen –, gab der Kommandant nach und erklärte uns in dem ihm eigenen anglo-kolonialen Stil, wir würden auf einen dänischen Dampfer gesetzt und nach Rußland transportiert werden. Das purpurrote Gesicht des Obersten zuckte konvulsivisch. Er konnte sich nicht mit dem Gedanken abfinden, daß wir seinen Armen entglitten. Wenn wir ihm doch nur an der afrikanischen Küste begegnen würden!...
Als man uns aus dem Lager wegführte, bereiteten uns die Lagergenossen einen feierlichen Abschied. Während die Offiziere sich in ihren Abteilen eingeschlossen hatten und nur einzelne die Nase durch einen Spalt hervorsteckten, standen die Matrosen und die Arbeiter am Ufer entlang Spalier, ein improvisiertes Orchester spielte einen Revolutionsmarsch, von allen Seiten streckten sich uns freundschaftlichst Hände entgegen. Einer der Gefangenen

hielt eine kurze Rede – einen Gruß der russischen Revolution, einen Fluch der deutschen Monarchie. Ich denke noch jetzt mit Wärme daran, wie wir uns mitten im Toben des Krieges mit den deutschen Matrosen in Amherst verbrüderten. Viele von ihnen haben mir in den folgenden Jahren freundschaftliche Briefe aus Deutschland gesandt.

Dem britischen Gendarmerieoffizier Macken, der unsere Verhaftung vorgenommen hatte und nun bei unserer Abfahrt zugegen war, drohte ich zum Abschied, daß ich als erste Tat in der Konstituierenden Versammlung den Außenminister Miljukow über die Verhöhnung der russischen Bürger durch die anglo-kanadische Polizei interpellieren würde.

»Ich hoffe«, antwortete der schlagfertige Gendarm, »daß Sie in die Konstituierende Versammlung nicht hineinkommen werden.«

In Petrograd

Der Weg von Halifax nach Petrograd verlief unmerklich, wie die Fahrt durch einen Tunnel. Es war auch ein Tunnel – in die Revolution hinein. Aus Schweden blieben mir nur die Brotkarten in Erinnerung: ich sah so etwas damals zum erstenmal. In Finnland stieß ich im Zug mit Vandervelde und de Man zusammen, die beide nach Petrograd fuhren. »Erkennen Sie uns?« fragte de Man. »O ja«, antwortete ich, »wenn sich die Menschen im Kriege auch stark verändert haben.« Mit dieser nicht sehr höflichen Anspielung brach unser Dialog ab. In seiner Jugend versuchte de Man Marxist zu sein und hat Vandervelde sogar nicht schlecht attackiert. Während des Krieges liquidierte er seine Jugendschwärmerei politisch, nach dem Krieg tat er es theoretisch. Er wurde einfach ein Agent seiner Regierung und nichts weiter. Was Vandervelde betrifft, so hatte er in der führenden Gruppe der Internationale eine der weniger bebeutenden Figuren dargestellt. Vorsitzender wurde er nur darum, weil man weder einen Deutschen noch einen Franzosen wählen konnte. Als Theoretiker war Vandervelde nur Kompilator. Zwischen den geistigen Strömungen des Sozialismus manövrierte er genau so wie die Regierung seines Landes zwischen den Großmächten. Bei den russischen Marxisten genoß er niemals Autorität. Als Redner erhob sich Vandervelde nie über die glänzende Mittelmäßigkeit. Im Kriege tauschte er den Posten des Vorsitzenden der Internationale mit dem Amt eines königlichen Ministers. Ich habe in meiner Pariser Zeitung einen unversöhnlichen Kampf gegen ihn geführt. Als Antwort darauf forderte Vandervelde die russischen Revolutionäre auf, sich mit dem Zarismus zu versöhnen. Jetzt fuhr er, die russische Revolution einzuladen, in der Kolonne der Alliierten den Platz des russischen Zarismus einzuneh-

men. Wir hatten uns nichts zu sagen.
In Beloostrow kam uns eine Delegation der Vereinigten Internationalisten und des Zentralkomitees der Bolschewiki entgegen. Von den Menschewiki, sogar den ›Internationalisten‹ (Martow und anderen), war niemand da. Ich umarmte meinen alten Freund Uritzki, dem ich ganz am Anfang des Jahrhunderts in Sibirien zum erstenmal begegnete. Uritzki war in Skandinavien ständiger Mitarbeiter des Pariser ›Nasche Slowo‹ gewesen, und durch ihn hatten wir während des Krieges die Verbindung mit Rußland unterhalten. Ein Jahr nach dieser Wiederbegegnung wurde Uritzki von einem jungen Sozialrevolutionär getötet. Zu der Delegation gehörte auch Karachan, der später als Sowjetdiplomat eine gewisse Berühmtheit erlangte; ich sah ihn damals das erste Mal. Von den Bolschewiki war Fedorow erschienen, ein Metallarbeiter, der bald danach Vorsitzender der Arbeitersektion des Petrograder Sowjets wurde. Bereits vor Beloostrow erfuhr ich aus einer neueren russischen Zeitung, daß Tschernow, Zeretelli und Skobeljew in die Provisorische Koalitionsregierung eingetreten waren. Die Einteilung der politischen Gruppen wurde mir damit sofort klar. Vom ersten Tag an stand ein gemeinsam mit den Bolschewiki zu führender unversöhnlicher Kampf gegen Menschewiki und Narodniki bevor.
In Petrograd wurde uns auf dem Finnländischen Bahnhof ein großer Empfang bereitet. Uritzki und Fedorow hielten Reden. In meiner Antwort sprach ich von der Vorbereitung der zweiten Revolution, die unsere Revolution sein würde. Als man mich plötzlich auf die Arme hob, erinnerte ich mich an Halifax, wo ich mich in gleicher Lage befunden hatte. Aber diesmal waren es die Arme von Freunden. Ringsherum gab es viele Fahnen. Ich erblickte das aufgeregte Gesicht meiner Frau und die bleichen und erregten Gesichter der Knaben, die nicht wußten, ob das, was da vorging, gut oder schlecht sei: schon einmal hatte sie die Revolution betrogen. Hinter uns, am Ende des Bahnsteigs, bemerkte ich Vandervelde und de Man. Sie blieben absichtlich zurück, sie riskierten es wohl nicht, sich unter die Menge zu mischen. Die neuen Minister-Sozialisten hatten ihrem belgischen Kollegen keinen Empfang bereitet. Zu frisch in aller Erinnerung war noch die gestrige Rolle Vanderveldes.
Gleich nach dem Verlassen des Bahnhofs begann für mich ein Wirbel, in dem Menschen und Episoden wie Holzspäne im Strudel vorüberschimmerten. Die größten Ereignisse sind an persönlichen Erinnerungen arm: dadurch schützt sich das Gedächtnis vor zu großer Belastung. Ich begab mich, scheint mir, sofort zur Sitzung des Exekutivkomitees. Tschcheidse, der in jener Zeit unvermeidliche Vorsitzende, begrüßte mich trocken. Die Bolschewiki stellten den Antrag, mich, den einstigen Vorsitzenden des Sowjets von 1905, in das Exekutivkomitee aufzunehmen. Es trat eine Verwirrung ein. Die Menschewiki tuschelten mit den Narodniki. In dieser

Periode bildeten sie in allen Organen der Revolution die überwiegende Mehrheit. Es wurde beschlossen, mich mit beratender Stimme aufzunehmen. Ich bekam meine Mitgliedskarte und mein Glas Tee mit Schwarzbrot.

Nicht nur die Knaben, auch ich und meine Frau wunderten uns in den Straßen Petrograds über die russische Sprache und die russischen Plakate an den Mauern. Wir hatten die Hauptstadt vor zehn Jahren verlassen, der ältere war damals kaum mehr als ein Jahr alt gewesen, der jüngere wurde in Wien geboren.

In Petrograd befand sich eine riesige, aber bereits völlig zermürbte Garnison. Soldaten zogen, revolutionäre Lieder singend, mit roten Bändchen an der Brust, vorbei. Das schien unwahrscheinlich, wie ein Traum. Die Straßenbahnen waren mit Soldaten vollgestopft. Auf den breiten Straßen wurde noch exerziert. Die Schützen legten sich nieder, stürmten in Ketten vorwärts, legten sich wieder hin. Im Rücken der Revolution stand noch das gigantische Ungeheuer des Krieges und warf seinen Schatten auf die Revolution. Die Massen aber dachten nicht mehr an Krieg, und es schien, als gehe die Ausbildung nur weiter, weil man vergessen hatte, damit aufzuhören. Der Krieg war bereits zur Unmöglichkeit geworden. Das konnten nicht nur die Kadetten, sondern auch die Führer der sogenannten ›revolutionären Demokratie‹ nicht begreifen. Sie hatten Todesangst, den Rockzipfel der Entente loszulassen.

Zeretelli hatte ich kaum, Kerenski hatte ich früher überhaupt nicht gekannt, Tschcheidse kannte ich näher, Skobeljew war mein Schüler gewesen, mit Tschernow hatte ich im Ausland in Versammlungen häufig die Klingen gekreuzt, Goz sah ich zum erstenmal. Das war die regierende Sowjetgruppe der Demokratie.

Zeretelli überragte zweifellos die anderen beträchtlich. Ich war mit ihm zum erstenmal auf dem Londoner Kongreß im Jahre 1907 zusammengetroffen, wo er die sozialdemokratische Fraktion der zweiten Duma vertrat. Schon damals, in jungen Jahren, war er ein guter Redner mit bestechendem ethischen Unterton gewesen. Die Zuchthausjahre hatten seine politische Autorität gesteigert. Er trat als reifer Mann in die Arena der Revolution und nahm den ersten Platz in den Reihen seiner Gesinnungs- und Bundesgenossen ein. Unter den Gegnern war er der einzige, den man ernst nehmen mußte. Wie es aber in der Geschichte nicht ohne Beispiel ist, bedurfte es der Revolution, um zu beweisen, daß Zeretelli kein Revolutionär war. Um sich in ihrem Netz nicht zu verwirren, mußte man an die russische Revolution nicht vom russischen, sondern vom Weltstandpunkt aus herangehen. Zeretelli aber näherte sich ihr vom Standpunkt seiner Erfahrungen in Georgien, ergänzt durch die Erfahrungen der zweiten Reichsduma. Sein politischer Horizont war erschreckend eng, seine Bildung literatenhaft oberflächlich. Tiefe Verehrung für den Liberalismus erfüllte ihn. Die unabwendbare Dynamik der Revolution betrachtete er mit den

Augen eines halbgebildeten Bourgeois, der um die Kultur bangt. Die erwachte Masse erschien ihm immer mehr als aufständischer Pöbel. Seine ersten Äußerungen bewiesen klar: das ist ein Feind! Lenin nannte ihn ›stumpfsinnig‹ – eine harte, aber durchaus treffende Bezeichnung. Zeretelli war von einer begabten und ehrlichen Beschränktheit.

Von Kerenski sagte Lenin – ›ein Prahlhans‹. Man kann dieser Charakteristik auch jetzt nur wenig hinzufügen. Kerenski war und blieb eine zufällige Figur, ein Günstling der geschichtlichen Minute. Jede neue, mächtige Revolutionswelle, die jungfräuliche, noch nicht wählerische Massen mitreißt, hebt unvermeidlich solche Eintagshelden hoch, die durch ihren Glanz sofort geblendet werden. Kerenski leitete seine Erbfolge von Gapon und Chrustaljew ab. Er personifizierte das Zufällige im Gesetzmäßigen. Seine besten Reden waren nur üppige Kannegießerei. Im Frühjahr 1917 kochte das Wasser, und Dampf stieg auf. Der Schwaden wurde für eine Aureole gehalten.

Skobeljew war als Student in Wien unter meiner Leitung in die Politik hineingekommen. Aus der Redaktion der Wiener ›Prawda‹ fuhr er in seine Heimat, den Kaukasus, um zu versuchen, in die vierte Duma gewählt zu werden. Das gelang. In der Duma geriet er unter den Einfluß der Menschewiki und mit ihnen zusammen später in die Februarrevolution. Unsere Beziehungen waren längst abgebrochen. Ich traf ihn in Petrograd als frischgebackenen Arbeitsminister. Im Exekutivkomitee trat er mit Schwung an mich heran und fragte, was ich ›darüber‹ dächte. Ich antwortete: »Ich denke, wir werden mit euch bald fertig werden.« Es ist nicht lange her, daß Skobeljew mich an diese freundschaftliche Prognose, die sechs Monate später eintraf, erinnert hat. Sehr bald nach der Oktoberrevolution erklärte sich Skobeljew für einen Bolschewik. Mit Lenin war ich gegen seine Aufnahme in die Partei. Jetzt ist er selbstverständlich Stalinist. Also ist ja nun alles in Ordnung.

Mit Frau und Kindern fand ich nicht ohne Schwierigkeiten in irgendeinem sogenannten Hotel ›Kiewskie Numera‹ ein Zimmer. Am nächsten Tag erschien bei uns ein Offizier in vollem Schmuck. »Erkennen Sie mich nicht?« Ich erkannte ihn nicht. »Loginow.« Der schmucke Offizier verwandelte sich in meinem Gedächtnis in einen jungen Schlosser aus dem Jahre 1905. Er war damals Mitglied einer Kampfgruppe, kämpfte, hinter einem Prellstein versteckt, gegen die Schutzleute. Mir war er mit jugendlicher Anhänglichkeit ergeben. Nach 1905 verlor ich ihn aus den Augen. Erst jetzt erfuhr ich von ihm, daß er in Wirklichkeit nicht ein Proletarier Loginow gewesen, sondern ein Student der Technischen Hochschule, Serebrowski, der einer reichen Familie entstammte, sich aber in jungen Jahren dem Arbeitermilieu gut angepaßt hatte. Während der Reaktionsperiode wurde er Ingenieur, hatte sich von der Revolution zurückgezogen und war während des Krieges leitender Direktor von zwei der größten Metallfabriken in Petrograd gewesen. Die Februarrevolution rüttelte ihn etwas auf, und er erinnerte sich seiner Vergangenheit. Meine Rückkehr hatte er aus den Zeitungen erfahren. Jetzt stand er vor mir und bat leidenschaftlich, ich möge mich mit meiner Familie in seiner Wohnung einquartieren, und zwar unverzüglich, sofort. Nach einigem Zaudern willigten wir ein. Es war eine riesengroße, vornehme Direktorenwohnung, in der Serebrowski mit seiner jungen Frau wohnte. Kinder hatten sie nicht. Hier war alles vorhanden. Inmitten der ausgehungerten, halb zerfallenen Stadt waren wir hier wie in einem Paradiese. Die Sache änderte sich jedoch, sobald das Gespräch auf Politik kam. Serebrowski war Patriot; wie es sich später herausstellte, haßte er die Bolschewiki wütend und hielt Lenin für einen deutschen Agenten. Als er bei seinen ersten Worten eine Zurückweisung erfuhr, wurde er allerdings etwas vorsichtiger. Doch ein gemeinschaftliches Leben mit ihm war für uns unmöglich. Wir verließen die Wohnung des gastfreundlichen, aber uns fremden Menschen und kehrten in das Zimmer der ›Kiewski Numera‹ zurück. Serebrowski aber verleitete danach meine Kinder wieder einmal zu einem Besuch, bewirtete sie mit Tee und eingemachten Früchten, wofür ihm die Jungens dankbar über Lenins Auftreten in einem Meeting berichteten. Ihre Gesichter brannten: sie waren mit der Unterhaltung und dem Eingemachten zufrieden. »Aber Lenin ist ein deutscher Spion«, erklärte ihnen der Gastgeber. Was? Wurden diese Worte wirklich gebraucht? Die Jungens ließen den Tee und das Eingemachte stehen und sprangen auf. »Das ist aber eine Schweinerei!« erklärte der ältere. Er fand in seinem Vokabularium kein anderes Wort, um seine Gefühle auszudrücken. Jetzt kam die Reihe an den Gastgeber, beleidigt zu sein. Damit brach die Bekanntschaft ab. Nach unserem Siege im Oktober zog ich Serebrowski zur Sowjetarbeit hinzu. Wie viele andere kam er über den Sowjetdienst zur Partei. Jetzt ist er Mitglied des Stalinschen Zentralkomitees, eine der Stützen des Regimes. Konnte er im Jahre 1905 als Proletarier erscheinen, so ist es jetzt für ihn noch viel leichter, als Bolschewik zu gelten.

Nach den ›Julitagen‹, von denen später noch die Rede sein wird, fegte die Verleumdung gegen die Bolschewiki durch die Straßen der Hauptstadt. Ich wurde von der Regierung Kerenski verhaftet und geriet zwei Monate nach meiner Rückkehr aus der Emigration in das mir gut bekannte ›Kresty‹-Gefängnis. Der Oberst Morris in Amherst erfuhr es wohl mit Genugtuung aus seiner Morgenzeitung und blieb mit diesem Gefühl sicher nicht allein. Die Jungens aber waren unzufrieden. »Was ist das für eine Revolution?« warfen sie der Mutter vor, »wo man Papa bald ins Konzentrationslager, bald ins Gefängnis sperrt?« Die Mutter war ihrer Meinung, daß dies noch nicht die echte Revolution sei. Bittere Tropfen des Skeptizismus fielen in ihre Seelen.

Nachdem ich aus dem Gefängnis der ›revolutionären Demokratie‹ herausgekommen war, richteten wir uns in einer kleinen Wohnung ein, die die Witwe eines liberalen Journalisten in einem großen bürgerlichen Hause vermietete. Die Vorbereitung für die Oktoberrevolution war in vollem Gange. Ich wurde Vorsitzender des Petrograder Sowjets. Meinen Namen deklinierten die Zeitungen auf alle Arten. Im Hause umgab uns eine Mauer aus Haß und Feindseligkeit. Unsere Köchin Anna Ossipowna wurde, kam sie nach Brot in das Hauskomitee, von den Frauen attackiert. Meinen Sohn verfolgte man in der Schule des Vaters wegen mit dem Spitznamen ›Vorsitzender‹. Kam meine Frau vom Dienst in der Gewerkschaft der Holzarbeiter nach Hause, empfing sie der Portier mit haßerfüllten Blicken. Die Treppe hinaufzusteigen war eine Folter. Unsere Wohnungsvermieterin erkundigte sich immer häufiger am Telephon, ob ihre Möbel noch nicht demoliert seien. Wir wollten ausziehen, aber wohin? Es gab keine Wohnungen in der Stadt. Die Situation wurde immer unerträglicher. Und dann hörte an einem wahrhaft schönen Tag die Wohnungsblockade plötzlich auf, als habe eine mächtige Hand sie weggewischt. Der Portier begrüßte meine Frau mit jenem Gruß, der nur den allereinflußreichsten Mietern gebührte. Im Hauskomitee rückte man das Brot ohne Verzögerungen und Drohungen heraus. Keiner warf jetzt die Türe krachend vor unserer Nase zu. Wer hatte das alles bewirkt? Welcher Zauberer? Das hatte *Nikolai Markin* vollbracht. Man muß von ihm sprechen, weil durch ihn – durch den kollektiven Markin – die Oktoberrevolution gesiegt hat.
Markin war Matrose der Baltischen Flotte, Artillerist und Bolschewik. Er hatte sich nicht gleich offenbart. Sich vorzudrängen lag nicht in seinem Charakter. Markin war kein Redner, das Sprechen fiel ihm schwer. Außerdem war er schüchtern und verschlossen, – es war die Verschlossenheit der nach innen gekehrten Kraft. Markin war aus einem Guß, und zwar aus echtem Material. Ich hatte von seiner Existenz keine Ahnung, als er bereits die Sorge um meine Familie übernommen hatte. Er schloß Bekanntschaft mit meinen Jungens, bewirtete sie in der Kantine des Smolny mit Tee und Butterbroten und bereitete ihnen überhaupt kleine Freuden, an denen jene harte Zeit so arm war. Unauffällig kam er sich erkundigen, ob alles in Ordnung wäre. Von den Knaben und von Anna Ossipowna erfuhr er, daß wir in einem feindlichen Lager wohnten. Markin stattete dem Portier und dem Hauskomitee einen Besuch ab, wie es scheint, nicht allein, sondern mit einer Gruppe von Matrosen. Er fand wohl sehr überzeugende Worte, denn alles um uns herum veränderte sich plötzlich. In unserem bürgerlichen Hause war die Diktatur des Proletariats noch vor der Oktoberrevolution errichtet worden. Erst später erfuhren wir, daß das alles der Freund unserer Kinder, der Matrose der Baltischen Flotte, Markin, vollbracht hatte.

Gestützt auf die Druckereibesitzer, raubte das uns feindliche Zentralexekutivkomitee dem Petrograder Sowjet die Zeitung, sobald der Sowjet bolschewistisch geworden war. Eine neue Zeitung war nun nötig. Ich zog Markin hinzu. Er verschwand, tauchte unter, unternahm die nötigen Gänge, machte den Druckern seine Wünsche klar, und nach einigen Tagen entstand die Zeitung. Wir nannten sie ›Arbeiter und Soldat‹. Markin saß Tag und Nacht in der Redaktion und brachte die Sache in Gang. In den Oktobertagen tauchte Markins gedrungene Gestalt mit dem braunen, düsteren Kopf immer an den gefährlichsten Punkten und in den kritischsten Augenblicken auf. Bei mir erschien er nur, um zu melden, daß alles in Ordnung sei, und um zu fragen, ob nicht ein neuer Auftrag vorläge. Markin erweiterte seine Experimente, – er führte die Diktatur des Proletariats in Petrograd ein.
Es begannen Überfälle des Abschaums der Straße auf die großen Weinlager der Hauptstadt und der Paläste. Jemand leitete aus dem Hinterhalt diese gefährliche Bewegung, um die Revolution durch Alkoholflammen zu brandschatzen. Markin erkannte sofort die Gefahr und stürzte sich in den Kampf. Er schützte die Weinlager, wo das nicht möglich war, vernichtete er sie. In hohen Stiefeln watete er bis zu den Knien im kostbaren, mit Glassplittern vermischten Wein, der durch die Rinnen in die Newa floß, den Schnee durchtränkend. Die Säufer schlürften die Rinnen aus. Mit dem Revolver in der Hand kämpfte Markin um den nüchternen Oktober. Völlig durchnäßt, nach einem Bukett bester Weine duftend, kehrte Markin heim, wo ihn mit Herzklopfen zwei Knaben erwarteten. Markin hat den Alkoholangriff der Konterrevolution abgewehrt.
Als mir das Ministerium des Äußeren übertragen wurde, sah es so aus, als wäre es unmöglich, die Geschäfte in Angriff zu nehmen: von dem Ministergehilfen bis zu den Schreibmaschinenmädchen trieb alles Sabotage. Die Schränke waren verschlossen. Schlüssel gab es nicht. Ich wandte mich an Markin, der das Geheimnis der direkten Aktion kannte. Ein paar Diplomaten blieben vierundzwanzig Stunden eingesperrt, und am nächsten Tag brachte mir Markin die Schlüssel und lud mich ins Ministerium ein. Aber ich war im Smolny mit den allgemeinen Aufgaben der Revolution beschäftigt. Da wurde Markin für einige Zeit nichtöffentlicher Minister des Äußern. Er hatte den Mechanismus des Kommissariats auf seine Art bald durchschaut, mit fester Hand unternahm er die Säuberung unter den hochgeborenen und diebischen Diplomaten, richtete die Kanzlei neu ein, konfiszierte für die Obdachlosen die mit dem Diplomatengepäck aus dem Auslande eingeschmuggelten Waren, entnahm den feuerfesten Schränken des Ministeriums die lehrreichsten Geheimdokumente und gab sie unter seiner Verantwortung, mit eigenen Anmerkungen versehen, als Broschüren heraus. Markin war kein Mann von akademischen Graden und

schrieb sogar nicht ohne orthographische Fehler. Die Anmerkungen muteten manchmal durch die Eigentümlichkeit mancher seiner Gedanken sonderbar an. Im ganzen aber traf er seine diplomatischen Nägel richtig auf den Kopf. Herr von Kühlmann und Czernin pflegten sich in Brest-Litowsk gierig auf Markins gelbe Büchlein zu stürzen.
Dann begann der Bürgerkrieg. Markin stopfte die Löcher zu, deren es genügend gab. Jetzt richtete er weit im Osten die Diktatur des Proletariats auf. Markin befehligte eine Flotille auf der Wolga und trieb den Feind vor sich her. Erfuhr ich, daß sich an einer gefährdeten Stelle Markin befand, wurde mir ruhiger und wärmer ums Herz. Aber die Stunde schlug. Auf der Kama hat eine feindliche Kugel Nikolai Georgjewitsch Markin ereilt und die festen Seemannsbeine umgeworfen. Es war mir, als stürze eine Granitsäule vor meinen Augen zusammen, als das Telegramm sein Ende meldete. Auf dem Tischchen der Kinder stand seine Photographie in Matrosenmütze mit Bändern. »Jungens, Jungens, Markin ist getötet.« Noch jetzt sehe ich die zwei blassen Gesichter vor mir, die der Krampf des unerwarteten Schmerzes verzerrt. Mit den Knaben hatte der düstere Nikolai auf gleichem Fuß gestanden. Er hatte sie in seine Pläne, in sein Leben eingeweiht. Dem neunjährigen Serjoscha hatte er unter Tränen erzählt, daß die Frau, die er lange und innig liebte, ihn verlassen habe, und daß ihm deshalb mitunter schwer und traurig zumute sei. Mit erschrockenem Flüstern vertraute Serjoscha schluchzend dieses Geheimnis der Mutter an. Und dieser zärtliche Freund, der Kindern wie seinesgleichen seine Seele öffnete, war gleichzeitig ein alter Seebär, ein Revolutionär, durch und durch ein Held wie aus dem wunderbarsten Märchen. War es möglich, daß derselbe Markin, der sie im Keller des Ministeriums aus dem Bulldogg und dem Karabiner schießen gelehrt hatte, tot war? Zwei kleine Körper erschauerten nachts unter der Bettdecke, als die schwarze Nachricht eintraf. Nur die Mutter hat ihre untröstlichen Tränen gehört.
Das Leben kreiste im Wirbel der Meetings. Ich fand bei Petrograd alle Revolutionsredner entweder heiser oder völlig stimmlos an. Die Revolution von 1905 hatte mich gelehrt, vorsichtig mit meiner Kehle umzugehen: darum brauchte ich die Frontlinie fast nie zu verlassen. Versammlungen fanden in Fabriken, in Schulen, in Theatern, im Zirkus, auf Straßen und Plätzen statt. Ich kehrte nach Mitternacht ermattet heim, fand im unruhigen Halbschlaf die wirksamsten Argumente gegen die politischen Gegner, und gegen sieben Uhr morgens, oft auch früher, riß mich das verhaßte, unerträgliche Klopfen an der Tür aus dem Schlaf: ich wurde zu einer Versammlung nach Peterhof angefordert, oder die Kronstädter schickten ein Motorboot, mich zu holen und so weiter. Jedesmal kam es mir vor, ich würde diese neue Versammlung nicht mehr bewältigen können. Aber irgendeine Nervenreserve öffnete sich, und

ich sprach eine, zwei Stunden lang, und während meiner Rede umgab mich schon ein dichter Ring von Delegationen verschiedener Fabriken oder Bezirke. Es stellte sich heraus, daß bereits an drei oder fünf anderen Stellen Tausende von Arbeitern warteten, eine, zwei, drei Stunden lang. Wie geduldig harrte in jenen Tagen die erwachte Masse auf ein neues Wort!
Eine eigenartige Rolle spielten die Versammlungen im Zirkus Modern. Zu ihnen nahm nicht nur ich, sondern nahmen auch die Gegner eine besondere Stellung ein. Die Gegner betrachteten den Zirkus als meine Festung und versuchten niemals, dort aufzutreten. Wenn ich aber im Sowjet die Versöhnler attackierte, riefen sie mir zu: »Sie sind hier nicht im Zirkus Modern!« Das wurde zu einer Art Refrain. Ich sprach im Zirkus gewöhnlich des Abends, manchmal auch in der Nacht. Die Zuhörer waren Arbeiter, Soldaten, werktätige Mütter, die Jugend der Straße, die bedrücktesten Schichten der Großstadt. Jeder Quadratzoll war besetzt, jeder menschliche Körper war zusammengedrängt. Knaben hockten auf den Rücken der Väter. Säuglinge lagen an den Brüsten der Mütter. Niemand rauchte. Die Galerien drohten jeden Augenblick unter der schweren Menschenlast einzustürzen. Ich konnte das Podium nur durch einen schmalen Graben zwischen den Körpern, manchmal nur von den Armen der Stehenden gehoben, erreichen. In der von Atem und Erwartung gespannten Luft explodierten Schreie, das eigenartige, leidenschaftliche Geheul des Zirkus Modern. Um mich, über mir waren dicht aneinandergedrückte Ellenbogen, Brüste, Köpfe. Ich sprach gleichsam aus einer warmen Höhle menschlicher Leiber. Machte ich eine breitere Bewegung, dann berührte ich unvermeidlich jemand, der mir durch eine freundliche Bewegung zu verstehen gab, ich möchte mich nicht beunruhigen, nicht darauf achten, nur ruhig fortfahren. Keine Müdigkeit konnte der elektrischen Spannung dieser leidenschaftlichen Menschenmenge widerstehen. Sie wollte wissen, begreifen, ihren Weg finden. Es gab Augenblicke, in denen die fordernde Wißbegier der zur Einheit verschmolzenen Masse direkt mit den Lippen zu spüren war. Dann traten alle vorher erwogenen Argumente und Worte zurück, sie schwanden vor dem gebieterischen Druck des Mitempfindens. Aus der Tiefe stiegen in voller Rüstung andere Worte, andere, für den Redner selbst unerwartete, für die Masse aber notwendige Argumente. Und es schien dann dem Redner, als lausche er sich selber, als könne er mit seinen Gedanken nicht Schritt halten und fürchte, er könne, von dem Klang seiner Rede geweckt, wie ein Somnambuler vom Dachsims abstürzen. So war der Zirkus Modern. Er hatte sein eigenes Antlitz, feurig, zärtlich, besessen. Die Säuglinge sogen friedlich an Brüsten, denen sich Schreie der Zustimmung oder Drohung entwanden. Die Masse selbst glich einem Säugling, der mit ausgetrockneten Lippen an den Zitzen der Revolution sog. Aber dieser

Säugling wurde schnell mannbar.
Aus dem Zirkus Modern herauszukommen war noch schwieriger, als da hineinzugelangen. Die Menge wollte ihre Verschmolzenheit nicht aufgeben. Sie ging nicht auseinander. In einer fast ohnmächtigen Erschöpfung schwamm man auf den Händen der Menge über den Köpfen zum Ausgang. Manchmal erkannte ich die Gesichter meiner zwei Töchter. Sie wohnten mit ihrer Mutter ganz in der Nähe. Die ältere war fünfzehn, die jüngere vierzehn. Ich hatte kaum die Zeit, ihrem bewegten Blicke zuzunicken oder eine heiße, zärtliche Hand zu drücken. Schon riß uns die Menge wieder auseinander. Wenn ich aus dem Tor trat, bewegte sich der Zirkus hinter mir her. Die nächtliche Straße wurde von Rufen und Fußstampfen belebt. Irgendeine Tür wurde aufgerissen, verschlang mich und schloß sich wieder. Das waren Freunde, die mich in das Palais der Ballerina Kschessinskaja, das Nikolaus II. für sie erbauen ließ, hineinstießen. Hier hatte sich der Zentralstab der Bolschewiki festgesetzt. Auf seidenen Möbeln saßen graue Uniformen, und schwere Stiefel traten auf das längst schon nicht mehr gewachste Parkett. Hier konnte man abwarten, bis die Menge auseinandergeflutet war, um dann weiterzugehen.
Während ich nach einem Meeting durch die leeren nächtlichen Straßen gehe, höre ich hinter mir Schritte. Das war schon gestern so und, wie mir scheint, auch vorgestern. Mit der Hand am Browning mache ich scharf kehrt und gehe einige Schritte zurück. »Was wünschen Sie?« frage ich streng. Ein junges, ergebenes Gesicht ist vor mir. »Erlauben Sie mir, Sie zu beschützen. In den Zirkus kommen auch Feinde.« Das war der Student Posnanski. Seit jener Zeit hat er sich von mir nicht mehr getrennt. Die ganzen Jahre der Revolution stand mir Posnanski für die verschiedensten, stets verantwortungsvollen Aufträge zur Verfügung. Er sorgte für den persönlichen Schutz, schuf ein Marschsekretariat, deckte vergessene Militärlager auf, verschaffte notwendige Bücher, stellte aus nichts Marschschwadronen zusammen, kämpfte an der Front und später in den Reihen der Opposition. Jetzt ist er in der Verbannung. Ich hoffe, die Zukunft wird uns wieder zusammenführen.
Am 3. Dezember erstattete ich im Zirkus Modern Bericht über die Tätigkeit der Sowjetregierung. Ich erklärte die Bedeutung der Veröffentlichung des diplomatischen Briefwechsels des Zaren und Kerenskis. Ich schilderte meinen treuen Zuhörern, wie die Versöhnler, als ich im Sowjet erklärte, das Volk könne nicht für Verträge, die es weder geschlossen, noch gelesen, noch gekannt habe, sein Blut vergießen, mir zuriefen: »Führen Sie hier nicht diese Sprache, hier ist kein Zirkus Modern!« Und ich wiederholte meine Antwort an die Versöhnler: »Ich habe nur eine Sprache, die Sprache des Revolutionärs. In dieser Sprache spreche ich in Volksversammlungen und werde so auch mit den Alliierten und mit den Deutschen sprechen.« Der Zeitungsbericht bemerkt hier: »Stür-

mischer Beifall.« Meine Verbindung mit dem Zirkus Modern brach erst im Februar ab, als ich nach Moskau übersiedelte.

Über die Verleumder

Anfang Mai 1917, als ich nach Petrograd kam, war die Kampagne über den ›plombierten‹ Wagen, in dem Lenin angekommen war, in vollem Gange. Die nagelneuen Minister-Sozialisten waren im Bunde mit Lloyd George, der Lenin nicht nach Rußland lassen wollte. Die gleichen Herren betrieben jetzt eine Hetze gegen Lenin, weil er durch Deutschland gefahren war. Die Erfahrung meiner Reise ergänzte die Erfahrung Lenins, als ein Beweis vom Entgegengesetzten. Das hinderte nicht, daß ich ein Objekt der gleichen Verleumdung wurde. Als erster brachte Buchanan sie in Umlauf. In der Form eines offenen Briefes an den Minister des Äußeren – das war im Mai bereits Tereschtschenko, nicht mehr Miljukow – veröffentlichte ich die Beschreibung meiner atlantischen Odyssee. Die Schlußfolgerung gipfelte in folgender Frage:
»Erachten Sie es, Herr Minister, als in Ordnung, daß England durch eine Person vertreten ist, die sich durch eine so schamlose Verleumdung befleckt hat und keinen Finger zu ihrer eigenen Rehabilitierung rührt?«
Eine Antwort erfolgte nicht. Ich hatte sie auch nicht erwartet. Für den Gesandten der Alliierten trat aber die Zeitung Miljukows ein, die die Beschuldigung auf eigene Rechnung wiederholte. Ich beschloß, die Verleumder so feierlich wie möglich anzunageln. Es tagte der erste Allrussische Sowjetkongreß. Am 5. Juni war der Saal bis zum äußersten überfüllt. Ich nahm am Schlusse der Sitzung das Wort zu einer persönlichen Erklärung. Mit folgenden Worten schilderte am nächsten Tage die Zeitung von Gorki, die den Bolschewiki feindlich war, meine Schlußworte wie die gesamte Episode:
»Miljukow beschuldigt uns, wir seien gemietete Agenten der deutschen Regierung. Von dieser Tribüne der revolutionären Demokratie wende ich mich an die ehrliche russische Presse (Trotzki wendet sich zum Tisch der Journalisten) mit der Bitte, meine Worte wiederzugeben: ›Solange Miljukow diese Beschuldigung nicht zurücknehmen wird, bleibt auf seiner Stirn der Stempel: ehrloser Verleumder.‹
Die mit Kraft und Würde abgegebene Erklärung Trotzkis fand eine einmütige Ovation des ganzen Saales. Der ganze Kongreß ohne Unterschied der Fraktionen applaudierte minutenlang stürmisch.«
Man darf nicht vergessen, daß der Kongreß zu neun Zehnteln aus unseren Gegnern bestand. Aber dieser Erfolg hatte, wie die späte-

ren Ereignisse bewiesen, nur einen flüchtigen Charakter. Das war in seiner Art ein Paradoxon des Parlamentarismus.
Die ›Rjetsch‹ (›Rede‹) versuchte den Handschuh aufzunehmen, indem sie am nächsten Tag mitteilte, ich hätte von einem deutschen patriotischen Verein in New York 10000 Dollar zur Bekämpfung der Provisorischen Regierung erhalten. Das war mindestens eindeutig. Es handelte sich um folgendes: Zwei Tage vor meiner Abreise nach Europa gaben mir die deutschen Arbeiter, bei denen ich nicht selten Referate gehalten hatte, zusammen mit amerikanischen, russischen, lettischen, jüdischen, litauischen und finnischen Freunden und Anhängern ein Abschiedsmeeting, bei dem eine Sammlung für die russische Revolution veranstaltet wurde. Die Zeichnung ergab 310 Dollar. Zu diesem Betrag steuerten die deutschen Arbeiter 100 Dollar durch ihren Vorsitzenden bei. Die mir am nächsten Tag übergebenen 310 Dollar verteilte ich mit Zustimmung der Veranstalter des Meetings unter fünf nach Rußland zurückkehrende Emigranten, deren Mittel für die Reise nicht ausreichten. Das war die Geschichte der ›10000 Dollar‹. Ich berichtete darüber in der Zeitung von Gorki ›Nowaja Schisn‹ (vom 27. Juni) und endete mit folgender Sentenz:
»Um für spätere Zeiten einen korrigierenden Koeffizienten in die Erfindungen der Herren Lügner, Verleumder, kadettischen Zeitungsschreiber und Lumpen überhaupt hineinzubringen, betrachte ich es als notwendig, zu erklären, daß ich in meinem ganzen Leben nicht nur keine 10000 Dollar, sondern auch nicht den zehnten Teil dieser Summe auf einmal zu meiner Verfügung gehabt habe. Ein solches Geständnis mag allerdings meine Reputation in den Augen eines kadettischen Auditoriums gründlicher vernichten als alle Insinuationen des Herrn Miljukow. Ich habe mich aber schon längst mit dem Gedanken abgefunden, mein Leben ohne Zeichen der Anerkennung seitens der liberalen Bourgeois zu beenden.«
Danach verstummte die Verleumdung. Ich zog das Fazit der ganzen Kampagne in der Broschüre ›An die Verleumder!‹ und gab sie zum Druck. Nach einer Woche entbrannten die Julitage, und ich wurde am 23. Juli von der Provisorischen Regierung unter der Anklage, im Dienste des deutschen Kaisers zu stehen, ins Gefängnis gesteckt. Die Untersuchung führten erprobte Juristen des zaristischen Regimes. Sie waren nicht gewohnt, mit Tatsachen und Argumenten viel Federlesens zu machen. Auch war die Zeit dazu zu heiß. Als ich das Untersuchungsmaterial kennenlernte, milderte sich meine Entrüstung über die Schuftigkeit dieser Anklage durch das Lachen, das ihre hilflose Dummheit bei mir hervorrief.
Ich gab in der Voruntersuchung am 1. September folgendes zu Protokoll:
»In Anbetracht dessen, daß schon das erste mir bekannt gewordene Dokument (Aussage des Fähnrichs Jermolenko), das bis jetzt die

Hauptrolle gespielt hat in der mit Hilfe von einigen Beamten des Justizministeriums gegen meine Partei und mich persönlich unternommenen Hetze, sich zweifellos als das Erzeugnis einer bewußten Mache entpuppt, welche nicht auf Aufhellung, sondern auf böswillige Verdunkelung der Tatsachen berechnet ist; in Anbetracht dessen, daß in diesem Dokument von dem Herrn Untersuchungsrichter Alexandrow mit offenkundiger Absicht jene wichtigen Fragen und Umstände umgangen wurden, deren Aufklärung unvermeidlich alle Unrichtigkeiten in den Aussagen des mir unbekannten Jermolenko aufgedeckt hätte; in Anbetracht all dieser Tatsachen betrachte ich es als für mich politisch und moralisch erniedrigend, an dem Untersuchungsprozeß teilzunehmen, und behalte mir um so mehr das Recht vor, das wahre Wesen der Beschuldigung vor der öffentlichen Meinung des Landes mit allen mir zu Gebote stehenden Mitteln aufzudecken.«
Die Anklage ertrank bald im Strom der großen Ereignisse, die nicht nur die Untersuchungsrichter, sondern auch das gesamte alte Rußland mit seinen ›neuen‹ Helden vom Schlage Kerenskis wegspülten.

Ich habe nicht geglaubt, daß ich zu diesem Thema werde zurückkehren müssen. Aber es hat sich ein Schriftsteller gefunden, der im Jahre 1928 die alte Verleumdung aufhob und zu verbreiten wagte. Der Name des Schriftstellers ist Kerenski. Im Jahre 1928, das heißt elf Jahre nach den revolutionären Ereignissen, die ihn unerwartet erhoben und ihn gesetzmäßig weggefegt haben, versichert Kerenski, Lenin und andere Bolschewiki seien Agenten der deutschen Regierung gewesen, hätten zum deutschen Generalstab in Beziehung gestanden und dessen geheime Aufträge mit dem Ziele der Niederlage der russischen Armee und der Zerstückelung des russischen Staates ausgeführt. Das alles ist auf vielen Seiten des lächerlichen Buches geschildert, besonders aber auf den Seiten 290 bis 310. Ich hatte mir nach den Ereignissen des Jahres 1917 den geistigen und moralischen Wuchs Kerenskis genügend klar vorgestellt; aber ich hätte doch nie geglaubt, daß er nach all dem Vorgefallenen heute noch fähig sein würde, diese ›Beschuldigung‹ zu kolportieren. Aber es ist eine Tatsache.
Kerenski schreibt: »Lenins Verrat an Rußland, begangen auf dem Höhepunkt des Krieges, ist eine *einwandfrei feststehende, unleugbare historische Tatsache.*« Wer hat diese ›feststehenden‹ Beweise erbracht, und sind sie erbracht worden? Kerenski beginnt mit einer weitausholenden Erzählung, wie der deutsche Generalstab unter den russischen Gefangenen Kandidaten für Spionage aussuchte und sie in die russische Armee einschmuggelte. Einer dieser wirklichen oder angeblichen Spione (nicht selten kannten sie ihre Rolle selbst nicht) sei direkt zu Kerenski gekommen, um ihm die ganze Technik der deutschen Spionage aufzudecken.

»Diese Enthüllungen hatten jedoch«, bemerkt Kerenski melancholisch, »keinen besonderen Wert.« Na eben! Selbst aus der Darstellung des Kerenski geht klar hervor, daß irgendein kleiner Abenteurer den Versuch machte, ihn an der Nase herumzuführen. Hatte diese Episode irgendeine Beziehung zu Lenin und zu den Bolschewiki überhaupt? Keine. Weshalb erzählt der Kerenski sie uns dann? Um seinen Bericht aufzubauschen und seinen weiteren Enthüllungen Gewicht zu verleihen.

Ja, sagt er, der erste Fall war ohne Bedeutung, aber dafür war eine aus anderer Quelle uns zugeflossene Information »von großem Wert«, und diese Information »bewies endgültig, daß zwischen den Bolschewiki und dem deutschen Stab Verbindungen bestanden«. Man beachte: *»bewies endgültig«*. Dann folgt: »Auch die Mittel und Wege, durch die diese Verbindungen aufrechterhalten wurden, konnten festgestellt werden.« »*Konnten* festgestellt werden?« Das klingt doppelsinnig. *Wurden* sie festgestellt? Wir werden das alles bald erfahren. Ein wenig Geduld. Elf Jahre reifte diese Enthüllung in den geistigen Tiefen des Schöpfers.

»Im April erschien im Hauptquartier bei General Alexejew ein ukrainischer Offizier namens Jarmolenko.« Wir haben schon oben diesen Namen gehört. Vor uns steht die entscheidende Figur der ganzen Sache. Es ist nicht überflüssig, zu bemerken, daß Kerenski auch dort nicht genau sein kann, wo er an der Ungenauigkeit nicht interessiert ist. Der Name jenes kleinen Schelms, den er uns auf die Bühne führt, ist nicht Jarmolenko, sondern Jermolenko: mindestens wurde er unter diesem Namen in den Akten des Untersuchungsrichters des Herrn Kerenski geführt. Also, der Fähnrich Jarmolenko (mit beabsichtigter Unbestimmtheit sagt Kerenski: ›Offizier‹) kam in das Hauptquartier als unechter deutscher Agent, um die echten deutschen Agenten zu entlarven. Die Angaben dieses großen Patrioten, den sogar die den Bolschewiki erzfeindliche bürgerliche Presse bald als ein dunkles und verdächtiges Subjekt zu charakterisieren gezwungen war, – bewiesen einwandfrei und endgültig, daß Lenin nicht eine der großen Gestalten der Geschichte ist, sondern ein Mietling Ludendorffs. Auf welche Weise hat aber Fähnrich Jarmolenko von diesem Geheimnis Kenntnis erhalten, und welche Beweise brachte er, um Kerenski einzufangen? Jarmolenko erhielt, nach seinem Bericht, einen Auftrag vom deutschen Stab, in der Ukraine Propaganda für die separatistische Bewegung zu treiben. »Man gab ihm alle (!) nötigen Informationen«, erzählt Kerenski, »über Wege und Mittel, durch die die Verbindung mit den deutschen maßgebenden (!) Persönlichkeiten aufrechtzuerhalten war, über die Banken (!), durch die die nötigen Fonds überwiesen wurden, und über die Namen der bedeutendsten Agenten, unter denen sich mehrere ukrainische Separatisten und Lenin befanden.« Das steht alles wörtlich auf den Seiten 295–296 des großen Werkes. Jetzt wissen wir nun, wie der deutsche Generalstab mit seinen Spionen verfahren ist. Fand er einen kleinen Halbanalphabeten von Fähnrich als Kandidaten der Spionage, dann beeilte er sich, diesen, statt ihn einem Offizier der deutschen Spionageabteilung zuzuweisen, »mit den maßgebenden deutschen Persönlichkeiten« zu verbinden, er unterrichtete ihn sofort über das gesamte System der deutschen Agentur, zählte ihm die Banken auf – nicht etwa eine Bank, sondern gleich sämtliche Banken, durch die die geheimen deutschen Fonds gingen. Nichts zu machen, man kann den Eindruck nicht loswerden, daß der deutsche Stab im äußersten Maße dumm gehandelt hat. Dieser Eindruck entsteht jedoch nur dadurch, daß wir hier den deutschen Stab nicht so sehen, wie er in Wirklichkeit war, sondern wie ihn sich Max und Moritz vorstellen – zwei Fähnriche: der militärische Fähnrich Jarmolenko und der politische Fähnrich Kerenski.

Vielleicht aber hat Jarmolenko trotz seiner Anonymität, seiner Dunkelheit und seinem niedrigen Rang im System der deutschen Spionage einen wichtigen Posten bekleidet? Kerenski möchte uns das glauben machen. Wir kennen aber nicht nur das Buch von Kerenski, sondern auch seine Urquellen. Jarmolenko selbst ist schlichter als Kerenski. In den Angaben, die er im Tone eines kleinen und dummen Abenteurers machte, nennt Jarmolenko seinen Preis: der deutsche Stab habe ihm in runder Zahl 1500 Rubel, damalige stark entwertete Rubel, gegeben, zur Deckung aller Unkosten bei des Lostrennung der Ukraine und der Niederwerfung Kerenskis. Jarmolenko gibt in seinen Aussagen – die jetzt veröffentlicht worden sind – offen zu, daß er sich bitter, aber vergeblich über die deutsche Knausrigkeit beklagt habe. »Warum so wenig?« protestiert Jarmolenko. Die »maßgebenden Persönlichkeiten« aber waren unbarmherzig. Allerdings verschweigt Jarmolenko, ob er die Verhandlungen unmittelbar mit Ludendorff, mit Hindenburg, mit dem Kronprinzen oder mit dem Kaiser geführt hat. Jarmolenko verschweigt hartnäckig jene »maßgebenden Persönlichkeiten«, die ihm die 1500 Rubel gegeben haben für die Zerschmetterung Rußlands, für Reisespesen, Zigaretten und ein Schnäpschen. Wir wagen die Hypothesen aufzustellen, daß das Geld hauptsächlich für Schnäpschen verbraucht wurde und daß der Fähnrich, nachdem die deutschen ›Fonds‹ in seinen Taschen zerschmolzen, ohne sich erst an die ihm genannten Banken in Berlin zu wenden, brav bei dem russischen Stab erschien, um dort patriotische Kräftigung zu suchen.

Wer sind denn die ›mehreren ukrainischen Separatisten‹, die Jarmolenko dem Kerenski enthüllt hat? Davon ist in dem Buche des letzteren kein Wort gesagt. Um den kläglichen Lügen Jarmolenkos mehr Gewicht zu verleihen, fügt Kerenski noch einige Lügen hinzu. Wie aus seinen urkundlichen Angaben bekannt ist, hat Jarmolenko von den Separatisten nur Skoropis-Joltuchowski genannt. Kerenski verschweigt diesen Namen; hätte er ihn genannt, so hätte er zugeben müssen, daß Jarmolenko keine Enthüllungen gemacht hat. Der Name Joltuchowski war für niemanden ein Geheimnis. Er wurde während des Krieges dutzendemal von den Zeitungen genannt. Joltuchowski hat seine Beziehung zum deutschen Stab nicht verheimlicht. In der Pariser Zeitung ›Nasche Slowo‹ habe ich bereits Ende 1914 eine kleine Gruppe ukrainischer Separatisten gebrandmarkt, die mit den deutschen Militärbehörden in Verbindung getreten waren. Ich habe sie alle, darunter auch Joltuchowski, bei Namen genannt. Wir haben aber jetzt vernommen, daß man dem Jarmolenko in Berlin nicht nur »mehrere ukrainische Separatisten«, sondern auch Lenin genannt habe. Daß man ihm die Separatisten genannt hat – läßt sich noch verstehen: Jarmolenko ging ja selbst auf separatistische Propaganda. Zu welchem Zwecke hatte man ihm aber Lenin genannt? Auf diese Frage antwortet Kerenski nicht. Und das ist kein Zufall. Jarmolenko hat in seine wirren Angaben ohne Sinn und Zusammenhang den Namen Lenin hineingeflochten. Kerenskis Inspirator erzählt, wie man ihn als deutschen Spion mit ›patriotischen‹ Zielen angeworben; daß er die Erhöhung seiner ›Geheimfonds‹ (1500 Kriegsrubel!) gefordert, daß man ihm seine zukünftigen Pflichten: Spionage, Brückensprengungen und so weiter, erklärt habe. Ohne jeden Zusammenhang mit dieser ganzen Geschichte habe man ihm, nach seinen Worten, mitgeteilt (wer?), daß er in Rußland »nicht allein« arbeiten würde, daß »in der gleichen (!) Richtung in Rußland Lenin und dessen Gesinnungsgenossen arbeiteten«. Das ist der wörtliche Text seiner Aussagen. Es stellt sich also heraus, daß man einem kleinen Agenten, der für Brückensprengungen bestimmt war, ohne jegliche praktische Notwendigkeit ein solches Geheimnis wie die Verbindung Lenins mit Ludendorff mitteilte. ... Am Schlusse seiner Aussagen, wiederum ohne jegliche Verbindung mit seiner ganzen Erzählung, offensichtlich unter plumpem Diktat, fügt Jarmolenko plötzlich hinzu: »Es wurde mir mitgeteilt (von wem?), daß Lenin in Berlin an Konferenzen (mit Vertretern des Stabes) teilgenommen und bei Skoropis-Joltuchowski logiert habe, *wovon ich mich dann selbst überzeugte.*« Punktum. Wie er sich davon überzeugte, darüber kein Wort. In bezug auf diesen einzigen faktischen Hinweis Jarmolenkos hat der Untersuchungsrichter Alexandrow keine Neugier gezeigt. Er hat nicht mal die einfachste Frage gestellt, *wie* sich der Fähnrich davon überzeugte, daß Lenin während des Krieges in Berlin war und bei Skoropis-Joltuchowski logierte. Oder vielleicht hat Alexandrow eine solche Frage gestellt (er kann sie unmöglich nicht gestellt haben), aber als Antwort nur ein unartikuliertes Brummen vernommen und deshalb beschlossen, diese Episode nicht in das Protokoll aufzunehmen? Sehr wahrscheinlich! Haben wir nicht das Recht, angesichts dieser ganzen Mache zu fragen: welcher Dummkopf kann dem glauben? Nun aber zeigt es sich, daß es ›Staatsmänner‹ gibt, die sich so stellen, als glaubten sie, und die ihre Leser einladen, mitzuglauben.

»Ist das alles?« Ja, der militärische Fähnrich weiß nichts weiter. Der politische Fähnrich hingegen hat noch Hypothesen und Vermutungen. Folgen wir ihm.

»Die Provisorische Regierung«, berichtet Kerenski, »sah sich also der schwierigen Aufgabe gebenüber, den von Jarmolenko angegebenen Spuren nachzuforschen, sich den Agenten, die zwischen Lenin und Ludendorff hin und her gingen, an die Fersen zu heften und sie mit möglichst erdrückendem Belastungsmaterial auf offener Tat zu ertappen.«

Diese üppige Phrase ist aus zwei Fäden geflochten: Verlogenheit und Feigheit. Hier wird zum erstenmal Ludendorff in die Geschichte einbezogen. Bei Jarmolenko gibt es keinen einzigen deutschen Namen: der Kopf des Fähnrichs hatte einen zu kleinen Umfang. Von Agenten, die zwischen Lenin und Ludendorff hin und her fuhren, spricht Kerenski mit beabsichtigter Doppelsinnigkeit. Einerseits könnte man annehmen, es handelte sich um bestimmte, bereits bekannte Agenten, die nur noch in flagranti ertappt zu werden brauchten. Andererseits sieht es so aus, als ob im Kopfe des Kerenski nur die platonische Idee von den Agenten existierte. Wenn er die Absicht hatte, sich an ihre ›Fersen zu heften‹, so handelte es sich einstweilen um unbekannte, anonyme, transzendente Fersen. Durch seine Wortkniffe entblößt der Verleumder seine eigene Achillesferse oder, um weniger klassisch zu sprechen, seinen Eselshuf.

Die Untersuchung der Angelegenheit wurde, nach Kerenski, so geheim geführt, daß von ihr nur vier Minister wußten. Sogar der unglückselige Justizminister Perewersew war nicht in Kenntnis gesetzt worden. Welche echt staatsmännische Umsicht! Während der deutsche Stab dem Erstbesten nicht nur die Namen seiner Vertrauensbanken bekanntgibt, sondern auch seine Verbindung mit den Führern der größten revolutionären Partei, handelt Kerenski entgegengesetzt: außer sich selbst findet er nur noch drei Minister, die genügend gestählt sind, um von den Fersen der Agenten Ludendorffs nicht abzulassen.

»Die Aufgabe war äußerst schwierig, verwickelt und langwierig«, klagt Kerenski. Diesmal glauben wir ihm gern. Dafür aber hat der Erfolg die patriotischen Anstrengungen vollauf gekrönt. Kerenski sagt es auch: »Der Erfolg allerdings war für Lenin geradezu vernichtend. Lenins Verbindungen mit Deutschland wurden einwandfrei festgestellt.« Man präge es sich gut ein: »einwandfrei festgestellt«.

Wie und von wem? An dieser Stelle führt Kerenski in seinen Kriminalroman zwei ziemlich bekannte polnische Revolutionäre ein, Ganetzki und Koslowski, und irgendeine Frau Sumenson, von der niemand etwas aussagen könnte und deren Existenz durch nichts

bewiesen ist. Diese drei waren angeblich die Verbindungsagenten. Aus welchem Grunde führt Kerenski den inzwischen verstorbenen Koslowski und den in bestem Wohlsein befindlichen Ganetzki als Vermittler zwischen Ludendorff und Lenin ein? Unbekannt. Jarmolenko hatte diese Personen nicht genannt. Sie tauchen auf den Buchseiten Kerenskis auf, wie sie seinerzeit, in den Julitagen 1917, ganz plötzlich in den Spalten der Zeitungen auftauchten, wie Götter aus der Maschine, wobei die zaristische Konterspionage offensichtlich die Rolle der Maschine spielte. Folgendes erzählt Kerenski: »Der bolschewistische deutsche Agent aus Stockholm, der Dokumente mit sich führte, die den Zusammenhang zwischen Lenin und dem deutschen Kommando unwiderlegbar bewiesen, hätte an der russisch-schwedischen Grenze verhaftet werden sollen. Die Dokumente waren uns genau bekannt.« Dieser Agent war, wie sich herausstellt, Ganetzki. Wir sehen, die vier Minister, deren weisester natürlich der Ministerpräsident war, hatten sich nicht umsonst abgemüht: der bolschewistische Agent führte aus Stockholm Kerenski im voraus bekannte (›genau bekannte‹) Dokumente mit sich, die unwiderlegbar bewiesen, daß Lenin ein Agent Ludendorffs war. Weshalb aber teilt Kerenski sein Geheimnis über die Dokumente nicht mit? Warum beleuchtet er nicht wenigstens ganz kurz ihren Inhalt? Warum sagt er nicht, und wenn auch nur durch eine leise Anspielung, wie er den Inhalt dieser Dokumente erfahren hat? Weshalb erklärt er nicht, zu welchem Zwecke der bolschewistische Agent eigentlich die Dokumente mit sich führte, die den Beweis enthielten, daß die Bolschewiki deutsche Agenten waren? Von all dem spricht Kerenski kein Wort. Man muß zum zweitenmal fragen: welcher Dummkopf wird ihm glauben?
Der Stockholmer Agent, stellt sich heraus, ist gar nicht verhaftet worden. Die bemerkenswerten Dokumente, die im Jahre 1917 Kerenski ›genau bekannt‹ waren, aber im Jahre 1928 seinen Lesern unbekannt bleiben, sind nicht gefaßt worden. Der Agent der Bolschewiki fuhr, aber er erreichte die schwedische Grenze nicht. Weshalb? Nur deshalb, weil der Justizminister Perewersew, unfähig, sich an die Fersen zu heften, den Zeitungen das große Geheimnis des Fähnrichs Jarmolenko zu früh ausgeplaudert hatte. Und das Glück war doch so möglich, so nahe. …
»Die zweimonatige Arbeit der Provisorischen Regierung (hauptsächlich die Tereschtschenkos) in bezug auf die Aufdeckung der bolschewistischen Umtriebe endete mit einem Mißerfolg.« So steht es bei Kerenski: »endete mit einem Mißerfolg«. Eine Seite vorher steht: »Der Erfolg allerdings war für Lenin geradezu vernichtend«, die Verbindung mit Ludendorff war »einwandfrei festgestellt«, und eine Seite später lesen wir: »Die zweimonatige Arbeit endete mit einem *Mißerfolg*«… Ähnelt das Ganze nicht einer spaßigen Hanswurstiade?
Aber das ist noch nicht das Ende. Am grellsten vielleicht zeigt sich

die Verlogenheit und die Feigheit Kerenskis in der Frage über mich. Am Ende seiner Liste der deutschen Agenten, die auf seinen Befehl zu verhaften waren, bemerkt Kerenski bescheiden: »Nach einigen Tagen wurden auch Trotzki und Lunartscharski verhaftet.« Das ist die einzige Stelle, wo Kerenski mich in das System der deutschen Spionage aufnimmt. Er macht es dumpf, ohne Blüten der Beredsamkeit und ohne sein ›Ehrenwort‹ zu verausgaben. Dafür gibt es Gründe genug. Kerenski kann mich nicht ganz und gar umgehen, denn immerhin hat seine Regierung mich verhaftet und mich unter dieselbe Anklage gestellt wie Lenin. Aber er hat keine Lust und keine Möglichkeit, sich über die Beweise gegen mich weitschweifig auszulassen, weil seine Regierung in bezug auf mich besonders deutlich ihren obengenannten Eselshuf gezeigt hat. Als einziger Beweis gegen mich wurde von dem Untersuchungsrichter Alexandrow angeführt, ich sei zusammen mit Lenin im plombierten Wagen durch Deutschland gefahren. Der alte Kettenhund der zaristischen Justiz hatte keine Ahnung davon, daß zusammen mit Lenin im plombierten Wagen durch Deutschland nicht ich gefahren war, sondern der Führer der Menschewiki, Martow. Ich aber war einen Monat nach Lenin aus New York über das kanadische Konzentrationslager und Skandinavien gekommen. Die Beschuldigung gegen die Bolschewiki wurde von so kläglichen und verächtlichen Fälschern geführt, daß diese Herren es nicht einmal für notwendig erachteten, bei den Zeitungen Auskunft einzuholen, wann und auf welchem Wege Trotzki nach Rußland gekommen war. Ich überführte damals den Untersuchungsrichter an Ort und Stelle. Ich schleuderte ihm seine schmutzigen Papierchen ins Gesicht, drehte ihm den Rücken zu und lehnte es ab, weiter mit ihm zu sprechen. Ich wandte mich damals sofort mit einem Protest an die Provisorische Regierung. Die Schuld Kerenskis, sein kriminelles Verbrechen gegen den Leser, tritt in diesem Punkte besonders kraß hervor. Kerenski weiß, wie schändlich seine Justiz mit der Anklage gegen mich durchgefallen ist. Mich beiläufig in das System der deutschen Spionage einbeziehend, erwähnt er deshalb mit keinem Wort, wie er und seine drei anderen Minister sich in Deutschland an meine Fersen hefteten, während ich im kanadischen Konzentrationslager saß.

»Und hätte sich Lenin nicht auf den Rückhalt der gesamten materiellen und technischen Macht der deutschen Propagandamaschinerie und des deutschen Spionagedienstes stützen können, so wäre ihm die Zerstörung Rußlands niemals gelungen.« Kerenski möchte gern glauben, daß das alte Regime (und er mit ihm) nicht von dem revolutionären Volke gestürzt wurde, sondern von den deutschen Spionen. Wie tröstlich ist eine Geschichtsphilosophie, nach der das Leben eines großen Landes sich als ein Spielzeug in den Händen der Spionageorganisation des Nachbars darstellt. Wenn aber die militärische und technische Macht Deutschlands im

Laufe von einigen Monaten die Demokratie Kerenskis stürzen und den Bolschewismus künstlich anpflanzen konnte, warum vermochte dann der materielle und der technische Apparat aller Ententeländer im Verlaufe von zwölf Jahren nicht den künstlich entstandenen Bolschewismus zu stürzen? Doch wir wollen uns nicht auf das Gebiet der Geschichtsphilosophie begeben. Bleiben wir auf dem Boden der Tatsachen. Worin hat sich die technische und finanzielle Hilfe Deutschlands geäußert? Kerenski sagt darüber kein Wort.
Kerenski beruft sich allerdings auf die Memoiren von Ludendorff. Aber aus diesen Memoiren geht nur das eine klar hervor: Ludendorff hat gehofft, die Revolution werde in Rußland die zaristische Armee demoralisieren – anfangs die Februarrevolution, dann die Oktoberrevolution. Um diesen Plan Ludendorffs aufzudecken, brauchte man dessen Memoiren nicht. Es genügte die Tatsache, daß eine Gruppe russischer Revolutionäre durch Deutschland durchgelassen wurde. Von Ludendorff war das ein Abenteuer, das aus der schwierigen militärischen Lage Deutschlands resultierte. Lenin nutzte die Berechnung Ludendorffs aus und hatte dabei seine eigene Berechnung. Ludendorff sagte sich: Lenin wird die Patrioten stürzen, dann werde ich kommen und Lenin und seine Freunde ersticken. Lenin sagte sich: ich werde in Ludendorffs Eisenbahnwagen durch Deutschland fahren und werde ihm für diesen Dienst auf meine Art zahlen.
Daß sich zwei entgegengesetzte historische Pläne in einem Punkte kreuzten und daß dieser Punkt ein ›plombierter‹ Wagen war, um das zu beweisen, bedarf man der kriminalistischen Fähigkeiten Kerenskis nicht. Das ist eine historische Tatsache. Danach hatte die Geschichte Zeit gehabt, beide Rechnungen nachzuprüfen. Am 7. November 1917 haben die Bolschewiki die Macht erobert. Genau ein Jahr später haben die revolutionären Massen Deutschlands unter dem mächtigen Einfluß der russischen Revolution Ludendorff und dessen Herren gestürzt. Und nach zehn weiteren Jahren versucht der durch die Geschichte gekränkte demokratische Narziß eine dumme Verleumdung wiederaufzufrischen, eine Verleumdung nicht gegen Lenin, sondern gegen ein großes Volk und dessen Revolution.

Vom Juli zum Oktober

Am 4. Juni verlas die bolschewistische Fraktion auf dem Sowjetkongreß anläßlich des von Kerenski vorbereiteten Angriffs an der Front die von mir eingebrachte Deklaration. Wir verwiesen darauf, daß der Angriff ein Abenteuer darstelle, welches die Existenz der Armee bedrohe. Die Provisorische Regierung jedoch berauschte

sich an müßigen Reden. Die durch die Revolution bis auf den Grund erschütterte Soldatenmasse wurde von dem Minister als Lehm betrachtet, mit dem man alles, was man wolle, machen könne. Kerenski bereiste die Front, beschwor, drohte, kniete, küßte die Erde, kurz: spielte auf alle Arten den Narren, ohne den Soldaten auch nur auf eine der sie quälenden Fragen Antwort zu geben. Sich an billigen Effekten berauschend, gestützt auf die Zustimmung des Sowjetkongresses, befahl er den Angriff. Als das Unglück, das die Bolschewiki vorausgesagt hatten, hereinbrach, klagte man die Bolschewiki an. Die Hetze nahm wild zu. Die von der Partei der Kadetten gedeckte Reaktion bedrängte uns von allen Seiten und forderte unsere Köpfe.
Das Vertrauen zu der Provisorischen Regierung war in den Massen restlos untergraben. Petrograd erwies sich auch in der zweiten Periode der Revolution als die weitest vorgerückte Avantgarde. In den Julitagen stieß diese Avantgarde offen mit der Regierung Kerenski zusammen. Das war noch kein Aufstand, das war erst ein tief vorfühlendes Patrouillengefecht. Aber schon bei dem Julizusammenstoß hatte es sich gezeigt, daß hinter Kerenski keine ›demokratische‹ Armee stand; daß die Kräfte, die ihn gegen uns unterstützten, nur Kräfte der Konterrevolution waren.
Von dem Hervortreten des Maschinengewehrregiments und von dessen Aufruf an die anderen Truppenteile und an die Fabriken erfuhr ich am 3. Juli im Gebäude des Taurischen Palais, während der Sitzung. Die Kunde kam mir überraschend. Die Demonstration war aus eigener Machtvollkommenheit, auf anonyme Initiative von unten her, entstanden. Am nächsten Tag entfaltete sie sich noch breiter, jetzt bereits unter Beteiligung unserer Partei. Das Taurische Palais war von Menschenmassen überfüllt. Es gab nur die eine Parole: »Alle Macht den Sowjets!« Vor dem Palais nahm ein verdächtiger, sich abseits haltender Haufe den Ackerbauminister Tschernow fest und setzte ihn in ein Automobil. Die Menge verhielt sich dem Schicksal des Ministers gegenüber teilnahmslos, ihre Sympathie war jedenfalls nicht auf seiner Seite. Die Kunde von der Verhaftung Tschernows und seiner bedrohten Lage drang in das Palais. Die Sozialrevolutionäre beschlossen, zur Rettung ihres Führers Panzerwagen anzuwenden; das Sinken ihrer Popularität hatte sie nervös gemacht; sie wollten den starken Arm zeigen. Ich entschloß mich, zu versuchen, zusammen mit Tschernow im Automobil aus der Menge herauszufahren, um ihn dann zu befreien. Aber der Bolschewik Raskolnikow, Leutnant der Baltischen Flotte, der die Kronstädter Matrosen zu der Demonstration geführt hatte, bestand äußerst erregt darauf, Tschernow sofort zu befreien, da man sonst behaupten würde, die Kronstädter Matrosen hätten ihn verhaftet. Ich entschloß mich, zu versuchen, Raskolnikow entgegenzukommen. Hier gebe ich ihm selbst das Wort: »Es ist schwer zu sagen, wie lange die stürmische Erregung der Masse

noch angedauert hätte«, schreibt der expansive Leutnant in seinen Erinnerungen, »wenn nicht der Genosse Trotzki zu Hilfe gekommen wäre. Er machte einen scharfen Sprung auf das Vorderteil des Automobils, und mit der weitausholenden, energischen Handbewegung eines Menschen, der nun des Wartens überdrüssig ist, gab er ein Signal zum Schweigen. Im Augenblick verstummte alles, es trat Todesstille ein. Mit lauter, klarer, metallischer Stimme... hielt Lew Dawidowitsch eine kurze Ansprache, die er mit dem Satz beendete: ›Wer für eine Gewaltanwendung gegen Tschernow ist, erhebe die Hand‹... Niemand tat den Mund auf«, fährt Raskolnikow fort, »niemand brachte ein Wort der Erwiderung hervor. ›Bürger Tschernow, Sie sind frei‹, brachte Trotzki feierlich heraus, und sich mit dem ganzen Körper nach dem Ackerbauminister umwendend, lud er ihn mit einer Geste ein, aus dem Wagen zu steigen. Tschernow war mehr tot als lebendig. Ich half ihm beim Aussteigen, und mit schlaffem, gequältem Ausdruck und unsicherem, schwankendem Gang schritt er die Stufen hinauf und verschwand im Vestibül des Palais. Befriedigt über seinen Sieg, entfernte sich Lew Dawidowitsch gleichzeitig mit ihm.«

Streicht man die überflüssige pathetische Färbung ab, so ist die Szene richtig wiedergegeben. Aber die feindliche Presse hat sich dennoch nicht gescheut zu behaupten, ich hätte Tschernow verhaftet, um gegen ihn Selbstjustiz zu üben. Tschernow selbst schwieg verschämt: es schickte sich doch nicht für einen ›Volks‹minister, einzugestehen, er verdanke die Erhaltung seines Kopfes nicht seiner eigenen Popularität, sondern der Fürsprache eines Bolschewiks.

Eine Deputation nach der anderen forderte im Namen der Demonstranten, das Exekutivkomitee solle die Macht übernehmen. Tschcheidse, Zeretelli, Dan, Goz thronten im Präsidium wie Götzen. Sie gaben den Deputationen keine Antwort, blickten ins Leere oder sahen beunruhigt und geheimnisvoll einander an. Die Bolschewiki nahmen das Wort, um die Arbeiter- und Soldatendelegationen zu unterstützen. Die Mitglieder des Präsidiums schwiegen. Sie warteten. Worauf?... So vergingen Stunden. Tief in der Nacht füllten sich die Bogen des Palais mit Siegeslauten aus Messingtrompeten. Das Präsidium war auferstanden wie unter der Wirkung eines elektrischen Stromes. Jemand teilte feierlich mit, das Wolyner Regiment sei von der Front gekommen und habe sich dem Zentralexekutivkomitee zur Verfügung gestellt. Es zeigte sich, daß die ›Demokratie‹ in der gesamten riesigen Petrograder Garnison keinen einzigen zuverlässigen Truppenteil besaß. Man hatte warten müssen, bis eine bewaffnete Macht von der Front kam. Jetzt änderte sich plötzlich die ganze Situation. Die Delegationen wurden verjagt, den Bolschewiki wurde das Wort nicht mehr gegeben. Die Führer der Demokratie beschlossen, an uns Rache zu nehmen für die Angst, die ihnen die Masse eingejagt hatte.

Von der Tribüne des Exekutivkomitee ertönten Reden über eine bewaffnete Rebellion, die nun von den der Revolution treuen Truppen unterdrückt worden sei. Die Bolschewiki wurden als eine konterrevolutionäre Partei erklärt. Und all dies infolge des Eintreffens des einen Wolyner Regiments. Nach dreieinhalb Monaten hat sich dieses Regiment einmütig an der Niederwerfung der Kerenski-Regierung beteiligt.
Am Morgen des 5. kam ich mit Lenin zusammen. Der Angriff der Massen war bereits zurückgeschlagen. »Jetzt werden sie uns einen nach dem andern abschießen«, sagte Lenin; »der passendste Augenblick für sie.« Aber Lenin überschätzte den Gegner – nicht dessen Wut, aber dessen Entschlossenheit und Fähigkeit zum Handeln. Sie haben uns nicht abgeschossen, wenn sie auch nicht weit davon waren. In den Straßen schlug und erschlug man Bolschewiki, die Junker plünderten das Palais Kschessinskaja und die Druckerei der ›Prawda‹. Die ganze Straße vor der Druckerei war mit Manuskripten besät. Unter anderem ist dabei auch meine polemische Schrift ›An die Verleumder‹ umgekommen. Das tiefvorfühlende Patrouillengeplänkel verwandelte sich in eine einseitige Schlacht. Der Gegner blieb Sieger, mühelos, denn wir traten in den Kampf nicht ein. Die Partei aber mußte bitter büßen. Lenin und Sinowjew verbargen sich. Es wurden zahlreiche Verhaftungen vorgenommen, die von Prügeln begleitet waren. Kosaken und Junker nahmen den Verhafteten das Geld ab mit der Begründung, es sei ›deutsches‹ Geld. Viele Mitläufer und Halbfreunde kehrten uns den Rücken. Im Taurischen Palais wurden wir als Konterrevolutionäre proklamiert und eigentlich für vogelfrei erklärt.
An der Spitze der Partei war nicht alles wohlbestellt. Lenin war nicht da. Der Flügel Kamenjews erhob den Kopf. Viele, darunter auch Stalin, saßen mit gefalteten Händen still und warteten die Ereignisse ab, um am nächsten Tag mit ihrer Weisheit hervorzutreten. Die bolschewistische Fraktion des Zentralexekutivkomitees fühlte sich im Gebäude des Taurischen Palais verwaist. Sie schickte eine Abordnung zu mir mit der Bitte, ich möge über die entstandene Lage ein Referat halten, – ich war zu der Zeit noch immer nicht Mitglied der Partei: der formelle Akt war bis zu dem damals bevorstehenden Parteitag vertagt worden. Ich willigte selbstverständlich gern ein. Aus meiner Besprechung mit der bolschewistischen Fraktion entstanden moralische Bindungen, wie sie nur unter den schweren Schlägen des Feindes entstehen. Ich sagte, daß uns nach dieser Krise ein schneller Aufstieg erwarte, daß die Masse, nachdem sie unsere Treue durch die Tat erprobt sah, um so fester sich uns anschließen werde: daß man in diesen Tagen scharf jeden Revolutionär prüfen müsse; denn in solchen Augenblicken würden die Menschen auf untrügbarer Waage gewogen. Auch jetzt noch erinnere ich mich mit Freude, wie warm und dankbar mich die Fraktion begleitete. »Lenin ist nicht da«, sagte Muralow,

»von den übrigen hat allein Trotzki den Kopf nicht verloren.« Würde ich diese Memoiren unter anderen Bedingungen schreiben – ich würde sie allerdings unter anderen Bedingungen wohl kaum schreiben –, vieles von dem, was ich auf diesen Seiten wiedergebe, würde ich dann wohl kaum wiedergeben. Ich kann mich aber jetzt von jener breitorganisierten Fälschung der Vergangenheit nicht abwenden, die die Hauptsorge der Epigonen bildet. Meine Freunde sind in Gefängnissen oder in Verbannung. Ich bin gezwungen, das über mich auszusprechen, was ich unter anderen Bedingungen nicht aussprechen würde. Es handelt sich für mich nicht nur um die historische Wahrheit, sondern auch um den politischen Kampf, der weitergeht...

Seit jener Zeit datiert meine im Krieg wie in der Politik unzertrennliche Freundschaft mit Muralow. Über diesen Menschen muß ich hier mindestens einige Worte sagen. Muralow ist ein alter Bolschewik, der in der Revolution von 1905 in Moskau gekämpft hat. In Serpuchowo bei Moskau geriet Muralow 1906 in einen Pogrom der Schwarzen Hundert, der sich, wie üblich, unter dem Schutz der Polizei vollzog. Muralow ist ein herrlicher Riese, dessen Furchtlosigkeit durch eine großmütige Güte ausgeglichen wird. Zusammen mit einigen anderen Linken geriet er in einen Ring von Feinden, der das Gebäude der Semstwoverwaltung umschloß. Muralow trat mit einem Revolver in der Hand aus dem Gebäude und ging mit gleichmäßigen Schritten auf die Menge zu. Sie wich aus. Aber eine angriffslustige Gruppe der Schwarzen Hundert schnitt ihm den Weg ab. Die Droschkenkutscher begannen zu johlen. »Auseinandergehen!« befahl mit erhobenem Revolver der Riese, ohne stehenzubleiben. Man sprang auf ihn zu. Er tötete einen auf der Stelle und verwundete einen zweiten. Die Menge prallte zurück. Ohne die Schritte zu beschleunigen, teilte Muralow wie ein Eisbrecher die Menge und ging in die Richtung auf Moskau zu Fuß weiter.

Sein Prozeß dauerte über zwei Jahre und endete trotz der wütenden Reaktion mit einem Freispruch. Ein Agronom seiner Bildung nach, Soldat einer Automobilkompanie im imperialistischen Kriege, Leiter der Oktoberkämpfe in Moskau, wurde Muralow erster Befehlshaber des Moskauer Militärbezirks nach dem Siege. Er war der furchtlose Marschall des revolutionären Krieges, immer beständig, schlicht, ohne Pose. Während der Feldzüge trieb er unermüdlich Propaganda der Tat: er erteilte landwirtschaftliche Ratschläge, mähte das Getreide, heilte zwischen der Arbeit Menschen und Kühe. In den schwierigsten Situationen strahlte er Ruhe, Sachlichkeit und Wärme aus. Nach Beendigung des Krieges waren wir beide bestrebt, die freien Stunden gemeinsam zu verbringen.

Uns verband auch die Leidenschaft zur Jagd. Wir haben zusammen den Norden und den Süden durchquert, bald auf Bären und Wölfe,

bald auf Fasanen und Trappen jagend. Jetzt jagt Muralow in Sibirien als verbannter Oppositioneller...
Auch in den Julitagen des Jahres 1917 verlor er die Ruhe nicht und war vielen ein Halt. Und damals brauchte jeder von uns viel Selbstbeherrschung, um in den Korridoren und Sälen des Taurischen Palais nicht mit eingezogenen Schultern und gesenktem Kopf Spießruten zu laufen durch die haßerfüllten Blicke, das wütende Geflüster, das demonstrative Einanderanstoßen (›Schau, schau!‹) und das offene Zähneknirschen. Es gibt nichts Rasenderes als einen großsprecherischen, aufgeblasenen, ›revolutionären‹ Philister, wenn er merkt, daß die Revolution, die ihn plötzlich hochgehoben hat, seine kurze Herrlichkeit zu bedrohen beginnt. Der Weg zur Kantine des Exekutivkomitees war ein kleines Golgatha.
In der Kantine verteilte man Tee und schwarze Butterbrote mit Käse oder grobkörnigem roten Kaviar: davon gab es viel im Smolny und später auch im Kreml. Zu Mittag gab man Kohlsuppe und ein Stückchen Fleisch. Büfettier war der Soldat Grafow. Als die Hetze gegen uns am stärksten war und Lenin, den man als deutschen Spion erklärt hatte, sich in einem Zelt verborgen hielt, entdeckte ich, daß Grafow ein möglichst heißes Glas Tee und ein besser belegtes Brot für mich auswählte; es mir hinhaltend, schaute er an mir vorbei. Es war klar: Grafow sympathisierte mit den Bolschewiki und verbarg es vor den Vorgesetzten. Ich beobachtete nun weiter. Grafow war nicht allein. Das gesamte untere Personal des Smolny, die Wächter, Kuriere, die Posten, neigten sichtlich zu den Bolschewiki. Da sagte ich mir, unsere Sache ist zur Hälfte gewonnen. Aber vorläufig nur zur Hälfte.
Die Presse führte gegen die Bolschewiki eine an Bösartigkeit und Ehrlosigkeit einzig dastehende Kampagne, die einige Jahre später nur von der Kampagne Stalins gegen die Opposition übertroffen wurde. Lunatscharski gab im Juli einige zweideutige Erklärungen ab, die die Presse nicht ohne Grund als eine Lossagung von den Bolschewiki auslegte. Einige Zeitungen schrieben auch mir solche Erklärungen zu. Am 10. Juli wandte ich mich an die Provisorische Regierung mit einem Brief, der meine völlige Solidarität mit Lenin kundtat und mit den Worten schloß: »Sie können keinen Grund haben, mich von der Wirkung des Dekretes auszunehmen, kraft dessen Lenin, Sinowjew und Kamenjew der Verhaftung unterliegen... Sie können keinen Grund haben, daran zu zweifeln, daß ich ein ebenso unversöhnlicher Gegner der gesamten Politik der Provisorischen Regierung bin wie die genannten Genossen.« Die Herren Minister zogen aus diesem Brief die nötige Schlußfolgerung: sie verhafteten mich als einen deutschen Agenten.
Im Mai, als Zeretelli gegen die Matrosen hetzte und die Maschinengewehrschützen entwaffnete, sagte ich ihm voraus, daß der Tag vielleicht nicht mehr fern sei, an dem er bei den Matrosen Hilfe suchen werde gegen den General, der den Strick für die Revo-

lution einseifen wird. Im August fand sich ein solcher General in der Person des Kornilow. Zeretelli wandte sich Hilfe suchend an die Kronstädter Matrosen. Sie lehnten sie nicht ab. In die Wasser der Newa fuhr der Kreuzer ›Aurora‹. Die so schnelle Verwirklichung meiner Prophezeiung mußte ich schon vom ›Kresty‹ aus beobachten. Die Matrosen der ›Aurora‹ schickten eine Delegation zu mir ins Gefängnis während der Besuchsstunde, um Rat zu holen: soll das Winterpalais geschützt oder durch Angriff genommen werden? Ich gab ihnen den Rat, die Abrechnung mit Kerenski zu vertagen, bis sie mit Kornilow fertig geworden sein würden. »Das Unsrige wird uns nicht entgehen.« »Wird es nicht...?« »Es wird nicht!«

Im Gefängnis besuchte mich meine Frau mit den Knaben. Sie besaßen zu dieser Zeit bereits eine eigene politische Erfahrung. Die Jungens verbrachten den Sommer auf dem Lande, in der Familie eines bekannten Obersten a. D., W. Dort versammelten sich Gäste, meistens Offiziere, die beim Schnaps auf die Bolschewiki schimpften. In den Julitagen erreichte das Geschimpfe den Höhepunkt. Einige dieser Offiziere reisten bald nach dem Süden ab, wo sich die späteren weißen Kader versammelten. Irgendein junger Patriot nannte bei Tisch Lenin und Trotzki deutsche Spione. Mein älterer Junge stürzte sich auf ihn mit einem Stuhl, der jüngere eilte ihm mit einem Tischmesser zu Hilfe. Die Erwachsenen trennten die Kämpfer. Die Jungens schlossen sich in ihrem Zimmer ein und weinten bitterlich. Sie wollten zu Fuß nach Petrograd davonlaufen, um zu erfahren, was man dort mit den Bolschewiki machte. Zum Glück kam die Mutter an, beruhigte sie und nahm sie mit. Aber auch in der Stadt war es jetzt nicht sehr schön. Die Zeitungen tobten gegen die Bolschewiki. Vater saß im Gefängnis. Die Revolution hatte ihre Hoffnungen entschieden betrogen. Das hinderte die Jungens nicht, begeistert zuzusehen, wie die Mutter mir im Besuchszimmer durch das Gitter ein Taschenmesser zusteckte. Ich tröstete sie in alter Weise, daß die echte Revolution noch bevorstände.

Meine Töchter kamen bereits ernster in das politische Leben hinein. Sie besuchten die Meetings im Zirkus Modern, beteiligten sich an Demonstrationen. In den Julitagen gerieten sie in einen Tumult, wurden von der Menge umgerissen, die eine verlor die Brille, beide die Hüte, beide fürchteten, den Vater zu verlieren, der kaum an ihrem Horizont erschienen war. In den Tagen des Kornilow-Angriffs auf die Hauptstadt hing das Gefängnisregime an einem dünnen Faden. Es war für alle klar, daß Kornilow, wenn er in die Stadt eindringen sollte, zu allererst die von Kerenski verhafteten Bolschewisten abschlachten würde. Das Zentralexekutivkomitee befürchtete außerdem einen Überfall auf das Gefängnis von seiten der weißgardistischen Elemente der Hauptstadt. Zum Schutze des ›Kresty‹ war ein größeres Militärkommando kommandiert worden. Es erwies sich, selbstverständlich, nicht als ›demokratisch‹, sondern als bolschewistisch und war jeden Moment bereit, uns zu befreien. Aber ein solcher Akt wäre ein Signal zum sofortigen Aufstand gewesen, dafür war jedoch die Stunde nocht nicht gekommen. Inzwischen begann die Regierung selbst, uns zu befreien – und zwar aus demselben Grunde, aus dem sie die bolschewistischen Matrosen zum Schutze des Winterpalais gerufen hatte. Direkt aus dem ›Kresty‹ begab ich mich in das vor kurzem entstandene Komitee zur Verteidigung der Revolution, wo ich an einem Tisch saß mit denselben Herren, die mich als einen Hohenzollernagenten ins Gefängnis gesteckt hatten und noch nicht Zeit gefunden hatten, ihre Beschuldigungen zurückzunehmen. Die Sozialrevolutionäre und die Menschewiki erweckten, ich gestehe es offenherzig, allein schon durch ihr Aussehen den Wunsch, Kronilow möge sie am Kragen nehmen und mit ihnen in der Luft herumfuchteln. Aber dieser Wunsch war nicht nur unfromm, sondern auch unpolitisch. Die Bolschewiki spannten sich in die Verteidigung ein und waren überall an erster Stelle. Die Erfahrung des Kornilowschen Aufstandes ergänzte die Erfahrung der Julitage. Es zeigte sich wieder, daß die Kerenski & Co. keine eigenen, selbständigen Kräfte hinter sich hatten. Jene Armee, die sich gegen Kornilow erhob, war die zukünftige Armee des Oktoberumsturzes. Wir benutzten die Gefahr, um jetzt die Arbeiter zu bewaffnen, die Zeretelli die ganze Zeit vorher eifrig entwaffnet hatte.

Die Stadt verstummte in diesen Tagen. Man erwartete Kornilow, die einen mit Hoffnung, die anderen mit Schrecken. Die Jungens hörten: »Er kann morgen kommen«. In der Frühe, noch unangezogen, schauten sie mit weitaufgerissenen Augen aus den Fenstern: ist er gekommen, oder ist er nicht gekommen? Aber Kornilow ist nicht gekommen. Die revolutionäre Erhebung der Massen war so mächtig, daß die Kornilowsche Rebellion einfach zerschmolz, sich verflüchtigte. Aber nicht spurlos: sie war ganz und gar den Bolschewiki von Nutzen.

»Die Rache läßt nicht auf sich warten«, schrieb ich in den Kornilow-Tagen. »Gehetzt, verfolgt, verleumdet, ist unsere Partei noch nie so schnell gewachsen wie in der letzten Zeit. Und dieser Prozeß wird sich bald von der Hauptstadt auf die Provinz, von den Städten auf die Dörfer und die Armee ausbreiten... Ohne einen Augenblick aufzuhören, eine Klassenorganisation des Proletariats zu sein, hat sich unsere Partei im Feuer der Repressalien in die wahre Führerin aller unterdrückten, unterjochten, betrogenen und gehetzten Massen verwandelt...«

Wir konnten dem Zustrom kaum Rechnung tragen. Die Zahl der Bolschewiki im Petrograder Sowjet stieg von Tag zu Tag. Wir erreichten schon die Hälfte. Im Präsidium saß aber noch immer kein einziger Bolschewik. Es entstand die Frage nach einer Neuwahl des Präsidiums. Wir schlugen den Menschewiki und den Sozialrevolutionären ein Koalitionspräsidium vor. Wie wir später erfuhren, war Lenin damit unzufrieden, da er befürchtete, es stecke dahinter eine versöhnlerische Tendenz. Doch es kam zu keinem Kompromiß. Trotz dem soeben noch geführten gemeinsamen Kampfe gegen Kornilow lehnte Zeretelli ein Koalitionspräsidium ab. Das gerade brauchten wir. Es blieb also übrig, nach Listen abzustimmen. Ich stellte die Frage: Kommt Kerenski auf die Liste unserer Gegner oder nicht? Formell zählte er zwar zum Präsidium, doch er kam nie in den Sowjet und demonstrierte auf jede Weise Verachtung für ihn. Die Frage überraschte das Präsidium. Kerenski war weder beliebt noch geachtet. Doch ging es nicht an, daß man seinen Ministerpräsidenten desavouierte. Die Mitglieder des Präsidiums tuschelten eine Weile miteinander und gaben dann die Antwort: »Natürlich kommt er auf die Liste.« Das gerade brauchten wir. Hier ein Auszug aus dem Protokoll: »Wir waren überzeugt, Kerenski gehöre nicht mehr zum Sowjet (stürmischer Applaus). Aber es zeigt sich, daß wir uns geirrt haben. Zwischen Tschcheidse und Sawadje schwebt der Schatten Kerenskis. Wenn man euch vorschlägt, die politische Linie des Präsidiums gutzuheißen, so denkt daran – vergeßt es nicht – daß man euch damit vorschlägt, die Politik Kerenskis gutzuheißen. (Stürmischer Applaus.)« Das hat einbis zweihundert schwankende Delegierte zu uns herübergeworfen. Der Sowjet zählte weit über tausend Mitglieder. Die Abstimmung vollzog sich durch Hinausgehen aus den Türen. Im Saal herrschte äußerste Erregung. Es ging nicht um das Präsidium. Es ging um die Revolution. Ich spazierte in den Couloirs mit einigen Freunden auf und ab. Wir nahmen an, es würden uns an die hundert Stimmen für die Hälfte fehlen, und waren geneigt, darin einen Erfolg zu erblicken. Das Ergebnis war, daß wir über hundert Stimmen mehr erhalten hatten als die Koalition aus Sozialrevolutionären und Menschewiki. Wir waren die Sieger. Ich nahm den Platz des Vorsitzenden ein. Zeretelli wünschte uns zum Abschied, wir möchten uns wenigstens die Hälfte der Zeit im Sowjet halten können, während der sie die Revolution geführt hatten. Mit anderen Worten, die Gegner eröffneten uns einen Kredit auf nicht mehr als drei Monate. Sie haben sich bitter geirrt. Wir gingen sicher zur Macht.

Die Nacht, die entscheidet

Es nahte die zwölfte Stunde der Revolution. Der Smolny verwandelte sich in eine Festung. Auf seinem Dachboden befanden sich als Erbschaft des alten Exekutivkomitees etwa zwanzig Maschinengewehre. Der Kommandant des Smolny, Kapitän Grekow, war unser erklärter Feind. Dagegen suchte mich der Chef des Maschinengewehrkommandos auf, um mir zu sagen: die Mannschaft stehe zu den Bolschewiki. Ich beauftragte jemanden – vielleicht war es

Markin? –, die Maschinengewehre nachzuprüfen. Das Ergebnis lautete: sie seien in schlechtem Zustand, vernachlässigt. Die Soldaten faulenzten ja gerade deshalb, weil sie nicht die Absicht hatten, Kerenski zu verteidigen. Ich ließ eine frische, zuverlässige Maschinengewehrabteilung nach dem Smolny kommen. Es war der frühe, graue Morgen des 24. Oktober*. Ich ging von Stockwerk zu Stockwerk, teils um nicht auf einem Platze zu sitzen, teils um mich zu überzeugen, ob alles in Ordnung sei, und um jene zu ermuntern, die Ermunterung bedurften. Über die Steinfliesen der endlosen und noch halbdunklen Korridore des Smolny rollten die Soldaten mit munterem Gepolter und Stampfen ihre Maschinengewehre. Das war die neue Abteilung, die ich hergerufen hatte. Aus den Türen steckten die wenigen Sozialrevolutionäre und Menschewiki, die noch im Smolny verblieben waren, erschrockene Gesichter heraus. Diese Musik versprach nichts Gutes. Sie verließen einer nach dem anderen eiligst den Smolny. Wir blieben die absoluten Herren des Gebäudes, das sich darauf vorbereitete, seinen bolschewistischen Kopf über die Stadt und das Land zu erheben.

Früh am Morgen begegnete ich auf der Treppe einem Arbeiter und einer Arbeiterin, die außer Atem aus der Parteidruckerei hergerannt kamen. Die Regierung habe das Zentralorgan der Partei und die Zeitung des Petrograder Sowjets verboten. Die Druckerei sei von irgendwelchen Regierungsagenten, die in Begleitung von Fahnenjunkern gekommen waren, versiegelt worden. Im ersten Moment machte diese Nachricht Eindruck: das ist die Macht des Formalen über den Verstand. »Darf man denn das Siegel nicht abreißen?« fragte die Arbeiterin. »Reißt ruhig ab, und damit euch nichts passiert, geben wir euch einen zuverlässigen Schutz«, antwortete ich. »Neben uns liegt ein Sappeurbataillon, die Soldaten werden uns unterstützen«, sagte die Arbeiterin zuversichtlich. Das revolutionäre Kriegskomitee nahm sofort eine Verfügung an: »1. Die Druckereien der revolutionären Zeitungen sind sofort zu öffnen. 2. Die Redaktionen und die Drucker haben die Arbeit zur Herausgabe der Zeitungen fortzusetzen. 3. Die Ehrenpflicht, die revolutionären Druckereien gegen konterrevolutionäre Anschläge zu schützen, wird den ruhmreichen Soldaten des Litauischen Regiments und dem 6. Reserve-Sappeurbataillon übertragen.« Die Druckerei arbeitete nun ohne Unterbrechung, und beide Zeitungen erschienen.

Auf dem Telephonamt entstanden am 24. Schwierigkeiten: dort hatten sich die Fahnenjunker festgesetzt, und unter ihrer Deckung waren die Telephonistinnen in Opposition zum Sowjet getreten. Sie hörten überhaupt auf, uns zu verbinden. Das war die erste,

* Nach dem alten Stil, der damals in Rußland noch der offizielle Stil war: Nach dem westeuropäischen Kalender der 6. November. Dies erklärt die Tatsache, daß man bald von der Oktober-, bald von der Novemberrevolution spricht.

noch episodische Äußerung von Sabotage. Das militärische Revolutionskomitee schickte eine Abteilung Matrosen zum Telephonamt, die beim Eingang zwei kleine Geschütze aufstellten. Die Telephone arbeiteten wieder. So begann die Eroberung der Verwaltungsorgane.

Im dritten Stockwerk des Smolny, in einem kleinen Eckzimmer, tagte ununterbrochen das Komitee. Dort konzentrierten sich alle Berichte über die Truppenbewegungen, über die Stimmung der Soldaten und Arbeiter, über Agitation in den Kasernen, über die Pläne der Schwarzen Hundert, über die Ränke der bürgerlichen Politiker und der ausländischen Gesandtschaften, über das Leben des Winterpalais, über die Beratungen der früheren Sowjetparteien. Informationen trafen aus allen Richtungen ein. Es kamen Arbeiter, Soldaten, Offiziere, Portiers, sozialistische Fahnenjunker, Dienstboten, Frauen kleiner Beamten. Viele teilten den reinsten Unsinn mit, andere gaben ernste und wertvolle Hinweise. Während der letzten Woche hatte ich den Smolny fast überhaupt nicht verlassen, ich übernachtete unausgekleidet auf einem Ledersofa, schlief in den knappen Pausen, fortwährend geweckt durch Kuriere, Auskundschafter, Motorradler, Telegraphisten, ununterbrochene Telephonanrufe. Es rückte die entscheidende Minute heran. Es war klar, daß es kein Zurück mehr gab.

In der Nacht zum 25. Oktober begaben sich die Mitglieder des Revolutionären Komitees in die Bezirke. Ich blieb allein. Später kam Kamenjew. Er war ein Gegner des Aufstandes. Aber in dieser entscheidenden Nacht kam er, um sie bei mir zu verbringen. Wir blieben beide in dem kleinen Eckzimmer des dritten Stocks, das in dieser entscheidenden Nacht der Revolution der Kommandobrücke eines Kapitäns glich. In dem großen, leeren Nebenzimmer war eine Telephonzelle. Es klingelte ununterbrochen, in wichtigen und in nichtigen Angelegenheiten. Das Läuten unterstrich die lauernde Stille. Man konnte sich das verlassene, nächtliche, schlecht beleuchtete, von herbstlichen Winden durchschauerte Petersburg leicht vorstellen. Die Bürger und das Beamtentum, zusammengekauert in ihren Betten, versuchen zu erraten, was wohl in den geheimnisvollen und gefährlichen Straßen jetzt vor sich gehe. Den wachsamen Schlaf eines Kriegslagers schlafen die Arbeiterviertel. Kommissionen und Beratungen der Regierungsparteien tagen, vor Ohnmacht erschöpft, in den Zarenpalästen, wo die lebenden Gespenster der Demokratie auf die noch nicht zerstobenen Gespenster der Monarchie stoßen. Zeitweise sinken Seide und Vergoldung der Säle in Dunkelheit: es fehlt Kohle. In den Stadtbezirken wachen Abteilungen Arbeiter, Matrosen und Soldaten. Die jungen Proletarier haben Gewehre und Maschinengewehrgürtel um die Schultern. An den Scheiterhaufen wärmen sich die Straßenpatrouillen. An zwei Dutzend Telephonen konzentriert sich das geistige Leben der Hauptstadt, die in dieser Herbstnacht den Kopf aus

der einen Epoche in die andere zwängt.
Im Zimmer des dritten Stocks laufen die Berichte von allen Bezirken, Vororten und Stadtzugängen zusammen. Es scheint, alles ist vorgesehen, die Führer an ihren Plätzen, die Verbindungen gesichert, nichts ist vergessen. Noch einmal in Gedanken nachprüfen. Diese Nacht entscheidet. Am Vorabend sagte ich in meinem Bericht an die Delegierten des zweiten Sowjetkongresses aus vollster Überzeugung: »Wenn ihr nicht weichen werdet – wird es keinen Bürgerkrieg geben. Unsere Feinde werden sofort kapitulieren, und ihr werdet den Platz einnehmen, der euch von Rechts wegen gehört.« An dem Sieg ist nicht zu zweifeln. Er ist so weit gesichert, wie man den Sieg eines Aufstandes überhaupt zu sichern vermag. Und doch sind diese Stunden voll tiefer, gespannter Sorge, denn diese Nacht entscheidet.
Die Regierung mobilisierte die Fahnenjunker und gab gestern dem Kreuzer ›Aurora‹ Befehl, sich aus der Newa zu entfernen. Es handelt sich um die gleichen bolschewistischen Matrosen, zu denen Zeretelli im August mit dem Hut in der Hand gekommen war, sie zu bitten, das Winterpalais gegen Kornilow zu schützen. Die Matrosen fragten beim Militärischen Revolutionskomitee an, was zu tun sei. Und die ›Aurora‹ steht in dieser Nacht dort, wo sie gestern stand. Man telephoniert mir aus Pawlowsk: Die Regierung fordert von dort Artillerie, von Zarskoje Selo ein Sturmbataillon, von Peterhof die Fähnrichsschule an. Im Winterpalais hat Kerenski die Fahnenjunker, Offiziere und die Frauenstoßbataillone zusammengezogen. Ich erteile den Kommissaren den Befehl, auf den Wegen nach Petrograd zuverlässige Sperrposten aufzustellen und den von der Regierung angeforderten Truppen Agitatoren entgegenzuschicken. Alle Gespräche werden telephonisch geführt und sind den Agenten der Regierung vollständig zugänglich. Sind sie überhaupt noch imstande, unsere Gespräche zu kontrollieren? »Gelingt es euch nicht, die Truppen durch Überredung aufzuhalten, – dann greift zu den Waffen. Ihr bürgt mit eurem Kopfe dafür.« Ich wiederhole diesen Satz mehrere Male. Doch ich bin mir der Macht meines Befehls selbst noch nicht ganz sicher. Die Revolution ist noch immer zu vertrauensselig, gutmütig, optimistisch und leichtsinnig. Sie droht mit den Waffen mehr, als daß sie sie anwendet. Sie hofft noch immer, man könne alles mit dem Wort erreichen. Vorläufig gelingt es ihr. Ansammlungen feindlicher Elemente verflüchtigen sich allein vor ihrem heißen Atem. Schon am Tage des 24. wurde ein Befehl erlassen, bei dem ersten Versuch der Schwarzen Hundert, Straßenpogrome zu veranstalten, zu den Waffen zu greifen und erbarmungslos vorzugehen. Aber die Feinde wagen es gar nicht, auf den Straßen zu erscheinen. Sie verkriechen sich. Die Straße gehört uns. Auf allen Wegen nach Petrograd wachen unsere Kommissare. Die Fähnrichsschule und die Artilleristen sind dem Ruf der Regierung nicht gefolgt. Nur ein

Teil der Oranienbaumer Fahnenjunker stahl sich nachts durch unsere Sperre hindurch, und ich verfolgte telephonisch ihr weiteres Vorrücken. Sie beendeten ihr Unternehmen damit, daß sie Parlamentäre in den Smolny sandten. Vergeblich suchte die Provisorische Regierung eine Stütze. Der Boden schwand unter ihren Füßen.

Die Außenwache des Smolny ist durch ein neues Maschinengewehrkommando verstärkt worden. Die Verbindung mit allen Teilen der Garnison ist permanent. Wachkompanien sind bei allen Regimentern auf den Beinen. Die Kommissare sind in Bereitschaft. Delegierte von allen Truppenteilen befinden sich im Smolny und stehen dem Militärischen Revolutionskomitee zur Verfügung, für den Fall, daß eine Verbindung unterbrochen werden sollte. Aus allen Stadtbezirken bewegen sich bewaffnete Abteilungen durch die Straßen, klingeln an den Portalen oder öffnen sie, ohne erst zu klingeln, und besetzen ein Amt nach dem anderen. Diese Abteilungen stoßen fast überall auf Freunde, die sie ungeduldig erwartet hatten. Auf den Bahnhöfen überwachen besonders dafür ernannte Kommissare die ankommenden und abgehenden Züge, hauptsächlich die Soldatentransporte. Nichts Beunruhigendes. Alle wichtigsten Punkte der Stadt gehen in unsere Hände über; fast ohne Widerstand, ohne Kampf, ohne Opfer. Das Telephon klingelt: »Wir sind hier.«

Alles ist gut. Kann nicht besser sein. Man darf sich vom Telephon entfernen. Ich setze mich aufs Sofa. Die nervöse Spannung nimmt ab. Und gerade deshalb schlägt eine dumpfe Welle der Müdigkeit gegen den Kopf. »Geben Sie eine Zigarette!« sage ich zu Kamenjew. In jenen Jahren rauchte ich noch, wenn auch nicht regelmäßig. Ich mache zwei tiefe Züge und habe kaum Zeit, mir im Gedanken zu sagen: »Das hätte noch gefehlt«, als ich das Bewußtsein verliere. Die Neigung zu Ohnmachtsanfällen bei physischem Schmerz oder Unwohlsein habe ich von meiner Mutter geerbt. Das gab einem amerikanischen Arzt Anlaß, mir Epilepsie nachzusagen. Als ich das Bewußtsein wiedererlange, erblicke ich über mir das erschrockene Gesicht Kamenjews. »Soll man vielleicht irgendeine Medizin verschaffen?« fragt er mich. »Es wäre besser«, sage ich nach kurzem Nachdenken, »etwas zum Essen zu verschaffen.« Ich versuche, mich zu erinnern, wann ich zuletzt gegessen habe, ich kann es nicht, jedenfalls war es nicht gestern.

Am Morgen stürze ich mich auf die bürgerliche und die versöhnlerische Presse. Über den begonnenen Aufstand kein Wort. Die Zeitungen hatten von dem bevorstehenden Aufstand der bewaffneten Soldaten, von Plünderungen, von unvermeidlichen Blutströmen, Umstürzen so viel und so besessen geschrien, daß sie den Aufstand, der wirklich gekommen ist, einfach nicht bemerkt haben. Die Presse nahm unsere Verhandlungen mit dem Stab als bare Münze und unsere diplomatischen Erklärungen – als Unentschlos-

senheit. Unterdessen eroberten Abteilungen von Soldaten, Matrosen und Rotarmisten auf Befehle hin, die aus dem Smolny kamen, ohne Chaos, ohne Straßenzusammenstöße, fast ohne Schießereien, ohne Blutvergießen ein Amt nach dem anderen.
Der Bürger rieb sich erschrocken die Augen unter dem neuen Regime. Haben die Bolschewiki wirklich die Macht erobert, wirklich? Es erschien bei mir eine Delegation der Stadtduma und stellte mir einige unnachahmliche Fragen: ob wir Demonstrationen planten, welche und wann; die Stadtduma müsse es »nicht weniger als vierundzwanzig Stunden vorher wissen«. Welche Maßnahmen der Sowjet zum Schutze der Sicherheit und Ordnung getroffen habe? Und so weiter, und so weiter. Ich antwortete mit der Darstellung der dialektischen Ansicht über die Revolution und schlug der Stadtduma vor, durch einen Delegierten an den Arbeiten des Militärischen Revolutionskomitees teilzunehmen. Das erschreckte sie mehr als die Umwälzung selbst. Ich schloß, wie stets, im Geiste der bewaffneten Verteidigung: »Wird die Regierung Eisen anwenden, dann werden wir mit Stahl antworten.« »Werden Sie uns auseinanderjagen, weil wir gegen die Übernahme der Macht durch die Sowjets sind?« Ich antwortete: »Die heutige Stadtduma ist ein Ausdruck des gestrigen Tages; sollte ein Konflikt entstehen, dann werden wir der Bevölkerung vorschlagen, Neuwahlen vorzunehmen, die über die Frage der Macht entscheiden mögen.« Die Delegation entfernte sich ebenso klug, wie sie gekommen war. Sie hinterließ aber ein sicheres Gefühl des Sieges.
Manches hat sich in dieser Nacht verändert. Vor drei Wochen haben wir die Mehrheit im Petrograder Sowjet erobert. Wir waren fast nur ein Banner – ohne Druckerei, ohne Kasse, ohne Abteilungen. Noch in der vorigen Nacht hat die Regierung beschlossen, das Militärische Revolutionskomitee zu verhaften, und sammelte unsere Adressen. Und jetzt kommt eine Deputation der Stadtduma zum ›verhafteten‹ Revolutionären Kriegskomitee, sich nach ihrem Schicksal zu erkundigen.
Die Regierung tagte wie früher im Winterpalais, sie verwandelte sich aber nunmehr in ihren eigenen Schatten. Politisch existierte sie bereits nicht mehr. Das Winterpalais wurde während des 25. Oktober allmählich von Truppen umstellt. Um ein Uhr mittags referierte ich vor dem Petrograder Sowjet über die Lage. Der Zeitungsbericht schildert dieses Referat folgendermaßen: »Im Namen des Revolutionären Kriegskomitees erkläre ich, daß die Provisorische Regierung nicht mehr existiert (Beifall). Einzelne Minister sind verhaftet worden (Beifall). Andere werden in den nächsten Tagen oder Stunden verhaftet werden (Beifall). Die revolutionäre Garnison, die sich zur Verfügung des Revolutionären Kriegskomitees hält, hat das Vorparlament aufgelöst (Stürmischer Beifall). Wir haben die Nacht hier durchwacht und telephonisch beobachtet, wie die Abteilungen der revolutionären Solda-

ten und der Arbeitergarde lautlos ihre Sache durchführten. Der Bürger hatte friedlich geschlafen, ohne zu ahnen, daß inzwischen eine Macht durch die andere ersetzt worden war. Die Bahnhöfe, die Post- und Telegraphenämter, die Petrograder Telegraphenagentur, die Staatsbank sind besetzt (Stürmischer Beifall). Das Winterpalais ist noch nicht eingenommen, aber sein Schicksal wird sich in den nächsten Minuten entscheiden (Beifall).«
Dieser nackte Bericht läßt eine falsche Vorstellung von der Stimmung der Versammlung zu. Mein Gedächtnis gibt folgende Ergänzung: Als ich über den in der Nacht stattgefundenen Regierungswechsel berichtet hatte, trat für einige Sekunden ein gespanntes Schweigen ein. Dann begann ein Beifall, aber kein stürmischer, sondern ein nachdenklicher. Der Saal erlebte die Ereignisse abwartend. Als sich die Arbeiterklasse auf den Kampf vorbereitete, war sie von unbeschreiblichem Enthusiasmus erfaßt. Nun, da wir die Schwelle der Macht überschritten hatten, machte der elementare Enthusiasmus besorgtem Nachdenken Platz. Darin zeigte sich ein richtiger historischer Instinkt. Denn – noch lauerten vor uns die größten Widerstände der alten Welt, Kampf, Hunger, Kälte, Zerrüttung, Blut und Tod. Werden wir das alles überwinden? fragten sich viele im stillen. Daher der Augenblick des besorgten Nachdenkens. Wir werden es überwinden – war die Antwort aller. Neue Gefahren schimmerten in fernen Perspektiven. Jetzt aber herrschte das Gefühl des großen Sieges, und dieses Gefühl sang im Blute. Es fand einen Ausweg in dem stürmischen Empfang, den man Lenin bereitete, der nach fast viermonatiger Abwesenheit in dieser Versammlung zum erstenmal erschien.
Spät am Abend, in Erwartung der Eröffnung des Sowjetkongresses, ruhten ich und Lenin uns aus in einem dem Sitzungssaal benachbarten Zimmer, in dem außer Stühlen nichts war. Jemand legte uns auf den Fußboden Decken, jemand – ich glaube, die Schwester Lenins – brachte uns Kissen. Wir lagen nebeneinander. Körper und Seele lösten sich, wie eine überspannte Feder. Das war ein wohlverdientes Ausruhen. Schlafen aber konnten wir nicht. Halblaut unterhielten wir uns. Lenin hatte sich nun endgültig über die Verzögerung des Aufstandes beruhigt. Seine Befürchtungen zerstreuten sich. In seiner Stimme erklangen Töne von besonderer Herzlichkeit. Er erkundigte sich nach den aus Rotgardisten, Matrosen und Soldaten gebildeten, überall aufgestellten Wachen. »Welch ein großartiges Bild, der Arbeiter mit dem Gewehr neben dem Soldaten sich wärmend am Scheiterhaufen!« wiederholte er tiefbewegt. »Endlich hat man den Soldaten mit dem Arbeiter zusammengebracht!« Plötzlich fuhr er auf: »Und das Winterpalais? Ist doch bis jetzt nicht eingenommen? Daß nur nichts passiert, wie?« Ich wollte mich erheben, um mich telephonisch zu erkundigen, aber er hielt mich zurück. »Bleiben Sie liegen, ich werde jemand damit beauftragen.« Aber zum lange Liegenbleiben war

keine Zeit. Im Nebenzimmer wurde die Sitzung des Sowjetkongresses eröffnet. Die Schwester Lenins, Uljanowa, stürzte zu mir. »Dan spricht, man ruft Sie.« Mit versagender Stimme machte Dan den ›Verschwörern‹ Vorhaltungen und prophezeite den unvermeidlichen Zusammenbruch des Aufstandes. Er verlangte, daß wir mit den Sozialrevolutionären und Menschewiki eine Koalition schließen sollten. Die Parteien, die, an der Macht stehend, noch gestern gegen uns gehetzt und uns in Gefängnisse gesteckt hatten, forderten heute, nachdem wir sie gestürzt, eine Verständigung mit uns. Ich antwortete Dan und in seiner Person dem gestrigen Tag der Revolution: »Was geschehen ist, ist ein Aufstand und nicht eine Verschwörung. Der Aufstand der Volksmassen bedarf keiner Rechtfertigung. Wir haben die revolutionäre Energie der Arbeiter und Soldaten gestählt. Wir haben den Willen der Massen offen für den Aufstand geschmiedet. Unser Aufstand hat gesiegt. Jetzt schlägt man uns vor: Verzichtet auf den Sieg und trefft ein Abkommen. Mit wem? Ihr seid klägliche Einzelerscheinungen, ihr seid Bankrotteure, eure Rolle ist ausgespielt, gehet hin, wohin ihr von heute an gehört: auf den Kehrichthaufen der Geschichte.« Das war die letzte Replik in jenem großen Dialog, der am 3. April begonnen hatte, an dem Tage und in der Stunde, als Lenin nach Petrograd gekommen war.

›Trotzkismus‹ im Jahre 1917

Seit dem Jahre 1904 stand ich außerhalb der beiden sozialdemokratischen Fraktionen. In der Revolution 1905–07 arbeitete ich Hand in Hand mit den Bolschewiki. In den Jahren der Reaktion verteidigte ich in der internationalen marxistischen Presse die Methoden der Revolution gegen die Menschewiki. Ich verlor jedoch die Hoffnung nicht, die Menschewiki würden eine Linkswendung machen, und unternahm eine Reihe von Vereinigungsversuchen. Erst im Kriege überzeugte ich mich völlig von ihrer Aussichtslosigkeit. In New York schrieb ich Anfang März eine Artikelserie, die den Klassenkräften und den Perspektiven der russischen Revolution gewidmet war. Zu gleicher Zeit schickte Lenin aus Genf nach Petrograd seine ›Briefe aus der Ferne‹. An zwei durch den Ozean getrennten Punkten geschrieben, geben unsere Artikel die gleiche Analyse und die gleiche Prognose. Alle grundlegenden Formulierungen – die Stellung zur Bauernschaft, zur Bourgeoisie, zur Provisorischen Regierung, zum Krieg, zur internationalen Revolution – sind ganz die gleichen. Auf dem Wetzstein der Geschichte war hiermit eine Kontrolle vorgenommen worden über das Verhältnis des ›Trotzkismus‹ zum Leninismus. Diese Kontrolle geschah unter chemisch reinen Bedingungen. Ich kannte die Leninsche Einstellung nicht.

Ich ging von meinen eigenen Voraussetzungen und meiner eigenen revolutionären Erfahrung aus. Und ich gab dieselben Perspektiven, die gleiche strategische Linie, wie sie Lenin gab.
Aber vielleicht war die Frage zu jener Zeit bereits allen klar und ebenso allgemein die Schlußfolgerung? Nein, im Gegenteil. Die Leninsche Einstellung war in jener Periode – bis zum 4. April 1917, seinem Eintreffen in Petrograd – seine persönliche, seine alleinige Einstellung. Keinem der Parteiführer, die in Rußland waren – nicht einem einzigen! –, war vorher in den Sinn gekommen, den Kurs auf die Diktatur des Proletariats, auf die sozialistische Revolution zu halten. Die Parteikonferenz, die am Vorabend der Ankunft Lenins einige Dutzend Bolschewiki versammelte, bewies, daß niemand über die Demokratie hinausging. Nicht grundlos wird das Protokoll dieser Konferenz bis jetzt verheimlicht. Stalin hielt den Kurs auf die Unterstützung der Provisorischen Regierung Gutschkow-Miljukow und auf die Vereinigung der Bolschewiki mit den Menschewiki. Auf einer ähnlichen oder noch opportunistischeren Position standen: Rykow, Kamenjew, Molotow, Tomski, Kalinin und alle übrigen heutigen Führer und Halbführer. Jaroslawski, Ordschonikidse, der Vorsitzende des ukrainischen Zentralexekutivkomitees Petrowski und andere gaben während der Februarrevolution in Jakutsk zusammen mit den Menschewiki die Zeitung ›Sozialdemokrat‹ heraus, in der sie die banalen Ansichten des provinziellen Opportunismus entwickelten. Jetzt die Artikel des Jakutsker ›Sozialdemokrat‹, den Jaroslawski redigierte, nachzudrucken würde bedeuten, diesen Menschen geistig zu töten, wenn für ihn überhaupt ein geistiger Tod möglich wäre. So sieht die heutige Garde des ›Leninismus‹ aus. Daß sie zu verschiedenen Zeiten ihres Lebens hinter Lenin her dessen Worte und Gesten wiederholten, ist mir bekannt. Aber am Anfang des Jahres 1917 waren sie sich selbst überlassen. Die Verhältnisse waren schwierig. Da gerade hieß es, zu zeigen, was sie in der Schule Lenins gelernt hatten und wozu sie – ohne Lenin – befähigt waren. Sie mögen doch einen aus ihren Reihen nennen, einen einzigen, der sich selbständig jener Position genähert hatte, die von Lenin in Genf und von mir in New York in gleicher Weise formuliert wurde. Sie werden ihn nicht nennen. Die Petrograder ›Prawda‹, die bis zu Lenins Ankunft Stalin und Kamenjew redigierten, wird für immer ein Dokument der Beschränktheit, der Blindheit und des Opportunismus bleiben. Die Partei aber in ihrer Masse und die Arbeiterklasse in ihrer Gesamtheit bewegten sich elementar in der Richtung zum Kampfe um die Macht. Einen anderen Weg gab es überhaupt nicht, weder für die Partei noch für das Land.
Um in den Jahren der Reaktion die Perspektive der permanenten Revolution zu verteidigen, dafür war eine theoretische Voraussicht notwendig. Um im März des Jahres 1917 die Parole des Kampfes um die Macht aufzustellen, dafür hätte vielleicht ein poli-

tischer Instinkt ausgereicht. Aber weder die Begabung zur Voraussicht noch den Instinkt hat einer – nicht einer! – der heutigen Führer bewiesen. Kein einziger von ihnen ging im März 1917 über die Position der linken kleinbürgerlichen Demokratie hinaus. Kein einziger von ihnen hat das historische Examen bestanden.

Ich kam nach Petrograd einen Monat später als Lenin. Genau diese Frist hat mich Lloyd George in Kanada aufgehalten. Ich fand bereits eine wesentlich veränderte Situation in der Partei vor. Lenin appellierte an die Parteimasse gegen die kläglichen Führer. Er nahm einen systematischen Kampf auf gegen jene »alten Bolschewiki, die«, wie er in jenen Tagen schrieb, »in der Geschichte unserer Partei bereits nicht selten eine traurige Rolle gespielt haben, indem sie eine auswendig gelernte Formel sinnlos wiederholten, anstatt die Eigenarten der neuen lebendigen Wirklichkeit zu studieren«. Kamenjew und Rykow versuchten, Widerstand zu leisten. Stalin trat schweigend beiseite. Es existiert kein einziger Artikel aus jener Zeit, in dem Stalin auch nur den Versuch unternommen hätte, seine gestrige Politik zu analysieren und sich einen Weg zu der Leninschen Position zu bahnen. Er verstummte einfach. Er war durch seine unglückselige Führung im ersten Monat der Revolution zu stark kompromittiert und zog es vor, im Schatten zu verschwinden. Nirgendwo trat er auf zur Verteidigung der Leninschen Ansichten. Er wich aus und wartete ab. In den verantwortlichen Monaten der theoretischen und politischen Vorbereitung für den Umsturz existierte Stalin politisch einfach nicht.

Zu der Zeit meiner Ankunft gab es im Lande noch viele sozialdemokratische Organisationen, die Bolschewiki und Menschewiki vereinigten. Das war die natürliche Folge aus jener Position, die Stalin, Kamenjew und andere nicht zu Beginn der Revolution, sondern auch im Kriege eingenommen hatten. Obwohl man zugeben muß, daß Stalins Position aus der Kriegszeit niemand kennt: auch dieser nicht unwichtigen Frage hat er nicht eine Zeile gewidmet. Heute wiederholen die Lehrbücher der Komintern in der ganzen Welt – die kommunistische Jugend in Skandinavien und die Pioniere in Australien –, daß Trotzki im August 1912 den Versuch gemacht habe, die Bolschewiki und die Menschewiki zu vereinigen. Dagegen aber wird mit keinem Wort erwähnt, daß Stalin im März 1917 die Vereinigung der Bolschewiki mit der Partei Zeretellis propagierte und daß es faktisch bis zur Mitte des Jahre 1917 Lenin nicht gelungen war, die Partei aus jenem Sumpf völlig zu befreien, in den sie die damaligen provisorischen Führer, die heutigen Epigonen, hineingezogen hatten. Die Tatsache, daß keiner von ihnen zu Beginn der Revolution deren Sinn und deren Richtung begriffen hat, wird jetzt als besondere dialektische Tiefe gedeutet im Gegensatz zu der Irrlehre des Trotzkismus, der es gewagt hat, nicht nur den gestrigen Tag zu begreifen, sondern auch den morgigen vorauszusehen.

Als ich nach meiner Ankunft in Petersburg Kamenjew sagte, es trenne mich nichts von den berühmten ›Aprilthesen‹ Lenins, die den neuen Kurs der Partei bestimmten, antwortete Kamenjew: »Natürlich!« Bevor ich formell in die Partei hineinging, beteiligte ich mich an der Ausarbeitung der wichtigsten Dokumente des Bolschewismus. Niemand kam es in den Sinn, zu fragen, ob ich mich von dem ›Trotzkismus‹ losgesagt habe, wie es in der Periode des Niedergangs und des Epigonentums tausende Male die Cachins, Thälmanns und die übrigen Nutznießer der Oktoberrevolution gefragt haben. Wenn man in jener Zeit auf Gegenüberstellungen des Trotzkismus und Leninismus stoßen konnte, so nur in dem Sinne, daß die Spitzen der Partei während des Monats April *Lenin* des Trotzkismus beschuldigten. Kamenjew tat es offen und beharrlich. Die anderen – vorsichtiger und verschleierter. Dutzende ›alter Bolschewiki‹ sagten mir nach meiner Ankunft in Rußland: »Jetzt ist in *Ihrer* Straße Feiertag.« Ich war gezwungen, nachzuweisen, daß Lenin nicht auf meine Position ›übergegangen‹ war, sondern seine eigene Position entwickelte und daß der Lauf der Entwicklung, die Algebra durch die Arithmetik ersetzend, die Einheit unserer Ansichten ergeben habe. So war es auch in der Tat.
Bei jenen unseren ersten Zusammenkünften, und noch mehr nach den Julitagen, machte Lenin den Eindruck höchster Konzentriertheit, stärkster innerer Sammlung – unter dem Schein der Ruhe und der ›prosaischen‹ Schlichtheit. Die Kerenskiade schien in jenen Tagen allmächtig. Der Bolschewismus war ein ›verschwindender Haufe‹. So wurde er offiziell verächtlich bezeichnet. Die Partei war sich selbst noch ihrer morgigen Macht nicht bewußt. Zu gleicher Zeit aber führte Lenin sie sicher ihren großen Aufgaben entgegen. Und ich spannte mich in die Arbeit ein und half ihm.
Zwei Monate vor dem Oktoberumsturz schrieb ich: »Der Internationalismus ist für uns keine abstrakte Idee, die nur dazu da ist, sie bei jeder Gelegenheit zu verraten (wie für Zeretelli oder Tschernow), sondern ein direktes, leitendes, tiefpraktisches Prinzip. Der sichere, entscheidende Sieg ist für uns ohne die europäische Revolution undenkbar.« Neben die Namen Zeretelli und Tschernow konnte ich den Namen Stalin, des Philosophen des ›Sozialismus in einem Lande‹, damals noch nicht stellen! Ich schloß meinen Artikel mit den Worten: »Die *permanente Revolution* gegen die permanente Schlächterei! Das ist der Kampf, bei dem es um das Schicksal der Menschheit geht.« Das war am 7. September im Zentralorgan unserer Partei gedruckt und wurde dann als Broschüre herausgegeben. Warum haben meine heutigen Kritiker damals zu meiner häretischen Parole der permanenten Revolution geschwiegen? Wo waren sie? Die einen, wie Stalin, warteten, sich vorsichtig nach allen Seiten umschauend, ab, die anderen, wie Sinowjew, hatten sich unter dem Tisch verkrochen. Wichtiger aber ist eine andere Frage: Wie konnte Lenin meine häretische Propa-

ganda ruhig hinnehmen? In Fragen der Theorie kannte er weder Gnade noch Nachsicht. Warum duldete er die Predigt des ›Trotzkismus‹ im Zentralorgan der Partei?
Am 1. November 1917, in der Sitzung des Petrograder Komitees – das Protokoll dieser in jeder Hinsicht historischen Sitzung wird bis jetzt verborgen gehalten – sagte Lenin: nachdem Trotzki sich von der Unmöglichkeit der Vereinigung mit den Menschewiki überzeugt hatte, »gab es keinen besseren Bolschewiken«. Er hat damit klar gezeigt, und nicht zum erstenmal, daß nicht die Theorie der permanenten Revolution uns getrennt hatte, sondern die engere, wenn auch sehr wichtige Frage über die Stellung zum Menschewismus.
Zwei Jahre nach dem Umsturz schrieb Lenin, Rückschau haltend: »Im Augenblick der Machteroberung und der Schaffung der Sowjetrepublik hat der Bolschewismus aus den ihm nächsten Strömungen des sozialistischen Gedankens die besten zu sich herangezogen.« Kann der leiseste Schatten eines Zweifels daran bestehen, daß Lenin, als er so stark betont von den besten Vertretern der dem *Bolschewismus nächsten Strömungen* sprach, in erster Linie gerade das gemeint hatte, was man jetzt ›historischen Trotzkismus‹ nennt? Welche andere Strömung war denn dem Bolschewismus näher als die, die ich vertrat? Und wen sonst hat Lenin gemeint? Vielleicht Marcel Cachin? oder Thälmann? Für Lenin war, als er die vergangene Entwicklung der Partei zurückschauend betrachtete, der Trotzkismus weder eine feindliche noch eine fremde, sondern im Gegenteil die dem Bolschewismus nächste Strömung des sozialistischen Gedankens.
Der wahre Verlauf der ideologischen Entwicklung hat, wie wir sehen, nichts gemein mit der verlogenen Karikatur, welche die Epigonen geschaffen haben, den Tod Lenins und die Welle der Reaktion ausnutzend.

An der Macht

Jene Tage waren ungewöhnliche Tage sowohl im Leben des Landes wie im persönlichen Leben. Die Spannung der sozialen Leidenschaften und der persönlichen Kräfte erreichte den Höhepunkt. Die Massen schufen Epoche, die Führer fühlten, daß ihre Schritte mit den Schritten der Geschichte sich vereinigten. In jenen Tagen wurden Beschlüsse gefaßt und Befehle erteilt, von denen das Schicksal des Volkes für eine ganze historische Epoche abhing. Die Beschlüsse wurden dennoch fast nicht diskutiert. Es würde mir schwerfallen, zu sagen, daß sie richtig erwogen und überlegt wurden. Sie wurden improvisiert. Dadurch waren sie nicht schlechter. Der Ansturm der Ereignisse war so mächtig, die Aufgaben so klar, daß die verantwortlichsten Beschlüsse leicht, im Gehen entstanden, als etwas Selbstverständliches, und sie wurden auch so aufgenommen. Die Bahn war vorausbestimmt. Man hatte die Aufgaben nur bei Namen zu nennen, man brauchte nicht zu beweisen, man brauchte fast keine Aufrufe mehr. Die Masse begriff ohne Schwankungen und Zweifel, was sich für sie aus der Situation von selbst ergab. Unter der Last der Ereignisse formulierten die ›Führer‹ nur das, was den Bedürfnissen der Masse und den Forderungen der Geschichte entsprach.

Der Marxismus betrachtet sich als den bewußten Ausdruck des unbewußten geschichtlichen Prozesses. Aber der – im geschichtlichphilosophischen und nicht im psychologischen Sinne – ›unbewußte‹ Prozeß trifft nur auf seinen höchsten Gipfeln mit seinem bewußten Ausdruck zusammen, wenn die Masse durch einen elementaren Ansturm die Türen der sozialen Routine einschlägt und den tiefsten Bedürfnissen der historischen Entwicklung einen siegreichen Ausdruck gibt. Das höchste theoretische Bewußtsein der Epoche verschmilzt in solchen Augenblicken mit der unmittelbaren Handlung der zutiefst unterdrückten und der Theorie am fernsten stehenden Massen. Die schöpferische Vereinigung des Bewußten mit dem Unbewußten ist das, was man gewöhnlich Inspiration nennt. Revolution ist rasende Inspiration der Geschichte.

Jeder echte Schriftsteller kennt Augenblicke des Schaffens, wo jemand Anderer, Stärkerer, ihm die Hand führt. Jeder echte Redner kennt Augenblicke, wo aus seinem Munde etwas Stärkeres spricht, als er selbst in seinen gewöhnlichen Stunden ist. Das ist ›Inspiration‹. Sie entsteht aus der höchsten schöpferischen Anspannung aller Kräfte. Das Unbewußte erhebt sich aus tiefen Höhlen und unterwirft sich die bewußte Gedankenarbeit, verbindet sich mit ihr zu einer höheren Einheit.

Stunden höchster Anspannung der geistigen Kräfte erfassen in gegebenen Augenblicken alle Seiten der persönlichen Tätigkeit, die mit der Bewegung der Masse verbunden ist. Solche Tage waren für die ›Führer‹ die Oktobertage. Die verborgensten Kräfte des Organismus, seine tiefsten Instinkte, der von seinen tierischen Ahnen vererbte Spürsinn, all das erhob sich, sprengte die Türen der psychischen Routine und stellte sich – zusammen mit den höchsten historisch-philosophischen Verallgemeinerungen – in den Dienst der Revolution. Diese beiden Prozesse, der individuelle und der kollektive, beruhten auf der Vereinigung des Bewußten und des Unbewußten, des Instinktes, der die Triebfeder des Willens bildet, mit den höchsten Verallgemeinerungen des Gedankens.

Äußerlich sah es gar nicht pathetisch aus: die Menschen gingen einher, müde, hungrig, ungewaschen, mit entzündeten Augen und borstigen Gesichtern. Jeder von ihnen vermochte später nur weniges über die kritischsten Tage und Stunden zu erzählen.

Hier ein Auszug aus den Notizen meiner Frau, die allerdings be-

deutend später geschrieben wurden: »Die letzten Tage der Vorbereitung des Oktober wohnten wir in der Taurischen Straße. L. D. verbrachte die ganzen Tage im Smolny. Ich setzte meine Arbeit im Verband der Holzarbeiter fort, wo die Bolschewiki die Führung hatten und wo die Atmosphäre sehr erhitzt war. Alle Dienststunden vergingen in Diskussionen über den Aufstand. Der Vorsitzende des Verbandes vertrat den ›Standpunkt Lenin-Trotzki‹ (so hieß das damals), ich führte zusammen mit ihm die Agitation. Über den Aufstand sprach man überall und allerorts: in den Straßen, in den Speiseräumen, bei Begegnungen auf den Treppen des Smolny. Man nährte sich schlecht, schlief wenig, arbeitete vierundzwanzig Stunden am Tage. Von unseren Jungens waren wir meist getrennt, und die Oktobertage waren für mich auch Tage der Sorge um ihr Schicksal. In der Schule, die sie besuchten, gab es insgesamt zwei ›Bolschewiki‹, Ljowa und Serjoscha, und einen dritten, einen ›Sympathisierenden‹, wie sie sagten. Gegen diese drei trat die kompakte Gruppe der Sprößlinge der regierenden Demokratie auf, der Kadetten und der Sozialrevolutionäre. Wie stets bei ernsten Meinungsverschiedenheiten wurde die Kritik durch praktische Argumente ergänzt. Der Direktor mußte mehr als einmal meine Söhne aus dem Haufen der über ihnen liegenden ›Demokraten‹ befreien. Die Jungens taten eigentlich das gleiche, was ihre Väter taten. Der Direktor war Kadett. Deshalb bestrafte er meinen Sohn dauernd: ›Nehmen Sie Ihr Mützchen und gehen Sie nach Hause.‹ Nach dem Umsturz wurde ihr Verbleiben in der Schule ganz undenkbar. Die Jungens gingen in eine Volksschule über. Dort war alles primitiver und gröber, aber es war dort leichter zu atmen.
Ich und L. D. waren nie zu Hause. Wenn die Jungens aus der Schule heimkamen und uns nicht fanden, hielten auch sie es nicht für nötig, in den vier Wänden zu bleiben. Demonstrationen, Zusammenstöße, häufige Schießereien flößten mir in jenen Tagen Angst um sie ein; sie waren höchst revolutionär gesinnt... Bei flüchtigen Begegnungen mit mir erzählten sie freudig: ›Wir fuhren heut in der Trambahn mit Kosaken und haben gesehen, wie sie Papas Aufruf *Brüder Kosaken!* lasen.‹ ›Nun, und?‹ ›Sie lasen, gaben ihn weiter, schön ist es...‹ ›Schön?‹ ›Schön!‹ Ein Bekannter von L. D., der Ingenieur K., der eine große Familie, Kinder in verschiedenem Alter, eine Bonne und so weiter hatte, erbot sich, die Jungens vorübergehend bei sich aufzunehmen, wo sie unter Aufsicht sein würden. Man mußte dieses rettende Anerbieten aufgreifen. Mit verschiedenen Aufträgen von L. D. ging ich an manchen Tagen fünfmal nach dem Smolny. Spät in der Nacht kehrten wir in die Taurische Straße zurück und trennten uns am frühen Morgen: L. D. ging in den Smolny, ich in den Verband. Mit dem Anwachsen der Ereignisse verließ man den Smolny überhaupt nicht. L. D. kam tagelang nicht in die Taurische Straße, nicht mal, um sich ein wenig auszuschlafen. Oft blieb auch ich im Smolny.

Man übernachtete auf Sofas, in Sesseln, ohne sich auszuziehen. Das Wetter war nicht warm, aber trocken, herbstlich, trübe, mit kalten Windstößen. In den Hauptstraßen war es still und leer. In dieser Stille lag eine unheimliche Spannung. Der Smolny kochte. Die riesige Aula glänzte in tausend Lichtern der prächtigen Lüster und war Tag und Nacht unmäßig mit Menschen überfüllt. Ein intensives Leben herrschte auch in den Fabriken und Werkstätten. Aber die Straßen wurden still, verstummten, als habe die Stadt ängstlich den Kopf in die Schultern eingezogen...
Ich erinnere mich, wie ich am zweiten oder dritten Tag nach der Umwälzung am Morgen in ein Zimmer des Smolny trat, wo ich Wladimir Iljitsch, Lew Dawidowitsch, ich glaube, Dserschinski, Joffe und viele andere erblickte. Alle hatten eine graugrüne, übernächtigte Gesichtsfarbe, entzündete Augen, schmutzige Kragen; das Zimmer war vollgeraucht. Jemand saß am Tisch, um den Tisch herum stand eine Menge, die auf Befehle wartete. Lenin und Trotzki waren umringt. Mir schien, die Anordnungen wurden wie im Schlafe erteilt. In den Bewegungen, in den Worten war etwas Somnambulisches, Mondsüchtiges, einen Augenblick schien es mir, daß ich selbst dies alles nicht wachend wahrnähme und daß die Revolution verlorengehen müsse, wenn ›sie‹ sich nicht gut ausschlafen und saubere Kragen nehmen würden: Der traumähnliche Zustand war mit diesen Kragen aufs engste verbunden. Ich erinnere mich noch, daß ich tags drauf Maria Iljinischna, Lenins Schwester, begegnete und sie in aller Eile darauf aufmerksam machte, daß Wladimir Iljitsch den Kragen wechseln müßte. ›Ja, ja‹, antwortete sie lachend. Aber auch in meinen Augen hatten inzwischen die sauberen Kragen ihre quälende Wichtigkeit verloren.«
Die Macht ist erobert, mindestens in Petrograd. Lenin hat noch keine Zeit gehabt, seinen Kragen zu wechseln. Auf dem müden Gesicht wachen Lenins Augen. Sie blicken auf mich freundschaftlich, milde, mit eckiger Verlegenheit innere Nähe ausdrückend. »Wissen Sie«, sagte er zögernd, »gleich nach den Verfolgungen und der Illegalität zur Macht...«, er sucht nach einem Ausdruck und geht plötzlich in die deutsche Sprache über »Es schwindelt.« Er macht eine kreisende Handbewegung um den Kopf. Wir blicken einander an und lächeln kaum. Das Ganze dauert kaum eine bis zwei Minuten. Dann – einfacher Übergang zu den laufenden Geschäften.
Man muß die Regierung bilden. Wir sind einige Mitglieder des Zentralkomitees. Eine fliegende Sitzung in der Ecke eines Zimmers.
»Wie es nennen?« überlegt Lenin laut. »Nur nicht Minister: eine widerliche, abgenutzte Bezeichnung.«
»Man könnte – Kommissare«, schlage ich vor, »nur gibt es jetzt zu viel Kommissare. Vielleicht Oberkommissare?... Nein, ›Ober‹ klingt schlecht. Vielleicht aber ›Volkskommissare‹?«

»Volkskommissare? Ja, das könnte vielleicht gehen«, stimmt Lenin zu. »Und die Regierung in ihrer Gesamtheit?«

»Sowjet, natürlich Sowjet... Sowjet der Volkskommissare, wie?«

»Sowjet der Volkskommissare«, wiederholt Lenin, »ausgezeichnet: riecht furchtbar nach Revolution!...«

Lenin war wenig geneigt, sich mit der Ästhetik der Revolution zu befassen oder ihre ›Romantik‹ auszukosten. Aber je tiefer er die Revolution im ganzen fühlte, um so präziser stellte er fest, wonach sie ›rieche‹.

»Und was wird sein«, fragte mich Wladimir Iljitsch ganz unvermutet in jenen ersten Tagen, »wenn die Weißgardisten Sie und mich umbringen; könnten dann Swerdlow und Bucharin fertig werden?«

»Vielleicht werden sie uns auch nicht umbringen«, antwortete ich lachend.

»Der Teufel kennt sie«, sagte Lenin und lachte selbst.

Diese Episode habe ich in meinen Erinnerungen über Lenin im Jahre 1924 zum erstenmal wiedergegeben. Wie ich später erfuhr, fühlte sich das damalige ›Trio‹, Stalin, Sinowjew und Kamenjew, durch diese Mitteilung blutig gekränkt, wagte aber nicht, ihre Richtigkeit zu bestreiten. Eine Tatsache bleibt eine Tatsache: Lenin erwähnte damals nur Swerdlow und Bucharin. Andere Namen kamen ihm nicht in den Sinn.

Lenin hatte mit kurzen Unterbrechungen fünfzehn Jahre in der Emigration zugebracht und kannte die nicht in der Emigration befindlichen Kernkader der Partei nur aus dem Briefwechsel oder aus kurzen Begegnungen im Auslande. Erst nach der Revolution erhielt er die Möglichkeit, sie bei der Arbeit näher zu betrachten. Er mußte sich dabei Urteile neu bilden oder Urteile, die er nach den Mitteilungen Dritter gebildet hatte, revidieren. Als ein Mann von großer sittlicher Leidenschaft kannte Lenin keine gleichgültige Beziehung zu Menschen. Diesem Denker, Beobachter und Strategen war eigentümlich, sich durch Menschen hinreißen zu lassen. Davon spricht auch die Krupskaja in ihren Erinnerungen. Lenin pflegte sich niemals auf den ersten Blick eine leichthin überlegte Ansicht über einen Menschen zu bilden. Lenins Auge war wie das Mikroskop. Es vergrößerte um das Vielfache jene Eigenschaft, die aus momentanen Bedingungen heraus sein Gesichtsfeld traf. Lenin verliebte sich oft im buchstäblichen Sinne des Wortes in einen Menschen. In solchen Fällen zog ich ihn auf: »Ich weiß, ich weiß, Sie haben einen neuen Roman.« Lenin selbst kannte diese seine Eigenschaft und lachte als Antwort etwas verlegen und etwas bitter.

Seine Beziehung zu mir während des Jahres 1917 machte einige Stadien durch. Lenin empfing mich zurückhaltend und abwartend. Die Julitage brachten uns plötzlich einander näher. Als ich, gegen die Mehrheit der führenden Bolschewiki, die Parole des Boykotts des Vorparlaments aufstellte, schrieb Lenin aus seinem Versteck: »Bravo, Genosse Trotzki!« Nach einigen zufälligen und irreführenden Anzeichen schien es ihm dann, daß ich in der Frage des bewaffneten Aufstandes eine zu abwartende Linie verfolge. Diese Befürchtung fand ihren Ausdruck in einigen Briefen Lenins während des Monats Oktober. Um so klarer, wärmer und herzlicher hatte sich seine Stellung zu mir am Tage des Umsturzes geäußert, als wir in dem halbdunklen leeren Zimmer auf dem Fußboden ausruhten. Am anderen Tag, in der Sitzung des Zentralkomitees der Partei, schlug Lenin vor, mich zum Vorsitzenden des Rats der Volkskommissare zu wählen. Ich sprang protestierend von meinem Platze auf, – dermaßen unerwartet kam und unangebracht schien mir der Vorschlag. »Weshalb denn nicht?« beharrte Lenin. »Sie standen an der Spitze des Petrograder Sowjets, der die Macht ergriffen hat.« Ich beantragte, den Vorschlag ohne Diskussion abzulehnen. So wurde es auch gemacht. Am 1. November rief Lenin während der heißen Debatten im Petrograder Parteikomitee aus: »Es gibt keinen besseren Bolschewiken als Trotzki.« Diese Worte bedeuteten in Lenins Munde viel. Nicht zufällig wird das Protokoll der Sitzung, in der sie gesagt wurden, bis jetzt vor der Öffentlichkeit geheimgehalten.

Die Eroberung der Macht hatte die Frage auch nach meiner Regierungsarbeit gestellt. Merkwürdig: ich hatte niemals daran gedacht. Es war mir kein einziges Mal eingefallen, trotz der Erfahrung von 1905, die Frage meiner Zukunft mit der Frage der Regierung zu verbinden. Seit meinen frühesten Jahren, richtiger gesagt seit meiner Kinderzeit, träumte ich davon, Schriftsteller zu werden. In den späteren Jahren habe ich die Schriftstellerei, wie alles andere, den revolutionären Zielen untergeordnet. Die Frage der Machteroberung durch die Partei stand immer vor mir. Ich habe Dutzende und Hunderte Male über das Programm der revolutionären Regierung geschrieben und gesprochen. Aber die Frage nach meiner persönlichen Arbeit nach der Machtergreifung ist niemals in mir aufgetaucht. Sie hatte mich deshalb so überrascht. Nach dem Umsturz versuchte ich, außerhalb der Regierung zu bleiben; ich machte den Vorschlag, die Leitung der Parteipresse zu übernehmen. Es ist möglich, daß dieser Versuch in gewissem Sinne durch eine Nervenreaktion nach dem Siege hervorgerufen wurde. Die vorangegangenen Monate waren für mich zu unmittelbar mit der Vorbereitung des Umsturzes verbunden. Jede Fiber war angespannt. Lunatscharski erzählte irgendwo in der Presse, daß Trotzki damals wie eine Leydener Flasche herumging: »Jede Berührung mit ihm rief eine Entladung hervor.« Der 7. November brachte die Lösung. Ich hatte den gleichen Wunsch wie ein Chirurg nach Beendigung einer schweren und gefährlichen Operation: Hände waschen, Kittel abnehmen und ausruhen. Lenin dagegen war soeben aus seinem Versteck zurückgekehrt, wo ihn dreieinhalb Monate das Isoliertsein von der direkten praktischen Führung gequält hatte. Eins kam zum anderen und nährte noch mein Verlangen, mindestens für eine kurze Zeit hinter die Kulissen zu treten. Aber Lenin wollte davon nichts hören. Er forderte, daß ich an die Spitze der inneren Angelegenheiten träte: Der Kampf gegen die Konterrevolution sei jetzt die Hauptaufgabe. Ich widersprach und brachte neben anderen Argumenten auch das nationale Moment hervor: Lohnt es sich, den Feinden noch eine solche Waffe wie mein Judentum in die Hand zu geben? Lenin war fast entrüstet: »Wir haben eine große internationale Revolution, welche Bedeutung können da solche Lappalien haben?« Bei diesem Thema entstand zwischen uns ein halb scherzhafter Wortwechsel: »Die Revolution ist gewiß groß, aber es sind noch Dummköpfe genug übriggeblieben«, erwiderte ich. »Ja, wollen wir uns den Dummköpfen anpassen?« »Nicht anpassen, aber eine kleine Konzession an die Dummheit muß man mitunter schon machen: Wozu müssen wir gleich am Anfang eine überflüssige Komplikation schaffen?«

Ich habe bereits erwähnt, daß das nationale Moment, das im Leben Rußlands so wichtig war, in meinem persönlichen Leben fast keine Rolle gespielt hat. Schon in der frühesten Jugend waren mir nationale Leidenschaften und Vorurteile rationalistisch unfaßbar gewesen und hatten in mir in gewissen Fällen ein Gefühl des Ekels, manchmal sogar einen moralischen Brechreiz hervorgerufen. Die marxistische Erziehung hat diese Stimmungen vertieft und sie in einen aktiven Internationalismus verwandelt. Das Leben in verschiedenen Ländern, die Kenntnis ihrer Sprachen, Politik und Kultur trugen dazu bei, daß dieser Internationalismus mir in Fleisch und Blut überging. Wenn ich im Jahre 1917 und später manchmal mein Judentum als Argument gegen die eine oder die andere Ernennung benutzte, so tat ich es ausschließlich aus Gründen politischer Berechnung.

Ich gewann Swerdlow und manches andere Mitglied des Zentralkomitees für mich. Lenin blieb in der Minderheit. Er zuckte mit den Achseln, seufzte, schüttelte vorwurfsvoll den Kopf und tröstete sich nur damit, daß wir auf jeden Fall ohne Rücksicht auf Ämter die Konterrevolution bekämpfen würden. Daß ich mich aber in die Presse zurückzöge, dem widersetzte sich energisch auch Swerdlow: da wollen wir Bucharin hinsetzen. »Lew Dawidowitsch muß man Europa gegenüberstellen, er soll die auswärtigen Angelegenheiten übernehmen.« »Was werden wir jetzt für auswärtige Angelegenheiten haben?« erwiderte Lenin. Unzufrieden willigte er aber dennoch ein. Unzufrieden willigte auch ich ein. So gelangte ich durch die Initiative von Swerdlow für ein Vierteljahr an die Spitze der Sowjetdiplomatie.

Das Kommissariat des Auswärtigen bedeutete für mich eigentlich Befreiung von Amtsarbeit. Genossen, die mir ihre Mitarbeit anboten, riet ich fast stets, ein dankbareres Betätigungsfeld für ihre Kräfte zu suchen. Einer von ihnen hat später in seinen Erinnerungen recht saftig eine Unterhaltung geschildert, die er kurz nach Bildung der Sowjetregierung mit mir gehabt hatte. »Was für diplomatische Arbeit werden wir denn haben?« hätte ich ihm nach seinem Bericht gesagt, »ich werde einige revolutionäre Proklamationen an die Völker erlassen und dann die Bude schließen.« Der Berichterstatter war über einen solchen Mangel an diplomatischem Selbstbewußtsein aufrichtig betrübt. Ich habe, natürlich, absichtlich, meinen Standpunkt übertrieben, um damit zu unterstreichen, daß das Schwergewicht jetzt gar nicht in der Diplomatie läge.

Die Hauptarbeit bestand in der Weitertreibung der Oktoberrevolution, in ihrer Ausdehnung auf das ganze Land, in der Abwendung des Überfalls Kerenskis und des Generals Krassnow auf Petrograd, im Kampfe gegen die Konterrevolution. Diese Aufgaben lösten wir außerhalb der Ämter, und meine Zusammenarbeit mit Lenin war die ganze Zeit über eng und ohne Pause.

Unsere Arbeitszimmer im Smolny lagen an zwei verschiedenen Enden des Gebäudes. Der uns verbindende oder richtiger trennende Korridor war so lang, daß Lenin scherzend den Vorschlag machte, einen Fahrradverkehr einzurichten. Wir waren durch ein Telephon verbunden. Ich ging einigemal am Tage durch den endlosen Korridor, der einem Ameisenhaufen ähnelte, in Lenins Arbeitszimmer zu Beratungen zu ihm. Der junge Matrose, der sich Lenins Sekretär titulierte, lief fortwährend mit Zetteln von Lenin zu mir, die zwei, drei kräftige Sätze mit doppelter und dreifacher Unterstreichung der wesentlichsten Worte enthielten und am Schluß eine scharf formulierte Frage. Die Zettelchen waren öfters von Entwürfen für Dekrete begleitet, die eine eilige Rückäußerung erforderten. In den Archiven des Rates der Volkskommissare werden nicht wenige Dokumente aus jener Zeit aufbewahrt, die teils von Lenin, teils von mir geschrieben sind, Texte von Lenin mit meinen Korrekturen oder meine Vorschläge mit Ergänzungen von Lenin.

In der ersten Periode, beispielsweise bis August 1918, nahm ich an den Arbeiten des Rates der Volkskommissare aktiv teil. In der Zeit des Smolny war Lenin mit eifriger Ungeduld bestrebt, auf alle Fragen des wirtschaftlichen, politischen, administrativen und kulturellen Lebens mit Dekreten zu antworten. Ihn leitete dabei keinesfalls die Leidenschaft für bürokratische Reglementierung, sondern das Bestreben, das Programm der Partei in der Sprache der Regierung aufzurollen. Er wußte, daß die revolutionären Dekrete vorläufig nur zum kleinsten Teile durchzuführen waren. Die Sicherung der Durchführung und der Kontrolle setzte einen richtig funktionierenden Apparat, Erfahrung und Zeit voraus. Keiner aber konnte sagen, wieviel Zeit wir zur Verfügung haben würden.

Die Dekrete hatten in der ersten Periode eine mehr propagandistische als administrative Bedeutung. Lenin beeilte sich, dem Volke zu sagen, was die neue Macht sei, was sie wolle und wie sie ihre Ziele zu verwirklichen gedenke. Er schritt von Frage zu Frage mit einer herrlichen Unermüdlichkeit, rief kleine Beratungen zusammen, bestellte bei den Spezialisten Ermittlungen und wühlte selbst in den Büchern. Ich half ihm.
In Lenin war die Sorge um die Hinterlassenschaft jener Arbeit, die er leistete, mächtig. Als ein großer Revolutionär verstand er, was historische Tradition bedeutet. Ob wir an der Macht bleiben oder zurückgeschlagen werden, das könne man nicht voraussehen. Man müsse aber unter allen Bedingungen möglichst viel Klarheit in die revolutionären Erfahrungen der Menschheit hineinbringen. Es werden andere kommen und, auf das von uns Vorgezeichnete gestützt, einen neuen Schritt vorwärts tun. Dies war der Sinn der gesetzgeberischen Arbeit in der ersten Periode. Von demselben Gedanken bewegt, forderte Lenin ungeduldig die schnellste Herausgabe der Klassiker des Sozialismus und des Materialismus in russischer Sprache. Er war darauf bedacht, daß man möglichst viele revolutionäre Denkmäler aufstelle, wenn auch der einfachsten Art, wie Büsten, Gedächtnistafeln in allen Städten, wenn es anginge auch in den Dörfern: um das Geschehene in der Vorstellung der Massen zu befestigen; möglichst tiefe Spuren im Gedächtnis des Volkes zu hinterlassen.
Jede Sitzung des Rates der Volkskommissare, der in der ersten Zeit häufig teilweise erneuert wurde, ergab ein Bild der größten gesetzgeberischen Improvisation. Man mußte alles am Anfang beginnen. ›Präzedenzfälle‹ waren nirgendwo zu finden, denn die Geschichte kannte solche nicht. Lenin führte unermüdlich den Vorsitz im Rate der Volkskommissare, oft fünf, sechs Stunden hintereinander; Sitzungen des Rates der Volkskommissare fanden zu jener Zeit täglich statt. Nach einer allgemeinen Regel wurden Fragen ohne Vorbereitung gestellt, fast stets hatten sie den Charakter der Dringlichkeit. Sehr oft war der Kern der Sache sowohl den Mitgliedern wie dem Vorsitzenden des Sowjets vor Beginn der Beratung unbekannt gewesen. Die Diskussionen waren kurz, für den einführenden Bericht wurden etwa zehn Minuten bewilligt. Und trotzdem tastete sich Lenin stets zu dem Wesentlichen durch. Zur Zeitersparnis schickte er den Teilnehmern der Beratung kurze Zettelchen, mit dem Wunsch um die eine oder die andere Auskunft. Diese Zettelchen bildeten ein sehr umfangreiches und sehr interessantes schriftliches Element der gesetzgeberischen Technik des Leninschen Sowjets der Volkskommissare. Der größte Teil davon ist leider nicht aufbewahrt worden, da die Antwort meist auf der Rückseite des Fragezettels geschrieben stand und die Zettelchen von dem Vorsitzenden gewöhnlich gleich vernichtet wurden. Einen geeigneten Augenblick abwartend, gab Lenin seine Resolu-

tionspunkte bekannt, die stets mit beabsichtigter Schärfe formuliert waren, wonach die Debatten entweder überhaupt aufhörten oder in eine konkrete Bahn praktischer Vorschläge mündeten. Die Leninschen ›Punkte‹ wurden gewöhnlich die Basis der Dekrete.
Zur Führung dieser Arbeit war, neben allen anderen Fähigkeiten, ein riesiges schöpferisches Vorstellungsvermögen erforderlich. Eine der wertvollsten Eigenschaften einer solchen Vorstellungskraft ist die Fähigkeit, sich Menschen, Dinge und Erscheinungen, selbst wenn man sie niemals gesehen hat, gerade so vorzustellen, wie sie in Wirklichkeit sind. Alle seine Lebenserfahrungen und theoretischen Einstellungen auszunutzen, einzelne kleine Züge im Fluge zu erfassen, sie nach irgendwelchen unformulierten Gesetzen des Übereinstimmenden und Wahrscheinlichen zu ergänzen und auf diesem Wege ein bestimmtes Gebiet des menschlichen Lebens in all seiner Konkretheit entstehen zu lassen, – das ist das Vorstellungsvermögen, das für einen Gesetzgeber, einen Administrator, einen Führer, besonders in der Epoche der Revolution, unbedingt notwendig ist. Die Kraft Lenins war in großem Maße die Kraft der realistischen Vorstellungsgabe.
Es ist unnötig, zu sagen, daß im Fieber der gesetzgeberischen Schöpfung nicht wenige Fehlgriffe und Widersprüche unterlaufen konnten. Im allgemeinen aber werden die Leninschen Dekrete aus der Epoche des Smolny, das heißt aus der stürmischsten und chaotischsten Revolutionsperiode, für immer in die Geschichte eingehen als Verkündungen einer neuen Welt. Nicht nur Soziologen und Geschichtsschreiber, auch Gesetzgeber der Zukunft werden sich immer wieder an diese Quelle wenden.
In die vorderste Stelle schoben sich inzwischen mehr und mehr die praktischen Fragen, vor allem die Fragen des Bürgerkrieges, der Ernährung und des Transports. Für alle diese Fragen wurden besondere Kommissionen geschaffen, die den neuen Aufgaben zum erstenmal in die Augen schauen und dem einen oder dem anderen Amt, das hilflos an der Schwelle herumstampfte, einen Stoß geben mußten, damit es sich vom Fleck rühre. Ich stand in jenen Monaten an der Spitze einer Reihe solcher Kommissionen: für Ernährung (der damals der zum erstenmal zur Arbeit herangezogene Zjurupa angehörte), Transport, Verlagswesen und vieler anderer.
Was das diplomatische Amt betrifft, so nahm es mir, abgesehen von den Brester Verhandlungen, nicht viel Zeit weg. Aber die Sache war doch komplizierter, als ich es vermutet hatte. Gleich bei Beginn mußte ich ganz unerwartet in diplomatische Verhandlungen mit dem … Eiffelturm treten.
In den Tagen des Aufstandes waren wir nicht dazu gekommen, uns für das ausländische Radio zu interessieren. Jetzt aber, in meiner Eigenschaft als Volkskommissar des Auswärtigen, hatte ich zu verfolgen, wie sich die kapitalistische Welt zum Umsturz verhielt. Es

ist unnötig, zu sagen, daß keine Begrüßungen eintrafen. So sehr die Berliner Regierung auch geneigt war, mit den Bolschewiki zu liebäugeln, so sandte sie doch von der Nauener Station eine feindselige Welle, nachdem von der Station Zarskoje Selo mein Radio vom Siege über die Kerenskitruppen berichtet hatte. Wenn aber Berlin und Wien immerhin zwischen der Feindschaft gegen die Revolution und der Hoffnung auf einen vorteilhaften Frieden schwankten, so sandten alle anderen Länder, nicht nur die kriegführenden, sondern auch die neutralen, in verschiedenen Sprachen die Gefühle und Gedanken der von uns gestürzten herrschenden Klassen des alten Rußland durch den Äther. In diesem Chor tat sich durch seine Raserei der Eiffelturm hervor, der in jenen Tagen auch Russisch zu sprechen begann, damit offenbar direkte Wege zum Herzen des russischen Volkes suchend. Beim Verfolgen des Pariser Senders schien es mir manchmal, als säße auf der Spitze des Turms Clemenceau selbst. Ich hatte ihn als Journalisten genügend gekannt, um wenn nicht seinen Stil, so doch wenigstens seinen Geist wiederzuerkennen. Der Haß überschlug sich in diesen Radiosendungen, die Wut erreichte die höchste Spannung. Es schien manchmal, als wenn der Sender auf dem Eiffelturm – ein Skorpion wäre, der sich mit dem Schwanz selbst in den Kopf stechen wollte.
Zu unserer Verfügung war die Radiostation Zarskoje Selo, und wir hatten keinen Grund, zu schweigen. Während einiger Tage diktierte ich Antworten auf das Geschimpfe von Clemenceau. Meine Kenntnisse der politischen Geschichte Frankreichs reichten hin, um eine nicht zu schmeichelhafte Charakteristik der wichtigsten handelnden Personen zu geben und an manches Vergessene aus ihrer Biographie, mit dem Panama beginnend, zu erinnern. Einige Tage lang währte das heftige Duell zwischen den Türmen von Paris und von Zarskoje Selo. Als neutrale Materie gab der Äther gewissenhaft die Argumente beider Parteien weiter. Und was geschah? Ich selbst hatte solche schnellen Resultate nicht erwartet. Paris änderte völlig den Ton: es unterhielt sich in der Folge zwar feindselig, aber hoflich. Ich aber habe später wiederholt mit Vergnügen mich dessen erinnert, wie ich meine diplomatische Tätigkeit damit begann, daß ich den Eiffelturm gute Manieren lehrte.
Am 18. November besuchte mich im Smolny unerwartet der General Jodsen, der Chef der amerikanischen Mission. Er schickte voraus, daß er noch keine Möglichkeit habe, im Namen der amerikanischen Regierung zu sprechen, aber er hoffe, daß alles all right sein werde. Ob die Sowjetregierung die Liquidierung des Krieges gemeinsam mit den Alliierten anstrebe? Ich antwortete, daß bei der völligen Öffentlichkeit der späteren Verhandlungen die Alliierten in der Lage sein würden, die Entwicklung dieser Verhandlungen zu verfolgen und sich jederzeit ihnen anzuschließen. Zum Schluß erklärte der friedfertige General: »Die Zeit der Proteste

und der Drohungen gegen die Sowjetmacht ist vorbei, wenn sie überhaupt existiert hat.« Aber bekanntlich macht eine Schwalbe, selbst im Range eines Generals, keinen Sommer.
Anfang Dezember fand meine erste und letzte Zusammenkunft mit dem französischen Gesandten Noulens statt, einem früheren radikalen Deputierten, den Frankreich geschickt hatte zum Zwecke der Annäherung an die Februarrevolution, an Stelle des offenen Monarchisten Paléologue, eines Byzantiners nicht nur dem Namen nach, den die Republik benutzt hatte für die Freundschaft mit dem Zaren. Warum Noulens und nicht irgendein anderer gesandt wurde, ist mir unbekannt. Aber er hat meine Meinung über die Lenker der menschlichen Schicksale nicht erhöht. Die Unterhaltung erfolgte auf Initiative von Noulens und führte zu nichts. Nach kurzen Schwankungen hatte sich Clemenceau endgültig für das Regime des Stacheldrahtes entschlossen.
Auch mit dem General Niessel, dem Chef der französischen Mission, hatte ich eine keinesfalls freundschaftliche Auseinandersetzung in den Mauern des Smolny. Dieser General übte damals seinen Offensivgeist in Hinterlandsoperationen aus. Unter Kerenski hatte er sich das Kommandieren angewöhnt und wollte von der schlechten Gewohnheit nicht lassen. Vor allem war ich gezwungen, ihn zu ersuchen, den Smolny zu verlassen. Bald gestalteten sich die Beziehungen zu der französischen Mission noch komplizierter. Bei der Mission befand sich ein Informationsbüro, das die Fabrik der ekelhaftesten Verleumdungen gegen die Revolution wurde. In allen feindlichen Zeitungen erschienen täglich Telegramme ›aus Stockholm‹, eins immer phantastischer, bösartiger und dümmer als das andere. Die nach den Quellen der ›Stockholmer‹ Telegramme befragten Zeitungsredakteure nannten die französische Militärmission. Ich schickte eine offizielle Anfrage an den General Niessel. Er antwortete mir am 22. Dezember mit einem wirklich bemerkenswerten Dokument:
»Viele Journalisten verschiedenster Richtungen wenden sich um Auskunft an die Militärmission. Ich bin bevollmächtigt, ihnen Auskunft über die Kriegsereignisse auf dem westlichen Kriegsschauplatz, in Saloniki, in Asien und über die Lage in Frankreich zu geben. Während eines (?) solchen Besuches hat ein (?) junger Offizier sich erlaubt, Gerüchte, die in der Stadt (?) verbreitet werden und als deren Quelle Stockholm genannt wird, mitzuteilen...« Zum Schluß versprach der General in unbestimmter Form, »Maßnahmen zu ergreifen, daß sich in der Zukunft solche Versehen (?) nicht mehr wiederholen«. Das war zuviel. Nicht darum hatten wir den Pariser Radioturm Anstand gelehrt, um dem General Niessel zu erlauben, in Petrograd einen Hilfsturm für Verleumdungen zu errichten. Ich schrieb an Niessel am selben Tage:
»1. In Anbetracht dessen, daß das Propagandabüro, welches sich ›Informationsbüro‹ der französischen Militärmission nennt, als

Verbreitungsstelle bewußt falscher Gerüchte diente, die die Aufgabe hatten, Verwirrung und Chaos in die öffentliche Meinung hineinzutragen, ist dieses Büro sofort zu schließen. 2. Dem ›jungen Offizier‹, der die falschen Meldungen fabriziert, wird empfohlen, die Grenzen Rußlands unverzüglich zu verlassen. Den Namen dieses Offiziers bitte ich mir sofort mitzuteilen. 3. Der Empfangsapparat der drahtlosen Telegraphie ist aus der Mission zu entfernen. 4. Französische Offiziere, die sich im Gebiet des Bürgerkrieges aufhalten, müssen durch einen in der Presse zu veröffentlichenden besonderen Befehl sofort nach Petrograd zurückberufen werden. 5. Über alle im Zusammenhang mit diesem Brief unternommenen Schritte ersuche ich mich in Kenntnis zu setzen. Der Volkskommissar des Auswärtigen L. Trotzki.«

Der ›junge Offizier‹ wurde der Anonymität entrissen und hat in der Eigenschaft eines Sündenbocks Rußland verlassen. Der Empfangsapparat wurde entfernt. Das Informationsbüro geschlossen. Die Offiziere wurden aus der Peripherie in das Zentrum zurückberufen. Das alles waren nur kleine Vorpostengeplänkel. Sie wurden für kurze Zeit, nachdem ich schon in das Kriegsamt übergegangen war, durch einen wackligen Waffenstillstand ersetzt. Den allzu kategorischen General Niessel hatte der katzenfreundliche General Lavergne abgelöst. Der Waffenstillstand dauerte jedoch nicht lange. Die französische Militärmission, wie auch die französische Diplomatie, enthüllte sich bald als das Zentrum aller Verschwörungen und bewaffneten Aktionen gegen die Sowjetmacht. Aber dies hat sich erst nach Brest, in der Moskauer Periode, im Frühling und Sommer 1918, offen gezeigt.

In Moskau

Mit der Unterzeichnung des Brester Friedens verlor die Erklärung meines Ausscheidens aus dem Volkskommissariat des Äußeren ihre politische Bedeutung. Inzwischen traf Tschitscherin aus London ein und wurde mein Nachfolger. Tschitscherin kannte ich lange. In den Jahren der ersten Revolution wurde aus ihm, einem diplomatischen Beamten, ein Mitglied der Sozialdemokratie, und zwar ein Menschewik; er ging völlig in der Arbeit der ausländischen ›Gruppen der Hilfeleistung‹ der Partei auf. Zu Beginn des Krieges nahm er eine radikal patriotische Position ein und versuchte, sie in zahlreichen Briefen aus London zu begründen. Ein bis zwei Briefe entfielen auch auf mich. Aber verhältnismäßig schnell näherte er sich den Internationalisten und wurde aktiver Mitarbeiter der von mir in Paris redigierten Zeitung ›Nasche Slowo‹. Schließlich landete er in einem englischen Gefängnis. Ich verlangte seine Befreiung. Die Verhandlungen verzögerten sich.

Ich drohte mit Repressalien gegen Engländer. »Die Argumentation Trotzkis«, schreibt der englische Gesandte Buchanan in seinem Tagebuch, »enthält am Ende etwas Richtiges: wenn wir Anspruch darauf erheben, Russen für pazifistische Propaganda in einem Lande, das den Krieg fortführen will, zu verhaften, so hat er das gleiche Recht, britische Staatsangehörige zu verhaften, die Propaganda für die Weiterführung des Krieges in einem Lande betreiben, das den Frieden will.« Tschitscherin wurde freigelassen. Er kam nach Moskau zu gelegener Zeit. Mit einem Seufzer der Erleichterung übergab ich ihm das diplomatische Steuer. Ich zeigte mich im Ministerium nicht mehr. Manchmal beriet sich Tschitscherin telephonisch mit mir. Erst am 13. März wurde mein Ausscheiden aus dem Volkskommissariat des Äußeren bekanntgegeben, gleichzeitig mit meiner Ernennung zum Volkskommissar für den Krieg und zum Vorsitzenden des kurz vorher auf meine Initiative hin entstandenen Obersten Kriegsrats.
Lenin erreichte auf diese Weise, was er wollte. Meinen Vorschlag, im Zusammenhang mit den Brester Meinungsverschiedenheiten zurückzutreten, hatte er nur benutzt, um seinen ursprünglichen Gedanken, entsprechend den Verhältnissen verändert, durchzuführen. Da der innere Feind von Verschwörungen übergegangen war zur Schaffung von Kampffronten und einer Armee, so wollte Lenin, daß ich mich an die Spitze des Heereswesens stelle. Er hatte jetzt Swerdlow für sich gewonnen. Ich versuchte zu widersprechen. »Wen denn dorthin stellen? sagen Sie!« setzte mir Lenin zu. Ich überlegte – und willigte ein.
War ich für militärische Arbeit vorbereitet? Selbstverständlich nicht. Ich hatte seinerzeit nicht einmal in der zaristischen Armee gedient. Die militärpflichtigen Jahre verbrachte ich im Gefängnis, in der Verbannung und in der Emigration. Im Jahre 1906 sprach mir das Gericht die bürgerlichen und militärischen Rechte ab. Ich machte mich mit Fragen des Militarismus näher vertraut während des Balkankrieges, als ich einige Monate in Serbien, Bulgarien und Rumänien zubrachte. Doch vom allgemein politischen, nicht vom rein militärischen Standpunkte aus. Der Weltkrieg hat dann alle Menschen der Erde den Fragen des Militarismus nähergebracht, darunter auch mich. Die tägliche Arbeit an dem ›Nasche Slowo‹ und die Mitarbeit an der ›Kiewskaja Mysl‹ (›Kiewer Gedanke‹) zwangen mich, neue Nachrichten und Beobachtungen in ein System zu bringen. Dabei handelte es sich vor allem um den Krieg als um die Fortsetzung der Politik und um die Armee als um sein Instrument. Organisatorische und technische Probleme des Militarismus blieben für mich noch immer im Hintergrund. Dafür aber hatte mich die Psychologie der Armee – der Kaserne, des Schützengrabens, der Schlacht, des Hospitals – außerordentlich interessiert. Das hat mir später sehr genützt.
In parlamentarischen Staaten kam es häufig vor, daß an der Spitze

des Kriegs- und Marineministeriums Advokaten und Journalisten standen, die wie ich die Armee hauptsächlich aus dem Fenster einer Redaktion, wenn auch einer komfortableren, beobachtet hatten. Aber der Unterschied war offensichtlich. In den kapitalistischen Ländern handelte es sich um die Erhaltung einer bestehenden Armee, das heißt im wesentlichen um die politische Deckung eines in sich selbstverankerten militaristischen Systems. Bei uns hatte es sich darum gehandelt, die Reste der alten Armee säuberlich wegzufegen und an ihre Stelle im Feuer eine neue Armee aufzubauen, deren Schema man noch in keinem Buche finden konnte. Das erklärt zur Genüge, weshalb ich an die militärische Arbeit nur zögernd heranging und sie überhaupt nur annahm, weil niemand sonst vorhanden war, der sie übernehmen konnte.
Ich hielt mich nicht im geringsten für einen Strategen und verurteilte unnachsichtlich die in der Partei durch die Revolution verursachte Hochflut des strategischen Dilettantismus. Es ist allerdings wahr, daß ich in drei Fällen – im Kriege gegen Denikin, bei der Verteidigung von Petrograd und im Kriege gegen Pilsudski – eine selbständige strategische Position eingenommen habe und sie bald gegen das Kommando, bald gegen die Mehrheit des Zentralkomitees verteidigen mußte. Aber in diesen Fällen war meine strategische Position von politischen und wirtschaftlichen und nicht von rein strategischen Gesichtspunkten bestimmt. Man muß übrigens sagen, daß Fragen der großen Strategie auch nicht anders gelöst werden können.
Der Wechsel meiner Tätigkeit fiel zusammen mit dem Wechsel der Residenz der Regierung. Die Übersiedlung der Zentralmacht nach Moskau war natürlich ein Schlag für Petrograd. Gegen die Übersiedlung herrschte große, fast allgemeine Opposition. Sie wurde von Sinowjew verkörpert, der zu jener Zeit zum Vorsitzenden des Petrograder Sowjets gewählt worden war. Bei ihm stand Lunatscharski, der einige Tage nach dem Oktoberumsturz demissioniert hatte, weil er die Verantwortung für die (angebliche) Vernichtung der Basiliuskathedrale in Moskau nicht hatte tragen können, und jetzt, auf seinen Posten zurückgekehrt, sich von dem Gebäude des Smolny, als dem Symbol der Revolution, nicht zu trennen vermochte. Andere brachten sachlichere Argumente. Die Mehrzahl befürchtete hauptsächlich einen schlechten Eindruck auf die Petrograder Arbeiter. Die Feinde streuten das Gerücht aus, wir hätten uns Wilhelm gegenüber verpflichtet, Petrograd abzutreten. Ich war mit Lenin der Meinung, daß die Übersiedlung nach Moskau nicht nur eine Sicherung der Regierung bedeute, sondern auch Petrograds. Die Verlockung, durch einen schnellen Schlag die revolutionäre Hauptstadt zusammen mit der Regierung zu erobern, mußte für Deutschland wie auch für die Entente sehr groß sein. Eine ganz andere Sache war es, das hungernde Petrograd ohne Regierung einzunehmen. Schließlich wurde der Widerstand ge-

brochen, die Mehrheit des Zentralkomitees sprach sich für die Übersiedlung aus, und am 12. März (1918) reiste die Regierung nach Moskau ab. Um den Eindruck der Degradierung der Oktoberhauptstadt abzuschwächen, blieb ich noch etwa anderthalb Wochen in Petrograd. Die Eisenbahnadministration hielt mich bei der Abfahrt einige Stunden auf dem Bahnhof zurück: die Sabotage nahm zwar ab, war aber noch stark. In Moskau traf ich am Tage nach meiner Ernennung zum Kriegskommissar ein.

Mit seiner mittelalterlichen Mauer und seinen zahllosen goldenen Kuppeln schien der Kreml als eine Festung der revolutionären Diktatur ein völliges Paradoxon. Allerdings war auch der Smolny, früher ein Institut für vornehme Mädchen, durch seine Vergangenheit nicht gerade für Arbeiter-, Soldaten- und Bauerndeputierte bestimmt. Bis zum März 1918 war ich niemals im Kreml gewesen, wie ich überhaupt von Moskau nichts gekannt habe außer einem einzigen Gebäude: dem Butyrkigefängnis, in dessen Turm ich sechs Monate während des kalten Winters 98/99 zugebracht hatte. Als Besucher kann man die historischen Denkmäler des Kreml beschaulich bewundern, sowohl den Glockenturm Iwans des Schrecklichen wie den ›Facettenpalast‹. Wir aber mußten uns hier für lange einrichten. Die enge alltägliche Berührung zweier historischer Pole, zweier unversönlicher Kulturen war erstaunlich und belustigend. Auf dem Holzpflaster am Nikolaischen Palast vorbeifahrend, habe ich mehr als einmal zum ›Glockenzar‹ und zum ›Kanonenzar‹ hinübergeschielt. Das schwere Moskauer Barbarentum blickte aus dem Loch der Glocke und der Mündung der Kanone. Prinz Hamlet würde an dieser Stelle ausgerufen haben: »Die Zeit ist aus den Fugen: Schmach und Gram, daß ich zur Welt, sie einzurichten, kam!« Aber an uns war nichts von Hamlet. Selbst bei Besprechungen wichtigerer Fragen gewährte Lenin den Rednern nicht selten nur zwei Minuten. Um über die Gegensätze in der verspäteten Entwicklung des Landes Betrachtungen anzustellen, hatte man vielleicht eine bis anderthalb Minuten Zeit, – während man durch die Vergangenheit des Kremls von einer Sitzung zur anderen eilte, aber nicht mehr.

In dem Kavalierhaus, gegenüber dem ›Vergnügungspalast‹, hatten vor der Revolution die Kremlbeamten gewohnt. Die ganze untere Etage nahm der hohe Kommandant ein. Seine Wohnung war jetzt in mehrere Teile zerlegt worden. Ich wohnte in einem dieser Teile, durch einen Korridor von Lenin getrennt. Das Eßzimmer benutzten wir gemeinsam. Man aß damals im Kreml unter jeder Kritik schlecht. Man bekam nur Salzfleisch. Im Mehl und in den Graupen war Sand. Nur roter Ket-Kaviar war im Überfluß vorhanden, infolge des fehlenden Exports. Mit diesem unvermeidlichen Kaviar sind nicht nur in meiner Erinnerung die ersten Jahre der Revolution gefärbt.

Das Glockenspiel auf dem Erlöserturm wurde umgeändert. Jetzt

spielten die Glocken anstatt ›Gott erhalte den Zaren‹ langsam und bedächtig alle Viertelstunde die ›Internationale‹. Die Anfahrt für die Automobile führte durch einen Gewölbetunnel unter dem Erlöserturm. Über dem Tunnel ist ein altes Heiligenbild unter einem zerbrochenen Glas. Vor dem Heiligenbild ein längst erloschenes Lämpchen. Beim Verlassen des Kremls stieß das Auge häufig auf das Heiligenbild, und das Ohr vernahm gleichzeitig von oben die Internationale. Über dem Turm mit seiner Glocke erhob sich in alter Weise der vergoldete Doppeladler. Nur die Krone hat man ihm abgenommen. Ich schlug vor, Sichel und Hammer über dem Adler anzubringen, damit der Wandel der Zeiten von der Höhe des Erlöserturms hinabblicke. Aber dazu fand man nicht die Zeit.
Ich traf mich mit Lenin zehnmal am Tage im Korridor, und wir besuchten einander, um etwas zu besprechen, was stets zehn, manchmal auch fünfzehn Minuten dauerte, – das war damals für uns beide eine große Zeiteinheit. Lenin war in jener Periode sehr gesprächig, natürlich im Leninschen Maßstabe. Es gab zuviel Neues, es stand zuviel Unbekanntes bevor, man mußte sich und die anderen auf eine neue Art einstellen. Es war deshalb Bedürfnis, vom Einzelnen zum Allgemeinen überzugehen und umgekehrt. Das Wölkchen der Brest-Litowsker Meinungsverschiedenheiten zerstreute sich spurlos. Die Beziehung Lenins zu mir und zu den Mitgliedern meiner Familie war ausnehmend herzlich und aufmerksam. Oft fing er unsere Jungens im Korridor ab und spielte mit ihnen.
In meinem Zimmer standen Möbel aus karelischer Birke. Über dem Kamin schlug die Uhr unter Amor und Psyche mit silbernem Stimmchen. Für die Arbeit war alles unbequem. Der Geruch eines müßigen Herrentums strömte aus jedem Sessel hervor. Doch auch die Wohnung nahm ich als nebensächliche Begleiterscheinung hin, um so mehr, als ich in den ersten Jahren nur während meiner kurzen Sprünge von der Front nach Moskau in ihr übernachtete.
Ich glaube, gleich am ersten Tage nach meiner Ankunft aus Petrograd unterhielt ich mich mit Lenin stehend zwischen der karelischen Birke. Amor und Psyche unterbrachen uns mit ihrem singenden, silbernen Klang. Wir sahen einander an, als hätten wir uns bei dem gleichen Gefühl ertappt: aus der Ecke belauschte uns versteckt die Vergangenheit. Von allen Seiten von ihr umgeben, verhielten wir uns zu ihr ohne Respekt, aber auch ohne Feindschaft, nur etwas ironisch. Es wäre falsch, zu behaupten, wir hätten uns an die Kremlumgebung gewöhnt, – dazu war in den Bedingungen unseres Daseins zu viel Dynamik. Wir hatten keine Zeit, uns zu ›gewöhnen‹. Wir betrachteten die Umgebung von der Seite und blinzelten ironisch-ermunternd Amor und Psyche zu: ihr habt uns nicht erwartet? Nichts zu ändern, gewöhnt euch. Wir gewöhnten die Umgebung an uns.

Der Bestand an unteren Angestellten blieb auf seinem Platz. Sie empfingen uns beunruhigt. Das Regime war hier streng gewesen, in der Art der Leibeigenschaft; der Dienst hatte sich von Vater auf Sohn übertragen. Unter den unzähligen Lakaien und anderen Bedienten des Kremls gab es nicht wenige Greise, die einigen Kaisern gedient hatten. Einer von ihnen, ein kleiner, glattrasierter Alter, Stupischin, ein Mann der Pflicht, war früher der Schrecken aller Bedienten. Jetzt betrachteten ihn die Jüngeren mit einem Gemisch von alter Achtung und neuer Herausforderung. Er schlich unermüdlich durch die Korridore, rückte Sessel zurecht, wischte Staub, hielt den Schein der früheren Ordnung aufrecht. Zu Mittag servierte man dünne Suppe und Buchweizengrütze mit Hülsen auf Hoftellern, die mit einem Adler geschmückt waren. »Schau nur, was macht er?« flüsterte Serjoscha der Mutter zu. Der Alte ging wie ein Schatten hinter den Sesseln herum und drehte die Teller bald in die eine, bald in die andere Richtung. Serjoscha erriet es als erster: der doppelköpfige Adler am Rande des Tellers hatte vor dem Gast in der Mitte zu stehen.
»Haben Sie den alten Stupischin bemerkt?« fragte ich Lenin.
»Wie kann man ihn nicht bemerken?« antwortete er mit milder Ironie.
Diese mit ihren Wurzeln herausgerissenen Alten taten einem manchmal leid. Stupischin zeigte bald eine starke Anhänglichkeit für Lenin und übertrug, nach dessen Übersiedlung in ein anderes Gebäude, näher zum Sowjet der Volkskommissare, diese Anhänglichkeit auf mich und meine Frau, als er entdeckte, daß wir Ordnung schätzten und seine Bemühungen achteten.
Das Dienstpersonal wurde bald aufgelöst. Die Jüngeren paßten sich schnell der neuen Ordnung an. Stupischin wollte nicht pensioniert werden. Er wurde als Aufseher in das große, in ein Museum verwandelte Schloß versetzt, und er kam häufig in das Kavalierhaus – ›sich erkundigen‹. Stupischin hielt später während der Kongresse und Konferenzen Wache im Schloß vor dem Andreas-Saal. Um ihn herum herrschte wieder Ordnung, und er selbst leistete dieselbe Arbeit, die er bei Zaren- oder Großfürstenempfängen verrichtet hatte, nur handelte es sich jetzt um die Kommunistische Internationale. Er teilte das Schicksal der Glocken auf dem Erlöserturm, die von der Zarenhymne zur Hymne der Internationale übergegangen waren. Im Jahre 1926 starb der Alte langsam im Krankenhaus. Meine Frau schickte ihm kleine Geschenke hin, und er weinte vor Rührung.
Das Sowjetmoskau empfing uns mit einem Chaos. Es stellte sich heraus, daß hier ein eigener Sowjet der Volkskommissare existierte unter dem Vorsitz des Historikers Pokrowski, der wohl von allen Menschen auf der Welt für diese Rolle am wenigsten geeignet war. Die Macht des Moskauer Rats der Volkskommissare erstreckte sich auf das Moskauer Gebiet, dessen Grenzen niemand zu

bestimmen vermochte. Im Norden gehörte zu ihm das Archangelsker, im Süden das Kursker Gouvernement. Auf diese Weise entdeckten wir in Moskau eine Regierung, die ihre Macht, allerdings eine recht problematische Macht, auf den Hauptteil des Sowjetterritoriums ausdehnte. Der historische Antagonismus zwischen Moskau und Petrograd hatte den Oktoberumsturz überlebt. Moskau war ehemals ein großes Dorf, Petrograd eine Stadt gewesen. Moskau war der Sitz der Gutsbesitzer und Kaufleute, Petrograd die Stadt der Militärs und der Beamten. Moskau galt als echt russisch, slawophil, gastfreundschaftlich, das Herz Rußlands. Petersburg war der farblose Europäer, das egoistische, bürokratische Gehirn des Landes. Moskau wurde die Stadt der Textil-, Petrograd der Metallindustrie. Diese Gegenüberstellungen ergaben literarische Übertreibungen wirklicher Gegensätze. Wir verspürten diese Gegensätze sofort. Der Lokalpatriotismus beherrschte auch die eingeborenen Moskauer Bolschewiki. Zur Regelung der gegenseitigen Beziehungen mit dem Moskauer Sowjet der Vollskommissare wurde eine Kommission unter meinem Vorsitz geschaffen. Das war eine kuriose Beschäftigung. Geduldig zergliederten wir die Gebietskommissariate und sonderten aus, was der Kompetenz des Zentrums unterstand. Mit dem Fortschreiten dieser Arbeit ergab sich, daß für eine zweite Moskauer Regierung kein Bedürfnis vorhanden war. Die Moskauer selbst hatten bald die Notwendigkeit der Auflösung ihres Rats der Volkskommisssare anerkannt.
Die Moskauer Periode wurde zum zweitenmal in der russischen Geschichte eine Periode des Sammelns von Staaten und der Schaffung von Organen ihrer Verwaltung. Jetzt wehrte Lenin ungeduldig und ironisch, manchmal sogar direkt höhnend, alle jene ab, die fortfuhren, auf jede Frage mit allgemeinen propagandistischen Formeln zu antworten. »Was fällt Ihnen ein, Verehrtester, sind Sie denn im Smolny?« sprang er sie in einem Gemisch aus Zorn und Gutmütigkeit an. »Das ist reinster Smolny«, unterbrach er die Redner, die nicht zur Sache sprachen, »beruhigen Sie sich, bitte, wir sind nicht mehr im Smolny, wir sind ein Stück weitergegangen.« Lenin sparte niemals mit energischen Worten gegen den gestrigen Tag, wenn es galt, den morgigen vorzubereiten. Auch bei dieser Arbeit gingen wir Hand in Hand. Lenin war sehr pünktlich. Ich vielleicht noch pedantischer. Wir begannen einen unermüdlichen Kampf gegen Schlamperei und Nachlässigkeit. Ich traf strenge Maßnahmen gegen Verspätungen und unpünktliche Eröffnung der Sitzungen: Schritt für Schritt machte das Chaos der Ordnung Platz.
Vor den Sitzungen, wo prinzipielle Fragen oder solche Fragen zu erledigen waren, die durch einen Zusammenstoß von Amtskompetenzen besondere Wichtigkeit erlangten, bestand Lenin telephonisch darauf, daß ich mich vorher mit der zu behandelnden Frage vertraut mache. Die heutige Literatur über Meinungsverschieden-

heiten zwischen Lenin und Trotzki ist von Apokryphen voll. Es gab natürlich auch Meinungsverschiedenheiten. Aber unvergleichlich häufiger war es so, daß wir zur gleichen Schlußfolgerung gelangten, entweder nach einer kurzen telephonischen Besprechung oder unabhängig voneinander. Ergab es sich, daß wir über eine Sache die gleiche Meinung hatten, so zweifelten weder er noch ich daran, daß der nötige Beschluß auch durchgeführt werden würde. In den Fällen, wo Lenin von irgendeiner Seite eine ernste Opposition gegen seine Pläne befürchtete, ermahnte er mich telephonisch: »Kommen Sie unbedingt zur Sitzung, ich werde Ihnen als erstem das Wort geben.« Ich nahm das Wort für einige Minuten, während meiner Rede sagte Lenin dann wiederholt: »Richtig«, und das entschied die Frage. Nicht etwa, weil die anderen sich fürchteten, gegen uns aufzutreten. Damals konnte noch keine Rede sein von der jetzigen Anpassung an die Obrigkeit oder der ekelhaften Angst, sich durch ein ungeschicktes Wort oder eine Abstimmung zu kompromittieren. Je kleiner die bürokratische Kriecherei ist, um so größer die Autorität der Führung. War ich mit Lenin nicht einverstanden, konnten heftige Debatten entstehen, und es hat auch solche gegeben. Im Falle unserer Übereinstimmung waren die Besprechungen stets sehr kurz. Hatten wir keine Möglichkeit gehabt, uns vorher zu verständigen, dann tauschten wir während der Sitzung Zettelchen aus. Ergab sich dabei ein Widerspruch, dann lenkte Lenin die Debatte auf die Vertagung der Frage hin. Der Zettel, der die abweichende Ansicht kundgab, war manchmal in scherzhaftem Ton geschrieben; dann warf Lenin beim Lesen seinen ganzen Körper zurück. Er war sehr lachlustig, besonders wenn er müde war. Das war an ihm ein kindlicher Zug. Dieser männlichste aller Menschen hatte überhaupt viele kindliche Züge. Triumphierend beobachtete ich, wie drollig er gegen einen Lachanfall kämpfte, während er den Vorsitz streng weiterführte. Seine Backenknochen traten dann vor Spannung noch mehr hervor als sonst.

Das Kriegskommissariat, wo nicht nur meine militärischen, sondern auch meine Partei-, literarischen und sonstigen Arbeiten konzentriert waren, befand sich außerhalb des Kremls. In dem Kavalierhaus war nur noch die Wohnung. Hier besuchte uns niemand. In geschäftlichen Angelegenheiten kam man ins Kommissariat. Zu uns ›auf Besuch‹ zu kommen konnte niemandem einfallen: dazu waren wir zu sehr beschäftigt. Um fünf Uhr kamen wir vom Dienst nach Hause. Gegen sieben Uhr war ich schon wieder im Kommissariat, wo die Abendsitzungen stattfanden. Als die Revolution sich festigte, das heißt also viel später, widmete ich die Abendstunden theoretischen und literarischen Arbeiten.

Meine Frau arbeitete im Kommissariat für Volksaufklärung, wo sie die Museen, die historischen Gebäude etc. verwaltete. Sie hatte unter den Verhältnissen des Bürgerkrieges die Denkmäler der

Vergangenheit zu verteidigen. Das war keine leichte Aufgabe. Weder die weißen noch die roten Truppen waren geneigt, sich um die historischen Schicksale der Provinzkreml oder der alten Kirchen zu kümmern. Auf diese Weise entstanden zwischen dem Kriegsamt und der Verwaltung der Museen häufig Konflikte. Die Beschützer der Schlösser und Kirchen beschuldigten die Truppen der mangelnden Achtung vor der Kultur; die Kriegskommissare beschuldigten die Beschützer der Kunstdenkmäler, sie zögen tote Gegenstände lebenden Menschen vor. Formell war es so, daß ich mich in dauernden Amtsstreitigkeiten mit meiner Frau befand. Über dies Thema hat man nicht wenig gescherzt.
Mit Lenin verkehrte ich jetzt hauptsächlich telephonisch. Seine Anrufe bei mir und meine bei ihm waren häufig und betrafen die verschiedensten Fragen. Die Ämter setzten ihm mit ihren Beschwerden über die Rote Armee nicht wenig zu. Dann klingelte Lenin sofort bei mir an. Nach fünf Minuten fragte er: »Möchten Sie den neuen Kandidaten für den Posten des Volkskommissars für Landwirtschaft oder für die Inspektion kennenlernen und Ihr Urteil abgeben?« Eine Stunde später interessierte ihn, ob ich die theoretische Polemik über die proletarische Kultur verfolge und nicht beabsichtige, mich einzumischen, um Bucharin eine Zurückweisung zu erteilen. Dann folgte die Frage: »Könnte nicht das Kriegskommissariat auf der Südfront Lastautos freimachen für die Zufuhr von Lebensmitteln an die Bahnstationen?« Und noch eine halbe Stunde später erkundigte sich Lenin, ob ich unterrichtet sei über die Differenzen in der schwedischen kommunistischen Partei. So ging es jeden Tag, wenn ich in Moskau war.
Mit dem Augenblick des deutschen Angriffs änderte sich das Verhalten der Franzosen, mindestens des vernünftigeren Teils: sie begriffen die ganze Dummheit des Geredes von unserem Geheimabkommen mit dem Hohenzollern. Nicht weniger klar wurde ihnen, daß wir nicht Krieg führen konnten. Einige französische Offiziere drängten geradezu, daß wir den Frieden unterschreiben sollten, um Zeit zu gewinnen: diesen Gedanken verteidigte besonders eifrig ein französischer Agent, ein Aristokrat, Royalist, mit einem künstlichen Auge, der mir seine Dienste für die gefährlichsten Aufträge anbot.
Der General Lavergne, der Niessel ersetzt hatte, gab mir in behutsamer und einschmeichelnder Form Ratschläge, die wenig Nutzen brachten, der Form nach aber wohlwollend waren. Nach seinen Worten rechnete jetzt die französische Regierung mit der Tatsache des Brester Friedensabschlusses und wollte uns ganz uneigennützig Hilfe leisten beim Aufbau der neuen Armee. Er erbot sich, mir Offiziere der zahlreichen französischen Mission, die aus Rumänien zurückkehrte, zur Verfügung zu stellen. Zwei davon, ein Oberst und ein Kapitän, logierten sich gegenüber dem Kriegskommissariat ein, um mir stets bei der Hand zu sein. Ich gestehe, daß

ich sie für kompetenter hielt auf dem Gebiete des Spitzelwesens als auf dem der militärischen Verwaltung. Sie reichten mir schriftliche Berichte ein, die durchzusehen ich im Wirrwarr jener Tage nicht Zeit fand.
Zu den Episoden des kurzen ›Waffenstillstandes‹ gehört der Empfang der Militärmissionen der Entente bei mir. Es gab ihrer viele, und jede von ihnen hatte einen zahlreichen Bestand. In mein kleines Arbeitszimmer kamen an die zwanzig Mann. Lavergne stellte sie mir vor. Einige von ihnen sagten kleine Liebenswürdigkeiten. Besonders tat sich ein schlaffer italienischer General hervor, der mich zur erfolgreichen Säuberung Moskaus von den Banditen beglückwünschte. »Jetzt«, sagte er mit einem bezaubernden Lächeln, »kann man in Moskau ebenso ruhig leben wie in allen Hauptstädten der Welt.« Ich hielt das für eine kleine Übertreibung. Weiter wußten wir uns absolut nichts zu sagen. Die Gäste entschlossen sich nicht, aufzustehen und wegzugehen. Und ich wußte nicht, wie ich sie loswerden könnte. Schließlich half uns der General Lavergne aus der Verlegenheit, indem er fragte, ob ich nichts dagegen hätte, wenn die militärischen Vertreter meine Zeit nicht länger in Anspruch nähmen. Ich antwortete, so sehr ich es auch bedauere, mich von einer so erlauchten Gesellschaft trennen zu müssen, so wage ich doch nicht zu widersprechen. Jeder Mensch hat in seinem Leben Szenen, an die er sich nicht ohne ein verlegenes Lächeln erinnern kann. Zu solchen Szenen gehört für mich dieser Besuch der Militärmissionen der Entente.
Die militärischen Arbeiten nahmen in immer wachsendem Unfang den größten Teil meiner Zeit in Anspruch, um so mehr, als ich selbst beim Abc beginnen mußte. Auf den technischen und operativen Gebieten erblickte ich meine Aufgabe vor allem darin, geeignete Menschen auf den geeigneten Platz zu stellen und ihnen die Möglichkeit zu geben, ihre Fähigkeiten zu zeigen. Die politische und organisatorische Arbeit zur Schaffung der Armee fiel ganz und gar mit der Parteiarbeit zusammen. Nur dadurch war ein Erfolg möglich.
Neben anderen Parteiarbeitern fand ich im Kriegsamt den Militärarzt Skljanski vor. Trotz seiner Jugend – er war im Jahre 1918 kaum 26 Jahre alt – zeichnete er sich aus durch Sachlichkeit, Beharrlichkeit und durch die Fähigkeit, Menschen und Umstände richtig einzuschätzen, das heißt durch jene Eigenschaften, die einen Administrator machen. Ich beriet mich mit Swerdlow, der in solchen Fragen unersetzlich war, und erwählte Skljanski zu meinem Vertreter. Ich hatte später nie Ursache, dies zu bereuen. Der Posten des Vertreters war um so verantwortlicher, als ich den größten Teil der Zeit an den Fronten zubrachte. Skljanski führte in meiner Abwesenheit den Vorsitz im revolutionären Kriegsrat, leitete die laufende Arbeit des Kommissariats, das heißt in erster Linie die Versorgung der Fronten, schließlich vertrat er das Kriegs-

amt im Sowjet der Landesverteidigung unter dem Vorsitz von Lenin. Wenn man jemand mit dem Lazare Carnot der Französischen Revolution vergleichen kann, so ist es Skljanski. Er war stets pünktlich, unermüdlich, wachsam, immer auf dem laufenden. Die Mehrzahl der Befehle, die aus dem Kriegsamt kamen, turgen die Unterschrift Skljanskis. Da diese Befehle in den Zentralorganen und in der Lokalpresse veröffentlicht wurden, so kannte man den Namen Skljanski überall. Wie jeder ernste und energische Administrator hatte er nicht wenig Feinde. Seine begabte Jugend reizte viele ehrwürdige Mittelmäßigkeiten. Stalin stachelte sie hinter den Kulissen an. Skljanski wurde heimlich angegriffen, besonders in meiner Abwesenheit. Lenin, der ihn aus dem Sowjet der Verteidigung gut kannte, stellte sich jedesmal wie ein Berg schützend vor ihn. »Ein vorzüglicher Arbeiter«, wiederholte er immer wieder, »ein hervorragender Arbeiter.« Skljanski kümmerte sich um diese Intrigen nicht; er arbeitete: nahm die Berichte der Intendanten entgegen; holte Auskünfte bei der Industrie ein; berechnete die Bestände an Munition, an der es immer fehlte; unaufhörlich rauchend, sprach er über die direkten Telephonleitungen; ließ die Chefs zum Apparat kommen und sammelte Informationen für den Sowjet der Verteidigung. Man konnte in der Nacht um zwei, um drei Uhr anrufen, Skljanski war immer im Kommissariat am Schreibtisch. »Wann schlafen Sie?« fragte ich ihn. Er antwortete mit einem Scherz.

Mit Genugtuung denke ich daran, daß das Kriegsamt fast keine persönlichen Gruppierungen und Cliquen kannte, die das Dasein der anderen Ämter so schwer belasteten. Der anspannende Charakter der Arbeit, die Autorität der Leitung, die richtige Auswahl der Menschen, ohne Vetternwirtschaft und Nachsicht, der Geist der anspruchsvollen Loyalität, – das war es, was das reibungslose Funktionieren des schwerfälligen, nicht sehr geordneten und seiner Zusammensetzung nach sehr verschiedenartigen Mechanismus sicherte. Zum großen Teil war es Skljanskis Verdienst.

Der Bürgerkrieg hatte mich von der Arbeit im Rat der Volkskommissare ferngehalten. Ich lebte im Eisenbahnwagen oder im Automobil. Während der Wochen und Monate dauernden Reisen entfernte ich mich zu weit von den laufenden Regierungsarbeiten, um bei meinen kurzen Besuchen in Moskau wieder daran teilzunehmen. Die wichtigsten Fragen wurden jedoch im Politbüro beschlossen. Manchmal kam ich auf Lenins Ruf speziell zu einer Sitzung des Politbüros nach Moskau, oder, umgekehrt, ich brachte von der Front eine Reihe prinzipieller Fragen mit und berief durch Swerdlow eine außerordentliche Sitzung des Politbüros ein. Mein Briefwechsel mit Lenin war in diesen Jahren hauptsächlich den jeweiligen Fragen des Bürgerkrieges gewidmet: kurze Zettel oder lange Telegramme ergänzten die vorangegangenen Besprechungen oder bereiteten spätere vor. Trotz der sachlichen Kürze geben

diese Dokumente ein Bild der tatsächlichen Beziehungen innerhalb der führenden Gruppe der Bolschewiki. Mit notwendigen Kommentaren werde ich diese umfangreiche Korrespondenz in der nächsten Zukunft veröffentlichen. Sie wird insbesondere eine vernichtende Widerlegung der Geschichtsschreibung der Stalinschen Schule sein.
Als Wilson neben seinen sonstigen kraftlosen professoralen Utopien auch eine Verständigungskonferenz aller Regierungen Rußlands plante, schickte mir Lenin am 24. Februar 1919 ein chiffriertes Telegramm an die Südfront: »Wilson schlägt Friedensverhandlungen vor und ruft alle Regierungen Rußlands zu einer Konferenz auf... Zu Wilson werden wohl Sie fahren müssen.« Wie man sieht, hat die episodische Meinungsverschiedenheit aus der Brester Epoche Lenin nicht gehindert, sich wieder an mich zu wenden, sobald eine große diplomatische Aufgabe vorlag, obwohl ich in jener Zeit von militärischer Arbeit völlig in Anspruch genommen war. Aus der friedenstiftenden Initiative Wilsons ist bekanntlich so wenig geworden wie aus seinen anderen Plänen, ich brauchte also nicht zu fahren.
Wie verhielt sich Lenin zu meiner Kriegsarbeit? Dafür gibt es neben Hunderten von Zeugnissen Lenins eine sehr lebendige Schilderung von Maxim Gorki:
»Mit der Hand auf den Tisch schlagend ,sagte er (Lenin): ›Nun zeigt doch einen anderen Menschen, der fähig wäre, in einem Jahr eine fast mustergültige Armee zu organisieren und dazu noch die Achtung der militärischen Spezialisten zu erobern. Bei uns gibt es einen solchen Menschen. Bei uns gibt es alles. Und es werden noch Wunder geschehen.‹«
In demselben Gespräch hat Lenin, nach Gorkis Bericht, gesagt: »Ja, ja, ich weiß. Dort wird manches gelogen über meine Beziehungen zu ihm. Man lügt viel und, wie es scheint, besonders viel über mich und Trotzki.« Was würde Lenin jetzt zu diesem Thema sagen, wo das Lügen über unsere Beziehungen, entgegen allen Tatsachen, Dokumenten und aller Logik, zu einem Staatskult erhoben ist?
Als ich am Tage nach dem Umsturz das Kommissariat des Innern ablehnte, verwies ich unter anderem auf das nationale Moment. Im Kriegswesen, sollte man glauben, müßte dieses Moment größere Schwierigkeiten verursachen als in der Zivilverwaltung. Aber Lenin hatte Recht. In den Jahren des *Aufstiegs* der Revolution hat diese Frage keine Rolle gespielt. Die Weißen hatten zwar versucht, bei ihrer Agitation innerhalb der Roten Armee antisemitische Motive zu verwenden, doch ohne Erfolg. Dafür bietet die weiße Presse selbst genügend Beweise. In dem in Berlin erscheinenden ›Archiv der russischen Revolution‹ erzählt ein weißgardistischer Autor folgende krasse Episode: »Ein Kosak, der gekommen war, uns zu besuchen, und den jemand absichtlich damit ver-

letzen wollte, daß er ihm sagte, er stehe im Dienst und gehe in den Kampf unter dem Kommando des Juden Trotzki, erwiderte leidenschaftlich und überzeugt: ›Keine Spur!... Trotzki ist kein Jude. Trotzki ist ein Kämpfer!... Er ist unser... Ein Russe... Lenin, ja, der Kommunist... ein Jude; aber Trotzki ist unser... Ein Kämpfer... Ein Russe... Der ist unser!‹«
Ein ähnliches Motiv kann man bei Babel, dem begabtesten unter unseren jungen Schriftstellern, in seiner ›Reiterarmee‹ finden. Die Frage meines Judentums bekam erst mit Beginn der politischen Hetze gegen mich Bedeutung. Der Antisemitismus erhob das Haupt gleichzeitig mit dem Antitrotzkismus. Beide nähren sich aus der gleichen Quelle: der kleinbürgerlichen Reaktion gegen den Oktober.

Verhandlungen in Brest

Das Dekret über den Frieden war vom Kongreß am 26. Oktober angenommen worden, als sich in unseren Händen nur Petrograd befand. Am 7. November wandte ich mich radiotelegraphisch an die Staaten der Entente und an die Mittelmächte mit dem Vorschlag, einen allgemeinen Frieden zu schließen. Die Regierungen der Alliierten ließen durch ihre Agenten dem Oberkommandierenden, General Duchonin, erklären, daß weitere Schritte auf dem Wege der Separatfriedensverhandlungen die ›schwersten Folgen‹ nach sich ziehen würden. Ich beantwortete diese Drohung mit einem Aufruf an alle Arbeiter, Soldaten und Bauern. Der Sinn des Aufrufs lautete kategorisch: Wir haben unsere Bourgeoisie nicht deshalb niedergeworfen, damit unsere Armee ihr Blut unter der Peitsche der ausländischen Bourgeoisie vergießt. Am 22. November unterschrieben wir das Abkommen über die Einstellung der Kriegshandlungen auf der ganzen Front, vom Baltischen bis zum Schwarzen Meer. Wir wandten uns erneut an die Alliierten mit dem Vorschlag, zusammen mit uns Friedensverhandlungen zu führen. Wir erhielten keine Antwort, aber es folgten auch keine Drohungen. Einiges hatten die Regierungen der Entente inzwischen doch begriffen. Die Friedensverhandlungen begannen am 9. Dezember, anderthalb Monate nach Annahme des Dekrets über den Frieden: eine ausreichende Frist für die Ententeländer, ihre Stellung zu dieser Frage präzisieren zu können. Unsere Delegation brachte gleich bei Beginn eine programmatische Erklärung über die Grundlagen eines demokratischen Friedens an. Die gegnerische Seite verlangte eine Unterbrechung der Sitzungen. Die Wiederaufnahme der Arbeiten wurde weiter und weiter verschoben. Die Delegationen des Vierbundes hatten bei der Formulierung der Antwort auf unsere Deklaration allerhand innere Schwierigkeiten zu überwinden. Am 25. wurde die Antwort erteilt. Die Regierungen des Vierbundes hatten sich der demokratischen Friedensformel: ohne Annexionen und Kontributionen auf der Grundlage des Selbstbestimmungsrechts der Völker, ›angeschlossen‹. Am 28. Dezember fand in Petrograd eine riesige Demonstration zu Ehren des demokratischen Friedens statt. Ohne der deutschen Antwort zu vertrauen, hatten die Massen sie doch als einen gewaltigen moralischen Sieg der Revolution aufgenommen. Am nächsten Morgen brachte unsere Delegation aus Brest-Litowsk jene ungeheuerlichen Forderungen, die Kühlmann im Namen der Mittelmächte gestellt hatte. »Für die Verschleppung der Verhandlungen ist ein Verschlepper nötig«, sagte Lenin. Auf sein Drängen hin begab ich mich nach Brest-Litowsk. Ich gestehe, ich fuhr hin wie zu einer Folter. Das Milieu fremder und ferner Menschen hat mich stets geschreckt, hier ganz besonders. Ich kann jene Revolutionäre absolut nicht verstehen, die gern Botschafter werden und im neuen Milieu wie ein Fisch im Bassin schwimmen.

Die erste Sowjetdelegation mit Joffe an der Spitze war in Brest-Litowsk von allen Seiten hofiert worden. Der bayerische Prinz Leopold empfing sie als seine ›Gäste‹. Zu Mittag und zu Abend aßen alle Delegationen gemeinsam. General Hoffmann mußte, sicher nicht ohne Interesse, auf die Genossin Bizenko blicken, die ehemals den General Sacharow ermordete. Die Deutschen setzten sich in gemischter Reihe mit den Unsrigen und waren bestrebt, ›freundschaftlich‹ das, was sie brauchten, herauszuangeln. Zu der ersten russischen Delegation gehörten ein Arbeiter, ein Bauer und ein Soldat. Das waren zufällige Figuren, die solchen Intrigen nicht gewachsen waren. Den alten Bauern pflegte man beim Mittag sogar etwas betrunken zu machen.

Der Stab des Generals Hoffmann gab für Gefangene eine Zeitung ›Rußki Westnik‹ (›Russischer Bote‹) heraus, die in der ersten Zeit über die Bolschewiki nicht anders als mit rührender Sympathie sprach. »Unsere Leser«, erzählte General Hoffmann den russischen Gefangenen, »fragen uns, wer ist Trotzki?« Verzückt erzählte er ihnen von meinem Kampf gegen den Zarismus und von meinem deutschen Buche ›Rußland in der Revolution‹. »Die ganze revolutionäre Welt war über seine gelungene Flucht begeistert!« und weiter: »Als der Zarismus niedergerungen war, setzten die geheimen Freunde des Zarismus Trotzki bald nach seiner Rückkehr aus der langjährigen Verbannung wieder ins Gefängnis.« Kurz, es gab keine glühenderen Revolutionäre als Leopold von Bayern und Hoffmann von Preußen. Dieses Idyll dauerte nicht lange. In der Sitzung der Brester Konferenz vom 7. Februar, die am allerwenigsten einem Idyll ähnlich sah, bemerkte ich rückschauend: »Wir sind bereit, jene verfrühten Komplimente zu bedauern, welche die offizielle deutsche und österreichisch-ungarische Presse an unsere Adresse gerichtet hat. Sie waren für einen erfolgreichen Verlauf

der Friedensverhandlungen absolut nicht erforderlich.«
Die Sozialdemokratie war auch in dieser Frage nur ein Schatten der hohenzollerischen und der habsburgischen Regierungen. Scheidemann, Ebert und andere versuchten anfangs, uns gönnerhaft auf die Schulter zu klopfen. Die Wiener ›Arbeiter-Zeitung‹ schrieb am 15. Dezember pathetisch, daß das ›Duell‹ zwischen Trotzki und Buchanan ein Symbol des großen Kampfes unserer Zeit sei: »des Kampfes des Proletariats gegen das Kapital«. In jenen Tagen, als Kühlmann und Czernin die russische Revolution an die Gurgel packten, sahen die Austromarxisten nur das ›Duell‹ zwischen Trotzki und... Buchanan. Man kann noch heute nicht ohne Ekel an diese Heuchelei zurückdenken. »Trotzki«, schrieben die habsburgischen Marxisten, »ist der Bevollmächtigte des Friedenswillens der russischen Arbeiterklasse, die bestrebt ist, die vergoldete Eisenkette, an die sie das englische Kapital geschmiedet hat, zu zerreißen.« Die Führer der Sozialdemokratie hatten sich freiwillig an die Kette des deutsch-österreichischen Kapitals begeben und halfen ihrer Regierung, diese Kette gewaltsam der russischen Revolution anzulegen. Wenn mir oder Lenin während der schwierigsten Augenblicke in Brest der Berliner ›Vorwärts‹ oder die Wiener ›Arbeiter-Zeitung‹ vor die Augen kamen, zeigten wir einander die mit Bleistift angestrichenen Zeilen schweigend, sahen uns flüchtig an und wandten die Augen ab mit einem unbeschreiblichen Gefühl der Scham für diese Herren, die doch immerhin noch gestern unsere Genossen in der Internationale gewesen waren. Wer mit klarem Bewußtsein durch diese Periode hindurchging, hat es für immer begriffen, daß die Sozialdemokratie, wie auch die Schwankungen der politischen Konjunktur sein mögen, historisch tot ist.
Um dieser deplacierten Maskerade ein Ende zu machen, stellte ich in unserer Presse die Frage, ob denn der deutsche Stab nicht den deutschen Soldaten auch etwas über Karl Liebknecht und Rosa Luxemburg erzählen möchte? Zu diesem Thema erließen wir einen Aufruf an die deutschen Soldaten. Der ›Bote‹ des Generals Hoffmann verlor die Sprache. Gleich nach meiner Ankunft in Brest erhob der General Protest gegen unsere Propaganda unter den deutschen Truppen. Ich lehnte Gespräche über dieses Thema ab und schlug dem General vor, seine eigene Propaganda unter den russischen Truppen fortzusetzen: die Bedingungen wären die gleichen, ein Unterschied bestehe nur im Charakter der Propaganda. Ich erinnerte bei dieser Gelegenheit daran, daß die Unähnlichkeit unserer Ansichten über nicht unwichtige Fragen längst bekannt und sogar von einem deutschen Gericht bestätigt sei, das mich während des Krieges in meiner Abwesenheit zu Gefängnis verurteilte. Eine solche taktlose Erinnerung machte den Eindruck eines großen Skandals. Einigen Würdenträgern stockte der Atem. Kühlmann (sich an Hoffmann wendend): »Wünschen Sie das Wort?« Hoffmann: »Nein, genug!«

In der Eigenschaft des Vorsitzenden der Sowjetdelegation beschloß ich, die familiären Beziehungen schroff abzubrechen, die in der ersten Periode sich unmerklich eingestellt hatten. Durch unsere Militärs gab ich zu verstehen, daß ich nicht die Absicht hätte, mich dem bayerischen Prinzen vorzustellen. Das wurde zur Kenntnis genommen. Ich verlangte getrennte Mittag- und Abendessen, indem ich mich darauf berief, daß wir uns in den Pausen beraten müßten. Auch das wurde stillschweigend angenommen. Am 7. Januar trägt Czernin in sein Tagebuch ein: »Am Vormittag sind die ganzen Russen unter Führung Trotzkis angekommen. Sie haben sofort sagen lassen, sie bitten zu entschuldigen, wenn sie nicht mehr zu den gemeinsamen Mahlzeiten erscheinen. Auch sonst sieht man sie nicht, und es scheint ein wesentlich anderer Wind zu wehen als das letzte Mal.« Die heuchlerisch-freundschaftlichen Beziehungen wurden durch trocken offizielle ersetzt. Das war um so zeitgemäßer, als man von den akademischen Präliminarien zu konkreten Fragen des Friedensvertrages übergehen mußte.

Kühlmann war ein größerer Kopf als Czernin und vielleicht auch als die übrigen Diplomaten, mit denen zusammenzutreffen ich in den Nachkriegsjahren Gelegenheit hatte. Man merkte ihm Charakter an, einen nicht gewöhnlichen praktischen Geist und einen genügenden Vorrat an Bosheit, die sich nicht nur gegen uns äußerte – hier stieß er auf Widerstand –, sondern auch gegen seine teuren Verbündeten. Als Kühlmann bei der Beratung der Frage über die von den Truppen okkupierten Territorien sich aufrichtete und mit erhobener Stimme sagte: »*Unser* deutsches Territorium ist Gott sei Dank von niemand okkupiert«, sank Graf Czernin plötzlich zusammen und wurde grün und gelb. Kühlmann hatte direkt auf ihn gezielt. Ihre Beziehungen erinnerten am allerwenigsten an eine ungetrübte Freundschaft. Später, als das Gespräch auf Persien überging, das auf zwei Seiten durch ausländische Truppen besetzt war, machte ich die Bemerkung, dieses Land gäbe keinem von uns Anlaß zur frommen Schadenfreude darüber, daß Persien und nicht unser eigenes Land okkupiert sei, da es ja nicht, wie Österreich-Ungarn, mit jemand verbündet sei. Czernin sprang direkt hoch und rief: »Unerhört!« Scheinbar bezog sich der Ausruf auf mich, in Wirklichkeit aber auf Kühlmann. Solcher Episoden gab es nicht wenige.

Wie ein guter Schachspieler, der gezwungen ist, lange Zeit mit schwachen Gegnern zu spielen, allmählich selbst nachläßt, so war auch Kühlmann, der sich während des Krieges ausschließlich im Kreise seiner österreichisch-ungarischen, türkischen, bulgarischen und neutralen diplomatischen Vasallen bewegt hatte, anfangs geneigt, seine revolutionären Gegner zu unterschätzen und das Spiel leicht zu nehmen. Er versetzte mich häufig, besonders in der ersten Zeit, in Erstaunen durch die Primitivität seiner Kunstgriffe und die Verständnislosigkeit für die Psychologie der Gegner.

Nicht ohne heftige und unangenehme Erregung ging ich zur ersten Zusammenkunft mit den Diplomaten. Im Vorzimmer bei dem Garderobenständer stieß ich mit Kühlmann zusammen. Ich kannte ihn nicht. Er stellte sich selbst vor und fügte dabei gleich hinzu, daß er ›sehr froh‹ sei über meine Ankunft; denn es sei besser, mit dem Herrn als mit dessen Abgesandten zu tun zu haben. Sein Mienenspiel bewies, wie zufrieden er mit diesem ›feinen‹, auf die Psychologie eines Parvenüs berechneten Schachzug war. Ich hatte das Gefühl, als wäre ich in Schmutz getreten. Ich zuckte sogar unwillkürlich einen Schritt zurück. Kühlmann begriff seinen Fauxpas, er gab sich einen Ruck und wurde sofort trockener. Das hinderte ihn aber nicht, in meiner Gegenwart dieselbe Methode dem Haupt der türkischen Delegation, einem alten Hofdiplomaten, gegenüber anzuwenden. Als er mir seine Kollegen vorstellte, wartete Kühlmann ab, bis das Haupt der türkischen Delegation sich einen Schritt entfernt hatte, um mir vertraulich, aber offenbar darauf berechnet, daß es der andere noch höre, halblaut zuzuflüstern: »Das ist der beste Diplomat Europas.« Als ich das Joffe erzählte, sagte er mir lachend: »Bei der ersten Begegnung mit mir hat Kühlmann genau dasselbe gemacht.« Es sah ganz so aus, als ob Kühlmann dem ›besten Diplomaten‹ eine platonische Kompensation für irgendwelche unplatonische Erpressungen erteilen wollte. Es ist möglich, daß Kühlmann damit eine Nebenabsicht verfolgte, nämlich Czernin zu verstehen zu geben, er halte ihn keinesfalls für den – nach ihm, Kühlmann – besten Diplomaten. Nach den Worten Czernins hatte ihm Kühlmann am 28. Dezember gesagt: »Der Kaiser ist der einzige vernünftige Mensch in ganz Deutschland.« Es ist anzunehmen, daß diese Worte nicht so sehr für Czernin als für den Kaiser selbst bestimmt waren. In der Wiedergabe von Lobhudeleien an eine bestimmte Adresse erwiesen die Diplomaten ohne Zweifel einander Dienste. Flattez, flattez, il en restera toujours quelque chose.

Mit diesem Kreis Menschen kam ich hier zum erstenmal von Angesicht zu Angesicht zusammen. Es ist unnötig zu sagen, daß ich mir auch früher keine Illusionen in bezug auf sie gemacht hatte. Ich vermutete längst, daß es nicht Götter sind, die die Töpfe brennen. Aber immerhin, ich gebe zu, ich hatte mir das Niveau höher vorgestellt. Den Eindruck der ersten Begegnung könnte ich mit den Worten formulieren: Diese Menschen schätzen die anderen sehr billig ein, aber auch sich selbst nicht sehr teuer.

Es ist nicht überflüssig, in diesem Zusammenhang folgende Episode zu erzählen. Auf Initiative von Victor Adler, der sich in jenen Tagen auf jede Weise bemühte, mir seine persönliche Sympathie zu bezeugen, erbot sich Graf Czernin so nebenbei, meine Bibliothek, die zu Beginn des Krieges in Wien geblieben war, nach

Moskau zu schicken. Die Bibliothek hatte einen gewissen Wert, da ich in den langen Jahren der Emigration eine umfangreiche Kollektion russischer revolutionärer Literatur gesammelt hatte. Kaum daß ich Zeit gefunden, mich bei dem Diplomaten zurückhaltend zu bedanken, als er mich schon bat, meine Aufmerksamkeit zwei österreichischen Kriegsgefangenen zuzuwenden, die bei uns angeblich schlecht behandelt würden. Der direkte, und ich würde sagen, unterstrichene Übergang von der Bibliothek zu den Gefangenen – die Rede war natürlich nicht von Soldaten, sondern von Offizieren aus den Czernin nahestehenden Kreisen – erschien mir zu formlos. Ich antwortete trocken, daß ich, falls die Informationen Czernins über die Gefangenen zutreffen sollten, pflichtgemäß alles Nötige tun würde, daß aber diese Frage in keinem Zusammenhang mit meiner Bibliothek stehe. In seinen Memoiren gibt Czernin diese Episode ziemlich getreu wieder, wobei er keinesfalls bestreitet, daß er versucht habe, die Frage der Gefangenen mit der der Bibliothek zu verknüpfen; im Gegenteil, es schien ihm offenbar ganz in der Ordnung zu sein. Seine Erzählung beendet er mit dem doppelsinnigen Satz: »Die Bibliothek will er haben.« Mir bleibt nur hinzuzufügen übrig, daß ich die Bibliothek sofort nach Empfang einer wissenschaftlichen Institution in Moskau überwies.
Historische Umstände hatten es so gefügt, daß die Delegierten des revolutionärsten Regimes, das die Menschheit je gekannt hat, an einem Tisch sitzen mußten mit den diplomatischen Vertretern der allerreaktionärsten Kaste unter allen regierenden Klassen. Wie sehr unsere Gegner die Explosivkraft der Verhandlungen mit den Bolschewiki fürchteten, beweist die Tatsache, daß sie eher bereit waren, die Verhandlungen abzubrechen, als sie in ein neutrales Land zu verlegen. In seinen Erinnerungen sagt Czernin ganz offen, daß die Bolschewiki in einem neutralen Lande mit Hilfe ihrer internationalen Freunde die Zügel unvermeidlich in ihre Hände bekommen hätten. Offiziell berief sich Czernin darauf, daß in einer neutralen Umgebung England und Frankreich sofort ihre Intrigen »offen und hinter den Kulissen« entfalten würden. Ich antwortete ihm, daß unsere Politik überhaupt ohne Kulissen auskomme, da das russische Volk dieses Instrument der alten Diplomatie neben vielen anderen Dingen durch seinen siegreichen Aufstand vom 25. Oktober radikal abgeschafft habe. Aber wir waren gezwungen, uns dem Ultimatum zu beugen und in Brest-Litowsk zu bleiben.
Mit Ausnahme einiger Gebäude, die abseits von der alten Stadt standen und vom deutschen Stab besetzt waren, existierte Brest-Litowsk eigentlich nicht mehr. Die Stadt war von den zurückflutenden zaristischen Truppen in ohnmächtiger Wut niedergebrannt worden. Wohl gerade darum hatte Hoffmann hier seinen Stab untergebracht, um ihn leichter in der Faust halten zu können. Die Umgebung wie die Ernährung zeichneten sich durch Einfachheit

aus. Die Bedienung bestand aus deutschen Soldaten. Wir waren für sie die Boten des Friedens, und sie blickten hoffnungsvoll auf uns. Um die vom Stab besetzten Gebäude war nach verschiedenen Richtungen ein hoher Zaun aus Stacheldraht gezogen. Während des Morgenspazierganges stieß ich auf solche Aufschriften: »Ein Russe, der hier angetroffen wird, wird erschossen.« Das bezog sich auf die Gefangenen. Ich fragte mich, ob sich diese Aufschrift nicht auch auf mich beziehe – auch wir waren hier halb in Gefangenschaft –, und machte kehrt. Durch Brest ging eine vorzügliche strategische Chaussee hindurch. Wir unternahmen in den ersten Tagen Spazierfahrten in Stabsautomobilen. Ein Mitglied unserer Delegation bekam dabei einen Konflikt mit einem deutschen Unteroffizier. Hoffmann beklagte sich darüber bei mir in einem Brief. Ich antwortete ihm, daß wir fernerhin auf die Benutzung der uns zur Verfügung gestellten Automobile dankend verzichteten.
Die Verhandlungen zogen sich hin. Sowohl wir wie unsere Gegner mußten über eine direkte Leitung mit den jeweiligen Regierungen Verbindung unterhalten. Die Leitung versagte nicht selten. Ob es wirklich immer physische Ursachen hatte oder ob es nicht nur angebliche Störungen waren, hervorgerufen durch die Absicht der Gegner, Zeit zu gewinnen, konnten wir nicht nachprüfen. Die Sitzungen wurden häufig unterbrochen, manchmal auf einige Tage. Während einer solchen Unterbrechung machte ich eine Reise nach Warschau. Die Stadt lebte unter dem deutschen Bajonett. Das Interesse der Bevölkerung für die Sowjetdiplomaten war sehr groß, wurde aber nur vorsichtig geäußert: niemand wußte, wie das alles enden würde.
Die Verschleppung der Verhandlungen lag auch in unserem Interesse. Zu diesem Zwecke war ich ja eigentlich nach Brest gefahren. Ich kann mir jedoch kein Verdienst in dieser Sache zuschreiben. Meine Partner halfen mir soviel sie nur konnten. »Man hat hier Zeit«, trägt Czernin melancholisch in sein Tagebuch ein. »Einmal sind die Türken nicht fertig, dann wieder die Bulgaren, dann ziehen sich die Russen zurück – und die Sitzung wird wieder verschoben oder, kaum begonnen, abgebrochen.« Die Österreicher begannen ihrerseits die Verhandlungen hinauszuziehen, als sie auf Schwierigkeiten von seiten der ukrainischen Delegation stießen. Das hinderte selbstverständlich Kühlmann und Czernin nicht im geringsten, öffentlich ausschließlich die russische Delegation der Verschleppung zu beschuldigen, wogegen ich energisch, aber vergeblich protestierte.
Von den plumpen Komplimenten der offiziösen deutschen Presse an die Adresse der Bolschewiki – außer den illegalen Flugblättern trug damals die gesamte Presse einen offiziösen Charakter – blieb gegen Ende der Verhandlungen keine Spur mehr übrig. Die ›Tägliche Rundschau‹ zum Beispiel beklagte sich nicht nur darüber, daß »Trotzki sich in Brest-Litowsk ein Katheder geschaffen hat, von

dem aus seine Stimme in der ganzen Welt ertönt«, und forderte, dem schnellstens ein Ende zu machen, sondern sie erklärte auch direkt, daß »weder Lenin noch Trotzki den Frieden wollen, der ihnen aller Wahrscheinlichkeit nach den Galgen oder das Gefängnis verspricht«. Nicht viel anders war der Ton der sozialdemokratischen Presse. Die Scheidemann, Ebert und Stampfer sahen unsere Hauptschuld darin, daß wir mit der deutschen Revolution rechneten. Diese Herren waren weit von dem Gedanken entfernt, daß die Revolution sie in wenigen Monaten am Kragen packen und an die Macht stellen würde.

Nach einer langen Pause las ich mit großem Interesse in Brest wieder deutsche Zeitungen, in denen die Brester Verhandlungen einer sehr sorgfältigen und tendenziösen Bearbeitung unterworfen wurden. Aber die Zeitungen allein füllten die freie Zeit nicht aus. Ich beschloß, die aufgezwungene Muße, die, wie vorauszusehen war, nicht bald wiederkehren würde, weitestgehend auszunutzen. Mit uns waren einige gute Stenotypistinnen aus dem Büro der alten Reichsduma. Ich diktierte ihnen aus dem Gedächtnis einen geschichtlichen Umriß der Oktoberrevolution. So entstand nach einigen Diktatstunden ein ganzes Buch, das vor allem für die ausländischen Arbeiter bestimmt war. Die Notwendigkeit, ihnen das Vorgefallene zu erklären, war zu gebieterisch. Ich hatte mit Lenin nicht selten darüber gesprochen, aber keiner von uns fand einen freien Augenblick. Am wenigsten hatte ich erwartet, daß Brest für mich eine Stätte für literarische Arbeiten werden würde. Lenin war buchstäblich glücklich, als ich ein fertiges Manuskript über die Oktoberrevolution mitbrachte. Wir sahen beide in dieser Schrift ein bescheidenes Pfand der kommenden revolutionären Revanche für den schweren Frieden. Das Büchlein war bald in ein Dutzend europäischer und asiatischer Sprachen übersetzt. Obgleich alle Parteien der Komintern, beginnend mit der russischen, das Buch in unzähligen Exemplaren herausgegeben haben, hinderte das die Epigonen nicht, nach 1923 die Arbeit als ein bösartiges Produkt des Trotzkismus zu erklären. Zur Zeit steht sie auf dem Stalinschen Index. In dieser nebensächlichen Episode äußert sich eine der vielen ideologischen Vorbereitungen des Thermidors. Für dessen Sieg ist es vor allem notwendig, die Nabelschnur des Oktobererbes zu durchschneiden...

Die Diplomaten der gegnerischen Seite fanden ebenfalls Mittel, die anhaltenden Mußestunden in Brest auszufüllen. Graf Czernin fuhr, wie wir aus seinem Tagebuch erfahren, nicht nur zur Jagd, sondern er erweiterte seinen Horizont auch durch Lektüre von Memoiren aus der Epoche der Französischen Revolution. Er verglich die Bolschewiki mit den Jakobinern und versuchte auf diesem Wege zu tröstlichen Schlußfolgerungen zu gelangen. Der habsburgische Diplomat schreibt: »Charlotte Corday hat gesagt: Nicht einen Menschen, sondern eine wilde Bestie habe ich getötet. – Verschwinden werden diese Bolschewiki wieder, und wer weiß, ob sich nicht eine Corday für Trotzki finden wird.« Ich habe in jenen Tagen die seligmachenden Meditationen des gottesfürchtigen Grafen natürlich nicht gekannt. Doch glaube ich gern an ihre Aufrichtigkeit.

Es mag auf den ersten Blick unbegreiflich erscheinen, womit eigentlich die deutsche Diplomatie rechnete, als sie am 25. Dezember ihre demokratischen Formeln verkündete, um schon nach wenigen Tagen ihren Wolfshunger zu zeigen. Die hauptsächlich auf die Initiative von Kühlmann entstandenen theoretischen Auseinandersetzungen über nationale Selbstbestimmung mußten für die deutsche Regierung zumindest riskant sein. Daß die Diplomatie der Hohenzollern auf diesem Wege sich keine besonderen Lorbeeren holen konnte, mußte ihr von vornherein klar sein. Kühlmann suchte um jeden Preis nachzuweisen, daß die Aneignung Polens, Litauens, der Ostseeprovinzen und Finnlands seitens der Deutschen nichts anderes darstelle als eine Form der ›Selbstbestimmung‹ dieser Völker, deren Wille zum Ausdruck komme durch ›nationale‹ Organe, die von den ... deutschen Okkupationsbehörden geschaffen worden waren. Das zu beweisen war nicht leicht. Aber Kühlmann streckte die Waffen nicht. Nachdrücklich befragte er mich, ob ich denn nicht bereit sei, zum Beispiel den Nizam von Haidarabad als den Träger des Volkswillens der Inder anzuerkennen? Ich antwortete ihm, daß sich zuallererst die britischen Truppen aus Indien entfernen müßten und daß dann der ehrwürdige Nizam wohl keine vierundzwanzig Stunden auf den Beinen bleiben würde. Kühlmann zuckte unhöflich mit den Schultern. General Hoffmann räusperte sich, daß es durch den ganzen Saal klang. Der Übersetzer übersetzte. Die Stenotypistinnen schrieben. Die Debatten zogen sich endlos hin.

Das Geheimnis des Verhaltens der deutschen Diplomatie bestand darin, daß Kühlmann sicherlich im voraus von unserer Bereitschaft, mit ihm vierhändig zu spielen, fest überzeugt war. Er hatte sich dabei etwa folgendes gedacht: Die Bolschewiki haben die Macht dank ihrem Kampfe um den Frieden bekommen. Sie können die Macht nur unter der Bedingung des Friedensabschlusses behalten. Zwar sind sie an die demokratischen Friedensbedingungen gebunden, aber wozu gibt es auf der Welt Diplomaten? Er, Kühlmann, wird den Bolschewiki ihre revolutionären Formeln in einer anständigen diplomatischen Übersetzung wiedergeben, die Bolschewiki werden ihm dafür die Möglichkeit bieten, auf verschleierte Art Provinzen und Völker zu erobern. Die deutsche Beute wird vor den Augen der ganzen Welt die Sanktion der russischen Revolution erhalten. Die Bolschewiki aber werden einen Frieden haben. Kühlmann war zu seinem Irrtum nicht ohne Mitwirkung unserer Liberalen, Menschewiki und Narodniki gekommen, die die Brester Verhandlungen rechtzeitig als eine Komödie

mit verteilten Rollen geschildert hatten.
Nachdem wir mehr als unzweideutig unseren Brester Partnern gezeigt hatten, daß es sich für uns nicht um eine heuchlerische Verschleierung irgendwelcher Abmachungen hinter den Kulissen handele, sondern um die Prinzipien des Zusammenlebens der Völker, empfand Kühlmann, durch seine Voraussetzungen bereits gebunden, unser Verhalten fast als Bruch eines stillschweigenden Übereinkommens, das aber nur in seiner Einbildung existiert hatte. Er wollte den Boden der demokratischen Prinzipien vom 25. Dezember nicht verlassen. Vertrauend seinen nicht unbedeutenden kasuistischen Fähigkeiten, hoffte er der Welt beweisen zu können, daß Weiß sich in nichts von Schwarz unterscheidet. Graf Czernin sekundierte Kühlmann sehr plump und übernahm es im Auftrage des letzteren, in allen kritischen Momenten die schroffsten und zynischsten Erklärungen abzugeben. Damit hoffte er seine Schwäche zu verdecken. General Hoffmann dagegen brachte eine erfrischende Note in die Verhandlungen hinein. Ohne jegliche Sympathie für diplomatische List, legte der General einige Male seinen Soldatenstiefel auf den Tisch, um den herum sich die Debatten entwickelten. Wir unsererseits zweifelten keinen Augenblick daran, daß gerade der Stiefel des Generals Hoffmann die einzige ernste Realität bei diesen Verhandlungen darstellte.
Manchmal allerdings drang der General auch in rein politische Debatten ein. Aber er tat das auf seine Art. Aufgebracht über die ausgedehnten Redereien vom Selbstbestimmungsrecht der Völker, erschien er eines schönen Morgens – es war am 14. Januar – mit einer Aktentasche, die vollgestopft war mit russischen Zeitungen, hauptsächlich sozialrevolutionärer Richtung. Hoffmann las frei russisch. In kurzen, abgehackten Sätzen, halb zänkisch, halb kommandierend, beschuldigte der General die Bolschewiki der Unterdrückung der Press- und Versammlungsfreiheit und der Verletzung der Prinzipien der Demokratie; wohlwollend zitierte er die Artikel der russischen terroristischen Partei, die seit dem Jahre 1902 nicht wenige russische Gesinnungsgenossen Hoffmanns ins Jenseits befördert hat. Entrüstet warf der General uns vor, daß unsere Regierung sich auf Gewalt stütze. Das klang aus seinem Munde wahrhaft großartig. Czernin trug in sein Tagebuch ein: »Hoffmann hat seine unglückliche Rede gehalten. Seit Tagen laborierte er daran und war auf den Erfolg sehr stolz.« Ich antwortete Hoffmann, daß sich in einer Klassengesellschaft jede Regierung auf Gewalt stütze. Der Unterschied bestehe nur darin, daß General Hoffmann Repressalien zur Verteidigung der großen Besitzer anwende, wir zur Verteidigung der Werktätigen. Für einige Augenblicke verwandelte sich die Konferenz in einen marxistischen Propagandaklub für Anfänger. »Was die Regierung der anderen Länder an unseren Handlungen verblüfft und abstößt«, sagte ich, »ist die Tatsache, daß wir nicht Streikende, sondern Kapitalisten ver-

haften, die die Arbeiter aussperren; ist die Tatsache, daß wir Bauern, die Land fordern, nicht niederschießen, sondern die Gutsbesitzer und die Offiziere verhaften, welche den Versuch machen, die Bauern niederzuschießen.« Hoffmanns Gesicht verfärbte sich dunkelrot. Nach jeder solchen Episode fragte Kühlmann mit schadenfroher Liebenswürdigkeit den General Hoffmann, ob er zu dem angeschnittenen Thema sich noch äußern möchte. Der General antwortete kurz: »Nein, genug!« und schaute zornig zum Fenster hinaus. In Gesellschaft dieser Diplomaten, Generale und Admirale der Hohenzollern, Habsburger, Koburger und des Sultans bekamen die Diskussionen über die Rolle der revolutionären Gewaltanwendung ein unvergleichliches Aroma. Einige der titel- und ordensgeschmückten Herren taten während der Verhandlungen nichts anderes, als verständnislos die Augen von mir zu Kühlmann oder Czernin wandern zu lassen. Sie wollten, daß ihnen um Gottes willen jemand erkläre: Wie ist das alles zu verstehen? Hinter den Kulissen machte ihnen Kühlmann sicherlich klar, daß unser Dasein nach Wochen gezählt sei und daß man diese kurze Frist für den Abschluß eines ›deutschen‹ Friedens ausnutzen müsse, dessen Folgen die Erben der Bolschewiki zu tragen haben würden.
Auf dem Gebiete der prinzipiellen Debatten war meine Position um soviel vorteilhafter als die Position Kühlmanns, wie die Position des Generals Hoffmann auf dem Gebiete der militärischen Tatsachen vorteilhafter war als die meinige. Aus diesem Grunde drängte der General ungeduldig, alle Fragen auf das Gebiet des militärischen Kräfteverhältnisses zu bringen, während hingegen Kühlmann vergeblich bestrebt war, dem auf der Kriegskarte basierenden Frieden den Schein eines auf irgendwelchen edleren Prinzipien aufgebauten Friedens zu geben. Um die Bedeutung der Hoffmannschen Erklärungen abzuschwächen, sagte Kühlmann einmal, der Soldat sei gezwungen, sich kräftiger auszudrücken als der Diplomat. Ich antwortete: »Wir, Mitglieder der russischen Delegation, gehören nicht zur diplomatischen Schule, sondern wir können eher als Soldaten der Revolution gelten und zögen deshalb die grobe Sprache des Soldaten vor.« Man muß übrigens sagen, daß die diplomatische Höflichkeit Kühlmanns eine sehr bedingte war. Die Aufgabe, die er sich gestellt hatte, war ohne unsere Hilfe offensichtlich undurchführbar. Und gerade diese Hilfe fehlte. »Wir sind Revolutionäre«, erklärte ich Kühlmann, »aber auch Realpolitiker, und wir ziehen es vor, offen von Annexionen zu sprechen, als den wahren Namen durch ein Pseudonym zu ersetzen.« Es ist darum nicht verwunderlich, daß Kühlmann mitunter die diplomatische Maske fallen ließ und wütete. Ich erinnere mich noch jetzt an die Intonation, mit der er sagte, Deutschland sei aufrichtig bereit, die freundschaftlichen Beziehungen zu seinem *mächtigen* Ostnachbar wiederherzustellen. Das Wort ›mächtige‹ sprach er mit einem solchen herausfordernden Hohn aus, daß alle, selbst

seine Bundesgenossen, leicht erschauerten. Czernin hatte noch dazu eine tödliche Angst vor einem Abbruch der Verhandlungen. Ich hob den Handschuh auf und erinnerte wieder an das, was ich in meiner ersten Rede gesagt hatte. »Wir haben weder die Möglichkeit noch die Absicht«, sagte ich am 10. Januar, »die Tatsache zu bestreiten, daß unser Land durch die Politik der bis vor kurzem bei uns herrschend gewesenen Klassen geschwächt ist. Aber die Weltlage eines Landes wird nicht nur durch den augenblicklichen Zustand seines technischen Apparates bestimmt, sondern auch durch die in ihm enthaltenen Möglichkeiten, ähnlich, wie die wirtschaftliche Macht Deutschlands nicht allein nach dem augenblicklichen Zustand seiner Ernährungsverhältnisse eingeschätzt werden kann. Eine weitsichtige Politik stützt sich auf die Entwicklungstendenzen, auf die inneren Kräfte, die, einmal zum Leben erweckt, ihre Macht früher oder später äußern werden.«

Nicht ganz neun Monate später, am 3. Oktober 1918, sagte ich auf der Tagung des Allrussischen Exekutivkomitees, an die Brest-Litowsker Herausforderung Kühlmanns erinnernd: »In keinem von uns ist ein Tropfen Schadenfreude darüber, daß Deutschland eine gewaltige Katastrophe durchlebt.« Es ist unnötig, nachzuweisen, daß ein wesentlicher Teil dieser Katastrophe von der deutschen Diplomatie, sowohl von der militärischen wie von der zivilen, in Brest-Litowsk vorbereitet wurde.

Je präziser wir unsere Fragen formulierten, um so größer wurde das Übergewicht Hoffmanns über Kühlmann. Sie hatten bereits aufgehört, ihren Antagonismus zu verbergen, besonders der General. Als ich in meiner Antwort auf seine üble Attacke, ohne Hintergedanken, die deutsche Regierung erwähnte, unterbrach mich Hoffmann mit vor Wut heiserer Stimme: »Ich vertrete hier nicht die deutsche Regierung, sondern das deutsche Oberkommando.« Das klang wie das Klirren von zerbrechendem Glas. Ich ließ die Augen über meine Partner auf der anderen Seite des Tisches wandern. Kühlmann saß mit einem entstellten Gesicht da und schaute unter den Tisch. Auf Czernins Gesicht kämpfte Verlegenheit mit Schadenfreude. Ich antwortete, daß ich mich nicht für berufen halte, die gegenseitigen Beziehungen zwischen der Regierung des Deutschen Reiches und seinem Oberkommando zu beurteilen, daß ich aber nur bevollmächtigt sei, mit der Regierung Verhandlungen zu führen. Mit Zähneknirschen nahm Kühlmann meine Erklärung auf und schloß sich ihr an.

Es wäre selbstverständlich naiv gewesen, die Tiefe der Meinungsverschiedenheiten zwischen Diplomatie und Kommando zu überschätzen. Kühlmann versuchte zu beweisen, daß die besetzten Gebiete durch ihre bevollmächtigten Nationalorgane ihre ›Selbstbestimmung‹ bereits zugunsten Deutschlands getroffen hätten. Hoffmann seinerseits erklärte, daß es in den besetzten Gebieten an bevollmächtigten Organen fehle, so könne keine Rede von der Zurückziehung der deutschen Truppen sein. Die Argumente waren diametral entgegengesetzter Natur, die praktische Schlußfolgerung jedoch die gleiche. Im Zusammenhang mit dieser Frage ließ sich Kühlmann auf einen Kniff ein, der im ersten Augenblick unwahrscheinlich anmuten mag. In der durch v. Rosenberg auf eine Reihe von uns aufgestellter Fragen schriftlich gegebenen Antwort war gesagt worden, daß die deutschen Truppen bis zur Beendigung des Krieges an der Westfront aus den besetzten Gebieten nicht zurückgezogen werden könnten. Daraus zog ich den Schluß, daß sie *nach* Beendigung des Krieges zurückgezogen werden würden, und verlangte eine Präzisierung der Frist. Kühlmann geriet in einen furchtbar erregten Zustand. Er hatte wohl mit der einschläfernden Wirkung seiner Formel gerechnet; mit anderen Worten, er wollte die Annexion mit Hilfe eines ... Wortspiels verschleiern. Als das mißlang, erklärte er unter Hoffmanns Mitwirkung, die Truppen würden weder *vor* noch *nach* der Beendigung des Krieges entfernt werden.

Ohne Hoffnung auf Erfolg machte ich Ende Januar den Versuch, die Zustimmung der österreichisch-ungarischen Regierung zu einer Reise nach Wien zu erhalten, um dort mit den Vertretern des österreichischen Proletariats zu verhandeln. Den größten Schreck bei dem Gedanken an eine solche Reise bekam, wie angenommen werden kann, die österreichische Sozialdemokratie. Es wurde mir selbstverständlich ein ablehnender Bescheid erteilt, der, so unwahrscheinlich das klingt, damit begründet war, daß ich keine Vollmachten für derartige Verhandlungen besäße. Ich antwortete Czernin mit folgendem Brief:

»Herr Minister! In der Anlage übersende ich Ihnen die Kopie des Schreibens des Herrn Legationsrates Graf Czakki vom 26. d. Mts., das wohl eine Antwort auf Ihr Telegramm vom 24. d. Mts. ist, und teile Ihnen hierdurch mit, daß ich die in dem Schreiben enthaltene Ablehnung meines Gesuchs um eine Einreiseerlaubnis nach Wien zum Zwecke der Verhandlung mit den Vertretern des österreichischen Proletariats im Interesse der Erreichung eines demokratischen Friedens zur Kenntnis genommen habe. Ich bin gezwungen, festzustellen, daß hinter den Erwägungen formalen Charakters in dieser Antwort sich das Bestreben verbirgt, direkte Verhandlungen zwischen den Vertretern der Arbeiter- und Bauernregierung Rußlands und dem Proletariat Österreichs zu verhindern. Was die im Schreiben enthaltene Begründung betrifft, daß mir für solche Verhandlungen die nötigen Vollmachten fehlten – ein sowohl der Form wie dem Inhalt nach unzulässiger Hinweis –, so möchte ich Sie, Herr Minister, auf die Tatsache aufmerksam machen, daß Recht, Umfang und Charakter meiner Vollmachten zu bestimmen ausschließlich meiner Regierung zusteht.«

In der letzten Periode der Verhandlungen war der Haupttrumpf in den Händen Kühlmanns und Czernins das selbständige und feindselige Auftreten der Kiewer Rada Moskau gegenüber. Ihre Führer spielten eine ukrainische Abart der Kerenskiade. Sie unterschieden sich nur wenig von ihrem großrussischen Vorbild. Vielleicht nur dadurch, daß sie noch provinzlerischer waren. Die Brester Delegierten der Rada waren von Natur aus dafür geschaffen, von einem x-beliebigen kapitalistischen Diplomaten an der Nase herumgeführt zu werden. Nicht nur Kühlmann, auch Czernin tat es mit herablassender Verachtung. Die demokratischen Einfaltspinsel fühlten den Boden unter ihren Füßen nicht mehr, als sie merkten, wie die soliden Firmen des Hohenzollern und des Habsburgers sie ernst nahmen. Sooft das Haupt der ukrainischen Delegation, Golubowitsch, seine Repliken von sich gegeben hatte und, die Schöße seines schwarzen Gehrockes sorgfältigst auseinandernehmend, sich auf den Stuhl niedersetzte, entstand die Befürchtung, er könnte vor kochender Begeisterung auf seinem Sitze zerschmelzen.

Czernin hatte die Ukrainer – wie er selbst in seinem Tagebuch erzählt – ermuntert, mit einer offen feindlichen Erklärung gegen die Sowjetdelegation aufzutreten. Die Ukrainer übertrieben es. Während einer Viertelstunde häufte ihr Redner Grobheiten und Frechheiten und brachte den gewissenhaften deutschen Übersetzer in Verlegenheit, dem es nicht leicht fiel, nach dieser Stimmgabel den Ton zu finden. Diese Szene schildernd, erzählt der habsburgische Graf von meiner Verwirrtheit, Blässe, von meinem Krampf, von den Tropfen kalten Schweißes auf meiner Stirn. Streicht man die Übertreibungen ab, so muß man doch zugeben, daß diese Szene wirklich eine der unerträglichsten war. Das Peinliche bestand jedoch gar nicht darin, wie Czernin glaubt, daß die Landsleute uns in Gegenwart der Ausländer beschimpften. Nein, unerträglich war die besessene Selbsterniedrigung der Männer, die immerhin Vertreter der Revolution waren, vor den sie verachtenden Aristokraten. Eine tiradenhafte Niedrigkeit, vor Begeisterung überschäumendes Lakaientum quollen wie eine Fontäne aus diesen unglückseligen Nationaldemokraten, die sich für einen Augenblick an die Macht gerückt fühlten. Kühlmann, Czernin, Hoffmann und die anderen atmeten gierig, wie Spieler beim Pferderennen, die auf das richtige Pferd gesetzt haben. Nach jedem Satz auf seine Gönner blickend und bei ihnen Ermunterung suchend, las der ukrainische Delegierte von seinem Papier all jene Beschimpfungen ab, welche seine Delegation in einer Kollektivarbeit von achtundvierzig Stunden vorbereitet hatte. Ja, das war eine der widerlichsten Szenen, die ich je erlebte. Aber unter dem Kreuzfeuer von Beleidigungen und schadenfrohen Blicken hatte ich keinen Augenblick daran gezweifelt, daß die diensteifrigen Lakaien bald vor die Tür gesetzt werden würden von den triumphierenden Herren, die ihrerseits den seit Jahrhunderten angestammten Platz bald würden räumen müssen.

Zur gleichen Zeit bewegten sich die revolutionären Sowjettruppen erfolgreich durch die Ukraine und bahnten sich den Weg zum Dnjepr. Und just an dem Tage, als das Geschwür ganz reif geworden war und es klar wurde, daß die ukrainischen Delegierten sich mit Kühlmann und Czernin über das Verschachern der Ukraine geeinigt hatten, besetzten die Sowjettruppen Kiew. Auf die von Radek über die direkte Leitung gestellte Frage nach der Situation in der ukrainischen Hauptstadt antwortete von einer Zwischenstation aus der deutsche Telegraphist, ohne sich im klaren zu sein, mit wem er sprach: »Kiew ist tot.« Am 7. Februar teilte ich den Delegationen der Zentralmächte das Radiotelegramm Lenins mit, daß die Sowjettruppen am 29. Januar in Kiew eingerückt seien; daß die von allen verlassene Regierung der Rada sich versteckt halte; daß das Zentralexekutivkomitee der Ukrainischen Sowjets sich als die höchste Macht im Lande proklamiert habe und nach Kiew übergesiedelt sei; daß die ukrainische Regierung die föderative Verbindung und die völlige Einheit mit Rußland auf dem Gebiete der Innen- und der Außenpolitik beschlossen habe. In der nächsten Sitzung sagte ich zu Kühlmann und Czernin, daß sie mit der Delegation einer Regierung verhandeln, deren gesamtes Territorium sich auf die Grenzen von Brest-Litowsk beschränke (nach dem Vertrag sollte diese Stadt an die Ukraine abgetreten werden). Aber die deutsche Regierung oder richtiger, das deutsche Oberkommando hatte zu dieser Zeit bereits beschlossen, die Ukraine mit deutschen Truppen zu besetzen. Die Diplomatie der Mittelmächte hatte ja nur einen Passierschein für diese Truppen besorgen sollen. Ludendorff arbeitete trefflich an der Vorbereitung der Agonie der hohenzollerischen Armee.
In jenen Tagen saß in einem deutschen Gefängnis ein Mann, den die Politiker der Sozialdemokratie des wahnsinnigen Utopismus und die Richter des Hohenzollern des Landesverrats beschuldigten. Dieser Zuchthäusler schrieb: »Das Fazit von Brest ist nicht Null, selbst wenn es jetzt zu einem brutalen Unterwerfungsfrieden kommt. Durch die russischen Delegierten wurde Brest zur weithin vernehmbaren revolutionären Tribüne. Es brachte die Entlarvung der Mittelmächte, die Entlarvung der deutschen Raubgier, Verlogenheit, Hinterlist und Heuchelei. Es hat ein vernichtendes Verdikt über die deutsche ›Mehrheits‹-Friedenspolitik gefällt, die nicht sowohl scheinheilig als vielmehr zynisch ist. Es hat in verschiedenen Ländern bedeutsame Massenbewegungen zu entfesseln vermocht. Und sein tragischer Schlußakt – die Intervention gegen die Revolution – hat jede sozialistische Fiber aufgewühlt. Es wird sich zeigen, welche Ernte den heutigen Triumphatoren aus dieser Saat reifen wird. Sie sollen ihrer nicht froh werden.« (Karl Liebknecht, Politische Aufzeichnungen aus seinem Nachlaß, Verlag Die Aktion, 1921, Seite 51.)

Der Frieden

Während des ganzen Herbstes erschienen täglich Delegierte von der Front im Petrograder Sowjet und erklärten, falls der Frieden nicht bis zum 1. November geschlossen sein sollte, so würden die Soldaten nach dem Hinterland marschieren, um mit eigenen Mitteln den Frieden zu erlangen. Das wurde die Parole der Front. Die Soldaten verließen in Massen die Schützengräben. Die Oktoberrevolution hat diese Bewegung bis zu einem gewissen Grade aufgehalten, jedoch nicht für lange Zeit.

Die Soldaten, die durch die Februarumwälzung erfahren hatten, daß sie durch die Rasputin-Bande regiert und in den niederträchtigen und sinnlosen Krieg hineingebracht worden waren, sahen keinen Grund, diesen Krieg nur darum fortzusetzen, weil sie der junge Advokat Kerenski sehr darum bat. Sie wollten nach Hause – zur Familie, zum Boden, zur Revolution, die ihnen Land und Freiheit versprach, die sie aber weiterhin hungernd in den verlausten Gräben an der Front hielt. Der sich durch die Soldaten, Arbeiter und Bauern beleidigt fühlende Kerenski nannte diese deshalb ›meuternde Sklaven‹. Er hatte nur eine Kleinigkeit mißverstanden: eine Revolution besteht eben darin, daß die Sklaven meutern und keine Sklaven mehr sein wollen.

Der Beschützer und Inspirator Kerenskis, Buchanan, ist so unvorsichtig gewesen, uns in seinen Memoiren zu erzählen, was für ihn und für seinesgleichen der Krieg und die Revolution gewesen waren. Viele Monate nach dem Oktober beschreibt Buchanan in folgenden Worten das russische Jahr 1916, das schreckliche Jahr der Niederlagen der zaristischen Armee, der Zerrüttung der Wirtschaft, des Schlangestehens, des Huckepackspiels der Regierung unter Rasputins Kommando. »In einer der herrlichsten Villen, die wir besuchten«, berichtet Buchanan über seine Reise in die Krim im Jahre 1916, »wurden wir nicht nur mit Brot und Salz auf einer silbernen Platte empfangen, sondern wir fanden bei der Abreise in unseren Autos auch Dutzende von Flaschen alten Burgunders, dessen Vorzüglichkeit ich erst besang, nachdem ich ihn beim Frühstück gekostet hatte. Es ist außerordentlich traurig, auf die glücklichen (!) Tage zurückzublicken, die in die Ewigkeit versunken sind, und an jene Armut und an jene Leiden zu denken, die das Schicksal der Menschen wurden, die uns soviel Liebenswürdigkeit und Gastfreundschaft erwiesen haben.«

Buchanan meint nicht die Leiden der Soldaten in den Schützengräben, nicht der hungrigen Mütter, die Schlange stehen mußten, sondern die Leiden der ehemaligen Besitzer der herrlichen Villen in der Krim, er gedenkt der silbernen Platten und des Burgunders. Wenn man diese unverhüllt schamlosen Zeilen liest, darf man sich sagen: Nicht umsonst hat die Oktoberrevolution ihr Gericht gehalten! Nicht umsonst hat sie nicht nur die Roma-

nows, sondern auch den Buchanan mitsamt dem Kerenski hinweggefegt.
Als ich das erste Mal, unterwegs nach Brest-Litowsk, die Front passierte, waren unsere Gesinnungsgenossen in den Schützengräben schon nicht mehr in der Lage, eine einigermaßen wirksame Protestkundgebung gegen die ungeheuerlichen Forderungen Deutschlands vorzubereiten: die Schützengräben waren fast leer. Nach den Experimenten der Buchanan und Kerenski wagte niemand, auch nur ein Wort für die Fortsetzung des Krieges auszusprechen. Frieden, Frieden um jeden Preis!... Später, als ich wieder einmal aus Brest-Litowsk nach Moskau kam, versuchte ich einem der Frontvertreter im Allrussischen Zentralexekutivkomitee zuzureden, durch eine energische Rede unsere Delegation zu unterstützen. »Unmöglich«, antwortete er, »ganz unmöglich; wir könnten nicht mehr in die Schützengräben zurückkehren, man würde uns nicht verstehen; man würde sagen, wir setzten den Betrug fort wie Kerenski...«
Die Unmöglichkeit, den Krieg weiterzuführen, war offensichtlich. In dieser Hinsicht bestand nicht der kleinste Schatten einer Meinungsverschiedenheit zwischen mir und Lenin. Mit dem gleichen Kopfschütteln schauten wir auf Bucharin, Radek und die anderen Apostel des ›revolutionären Krieges‹.
Es gab aber noch eine Frage, eine ebenso wichtige: Wie weit kann die Regierung der Hohenzollern im Kampf gegen uns gehen? In einem Briefe an einen seiner Freunde schrieb Graf Czernin in jenen Tagen, daß man mit den Bolschewiki nicht Verhandlungen führen, sondern die Truppen nach Petersburg marschieren lassen müßte, um dort Ordnung zu schaffen, – wenn die Kraft ausreichen würde. An bösem Willen fehlte es sicher nicht. Aber wird die Kraft ausreichen? Wird der Hohenzoller imstande sein, seine Soldaten marschieren zu lassen gegen die Revolution, die den Frieden will? Welche Wirkung hat die Februar- und dann die Oktoberrevolution auf die deutsche Armee ausgeübt? Wie schnell kann diese Wirkung sich zeigen? Auf diese Fragen gab es noch keine Antwort. Man mußte versuchen, sie im Verlauf der Verhandlungen zu finden. Dazu war es nötig, diese so lange wie möglich hinauszuziehen. Man mußte den europäischen Arbeitern Zeit lassen, die Tatsache der Sowjetrevolution und besonders deren Friedenspolitik in richtiger Weise aufzunehmen. Das war um so wichtiger, als die Presse der Ententeländer gemeinsam mit der Presse der russischen Versöhnler und der Bourgeoisie die Friedensverhandlungen von vornherein als eine Komödie mit geschickt verteilten Rollen hinstellte. Sogar unter der damaligen sozialdemokratischen Opposition in Deutschland, die nicht abgeneigt war, ihre Gebrechen auf uns zu übertragen, war die Rede davon, daß die Bolschewiki sich im Einverständnis mit der deutschen Regierung befänden. Um so glaubwürdiger mußte solche Version in England und Frankreich er-

scheinen. Es war klar: würde es der Bourgeoisie und der Sozialdemokratie der Entente gelingen, in den Arbeitermassen Mißtrauen gegen uns zu säen, so könnte das in der Folge die militärische Intervention der Entente gegen uns erleichtern. Ich hielt es deshalb für unbedingt notwendig, vor der Unterzeichnung des Separatfriedens, wenn dies sich für uns als absolut unvermeidlich erweisen sollte, den Arbeitern Europas einen grellen und eindeutigen Beweis der Todfeindschaft zwischen uns und dem regierenden Deutschland zu geben. Eben unter dem Einfluß dieser Erwägungen kam ich in Brest-Litowsk auf den Gedanken einer politischen Demonstration, die sich in der Formel äußerte: wir beenden den Krieg, demobilisieren die Armee, aber wir unterschreiben keinen Friedensvertrag. Falls der Deutsche Imperialismus nicht in der Lage sein sollte, Truppen gegen uns zu schicken – erwog ich –, so würde das einen gewaltigen Sieg von unabsehbaren Folgen für uns bedeuten. Sollte es sich aber ergeben, daß es dem Hohenzollern möglich sei, einen Schlag gegen uns zu führen, so würden wir noch immer früh genug Zeit finden zu kapitulieren. Ich beriet mich mit den anderen Mitgliedern der Delegation, darunter auch mit Kamenjew, fand bei ihnen Zustimmung und schrieb in diesem Sinne an Lenin. Er antwortete: »Wenn Sie nach Moskau kommen, werden wir darüber sprechen.«

»Das wäre gut, wie es besser nicht zu sein brauchte«, antwortete Lenin auf meine Argumente, »wenn der General Hoffmann nicht in der Lage wäre, seine Truppen gegen uns marschieren zu lassen. Aber darauf ist wenig Hoffnung. Er wird besonders ausgewählte Regimenter aus bayerischen Bauernjungen finden. Braucht man denn viel gegen uns? Sie sagen doch selbst, daß die Schützengräben leer sind. Wenn aber die Deutschen den Krieg wiederaufnehmen?«

»Dann werden wir gezwungen sein, den Frieden zu unterschreiben. Dann aber wird es allen klar sein, daß wir keinen anderen Ausweg hatten. Schon damit allein werden wir der Legende von unserer heimlichen Verbindung mit dem Hohenzollern einen vernichtenden Schlag versetzen.«

»Gewiß, das hat etwas für sich. Aber es ist zu riskant. Wenn wir für den Sieg der deutschen Revolution umkommen müßten, wir wären verpflichtet, es zu tun. Die deutsche Revolution ist unermeßlich wichtiger als die unsrige. Aber wann wird sie kommen? Unbekannt. Augenblicklich gibt es deshalb auf der Welt nichts Wichtigeres als unsere Revolution. Sie muß man sichern um jeden Preis.«

Zu den außenpolitischen Schwierigkeiten in der Frage gesellten sich noch größere Schwierigkeiten innerparteilicher Art. In der Partei, insbesondere unter ihren führenden Kreisen, herrschte unversöhnliche Stimmung gegen die Unterzeichnung der Brester Bedingungen. Die in unseren Zeitungen veröffentlichten stenographischen Berichte über die Brester Verhandlungen nährten und verschärften die Stimmung. Den krassesten Ausdruck fand sie in

der Gruppierung des linken Kommunismus, die die Parole des revolutionären Krieges aufstellte.
Der Kampf in der Partei entbrannte von Tag zu Tag heftiger. Entgegen dem später entstandenen Märchen ging er nicht zwischen mir und Lenin, sondern zwischen Lenin und einer erdrückenden Mehrheit, den führenden Parteiorganisationen. In den wichtigsten Fragen dieses Kampfes: Sind wir in der Lage, einen revolutionären Krieg zu führen? und ist es für eine revolutionäre Macht überhaupt zulässig, Abkommen mit Imperialisten zu treffen? – stand ich voll und ganz auf der Seite Lenins und beantwortete zusammen mit ihm die erste Frage verneinend, die zweite bejahend.
Die erste gründlichere Beratung über die Meinungsverschiedenheiten fand am 21. Januar in der Versammlung der aktiven Parteiarbeiter statt. Es traten drei Gesichtspunkte zutage. Lenin war dafür, daß man versuchen solle, die Verhandlungen hinauszuziehen, im Falle eines Ultimatums aber unverzüglich kapituliere. Ich betrachtete es als notwendig, die Verhandlungen bis zu einem Bruch zu bringen, selbst auf die Gefahr eines neuen Angriffs von seiten Deutschlands, um – falls es überhaupt dazu käme – erst angesichts einer offenen Gewaltanwendung zu kapitulieren. Bucharin forderte den Krieg zur Erweiterung der Revolutionsarena. Lenin führte in der Versammlung vom 21. Januar einen außerordentlich heftigen Kampf gegen die Anhänger des revolutionären Krieges und beschränkte sich meinem Vorschlag gegenüber auf einige Worte der Kritik. 32 Stimmen erhielten die Anhänger des revolutionären Krieges, Lenin sammelte 15 Stimmen, ich 16. Dieses Ergebnis der Abstimmung charakterisiert die in der Partei damals vorherrschend gewesene Stimmung noch nicht grell genug. Wenn nicht in den Massen, so war in den oberen Schichten der Partei der ›linke Flügel‹ noch stärker als in dieser Versammlung. Das eben hat auch den zeitweiligen Sieg meiner Formel ergeben. Die Anhänger Bucharins sahen darin einen Schritt in ihre Richtung. Dagegen rechnete Lenin ganz mit Recht damit, daß die Vertagung des endgültigen Beschlusses den Sieg seines Standpunktes sichern würde. Unsere eigene Partei bedurfte in jener Periode der Klarstellung der wirklichen Lage nicht weniger als die Arbeiter Westeuropas. In allen führenden Institutionen der Partei und des Staates war Lenin in der Minderheit. Auf den Vorschlag des Sowjets der Volkskommissare, die Lokalsowjets möchten ihre Meinung über Krieg und Frieden äußern, antworteten bis zum 5. März mehr als zweihundert Sowjets. Von ihnen waren nur zwei große Sowjets (der Petrograder und der Sewastopoler) – mit Vorbehalten – für den Frieden. Während eine Reihe großer Arbeiterzentren: Moskau, Jekaterinburg, Charkow, Jekaterinoslaw, Iwanowo-Wosnessensk, Kronstadt und so weiter sich mit erdrückender Mehrheit für den Abbruch der Friedensverhandlungen erklärte. Dies war auch die Stimmung unserer Parteiorganisation. Von den linken Sozial-

revolutionären nicht zu reden. Den Standpunkt Lenins in jener Periode durchzuführen wäre nur möglich gewesen mit Hilfe einer Parteispaltung und einer Staatsumwälzung, nicht anders. Inzwischen aber mußte jeder weitere Tag die Zahl der Anhänger Lenins vergrößern. Unter diesen Bedingungen war meine Formel, ›weder Krieg noch Frieden‹, objektiv eine Brücke zu Lenins Position. Über diese Brücke ist die Mehrzahl der Partei gegangen, mindestens deren führende Elemente.

»Nun gut, nehmen wir an, wir haben uns geweigert, den Frieden zu unterschreiben, und die Deutschen gehen zum Angriff über. Was tun Sie nun?« verhörte mich Lenin.

»Wir unterschreiben den Frieden unter den Bajonetten. Das Bild wird der ganzen Welt klar sein.«

»Und sie werden dann nicht die Parole des revolutionären Krieges unterstützen?«

»Unter keinen Umständen.«

»Bei dieser Sachlage kann das Experiment nicht gar so gefährlich werden. Wir riskieren, Estland oder Lettland zu verlieren.« Und Lenin fügte, listig lächelnd, hinzu: »Schon allein eines guten Friedens mit Trotzki wegen lohnt es sich, Lettland und Estland zu verlieren.« Dieser Satz war einige Tage lang Lenins Refrain.

In der entscheidenden Sitzung des Zentralkomitees vom 22. Januar ging mein Antrag durch: die Verhandlungen hinauszuziehen; im Falle eines deutschen Ultimatums den Krieg als beendet erklären, aber keinen Frieden unterschreiben; weiterhin dann den Umständen entsprechend handeln. Am 25. Januar, spät abends, fand eine gemeinsame Sitzung des Zentralkomitees der Bolschewiki und unserer damaligen Verbündeten, der linken Sozialrevolutionäre, statt, in der mit erdrückender Mehrheit dieselbe Formel Annahme fand. Dieser Beschluß der beiden Zentralkomitees wurde – wie es damals nicht selten geschah – in der Form angenommen, daß er als ein Beschluß des Sowjets der Volkskommissare zu gelten hatte.

Am 31. Januar teilte ich aus Brest über die direkte Leitung Lenin nach dem Smolny mit: »Unter zahllosen Gerüchten und Mitteilungen drang in die deutsche Presse die unsinnige Nachricht, wir beabsichtigten, den Friedensvertrag demonstrativ nicht zu unterschreiben, es seien deshalb angeblich unter den Bolschewiki Meinungsverschiedenheiten entstanden, und so weiter, und so weiter. Ich habe dabei ein derartiges Telegramm aus Stockholm mit Berufung auf ›Politiken‹ im Auge. Wenn ich nicht irre, ist ›Politiken‹ das Organ Höglunds. Wäre es nicht möglich, bei ihm zu erfahren, weshalb seine Redaktion solchen ungeheuerlichen Unsinn druckt, falls eine solche Nachricht tatsächlich in seiner Zeitung veröffentlicht war? Was sonst die bürgerliche Presse an Klatschgeschichten bringt, wird den Deutschen wohl kaum bedeutungsvoll erscheinen. Aber hier handelt es sich um eine Zeitung des linken Flügels, deren Redakteur sich jetzt in Petrograd aufhält. Das verleiht der

Nachricht eine gewisse Autorität, kann also die Gehirne unserer Kontrahenten verwirren. Die deutsch-österreichische Presse ist voll von Berichten über Greuel in Petrograd, Moskau und in ganz Rußland, über Hunderte und Tausende Ermordeter, über das Knattern von Maschinengewehren, und so weiter, und so weiter. Es ist unbedingt nötig, einen Mann mit einem Kopf auf den Schultern zu beauftragen, täglich an die Petrograder Agentur und das Radio Nachrichten über die Lage im Lande zu geben. Es wäre gut, wenn diese Arbeit Genosse Sinowjew übernehmen würde. Das ist von größter Bedeutung. Derartige Berichte müßte man in erster Linie Worowski und Litwinow zugehen lassen. Das kann durch Tschitscherin gemacht werden.
Wir hatten nur eine rein formale Sitzung. Die Deutschen verschleppen die Verhandlungen aufs äußerste, wahrscheinlich angesichts der inneren Krise. Die deutsche Presse posaunt, wir wünschten den Frieden überhaupt nicht und seien nur bemüht, die Revolution auf die anderen Länder zu übertragen. Diese Esel können es nicht begreifen, daß gerade der Weiterentwicklung der europäischen Revolution wegen ein schneller Frieden für uns von größter Bedeutung ist.
Sind Maßnahmen zur Ausweisung der Rumänischen Gesandtschaft getroffen worden? Ich vermute, daß sich der rumänische König in Österreich aufhält. Nach den Mitteilungen einer deutschen Zeitung wird bei uns in Moskau nicht der Nationalfonds Rumäniens aufbewahrt, sondern der Goldfonds der rumänischen Nationalbank. Die Sympathien des offiziellen Deutschland sind natürlicherweise auf seiten Rumäniens. Ihr Trotzki.«
Diese Mitteilung bedarf einer Erklärung. Die Gespräche über die Huges-Leitung galten offiziell als gegen Abhören und Auffangen gesichert. Wir hatten jedoch alle Veranlassung, anzunehmen, daß die Deutschen in Brest unsere Korrespondenz über die direkte Leitung lasen: wir hatten genügend Respekt vor ihrer Technik. Die gesamte Korrespondenz zu chiffrieren war unmöglich. Wir konnten uns übrigens auch auf die Chiffrierung nicht verlassen. Die Zeitung von Höglund, ›Politiken‹, hatte uns aber durch ihre deplacierte Information aus erster Quelle einen schlechten Dienst erwiesen. Und deshalb war die ganze Notiz nicht so sehr mit der Absicht geschrieben, Lenin zu benachrichtigen, daß das Geheimnis unseres Beschlusses bereits im Auslande ausgeplaudert worden war, als vielmehr, um die Deutschen irrezuführen. Das höchst unhöfliche Wort ›Esel‹ in bezug auf die Zeitungsschreiber wurde gebraucht, um dem Text mehr ›Natürlichkeit‹ zu verleihen. Inwieweit die List Kühlmann getäuscht hat, kann ich nicht sagen. Jedenfalls machte meine Erklärung vom 10. Februar auf den Gegner den Eindruck von etwas Unerwartetem. Am 11. Februar trägt Czernin in sein Tagebuch ein: »Trotzki lehnt es ab, zu unterschreiben. Der Krieg ist aus, aber Friede ist keiner.«

Es ist beinah unglaublich, daß die Schule Stalin-Sinowjew im Jahre 1924 den Versuch gemacht hat, die Sache so darzustellen, als hätte ich in Brest dem Beschlusse der Partei und der Regierung zuwidergehandelt. Die armseligen Fälscher geben sich nicht einmal die Mühe, wenigstens in die alten Protokolle hineinzusehen oder ihre eigenen Erklärungen nachzulesen. Sinowjew, der am 11. Februar, das heißt einen Tag nach der Veröffentlichung meiner Deklaration in Brest, im Petrograder Sowjet auftrat, erklärte dort: »Der Ausweg aus der entstandenen Lage, der von unserer Delegation gefunden wurde, ist der einzig richtige.« Sinowjew war es auch, der die von der Mehrheit gegen eine Stimme bei Stimmenthaltung der Menschewiki und Sozialrevolutionäre angenommene Resolution einbrachte, in der die Ablehnung der Unterzeichnung des Friedensvertrages gebilligt wird.
Am 14. Februar brachte Swerdlow im Allrussischen Zentralexekutivkomitee auf Grund meines Berichtes im Namen der Fraktion der Bolschewiki eine Resolution ein, die mit den Worten begann: »Nach Anhören und Beraten des Berichtes der Friedensdelegation billigt das Allrussische Zentralexekutivkomitee das Verhalten seiner Vertreter in Brest vollständig.« Es gab keine lokale Partei- oder Sowjetorganisation, die sich in der Zeit zwischen dem 11. und dem 15. Februar nicht zustimmend geäußert hätte zum Verhalten der Sowjetdelegation. Auf dem Parteikongreß im März 1918 erklärte Sinowjew: »Trotzki hat recht, wenn er sagt, er habe nach den Bestimmungen der rechtmäßigen Mehrheit des Zentralkomitees gehandelt. Niemand hat das bestritten...« Schließlich hat auch Lenin auf demselben Kongreß mitgeteilt, wie »im Zentralkomitee... der Vorschlag, den Frieden nicht zu unterschreiben, angenommen wurde«. Das alles hindert die Komintern nicht, das neue Dogma aufzustellen, wonach die Ablehnung der Friedensunterzeichnung in Brest Trotzkis persönliche Sache gewesen sei.
Nach den Oktoberstreiks in Deutschland und Österreich war die Frage, ob die deutsche Regierung sich zu einem Angriff entschließen würde oder nicht, gar nicht so einfach zu beantworten – weder für uns noch für die deutsche Regierung selbst –, wie es heute die Hinterherklugen darstellen. Am 10. Februar beschlossen die deutsche und die österreichisch-ungarische Delegation in Brest, den »von Trotzki durch seine Erklärungen vorgeschlagenen Zustand zu akzeptieren«. Nur der General Hoffmann trat dagegen auf. Nach den Worten Czernins hatte Kühlmann am nächsten Tage bei der Schlußsitzung in Brest-Litowsk mit aller Bestimmtheit erklärt, es sei notwendig, den Frieden de facto anzunehmen. Ein Widerhall dieser Stimmungen erreichte bald auch uns. Aus Brest kehrte unsere gesamte Delegation nach Moskau zurück unter dem Eindruck, daß die Deutschen keinen Angriff unternehmen würden. Lenin war mit dem erreichten Resultat sehr zufrieden.
»Werden sie uns auch nicht betrügen?« fragte er immerhin.

Wir zuckten nur mit den Achseln: Es sieht nicht danach aus.
»Na also«, sagte Lenin. »Wenn es so ist, um so besser: der Schein ist gewahrt, und wir sind aus dem Kriege heraus.«
Jedoch zwei Tage vor Ablauf der einwöchigen Frist erhielten wir von dem in Brest zurückgebliebenen General Samojlo die telegraphische Mitteilung, daß die Deutschen sich, nach einer Erklärung des Generals Hoffmann, von 12 Uhr des 18. Februar ab als mit uns im Kriegszustande befindlich betrachteten und ihm deshalb vorgeschlagen hätten, sich aus Brest-Litowsk zu entfernen. Das Telegramm nahm Lenin als erster in die Hand. Ich war in seinem Arbeitszimmer, wo ein Gespräch mit den linken Sozialrevolutionären stattfand. Lenin übergab mir schweigend das Telegramm. Sein Blick ließ sofort etwas Böses ahnen. Lenin beeilte sich, das Gespräch mit den Sozialrevolutionären zu beenden, um die neu entstandene Lage ohne sie zu beraten.
»Also doch betrogen. Fünf Tage gewonnen... Diese Bestie läßt nichts unausgenutzt. Jetzt bleibt also nichts weiter übrig, als die alten Bedingungen zu unterschreiben, wenn nur die Deutschen damit einverstanden sein werden, sie beizubehalten.«
Ich bestand wie früher darauf, daß man es Hoffmann überlassen müsse, faktisch zum Angriff überzugehen, damit die Arbeiter Deutschlands und auch der Ententeländer von diesem Angriff als von einer Tatsache und nicht einer bloßen Drohung erführen.
»Nein«, erwiderte Lenin. »Jetzt darf man keine einzige Stunde verlieren. Der Versuch ist gemacht worden. Hoffmann will und kann Krieg führen. Aufschub ist nicht möglich. Diese Bestie springt schnell.«
Im März sprach Lenin auf dem Parteitag: »Zwischen uns (das heißt zwischen ihm und mir) war vereinbart, daß wir bis zu einem Ultimatum der Deutschen standhalten wollten, nach diesem Ultimatum geben wir nach.« Oben habe ich von dieser Vereinbarung berichtet. Lenin hatte nur deshalb eingewilligt, nicht öffentlich vor der Partei gegen meine Formel aufzutreten, weil ich ihm versprach, die Anhänger des revolutionären Krieges nicht zu unterstützen. Die offiziellen Vertreter dieser Gruppe, Uritzki, Radek und, ich glaube, Ossinski, kamen zu mir mit dem Vorschlag der ›Einheitsfront‹. Ich ließ ihnen keinen Zweifel darüber, daß unsere Positionen nichts Gemeinsames hätten. Nachdem das deutsche Oberkommando uns von dem Abbruch des Waffenstillstandes Mitteilung gemacht hatte, erinnerte mich Lenin an unser Abkommen. Ich antwortete ihm, daß es sich für mich nicht nur um ein formales Ultimatum gehandelt hätte, sondern um einen tatsächlichen Angriff der Deutschen, der keinen Zweifel über unsere wirklichen Beziehungen zu den Deutschen übriglasse. In der Sitzung des Zentalkomitees vom 17. Februar stellte Lenin zur vorläufigen Abstimmung die Frage: »Wenn der deutsche Angriff für uns zur Tatsache werden wird und kein revolutionärer Aufstand in

Deutschland erfolgt, schließen wir dann Frieden?« Auf diese grundlegende Frage antworteten Bucharin und dessen Gesinnungsgenossen mit Stimmenthaltung. Krestinski ging mit ihnen. Joffe stimmte mit nein. Zusammen mit Lenin stimmte ich bejahend. Am nächsten Morgen lehnte ich das sofortige Absenden des von Lenin vorgeschlagenen Telegramms über unsere Bereitschaft, den Frieden zu unterzeichnen, ab. Im Laufe des Tages ging jedoch ein telegraphischer Bericht ein, daß die Deutschen zum Angriff übergegangen seien, sich unseres Militärgutes bemächtigt hätten und daß ihre Truppen gegen Dwinsk vorrückten. Am Abend stimmte ich für das Telegramm Lenins: Jetzt konnte kein Zweifel mehr darüber bestehen, daß die Tatsache des deutschen Angriffs der ganzen Welt bekannt werden würde.

Am 21. Februar kamen neue deutsche Bedingungen, die offenbar absichtlich darauf berechnet waren, den Abschluß des Friedens unmöglich zu machen. Im Augenblick der Ankunft unserer Delegation in Brest waren, wie erinnerlich, diese Bedingungen noch verschlechtert worden. Wir alle, bis zu einem gewissen Grade auch Lenin, hatten den Eindruck, daß die Deutschen sich mit der Entente bereits über die Niederschlagung der Sowjets verständigt hätten und daß sich auf den Knochen der russischen Revolution der Friede an der Westfront vorbereite. Würde es sich wirklich so verhalten haben, dann hätte kein Entgegenkommen unsererseits etwas geholfen. Der Verlauf der Ereignisse in der Ukraine und in Finnland neigte die Waage stark nach der Seite des Krieges. Jede Stunde brachte etwas Schlimmes. Es kam die Nachricht von der Landung der deutschen Truppen in Finnland und von dem Beginn der Niedermetzlung der finnischen Arbeiter. Ich traf Lenin im Korridor, in der Nähe seines Arbeitszimmers. Er war außerordentlich erregt. Ich habe ihn sonst nie so gesehen, weder vorher noch nachher.

»Ja«, sagte er, »wir werden uns schlagen müssen, wenn wir auch über nichts verfügen. Einen anderen Ausweg scheint es nicht mehr zu geben.«

Aber nach zehn bis fünfzehn Minuten, als ich in sein Arbeitszimmer kam, sagte er:

»Nein, man darf die Politik nicht ändern. Unser Kampf würde das revolutionäre Finnland nicht retten, aber er würde uns ganz sicher zugrunde richten. Mit allen unseren Kräften wollen wir den finnischen Arbeitern helfen, aber ohne den Boden des Friedens zu verlassen. Ich weiß nicht, ob das uns jetzt retten wird. Jedenfalls ist es der einzige Weg, auf dem eine Rettung noch denkbar ist.«

Ich verhielt mich sehr skeptisch zu der Möglichkeit, einen Frieden zu erreichen, selbst um den Preis der völligen Kapitulation. Aber Lenin war entschlossen, zu versuchen, den Weg der Kapitulation bis zu Ende zu gehen. Und da er im Zentralkomitee keine Mehrheit besaß und von meiner Stimme der Beschluß abhing, so enthielt ich

mich der Abstimmung, um Lenin die Mehrheit einer Stimme zu sichern. So habe ich auch meine Stimmenthaltung begründet. Sollte die Kapitulation keinen Frieden bringen, überlegte ich, so werden wir bei der uns vom Feinde aufgezwungenen bewaffneten Verteidigung der Revolution die Front der Partei ausgleichen.
»Mir scheint«, sagte ich in einem Privatgespräch zu Lenin, »daß es politisch zweckmäßig wäre, wenn ich jetzt als Volkskommissar des Äußeren zurückträte.«
»Wozu? Ich hoffe, diese parlamentarischen Tricks werden wir nicht einführen.«
»Aber mein Rücktritt würde für die Deutschen eine radikale Änderung der Politik bedeuten und ihr Vertrauen zu unserer Bereitwilligkeit, diesmal den Friedensvertrag wirklich zu unterschreiben, stärken.«
»Vielleicht...«, sagte Lenin nachdenklich. »Das ist ein ernstes politisches Argument.«
Am 22. Februar berichtete ich in der Sitzung des Zentralkomitees, daß die französische Militärmission sich mit dem Anerbieten Frankreichs und Englands an mich gewandt habe, uns im Kriege gegen Deutschland Hilfe zu leisten. Ich sprach mich für die Annahme des Anerbietens aus, selbstverständlich unter der Bedingung der völligen Unabhängigkeit unserer äußeren Politik. Bucharin erklärte, daß es unzulässig wäre, irgendein Abkommen mit den Imperialisten zu treffen. Lenin unterstützte mich mit aller Entschiedenheit, und das Zentralkomitee nahm meinen Antrag mit sechs gegen fünf Stimmen an. Ich erinnere mich, daß Lenin den Beschluß mit folgenden Worten diktierte: »... bevollmächtigen den Genossen Trotzki, die Hilfe der französischen imperialistischen Räuber gegen die deutschen Räuber anzunehmen.« Er bevorzugte stets Formulierungen, die keinem Zweifel Raum ließen.
Beim Auseinandergehen aus der Sitzung holte mich Bucharin im langen Korridor des Smolny ein, umfaßte mich mit beiden Armen und begann zu heulen. »Was machen wir?« sagte er. »Wir verwandeln die Partei in einen Misthaufen.« Bucharin bricht überhaupt leicht in Tränen aus und liebt naturalistische Ausdrücke. Aber diesmal wurde die Lage wirklich tragisch. Die Revolution war zwischen Hammer und Amboß.
Am 3. März unterschrieb unsere Delegation den Friedensvertrag ungelesen. Viele Gedanken Clemenceaus vorwegnehmend, ähnelte der Brester Frieden der Schlinge des Henkers. Am 22. März wurde der Friede vom deutschen Reichstag angenommen. Die deutschen Sozialdemokraten haben damit im voraus den späteren Prinzipien von Versailles zugestimmt. Die Unabhängigen stimmten dagegen: sie hatten erst begonnen, jene unfruchtbare Kurve zu beschreiben, die sie zu ihrem Ausgangspunkt zurückgeführt hat.
Ich habe auf dem siebenten Parteikongreß (März 1918), rückblickend auf den durchschrittenen Weg, meine Position klar und um-

fassend geschildert. »Wenn wir wirklich nur einen möglichst günstigen Frieden haben wollten«, sagte ich, »hätten wir auf ihn schon im November eingehen müssen. Aber niemand (außer Sinowjew) hat dafür die Stimme erhoben: wir waren alle für die Revolutionierung der deutschen, österreichisch-ungarischen und der gesamten europäischen Arbeiterklasse. Aber alle unsere vorangegangenen Verhandlungen mit den Deutschen hatten nur dann einen revolutionierenden Sinn, wenn sie für bare Münze genommen wurden. Ich habe schon vor der Fraktion des dritten Allrussischen Sowjetkongresses darüber berichtet, wie der frühere österreichisch-ungarische Minister Gratz sagte, die Deutschen suchten nur einen Vorwand, um uns ein Ultimatum zu stellen. Sie glaubten, daß wir selbst auf ein Ultimatum warteten... daß wir von vornherein bereit seien, *alles* zu unterschreiben, und nur eine revolutionäre Komödie aufführten. Unter diesen Umständen drohte uns im Falle der Nichtunterzeichnung der Verlust von Reval und anderer Orte, im Falle einer vorzeitigen Unterzeichnung der Verlust der Sympathien des Weltproletariats oder doch seines großen Teiles. Ich war einer von jenen, die geglaubt haben, die Deutschen würden nicht zum Angriff übergehen, aber wenn sie uns doch angreifen sollten, so würden wir immer noch Zeit haben, den Frieden zu unterzeichnen, wenn auch unter schlechteren Bedingungen. Allmählich«, sagte ich noch, »werden sich alle davon überzeugen, daß wir keinen anderen Ausweg hatten.«
Es ist bemerkenswert, daß zur gleichen Zeit Liebknecht aus dem Gefängnis schrieb: »Weit entfernt, daß der jetzige Ausgang für die Weiterentwicklung schlimmer sei als ein Einlenken – Brest Anfang Februar gewesen wäre. Das Gegenteil ist der Fall. Ein solches Einlenken hätte das frühere Widerstreben und Sträuben in das böseste Licht gesetzt, die schließliche Nötigung als ›vis haud ingrata‹ erscheinen lassen. Der himmelschreiende Zynismus, die Bestialität des deutschen Schlußauftritts *drängt alle Verdächtigungen zurück.*«
Liebknecht war während des Krieges außerordentlich gewachsen, als er endgültig gelernt hatte, zwischen sich und der ehrlichen Charakterlosigkeit Haases eine Kluft zu schaffen. Es ist unnötig zu sagen, daß Liebknecht schon früher ein Revolutionär von unerschrockenem Mut gewesen ist. Nun begann er, den Strategen in sich zu entwickeln. Das zeigte sich in Fragen seines persönlichen Schicksals wie auch seiner revolutionären Politik. Rücksichten auf seine persönliche Sicherheit waren ihm völlig fremd. Nach seiner Verhaftung schüttelten viele seiner Freunde den Kopf über die selbstaufopfernde ›Unbesonnenheit‹. Lenin dagegen war stets im höchsten Maße um die Sicherheit der Führung besorgt. Er war der Chef des Generalstabes und dachte immer daran, daß er für die Kriegszeit das Hauptkommando geschützt halten müsse. Liebknecht war einer von jenen Kriegsführern, die ihre Abteilungen selbst in die Schlacht führen. Darum besonders war ihm unsere

Brest-Litowsker Strategie so schwer verständlich. Er wollte anfangs, daß wir das Schicksal einfach herausfordern und uns ihm entgegenstellen sollten. Er hat in jener Periode wiederholt die ›Politik Lenin-Trotzki‹ verurteilt, ohne dabei – und mit Recht – einen Unterschied in dieser grundlegenden Frage zwischen der Linie Lenins und der meinen zu machen. Im weiteren Verlauf der Ereignisse hatte Liebknecht allerdings begonnen, die Brester Politik anders einzuschätzen. Anfang Mai schrieb er bereits: »Eines ist den russischen Sowjets not – vor allem, allem andern –, nicht Demonstrationen und Dekorationen, sondern derbe, handfeste Macht. Wozu allerdings außer Energie auch Klugheit und Zeit gehört – Klugheit auch, um Zeit zu gewinnen, deren selbst die höchste und klügste Energie zum Erfolge bedarf.« Das bedeutet die volle Anerkennung der Richtigkeit der Brester Politik Lenins, die ganz darauf gerichtet war, Zeit zu gewinnen.

Die Wahrheit bahnt sich Wege. Aber auch der Unsinn hat zähes Leben. Der amerikanische Professor Fisher schreibt in einem großen Buche ›The Famine in Soviet Russia‹, das den ersten Jahren Sowjetrußlands gewidmet ist, mir den Gedanken zu, daß die Sowjets niemals einen Krieg führen und niemals einen Frieden mit bürgerlichen Regierungen schließen würden. Diese unsinnige Formel hat Fisher, wie auch viele andere, bei Sinowjew und anderen Epigonen abgeschrieben und seine eigene Ahnungslosigkeit hinzugefügt. Meine verspäteten Kritiker haben meinen Brester Vorschlag längst aus den Bedingungen der Zeit und des Raumes herausgerissen und in eine Universalformel verwandelt, um ihn leichter ad absurdum führen zu können. Sie haben jedoch dabei nicht bemerkt, daß der Zustand ›weder Frieden noch Krieg‹, oder richtiger: weder Friedensvertrag noch Krieg, an sich gar nichts Widernatürliches enthält. Bei uns existieren gerade jetzt mit den größten Ländern der Welt solche Beziehungen: mit den Vereinigten Staaten und mit England. Sie haben sich zwar gegen unseren Willen eingestellt, das ändert aber an der Sache nichts. Es gibt dazu noch ein Land, mit dem aus unserer eigenen Initiative heraus solche Beziehungen ›weder Frieden noch Krieg‹ bestehen: das ist Rumänien. Indem sie mir diese Universalformel, die ihnen als reinster Blödsinn erscheint, zuschreiben, merken meine Kritiker gar nicht, daß sie nur die ›absurde‹ Formel der tatsächlichen Beziehungen der Sowjetunion zu einer Reihe von Staaten reproduzieren.

Wie hat Lenin selbst die Brester Etappe, als sie zurückgelegt war, beurteilt? Lenin hielt die rein episodischen Meinungsverschiedenheiten mit mir überhaupt nicht für erwähnenswert. Dagegen aber sprach er mehr als einmal von »der gewaltigen propagandistischen Bedeutung der Brester Verhandlungen« (siehe z. B. Rede vom 17. Mai 1918). Ein Jahr nach Brest sagte Lenin auf dem Parteitag: »Durch die große Isolierung von Westeuropa und allen anderen Ländern fehlte uns jedes objektive Material zur Beurteilung des möglichen Tempos oder der Formen der anwachsenden proletarischen Revolution im Westen. Aus dieser komplizierten Lage ergab es sich, daß die Frage über den Brester Frieden nicht wenige Meinungsverschiedenheiten in unserer Partei hervorrief.« (Rede vom 18. März 1919.)

Es bleibt noch die Frage, wie haben sich in jenen Tagen meine späteren Kritiker und Entlarver benommen? Bucharin hat fast ein Jahr lang einen verzweifelten Kampf gegen Lenin (und mich) geführt und mit der Spaltung der Partei gedroht. Mit ihm gingen Kujbyschew, Jaroslawski, Bubnow und viele andere heutige Säulen des Stalinismus. Sinowjew dagegen hatte die sofortige Unterzeichnung des Friedensvertrages gefordert und die Agitationstribüne von Brest verworfen. Ich war mit Lenin einmütig in der Verurteilung dieser Position. Kamenjew war in Brest mit meiner Formel einverstanden und schloß sich, als er nach Moskau kam, Lenin an. Rykow war damals nicht Mitglied der Zentralkomitees und nahm darum an den entscheidenden Beratungen nicht teil. Dserschinski war gegen Lenin, schloß sich ihm aber bei der letzten Abstimmung an. Wie war die Position Stalins? Er hatte, wie immer, keine Position. Er wartete ab und kombinierte. »Der Alte hofft noch immer auf Frieden«, nickte er in die Richtung Lenins mir zu – »er wird keinen bekommen.« Dann ging er zu Lenin und machte dort wohl ähnliche Bemerkungen gegen mich. Stalin trat nirgendwo auf. Niemand hat sich für seine abweichenden Meinungen besonders interessiert. Zweifellos war meine Hauptsorge: unser Verhalten in der Frage des Friedens dem Weltproletariat möglichst verständlich zu machen – für Stalin eine untergeordnete Sache. Er hatte sich für den ›Frieden in einem Lande‹ interessiert, wie später für ›den Sozialismus in einem Lande‹. Bei der entscheidenden Abstimmung schloß er sich Lenin an. Erst einige Jahre später hat er, im Interesse des Kampfes gegen den Trotzkismus, sich so etwas wie einen ›Standpunkt‹ zu den Brester Ereignissen zugelegt.

Es verlohnt sich kaum, noch länger dabei zu verweilen. Ich habe ohnehin den Brester Meinungsverschiedenheiten unverhältnismäßig viel Raum gewidmet. Aber es schien mir nötig, mindestens eine der strittigen Episoden in ihrem ganzen Umfang aufzudecken, um zu zeigen, wie es in der Wirklichkeit war und wie man es später darzustellen versuchte. Eine meiner Nebenaufgaben dabei war, die Epigonen auf ihren Platz zu stellen. Was Lenin betrifft, so wird kein einziger ernster Mensch den Verdacht haben, daß ich mich ihm gegenüber von dem Gefühl hätte leiten lassen, das man deutsch Rechthaberei nennt. Die Rolle Lenins in den Brester Tagen habe ich weithin vernehmbar viel früher als die anderen eingeschätzt. Am 3. Oktober 1918 sagte ich auf der außerordentlichen Tagung der obersten Organe der Sowjetmacht: »Ich betrachte es in dieser autoritativen Sitzung als eine Pflicht, zu erklären, daß in jener Stunde, als viele von uns, darunter auch ich, daran zweifelten,

ob es nötig, ob es zulässig sei, den Brest-Litowsker Frieden zu unterschreiben, nur der Genosse Lenin hartnäckig und mit unvergleichlichem Scharfsinn gegenüber vielen von uns darauf bestand, daß wir durch dieses Joch hindurchgehen müßten, um bis zur Revolution des Weltproletariats auszuharren. Und jetzt müssen wir anerkennen, daß nicht wir recht gehabt haben.«
Ich habe nicht die verspäteten Offenbarungen der Epigonen abgewartet, um anzuerkennen, daß die geniale politische Kühnheit Lenins in den Tagen von Brest die Diktatur des Proletariats rettete. In den obenangeführten Worten nahm ich einen größeren Teil der Verantwortung für die Fehler anderer auf mich, als mir zukam. Ich tat dies, um den anderen ein Beispiel zu geben. Das Stenogramm verzeichnet an dieser Stelle ›langandauernde Ovationen‹. Die Partei wollte damit beweisen, daß sie meine Stellung zu Lenin, die jeglicher Kleinlichkeit oder Eifersüchtelei bar war, verstehe und schätze. Ich war mir dessen klar bewußt, was Lenin für die Revolution, für die Geschichte und für mich persönlich bedeutete. Er war mein Lehrer. Das heißt nicht, daß ich mit Verspätung seine Worte und seine Gesten wiederholte. Aber ich habe bei ihm gelernt, selbständig zu jenen Schlüssen zu kommen, zu denen er zu kommen pflegte.

Ein Monat in Swjaschsk

Der Frühling und der Sommer 1918 waren eine außerordentlich schwere Zeit. Erst jetzt kamen alle Folgen des Krieges zum Vorschein. In manchen Augenblicken hatte man das Gefühl, daß alles auseinanderkrieche und es nichts gäbe, woran man sich anklammern könnte. Es entstand die Frage: Werden die Lebenssäfte des entkräfteten, verwüsteten, verzweifelten Landes für die Unterstützung des neuen Regimes und die Rettung seiner Unabhängigkeit überhaupt ausreichen? Lebensmittel gab es nicht. Eine Armee gab es nicht. Das Eisenbahnwesen war vollständig desorganisiert. Der Staatsapparat kaum im Werden. Überall eiterten Verschwörungen.
Im Westen hatten sich die Deutschen Polens, Litauens, Lettlands, Weißrußlands und bedeutender Teile Großrußlands bemächtigt. Pskow war in deutschen Händen. Die Ukraine war eine deutsch-österreichische Kolonie. Auf der Wolga zettelten die französischen und englischen Agenturen im Sommer 1918 einen Aufstand des tschechoslowakischen, aus ehemaligen Kriegsgefangenen gebildeten Korps an. Das deutsche Oberkommando gab mir durch seinen militärischen Vertreter zu verstehen, wenn die Weißen sich Moskau von Osten her nähern sollten, würden die Deutschen vom Westen her aus der Richtung Orscha und Pskow auf Moskau vorrük-

ken, um die Bildung einer neuen Ostfront zu verhindern. Wir befanden uns zwischen Amboß und Hammer. Im Norden hatten die Engländer und Franzosen Murmansk und Archangelsk besetzt und bedrohten Wologda. In Jaroslawl gab es den Aufstand der Weißgardisten, den Sawinkow auf die direkte Forderung des französischen Gesandten Noulens und des englischen Bevollmächtigten Lockhardt hin organisiert hatte, um über Wologda und Jaroslawl die Nordtruppen mit den Tschechoslowaken und den Weißgardisten an der Wolga zu vereinigen. Im Ural trieben die Banden Dutows ihr Unwesen. Im Süden, am Don, entwickelte sich ein Aufstand unter Leitung von Krassnow, der damals in direktem Bunde mit den Deutschen war. Die linken Sozialrevolutionäre organisierten im Juli eine Verschwörung, ermordeten den Grafen Mirbach, versuchten an der Ostfront einen Aufstand zu entfachen. Sie beabsichtigten, uns den Krieg mit Deutschland aufzuzwingen. Die Front des Bürgerkrieges verwandelte sich mehr und mehr in einen Ring, der Moskau enger und enger einschließen sollte.

Nach dem Fall von Simbirsk wurde meine Reise an die Wolga, woher die Hauptgefahr drohte, beschlossen. Ich ging an die Zusammenstellung eines Eisenbahnzuges. Das war in jenen Zeiten keine einfache Sache. Es fehlte an allem oder richtiger, niemand wußte, wo etwas war. Die einfachste Arbeit wurde zu einer komplizierten Improvisation. Damals ahnte ich nicht, daß ich zweieinhalb Jahre in diesem Zuge würde zubringen müssen. Aus Moskau fuhr ich am 7. August ab, ohne zu wissen, daß am Tage vorher Kasan gefallen war. Diese bedrohliche Nachricht empfing ich unterwegs. Die in aller Eile zusammengestellten roten Abteilungen hatten kampflos die Positionen verlassen und Kasan entblößt. Ein Teil des Stabes bestand aus Verrätern, der andere wurde vom Feinde überrascht und suchte sich einzeln ein Versteck vor den Kugeln. Wo der Hauptkommandierende und die anderen Armeeführer waren, wußte kein Mensch. Mein Zug hielt in Swjaschsk, der letzten größeren Station vor Kasan. Während eines Monats entschied sich hier von neuem das Schicksal der Revolution. Für mich war dieser Monat eine große Schule.

Die Armee bei Swjaschsk bestand aus Abteilungen, die aus Simbirsk und Kasan zurückgeflutet oder aus verschiedenen Richtungen zu Hilfe geeilt waren. Jede Abteilung führte ihr eigenes Leben. Allen gemeinsam war nur der Wunsch zum Rückzug. Zu groß war das Übergewicht an Organisiertheit und Erfahrung bei dem Gegner. Einzelne weiße Kompanien, die durchwegs aus Offizieren bestanden, vollbrachten Wunder. Der Boden selbst war von Panik geladen. Frische rote Abteilungen, die in guter Stimmung eintrafen, wurden sofort von der Trägheit des Rückzugs erfaßt. Unter der Bauernschaft schlich das Gerücht herum, die Sowjets wären ihrem Ende nahe. Die Popen und Kaufleute erhoben die Köpfe. Die revolutionären Elemente des Dorfes verkrochen sich. Alles zer-

bröckelte, es gab keinen festen Punkt mehr. Die Lage schien rettungslos.
Hier, bei Kasan, konnte man auf einer verhältnismäßig kleinen Fläche die mannigfaltigsten Faktoren der menschlichen Geschichte überblicken und Argumente gegen den feigen historischen Fatalismus schöpfen, der sich in allen konkreten und privaten Fragen hinter der passiven Gesetzmäßigkeit verbirgt, aber ihre wichtigste Triebfeder außer acht läßt: den lebenden und handelnden Menschen. Hat in jenen Tagen viel daran gefehlt, daß die Revolution zusammenbrach? Ihr Territorium war auf den Umfang des alten Moskauer Fürstentums eingeengt. Sie hatte fast keine Armee. Die Feinde umlagerten sie von allen Seiten. Nach Kasan war die Reihe an Nischni. Von dort eröffnete sich ein fast hindernisloser Weg nach Moskau. Das Schicksal der Revolution entschied sich diesmal bei Swjaschsk. Und hier hing es in den kritischsten Momenten von einem Bataillon, von einer Kompanie, von der Standhaftigkeit eines Kommissars ab, das heißt: es hing an einem Faden. Und so tagein, tagaus.
Und doch wurde die Revolution gerettet. Was war dazu erforderlich gewesen? Nicht viel: es war erforderlich, daß die vorgeschrittenen Schichten der Masse die tödliche Gefahr begriffen. Die Hauptbedingung des Erfolges bestand darin: nichts zu verheimlichen, vor allem – die eigene Schwäche nicht, mit der Masse keine List zu treiben, alles offen bei Namen zu nennen. Die Revolution war noch zu sorglos. Der Oktobersieg war leicht errungen worden. Gleichzeitig aber hatte die Revolution keinesfalls mit einer Handbewegung jene Übel beseitigt, durch die sie hervorgerufen worden war. Der elementare Vorstoß war erlahmt. Die Stärke des Feindes bildete die militärische Organisation, also gerade das, was uns fehlte. Diese Revolution lernten wir bei Kasan.
Die Agitation im ganzen Lande nährte sich von den Telegrammen aus Swjaschsk. Die Sowjets, die Partei, die Gewerkschaften schufen neue Abteilungen und schickten Tausende von Kommunisten nach Kasan. Die Mehrzahl der Parteijugend kannte den Gebrauch der Waffen nicht. Aber sie wollte siegen, um jeden Preis. Und das war die Hauptsache. Sie hat dem morschen Körper der Armee das Rückgrat gesteift.
Zum Oberbefehlshaber der Ostfront wurde der Oberst Vazetis bestimmt, der bis dahin eine Division lettischer Schützen befehligte. Das war der einzige Truppenteil, der von der alten Armee erhalten geblieben war. Die lettischen Landarbeiter, Proletarier und armen Bauern haßten die baltischen Barone. Diesen sozialen Haß hatte der Zarismus im Kriege gegen die Deutschen ausgenutzt. Die lettischen Regimenter waren die besten in der zaristischen Armee. Nach der Februarumwälzung haben sie sich durchweg bolschewisiert und in der Oktoberrevolution eine große Rolle gespielt. Vazetis war unternehmend, aktiv und findig. Er hatte sich während des

Aufstandes der linken Sozialrevolutionäre hervorgetan. Unter seiner Leitung waren die leichten Geschütze gegen den Stab der Verschwörer aufgestellt worden. Zwei, drei Schüsse – zur Abschrekkung und ohne Opfer – hatten genügt, daß die Aufrührer auseinanderstoben. Nach dem Verrat des Abenteurers Murawjew im Osten hatte ihn Vazetis ersetzt. Im Gegensatz zu anderen militärischen Akademikern verlor er im revolutionären Chaos den Kopf nicht, sondern plätscherte wellenschlagend lebenslustig darin herum, rief auf, ermunterte, erteilte Befehle, selbst dann, wenn keine Hoffnung auf ihre Ausführung bestand. Während die anderen ›Spezs‹ am meisten fürchteten, die Grenzen ihrer Rechte zu überschreiten, erließ Vazetis in Augenblicken der Begeisterung Dekrete, ohne dabei an die Existenz des Rates der Volkskommissare und des Allrussischen Zentralexekutivkomitees zu denken. Etwa ein Jahr später wurde Vazetis irgendwelcher verdächtigen Absichten und Verbindungen beschuldigt, so daß man ihn absetzen mußte. Jedoch nichts Ernstes hatte sich hinter diesen Beschuldigungen verborgen. Es ist möglich, daß er vor dem Einschlafen in der Biographie Napoleons geblättert und jungen Offizieren gegenüber einige unbescheidene Gedanken geäußert hatte. Augenblicklich ist Vazetis Professor der Kriegsakademie.
Den Kasaner Stab verließ er am Abend des 6. August als einer der Letzten, nachdem die Weißen bereits in das Gebäude einzudringen begannen. Er entwich wohlbehalten auf Umwegen und kam nach Swjaschsk; er hatte Kasan verloren, aber seinen Optimismus behalten. Wir berieten gemeinsam die wichtigsten Fragen, ernannten einen lettischen Offizier, Slawin, zum Kommandaten der 5. Armee und verabschiedeten uns. Vazetis fuhr zu seinem Stab ab. Ich blieb in Swjaschsk.
Im Zug mit mir kam unter anderen auch Gußjew an. Er galt als ›der alte Bolschewik‹, weil er an der revolutionären Bewegung von 1905 teilgenommen hatte; er war dann für zehn Jahre in das bürgerliche Leben untergetaucht, kehrte aber, wie so viele andere, 1917 zur Revolution zurück. Kleiner Intrigen wegen ist er später von Lenin und mir aus der militärischen Arbeit entfernt und von Stalin sofort aufgelesen worden. Seine Spezialität bildet gegenwärtig hauptsächlich die Fälschung der Geschichte des Bürgerkrieges. Seine wichtigste Qualifikation dafür besteht in einem apathischen Zynismus. Wie die gesamte Stalinsche Schule blickt auch er niemals auf das zurück, was er gestern gesprochen oder geschrieben hat. Zu Beginn des Jahres 1924, als die Hetze gegen mich sich bereits ganz offen entwickelte, wobei Gußjew die Rolle eines phlegmatischen Zuträgers spielte, waren die Erinnerungen an die Tage von Swjaschsk trotz dem Zwischenraum von sechs Jahren noch zu frisch in Erinnerung und bildeten bis zu einem gewissen Grade selbst für Gußjew eine Bindung. Folgendes erzählte er über die Ereignisse bei Kasan: »Die Ankunft des Genossen Trotzki brachte

eine entscheidende Wendung der Lage. Mit dem Zuge des Genossen Trotzki traf auf der entlegenen Station Swjaschsk fester Wille zum Sieg ein, Initiative und ein energischer Druck auf die gesamte Tätigkeit der Armee. Von den ersten Tagen an fühlte man sowohl auf der vom Train der unzähligen Regimenter im Rücken der Armee verstopften Station, wo die politische Abteilung und die Organe der Verproviantierung zusammengedrängt waren, wie auch bei den etwa fünfzehn Werst weiter vorn gelegenen Armeeteilen, daß sich eine schroffe Wendung vollzogen hatte. Vor allem zeigte sich dies auf dem Gebiet der Disziplin. Die harten Methoden des Genossen Trotzki in der Epoche der Partisanenbewegung und der Disziplinlosigkeit... waren vor allem und hauptsächlich zweckmäßig und notwendig. Durch Zureden war nichts zu erreichen, auch gab es dafür keine Zeit. Im Laufe der fünfundzwanzig Tage, die Genosse Trotzki in Swjaschsk zubrachte, wurde eine Riesenarbeit geleistet, welche die desorganisierten und zersetzten Teile der 5. Armee in kampffähige und zur Einnahme von Kasan vorbereitete Truppen verwandelte.«

Verrat nistete im Stab, im Kommandobestand, ringsherum. Der Feind wußte, wohin er zu schlagen hatte, und fast immer handelte er sicher. Das entmutigte. Bald nach meiner Ankunft besuchte ich die vorderen Batterien. Die Aufstellung der Geschütze zeigte mir ein erfahrener Artillerieoffizier mit einem verwitterten Gesicht und undurchdringlichen Augen. Er bat um Erlaubnis, abzutreten, um telephonisch einen Befehl zu erteilen. Einige Minuten danach gingen zwei Geschosse gabelartig in einer Entfernung von fünfzig Schritten nieder, ein drittes – in meiner nächsten Nähe. Ich hatte kaum Zeit, mich hinzulegen; Erde überschüttete mich. Der Artillerist stand unbeweglich abseits, Blässe durchbrach seine Bräune. Seltsamerweise argwöhnte ich nichts, sondern vermutete einen Zufall. Erst zwei Jahre später erinnerte ich mich plötzlich der ganzen Situation bis in die kleinsten Details, und mir wurde unwiderlegbar klar: der Artillerist war ein Feind und hatte telephonisch über irgendeinen Zwischenpunkt der feindlichen Batterie das Ziel angegeben. Er riskierte doppelt: zusammen mit mir unter das Geschoß der Weißen zu geraten oder von den Roten erschossen zu werden. Es ist mir unbekannt, was aus ihm geworden ist.

Kaum war ich in meinen Waggon zurückgekehrt, als von allen Seiten ein Gewehrgeknatter ertönte. Ich sprang auf die Plattform hinaus. Über uns kreiste ein weißes Flugzeug. Es machte offensichtlich Jagd auf den Zug. Drei Bomben fielen hintereinander in weitem Bogen herunter, ohne jemandem Schaden zuzufügen. Vom Dach des Waggons schoß man auf den Feind aus Gewehren und Maschinengewehren. Das Flugzeug ging außer Schußweite, aber die Schießerei hörte nicht auf. Alle waren wie in einem Rausch. Mit großer Mühe unterbrach ich das Schießen. Es ist wahrscheinlich, daß derselbe Artillerist von dem Zeitpunkt meiner Rückkehr

in den Zug Nachricht gegeben hatte. Allerdings konnten es auch andere Quellen gewesen sein. Der Verrat arbeitete um so sicherer, je hoffnungsloser die militärische Lage der Revolution schien. Man mußte also um jeden Preis und so schnell wie möglich den Automatismus des Rückzugs, bei dem die Menschen an die Möglichkeit des Ausharrens nicht mehr glaubten, überwinden, mußte eine Drehung um die eigene Achse machen und den Feind mitten ins Herz treffen.
Ich hatte im Zuge ein halbes Hundert Moskauer Jugendgenossen mitgebracht. Sie zerrissen sich in Stücke, stopften die Löcher zu und schmolzen vor meinen Augen hin, sich mit der Unbesonnenheit des Heroismus und der mangelnden Erfahrung der Jugend den Feinden entgegenwerfend. Neben ihnen stand das vierte lettische Regiment. Von allen Regimentern der zerfetzten Division war es das schlechteste. Die Schützen lagen im Schmutz unterm Regen und verlangten Ablösung. Aber eine Ablösung gab es nicht. Der Regimentskommandeur, zusammen mit dem Regimentskomitee, schickte mir eine Erklärung, daß ›für die Revolution gefährliche Folgen‹ entstehen würden, falls man das Regiment nicht sofort ablöse. Das war eine Drohung. Ich ließ den Regimentskommandeur und den Vorsitzenden des Regimentskomitees in den Wagen kommen. Sie blieben finster bei ihrer Forderung. Ich erklärte sie für verhaftet. Der Chef der Postabteilung des Zuges, der jetzige Kommandeur des Kremls, entwaffnete sie in meinem Coupé. Im Waggon war außer uns beiden niemand: die gesamte Besatzung kämpfte an der Front. Würden die Verhafteten sich widersetzt haben, oder wäre das Regiment für sie eingetreten und hätte die Position geräumt, die Lage hätte hoffnungslos werden können. Wir hätten Swjaschsk und die Brücke über die Wolga aufgeben müssen. Eine Erbeutung meines Zuges durch den Feind wäre natürlich nicht ohne Einfluß auf die Armee geblieben. Der Weg nach Moskau hätte freigelegen. Doch die Verhaftung verlief glücklich. Ich teilte in einem Armeebefehl mit, daß der Regimentskommandeur vor das Revolutionstribunal gestellt werde. Das Regiment verließ die Positionen nicht. Der Kommandeur wurde nur zu Gefängnis verurteilt.
Die Kommunisten überredeten, klärten auf, gaben das Beispiel. Aber es war klar, mit Agitation allein war die Stimmung nicht zu brechen, auch ließ die Situation keine Zeit dafür. Man mußte sich zu harten Maßnahmen entschließen. Ich erließ einen Befehl, der in der Druckerei meines Zuges gedruckt und allen Armeeteilen bekanntgegeben wurde. »Ich warne: Falls irgendein Truppenteil sich selbständig zurückzieht, wird als erster der Kommissar des Truppenteiles, als zweiter der Kommandeur erschossen. Mutige, tapfere Soldaten werden auf die Kommandoposten gestellt werden. Feiglinge, Selbstsüchtige und Verräter werden der Kugel nicht entgehen. Dafür bürge ich vor dem Angesicht der Roten Armee.«
Der Umschwung vollzog sich. Selbstverständlich nicht plötzlich.

Einzelne Abteilungen fuhren fort, die Front ohne Grund zu verlassen oder sich beim ersten kräftigen Stoß des Feindes zu zerstreuen. Swjaschsk war vom Angriff bedroht. Auf der Wolga stand ein Dampfer für den Stab bereit. Zehn Mann aus dem Kommando meines Zuges bewachten auf Fahrrädern den Fußgängerpfad zwischen dem Stab und dem Anlegeplatz des Dampfers. Der Kriegssowjet der 5. Armee nahm den Beschluß an, mir vorzuschlagen, auf den Fluß überzusiedeln. Die Maßnahme war an sich vernünftig, doch fürchtete ich eine schlechte Wirkung auf die nervöse und an sich verzagende Armee. Gerade in diesem Augenblick hatte sich die Lage an der Front plötzlich weiter verschlechtert. Das frisch angekommene Regiment, auf das wir so sehr gebaut hatten, verließ mit dem Kommissar und dem Kommandeur an der Spitze die Stellung, besetzte mit vorgehaltenen Bajonetten den Dampfer, verfrachtete sich darauf, um nach Nischni abzufahren. Eine Beunruhigungswelle durchlief die Front. Alle blickten auf den Fluß. Die Lage schien fast hoffnungslos. Aber der Stab blieb auf seinem Platz, obwohl der Feind in einer Entfernung von ein bis zwei Kilometern war und die Geschosse in unmittelbarer Nähe platzten. Ich besprach mich mit dem unerschütterlichen Markin. An der Spitze von zwanzig Kampfschiffen fuhr er auf einem improvisierten Kanonenboot an den Dampfer mit den Deserteuren heran und forderte unter der Kanonenmündung, daß sie sich ergeben sollten. Vom Ausgang dieser Operation hing im Augenblick alles ab. Ein Schuß hätte für eine Katastrophe ausgereicht. Die Deserteure ergaben sich ohne Widerstand. Der Dampfer legte im Hafen an, die Deserteure schifften sich aus; ich ordnete ein Feldtribunal an, das den Kommandeur, den Kommissar und eine Anzahl Soldaten zum Tode durch Erschießen verurteilte. An eine faulende Wunde wurde glühendes Eisen gelegt. Ich erklärte dem Regiment die Situation, ohne etwas zu verheimlichen oder abzuschwächen. In den Soldatenbestand wurde eine Anzahl Kommunisten hineingetropft. Unter einem neuen Kommando und mit neuem Selbstgefühl kehrte das Regiment an die Front zurück. Alles geschah so schnell, daß der Feind keine Zeit fand, die Erschütterung auszunützen.

Das Flugwesen mußte organisiert werden. Ich ließ den Fliegeringenieur Akaschew kommen. Seinen Anschauungen nach Anarchist, arbeitete er dennoch gemeinsam mit uns. Akaschew entwickelte Initiative und stellte schnell eine Luftflottille zusammen. Durch sie erhielten wir endlich ein Bild von der feindlichen Front. Das Kommando der 5. Armee tappte nicht mehr im Dunkeln. Die Flieger unternahmen täglich Kampfüberfälle auf Kasan. Dort herrschte Alarmfieber. Später, nach der Einnahme von Kasan, übergab man mir unter anderen Dokumenten das Tagebuch eines Bürgermädchens, das die Belagerung von Kasan durchgemacht hatte. Seiten, die die Panik schilderten, welche unsere Flieger verursacht hatten, wechselten ab mit dem Flirt gewidmeten Seiten. Das Leben blieb

nicht stehen. Die tschechischen Offiziere wetteiferten mit den russischen. In den Kasaner Salons begonnene Romane fanden ihre Entwicklung und manchmal auch ihren Abschluß in den Kellern, wo man sich vor den Bomben versteckte.
Am 28. August versuchten die Weißen eine Umzingelung. An der Spitze einer größeren Abteilung, geschützt durch das Dunkel der Nacht, machte der Oberst Kapell, jener später berühmt gewordene weiße General, eine Umgehung in unserm Rücken, besetzte die nächste kleine Station, zerstörte den Eisenbahndamm, legte die Telegraphenpfähle um, uns auf diese Weise den Rückzug abschneidend, und ging zur Attacke auf Swjaschsk über. Bei dem Stabe Kapell befand sich, wenn ich nicht irre, Sawinkow. Der Angriff hatte uns überrascht. Aus Besorgnis, die nicht sehr feste Front zu beunruhigen, zogen wir von dort nicht mehr als zwei bis drei Kompanien heran. Der Chef meines Zuges mobilisierte wieder einmal alles, was im Zug und auf der Station erreichbar war, bis inklusive den Koch. Gewehre, Maschinengewehre, Handgranaten hatten wir zur Genüge. Die Zugbesatzung bestand aus guten Kämpfern. Die Kette wurde eine Werst vom Zuge entfernt ausgestreut; der Kampf dauerte etwa acht Stunden, beide Seiten erlitten Verluste, der Feind ermattete und zog sich zurück. Inzwischen hatte die Unterbrechung der Verbindung mit Swjaschsk in Moskau und auf der ganzen Linie ungeheure Besorgnis hervorgerufen. Eiligst kamen kleine Abteilungen zu Hilfe. Der Weg war bald wiederhergestellt. In die Armee ergossen sich frische Abteilungen. Die Kasaner Zeitungen berichteten inzwischen, ich sei abgeschnitten, gefangen, ermordet, – auf einem Flugzeug geflohen, dafür aber sei als Trophäe mein Hund gefangengenommen worden. Dieses treue Tier geriet später an allen Fronten des Bürgerkrieges in Gefangenschaft. Meist war es eine schokoladenfarbene Dogge, manchmal ein Bernhardiner. Ich kam um so billiger davon, als ich gar keinen Hund bei mir hatte.
Als ich in einer der kritischen Nächte in Swjaschsk um drei Uhr nachts eine Runde durch die Räume des Stabes machte, hörte ich aus dem Verwaltungszimmer eine bekannte Stimme wiederholt sagen: »Er wird das Spiel so weit treiben, bis er in Gefangenschaft gerät und sich selbst und uns ins Verderben bringt, ich sage es euch im voraus.« Ich blieb auf der Schwelle stehen. Vor mir saßen an einer Karte zwei noch ganz junge Offiziere des Generalstabs. Der Sprecher beugte sich zu ihnen über den Tisch, mir den Rücken zuwendend. Jetzt hatte er wohl auf den Gesichtern seiner Zuhörer etwas Seltsames wahrgenommen, denn er drehte sich schroff zur Türe um. Es war Blagonrawow, ein Leutnant der zaristischen Armee, ein junger Bolschewik. Auf seinem Gesicht erstarrten Schrecken und Scham. In seiner Eigenschaft als Kommissar hatte er die Aufgabe, den Geist der Spezialisten zu heben. Statt dessen wiegelte er sie im kritischen Augenblick gegen mich auf, sie ei-

gentlich zur Desertion ermunternd, und war nun auf frischer Tat von mir ertappt. Ich traute weder meinen Augen noch meinen Ohren. Während des Jahres 1917 hatte sich Blagonrawow als ein tapferer Revolutionär gezeigt. Er war Kommissar der Peterpaulfestung in den Tagen der Umwälzung, beteiligte sich dann an der Liquidierung des Junkeraufstandes. Ich erteilte ihm verantwortliche Aufträge während der Smolnyzeit. Er wurde mit ihnen gut fertig. »Aus einem solchen Leutnant«, sagte ich einmal scherzend zu Lenin, »kann noch ein Napoleon werden. Er hat auch den passenden Namen: Blago-Nrawow*, fast Bona-parte.« Lenin lachte anfangs über den unerwarteten Vergleich, dann wurde er nachdenklich, schob die Backenknochen vor und sagte ernst, fast bedrohlich: »Nun, mit den Bonapartes werden wir schon fertig werden, was?« »Mit Gottes Hilfe«, antwortete ich halb scherzend. Diesen Blagonrawow hatte ich an die Ostfront geschickt, als man dort den Verrat Murawjews verschlafen hatte. Im Kreml, im Empfangszimmer Lenins, prägte ich Blagonrawow seine Aufgaben ein. Er antwortete bedrückt: »Die ganze Sache ist die, daß die Revolution im Abflauen ist.« Das war Mitte 1918. »Haben Sie sich so schnell verbraucht?« fragte ich ihn entrüstet. Blagonrawow gab sich einen Ruck, änderte den Ton und versprach, alles, was notwendig, zu tun. Ich beruhigte mich, und jetzt überrasche ich ihn in den kritischsten Stunden am Rande eines offenen Verrates. Wir gingen in den Korridor hinaus, um nicht in Gegenwart der Offiziere uns auseinanderzusetzen. Blagonrawow zitterte, war ganz blaß, stand da, die Hand an der Mütze. »Übergeben Sie mich nicht dem Tribunal«, wiederholte er verzweifelt, »ich werde meine Schuld gutmachen, schicken Sie mich als Soldaten in die vorderste Reihe.« Meine Prophezeiung hatte sich nicht erfüllt: der Kandidat für einen Napoleon stand wie ein begossener Pudel vor mir. Er wurde abgesetzt und für eine weniger verantwortliche Arbeit verwandt. Die Revolution ist eine große Menschen- und Charaktervertilgerin, sie verbraucht die Tapferen und verwüstet die weniger Standhaften. Jetzt ist Blagonrawow Mitglied des GPU-Kollegiums, eine Säule des Regimes. Er muß wohl schon in Swjaschsk vom Haß gegen die ›permanente Revolution‹ erfüllt gewesen sein.

Das Schicksal der Revolution schwankte zwischen Swjaschsk und Kasan. Für den Rückzug gab es keinen Weg außer der Wolga. Der revolutionäre Sowjet der Armee erklärte, die Frage meiner Sicherheit in Swjaschsk beschränke seine Handlungsfreiheit, und er forderte dringend meine Übersiedlung auf den Fluß. Das war sein Recht. Ich hatte von Anfang an die Anordnung getroffen, daß meine Anwesenheit in Swjaschsk in keiner Weise das Armeekommando beschränken oder einengen dürfe. An diese Regel hielt ich mich bei allen meinen Frontreisen. Ich unterwarf mich und ging

* Heißt im Russischen etwa: Gut-gesitteter.

auf das Wasser, aber nicht auf den für mich vorbereiteten Passagierdampfer, sondern auf ein Torpedoboot. Vier kleine Torpedoboote waren mit großen Schwierigkeiten durch das Marienkanalsystem in die Wolga gebracht worden. Einige Flußdampfer hatte man zu dieser Zeit mit Kanonen und Maschinengewehren bewaffnet. Unter dem Kommando Raskolnikows plante die Flottille in dieser Nacht einen Angriff auf Kasan. Man mußte an einigen hohen Bergabhängen, auf denen die Batterien der Weißen befestigt waren, vorbei. Hinter den Bergabhängen macht der Fluß eine Biegung und verbreitert sich plötzlich. Dort befand sich die Flottille des Gegners. Auf der anderen Seite liegt Kasan. Man hatte vor, unbemerkt in der Dunkelheit an den Bergabhängen vorüberzufahren, die feindliche Flottille und die Uferbatterien zu vernichten und die Stadt zu beschießen. Die Flottille bewegte sich in Kielwasserkolonne mit gelöschten Lichtern – wie ein Dieb in der Nacht. Zwei alte Wolgalotsen, beide mit dünnen, verwelkten Bärtchen, standen neben dem Kapitän. Sie waren gewaltsam mitgenommen worden, hatten eine tödliche Angst, haßten uns, verfluchten ihr Leben und zitterten zähneklappernd. Jetzt hing alles von ihnen ab. Der Kapitän erinnerte sie von Zeit zu Zeit daran, daß er sie auf der Stelle erschießen würde, wenn das Schiff auf eine Sandbank auffahren sollte. Wir kamen in eine Linie mit den Bergabhängen, die sich schimmernd aus der Dunkelheit abhoben, als quer über den Fluß ein Maschinengewehr wie ein Peitschenhieb knallte. Gleich danach krachte vom Berg her ein Kanonenschuß. Wir fuhren schweigend. Hinter unserem Rücken antwortete ein Kanonenschuß von unten. Einige Kugeln trafen wie Wirbelschläge die Eisenbleche, die uns auf der Kapitänsbrücke bis zum Gürtel deckten. Wir duckten uns. Die Bootsmänner rissen die Knochen zusammen, mit Luxaugen durchbohrten sie die Dunkelheit, mit warmen halblauten Zurufen verständigten sie sich mit dem Kapitän. Hinter dem Bergabhang kamen wir auf eine breite Wasserebene hinaus. Am anderen Ufer wurden die Lichter von Kasan sichtbar. Hinter unserem Rükken ging eine dichte Schießerei, von oben und von unten. Rechts von uns, in einer Entfernung von nicht mehr als zweihundert Schritten, stand unter Deckung des bergigen Ufers die feindliche Flottille. Die Schiffe waren als Haufen undeutlich sichtbar. Raskolnikow gab den Befehl, das Feuer auf die Schiffe zu eröffnen. Der metallene Körper unseres Torpedobootes wimmerte und heulte auf beim ersten Schlage seiner eigenen Kanone. Wir bewegten uns ruckweise, der eiserne Leib gebar unter Schmerzen und Knirschen Geschosse. Die nächtliche Dunkelheit ertrank plötzlich in Flammen. Unser Geschoß hatte eine Barke, die mit Petroleum befrachtet war, in Brand gesetzt. Eine unerwartete, unerwünschte, aber großartige Fackel erhob sich über der Wolga. Jetzt beschossen wir den Hafen. Die Geschütze waren deutlich erkennbar, aber sie antworteten nicht. Die Artilleristen mochten einfach auseinandergelaufen sein. Der Fluß ist in seiner ganzen Breite beleuchtet. Hinter uns ist niemand. Wir sind allein. Die feindliche Artillerie hat den übrigen Schiffen unserer Flottille wohl den Weg abgeschnitten. Unser Torpedoboot sitzt auf der beleuchteten Wasserebene wie eine Fliege auf einem hellen Teller. Gleich wird man uns unter Kreuzfeuer nehmen, vom Hafen und vom Bergabhang her. Das war unheimlich. Dazu verloren wir noch das Steuer. Die Kette des Steuerrades zerriß, wahrscheinlich von einem Geschoß getroffen. Man versuchte, mit der Hand zu lenken. Aber die abgerissene Kette hatte sich um das Steuer gewickelt, das Steuer war beschädigt und machte keine Drehungen. Man mußte die Maschinen abstellen. Leise tieb es uns zum Kasaner Ufer ab, bis das Torpedoboot mit der Bordseite an eine alte halbversunkene Barke stieß. Die Schießerei hörte gänzlich auf. Es war hell wie am Tage, still wie bei Nacht. Wir saßen in einer Mausefalle. Es war nur unverständlich, warum man uns nicht stürmte. Wir hatten die Verwüstungen und die Panik, die unser Überfall verursacht hatte, unterschätzt. Schließlich beschlossen die jungen Kommandeure, das Boot von der Barke abzustoßen und, abwechselnd die linke und die rechte Maschine laufen lassend, die Vorwärtsbewegung des Torpedobootes zu regulieren. Dies gelang. Die Petroleumfackel loderte. Wir fuhren zum Bergabhang, niemand schoß. Hinter dem Bergabhang tauchten wir endlich in Dunkelheit unter. Aus dem Maschinenraum brachte man einen ohnmächtigen Matrosen heraus. Die auf dem Berge aufgestellten Geschütze gaben keinen einzigen Schuß ab. Offensichtlich wurden wir nicht überwacht. Vielleicht gab es niemand mehr, der uns überwachen konnte. Wir waren gerettet. Man schreibt das Wort so einfach hin: ›gerettet‹. Es erschien das Glimmen der Zigaretten. Die verkohlten Reste eines unserer improvisierten Kanonenboote lagen traurig am Ufer. Wir fanden auf anderen Schiffen einige Verwundete. Erst jetzt entdeckten wir, daß ein Dreizollgeschoß den Schnabel unseres Torpedobootes sorgfältigst durchbohrt hatte. Es war eine frühe Morgendämmerungsstunde. Alle fühlten sich wie neu zur Welt gekommen.

Eins zum anderen. Man brachte einen Flieger zu mir, der soeben mit einer guten Nachricht herabgekommen war. Von Nordosten sei eine Abteilung der zweiten Armee unter dem Kommando des Kosaken Asin dicht an Kasan herangerückt. Sie hatte zwei Panzerautos erobert, zwei Geschütze zerschossen, eine feindliche Abteilung in die Flucht gejagt und zwei Dörfer zwölf Werst vor Kasan besetzt. Mit einer Instruktion und einem Aufruf flog der Flieger gleich wieder zurück. Kasan geriet in die Klemme. Unser nächtlicher Überfall hatte, wie sich bald durch unsere Kundschafter ergab, die Widerstandskraft der Weißen gebrochen. Die feindliche Flottille ist fast völlig vernichtet, die Uferbatterien sind zum Schweigen gebracht worden. Das Wort ›Torpedoboot‹ – auf der Wolga!! – hatte auf die Weißen die gleiche Wirkung ausgeübt, wie später bei

Petrograd das Wort ›Tank‹ auf die jungen roten Truppen. Gerüchte entstanden, daß gemeinsam mit den Bolschewiki die Deutschen kämpften. Es begann eine allgemeine Flucht der wohlhabenden Bevölkerung aus Kasan. Die Arbeiterviertel erhoben das Haupt. In der Pulverfabrik entbrannte ein Aufstand. Unsere Truppen wurden vom Offensivgeist erfaßt.
Der Monat Swjaschsk war erfüllt von aufregenden Episoden. Täglich passierte etwas. Nicht selten verliefen die Nächte auch nicht viel ruhiger. Der Krieg zeigte sich mir zum erstenmal in solcher intimen Nähe. Es war ein kleiner Krieg. Auf unserer Seite kämpften nicht mehr als 25000 bis 30000 Menschen. Aber von dem großen Kriege unterschied sich der kleine nur durch den Maßstab. Es war gleichsam das lebende Modell eines Krieges. Darum gerade wurde er in allen seinen Schwankungen und Überraschungen so unmittelbar empfunden. Der kleine Krieg war eine große Schule.
Die Lage bei Kasan veränderte sich inzwischen bis zur Unkenntlichkeit. Die bunt zusammengewürfelten Abteilungen formierten sich zu regulären Truppenteilen. In sie ergossen sich kommunistische Arbeiter aus Petrograd, Moskau und anderen Orten. Die Regimenter festigten und stählten sich. Die Kommissare bei den Truppenteilen bekamen die Bedeutung revolutionärer Führer, unmittelbarer Vertreter der Diktatur. Die Tribunale zeigten, daß eine Revolution, die sich in Todesgefahr befindet, höchste Selbstaufopferung erfordert. Durch Verbindung von Agitation, Organisation, revolutionärem Beispiel und Repressalien wurde in wenigen Wochen der notwendige Umschwung erreicht. Aus einer schwankenden, auseinanderfallenden Masse erstand eine wirkliche Armee. Unsere Artillerie bekam offensichtlich das Übergewicht. Unsere Flottille verfügte über den Fluß. Unsere Flieger beherrschten die Luft. Ich zweifelte nun nicht mehr daran, daß wir Kasan zurückerobern würden. Da erhielt ich plötzlich am 1. September ein chiffriertes Telegramm aus Moskau: »Kommt sofort. Iljitsch verwundet. Grad der Gefährlichkeit unbekannt. Völlige Ruhe. 31. 8. 1918. Swerdlow.« Ich fuhr unverzüglich ab. Die Stimmung in den Parteikreisen war trüb und düster, aber unerschüttert. Der beste Ausdruck dieses Nichterschüttertseins war Swerdlow. Die Ärzte fanden Lenins Leben außer Gefahr, versprachen baldige Genesung. Ich ermunterte die Partei durch die bevorstehenden Siege im Osten und kehrte sofort nach Swjaschsk zurück. Kasan wurde am 10. September genommen. Nach zwei Tagen nahm die benachbarte 1. Armee Simbirsk ein. Das kam nicht unerwartet. Der Befehlshaber der 1. Armee, Tuchatschewski, hatte Ende August versprochen, nicht später als am 12. September Simbirsk einzunehmen. Über die Einnahme der Stadt benachrichtigte er mich durch folgendes Telegramm: »Befehl ausgeführt. Simbirsk genommen.« Inzwischen genas auch Lenin. Er schickte ein begeistertes Begrüßungstelegramm. Auf der ganzen Linie besserte sich die Lage.

Hauptleiter der 5. Armee wurde Iwan Nikititsch Smirnow. Diese Tatsache war von ungeheurer Bedeutung. Smirnow stellte den komplettesten und vollendetsten Typus des Revolutionärs dar, der vor mehr als dreißig Jahren in die Front einrückte und seit jener Zeit Ablösung weder gekannt noch gesucht hatte. In den dumpfesten Jahren der Reaktion fuhr Smirnow fort, unterirdische Wege zu graben. Wurden sie verschüttet, verlor er den Mut nicht und begann von neuem. Iwan Nikititsch blieb stets ein Mensch der Pflicht. In diesem Punkte berührt sich der Revolutionär mit dem guten Soldaten, und gerade deshalb kann ein Revolutionär ein vorzüglicher Soldat werden. Nur seiner Natur gehorchend, blieb Iwan Nikititsch ein Beispiel an Mut und Festigkeit, ohne jene Rauheit, die sie so oft begleitet. Die besten Arbeiter der Armee begannen sich diesem Muster anzupassen. »Niemand wurde so geachtet wie Iwan Nikititsch«, schrieb Larissa Reißner über die Belagerung von Kasan. »Man fühlte, daß im schlimmsten Augenblick gerade er der Stärkste und Unerschrockenste sein werde.« An Smirnow ist kein Schatten von Pedantismus. Er ist einer der geselligsten, lebensfreudigsten und witzigsten Menschen. Seiner Autorität unterwirft man sich um so leichter, als es eine nicht sichtbare, nicht befehlshaberische, wenn auch unbeugsame Autorität ist. Um Smirnow sich gruppierend, verschmolzen die Kommunisten der 5. Armee zu einer besonderen politischen Familie, die noch jetzt, einige Jahre nach der Liquidierung der 5. Armee, eine Rolle spielt im Leben des Landes. ›Einer von der 5. Armee‹, das hat im Vokabularium der Revolution eine besondere Bedeutung. Das heißt: ein aufrechter Revolutionär, ein Mensch des Pflichtbewußtseins und vor allem ein sauberer Mensch. Gemeinsam mit Iwan Nikititsch übertrugen die Mitglieder der 5. Armee nach Beendigung des Bürgerkrieges ihren ganzen Heroismus auf die wirtschaftliche Arbeit, und fast alle ohne Ausnahme gehören zum Bestande der Opposition. Smirnow stand an der Spitze der Kriegsindustrie, war dann Volkskommissar für Post und Telegraphenwesen. Jetzt ist er in der Verbannung im Kaukasus. In den Gefängnissen und in Sibirien kann man nicht wenige seiner Kampfgenossen aus der 5. Armee zählen. ... Die letzten Nachrichten melden nun, daß der Kampf auch Smirnow niedergeworfen hat, der jetzt Kapitulation predigt. Die Revolution hätte dann also auch diesen Kämpfer vertilgt...

Larissa Reißner, die Iwan Nikititsch ›das Gewissen von Swjaschsk‹ nannte, nahm selbst einen bedeutenden Platz in der 5. Armee ein, wie in der Revolution überhaupt. Diese herrliche junge Frau, die so viele bezauberte, ist wie ein feuriger Meteor am Himmel der Revolution vorübergezogen. Mit dem Äußeren einer olympischen Göttin verband sie einen feinen ironischen Verstand und die Tapferkeit eines Kriegers. Nach der Einnahme Kasans durch die Weißen begab sie sich, wie eine Bäuerin gekleidet, in das feindliche Lager als Auskundschafterin. Aber ihr Äußeres war zu ungewöhnlich.

Sie wurde verhaftet. Ein japanischer Kundschafteroffizier verhörte sie. Während einer Pause schlich sie sich aus der Tür, die schlecht bewacht war, und entkam. Seit der Zeit arbeitete sie in der Kundschafterabteilung. Später schwamm sie auf Kriegsschiffen und nahm an Kämpfen teil. Sie hat dem Bürgerkrieg Erzählungen gewidmet, die in der Literatur weiterleben werden. Mit gleicher Anschaulichkeit schilderte sie die Industrie des Urals wie den Aufstand der Ruhrarbeiter. Sie wollte alles wissen und kennenlernen, an allem teilnehmen. In wenigen Jahren wuchs sie zu einer erstklassigen Schriftstellerin empor. Unversehrt durch Feuer und Wasser hindurchgegangen, verbrannte diese Pallas der Revolution plötzlich an Typhus in der ruhigen Umgebung Moskaus, bevor sie ihr dreißigstes Lebensjahr erreicht hatte.
Ein Arbeiter fand sich zum andern. Im Feuer bildeten sich die Menschen in einer Woche aus, die Armee schweißte sich ruhmvoll zusammen. Der tiefste Punkt der Revolution – der Moment des Falles von Kasan – lag hinter uns. Parallel damit vollzog sich ein riesiger Umschwung in der Bauernschaft. Die Weißen lehrten die Bauern das politische Abc. Im Laufe der nächsten sieben Monate säuberte die Rote Armee ein Territorium von fast einer Million Quadratkilometern mit einer Bevölkerung von 40 Millionen Menschen. Die Revolution war wieder offensiv. Als sie aus Kasan flüchteten, führten die Weißen den dort seit dem Februarangriff Hoffmanns aufbewahrten Goldvorrat der Republik weg. Viel später, bei der Gefangennahme Koltschaks, wurde er von uns wieder zurückerbeutet.
Als ich die Möglichkeit bekam, meine Augen von Swjaschsk abzuwenden, gewahrte ich, daß sich manches in Europa verändert hatte: die deutsche Armee befand sich in einer ausweglosen Lage.

Der Zug

Nun bleibt noch etwas über den sogenannten ›Zug des Vorsitzenden des Revolutionären Kriegsrats‹ zu sagen übrig. Mein persönliches Leben war während der kritischsten Revolutionsjahre mit dem Leben dieses Zuges unzertrennlich verbunden. Andererseits war der Zug mit dem Leben der Roten Armee untrennbar verknüpft. Der Zug verband die Front mit dem Hinterland, entschied an Ort und Stelle über die unaufschiebbaren Fragen, klärte auf, rief auf, versorgte, strafte und belohnte.
Man kann eine Armee nicht ohne Repressalien aufbauen. Man kann nicht Menschenmassen in den Tod führen, ohne im Arsenal des Kommandos die Todesstrafe zu haben. Solange die auf die Technik stolzen, schwanzlosen Affen, die sich Menschen nennen, Armeen aufstellen und kämpfen, wird das Kommando dieser Armeen die Soldaten zwischen den wahrscheinlichen Tod vor und

den unvermeidlichen Tod hinter der Front stellen müssen. Und doch werden Armeen nicht nur durch Angst zusammengehalten. Die zaristische Armee zerfiel nicht aus Mangel an Repressalien. Indem Kerenski versuchte, sie durch die Wiedereinführung der Todesstrafe zu retten, zerschlug er sie erst völlig. Auf der Brandstätte des großen Krieges haben die Bolschewiki die neue Armee geschaffen. Für den, der nur einigermaßen die Sprache der Geschichte begreift, bedürfen diese Tatsachen keiner Erläuterung. Der stärkste Zement der neuen Armee waren die Ideen der Oktoberrevolution. Der Zug versah mit diesem Zement die Fronten.
In den Gouvernements Kaluga, Woronesch und Rjasan haben sich viele Tausende junger Bauern auf die ersten Aufrufe der Sowjets hin nicht gemeldet. Der Krieg spielte sich fern von ihren Gouvernements ab, man nahm die Mobilisierung nicht ernst, der Erfolg der Einberufung war gering. Man kennzeichnete die Nichterschienenen als Deserteure. Gegen das Nichterscheinen wurde ein ernster Kampf eröffnet. Beim Kriegskommissariat von Rjasan hatten sich etwa fünfzehntausend solcher ›Deserteure‹ angesammelt. Als ich durch Rjasan fuhr, beschloß ich, sie mir anzusehen. Man riet mir davon ab: »Es könnte etwas passieren.« Aber alles verlief aufs beste. Man versammelte sie aus den Baracken mit dem Ruf: »Genossen Deserteure, kommt zum Meeting, Genosse Trotzki ist zu euch gekommen.« Sie liefen heraus, erregt, lärmend und neugierig wie Schuljungen. Ich hatte sie mir schlimmer vorgestellt. Sie hatten sich Trotzki schrecklicher vorgestellt. In einigen Minuten umringte mich eine riesige, bewegte, undisziplinierte, aber nicht im geringsten feindselige Kumpanei. Die ›Genossen Deserteure‹ starrten mich derart an, daß es schien, vielen von ihnen würden die Augen gleich aus der Stirn herausspringen. Ich stellte mich im Hofe auf einen Tisch und unterhielt mich mit ihnen annähernd anderthalb Stunden. Es war ein dankbares Auditorium. Ich bemühte mich, sie in ihren eigenen Augen zu stärken, und forderte sie am Schlusse auf, die Hände zum Zeichen der Treue für die Revolution hochzuheben. Vor meinen Augen wurden sie von den neuen Ideen angesteckt. Es ergriff sie ein aufrichtiger Enthusiasmus. Sie begleiteten mich zum Auto, blickten mit aufgerissenen Augen drein, aber nicht mehr verängstigt, sondern begeistert, schrien aus vollen Kehlen und wollten mich nicht loslassen. Nicht ohne Stolz erfuhr ich später, daß ein wichtiges Erziehungsmittel, das man bei ihnen anwandte, die Frage war: »Und was hast du Trotzki versprochen?« Die Regimenter aus den Rjasaner ›Deserteuren‹ haben sich später an den Fronten gut geschlagen.
Ich erinnere mich an die zweite Klasse der Odessaer Realschule des hl. Paulus. Vierzig Jungens unterschieden sich durch nichts von vierzig anderen Jungens. Aber als Burnand, mit dem geheimnisvollen X an der Stirn, Klassenaufseher Maier, Klassenaufseher Wilhelm, Inspektor Kaminski und Direktor Schwannebach mit

aller Wucht ihre Schläge gegen die kritischste Gruppe Schuljungen richteten, erhoben sofort die Petzer und Neidhammel das Haupt – und hatten die Klasse hinter sich.
In jedem Regiment, in jeder Kompanie gibt es Menschen verschiedener Qualität. Aufgeklärte und Aufopferungsfähige bilden eine Minderheit. Am anderen Pol steht die verschwindende Minderheit Korrumpierter, Selbstsüchtiger, bewußter Feinde. Zwischen diesen beiden Minderheiten liegt die große Mitte; Unsichere, Schwankende. Auflösung entsteht, wenn die Besten umkommen, verdrängt werden und die Selbstsüchtigen und Feinde die Oberhand gewinnen. Die Mitte weiß in diesen Fällen nicht, mit wem sie gehen soll, und verfällt in der Stunde der Gefahr einer Panik. Am 24. Februar 1919 sprach ich im Kolonnensaal in Moskau zu jungen Kommandeuren: »Gebt mir dreitausend Deserteure, bezeichnet sie als Regiment, ich gebe ihnen einen schlagkräftigen Kommandeur, einen guten Kommissar, geeignete Bataillons-, Kompanie- und Zugführer, und dreitausend Deserteure ergeben bei uns, im revolutionären Lande, in vier Wochen ein vorzügliches Regiment. In den allerletzten Wochen«, fügte ich hinzu, »konnten wir dies wiederholt nachprüfen an der Erfahrung des Narwaer und Pskower Frontabschnitts, wo es uns gelang, aus Bruchstücken vorzügliche Kampfabteilungen zu schaffen.«
Zweieinhalb Jahre verbrachte ich mit kurzen Unterbrechungen im Eisenbahnwagen, der früher einem Verkehrsminister gedient hatte. Der Wagen war vom Standpunkte des Ministerkomforts gut ausgerüstet, aber wenig für Arbeit geeignet. Hier empfing ich unterwegs die Berichterstatter, beratschlagte mich mit den örtlichen militärischen und zivilen Behörden, arbeitete die telegraphischen Eingänge durch, diktierte Befehle und Artikel. Von hier aus unternahm ich mit meinen Mitarbeitern in Automobilen größere Reisen die Front entlang. In den freien Stunden diktierte ich im Wagen mein Buch gegen Kautsky (›Terrorismus und Kommunismus‹) und eine Reihe anderer Werke. In jenen Jahren habe ich mich, wie mir scheint für immer, daran gewöhnt, unter Begleitung der Pullmannschen Federn und Räder zu schreiben und zu denken.
Mein Zug war in der Nacht vom 7. zum 8. August 1918 in Moskau eiligst zusammengestellt worden. Am Morgen fuhr ich in ihm nach Swjaschsk zur tschechoslowakischen Front ab. Der Zug wurde später dauernd umgebaut, komplettiert, vervollkommnet. Schon 1918 stellte er einen fliegenden Verwaltungsapparat dar. Im Zuge befanden sich ein Sekretariat, eine Druckerei, ein Telegraphenamt, eine Telefunken- und eine elektrische Station, eine Bibliothek, eine Garage und ein Badebetrieb.
Der Zug war so schwer, daß er mit zwei Lokomotiven fahren mußte. Später mußte man ihn in zwei Züge teilen. Erforderten die Umstände längeres Verweilen an einem Frontabschnitt, dann diente die eine Lokomotive als ›Kurier‹. Die andere stand dauernd

unter Dampf. Es war eine bewegliche Front, und man durfte damit nicht spaßen.
Ich habe die Geschichte des Zuges nicht bei der Hand. Sie wird in den Archiven des Kriegsamtes aufbewahrt. Seinerzeit haben sie meine jungen Mitarbeiter auf das sorgfältigste ausgearbeitet. Das Diagramm der Strecken, die der Zug zurückgelegt hatte, wurde für die Ausstellung des Bürgerkrieges aufgezeichnet und sammelte um sich, wie die Zeitungen damals berichteten, viele Betrachter. Das Diagramm ist dann in das Museum des Bürgerkrieges gekommen. Jetzt lagert es in irgendeinem versteckten Winkel, zusammen mit Hunderten und Tausenden anderer Belege: Plakate, Aufrufe, Befehle, Fahnen, Photographien, Filmstreifen, Bücher und Reden, die die wichtigsten Momente des Bürgerkrieges widerspiegeln, soweit ich irgendwie daran beteiligt war.
Der militärische Verlag hat in den Jahren 1922 bis 1924, das heißt bis zur Zertrümmerung der Opposition, fünf Bände meiner Werke, die sich auf die Armee und den Bürgerkrieg beziehen, herausgegeben. Die Geschichte des Zuges ist dort nicht hineingekommen. Die Bahn seiner Bewegungen könnte ich nur teilweise rekonstruieren, nach den Anmerkungen zu den Leitartikeln der Zugzeitung ›WPuti‹ (›Unterwegs‹): Samara, Tscheljabinsk, Wjatka, Petrograd, Balaschow, Smolensk, wieder Samara, Rostow, Nowotscherkassk, Kiew, Schitomir, und so endlos weiter. Ich habe nicht einmal die Gesamtzahl der vom Zuge während des Bürgerkrieges durchlaufenen Kilometer zur Hand. Eine Aufschluß gebende Anmerkung zu meinen militärischen Reisen erwähnt 36 Reisen mit einer Gesamtausdehnung von über 105 000 Kilometer. Einer meiner damaligen Reisegefährten schreibt mir, sich auf sein Gedächtnis berufend, daß wir in den drei Jahren fünfeinhalbmal die Erdkugel umgürtelt haben, er gibt also eine doppelt so große Zahl an. Darin sind nicht die Tausende und aber Tausende Kilometer mit dem Automobil eingerechnet, die wir abseits von der Eisenbahn und in die Tiefe der Front gemacht haben. Da der Zug stets zu den kritischsten Punkten fuhr, so gab das Schema seiner auf der Karte aufgezeichneten Fahrten ein ziemlich genaues und gleichzeitig übersichtliches Bild hinsichtlich der Wichtigkeit der verschiedenen Fronten. Die meisten Fahrten entfallen auf das Jahr 1920, das heißt auf das letzte Jahr des Bürgerkrieges. Es überwiegen die Reisen zur Südfront, die während der ganzen Zeit die hartnäckigste, beständigste und gefährlichste Front war.
Was suchte der ›Zug des Vorsitzenden des Revolutionären Kriegsrates‹ an den Fronten des Bürgerkrieges? Die Gesamtantwort ist klar: er suchte den Sieg. Was aber gab er den Fronten? Mit welchen Methoden arbeitete er? Welchen unmittelbaren Zielen dienten seine ununterbrochenen Reisen von einem Ende des Landes zum andern? Das waren keine einfachen Inspektionsreisen. Nein, die Arbeit des Zuges war aufs engste mit dem Aufbau der Armee, mit

ihrer Erziehung, ihrer Verwaltung und ihrer Versorgung verbunden. Wir bauten die Armee neu auf, und zwar im Feuer. So war es nicht nur bei Swjaschsk, wo der Zug den ersten Monat seiner Geschichte erlebte, so war es an allen Fronten. Aus Partisanenabteilungen, aus Flüchtlingen, die vor den Weißen wegliefen, aus den in der nächsten Umgegend mobilisierten Bauern, aus Arbeiterabteilungen, die die Industriezentren entsandten, aus kommunistischen Gruppen und Spezialisten formierten wir hier, an der Front, Kompanien, Bataillone, frische Regimenter, manchmal auch ganze Divisionen. Nach Niederlagen und Rückzügen verwandelte sich die lockere, von Panik erfaßte Masse in zwei bis drei Wochen in kampffähige Truppenteile. Was war dazu nötig? Viel und wenig. Gute Kommandeure, einige Dutzend erfahrene Kämpfer, zehn aufopferungsfähige Kommunisten, Stiefel auftreiben für die Barfüßigen, eine Badeanstalt herrichten, eine energische Agitationskampagne durchführen, Essen verschaffen, Wäsche, Tabak und Streichhölzer liefern. Mit alledem beschäftigte sich der Zug. Wir besaßen stets in der Reserve einige ernste Kommunisten, um Lükken auszufüllen; zwei- bis dreihundert gute Kämpfer; einen kleinen Vorrat an Stiefeln, an Lederjoppen, Medikamenten, Maschinengewehren; Feldstecher, Karten und allerhand Geschenke wie Uhren und anderes. Die unmittelbaren materiellen Vorräte des Zuges waren natürlich im Vergleich zu den Bedürfnissen der Armee unbedeutend. Sie wurden jedoch stets ergänzt. Und die Hauptsache war, sie spielten Dutzende und Hunderte von Malen die Rolle jener Schaufel Kohlen, die im gegebenen Augenblick nötig ist, um das Feuer im Ofen nicht erlöschen zu lassen. Im Zuge arbeitete ein Telegraph. Wir konnten uns über eine direkte Leitung mit Moskau verbinden, und mein Vertreter Skljanski empfing von mir die Aufstellung der für die Armee – manchmal für eine Division und mitunter sogar für ein einzelnes Regiment – notwendigsten Ausrüstungsgegenstände. Sie trafen mit einer solchen Schnelligkeit ein, wie es ohne meine Einmischung ganz unausdenkbar gewesen wäre. Gewiß kann man diese Methode nicht als die beste bezeichnen. Der Pedant mag sagen, bei der Ausrüstung wie überhaupt bei dem ganzen Kriegswesen käme es auf das Systematische an. Das stimmt. Ich selbst neige dazu, eher in die Richtung zum Pedantismus zu sündigen. Die Sache verhält sich aber so, daß wir nicht umkommen wollten, bevor es uns gelang, ein gut funktionierendes System zu schaffen. Aus diesem Grund waren wir besonders in der ersten Periode gezwungen, das System durch Improvisationen zu ersetzen, um dann später auf diese das System stützen zu können.

Auf allen Reisen begleiteten mich führende Arbeiter aller ausschlaggebenden Verwaltungszweige der Armee, vor allem aller Zweige ihrer Versorgung. Die Intendanten hatten wir als Erbschaft von der alten Armee übernommen. Sie versuchten in alter Weise

zu arbeiten und sogar noch schlimmer; denn die Bedingungen waren unermeßlich schwieriger. Bei diesen Reisen haben viele alte Spezialisten gründlich umgelernt und die neuen an dem lebendigen Beispiel hinzugelernt. Nachdem eine Division bereist und ihre Nöte an Ort und Stelle festgestellt waren, rief ich im Stab oder im Speisewagen des Zuges eine Konferenz auf möglichst breitester Basis zusammen, unter Beteiligung von Vertretern des unteren Kommandobestandes und der einfachen Rotarmisten, mit Hinzuziehung von Vertretern der lokalen Parteiorganisation, der Sowjet- und Gewerkschaftsorgane. Auf diese Weise erhielt ich ein richtiges Bild der Lage ohne Beschönigung. Die Beratungen ergaben außerdem auch unmittelbar praktische Resultate. So arm die örtlichen Machtorgane auch waren, so hatten sie doch die Möglichkeit, sich noch zusammenzudrängen und einzuschränken, um etwas für die Armee zu opfern. Besonders wichtig waren die Opfer an Kommunisten. Ein neues Dutzend Arbeiter wurde aus den Institutionen herausgezogen und sofort einem nicht besonders stabilen Regiment angeschlossen. Es fand sich immer noch ein Vorrat an Stoffen für Hemden und Unterhosen, an Leder für Sohlen, ein entbehrlicher Zentner Fett. Aber die lokalen Mittel reichten natürlich nicht aus. Nach der Beratung gab ich über die direkte Leitung genaue Bestellung nach Moskau, in den Grenzen des für das Zentrum Möglichen, im Resultat erhielt die Division alles, was sie dringlichst brauchte, und dieses außerdem rechtzeitig. Die Kommandeure und die Kommissare der Front lernten aus der Praxis des Zuges, an ihre Arbeit – des Kommandos, der Erziehung, der Ausrüstung, der Justiz – nicht von oben heranzugehen, von der Höhe des Stabes, sondern von unten auf, von der Kompanie, vom Zug, von dem jungen und unerfahrenen Rekruten aus.
Allmählich bildeten sich mehr oder weniger richtig funktionierende Apparate der zentralisierten Versorgung der Front und der Armee. Sie allein wurden mit der Sache jedoch nicht fertig und konnten damit auch nicht fertig werden. Der vollkommenste Apparat wird während des Krieges Störungen zeigen, besonders im Bewegungskrieg, der ganz und gar auf Manöver – manchmal in ganz unvorhergesehenen Richtungen – aufgebaut ist. Man darf dabei nicht vergessen, daß wir völlig ohne Vorräte Krieg führten. Schon im Jahre 1919 war in den Zentrallagern nichts mehr vorhanden. Das Hemd ging von der Nadel direkt zur Front. Am schlimmsten war es mit Gewehren und Munition bestellt. Die Fabriken von Tula arbeiteten für den nächsten Tag. Ohne die Unterschrift des Hauptkommandierenden durfte über keinen einzigen Munitionswagen verfügt werden. Die Versorgung mit Munition und Gewehren war immer auf das äußerste angespannt, wie eine Saite. Manchmal riß diese Saite. Dann verloren wir Menschen und Raum. Ohne neue und immer neue Improvisationen auf allen Gebieten wäre der Krieg für uns undenkbar gewesen. Der Zug war der Urhe-

ber solcher Improvisationen und gleichzeitig ihr Regulator. Wenn wir der Front und dem nächsten Hinterlandabschnitt einen Anstoß zur Initiative gaben, waren wir gleichzeitig darauf bedacht, daß diese Initiative sich allmählich in die Kanäle des Gesamtsystems ergoß. Ich will nicht behaupten, daß es immer gelang, dies zu erreichen. Aber wie der Ausgang des Bürgerkrieges bewiesen hat, haben wir die Hauptsache erreicht: den Sieg.

Besonders wichtig waren die Reisen an solche Frontabschnitte, wo der Verrat des Kommandobestandes manchmal katastrophale Erschütterungen hervorgerufen hatte. Am 23. August 1918, in den kritischsten Tagen bei Kasan, erhielt ich von Lenin und Swerdlow ein chiffriertes Telegramm:

»Swjaschsk. Trotzki. Der Verrat an der Saratower Front, obwohl rechtzeitig aufgedeckt, hat doch äußerst gefährliche Schwankungen hervorgerufen. Wir erachten Ihre sofortige Hinreise als absolut notwendig, weil Ihr Erscheinen an der Front auf die Soldaten und die gesamte Armee von Wirkung ist. Wir möchten auch einen Besuch anderer Fronten verabreden. Antworten Sie, und bestimmen Sie Tag Ihrer Abfahrt, alles durch Chiffre N. 80. 22. August 1918. Lenin. Swerdlow.«

Ich hielt es für ganz unmöglich, Swjaschsk zu verlassen: die Abfahrt konnte die Kasaner Front, die gerade schwere Stunden durchmachte, erschüttern. Kasan war in jeder Hinsicht wichtiger als Saratow. Lenin und Swerdlow mußten das bald selbst einsehen. Ich fuhr erst nach Wiedereinnahme von Kasan nach Saratow. Ähnliche Telegramme erreichten den Zug in der folgenden Zeit auf seinem ganzen Wege fortwährend. Kiew und Wjatka, Sibirien und die Krim klagten über die schwierige Lage und forderten nacheinander und gleichzeitig, der Zug möchte ihnen zu Hilfe eilen.

Der Krieg entwickelte sich an der Peripherie des Landes, oft in den verlassensten Winkeln der auf über achttausend Kilometer ausgedehnten Front. Regimenter und Divisionen blieben mitunter monatelang von der ganzen Welt abgeschnitten. Sie wurden von einer Stimmung der Verzagtheit angesteckt. Nicht selten reichte das Telephonmaterial zum Aufrechterhalten der Verbindungen nicht hin. Der Zug erschien ihnen als ein Bote aus einer anderen Welt. Wir hatten stets einen Vorrat an Telephonapparaten und Leitungsdraht. Auf einem besonderen Waggon war eine Antenne gezogen, die es ermöglichte, unterwegs Radiotelegramme vom Eiffelturm, von Nauen, insgesamt von dreizehn Stationen, in erster Linie natürlich von Moskau, zu empfangen. Der Zug war stets darüber orientiert, was in der Welt vorging. Die wichtigsten Nachrichten wurden in der Zugzeitung gedruckt und in Artikeln, Flugblättern und Befehlen erläutert. Das Kapp-Abenteuer, innere Verschwörungen, englische Wahlen, der Stand der Ernte, die Heldentaten des italienischen Faschismus – alles wurde auf frischer Spur verfolgt, beleuchtet und in Verbindung gebracht mit den Schicksalen der Fronten von Astrachan oder Archangelsk. Die Artikel gingen gleichzeitig über die direkte Leitung nach Moskau und von dort durch Radio für den Druck an alle Zeitungen Rußlands. Das Erscheinen des Zuges schloß auch den abgetrenntesten Truppenteil der Gesamtarmee an, dem Leben des Landes und der ganzen Welt. Die besorgniserregenden Gerüchte verflogen, die Stimmung festigte sich. Diese moralische Ladung reichte für einige Wochen aus, manchmal bis zur nächsten Ankunft des Zuges. In der Zwischenzeit fandenReisen der Mitglieder des Revolutionären Kriegsrats der Front oder der Armee statt, nach gleichem Muster, nur in bescheidenerem Umfange.

Nicht nur meine schriftstellerische, sondern meine gesamte übrige Arbeit wäre undenkbar gewesen ohne meine Mitarbeiter-Stenographen: Glasmann, Sermux und den jungen Netschajew. Sie arbeiteten Tag und Nacht, im fahrenden Zug, der, alle Vorsichtsmaßnahmen außer acht lassend, im Fieber des Krieges mit einer Geschwindigkeit von siebzig und mehr Kilometern über die defekten Schwellen dahinraste, so daß die von der Decke des Coupés herabhängende Karte wie eine Schaukel hin und herschwankte. Ich verfolgte stets mit Bewunderung und Dankbarkeit die Bewegung der Hand, die trotz des Schüttelns und Stoßens die dünnen Zeichen sicher niederschrieb. Wenn man mir in einer halben Stunde den fertigen Text brachte, bedurfte er keiner Korrekturen. Das war keine übliche Arbeit, das ähnelte mehr einem Heldentum. Glasmann und Sermux haben später für ihren heroischen Dienst an der Revolution grausam büßen müssen: Glasmann haben die Stalinisten in den Selbstmord getrieben, Sermux haben sie in eine sibirische Einöde verbannt.

Zum Bestand des Zuges gehörte eine riesige Garage, die einige Automobile und einen Benzintank beherbergte. Das gab die Möglichkeit, uns Hunderte Werst von der Eisenbahn zu entfernen. Auf Lastwagen und leichten Automobilen wurden ein Kommando ausgewählter Schützen und eine Maschinengewehrmannschaft, etwa zwanzig bis dreißig Mann, untergebracht. Auf meinem Wagen waren ebenfalls zwei Maschinengewehre. Der Bewegungskrieg ist voll von Überraschungen. In den Steppen riskierten wir stets, auf Kosakenpatrouillen zu stoßen. Automobile und Maschinengewehre sind eine gute Sicherung, mindestens dann, wenn die Steppe sich nicht in ein Meer von Schmutz verwandelt. Im Gouvernement Woronesch mußten wir im Herbst 1919 uns einmal mit einer Schnelligkeit von drei Kilometern in der Stunde fortbewegen. Die Automobile versanken tief in der aufgeweichten Schwarzerde. Dreißig Mann sprangen jedesmal vom Wagen hinunter und schoben mit den Schultern nach. Als wir die Furt eines Flusses passierten, blieb der Wagen in der Mitte im Schlamm stecken. Ärgerlich schob ich die Schuld dem niedrigen Wagen zu, den mein fabelhafter Chauffeur, der Este Püvi, als die beste Maschine der Welt betrachtete. Er drehte sich nach mir um, legte die Hand leicht an die Mütze und meldete militärisch in gebrochenem Russisch: »Darf ich melden, die Ingenieure konnten nicht voraussehen, daß wir durch Wasser schwimmen werden.« Trotz der Schwierigkeit der Situation hatte ich Lust, ihn für die kalte Schlagfertigkeit seiner Ironie zu umarmen.

Der Zug war nicht nur eine militärisch-administrative und politische, sondern auch eine militärisch-aktive Angelegenheit. Durch viele seiner Eigenschaften erinnerte er mehr an einen Panzerzug als an einen Stab auf Rädern. Er war auch gepanzert, jedenfalls die Lokomotive und die Wagen mit den Maschinengewehren. Alle Mitglieder des Zuges, ohne Ausnahme, wußten mit Waffen umzugehen. Alle trugen eine Lederausrüstung, die ein gewichtiges Aussehen gibt. Am linken Ärmel unterhalb der Schulter war ein großes metallisches Abzeichen, das in der Münze sorgfältig hergestellt worden war und sich in der Armee große Popularität erworben hat. Die Waggons waren miteinander durch Innentelephon und Signalvorrichtungen verbunden. Um die Wachsamkeit aufrechtzuerhalten, wurde unterwegs oft, am Tage wie in der Nacht, Alarm gemeldet.

Die bewaffneten Abteilungen stürzten sich nötigenfalls aus dem Zug zu ›Landungs‹operationen. Jedesmal rief das Auftauchen der ledernen Hundertschaft an einer gefährlichen Stelle eine unwiderstehliche Wirkung hervor. Ahnten sie den Zug einige Kilometer von der Feuerlinie, dann spannten die nervösesten Truppenteile, vor allem aber ihr Kommandobestand, alle Kräfte an. Beim schwankenden Gleichgewicht einer Waage entscheidet ein kleines Gewicht. Ein solches Gewicht mußten der Zug und seine Abteilungen in den zweieinhalb Jahren Dutzende, wenn nicht Hunderte Male sein. Wurden die ›Landungstruppen‹ wieder ›an Bord‹ genommen, dann fehlte oft jemand. Insgesamt hat der Zug an Getöteten und Verwundeten fünfzehn Mann verloren, wenn man jene nicht rechnet, die ganz und gar zu den Frontabteilungen übergingen und damit unserem Gesichtskreis entschwanden. So zum Beispiel wurde aus der Besatzung des Zuges ein Kommando für den mustergültigen Panzerzug namens ›Lenin‹ ausgeschieden, ein anderes Kommando wurde in die Feldabteilungen bei Petrograd hineingegossen. Für die Teilnahme an den Kämpfen gegen Judenitsch ist der Zug in seiner Gesamtheit mit dem Orden der Roten Fahne ausgezeichnet worden.

Der Zug wurde wiederholt abgeschnitten, beschossen und mit Fliegerbomben belegt. Es ist nicht verwunderlich, daß ihn eine Legende umgab, die aus dem Gewebe der erreichten Siege und aus Ergänzungen der Phantasie gewoben war. Wie oft pflegte der Kommandeur einer Division, einer Brigade oder auch eines Regiments zu bitten, man möge doch noch eine halbe Stunde in seinem Stabe verweilen, oder mit ihm im Automobil oder zu Pferde ein entfernteres Revier besuchen, oder mindestens doch einige Mann der Besatzung mit Ausrüstungsgegenständen oder Geschenken schicken, damit ja das Gerücht von der Ankunft des Zuges an der Front sich möglichst weit verbreite. »Das wird eine Reservedivision ersetzen«, sagten die Armeekommandeure. Das Gerücht von der Ankunft des Zuges drang natürlich auch hinüber in die feindlichen Reihen. Dort malte man sich den geheimnisvollen Zug unvergleichlich schrecklicher aus, als er in Wirklichkeit war. Das verstärkte nur seine moralische Bedeutung.

Der Zug hatte sich den Haß des Feindes erobert und war darauf stolz. Die Sozialrevolutionäre planten einigemal Attentate auf ihn. Bei dem Prozeß der Sozialrevolutionäre hat Semjonow, der Organisator der Ermordung Wolodarskis und des Attentates auf Lenin, ein Teilnehmer der Attentatsvorbereitungen auf den Zug, darüber ausführlich erzählt. Eigentlich war ein solches Unternehmen mit keinen großen Schwierigkeiten verbunden. Die Sozialrevolutionäre waren aber zu dieser Zeit geschwächt, hatten den Glauben an sich verloren und den Einfluß auf die Jugend eingebüßt.

Während einer Reise nach dem Süden kam es auf der Station Gorki zu einer Zugentgleisung. In der Nacht wurde ich hochgeworfen, und ich hatte jenes unheimliche Gefühl, daß man bei Erdbeben empfindet: der Boden verschwindet unter den Füßen, es gibt keinen Halt. Noch im Halbschlaf umfaßte ich mit aller Kraft das Bett. Das gewohnte Rattern hörte auf, der Wagen stellte sich seitlich hoch und erstarrte. In der nächtlichen Stille vernahm man nur eine einsame schwache, klagende Stimme. Die schwere Wagentür hatte sich so verschoben, daß sie nicht aufging, man konnte nicht hinaus. Niemand zeigte sich, und dies erregte Besorgnis. Etwa der Feind? Mit dem Revolver in der Hand sprang ich durch das Fenster und stieß auf einen Mann mit der Laterne. Es war der Chef des Zuges, er hatte nicht zu mir hindurchdringen können. Der Wagen stand auf der Böschung, drei Räder tief in den Damm gewühlt, die drei übrigen ragten über den Schienen hoch. Die hintere und vordere Plattform waren völlig verbogen. Das Vordergitter hatte den Wachtposten auf der Plattform eingequetscht. Es war sein wimmerndes Stimmchen, das sich in der Dunkelheit wie das Weinen eines Kindes anhörte. Ihn aus der festen Umklammerung des Gitters zu befreien war nicht leicht. Zum allgemeinen Erstaunen stellte sich später heraus, daß er mit einigen blauen Flecken und einem Schreck davongekommen war. Im ganzen waren acht Wagen demoliert. Der Speisewagen, der auch die Rolle eines Klubraumes spielte, bildete nur noch einen Haufen polierter Holzspäne. Die zur Ablösung bestimmte Schicht pflegte dort zu lesen oder Schach zu spielen. Alle hatten den Klub genau um die Mitternachtsstunde verlassen, etwa zehn Minuten vor der Entgleisung. Stark gelitten hatten auch die Güterwagen mit den Büchern, Uniformen und Geschenken für die Front. Von Menschen war nie-

mand zu ernstem Schaden gekommen. Die Entgleisung war durch eine falsche Weichenstellung verursacht worden. Ob es sich um ein Versehen oder um eine Absicht gehandelt hatte, blieb unaufgeklärt. Zum Glück waren wir nur mit einer Geschwindigkeit von dreißig Kilometern an der Station vorbeigefahren.
Die Zugbesatzung hatte viele Nebenaufgaben zu erfüllen: bei Hungersnot, Epidemien, Agitationskampagnen und internationalen Kongressen. Der Zug war Pate eines Dorfbezirks und mehrerer Kinderheime. Seine kommunistische Zelle gab eine eigene Zeitung heraus: ›Na Strasche‹ (›Auf Wachtposten‹). Dort sind nicht wenige Kampfepisoden und Abenteuer eingetragen. Leider fehlt diese Zeitschrift, wie viele andere, in meinem heutigen Reisearchiv.
Als wir daran gingen, uns vorzubereiten für den Angriff gegen Wrangel, der sich in der Krim festgesetzt hatte, schrieb ich am 27. Oktober 1920 in der Zugzeitung ›W puti‹:
»Unser Zug hält wieder den Kurs auf eine Front.
Die Krieger unseres Zuges waren vor den Mauern Kasans in jenen schweren Wochen des Jahres 1918, als der Kampf um die Wolga ging. Dieser Kampf ist längst beendet. Die Sowjetmacht nähert sich dem Stillen Ozean.
Die Krieger unseres Zuges haben sich ehrenvoll vor den Mauern Petrograds geschlagen... Petrograd ist erhalten geblieben, und in seinen Mauern haben in den letzten Jahren nicht wenige Vertreter des Weltproletariats geweilt.
Unser Zug war mehr als einmal an der Westfront. Jetzt ist mit Polen der Vorfrieden unterzeichnet.
Die Krieger unseres Zuges waren in den Steppen des Don, als Krassnow und später Denikin die Sowjetmacht vom Süden bedrohten. Die Tage von Krassnow und Denikin sind längst vorbei.
Es bleibt noch die Krim, die die französische Regierung in ihre Festung verwandelt hat. Die weißgardistische Garnison dieser französischen Festung befehligt der deutsch-russische Söldnergeneral Baron Wrangel.
Zu einem neuen Feldzug begibt sich die kameradschaftliche Familie unseres Zuges. Möge dieser Feldzug der letzte sein.«
Der Feldzug in der Krim ist tatsächlich der letzte Feldzug des Bürgerkrieges geworden. Nach einigen Monaten konnte der Zug aufgelöst werden. Von dieser Stelle aus sende ich meinen ehemaligen Kampfgenossen einen brüderlichen Gruß!

Die Verteidigung Petrograds

An den revolutionären Fronten der Sowjetrepublik standen sechzehn Armeen. Die große Französische Revolution kannte fast ebenso viel: vierzehn. Jede der sechzehn Sowjetarmeen hat ihre kurze, aber bewegte Geschichte. Es genügt, die Nummer der Armee zu nennen, um Dutzende von nicht wiederkehrenden Episoden im Gedächtnis hervorzurufen. Jede Armee hatte ihr eigenes, lebendiges, für sie typisches, wenn auch wechselndes Gesicht.

Auf den westlichen Zugängen zu Petrograd stand die 7. Armee. Die lange Tatenlosigkeit lastete schwer auf ihr. Ihre Wachsamkeit erlahmte. Die besten Arbeiter und einzelne Kommandos wurden aus der Armee für andere, belebtere Frontabschnitte herangezogen. Für eine revolutionäre Armee, die von Enthusiasmus erfüllt sein muß, endet das lange Verharren auf einer Stelle fast immer mit Mißerfolgen, manchmal auch mit einer Katastrophe. So war es auch diesmal.

Im Juni 1919 wurde das wichtige, am Finnischen Meerbusen liegende Fort Kraßnaja Gorka durch eine Abteilung der Weißgardisten besetzt. Nach einigen Tagen war das Fort durch eine Abteilung roter Matrosen zurückerobert. Es wurde nachgewiesen, daß der Chef des Stabes der 7. Armee, Oberst Lindquist, alle Nachrichten aus erster Hand an die Weißen weitergegeben hatte. Mit ihm im Bunde waren auch andere Verschwörer. Das hatte die Armee erschüttert.

Im Juli wurde der General Judenitsch, den Koltschak als seinen Vertreter anerkannte, zum Oberbefehlshaber der Nordwestarmee der Weißen ernannt. Mit Unterstützung Englands und Estlands entstand im August die russische ›Nordwest‹-Regierung. Die englische Flotte im Finnischen Meerbusen versprach Judenitsch Unterstützung.

Der Angriff Judenitschs war einem Moment angepaßt, wo wir ohnehin mit tödlichen Schwierigkeiten zu kämpfen hatten. Denikin hatte Orel eingenommen und bedrohte Tula, das Zentrum der Kriegsindustrie. Von dort öffnete sich ein kurzer Weg nach Moskau. Der Süden nahm unsere ganze Aufmerksamkeit in Anspruch. Der erste kräftige Schlag vom Westen her hatte die 7. Armee völlig aus dem Gleichgewicht geschleudert. Sie begann zurückzugehen, fast ohne Widerstand zu leisten, und ließ Waffen und Train im Stich. Die Petrograder Leiter, vor allem Sinowjew, machten Lenin von der in jeder Hinsicht vortrefflichen Bewaffnung des Gegners Mitteilung: Maschinengewehre, Tanks, Flugzeuge, englische Panzerschiffe in der Flanke und anderes. Lenin kam zu der Schlußfolgerung, daß wir nur um den Preis der Entblößung und Schwächung der anderen Fronten, vor allem der Südfront, gegen die aus Offizieren bestehende Judenitsch-Armee, die nach dem letzten Wort der Technik ausgerüstet war, erfolgreich ankämpfen könnten. Davon aber durfte keine Rede sein. Es blieb seiner Meinung nach nur das eine übrig: Petrograd preiszugeben und die Front aufzurollen. Nachdem er zu der Überzeugung von der Notwendigkeit dieser schweren Amputation gekommen war, bemühte sich Lenin, die anderen für sich zu gewinnen.

Als ich vom Süden nach Moskau kam, widersetzte ich mich energisch diesem Plan. Judenitsch und seine Herren würden sich mit Petrograd allein nicht begnügen: sie haben den Wunsch, sich mit Denikin in Moskau zu treffen. In Petrograd würde Judenitsch riesige Industrievorräte und Menschenmaterial vorfinden. Außerdem gäbe es dann zwischen Petrograd und Moskau keine ernsten Hindernisse mehr. Das brachte mich zu dem Entschluß: Petrograd um jeden Preis zu verteidigen. Ich fand natürlicherweise vor allem bei den Petrogradern Unterstützung. Krestinski, der damals Mitglied des Politbüros war, stellte sich auf meine Seite. Auch Stalin, glaube ich, hatte sich mir angeschlossen. Während vierundzwanzig Stunden attackierte ich Lenin mehrere Male. Schließlich sagte er: »Nun gut, wir wollen es versuchen.« Am 15. Oktober nahm das Politbüro meine Resolution über die Lage an den Fronten an: »In Anerkennung des Bestehens einer ernsten Kriegsgefahr ist die tatsächliche Verwandlung Sowjetrußlands in ein Kriegslager durchzuführen. In den Partei- und Gewerkschaftsorganisationen ist eine Kopfzählung der Partei- und Gewerkschaftsmitglieder und der Sowjetarbeiter auf ihre Kriegsdiensttauglichkeit hin vorzunehmen.« Es folgte die Aufzählung einer Reihe von praktischen Maßnahmen. Hinsichtlich Petrograds: »nicht aufgeben«. Am selben Tage brachte ich im Sowjet der Verteidigung ein Projekt zur Annahme: »Petrograd bis zum letzten Blutstropfen verteidigen, keinen Fußbreit Boden preisgeben, den Kampf in den Straßen der Stadt führen.« Ich zweifelte nicht daran, daß die Weiße Armee von 25000 Kämpfern, selbst wenn es ihr gelingen sollte, in die Millionenstadt einzudringen, zum Untergang verurteilt wäre, wenn sie auf einen energischen und richtig organisierten Widerstand in den Straßen stoßen würde. Gleichzeitig hielt ich es für notwendig, besonders für den Fall eines Angriffs seitens Estlands und Finnlands, einen Plan für den Rückzug der Armee und der Arbeiter in südöstlicher Richtung vorzubereiten: das war die einzige Möglichkeit, die Blüte der Petrograder Arbeiterschaft vor völliger Vernichtung zu retten. Am 16. fuhr ich aus Petrograd ab. Am nächsten Tag erhielt ich einen Brief von Lenin: »17. Oktober 1919. Dem Genossen Trotzki. Gestern nacht schickten wir Ihnen unter Chiffre... den Beschluß des Sowjets der Verteidigung. Wie Sie sehen, ist Ihr Plan angenommen. Auch der Rückzug der Petersburger Arbeiter nach dem Süden ist natürlich nicht abgelehnt worden (man sagt, Sie sollen ihn Krassin und Rykow entwickelt haben); vorzeitig davon zu sprechen, hieße, die Aufmerksamkeit abzulenken vom Kampfe bis ans Ende. Der Versuch, Petrograd zu umzingeln und abzuschneiden, wird natürlich entsprechende Veränderungen notwendig machen, die Sie an Ort und Stelle durchführen werden... Ich lege den Aufruf bei, mit dem ich vom Sowjet der Verteidigung beauftragt wurde. Ich eilte – ist schlechtgeworden, setzen Sie meine Unterschrift lieber unter Ihren Aufruf. Gruß Lenin.«

Dieser Brief, scheint mir, zeigt zu Genüge, wie meine schärfsten episodischen Meinungsverschiedenheiten mit Lenin, die bei einer Arbeit von solchem Maßstabe unvermeidlich blieben, in der Praxis überwunden wurden, ohne auf unseren persönlichen Beziehungen und auf der gemeinsamen Arbeit eine Spur zu hinterlassen. Es kommt mir jetzt in den Sinn: wenn im Oktober 1919 nicht Lenin gegen mich, sondern ich gegen Lenin den Gedanken der Preisgabe Petrograds verteidigt hätte, würde heute in allen Sprachen der Welt eine umfangreiche Literatur existieren zur Entlarvung dieser gefährlichen Äußerung des ›Trotzkismus‹.

Im Laufe des Jahres 1918 zwang uns die Entente den Bürgerkrieg auf, angeblich im Interesse des Sieges über Wilhelm. Nun war jetzt das Jahr 1919. Deutschland war längst geschlagen. Die Entente aber fuhr fort, Millionen zu verpulvern, um Tod, Hunger, Epidemien im Lande der Revolution zu säen. Judenitsch war einer der Kondottiere im Solde Englands und Frankreichs. Den Rücken Judenitschs stützte Estland, seine linke Flanke deckte Finnland. Die Entente forderte, daß diese beiden durch die Revolution befreiten Länder helfen sollten, die Revolution hinzuschlachten. In Helsingfors und in Reval wurden endlose Verhandlungen geführt, die Waagschalen schwankten hin und her. Besorgt beobachteten wir die zwei kleinen Staaten, die eine feindliche Zange um den Kopf von Petrograd gebildet hatten.

Am 1. September schrieb ich als Warnung in der ›Prawda‹: »Unter den Divisionen, die wir jetzt an die Petrograder Front werfen, wird die baschkirische Reiterei nicht den letzten Platz einnehmen, und im Falle eines Attentatsversuchs des bürgerlichen Finnland auf Petrograd werden die roten Baschkiren unter der Parole: Nach Helsingfors! in Aktion treten.«

Die baschkirische Kavalleriedivision war erst vor kurzem gebildet worden. Ich hatte von Anfang an den Plan, sie für einige Monate nach Petrograd zu dirigieren, um den Steppensöhnen die Möglichkeit zu geben, eine Weile in der Kulturumgebung der Stadt zu leben, sich den Arbeitern anzunähern, Klubs, Meetings, Theater zu besuchen. Jetzt gesellte sich dem eine neue, unaufschiebbare Erwägung: die finnländische Bourgeoisie mit dem Gespenst des Baschkiren-Überfalls einzuschüchtern.

Unsere Warnungen fielen jedoch weniger ins Gewicht als die schnellen Erfolge Judenitschs. Am 13. Oktober nahm er Luga, am 16. Kraßnoje Selo und Gatschina ein und richtete seinen Schlag gegen Petrograd und die Eisenbahnverbindung Petrograd-Moskau. Am zehnten Tage des Angriffs war Judenitsch bereits in Zarskoje (Detskoje). Seine Kavalleriepatrouillen erblickten von den Höhen die goldene Kuppel der Isaak-Kathedrale.

Den Ereignissen vorauseilend, berichtete der finnländische Radiotelegraph von der Einnahme Petrograds durch die Abteilungen Judenitschs. Die Gesandten der Entente in Helsingfors teilten es

ihren Regierungen offiziell mit. In Europa und in der ganzen Welt verbreitete sich die Kunde, das rote Petrograd sei gefallen. Eine schwedische Zeitung schrieb über die ›Weltwoche des Petrograder Fiebers‹.
Am meisten beunruhigt waren die regierenden Kreise Finnlands. Jetzt sprachen sich nicht nur die Militärs, sondern auch die Regierung für eine Einmischung aus. Keiner wollte der Beute fernbleiben. Die finnländische Sozialdemokratie versprach selbstverständlich ›Neutralität‹ zu wahren. »Die Interventionsfrage«, schreibt ein weißer Geschichtsschreiber, »wurde nunmehr nur noch vom finanziellen Gesichtspunkte aus debattiert.« Es galt nun, für die Garantie von fünfzig Millionen Franken eine geeignete Form zu finden: es war der Blutpreis für Petrograd an der Börse der Entente.
Nicht weniger brennend stand die Frage mit Estland. Am 17. Oktober schrieb ich an Lenin: »Bleibt Petrograd erhalten, was ich stark hoffe, dann werden wir die Möglichkeit haben, Judenitsch völlig zu liquidieren. Eine Schwierigkeit wird mit der Rechtsfrage über Judenitschs Zuflucht in Estland auftauchen. Es ist nötig, daß Estland seine Grenzen gegen Judenitschs Eindringen schützt. Anderenfalls müssen wir das Recht behalten, ihm nach Estland auf den Fersen zu folgen.« Dieses Ultimatum fand Annahme, nachdem unsere Truppen Judenitsch in die Flucht getrieben hatten. Doch gelang es nicht so ohne weiteres, ihn in die Flucht zu treiben.
In Petrograd fand ich eine schreckliche Verwirrung vor. Alles war in Auflösung. Die Truppen gingen zurück, zerbröckelten in Stücke. Der Kommandobestand schaute auf die Kommunisten, die Kommunisten auf Sinowjew. Das Zentrum der Verwirrung war Sinowjew. Swerdlow sagte mir: »Sinowjew, das ist die Panik.« Swerdlow aber war Menschenkenner. Und in der Tat: in ruhigen Zeiten, wenn es nach Lenins Ausdruck »nichts zu fürchten gibt«, klettert Sinowjew sehr leicht in den siebenten Himmel. Stehen aber die Dinge schlecht, dann legt sich Sinowjew – nicht als Metapher gedacht, sondern im buchstäblichen Sinne des Wortes – aufs Sofa und seufzt. Seit dem Jahre 1917 konnte ich mich oft überzeugen, daß Sinowjew keine mittleren Stimmungen kennt: entweder der siebente Himmel oder das Sofa. Diesmal fand ich ihn auf dem Sofa. Um ihn herum waren zwar auch mutige Menschen, wie Laschewitsch. Doch auch sie ließen die Hände hängen. Das fühlten alle, und das äußerte sich in allem. Durch das Telephon im Smolny bestellte ich aus der Militärgarage ein Automobil. Der Wagen kam nicht rechtzeitig. Aus der Stimme des Aufsehers fühlte ich, daß Apathie, Verzagtheit und Kleinmut auch die unteren Schichten des administrativen Apparats erfaßt hatten. Es waren außerordentliche Maßnahmen nötig, denn der Feind stand vor den Toren. Wie stets in solchen Fällen, stützte ich mich auf die Truppenkolonne meines Zuges. Auf diese Menschen konnte man sich in den schwierigsten Situationen verlassen. Sie kontrollierten, übten ei-

nen Druck aus, stellten Verbindungen her, ersetzten die Untauglichen, stopften die Lücken aus. Von dem offiziellen Apparat, der jegliches Gesicht verloren hatte, stieg ich zwei, drei Stufen tiefer hinab: zu den Bezirksorganisationen der Partei, zu den Werkstätten, Fabriken, Kasernen. In Erwartung der Übergabe der Stadt an die Weißen hatte niemand den Mut, sich besonders hervorzutun. Sobald man aber unten von dem Gefühl erfaßt wurde, Petrograd werde nicht preisgegeben, sondern, wenn es dazu kommen sollte, in den Straßen und auf den Plätzen verteidigt werden, schlug die Stimmung jäh um. Die Kühneren und Aufopferungsfähigen erhoben die Häupter. Abteilungen aus Männern und Frauen verließen mit Sappeurinstrumenten die Fabriken und Werkstätten. Schlecht sahen damals die Arbeiter Petrograds aus: von mangelhafter Ernährung die Gesichter grau wie die Erde, in Fetzen abgetragener Kleidung, durchlöcherte Schuhe an den Füßen, nicht selten aus verschiedenen Paaren. »Werden wir Petrograd nicht preisgeben, Genossen?« »Nicht preisgeben!« Besondere Leidenschaft brannte in den Augen der Frauen. Mütter, Ehefrauen, Töchter wollten die unfreundlichen, aber angewärmten Nester nicht verlassen. »Wir werden die Stadt nicht preisgeben!« klangen die hohen Frauenstimmen, und die Hände umkrallten den Spaten wie ein Gewehr. Nicht wenige Frauen wußten die Schußwaffe zu handhaben, nicht wenige stellten sich an die Maschinengewehre. Die ganze Stadt wurde in Bezirke eingeteilt, unter Leitung von Arbeiterstäben. Um die wichtigsten Punkte zog man Stacheldraht. Es wurde eine Reihe Stellungen für die Artillerie ausgewählt und die Schußziele wurden vorher bestimmt. Auf den Plätzen und an den wichtigsten Straßenkreuzungen standen an die sechzig Geschütze unter Dekkung. Die Kanäle, Gärten, Mauern, Wände und Häuser wurden befestigt. An der Stadtperipherie und die Newa entlang wurden Schützengräben ausgeworfen. Der ganze südliche Stadtteil verwandelte sich in eine Festung. In vielen Straßen und auf Plätzen erstanden Barrikaden. Aus den Arbeitervierteln wehte ein neuer Geist in die Kasernen, in die Etappe, in die Armee an der Front.
Judenitsch hielt bereits zehn bis fünfzehn Werst vor Petrograd. Das waren dieselben Höhen von Pulkowo, wohin ich vor zwei Jahren gereist war, als die siegreiche proletarische Revolution ihr Leben gegen die Abteilungen Kerenskis und Krassnows verteidigte. Das Schicksal Petrograds hing jetzt wieder an einem Haar. Man mußte den Automatismus des Rückzugs brechen, sofort und um jeden Preis.
Am 18. Oktober erließ ich einen Befehl, in welchem ich forderte: »Keine falschen Nachrichten zu veröffentlichen über erbitterte Kämpfe, wo nur erbitterte Panik herrscht. Falsche Meldungen werden wie Verrat bestraft. Der Krieg läßt Irrtümer zu, aber nicht Lügen, Täuschung und Selbstbetrug.« Wie immer in schwierigen Augenblicken, hielt ich es für notwendig, zuallererst der Armee

und dem Lande die grausame Wahrheit zu enthüllen. Ich teilte der Öffentlichkeit den sinnlosen Rückzug mit, der am gleichen Tage erfolgt war. »Die Kompanie eines Schützenregiments ist in Aufregung geraten über eine feindliche Kette an ihrer Flanke. Der Regimentskommandeur hat den Befehl zum Rückzug erteilt. Fluchtartig ist das Regiment acht bis zehn Werst zurückgegangen, bis nach Alexandrowka. Die Nachprüfung hat ergeben, daß sich an der Flanke eine unserer eigenen Abteilungen befunden hat... Das zurückflutende Regiment hat sich jedoch als gar nicht so schlecht gezeigt. Sobald man ihm das Vertrauen zu sich selbst zurückgegeben hatte, ist es unverzüglich umgeschwenkt und hat, bald im Eilschritt, bald im Marsch, trotz der kalten Witterung schweißbedeckt, acht Werst in einer Stunde gemacht, den an Zahl schwachen Gegner hinausgeworfen und unter kleinen Verlusten seine alten Stellungen wieder eingenommen.«

In dieser kleinen Episode habe ich zum ersten und einzigen Male in meinem Leben die Rolle des Regimentskommandeurs gespielt. Als die rückflutenden Ketten den Divisionsstab in Alexandrowka dicht bedrängten, bestieg ich das erste Pferd, das ich fand, und wendete die Reihen um. Im ersten Augenblick entstand eine Verwirrung; nicht alle begriffen, um was es sich handelte, vereinzelte setzten den Rückzug fort. Aber zu Pferde holte ich sie Mann für Mann zurück. Jetzt erst bemerkte ich, daß hinter mir her meine Ordonnanz Koslow jagte, ein früherer Soldat, ein Bauer aus der Nähe von Moskau. Er war wie in einem Rausch. Mit einem Revolver in der Hand herumfuchtelnd, lief er die Reihen entlang und schrie aus allen Leibeskräften: »Keine Angst, Kinder, der Genosse Trotzki führt euch...« Jetzt nahm der Angriff das gleiche Tempo wie früher der Rückzug. Kein einziger Rotarmist blieb hinten. Etwa in zwei Werst Entfernung ertönte ein süßliches, ekliges Pfeifen der Kugeln. Die ersten Verwundeten fielen. Der Regimentskommandeur war nicht wiederzuerkennen. Er zeigte sich an den gefährdetsten Abschnitten, und als das Regiment die verlassenen Positionen zurückgenommen hatte, war der Kommandeur an beiden Beinen verwundet. Ich kehrte mit einem Lastauto zum Stab zurück. Unterwegs lasen wir die Verwundeten auf. Der Antrieb war gegeben. Ich fühlte mit meinem ganzen Sein, daß wir Petrograd halten würden.

Es ist wohl notwendig, hier bei einer Frage zu verweilen, die sich dem Leser vielleicht oft aufdrängte: Hat ein Mensch, der eine Armee in ihrer Gesamtheit leitet, das Recht, sich bei Einzelkämpfen einer persönlichen Gefahr auszusetzen? Ich kann darauf nur erwidern: Absolut gültige Verhaltungsmaßregeln gibt es nicht, weder im Frieden noch im Kriege. Offiziere, die mich auf meinen Reisen an die Front begleiteten, pflegten mir häufig zu sagen: »Solche Stellen haben die Divisionskommandeure der alten Zeit niemals erblickt.« Die bürgerlichen Journalisten sagten mir nach, es sei von mir ›Jagd nach Reklame‹; damit übersetzten sie das, was

über ihren Horizont ging, in die ihnen verwandte Sprache.
In Wirklichkeit verlangte die Rote Armee, sowohl was die Zusammensetzung ihres Personalbestandes wie was den Charakter des Bürgerkrieges überhaupt betraf, gerade dieses und kein anderes Verhalten. Mußte doch alles neu geschaffen werden: Disziplin, Kampfgepflogenheiten und militärische Autorität. So wie wir, besonders in der ersten Periode, nicht in der Lage waren, die Truppen planmäßig von einem Zentrum aus mit allem Nötigen zu versorgen, so konnten wir uns auch nicht darauf beschränken, die im Feuer schnell zusammengestellte Armee durch Zirkulare und halbanonyme Aufrufe zu revolutionärer Begeisterung anzufeuern. Man mußte sich bei den Soldaten vorerst jene Autorität erobern, die morgen in ihren Augen die strengen Forderungen seitens der obersten Armeeleitung rechtfertigen konnte. Wo die Tradition fehlte, war das grelle Beispiel nötig. Das persönliche Risiko blieb der notwendige Einsatz auf dem Wege zum Sieg...
Der Kommandobestand, der in Mißerfolge hineingeraten war, mußte umbesetzt, aufgefrischt, erneuert werden. Noch größere Veränderungen wurden in der Zusammensetzung der Kommissare vorgenommen. Alle Abteilungen wurden durch Kommunisten verstärkt. Es trafen auch einzelne frische Truppenteile ein. In die vordersten Positionen wurden die Kriegsschulen geworfen. In zwei, drei Tagen gelang es, den niedergebrochenen Versorgungsapparat der Armee wieder straffer zu ziehen. Der Rotarmist hatte nun kräftigere Kost, wechselte seine Wäsche, zog neues Schuhzeug an, hörte eine Rede, reckte sich, richtete sich auf und – wurde ein anderer Mensch.
Der 21. Oktober war der entscheidende Tag. Unsere Truppen zogen sich auf die Höhen von Pulkowo zurück. Ein weiterer Rückzug hätte bedeutet, den Kampf innerhalb der Stadtmauern weiterzuführen. Bis zu diesem Tage hatten die Weißen angegriffen, ohne auf eine bedeutendere Gegenwehr zu stoßen. Am 21. befestigte sich unsere Armee auf der Linie Pulkowo und leistete Widerstand. Der Angriff des Feindes kam zum Stehen. Am 22. ging die Rote Armee selbst zum Angriff über. Judenitsch hatte aber Zeit, Reserven heranzuziehen und seine Reihen dichter zu gestalten. Die Kämpfe nahmen einen erbitterten Charakter an. Gegen Abend des 23. nahmen wir Detskoje Selo und Pawlowsk ein. Zur gleichen Zeit bedrängte die benachbarte 15. Armee den Feind vom Süden her, immer mehr den Rücken und die rechte Flanke des Feindes bedrohend. Eine Wendung trat ein. Die Abteilungen, die der Angriff überrascht und die eine Kette von Mißerfolgen erbittert hatte, wetteiferten nun in Selbstaufopferung und Heroismus. Es gab viele Opfer. Das weiße Kommando behauptete, daß auf unserer Seite die größeren Verluste wären. Das war möglich: die Weißen hatten mehr Erfahrung und Waffen. Auf unserer Seite war ein Übergewicht an Selbstaufopferung. Die jungen Arbeiter und

Bauern, die Moskauer und Petersburger Kriegsschüler schonten sich nicht. Sie griffen unter Maschinengewehrfeuer an, stürzten sich mit Revolvern in den Händen auf die Tanks. Der Stab der Weißen schrieb über den ›heroischen Wahnsinn‹ der Roten.
In den vorangegangenen Tagen gab es fast keine Gefangenen; weißeÜberläufer waren vereinzelt. Jetzt wuchs dieZahl derÜberläufer und der Gefangenen plötzlich an. Der Erbitterung der Kämpfe Rechnung tragend, erließ ich am 24. Oktober einen Befehl: »Wehe dem unwürdigen Soldaten, der die Waffe gegen den unbewaffneten Gefangenen oder Überläufer erhebt!«
Wir griffen an. Weder die Esten noch die Finnländer dachten mehr an Einmischung. Die geschlagenen Weißen zogen sich während vierzehn Tagen in völliger Auflösung zur estländischen Grenze zurück. Die estländische Regierung nahm die Entwaffnung vor. Weder in London noch in Paris dachte jetzt jemand an die weißen Söldner. Vor Hunger und Kälte kam um, was gestern die ›Nordwestarmee‹ der Entente gewesen war. In Lazarettbaracken wurden 14000 Typhuskranke untergebracht. So endete die ›Weltwoche des Petrograder Fiebers‹.
Die weißen Führer haben sich später bitter über den englischen Admiral Coven beklagt, der, entgegen seinem Versprechen, sie angeblich nicht genügend von der Richtung des Finnischen Meerbusens her unterstützt habe. Diese Klagen waren mindestens übertrieben. Drei unserer Torpedoboote sind in nächtlicher Schlacht umgekommen und haben 550 junge Seeleute in die Fluten gerissen. Dies muß jedenfalls auf das Konto des britischen Admirals gesetzt werden. Der Trauerbefehl an Armee und Flotte sagte an diesem Tage:
»Rote Kämpfer! An allen Fronten begegnet ihr der feindlichen Hinterlist der Engländer. Die konterrevolutionären Truppen schießen auf euch aus englischen Geschützen. In den Lagern von Schenkursk und Onega, an der Süd- und der Westfront findet ihr Kriegsmunition englischer Herkunft. Von euch gemachte Gefangene tragen englische Ausrüstung. Die Frauen und Kinder von Archangelsk und Astrachan werden gemordet und verkrüppelt von englischen Fliegern mit Hilfe des englischen Dynamits. Englische Schiffe beschießen unsere Ufer...
Aber auch jetzt, im Augenblick der erbittertsten Kämpfe gegen den Mietling Englands, Judenitsch, fordere ich von euch: vergeßt niemals, daß es nicht nur ein England gibt. Neben dem England der Profite, der Gewalt, der Bestechung, der Blutgier existiert das England der Arbeit, der geistigen Macht, der großen Ideale, der internationalen Solidarität. Gegen uns kämpft das England der Börse, das niedrige und ehrlose England. Das werktätige England, sein Volk, ist mit uns.« (Befehl an die Armee und die Flotte, 24. Oktober 1919, Nr. 159.)
Die Aufgaben der sozialistischen Erziehung waren bei uns eng mit

den Kriegsaufgaben verbunden. Jene Ideen, die im Feuer ins Bewußtsein eindringen, dringen fest und für immer ein.

Das Tragische wechselt in den Dramen von Shakespeare mit dem Komischen aus dem gleichen Grunde ab, aus dem im menschlichen Leben das Große sich mit dem Kleinen und Banalen berührt.
Sinowjew, der inzwischen Zeit gehabt hatte, vom Sofa aufzustehen und den zweiten oder dritten Himmel zu erklettern, überreichte mir im Namen der Kommunistischen Internationale folgende Urkunde:
»Das rote Petrograd vor dem Feinde zu beschützen bedeutet, dem Weltproletariat, und folglich der Kommunistischen Internationale, einen unschätzbaren Dienst erweisen. Der erste Platz im Kampfe um Petrograd gebührt selbstverständlich Ihnen, teurer Genosse Trotzki. Im Namen des Exekutivkomitees der Kommunistischen Internationale übergebe ich Ihnen die Fahnen, die ich Sie bitte, den verdienstvollen Truppenteilen der von Ihnen geleiteten ruhmreichen Roten Armee zu übergeben.
Der Vorsitzende des Exekutivkomitees der Kommunistischen Internationale G. Sinowjew.«
Ähnliche Urkunden erhielt ich von dem Petrograder Sowjet, von den Gewerkschaften und anderen Organisationen. Die Fahnen übergab ich den Regimentern, die Denkschriften verwahrten die Sekretäre im Archiv. Man hat sie von dort bedeutend später hervorgeholt, als Sinowjew mit ganz anderer Stimme ganz andere Lieder zu singen begann.
Jetzt fällt es sogar in der eigenen Erinnerung schwer, jenen Sturm der Begeisterung sich vorzustellen, den der Sieg bei Petrograd hervorgerufen hat. Er fiel zusammen mit dem Beginn der entscheidenden Erfolge an der Südfront. Die Revolution hob den Kopf wieder hoch. In Lenins Augen gewann der Sieg über Judenitsch um so mehr Bedeutung, als er ihn Mitte Oktober für unmöglich gehalten hatte. Im Politbüro wurde beschlossen, mir für die Verteidigung Petrograds den Orden der Roten Fahne zu verleihen. Mich brachte dieser Beschluß in eine schwierige Lage. Ich hatte mich nicht ohne Schwanken zu der Einführung eines revolutionären Ordens entschlossen: erst kurz vorher hatten wir die Orden des alten Regimes abgeschafft. Als ich den Orden einführte, betrachtete ich ihn als ein ergänzendes Stimulans für jene, die nicht genügend inneres revolutionäres Pflichtbewußtsein besaßen. Lenin hieß meinen Schritt gut. Der Orden wurde eingeführt. Man verlieh ihn, mindestens in jenen Jahren, für direkte Kriegsverdienste im Feuer. Jetzt hatte man den Orden mir zugesprochen. Ich konnte ihn nicht ablehnen, ohne die Auszeichnung, die ich selbst vo viele Male verliehen hatte, zu disqualifizieren. Es blieb mir also nichts weiter übrig, als mich der Konvention zu unterwerfen.
Damit steht eine andere Episode in Verbindung, die erst viel später

vor meinen Augen im richtigen Lichte erschien. Am Schlusse der Sitzung des Politbüros brachte Kamenjew, nicht ohne Zeichen der Verlegenheit, den Antrag ein, Stalin mit einem Orden auszuzeichnen. »Wofür?« fragte im Tone aufrichtiger Empörung Kalinin. »Wofür denn Stalin? ich kann es nicht verstehen!« Man beruhigte ihn mit einem Scherz und nahm einen zustimmenden Beschluß an. In der Pause stürzte sich Bucharin auf Kalinin: »Begreifst du denn nicht? Das hat Iljitsch ausgedacht: Stalin kann nicht leben, wenn er etwas nicht hat, was der andere besitzt. Er würde es nicht verzeihen.« Ich begriff Lenin voll und ganz und stimmte ihm in Gedanken zu.

Die Dekorierung erfolgte in höchst feierlicher Umgebung im Großen Theater, wo ich in der vereinigten Sitzung der führenden Sowjetinstitutionen einen Bericht über die Kriegslage gab. Als der Vorsitzende am Schluß den Namen Stalins nannte, versuchte ich zu applaudieren. Es unterstützten mich zwei, drei Hände unsicher. Durch den Saal lief ein kühler Hauch des Befremdens, der nach den vorangegangenen Ovationen besonders scharf empfunden wurde. Stalin selbst war schlauerweise abwesend.

Viel größere Genugtuung bereitete es mir, als mein Zug in seiner Gesamtheit mit dem Orden der Roten Fahne belohnt wurde. »An dem heroischen Kampfe der 7. Armee«, heißt es in dem Befehl vom 4. November, »haben die Mitarbeiter unseres Zuges vom 17. Oktober bis zum 3. November würdig teilgenommen. Die Genossen Kliger, Iwanow, Sastar sind im Kampfe gefallen. Die Genossen Prede, Draudin, Purin, Tschernjawzew, Kuprjewitsch, Tesnek sind verwundet. Die Genossen Adamson, Purin, Kiselis erlitten Streifschüsse. Ich nenne die anderen nicht bei Namen, denn ich müßte alle nennen. Bei der glücklichen Wendung, die sich an der Front vollzogen hat, haben die Arbeiter unseres Zuges nicht den letzten Platz innegehabt.«

Einige Monate später ließ Lenin mich ans Telephon rufen. »Haben Sie das Buch von Kirdezow gelesen?« Dieser Name sagte mir nichts. »Das ist ein Weißer, ein Feind, der über den Angriff Judenitschs auf Petrograd schreibt.« Man muß sagen, daß Lenin überhaupt viel aufmerksamer als ich die Presse der Weißen verfolgte. Am nächsten Tag fragte er mich wieder: »Haben Sie es gelesen?« »Nein, ich hab' es noch nicht gelesen.« »Wenn Sie wollen, schicke ich es Ihnen?« Aber das Buch war wohl auch bei mir. Lenin und ich erhielten die gleichen Neuerscheinungen über Berlin. »Lesen Sie unbedingt das letzte Kapitel: es ist ein Werturteil des Feindes, dort ist auch über Sie...« Aber ich fand nicht die Zeit, es zu lesen. Seltsamerweise kam mir das Buch vor kurzem in Konstantinopel in die Hand. Ich erinnerte mich, wie dringend Lenin mir empfahl, das letzte Kapitel zu lesen. Hier jenes Urteil des Feindes, eines der Minister Judenitschs, das Lenins Interesse erweckt hatte: »Schon am 16. Oktober traf an der Petrograder Front eiligst Trotzki ein, und

die Verwirrung des roten Stabes machte seiner glühenden Energie Platz. Einige Stunden vor dem Fall Gatschinas versucht er noch, den Angriff der Weißen aufzuhalten; als er aber sieht, daß das nicht möglich ist, verläßt er eiligst die Stadt, um die Verteidigung von Zarskoje zu organisieren. Größere Reserven sind noch nicht angekommen, aber er sammelt hastig alle Petrograder Kriegsschüler, mobilisiert die ganze männliche Bevölkerung Petrograds, treibt die rotarmistischen Abteilungen mit Maschinengewehren (?!) wieder vorwärts und bringt durch seine energischen Maßnahmen alle Zugänge zu Petrograd in Verteidigungszustand... Trotzki gelang es, in Petrograd gesinnungsstarke kommunistische Arbeiterabteilungen zu organisieren und sie in den Mittelpunkt des Kampfes zu werfen. Nach dem Zeugnis des Stabes Judenitschs waren es diese, und nicht (?) die rotarmistischen Abteilungen, die sich neben den Matrosenbataillonen und den Kriegsschülern wie die Löwen geschlagen haben. Sie attackierten die Tanks mit vorgehaltenen Bajonetten, ganze Reihen von ihnen sanken unter dem mörderischen Feuer der Stahlungeheuer dahin, die übrigen aber fuhren standhaft fort, ihre Stellungen zu verteidigen.«
Mit Maschinengewehren hat niemand die Rotarmisten vorwärtsgetrieben. Aber Petrograd haben wir gerettet.

Militärische Opposition

Das Kernproblem des erfolgreichen Aufbaus der Roten Armee war die Frage des richtigen Verhältnisses zwischen dem Proletariat und der Bauernschaft im Lande. Später, im Jahre 1923, wurde die dümmste Legende über meine ›Unterschätzung‹ der Bauernschaft erfunden. In Wirklichkeit bin ich während der Jahre 1918 bis 1921 enger und unmittelbarer als irgendein anderer mit dem Problem des Sowjetdorfes in Berührung gekommen. Die Armee wurde in ihrem Hauptbestand aus Bauern geschaffen und operierte in bäuerlicher Umgebung. Ich kann hier nicht ausführlich bei dieser großen Frage verweilen. Ich muß mich auf zwei, drei, dafür aber grelle Illustrationen beschränken. Am 22. März 1919 forderte ich über die direkte Telephonleitung von dem Zentralkomitee einen Beschluß in der Frage der Ernennung einer autoritären Kommission seitens des Zentralexekutivkomitees und des Zentralkomitees der Partei. Die Aufgabe der Kommission hat zu sein, den Glauben an die Zentralsowjetmacht unter der Bauernschaft des Wolgagebiets zu stützen, die schreiendsten lokalen Mißstände abzuschaffen, die hauptschuldigen Vertreter der Sowjetmacht zu bestrafen und Beschwerden und Material zu sammeln, die die Basis für demonstrative Dekrete zugunsten der mittleren Bauern bilden sollen. Es ist nicht uninteressant, daß ich dieses Gespräch mit Stalin führte und gerade ihm die Bedeutung des Mittelbauern auseinandersetzte. Im gleichen Jahre 1919 wurde Kalinin auf meine Initiative hin zum Vorsitzenden des Zentralexekutivkomitees gewählt, weil er den Mittelbauern nahestand und ihre Nöte gut kannte. Wichtiger allerdings ist die Tatsache, daß ich schon im Februar 1920 unter dem Eindruck meiner Beobachtungen des Lebens der Bauernschaft am Ural dringend auf den Übergang zur neuen ökonomischen Politik bestand. Im Zentralkomitee sammelte ich nur vier Stimmen gegen elf. Lenin war zu jener Zeit gegen die Abschaffung der Kontingentierung, und zwar unversöhnlich. Stalin stimmte selbstverständlich gegen mich. Der Übergang zur neuen ökonomischen Politik wurde erst nach einem Jahr vollzogen, zwar einstimmig, aber nun unter dem Donner des Kronstädter Aufstandes und in einer Atmosphäre gefahrdrohender Stimmungen in der gesamten Armee.

Fast alle, wenn nicht alle prinzipiellen Fragen und Schwierigkeiten des Sowjetaufbaues der folgenden Jahre erstanden vor uns zuallererst auf dem militärischen Gebiet – und zwar in sehr kompakter Form. Nach einer allgemeinen Regel konnten in der Roten Armee Vertagungen nicht gewährt werden. Fehler hatten sofortige Strafe zur Folge. Die Opposition gegen vorliegende Beschlüsse mußte sich an Ort und Stelle, während der Aktion prüfen. Daher im großen und ganzen die innere Konsequenz im Aufbau der Roten Armee und das Fehlen des Herumexperimentierens nach verschiedenen Systemen. Hätten wir mehr Zeit für Erwägungen und Diskussionen gehabt, es wären sicherlich viel mehr Fehler begangen worden.

Aber es gab dennoch in der Partei innere Kämpfe, in gewissen Momenten waren sie sogar erbittert. Wie konnte es auch anders sein? Die Sache war zu neu und die Schwierigkeiten waren zu groß.

Die alte Armee war noch im Lande zerstreut, Haß gegen den Krieg säend, während wir uns bereits gezwungen sahen, neue Regimenter aufzustellen. Die zaristischen Offiziere jagte man aus der alten Armee davon und hielt mit ihnen stellenweise erbarmungslose Abrechnung. Wir aber mußten währenddessen die zaristischen Offiziere als Instrukteure für die neue Armee gewinnen. Die Komitees in der alten Armee waren entstanden als die Verkörperung der Revolution selbst, mindestens ihrer ersten Etappe. In den neuen Regimentern durfte man das Komiteewesen, als den Beginn der Desorganisation, nicht dulden. Noch waren die Flüche gegen die alte Disziplin nicht verklungen, und schon waren wir genötigt, eine neue einzuführen. Vom System der Freiwilligkeit mußte man nach kurzer Zeit zum System der Zwangsaushebung und von dem Partisanentum zu einer regulären militärischen Organisation übergehen. Den Kampf gegen das Partisanentum führten wir ununterbrochen, Tag für Tag; er erforderte größte Beharrlichkeit, Unversöhnlichkeit und zeitweilig auch Härten. Das chaotische Partisanentum war der Ausdruck der bäuerlichen Grundlage der

Revolution. Der Kampf gegen die Partisanen war infolgedessen ein Kampf um das proletarische Staatswesen gegen die es unterspülenden anarchischen kleinbürgerlichen Elemente. Die Methoden und Gewohnheiten der Partisanen fanden jedoch eine Widerspiegelung auch in den Reihen der Partei.
Eine Opposition in der Militärfrage entstand bereits in den ersten Monaten des Aufbaues der Roten Armee. Ihre grundlegende Basis war die Verteidigung des Wahlsystems, der Protest gegen die Hinzuziehung von militärischen Fachleuten, gegen die Einführung der eisernen Disziplin, gegen die Zentralisierung der Armee und so weiter. Die Oppositionellen suchten eine verallgemeinernde theoretische Formel für sich zu finden. Die zentralisierte Armee, behaupteten sie, sei die Armee eines imperialistischen Staates. Die Revolution müsse ein Kreuz machen nicht nur über den Stellungskrieg, sondern auch über die zentralisierte Armee. Die Revolution sei völlig auf Beweglichkeit, auf kühnem Angriff und auf Manövrieren aufgebaut. Ihre Kampfmacht sei der kleine, selbständige, aus allen Waffengattungen kombinierte Truppenteil, der mit dem Zentrum nicht verbunden sei, sich auf die Sympathie der Bevölkerung stütze, sich leicht im Rücken des Feindes bewegen könne und so weiter. Kurz, als Taktik der Revolution wurde die Taktik des *Kleinkrieges* proklamiert. Das war alles äußerst abstrakt und im wesentlichen eine Idealisierung unserer Schwäche. Die ernste Erfahrung des Bürgerkrieges hat diese Vorurteile bald widerlegt. Die Vorzüge der zentralisierten Organisation und Strategie gegenüber lokalen Improvisationen, militärischem Separatismus und Föderalismus haben sich an der Erfahrung des Kampfes bald sehr deutlich gezeigt.
Im Dienste der Roten Armee standen Tausende und später Zehntausende früherer Kaderoffiziere. Viele von ihnen hatten, nach ihren eigenen Worten, noch vor etwa zwei Jahren die gemäßigten Liberalen als die radikalsten Revolutionäre betrachtet, die Bolschewiki waren für sie Erscheinungen aus der vierten Dimension gewesen. »Wahrhaftig, wir müßten eine zu niedrige Meinung von uns und unserer Partei haben«, schrieb ich gegen die damalige Opposition, »von der sittlichen Macht unserer Idee, von der Anziehungskraft unserer revolutionären Moral, wenn wir nicht glauben dürften, daß wir Tausende und aber Tausende Fachleute, darunter auch militärische, an uns heranzuziehen in der Lage sind.« Wenn auch nicht ohne Reibungen und Schwierigkeiten, so ist es uns letzten Endes doch zweifellos gelungen.
Kommunisten fanden sich nicht leicht in die militärische Arbeit hinein. Es war eine Auslese und eine Erziehung erforderlich. Noch vor Kasan, im August 1918, telegraphierte ich an Lenin: »Nur solche Kommunisten herschicken, die fähig sind, sich unterzuordnen, bereit sind, Entbehrungen zu ertragen, und gewillt sind, auch zu sterben. Leichtwiegende Agitatoren braucht man hier nicht.«

Nach einem Jahr schrieb ich in der Ukraine, wo die Anarchie in den Reihen der Partei besonders groß war, in einem Befehl an die 14. Armee: »Ich warne: jeder Kommunist, der von der Partei in die Reihen der Armee delegiert wird, ist damit der gleiche Rotarmist mit den gleichen Rechten und Pflichten wie jeder Soldat der Roten Armee. Kommunisten, die eines Vergehens oder Verbrechens gegen die revolutionäre Kriegspflicht überführt werden, haben doppelte Strafe zu erwarten; denn was einem unaufgeklärten Menschen verziehen werden kann, darf man einem Mitglied der Partei, die an der Spitze der Arbeiterklasse der ganzen Welt steht, nicht verzeihen.« Es ist klar, daß auf diesem Gebiete reichlich Reibungen entstanden und daß es keinen Mangel an Unzufriedenen gab.
Zur militärischen Opposition gehörte zum Beispiel Pjatakow, der heutige Direktor der Staatsbank. Er pflegte sich überhaupt jeder Opposition anzuschließen, – um dann als Beamter zu enden. Vor ungefähr drei oder vier Jahren, als Pjatakow noch mit mir zu einer gleichen Gruppierung gehörte, prophezeite ich scherzend, daß Pjatakow im Falle einer bonapartistischen Umwälzung am nächsten Tag seine Aktenmappe nehmen und sich in die Kanzlei begeben würde. Jetzt kann ich ernsthafter noch hinzufügen, daß nur das Ausbleiben der bonapartistischen Umwälzung, keinesfalls aber Pjatakow selbst es verschuldete, daß es bisher nicht geschah. In der Ukraine hatte Pjatakow einen bedeutenden Einfluß, und nicht zufällig: er ist, besonders auf dem wirtschaftlichen Gebiet, ein ziemlich gebildeter Marxist, ein zweifellos guter Administrator mit einem Vorrat an Willen. In den ersten Jahren besaß Pjatakow auch revolutionäre Energie, die sich jedoch schnell in einen bürokratischen Konservativismus verwandelte. Den Kampf gegen die halb anarchistischen Ansichten Pjatakows über den Aufbau der Armee begann ich damit, daß ich ihm gleich einen verantwortlichen Posten zuwies, wo er von Worten zur Tat übergehen mußte. Dieses Mittel ist nicht neu, aber in vielen Fällen unersetzbar. Der administrative Sinn zeigte ihm dann bald, daß man jene Methoden anwenden müsse, gegen die er einen Wortkampf geführt hatte. Derartige Wandlungen gab es nicht wenig. Die besten Elemente der militärischen Opposition gingen bald in die Arbeit hinein. Daneben schlug ich den Unversöhnlichsten von ihnen vor, einige Regimenter nach ihren Prinzipien aufzustellen, und versprach, ihnen die dafür nötigen Mittel zur Verfügung zu stellen. Nur eine Bezirksgruppe an der Wolga hat meine Herausforderung angenommen und ein Regiment aufgestellt, daß sich aber durch nichts von allen anderen Regimentern unterschied. Die Rote Armee siegte an allen Fronten, und so wurde die Opposition allmählich zunichte.
Einen besonderen Platz in der Roten Armee und in der militärischen Opposition nahm Zarizyn ein, wo sich die militärischen Arbeiter um Woroschilow gruppierten. Hier standen hauptsächlich ehemalige Unteroffiziere aus den Bauern des Nordkaukasus an der

Spitze der revolutionären Abteilungen. Der tiefe Antagonismus zwischen den Bauern und den Kosaken verlieh in den Südsteppen dem Bürgerkrieg eine besondere Grausamkeit, die in jedem Dorfe nistete und zur Ausrottung ganzer Familien führte. Das war ein reiner Bauernkrieg, dessen Wurzeln tief im lokalen Boden lagen und der durch seine bäuerische Grausamkeit die revolutionären Kämpfe aller anderen Teile des Landes an Erbitterung weit übertraf. Dieser Krieg hat eine große Schar energischer Partisanen hervorgebracht, die bei Zusammenstößen im lokalen Maßstab vollkommen auf der Höhe waren, aber gewöhnlich versagten, wenn man zu breiteren militärischen Aufgaben schreiten mußte.
Die Biographie Woroschilows legt Zeugnis ab für das Leben eines revolutionären Proletariers: Leitung von Streiks, unterirdische Arbeit, Gefängnis, Verbannung. Aber wie viele andere der jetzt führenden Schicht war Woroschilow nur ein nationaler revolutionärer Demokrat, nichts mehr. Das hat sich besonders kraß zuerst im imperialistischen Krieg gezeigt und dann in der Februarrevolution. In der offiziellen Biographie Woroschilows zeigen die Jahre 1914–1917 eine gähnende Lücke, was übrigens für die meisten der heutigen Führer kennzeichnend ist. Das Geheimnis dieser Lücke besteht darin, daß diese Menschen während des Krieges in der Mehrzahl Patrioten waren und jegliche revolutionäre Arbeit eingestellt hatten. In der Februarrevolution unterstützte Woroschilow, wie auch Stalin, die Regierung Gutschkow-Miljukow von links. Sie waren radikal-revolutionäre Demokraten, keinesfalls Internationalisten. Man kann als Regel aufstellen: jene Bolschewiki, die im Kriege Patrioten waren und nach der Februarrevolution Demokraten, sind heute Anhänger des Stalinschen nationalen Sozialismus. Woroschilow bildet also keine Ausnahme.
Obwohl Woroschilow ein Lugansker Arbeiter war, aus der privilegierten Arbeiterschicht, so erinnerte er doch durch alle seine Gewohnheiten und durch seinen Geschmack eher an einen kleinen Eigentümer als an einen Proletarier. Nach der Oktoberrevolution wurde Woroschilow natürlicherweise der Mittelpunkt der Opposition der Unteroffiziere und der Partisanen gegen die zentralisierte militärische Organisation, die Anspruch auf militärische Kenntnisse und einen breiteren Horizont erhob. So entstand die Zarizyner Opposition.
In den Kreisen Woroschilows sprach man voller Haß von den Spezialisten, Kriegsakademikern, den hohen Stäben und von Moskau. Da aber die Führer der Partisanen keine eigenen militärischen Kenntnisse besaßen, so hatte jeder von ihnen einen eigenen ›Spez‹ bei der Hand, nur von der schlechteren Sorte, der sich fest an sein Pöstchen klammerte und es gegen fähigere und informiertere verteidigte. Gegen das Kommando der Sowjetfront im Süden verhielten sich die Zarizyner Heeresführer nicht viel besser als gegen die Weißen. Ihre Beziehungen zu dem Moskauer Zentrum erschöpf-

ten sich in ständigen Versorgungsanforderungen. Es war bei uns alles knapp. Was die Fabriken produzierten, ging sofort an die Armee. Keine Armee hat soviel Gewehre und Patronen verschluckt wie die Zarizyner. Bei der ersten Weigerung schrie Zarizyn über Verrat der Moskauer Spez. In Moskau weilte ein besonderer Vertreter der Zarizyner Armee zur Auspressung von Armeebedarf, der Matrose Schiwodjer. Als wir das Netz der Disziplin etwas straffer anziehen mußten, ging dieser Schiwodjer zu den Banditen über. Er ist, glaube ich, dann gefaßt und erschossen worden.
Stalin verbrachte einige Monate in Zarizyn. Seinen Kampf hinter den Kulissen gegen mich, der schon damals einen wesentlichen Teil seiner Tätigkeit ausmachte, verband er mit der hausbackenen Opposition Woroschilows und dessen nächsten Mannen. Stalin benahm sich aber dabei so, daß ihm jeden Augenblick die Möglichkeit blieb, einen Sprung zurück zu machen. Vom Haupt- und Frontkommando kamen täglich Beschwerden über Zarizyn. Es sei unmöglich, die Ausführung eines Befehles durchzusetzen, es sei unmöglich, zu erkennen, was dort geschehe, es sei sogar unmöglich, Antwort auf eine Anfrage zu bekommen. Sorgenvoll verfolgte Lenin die Entwicklung dieses Konfliktes. Er kannte Stalin besser als ich und vermutete offenbar, daß die Widerspenstigkeit Zarizyns mit der Regiearbeit Stalins hinter den Kulissen zu erklären sei. Die Lage wurde unhaltbar. Ich beschloß, in Zarizyn Ordnung zu schaffen. Nach einem neuen Zusammenstoß des Kommandos mit Zarizyn forderte ich die Abberufung Stalins. Diese erfolgte durch die Vermittlung Swerdlows, der sich selbst mit einem Extrazug auf den Weg machte, Stalin zu holen. Lenin suchte den Konflikt möglichst auf das Minimum einzuschränken, und zwar mit vollem Recht. Ich hatte an Stalin überhaupt nie viel gedacht. Im Jahre 1917 huschte er an mir wie ein flüchtiger Schatten vorbei. Im Feuer des Kampfes erinnerte ich mich kaum an seine Existenz. Ich beschäftigte mich mit der Zarizyner Armee. Ich brauchte eine zuverlässige linke Flanke der Südfront. Ich fuhr nach Zarizyn, um dies Ziel um jeden Preis zu erreichen. Mit Swerdlow traf ich mich unterwegs. Er erkundigte sich vorsichtig nach meinen Absichten und schlug mir dann vor, mit Stalin zu reden, der gerade in seinem, Swerdlows, Wagen zurückfahre. »Wollen Sie sie wirklich alle davonjagen?« fragte mich mit unterstrichen demütiger Stimme Stalin, »es sind brave Jungens.« »Diese braven Jungens werden die Revolution umbringen, die nicht warten kann, bis sie aus ihrem jugendlichen Alter herausgewachsen sein werden. Ich will nur das eine: Zarizyn Sowjetrußland anschließen.«
Nach einigen Stunden sah ich Woroschilow. Im Stab herrschte Erregung. Es war das Gerücht verbreitet, Trotzki komme mit einem großen Besen, er habe zwei Dutzend zaristischer Generale bei sich als Ersatz für die Partisanenhäupter. Nebenbei gesagt, diese Häupter hatten sich vor meiner Ankunft eiligst in Regiments-, Brigade-

und Divisionskommandeure umgetauft. Ich stellte Woroschilow die Frage, wie er sich zu den Befehlen der Front und des obersten Kommandos verhalte? Er öffnete mir seine Seele: Zarizyn glaube nur jene Befehle ausführen zu müssen, die es als richtig anerkenne. Das war zuviel. Ich erklärte ihm, falls er sich nicht verpflichte, präzis und bedingungslos die Befehle und Operationsaufgaben durchzuführen, dann würde ich ihn auf der Stelle unter Bedeckung nach Moskau transportieren lassen, um ihn dem Tribunal zu übergeben. Ich setzte niemand ab, da ich in aller Form die Zusicherung der Unterwerfung erreichte. Die Mehrzahl der Kommunisten in der Zarizyner Armee unterstützte mich aus Überzeugung, nicht aus Furcht. Ich besuchte alle Truppenteile und war freundlich zu den Partisanen, unter denen es nicht wenige vorzügliche Soldaten gab, die nur einer richtigen Führung bedurften. Mit diesem Resultat kehrte ich nach Moskau zurück. Auf meiner Seite war in dieser ganzen Angelegenheit nicht der Schatten von persönlicher Parteilichkeit oder Mißgunst. Ich halte mich überhaupt für berechtigt, zu sagen, daß in meiner politischen Tätigkeit persönliche Momente niemals eine Rolle gespielt haben. Doch in dem gigantischen Kampfe, den wir führten, war der Einsatz zu groß, als daß ich mich viel umsehen konnte. Und ich war oft, fast auf Schritt und Tritt, gezwungen, jemand auf die Hühneraugen seiner persönlichen Voreingenommenheit, Freundschaft oder seines Ehrgeizes zu treten. Stalin sammelte eifrig die Menschen mit den abgetretenen Hühneraugen auf. Er hatte dafür genügend Zeit und persönliches Interesse. Die Zarizyner Häupter wurden seit jener Zeit zu Stalins Hauptwerkzeugen. Sobald Lenin erkrankte, erreichte Stalin durch seine Verbündeten die Umtaufung Zarizyns in Stalingrad. Die Masse der Bevölkerung hatte keine Ahnung, was dieser Name bedeutete. Und wenn Woroschilow zur Zeit Mitglied des Politischen Büros ist, so darf man als einzigen Grund – ich sehe keinen anderen – die Tatsache betrachten, daß ich ihn im Jahre 1918 durch die Drohung, ich würde ihn unter Bedeckung nach Moskau schicken, zur Unterwerfung gezwungen habe.

Es erscheint mir nicht uninteressant, das soeben geschilderte Kapitel der militärischen Tätigkeit oder, richtiger, des damit verbundenen innerparteilichen Kampfes durch einige Auszüge aus der bisher unveröffentlichten Parteikorrespondenz jener Zeit zu illustrieren.

Am 4. Oktober 1918 sagte ich über die direkte Telephonleitung aus Tambow zu Swerdlow und Lenin:

»Ich bestehe kategorisch auf der Abberufung Stalins. Die Zarizyner Front ist unsicher, trotz der Überzahl an Kräften. Ich belasse ihn (Woroschilow) als Kommandierenden der 10. (Zarizyner) Armee unter der Bedingung, daß er sich dem Kommandierenden der Südfront unterwirft. Bis auf den heutigen Tag haben die Zarizyner nicht einmal einen Bericht über ihre Operationen nach Koslow geschickt. Ich habe sie verpflichtet, zweimal am Tage über die Truppenbewegungen und den Kundschafterdienst zu berichten. Wenn das morgen nicht geschehen sollte, übergebe ich Woroschilow dem Gericht und gebe dies im Armeebefehl bekannt. Für den Angriff bleibt nur die kurze Frist bis zur herbstlichen Weglosigkeit, wo es dann weder für den Fußgänger noch für den Reiter einen Pfad geben wird. Zu diplomatischen Verhandlungen fehlt jetzt die Zeit.«

Stalin wurde abberufen. Lenin begriff sehr gut, daß mich ausschließlich sachliche Erwägungen leiteten. Gleichzeitig war er natürlich um den Konflikt besorgt und bemüht, die Gegensätze zu schlichten.

Am 23. Oktober schreibt mir Lenin nach Balaschow:

»Heute ist Stalin angekommen, brachte Nachricht von drei großen Siegen unserer Truppen bei Zarizyn. (Die ›Siege‹ hatten in Wirklichkeit nur episodische Bedeutung. L. T.) Stalin hat Woroschilow und Minin, die er für sehr wertvolle und unersetzliche Mitarbeiter hält, bewogen, nicht wegzugehen, sondern sich den Befehlen des Zentrums völlig zu unterwerfen; der einzige Grund ihrer Unzufriedenheit bestehe, nach seinen Worten, in dem Ausbleiben oder der starken Verspätung von Geschossen und Patronen, was auch die zweihunderttausend Mann starke und sich in vorzüglicher Verfassung befindende kaukasische Armee mit Untergang bedrohe. (Diese Partisanenarmee zerfiel bald vom ersten Schlag und erwies sich als gänzlich kampfunfähig. L. T.)

Stalin möchte sehr gern an der Südfront arbeiten... Stalin hofft, daß es ihm durch die Arbeit gelingen werde, die Richtigkeit seiner Ansichten zu beweisen... Indem ich Ihnen, Lew Dawidowitsch, alle diese Erklärungen Stalins mitteile, bitte ich Sie, darüber nachzudenken und zu antworten, erstens, ob Sie bereit sind, sich mit Stalin persönlich auszusprechen, zu welchem Zwecke er Sie aufsuchen würde; zweitens, ob Sie es für möglich erachten, unter bestimmten konkreten Bedingungen die alten Reibungen zu beseitigen und eine gemeinsame Arbeit in die Wege zu leiten, was Stalin so sehr wünscht. Was mich betrifft, so glaube ich, daß es notwendig ist, alle Kräfte anzuwenden und zur gemeinsamen Arbeit mit Stalin zu kommen. Lenin.«

Ich erklärte meine volle Bereitwilligkeit, und Stalin wurde zum Mitglied des Revolutionären Kriegsrats der Südfront ernannt. Das Kompromiß hat aber keine Resultate gebracht. In Zarizyn kam die Sache nicht um einen Schritt vorwärts. Am 14. Dezember telegraphierte ich aus Kursk an Lenin:

»Woroschilow noch weiter auf dem Posten zu belassen, nachdem alle Versuche eines Kompromisses durch ihn zunichte gemacht worden sind, ist unmöglich. Man muß einen neuen Revolutionären Kriegsrat mit einem neuen Armeekommandeur nach Zarizyn schicken. Woroschilow ist in die Ukraine zu entlassen.«

Dieser Vorschlag wurde ohne Widerspruch angenommen. Aber

auch in der Ukraine ging die Sache nicht besser. Die dort herrschende Anarchie erschwerte ohnehin die notwendige militärische Arbeit. Die Opposition Woroschilows, hinter dessen Rücken in alter Weise Stalin stand, machte die Arbeit völlig unmöglich.

Am 10. Januar berichtete ich dem damaligen Vorsitzenden des Zentralexekutivkomitees, Swerdlow, von der Station Grjasi aus: »Ich erkläre kategorisch, daß die Zarizyner Linie, die zum völligen Zerfall der Zarizyner Armee geführt hat, in der Ukraine nicht geduldet werden kann... Die Linie Stalin, Woroschilow u. Co. bedeutet die Vernichtung unserer ganzen Sache. Trotzki.«

Lenin und Swerdlow, die die Arbeit der ›Zarizyner‹ aus der Ferne beobachteten, versuchten noch immer, ein Kompromiß zu erreichen. Ich besitze leider ihr Telegramm nicht mehr. Ich antwortete Lenin am 11. Januar: »Ein Kompromiß ist selbstverständlich nötig, aber kein faules. Tatsächlich haben sich in Charkow alle Zarizyner versammelt... Ich betrachte die Stalinsche Begünstigung der Zarizyner Strömungen als eine ganz gefährliche Beule, schlimmer als jeder Verrat der Kriegsspezialisten... Trotzki.«

»Ein Kompromiß ist nötig, aber kein faules.« Nach vier Jahren hat mir Lenin diesen Satz fast wörtlich in bezug auf Stalin zurückgegeben. Das war vor dem Zwölften Parteikongreß. Lenin bereitete einen vernichtenden Schlag vor gegen die Gruppe Stalin. Den Angriff begann er auf der Linie der nationalen Frage. Als ich ein Kompromiß anregte, antwortete mir Lenin: »Stalin wird ein faules Kompromiß schließen und dann betrügen.«

Im März 1919, in einem Brief an das Zentralkomitee, erwiderte ich Sinowjew, der mit der militärischen Opposition zweideutig liebäugelte: »Ich will mich nicht mit individualpsychologischen Untersuchungen darüber beschäftigen, zu welcher militärischen Oppositionsgruppe Woroschilow gezählt werden kann, ich will nur bemerken, daß das einzige, wessen ich mich ihm gegenüber anklagen kann, der allzulange, zwei bis drei Monate dauernde Versuch ist, durch Verhandlungen, Zureden, persönliche Kombinationen zum Ziele zu kommen, wo im Interesse der Sache, ein fester organisatorischer Entschluß nötig war. Denn schließlich bestand die Aufgabe in bezug auf die 10. Armee nicht darin, Woroschilow zu überzeugen, sondern darin, in kürzester Frist militärische Erfolge zu erreichen.«

Am 30. Mai wird Lenin aus Charkow die dringende Forderung gestellt, eine besondere ukrainische Armeegruppe unter dem Kommando Woroschilows zu bilden. Lenin übermittelte mir den Antrag über die direkte Leitung nach der Station Kantemirowka. Am 1. Juni antwortete ich Lenin: »Das Ansinnen einiger Ukrainer, die 2., die 13. und die 8. Armee unter Woroschilow zu vereinigen, ist völlig indiskutabel. Wir brauchen gegen Denikin nicht eine Donez-Operationseinheit, sondern eine Gesamteinheit... Die Idee einer Kriegs- und Verpflegungsdiktatur Woroschilow in der

Ukraine ist das Resultat der Donezer Selbständigkeitsbestrebungen, die gegen Kiew (das heißt gegen die ukrainische Regierung) und die Südfront gerichtet sind... Ich bezweifle nicht, daß die Verwirklichung dieses Planes das Chaos nur verstärken und der Leitung der Operationen einen tödlichen Schlag versetzen würde. Ich bitte, von Woroschilow und Meschlaouk die Erfüllung der ganz realen Aufgabe, die ihnen zugewiesen wurde, zu fordern. Trotzki.«
Den 1. Juni telegraphierte Lenin an Woroschilow: »Es ist erforderlich, um jeden Preis die Meetings einzustellen und alle Arbeiten auf die Kriegsaufgaben überzuleiten; alle Projektemachereien über Sondergruppen und ähnliche Versuche, auf maskierte Weise die ukrainische Front wiederherzustellen, haben zu unterbleiben... Lenin.«
Nachdem ihn die Erfahrung überzeugt hat, wie schwer es ist, mit undisziplinierten Anhängern der Selbständigkeitsbestrebungen fertig zu werden, ruft Lenin am selben Tage eine Sitzung des Politischen Büros ein und setzt folgenden Beschluß durch, der sofort an Woroschilow und andere Beteiligte gesandt wird: »Das Politbüro des Zentralkomitees versammelt sich am 1. Juni und beschließt, Trotzki völlig zustimmend, den Plan der Ukrainer, eine gesonderte Donez-Einheit zu bilden, entschieden abzulehnen. Wir verlangen, daß Woroschilow und Meschlaouk ihre unmittelbaren Arbeiten erfüllen ... oder aber Trotzki wird euch übermorgen nach Isjum kommen lassen und dann ausführliche Anordnungen treffen. Im Auftrage des Büros des Zentralkomitees. Lenin.«
Am nächsten Tag hat das Zentralkomitee die Tatsache zu untersuchen, daß der Armeekommandeur Woroschilow den größten Teil des dem Feinde abgenommenen Kriegsguts eigenmächtig seiner Armee zur Verfügung gestellt hat. Das Zentralkomitee verfügt: »Genosse Rakowski wird beauftragt, dem Genossen Trotzki telegraphisch nach Isjum darüber zu berichten und ihn zu ersuchen, energischste Maßnahmen zu treffen zur Übergabe dieses Gutes an den Revolutionären Kriegsrat der Republik.« Am gleichen Tage teilte mir Lenin über die direkte Leitung mit: »Dybenko und Woroschilow schleppen das Kriegsgut auseinander. Völliges Chaos. Dem Donezbassin wird ernstlich keine Hilfe geleistet. Lenin.« Mit anderen Worten: in der Ukraine wiederholte sich dasselbe, wogegen ich in Zarizyn gekämpft hatte.
Es ist nicht verwunderlich, wenn mir meine militärische Tätigkeit nicht wenig Feinde geschaffen hat. Ich blickte nicht um mich, stieß mit den Ellenbogen alle jene weg, die den militärischen Erfolgen im Wege standen, oder trat in der Hast den Gaffern auf die Hühneraugen, ohne Zeit zu finden, mich zu entschuldigen. Es gibt Menschen, die das alles fest im Gedächtnis behalten. Die Unzufriedenen und Beleidigten fanden leicht den Weg zu Stalin, teils auch zu Sinowjew. Diese fühlten sich ja ebenfalls beleidigt. Bei jedem Mißerfolg an der Front wurde Lenin von den Unzufriedenen

bedrängt. Hinter den Kulissen leitete Stalin schon damals alle diese Machinationen. Man reichte Beschwerden ein über die unrichtige Kriegspolitik, über mein Begönnern der Spezialisten, über das zu grausame Regime gegen Kommunisten und so weiter. Zurückgestellte Feldherren und unverwirklichte rote Marschälle verfertigten einen Bericht nach dem anderen über die Verderblichkeit der strategischen Pläne, über Sabotage des Kommandos und über vieles andere.
Lenin war zu sehr von den allgemeinen Fragen der Führung in Anspruch genommen, um die Fronten zu bereisen und in die Tagesarbeit des Kriegsamtes einzudringen. Ich verbrachte die meiste Zeit an den Fronten, was die Arbeit der Zuträger hinter den Kulissen erleichterte. Ihre drängenden Stimmen mußten in Lenin von Zeit zu Zeit Beunruhigung erwecken. Regelmäßig bei meinen Besuchen in Moskau fanden sich bei ihm allerhand Zweifel und Fragen angesammelt. Es genügte jedoch eine Unterredung von einer halben Stunde, um das gegenseitige Verständnis und die absolute Solidarität wiederherzustellen. In den Tagen unserer Mißerfolge im Osten, als Koltschak sich der Wolga näherte, schrieb mir Lenin während der Sitzung des Rates der Volkskommissare, zu der ich direkt vom Zuge aus erschienen war, ein Zettelchen: »Sollen wir vielleicht doch alle Spezs ohne Ausnahme davonjagen und Laschewitsch zum Oberbefehlshaber ernennen?« Laschewitsch war ein alter Bolschewik, der es im ›deutschen‹ Kriege bis zum Unteroffizier gebracht hatte. Ich antwortete auf demselben Papierfetzen: »Kinderspielzeug«. Lenin sah mich verschmitzt von unten herauf an und machte eine besonders ausdrucksvolle Miene, die etwa sagen sollte: »Wie streng Sie mich behandeln!« Eigentlich liebte er solche schroffen Antworten, die keinen Platz für Zweifel ließen. Nach der Sitzung kamen wir zusammen. Lenin erkundigte sich nach der Front. »Sie fragten, ob wir nicht alle ehemaligen Offiziere davonjagen sollten. Wissen Sie auch, wie viele davon wir jetzt in der Armee haben?« »Ich weiß es nicht.« »Nun, was glauben Sie, schätzungsweise?« »Ich weiß nicht.« »Nicht weniger als dreißigtausend. Auf einen Verräter kommen hundert zuverlässige, auf einen Überläufer zwei bis drei im Kampf gefallene. Durch wen sollen wir sie alle ersetzen?«
Nach einigen Tagen hielt Lenin eine Rede über die Aufgaben des sozialistischen Aufbaus. Dabei sagte er unter anderem folgendes: »Als mir Genosse Trotzki kürzlich mitteilte, daß die Zahl der Offiziere in unserem Kriegsamte einige Zehntausend betrage, bekam ich eine konkrete Vorstellung davon, worin das Geheimnis der Ausnutzung unseres Feindes besteht... wie man den Kommunismus aus den Ziegelsteinen bauen muß, die von den Kapitalisten gegen uns bestimmt waren!«
Auf dem Parteikongreß, der ungefähr zu gleicher Zeit stattfand, trat Lenin in meiner Abwesenheit – ich war an der Front – mit ei-

ner leidenschaftlichen Verteidigung der von mir durchgeführten Kriegspolitik gegen die Kritik der Opposition auf. Gerade deshalb sind die Protokolle der militärischen Sektion des Achten Parteikongresses bis auf den heutigen Tag nicht veröffentlicht worden.

Eines Tages kam zu mir an die Südfront Menschinski. Ich kannte ihn schon lange. In den Jahren der Reaktion gehörte er zu der Gruppe der Ultralinken oder der Wperjodowzi, wie man sie nach ihrer Zeitschrift ›Wperjod‹ (›Vorwärts‹) nannte (Bogdanow, Lunatscharski u. a. m.). Menschinski selbst hatte allerdings die Tendenz zum französischen Syndikalismus. Die Wperjodowzi hatten einst in Bologna eine marxistische Schule für zehn bis fünfzehn Arbeiter, die illegal aus Rußland kamen, eingerichtet. Das war im Jahre 1910. Etwa vierzehn Tage lang las ich damals in dieser Schule einen Kursus über die Presse und führte Diskussionen über Fragen der Parteitaktik. Dort lernte ich Menschinski kennen, der aus Paris gekommen war. Den Eindruck, den er auf mich machte, kann ich am besten dadurch wiedergeben, daß ich sage: er hat auf mich überhaupt keinen Eindruck gemacht. Er schien mir eher der Schatten eines anderen, unverwirklichten Menschen zu sein oder die mißglückte Skizze zu einem ungemalten Porträt. Es gibt solche Menschen. Nur manchmal legten das einschmeichelnde Lächeln und das verborgene Augenspiel Zeugnis dafür ab, daß dieser Mensch von dem Wunsche zerfressen war, aus seiner Bedeutungslosigkeit herauszukommen. Ich weiß nicht, wie er sich im Augenblick des Umsturzes benommen hat und ob er damals überhaupt ein eigenes Benehmen gehabt hat. Nach der Übernahme der Macht schickte man ihn aber in aller Hast in das Finanzministerium. Er hat dort keine Aktivität gezeigt oder hat sie nur so weit gezeigt, um seine Unzulänglichkeit zu offenbaren. Später nahm ihn Dserschinski zu sich. Dserschinski war ein Willensmensch, leidenschaftlich und voller hoher moralischer Spannung. Seine Gestalt deckte die Tscheka. Niemand gewahrte Menschinski, der im stillen Winkel fleißig über Papieren saß. Erst nachdem Dserschinski mit seinem Stellvertreter Unschlicht auseinandergekommen war – das geschah erst in der letzten Periode –, stellte er, da er keinen anderen fand, die Kandidatur Menschinskis auf. Alle zuckten die Achseln. »Wen sonst?« rechtfertigte sich Dserschinski: »Es gibt keinen!« Stalin aber unterstützte Menschinski. Stalin unterstützt überhaupt Menschen, die politisch nur von Gnaden des Apparates existieren können. Und Menschinski wurde der treue Schatten Stalins in der GPU. Nach dem Tode Dserschinskis wurde Menschinski nicht nur Chef der GPU, sondern auch Mitglied des Zentralkomitees. So kann auf der bürokratischen Leinwand der Schatten eines unverwirklichten Menschen für einen Menschen gehalten werden.

Vor zehn Jahren aber war Menschinski noch bestrebt, seine Bewe-

gung meinen Bewegungen anzupassen. Er erschien bei mir im Zuge mit einem Bericht über die Angelegenheiten der besonderen Abteilungen in der Armee. Als er mit dem offiziellen Teil seines Besuches fertig war, blieb er unschlüssig stehen, trat von einem Fuß auf den anderen mit jenem einschmeichelnden Lächeln, das gleichzeitig Sorge und Zweifel hervorruft. Er endete mit der Frage: ob ich wisse, daß Stalin gegen mich eine komplizierte Intrige spinne? »Was?« fragte ich ganz verständnislos, da mir damals derartige Gedanken oder Vermutungen sehr fern lagen. »Ja, er sucht Lenin und noch manchen anderen einzureden, Sie gruppierten um sich Menschen speziell gegen Lenin.« »Sie sind von Sinnen, Menschinski! Bitte, schlafen Sie sich aus, ich wünsche darüber nicht mehr zu sprechen.« Menschinski ging mit schiefgezogenen Schultern hüstelnd davon. Ich nehme an, daß er seit diesem Tage nach anderen Achsen fahndete, um die er sich drehen könnte.
Aber nach einigen Stunden Arbeit überkam mich doch ein gewisses Unbehagen. Dieser Mensch hatte mit seiner leisen unklaren Rede bei mir ein unruhiges Gefühl hinterlassen, als hätte ich beim Essen einen Glassplitter verschluckt. Ich begann mich an manches zu erinnern, manches zu vergleichen. Stalin erschien mir jetzt irgendwie in einer anderen Beleuchtung. Viel später hat mir Krestinski über Stalin gesagt: »Das ist ein schlechter Mensch, mit gelben Augen.« Eben diese *moralische Gelbheit* Stalins tauchte nach dem Besuch Menschinskis zum erstenmal in meinem Bewußtsein auf. Als ich kurze Zeit danach in Moskau war, besuchte ich wie gewöhnlich zuallererst Lenin. Wir sprachen über die Front. Lenin liebte Details aus dem Alltagsleben sehr; Tatsachen, einzelne Züge führten ihn ohne Umschweife in den Kern einer Sache ein. Er mochte es nicht leiden, wenn man das lebendige Leben nur streifte. Einzelne Punkte überspringend, stellte er seine eigenen Fragen; ich antwortete und bewunderte, wie gut er bohrte. Wir lachten zusammen, Lenin war meist lustiger Stimmung. Ich halte mich ebenfalls nicht für einen düsteren Menschen. Zum Schluß erzählte ich von dem Besuch Menschinskis an der Südfront. »Sollte darin vielleicht ein Körnchen Wahrheit enthalten sein?« Ich bemerkte sofort, wie erregt Lenin wurde. Sogar das Blut stieg ihm ins Gesicht. »Das sind Dummheiten«, antwortete er, aber unsicher. »Mich interessiert nur das eine«, sagte ich, »ob Sie auch nur einen Augenblick einen so ungeheuerlichen Gedanken annehmen konnten wie den, daß ich gegen Sie Menschen sammle?« »Dummheiten«, antwortete Lenin, diesmal so bestimmt, daß ich mich sofort beruhigte. Als habe sich irgendein Wölkchen über unseren Köpfen zerstreut, verabschiedeten wir uns besonders warm voneinander. Aber ich begriff, daß Menschinski nicht grundlos geredet hatte. Wenn es Lenin unsicher bestritt, so offenbar nur deshalb, weil er einen Konflikt, Streit, persönliche Kämpfe zu vermeiden suchte. Das schien auch mir durchaus notwendig. Aber Stalin säte offenkundig

bösen Samen. Erst viel später wurde mir klar, wie systematisch er sich damit beschäftigte, fast ausschließlich damit. Denn Stalin hat niemals ernsthafte Arbeit geleistet. »Die Haupteigenschaft Stalins ist Faulheit«, belehrte mich einstens Bucharin. »Die zweite Eigenschaft: ein unversöhnlicher Neid gegen alle, die mehr wissen oder können als er. Er hat auch gegen Iljitsch unterirdische Gänge gewühlt…«

Meinungsverschiedenheiten über Kriegsstrategie

Ich schildere auf diesen Seiten weder die Geschichte der Roten Armee noch die Geschichte ihrer Kämpfe. Diese beiden Themen, die mit der Geschichte der Revolution untrennbar verbunden sind und weit über die Grenzen einer Autobiographie hinausgehen, werden den Inhalt eines anderen Buches bilden. Ich kann aber hier nicht an jenen politisch-strategischen Meinungsverschiedenheiten vorbeigehen, die im Verlauf des Bürgerkrieges entstanden sind. Vom Gang der Kriegsoperationen hing das Schicksal der Revolution ab. Das Zentralkomitee der Partei mußte sich mehr und mehr mit den Fragen des Krieges und damit auch mit den Fragen der Strategie beschäftigen. Die wichtigsten Kommandoposten wurden mit Kriegsspezialisten der alten Schule besetzt. Ihnen fehlte das Verständnis für die sozialen und politischen Verhältnisse. Den erfahrenen revolutionären Politikern, die das Zentralkomitee der Partei bildeten, fehlten die militärischen Kenntnisse. Die strategischen Pläne in großem Maßstabe waren in der Regel das Resultat kollektiver Arbeit und riefen, wie stets in solchen Fällen, Meinungsverschiedenheiten und Streit hervor.

Es hat in vier Fällen Differenzen gegeben in strategischen Fragen, mit denen sich das Zentralkomitee befaßte; mit anderen Worten, es gab so viel Differenzfälle, wie es Hauptfronten gab. Ich will hier ganz kurz von diesen Meinungsverschiedenheiten sprechen, um den Leser in das Wesen der Probleme einzuführen, die in den Fragen der Kriegsführung entstanden, und nebenbei die später aufgetauchten Erfindungen abschütteln.

Der erste heftige Konflikt im Zentralkomitee brach im Sommer 1919 aus, hervorgerufen durch die Situation an der Ostfront. Oberbefehlshaber war damals noch Vazetis. Über ihn habe ich in dem Kapitel gesprochen, das Swjaschsk gewidmet ist. Ich war bemüht, Vazetis in seinem Glauben an sich, an seine Rechte und an seine Autorität zu festigen. Ohne solchen Glauben ist das Ausüben eines Kommandos undenkbar. Vazetis war der Ansicht, daß wir nach den ersten großen Erfolgen über Koltschak nicht zu weit nach dem Osten, über den Ural, vordringen dürften. Er wollte, daß die Ostfront auf dem Bergrücken überwintere. Das sollte die Möglichkeit schaffen, einige Divisionen vom Osten wegzunehmen und nach dem Süden zu werfen, wo Denikin zu einer immer ernsteren Gefahr geworden war. Ich unterstützte diesen Plan. Er fand aber den entschiedenen Widerstand sowohl des Befehlshabers der Ostfront, Kamenjews, eines früheren Obersten des Generalstabs, wie der Mitglieder des Kriegsrats, Smilgas und Laschewitschs, beide alte Bolschewiki. Sie erklärten: Koltschak sei derart geschlagen, daß zu seiner Verfolgung nicht viel Kräfte nötig wären; die Hauptsache sei, ihm keine Atempause zu lassen, sonst könnte er sich erholen, und man wäre dann gezwungen, im Frühling die Operationen im Osten von neuem zu beginnen. Die ganze Frage bestand folglich darin, den Zustand der Koltschakschen Armee und seines Hinterlandes richtig zu bewerten. Ich betrachtete schon damals die Südfront als die viel ernstere und gefährdetere. Das hat sich später im vollen Ausmaße als richtig bestätigt. In der Bewertung der Armee Koltschaks behielt das Kommando der Ostfront recht. Das Zentralkomitee nahm einen Beschluß gegen das Oberkommando und damit auch gegen mich an, da ich Vazetis unterstützte, geleitet von der Erwägung, daß die strategische Gleichung mehrere Unbekannte enthalte, unter denen die noch zu junge Autorität des Oberbefehlshabers eine wichtige Größe bilde. Der Beschluß des Zentralkomitees erwies sich als richtig. Die Ostfront machte einen Teil der Kräfte für den Süden frei und rückte gleichzeitig siegreich nach Sibirien vor, Koltschak auf den Fersen folgend. Dieser Konflikt führte zum Wechsel des Kommandos. Vazetis wurde abgesetzt, seinen Platz nahm Kamenjew ein.

An sich hatte die Differenz einen rein sachlichen Charakter. In meinen Beziehungen zu Lenin kam sie selbstverständlich nicht im geringsten zum Ausdruck. Aber in solche episodische Meinungsverschiedenheiten einhakend, knüpfte die Intrige ihre Netze. Den 4. Juni 1919 versuchte Stalin vom Süden aus Lenin mit der Verderblichkeit der Kriegführung zu schrecken. »Die ganze Frage ist jetzt«, schrieb er, »ob das Zentralkomitee Mut finden wird, die nötigen Schlußfolgerungen zu ziehen. Wird das Zentralkomitee genügend Charakter und Ausdauer besitzen?« Der Sinn dieser Worte ist ganz klar. Ihr Ton beweist, daß Stalin die Frage schon wiederholt gestellt und von Lenin wiederholt eine Zurückweisung erfahren hatte. Damals wußte ich darüber nichts Bestimmtes. Dennoch ahnte ich eine klebrige Intrige. Und da ich weder Zeit noch Lust hatte, mich damit zu beschäftigen, bot ich, um den Knoten zu durchhauen, dem Zentralkomitee meine Demission an. Den 5. Juli antwortete das Zentralkomitee mit folgendem Beschluß: »Das organisatorische Büro und das politische Büro des Zentralkomitees sind, nachdem sie die Erklärung des Genossen Trotzki untersucht und gründlich durchgesprochen haben, zu dem einstimmigen Beschluß gekommen, daß sie absolut nicht in der Lage sind, die Demission des Genossen Trotzki anzunehmen und seinem Gesuch Folge zu leisten. Das organisatorische Büro und das politische Büro wollen alles tun, was in ihren Kräften steht, um die Arbeit an der Südfront, die Genosse Trotzki sich selbst gewählt hat, die schwierigste, gefährlichste und zur Zeit wichtigste Arbeit, so bequem wie nur möglich für ihn und so fruchtbringend wie irgend möglich für die Republik zu gestalten. In seinen Eigenschaften als Volkskommissar für den Krieg und als Vorsitzender des Revolutionären Kriegsrates kann Genosse Trotzki auch als Mitglied des Revolutionären Kriegsrates der Südfront gemeinsam mit dem Befehlshaber der Front, den er selbst gewählt und den das Zentralkomitee bestätigt hat, vollkommen frei handeln. Das organisatorische Büro und das politische Büro des Zentralkomitees stellen es dem Genossen Trotzki vollständig anheim, mit allen Mitteln zu versuchen, das zu erreichen, was er als notwendige Korrektur der Linie in der Kriegsfrage betrachtet, und sie werden, falls er es wünscht, sich bemühen, die Einberufung des Parteitages zu beschleunigen. Lenin, Kamenjew, Krestinski, Kalinin, Serebrjakow, Stalin, Stassowa.«

Dieser Beschluß trägt auch die Unterschrift Stalins. Während er hinter den Kulissen eine Intrige spann und Lenin des Mangels an Mut und Ausdauer beschuldigte, konnte sich Stalin doch nicht entschließen, dem Zentralkomitee offen entgegenzutreten.

Der Hauptschauplatz im Bürgerkriege war, wie gesagt, die Südfront. Die Kräfte des Feindes bestanden aus zwei selbständigen Teilen: aus dem Kosakentum, besonders dem Kubaner, und der Weißen Freiwilligen Armee, die aus dem ganzen Lande sich hier versammelte. Das Kosakentum wollte seine Grenzen vor dem Andrängen der Arbeiter und Bauern schützen. Die Freiwilligenarmee wollte Moskau einnehmen. Diese zwei Linien blieben nur so lange verschmolzen, wie die Freiwilligen im Nordkaukasus mit den Kubanern eine gemeinsame Front bildeten. Die Kubaner aber aus Kuban herauszubringen war für Denikin eine schwere, um nicht zu sagen undurchführbare Aufgabe. Unser Oberkommando ging an die Lösung des Problems der Südfront wie an eine abstrakte strategische Aufgabe heran, seine sozialen Grundlagen dabei ignorierend. Kuban war die Hauptbasis der Freiwilligen. Das Oberkommando beschloß deshalb, von der Wolga her den entscheidenden Schlag gegen diesen Stützpunkt zu führen. Mag sich Denikin nur herauswagen und den Kopf gegen Moskau strecken. Wir werden inzwischen hinter seinem Rücken seine Kubaner Basis auseinanderfegen. Denikin wird in der Luft hängenbleiben, und wir werden ihn mit nackten Händen einfangen können. Das war das allgemeine strategische Schema. Hätte es sich nicht um einen Bürgerkrieg gehandelt, wäre das Schema richtig gewesen. In bezug auf die reale Südfront aber erwies es sich als rein akademisch und hat dem Feinde wesentlich geholfen. Vermochte Denikin nicht das Kosakentum für einen fernen Feldzug gegen den Norden zum Er-

heben zu bringen, so leisteten wir Denikin eine Hilfe, indem wir die Kosakennester vom Süden her angriffen. Jetzt konnten sich die Kosaken nicht mehr ausschließlich auf ihrem eigenen Boden verteidigen. Wir selbst hatten ihr Schicksal mit dem Schicksal der Freiwilligenarmee eng verknüpft.
Obgleich wir die Operationen sorgfältig vorbereitet und bedeutende Kräfte und materielle Mittel konzentriert hatten, blieb uns der Erfolg versagt. Im Rücken Denikins bildeten die Kosaken einen starken Wall. Sie waren mit ihrem Boden verwachsen, klammerten sich mit Zähnen und Krallen daran fest. Unser Angriff hatte die ganze Kosakenbevölkerung auf die Beine gebracht. Wir verloren Kraft und Zeit und trieben der Weißen Armee alle Kosaken zu, die fähig waren, Waffen zu tragen. Denikin ergoß sich inzwischen über die Ukraine, ergänzte seine Reihen, marschierte nach dem Norden, nahm Kursk, nahm Orel und bedrohte Tula. Der Verlust Tulas wäre für uns eine Katastrophe gewesen, denn das würde den Verlust der wichtigsten Waffen- und Munitionsfabriken bedeutet haben.
Der Plan, den ich von Anfang an vorgeschlagen hatte, war von direkt entgegengesetztem Charakter. Er lief darauf hinaus, daß wir durch unseren ersten Schlag die Freiwilligen von den Kosaken abschneiden und dann, die Kosaken sich selbst überlassend, unsere Hauptkräfte gegen die Freiwilligenarmee konzentrieren sollten. Die Hauptrichtung des Angriffs ging nach diesem Plan nicht von der Wolga auf Kuban, sondern von Woronesch auf Charkow und das Donezgebiet. Die Bauern- und Arbeiterbevölkerung dieses Landstrichs, der den Nordkaukasus von der Ukraine trennt, war völlig auf seiten der Roten Armee. Sich in diese Richtung fortbewegend, könnte die Rote Armee vordringen wie ein Messer in Butter. Die Kosaken würden auf ihren Plätzen bleiben, um ihre Grenzen gegen Fremde zu bewachen. Wir brauchten sie nicht anzurühren. Die Frage des Kosakentums bliebe eine selbständige Frage, und zwar eher eine politische als eine militärische. Es war aber vor allem strategisch nötig, diese Frage von der Frage der Niederringung der Freiwilligenarmee Denikins zu trennen. Mein Plan wurde schließlich angenommen, aber erst dann, als Denikin Tula bedrohte, dessen Übergabe gefährlicher gewesen wäre als der Verlust Moskaus. Wir hatten einige Monate verloren, viele unnötige Opfer gebracht und einige sehr bedrohliche Wochen durchlebt.
Ich will nebenbei bemerken, daß die strategischen Meinungsverschiedenheiten über die Südfront eine direkte Beziehung zu der Frage der richtigen Einschätzung oder ›Unterschätzung‹ der Bauernschaft hatten. Mein ganzer Plan stützte sich auf die gegenseitigen Beziehungen der Bauern und der Arbeiter einerseits und des Kosakentums andererseits, und in diesem Sinne und mit dieser Begründung stellte ich ihn dem abstrakt-akademischen Vorhaben des Oberkommandos, das die Unterstützung der Mehrheit des Zentralkomitees gefunden hatte, entgegen. Wenn ich auch nur den

tausendsten Teil jener Bemühungen aufwenden würde, die für den Beweis meiner ›Unterschätzung‹ der Bauernschaft verbraucht wurden, ich könnte auf der Grundlage unserer Meinungsverschiedenheiten in der Frage der Südfront die gleiche, also eine ebenso blödsinnige Beschuldigung nicht nur gegen Sinowjew, Stalin und andere erheben, sondern auch gegen Lenin.
Der dritte strategische Konflikt entstand in Verbindung mit dem Feldzug Judenitschs gegen Petrograd. Davon ist bereits in einem anderen Kapitel gesprochen worden, und es besteht keine Notwendigkeit, das zu wiederholen. Ich will nur daran erinnern, daß Lenin unter dem Eindruck der äußerst schwierigen Lage im Süden, woher die Hauptgefahr drohte, und unter der Wirkung der Nachrichten aus Petrograd über die ungeheuerliche Bewaffnung und Ausrüstung der Judenitsch-Armee auf den Gedanken kam, die Front durch eine Preisgabe Petrograds zu verkürzen. Das war vielleicht das einzige Mal, wo Sinowjew und Stalin mich gegen Lenin unterstützten. Lenin ließ einige Tage später seinen offensichtlich irrigen Plan selbst fallen.
Der letzte und zweifellos der größte Konflikt betraf das Schicksal der polnischen Front im Sommer 1920.
Der damalige englische Premier Bonar Law zitierte im Unterhaus meinen Brief an die französischen Kommunisten als Beweis dafür, daß wir im Herbst 1920 die Absicht gehabt hätten, Polen zu vernichten. Eine ähnliche Behauptung ist im Buche des ehemaligen polnischen Kriegsministers Sikorski enthalten, aber schon mit einem Hinweis auf meine Rede auf dem internationalen Kongreß im Januar 1920. Das alles ist von Anfang bis Ende purer Unsinn. Selbstverständlich hatte ich niemals Veranlassung gehabt, dem Polen Pilsudskis meine Sympathien auszusprechen, das heißt dem Polen der Unterjochung und Bedrückung unter dem Deckmantel patriotischer Phrasen und heldischer Prahlerei. Man kann mühelos nicht wenige meiner Erklärungen sammeln, wonach wir, falls uns Pilsudski den Krieg aufzwingen sollte, uns bemühen würden, nicht auf halbem Wege stehenzubleiben. Erklärungen solcher Art ergaben sich aus der Situation. Aber daraus die Schlußfolgerung zu ziehen, wir hätten den Krieg mit Polen gewollt oder vorbereitet, heißt den Tatsachen und dem gesunden Verstand gegenüber einfach lügen. *Wir wollten mit allen Kräften diesen Krieg vermeiden.* Wir haben zu diesem Zwecke kein Mittel unausgenutzt gelassen. Sikorski gesteht, daß wir äußerst ›geschickt‹ die Friedenspropaganda betrieben hätten. Er versteht es nicht oder tut, als verstehe er es nicht, daß das Geheimnis dieser Geschicktheit sehr wenig geheimnisvoll war: wir erstrebten aus allen Kräften den Frieden, selbst um den Preis großer Konzessionen. Vielleicht bin in erster Reihe ich es gewesen, der diesen Krieg zu vermeiden trachtete, denn ich hatte nur zu klar vorausgesehen, wie schwer es uns werden würde, ihn nach drei Jahren ununterbrochenen Bürgerkrieges zu führen.

Die polnische Regierung hat, was wiederum aus dem Buche Sikorskis klar ersichtlich ist, den Krieg bewußt und vorsätzlich begonnen, trotz unseren unermüdlichen Bestrebungen, den Frieden zu wahren, Bestrebungen, die unsere Außenpolitik in ein Gemisch aus Geduld und pädagogischer Beharrlichkeit verwandelten. Wir wollten aufrichtig den Frieden. Pilsudski zwang uns den Krieg auf. Wir konnten diesen Krieg nur deshalb führen, weil die breiten Volksmassen tagaus, tagein unser diplomatisches Duell verfolgen und sich restlos davon überzeugen konnten, daß der Krieg uns aufgezwungen ward; und sie hatten sich nicht um ein Jota darin geirrt. Das Land machte noch eine wahrhaft heroische Anstrengung. Die Besetzung Kiews durch die Polen, die an sich jedes militärischen Sinnes entbehrte, erwies uns einen großen Dienst: das Land wurde aufgerüttelt. Wieder bereiste ich Armeen und Städte, mobilisierte Menschen und Mittel. Kiew wurde zurückerobert. Unsere Erfolge begannen. Die Polen gingen mit einer Schnelligkeit zurück, mit der ich nicht gerechnet hatte, da ich jenen Grad des Leichtsinns nicht voraussetzen konnte, der dem Feldzuge Pilsudskis zugrunde lag. Aber auch auf unserer Seite zeigte sich nach den ersten großen Siegen eine Überschätzung der sich uns eröffnenden Möglichkeiten. Es entstand und festigte sich eine Stimmung, den Krieg, den wir als einen Verteidigungskrieg begonnen hatten, in einen revolutionären Angriffskrieg zu verwandeln. *Prinzipiell* konnte ich natürlich keine Argumente dagegen haben. Die Frage lief auf das Kräfteverhältnis hinaus. Eine unbekannte Größe bildete die Stimmung der polnischen Arbeiter und Bauern. Einige polnische Genossen, wie der verstorbene J. Marchlewski, der Mitarbeiter Rosa Luxemburgs, schätzten die Lage sehr nüchtern ein. Die Ansichten Marchlewskis bildeten ein wichtiges Element in meinem Bestreben, so schnell wie möglich aus dem Krieg herauszukommen. Aber es gab noch andere Stimmen. Es gab die heiße Hoffnung auf einen revolutionären Aufstand der polnischen Arbeiter. Jedenfalls entstand in Lenin der feste Plan: die Sache bis ans Ende durchzuführen, das heißt in Warschau einzumarschieren, um den polnischen Arbeitermassen zu helfen, die Regierung Pilsudskis zu stürzen und die Macht zu ergreifen. Der eben erst im Stadium der Erwägungen befindliche Entschluß der Regierung übertrug sich mühelos auf die Einbildungskraft des Oberkommandos und des Kommandos der Ostfront. Im Augenblick meines fälligen Eintreffens in Moskau fand ich im Zentrum eine sehr feste Stimmung zugunsten der Kriegführung ›bis ans Ende‹. Ich widersetzte mich dem entschieden. Die Polen baten bereits um Frieden. Ich war der Ansicht, daß wir den Höhepunkt der Erfolge erreicht hätten und, falls wir ohne Berechnung unserer Kräfte weiter vorrückten, an dem errungenen Siege vorüber zu einer Niederlage kommen könnten. Nach der kolossalen Anstrengung, die es ihr ermöglicht hatte, in fünf Wochen 650 Kilometer zurückzulegen, konnte die 4. Armee sich

nur noch aus reinem Beharrungsvermögen weiterbewegen. Alles hing an den Nerven, und dies sind zu dünne Fäden. Ein fester Stoß genügte, um unsere Front zu erschüttern und den unerhörten, beispiellosen – selbst Foch mußte das zugeben – Angriffsdrang in einen katastrophalen Rückzug zu verwandeln. Ich verlangte den sofortigen, schnellsten Friedensabschluß, solange die Armee nicht völlig erschöpft sei. Mich unterstützte, soweit ich mich erinnere, nur Rykow. Die anderen hatten Lenin noch in meiner Abwesenheit für sich gewonnen. Es wurde beschlossen: *anzugreifen*.
Im Vergleich mit der Zeit von Brest hatten sich die Rollen stark verändert: *Damals* forderte ich, selbst auf die Gefahr hin, Territorium zu verlieren, mit dem Friedensschluß nicht zu eilen, damit das deutsche Proletariat Zeit finden konnte, die Situation zu begreifen und sein Wort mitzusprechen. *Jetzt* forderte Lenin, daß unsere Armeen den Angriff fortsetzen sollten, um dadurch es dem polnischen Proletariat zu ermöglichen, die Situation zu erkennen und sich zu erheben. Der polnische Krieg hat in anderem Sinne das bestätigt, was der Brester Krieg gezeigt hatte: Ereignisse des Krieges und Ereignisse der revolutionären Massenbewegungen müssen mit verschiedenen Maßstäben gemessen werden. Wo operierende Armeen nach Tagen und Wochen rechnen, dort zählt die Bewegung der Volksmassen nach Monaten und Jahren. Berechnet man den Unterschied dieser beiden Tempos falsch, dann können die Zahnräder des Krieges die Zahnräder der Revolution zerbrechen, anstatt sie in Bewegung zu bringen. Jedenfalls geschah es so im kurzen Brester Krieg und in dem großen polnischen Krieg. Wir gingen an unserem Siege vorbei – zu der schweren Niederlage.
Man kann nicht unerwähnt lassen, daß eine der Ursachen, weshalb die Katastrophe bei Warschau einen so ungeheuren Umfang annehmen konnte, das Verhalten des Kommandos der Südgruppe der Sowjetarmee war, die die Richtung auf Lemberg hatte. Die politische Hauptfigur im Revolutionären Kriegssowjet dieser Gruppe war Stalin. Er wollte um jeden Preis in Lemberg zur gleichen Zeit einziehen, wie Smilga mit Tuchatschewski in Warschau. Es gibt Menschen, die auch solche Ambitionen haben! Als die Gefahr für die Armeen Tuchatschewskis sichtbar wurde und das Oberkommando der Südfront den Befehl gab, die Richtung scharf zu ändern, um die Flanke der polnischen Truppen bei Warschau anzugreifen, fuhr das Kommando der Südwestfront, von Stalin begünstigt, fort, sich nach dem Westen zu bewegen: war es denn nicht wichtiger, selbst in Lemberg einzurücken, als ›anderen‹ zu helfen, Warschau einzunehmen? Erst nach wiederholten Befehlen und Drohungen änderte das Südwestkommando die Richtung. Aber einige Tage Verspätung haben eine verhängnisvolle Rolle gespielt.
Unsere Truppen gingen vierhundert Kilometer und noch mehr zurück. Nach den gestrigen glänzenden Siegen wollte sich niemand damit abfinden. Als ich von der Wrangelfront zurückkehrte, fand

ich in Moskau eine Stimmung vor zugunsten eines zweiten polnischen Krieges. Jetzt war auch Rykow in das andere Lager übergegangen: »Hat man begonnen, dann muß man es durchführen«, sagte er. Das Kommando der Westfront machte Hoffnung: es seien genügend Reserven angekommen, die Artillerie sei erneuert und so weiter. Der Wunsch war der Vater des Gedankens. »Was haben wir an der Westfront?« erwiderte ich. »Moralisch geschlagene Kader, in die man frischen Menschenteig hineingeworfen hat. Mit einer solchen Armee kann man nicht Krieg führen. Mit solchen Truppen kann man sich eventuell noch verteidigen, indem man zurückgeht und in ihrem Rücken eine zweite Armee aufstellt; aber es ist sinnlos, zu glauben, eine solche Armee könne sich noch zu einem siegreichen Angriff aufraffen auf einem Weg, der von ihren eigenen Trümmern besät ist.« Ich erklärte, daß die Wiederholung eines schon begangenen Fehlers uns das Zehnfache kosten würde und daß ich mich dem Beschluß, wie er sich anzukündigen scheine, nicht unterwerfen, sondern an die Partei appellieren würde. Lenin verlangte zwar formell die Fortsetzung des Krieges, aber nicht mehr so sicher und energisch wie das erste Mal. Meine unerschütterliche Überzeugung von der Notwendigkeit, einen Frieden, selbst einen schweren, schließen zu müssen, schien auf ihn den nötigen Eindruck gemacht zu haben. Er schlug vor, die Entscheidung über die Frage so lange zu vertagen, bis ich die Westfront besucht und einen unmittelbaren Eindruck von dem Zustand unserer Armeen nach dem Rückzug gewonnen haben würde. Das bedeutete für mich, daß Lenin sich im wesentlichen meiner Position anschloß.

Im Stabe der Front war die Stimmung zugunsten eines zweiten Krieges. Aber sie beruhte auf keinerlei Zuversicht: sie war nur ein Abbild der Moskauer Stimmungen. Je tiefer ich die militärische Leiter hinabstieg von der Armee zur Division, zum Regiment und zur Kompanie – um so klarer wurde mir die Unmöglichkeit eines Angriffkrieges. Ich teilte Lenin meine Feststellungen in einem Brief mit, der mit der Hand geschrieben war und von dem ich nicht einmal eine Kopie behielt, und setzte meine Reise fort. Die zwei, drei Tage, die ich an der Front verbracht hatte, hatten vollständig genügt, um die Richtigkeit der Überzeugung zu bestätigen, mit der ich an die Front gereist war. Ich kehrte nach Moskau zurück, und das politische Büro nahm fast einstimmig einen Beschluß zugunsten eines sofortigen Friedens an.

Der Fehler in der strategischen Berechnung im polnischen Krieg hatte große geschichtliche Folgen. Das Polen Pilsudskis kam ganz unerwartet gefestigt aus dem Krieg heraus. Dagegen war der Entwicklung der polnischen Revolution ein grausamer Schlag zugefügt worden. Die Grenzen, die der Rigaer Vertrag festgelegt hat, haben die Sowjetrepublik von Deutschland abgeschnitten, was in der Folge von außerordentlicher Tragweite für das Leben beider

Länder war... Lenin erkannte selbstverständlich besser als irgendein anderer die Tragweite des ›Warschauer‹ Fehlers und kehrte nicht nur einmal in Gedanken und Worten zu ihm zurück.
In der Literatur der Epigonen wird Lenin heute etwa so geschildert, wie die Maler der Ikonen in Susdal Heilige und Christus darzustellen pflegen: anstatt einer Idealgestalt entsteht eine Karikatur. Wie sehr die Göttermaler auch bemüht sind, sich über sich selbst zu erheben, schließlich zeigen sie auf dem Brettchen doch nur ihren eigenen Geist und geben infolgedessen nur ihr eigenes, wenn auch idealisiertes Porträt. Da die Autorität der Epigonen auf dem Verbot beruht, an ihrer Unfehlbarkeit zu zweifeln, so wird auch Lenin in der Epigonenliteratur nicht als revolutionärer Stratege geschildert, der sich genial in jeder Situation auskannte, sondern als mechanischer Automat für fehlerlose Beschlüsse. Das Wort *Genie* in bezug auf Lenin wurde zum erstenmal von mir angewandt, als die anderen noch nicht wagten, es auszusprechen. Ja, Lenin war genial, von vollkommener menschlicher Genialität. Lenin war aber keine mechanische Rechenmaschine, die fehlerlos funktionierte. Jedoch machte er viel seltener Fehler, als jeder andere an seiner Stelle begangen hätte. Lenin machte Fehler, auch große Fehler, dem gigantischen Ausmaß seiner ganzen Arbeit entsprechend.

Der Übergang zur Neuen ökonomischen Politik und meine Beziehungen zu Lenin

Ich nähere mich der letzten Periode meiner Zusammenarbeit mit Lenin. Diese Periode ist noch dadurch wichtig, daß in ihr die Elemente des späteren Sieges der Epigonen bereits enthalten sind.
Nach dem Tode Lenins wurde eine komplizierte und weitverzweigte historisch-literarische Institution geschaffen zur Fälschung der Geschichte unserer Beziehungen. Die Hauptmethode besteht darin, aus der ganzen Vergangenheit nur jene Momente, wo zwischen uns beiden Differenzen auftauchten, herauszureißen und dann, auf einzelne polemische Äußerungen, häufiger noch einfach auf direkte Empfindungen gestützt, das Bild eines ununterbrochenen Kampfes zweier ›Prinzipien‹ zu entwerfen. Die Geschichte der Kirche, die von mittelalterlichen Apologeten geschrieben ist, stellt ein Muster an Wissenschaftlichkeit dar, verglichen mit den historischen Untersuchungen der Epigonenschule. Ihre Arbeit wird bis zu einem gewissen Grad dadurch erleichtert, daß ich, hatte ich Meinungsverschiedenheiten mit Lenin, davon offen sprach und, falls ich es für nötig hielt, an die Partei appellierte. Was die heutigen Epigonen betrifft, so pflegten sie bei ihren Meinungsverschiedenheiten mit Lenin, die bei ihnen viel häufiger vorkamen als bei mir, sich gewöhnlich in Schweigen zu hüllen oder aber, wie

Stalin, den Beleidigten zu spielen und sich tagelang in einem Dorf bei Moskau zu verstecken. In der überwiegenden Mehrzahl der Fälle stimmten die Entschlüsse, zu denen Lenin und ich unabhängig voneinander kamen, im wesentlichen überein. Das gegenseitige Verstehen war oft schon beim halben Worte erreicht. Befürchtete ich, daß ein Beschluß des politischen Büros oder des Rates der Volkskommissare falsch ausfallen könnte, dann schickte ich Lenin ein Zettelchen. Er antwortete: »Sehr richtig. Stellen Sie einen Antrag.« Manchmal sandte er mir eine Anfrage, ob ich mit seinem Antrag einverstanden sei, und verlangte, war es der Fall, daß ich ihn durch mein Auftreten unterstützte. Häufig besprach er mit mir telephonisch den Gang einer Sache und drängte, war die Frage wichtig, wiederholt: »Kommen Sie unbedingt, unbedingt.« In den Fällen, wo wir gemeinsam auftraten – und das geschah fast immer, wenn es sich um prinzipielle Fragen handelte –, schwiegen prompt jene, die unsere Entscheidung nicht befriedigte, darunter auch die heutigen Epigonen. Wie häufig ist es vorgekommen, daß Stalin, Sinowjew oder Kamenjew in einer Frage von ernstester Bedeutung mit mir nicht einverstanden waren; aber sie verstummten, sobald sie merkten, daß Lenin mit mir solidarisch war. Man mag die Bereitwilligkeit der ›Schüler‹, zugunsten einer Meinung Lenins auf ihre eigene Meinung zu verzichten, verschieden beurteilen, doch bietet diese Bereitwilligkeit keine Garantie dafür, daß sie fähig wären, ohne Lenin zu Leninschen Entschlüssen zu kommen. Meine Differenzen mit Lenin nehmen in diesem Buch einen so großen Platz ein, wie sie ihn im wirklichen Leben niemals eingenommen haben. Das hat zwei Ursachen. Die Differenzen bildeten Ausnahmen und fielen deshalb besonders auf. Nach Lenins Tod haben diese durch die Epigonen zu astronomischen Dimensionen erhobenen Differenzen den Charakter selbständiger politischer Faktoren bekommen, außerhalb jeder Beziehung zu Lenin und zu mir.

In einem besonderen Kapitel habe ich meine Differenzen mit Lenin anläßlich des Brester Friedens ausführlich dargestellt. Jetzt muß ich bei einer anderen Meinungsverschiedenheit verweilen, die uns um die Wende 1920 bis 1921, am Vorabend des Überganges zur ›Neuen ökonomischen Politik‹, für etwa zwei Monate gegeneinander stellte. Zweifellos hat die sogenannte Diskussion über die Gewerkschaften unsere Beziehungen für einige Zeit getrübt. Wir waren beide zu ausgesprochene Revolutionäre und Politiker, um das Persönliche von dem Politischen trennen zu können oder trennen zu wollen. Während dieser Diskussion erhielten Stalin und Sinowjew sozusagen die legale Möglichkeit, den Kampf, den sie gegen mich hinter den Kulissen betrieben hatten, an die Öffentlichkeit zu tragen. Sie bemühten sich aus allen Kräften, die Konjunktur auszunutzen. Das war für sie eine Probe ihrer späteren Kampagne gegen den ›Trotzkismus‹. Aber gerade diese Begleiterscheinung unseres Konfliktes beunruhigte Lenin am meisten, und er wandte alle

Mittel an, um sie zu paralysieren.
Der politische Inhalt der Diskussion ist heute derart von Unrat verschüttet, daß ich den späteren Historiker nicht beneide, der es unternehmen wird, hier auf den Grund zu kommen. Hinterher, schon nach dem Tode Lenins, entdeckten die Epigonen in meiner damaligen Einstellung eine ›Unterschätzung der Bauernschaft‹ und beinahe eine feindliche Haltung gegen die Nep*. Darauf wurde eigentlich der ganze spätere Kampf aufgebaut. In Wirklichkeit hatte die Diskussion ursprünglich gerade einen entgegengesetzten Charakter. Um das aufzudecken, muß ich ein wenig zurückgreifen.
Im Herbst 1919, als die Zahl der kranken Lokomotiven 60 Prozent betrug, galt es als feststehend, daß dieser Prozentsatz im Frühling 1920 die Zahl 75 erreichen würde. Dies versicherten die besten Fachleute. Der Eisenbahnverkehr verlor unter solchen Umständen jeden Sinn, da man mit 25 Prozent halbgesunder Lokomotiven nur die Bedürfnisse der Eisenbahn selbst befriedigen konnte, die von der raumraubenden Holzheizung lebte. Ingenieur Lomonossow, in jenen Monaten der faktische Leiter des Transportwesens, demonstrierte vor der Regierung das Diagramm der Lokomotivenseuche. Den mathematischen Punkt im Verlauf des Jahres 1920 bezeichnend, erklärte er: »Hier tritt der Tod ein.« »Was muß man also tun?« fragte Lenin. »Es gibt keine Wunder«, antwortete Lomonossow, »Wunder können auch die Bolschewiki nicht vollbringen.« Wir sahen uns an. Es herrschte eine um so niedergedrücktere Stimmung, als niemand von uns die Technik des Transports oder die Technik solch düsterer Berechnungen kannte. »Wir wollen dennoch versuchen, ein Wunder zu tun«, sagte Lenin trocken mit zusammengebissenen Zähnen.
In den nächsten Monaten verschlechterte sich die Lage jedoch weiter. Dafür gab es hinreichend objektive Gründe. Aber es ist trotzdem sehr wahrscheinlich, daß manche Ingenieure die Lage im Transportwesen künstlich ihrem Diagramm anzupassen bemüht waren.
Die Wintermonate 1919/20 verbrachte ich im Ural, wo ich die wirtschaftlichen Arbeiten leitete. Lenin wandte sich telegraphisch an mich mit dem Vorschlag: die Leitung des Transportwesens zu übernehmen und zu versuchen, es durch außerordentliche Maßnahmen zu heben. Ich antwortete von unterwegs zustimmend.
Vom Ural brachte ich einen bedeutenden Vorrat wirtschaftlicher Erfahrungen mit, die in der Schlußfolgerung gipfelten: man muß auf den Kriegskommunismus verzichten. Bei der praktischen Arbeit war mir vollkommen klar geworden, daß die Methoden des Kriegskommunismus, die uns durch die ganze Situation des Bürgerkrieges aufgezwungen worden waren, sich erschöpft hatten und

* Russische Abkürzung für: ›Nowaja ekonomitscheskaja politika‹: ›Neue ökonomische Politik‹.

daß man zur Hebung der Wirtschaft um jeden Preis das Element des persönlichen Interessiertseins einführen, das heißt bis zu einem gewissen Grade den Innenmarkt wiederherstellen müsse. Ich reichte dem Zentralkomitee einen Entwurf ein über die Ablösung der Kontingentierung durch Getreidesteuern und die Einführung des Warenaustausches.

»... Die heutige Politik der ausgleichenden Requisitionen gemäß der Lebensmittelnorm, der gegenseitigen Bürgschaft bei der Zwangsablieferung und der ausgleichenden Verteilung der Industrieprodukte führt zum Niedergang der Landwirtschaft, zur Zersplitterung des Industrieproletariats und droht das wirtschaftliche Leben des Landes gänzlich zu untergraben.« So lautet die Erklärung, die ich im Februar 1920 dem Zentralkomitee übergab.

»Die Lebensmittelvorräte«, fährt die Erklärung fort, »drohen zu versiegen, wogegen keine Vervollkommnung des Requisitionsapparates etwas ausrichten kann. Gegen diese Tendenzen des wirtschaftlichen Niederganges zu kämpfen ist mit folgenden Methoden möglich: 1. Die Erfassung der Überschüsse ist durch eine festzulegende prozentuale Besteuerung zu ersetzen (eine Art progressive Natural-Einkommensteuer) mit der Berechnung, daß größere Anbauflächen und ihre bessere Bearbeitung immer noch vorteilhaft bleiben. 2. Herstellung eines entsprechenden Verhältnisses zwischen der Versorgung der Bauern mit Industrieerzeugnissen und der Quantität des von ihnen abgelieferten Getreides nicht nur nach Dorfgemeinden und Dörfern, sondern auch nach Bauernhöfen.«

Die Vorschläge waren, wie man sieht, sehr vorsichtig. Man darf aber nicht vergessen, daß auch die ersten, nach einem Jahr angenommenen Grundlagen für die ›Neue ökonomische Politik‹ nicht weiter gingen.

Anfang 1920 trat Lenin entschieden gegen meine Vorschläge auf. Sie wurden im Zentralkomitee mit elf Stimmen gegen vier abgelehnt. Wie der weitere Gang der Ereignisse bewies, war der Beschluß des Zentralkomitees falsch. Ich brachte die Frage nicht vor das Forum des Parteitags, der vollständig im Zeichen des Kriegskommunismus verlief. Die Wirtschaft rang danach noch ein Jahr lang in einer Sackgasse mit dem Tode. Aus dieser Sackgasse heraus erwuchsen meine Differenzen mit Lenin. Da nun der Übergang zur Methode des freien Marktes abgelehnt war, verlangte ich eine geregelte, systematische Durchführung der ›Kriegsmethoden‹, um reale Erfolge in der Wirtschaft zu erreichen. Ich sah im System des Kriegskommunismus, der alle vorhandenen Mittel mindestens im Prinzip nationalisierte und nach den Bedürfnissen des Staates verteilte, keinen Platz für eine selbständige Rolle der Gewerkschaften. Stützte sich die Industrie auf die staatliche Versorgung der Arbeiter mit den nötigen Produkten, so mußten die Gewerkschaften in das System der staatlichen Verwaltung der Industrie und der Ver-

teilung der Produkte eingefügt werden. Das bildete den Kern der Frage über die *Verstaatlichung* der Gewerkschaften, die sich aus dem System des Kriegskommunismus unbedingt ergab, und in diesem Sinne wurde sie von mir verteidigt.
Gemäß den vom Neunten Parteitag gutgeheißenen Grundlagen des Kriegskommunismus ging ich an meine Arbeit der Neugestaltung des Transportes. Die Gewerkschaft der Eisenbahner war auf das engste mit dem Verwaltungsapparat des Amtes verbunden. Die Methoden der rein militärischen Disziplin wurden auf die gesamte Transportwirtschaft ausgedehnt. Ich verband die militärische Verwaltung, die die stärkste und disziplinierteste jener Zeit war, mit der Verwaltung des Transportwesens. Das hatte wichtige Vorzüge, um so mehr, als durch den polnischen Krieg die militärischen Transporte die Bahnen wieder im größten Maßstabe in Anspruch nahmen. Täglich begab ich mich vom Kriegsamt, das durch seine Arbeit die Eisenbahnen zerstörte, zum Verkehrskommissariat, wo ich mich bemühte, sie nicht nur vor dem endgültigen Zerfall zu retten, sondern sie auch wiederzubeleben.
Das Jahr Arbeit am Transportwesen war für mich persönlich eine große Schule. Alle prinzipiellen Fragen der sozialistischen Wirtschaftsorganisation fanden auf dem Gebiet des Transportes ihren konzentriertesten Ausdruck. Eine riesige Anzahl von Lokomotiven und Waggons verschiedenster Typen verstopfte die Eisenbahnwege und die Werkstätten. Die Normierung der Transportwirtschaft, die bis zur Revolution halb staatlich, halb privat war, wurde jetzt Gegenstand großer Vorbereitungsarbeiten. Die Lokomotiven wurden serienweise zusammengestellt, ihre Ausbesserung erhielt einen planmäßigen Charakter, den Werkstätten wurden entsprechend ihrer Leistungsfähigkeit genau fixierte Aufgaben zugeteilt. Man rechnete mit viereinhalb Jahren, um den Transport auf den Vorkriegszustand zu bringen. Die getroffenen Maßnahmen ergaben zweifellos Erfolge. Im Frühling und im Sommer 1920 begann der Transport aus seiner Lähmung herauszukommen. Lenin ließ keine Gelegenheit vorbeigehen, ohne auf das Wiederaufleben der Eisenbahnen hinzuweisen. Wenn der von Pilsudski vor allem in der Hoffnung auf den Zusammenbruch unseres Transportwesens begonnene Krieg Polen die erwarteten Resultate nicht gebracht hat, so gerade deshalb, weil die Kurve der Eisenbahntransporte sicher nach oben zu steigen begann. Diese Ergebnisse waren erreicht worden durch außerordentliche Verwaltungsmaßnahmen, die sich sowohl aus der schwierigen Lage des Transportwesens wie aus dem System des Kriegskommunismus als unvermeidlich ergaben.
Unterdessen war die Arbeitermasse, die drei Jahre Bürgerkrieg durchgemacht hatte, immer weniger bereit, die Methoden des Kriegskommandos weiter zu erdulden. Lenin fühlte mit seinem untrüglichen politischen Instinkt das Herannahen des kritischen

Augenblicks. Während ich, ausgehend von rein wirtschaftlichen Erwägungen auf der Basis des Kriegskommunismus, von den Gewerkschaften die weitere Anspannung der Kräfte zu erreichen suchte, nahm Lenin aus politischen Erwägungen heraus die Richtung auf Abschwächung des militärischen Druckes. Am Vorabend des Zehnten Parteitages gingen unsere Linien noch scharf auseinander. In der Partei entbrannte die Diskussion. Sie drehte sich aber um ein ganz anderes Thema. Die Partei diskutierte darüber, in welchem Tempo sich die Verstaatlichung der Gewerkschaften vollziehen müsse, während es sich in Wirklichkeit um das tägliche Brot, um Heizmaterial, um Rohstoffe für die Industrie handelte. Fieberhaft stritt die Partei um die ›Schule des Kommunismus‹, während es um die dicht herangerückte Katastrophe der Wirtschaft ging. Der Aufstand in Kronstadt und im Gouvernement Tambow drang als letzte Warnung in die Diskussion. Lenin formulierte die ersten, sehr behutsamen Thesen für den Übergang zur ›Neuen ökonomischen Politik‹. Ich schloß mich ihnen sofort an. Für mich waren sie nur die Wiederaufnahme jener Vorschläge, die ich vor einem Jahr eingebracht hatte. Der Streit um die Gewerkschaften verlor auf einmal seine ganze Bedeutung. Auf dem Parteitag beteiligte sich Lenin an diesem Streit in keiner Weise und überließ es Sinowjew, sich mit der Hülse der abgeschossenen Patrone zu vergnügen. In den Diskussionen auf dem Parteitag sagte ich voraus, daß die von der Mehrheit angenommene Resolution über die Gewerkschaften den nächsten Parteitag nicht erleben werde; denn die ökonomische Orientierung erfordere eine radikale Revision der Gewerkschaftsstrategie. In der Tat, schon wenige Monate später arbeitete Lenin ganz neue Thesen aus über die Rolle und die Aufgaben der Gewerkschaften auf der Grundlage der Nep. Ich schloß mich völlig seiner Resolution an. Die Solidarität war wiederhergestellt. Lenin befürchtete jedoch, es würden sich infolge der Diskussion, die zwei Monate gedauert hatte, feststehende Gruppierungen in der Partei herausbilden, die die Beziehungen vergiften und die Arbeit erschweren könnten. Aber ich hatte schon während des Parteitages jegliche Beratungen mit den Gesinnungsgenossen über die Gewerkschaftsfrage aufgegeben. Einige Wochen später konnte sich Lenin davon überzeugen, daß ich nicht weniger als er um die Liquidierung der vorübergehenden Gruppierungen besorgt war, denen nunmehr jede prinzipielle Unterlage fehlte. Lenin atmete erleichtert auf. Er benutzte irgendeine gegen mich gerichtete schamlose Bemerkung Molotows, der damals zum erstenmal ins Zentralkomitee gewählt worden war, um ihn des unsinnigen Übereifers anzuklagen und hinzuzufügen: »Die Loyalität des Genossen Trotzki in innerparteilichen Beziehungen ist über jeden Zweifel erhaben.« Er wiederholte diesen Satz mehreremal. Mir war klar, daß er damit nicht nur Molotow, sondern noch manchem anderen eine Zurückweisung erteilen wollte. Die Sache war näm-

lich so, daß Stalin und Sinowjew die Diskussionskonjunktur künstlich zu verlängern suchten.
Stalin war gerade auf dem Zehnten Parteitag – auf die Initiative von Sinowjew und gegen den Willen Lenins – als Generalsekretär vorgemerkt worden. Der Parteitag war überzeugt, daß es sich dabei um eine Kandidatur handele, die von der Gesamtheit des Zentralkomitees aufgestellt worden sei. Niemand maß übrigens dieser Wahl eine besondere Bedeutung bei. Das Amt eines Generalsekretärs, das auf diesem Zehnten Parteitag neu geschaffen wurde, konnte unter Lenin nur einen technischen, keinen politischen Charakter tragen. Und dennoch befürchtete Lenin von Stalin: »Dieser Koch wird nur scharfe Speisen herrichten.« Gerade deshalb unterstrich Lenin nach dem Parteitag in einer der ersten Sitzungen des Zentralkomitees so beharrlich die ›Loyalität Trotzkis‹: er suchte die unterirdische Intrige abzuwehren.
Die Worte Lenins bildeten keine nur nebenbei hingeworfene Bemerkung. Während des Bürgerkrieges hatte mir Lenin einmal – nicht mit Worten, sondern mit der Tat – sein moralisches Vertrauen in so unbeschränktem Maße gezeigt, wie es größer kein Mensch einem anderen geben oder von einem anderen fordern kann. Anlaß dazu bot die militärische Opposition, die hinter den Kulissen von Stalin geleitet wurde. In den Jahren des Krieges konzentrierte sich in meinen Händen eine Macht, die man praktisch als unbeschränkt bezeichnen kann. In meinem Zuge tagte das revolutionäre Tribunal, mir waren die Fronten unterstellt, das Hinterland den Fronten; in manchen Zeiten war das ganze von den Weißen nichtbesetzte Territorium der Republik Hinterland oder befestigte Zone. Jeder, der unter die Räder des Kriegswagens geriet, hatte seine Verwandten und Freunde, die zur Erleichterung des Schicksals der ihnen nahestehenden Menschen aufboten, was sie nur konnten. Durch verschiedene Kanäle flossen Gesuche, Beschwerden, Proteste nach Moskau und sammelten sich hauptsächlich im Präsidium des Zentralexekutivkomitees an. Die ersten diesbezüglichen Episoden gab es in Verbindung mit den Ereignissen des Monats in Swjaschsk. So erzählte ich hier bereits, daß ich den Kommandeur des vierten lettischen Regiments wegen der Drohung, das Regiment aus seiner Stellung zurückzuziehen, dem Tribunal übergab. Das Tribunal verurteilte den Schuldigen zu fünf Jahren Gefängnis. Schon nach wenigen Monaten kamen Gesuche um seine Freilassung. Besonders auf Swerdlow übte man einen Druck aus. Dieser brachte die Sache vor das politische Büro. Ich stellte kurz jene Kriegssituation dar, in der mir der Regimentskommandeur mit ›für die Revolution gefährlichen Folgen‹ gedroht hatte. Während meiner Erzählung wurde Lenins Gesicht immer fahler. Kaum war ich fertig, als er mit jener heiseren Stimme, die bei ihm das Zeichen der höchsten Erregung war, ausrief: »Mag er sitzen, mag er sitzen.« Swerdlow sah Lenin an, sah mich an und

sagte dann: »Ich denke dasselbe.«
Die zweite Episode, die bedeutend wichtigere, ist mit dem Erschießen des Kommandeurs und des Kommissars verbunden, die das Regiment aus der Stellung genommen und mit der Waffe in der Hand den Dampfer besetzt hatten, um nach Nischni abzufahren. Dieses Regiment war in Smolensk zusammengestellt worden, wo Gegner meiner Kriegspolitik, die später meine heißen Anhänger wurden, die Arbeit leiteten. Aber in jenem Augenblick schlugen sie Lärm. Die auf mein Verlangen ernannte Kommission des Zentralkomitees hatte das Vorgehen der Militärbehörde einstimmig als absolut richtig, das heißt als durch die ganze Lage bedingt, anerkannt. Die zweideutigen Gerüchte aber verstummten nicht. Einigemal schien es mir, als sei ihre Quelle irgendwo ganz in der Nähe des politischen Büros. Ich hatte aber anderes zu tun, als mich mit der Herkunft und der Entwirrung von Intrigen zu beschäftigen. Nur einmal erwähnte ich im Politbüro, daß wir ohne die drakonischen Maßnahmen von Swjaschsk hier nicht würden tagen können. »Vollkommen richtig!« fiel Lenin ein und begann blitzschnell, wie es seine Art war, auf der unteren Hälfte eines sauberen, mit dem Stempel des Rats der Volkskommissare versehenen Blankobogens mit roter Tinte etwas zu schreiben. Da Lenin das Präsidium führte, stockte darüber die Sitzung. Nach zwei Minuten übergab er mir den Bogen, auf dem folgende Zeilen standen:

R.S.F.S.R.
Der Vorsitzende des Rats
der Volkskommissare
Moskau, Kreml,
..... Juli 1919

Genossen!
Ich kenne den strengen Charakter der Verfügungen des Genossen Trotzki und bin so tief überzeugt, in so vollkommenem Maße überzeugt von der Richtigkeit, Zweckmäßigkeit und Notwendigkeit der vom Genossen Trotzki im Interesse der Sache erteilten Verfügung, daß ich die erteilte Verfügung voll und ganz unterstütze.

W. Uljanow/Lenin

»Ich bin bereit, Ihnen so viele dieser Blankovollmachten zu geben, wie Sie wünschen«, sagte Lenin. In der schwierigsten Umgebung des Bürgerkrieges, eiliger und unwiderruflicher Befehle, stellte mir Lenin im voraus seine Blankovollmacht aus für jede Verfügung, die ich in Zukunft zu erlassen gezwungen sein könnte. Von diesen Verfügungen aber hing oft Leben und Tod menschlicher Wesen ab. Kann es überhaupt ein größeres Vertrauen von Mensch zu Mensch geben? Allein schon der Gedanke eines so ungewöhnlichen Dokumentes konnte bei Lenin nur darum entstehen, weil er besser als ich die Quellen der Intrigen kannte oder ahnte und es für notwendig erachtete, sie abzuwehren. Zu einem solchen Schritte konnte sich Lenin nur darum entschließen, weil er zutiefst davon überzeugt war, daß ich keine illoyalen Handlungen begehen und keinen Mißbrauch mit meiner Macht treiben würde. Dieser Überzeugung hat er mit den wenigen Zeilen den schärfsten Ausdruck gegeben. Vergebens werden die Epigonen ein ähnliches Dokument bei sich suchen. Stalin könnte allenfalls in seinem Archiv auf das von ihm vor der Partei und dem internationalen Proletariat verheimlichte ›Testament‹ Lenins stoßen, das von Stalin als von einem illoyalen, zu Machtmißbrauch fähigen Menschen spricht. Es genügt, diese zwei Dokumente einander gegenüberzustellen: die mir von Lenin ausgestellte unbeschränkte moralische Vollmacht und den von ihm für Stalin ausgestellten moralischen Wolfspaß, um das vollständige Bild von Lenins Beziehung zu mir und zu Stalin zu bekommen.

Lenins Krankheit

Meinen ersten Urlaub nahm ich vor dem zweiten Kongreß der Kommunistischen Internationale im Frühling 1920. Ich verbrachte annähernd zwei Monate auf dem Lande bei Moskau. Die Zeit verging zwischen einer Kur – zu jener Zeit begann ich mich ernstlich zu kurieren –, sorgfältigster Ausarbeitung des Manifestes, das für die nächsten Jahre das Programm der Komintern ersetzte, und – der Jagd. Mein Erholungsbedürfnis war nach den Jahren angespanntester Arbeit sehr stark. Doch fehlte mir die Technik des Ausruhens. Spaziergänge waren für mich nie eine Erholung, sie sind es auch jetzt nicht. Das Verlockende der Jagd besteht darin, daß sie auf das Bewußtsein wie das Senfpflaster auf eine kranke Stelle wirkt...

An einem Sonntag, Anfang Mai 1922, fischte ich mit einem Netz in einem alten Bett des Moskwa-Flusses. Es regnete, das Gras war duchnäßt, ich glitt auf einem Abhang aus, fiel hin und zerrte dabei die Sehnen des einen Beines. Es war nicht gefährlich, nur mußte ich einige Tage im Bett verbringen. Am dritten Tage kam Bucharin zu mir. »Auch Sie im Bett!« rief er entsetzt aus. »Wer denn außer mir?« »Mit Iljitsch steht es schlimm: ein Schlaganfall – kann nicht gehen, nicht sprechen. Die Ärzte stehn vor einem Rätsel.«

Lenin war um die Gesundheit seiner Mitarbeiter stets sehr besorgt

gewesen und zitierte dabei häufig die Worte irgendeines Emigranten: die Alten werden aussterben, und die Jungen werden nachlassen. »Wie viele wissen denn bei uns etwas über Europa, über die Arbeiterbewegung in der Welt? Solange wir mit unserer Revolution allein stehen«, wiederholte Lenin, »bleibt die internationale Erfahrung unserer Parteispitze unersetzbar.« Lenin selbst galt als kerngesund, und seine Gesundheit schien einer der unerschütterlichsten Pfeiler der Revolution. Er war unermüdlich aktiv, wachsam, ausgeglichen und lustig. Nur manchmal merkte ich beunruhigende Symptome. Während des ersten Kongresses der Komintern fiel mir sein müdes Aussehen, seine ungleichmäßige Stimme, das Lächeln eines Kranken auf. Ich habe ihm wiederholt gesagt, er verbrauche sich zu stark für Angelegenheiten von untergeordneter Bedeutung. Er stimmte zu, aber er konnte nicht anders. Manchmal klagte er – stets nur nebenbei und etwas verlegen – über Kopfschmerzen. Aber zwei, drei Wochen Ruhe stellten ihn wieder her. Es schien, daß es für Lenin keine Abnutzung gäbe.
Gegen Ende des Jahres 1921 verschlechterte sich sein Befinden. Am 7. Dezember benachrichtigte er die Mitglieder des politischen Büros durch ein Zettelchen: »Ich fahre heute ab. Trotz der Verkleinerung der Portion an Arbeit und der Erhöhung der Portion an Ruhe in den letzten Tagen hat die Schlaflosigkeit teuflisch zugenommen. Ich fürchte, daß ich weder auf der Parteikonferenz noch auf dem Sowjetkongreß werde Bericht erstatten können.« Einen großen Teil der Zeit verbrachte jetzt Lenin in einem Dorfe bei Moskau. Aber er verfolgte von dort den Gang der Geschäfte auf das aufmerksamste. Es wurden die Vorbereitungen getroffen zur Genua-Konferenz. Lenin schreibt am 23. Januar (1922) an die Mitglieder des politischen Büros:
»Ich habe soeben zwei Briefe von Tschitscherin erhalten (vom 20. und 22.). Er stellt darin die Frage, ob man nicht gegen eine anständige Kompensation kleinen Änderungen unserer Verfassung zustimmen sollte, nämlich der Vertretung der parasitären Elemente in den Sowjets. Den Amerikanern zu Gefallen. Dieser Vorschlag Tschitscherins zeigt, meiner Meinung nach, daß man ihn unverzüglich in ein Sanatorium schicken sollte, jegliches Gewährenlassen, jede Verzögerung und so weiter bedeutet meiner Meinung nach die größte Gefahr für alle Verhandlungen.« In jedem Wort dieses Zettels, in dem politische Schonungslosigkeit sich mit verschmitzter Gutmütigkeit vereint, spürt man Leben und Atem Lenins.
Sein Gesundheitszustand verschlechterte sich weiter. Im März nahmen die Kopfschmerzen zu. Die Ärzte jedoch entdeckten keine organischen Krankheiten und verschrieben eine längere Erholung. Lenin übersiedelte vollständig in das Dorf bei Moskau. Hier traf ihn Anfang Mai der erste Schlaganfall.
Lenin war, wie es sich herausstellte, schon vor zwei Tagen erkrankt. Warum hatte man es mir nicht gleich gesagt? Damals kam

mir irgendein Verdacht nicht in den Sinn. »Man wollte Sie nicht beunruhigen«, antwortete Bucharin, »man wollte den Verlauf der Krankheit abwarten.« Bucharin war ganz aufrichtig, indem er das, was ihm die ›Erwachsenen‹ suggeriert hatten, wiederholte. In jener Zeit hing Bucharin noch an mir auf rein Bucharinsche Art, das-heißt mit einer halb hysterischen, halb kindischen Anhänglichkeit. Seine Erzählung über Lenins Krankheit schloß Bucharin damit, daß er sich über mein Bett warf, mich in der Decke umarmte und zu wimmern begann: »Seien Sie nicht krank, ich flehe Sie an, seien Sie nicht krank..., es gibt zwei Menschen, an deren Tod ich stets mit Entsetzen denke... das sind Iljitsch und Sie.« Ich redete ihm freundschaftlich zu, um sein Gleichgewicht wiederherzustellen. Er störte mich bei der Konzentrierung auf die sorgenvollen Gedanken, die seine Nachricht bei mir hervorgerufen hatte. Der Schlag war betäubend. Es war, als habe die Revolution selbst ihren Atem angehalten.

»Die ersten Nachrichten über Lenins Krankheit«, berichtete N. J. Sedowa in ihren Aufzeichnungen, »wurden im Flüsterton weitergegeben. Es war, als habe nie jemand daran gedacht, daß Lenin erkranken könnte; vielen war bekannt, daß er aufmerksam über die Gesundheit der anderen wachte, er selbst aber, schien es, war gegen Krankheiten gefeit. Fast bei allen Revolutionären der älteren Generation ließ das Herz unter der zu großen Belastung nach. ›Die Motore gehen bei allen unregelmäßig‹, klagten die Ärzte. ›Es gibt nur zwei Herzen, die in Ordnung sind‹, sagte Professor Guetier zu Lew Dawidowitsch, ›bei Wladimir Iljitsch und bei Ihnen. Mit solchen Herzen wird man hundert Jahre alt.‹ Die Untersuchungen ausländischer Ärzte hatten bestätigt, daß von allen Herzen, die sie in Moskau untersuchten, zwei hervorragend gut arbeiteten: die Herzen Lenins und Trotzkis. Als in Lenins Gesundheit eine für die breite Masse ganz unerwartete Wendung eintrat, empfanden es alle wie eine Wendung in der Revolution selbst. Kann Lenin erkranken und wie jeder andere auch sterben? Es war unerträglich, zu hören, daß Lenin der Fähigkeit beraubt war, sich zu bewegen, zu sprechen. Man glaubte fest, er würde alles überwinden, vom Krankenlager aufstehen, sich erholen... Ähnlich war die Stimmung in der gesamten Partei.«

Erst viel später, rückschauend auf die Vergangenheit, erinnerte ich mich wieder mit frischer Verwunderung des Umstandes, daß man mir die Krankheit Lenins erst am dritten Tage mitgeteilt hatte. Damals war es mir nicht aufgefallen; aber es konnte kein Zufall gewesen sein. Jene, die sich lange darauf vorbereitet hatten, meine Gegner zu werden, in erster Linie Stalin, wollten Zeit gewinnen. Die Krankheit Lenins war von der Art, daß sie ganz plötzlich zur tragischen Lösung führen konnte. Morgen, vielleicht aber schon heute, konnten alle Fragen der Leitung akut werden. Den Gegnern war es wichtig, mindestens einen Tag für die Vorbereitung zu gewinnen.

Sie tuschelten miteinander und suchten nach Wegen und Methoden des Kampfes. In jener Zeit bereits entstand, wie man annehmen darf, der Gedanke an das ›Trio‹ (Stalin-Sinowjew-Kamenjew), das mir entgegengestellt werden sollte. Aber Lenin erholte sich. Von unbeugsamem Willen getrieben, vollbrachte der Organismus eine gigantische Anstrengung. Das Gehirn, das Blutmangel zu ersticken gedroht und das schon die Fähigkeit verloren hatte, Laute und Buchstaben aneinanderzureihen, belebte sich wieder.
Ende Mai fuhr ich achtzig Werst von Moskau entfernt auf Fischfang. Dort war ein nach Lenin benanntes Kindersanatorium. Die Kinder begleiteten mich den See entlang, erkundigten sich nach Wladimir Iljitschs Gesundheit, schickten ihm durch mich Feldblumen und einen Brief. Lenin schrieb noch nicht selbst. Er diktierte seinem Sekretär einige Zeilen: »Wladimir Iljitsch beauftragt mich, Ihnen zu schreiben, daß er Ihren Gedanken begrüßt, den Kindern des Sanatoriums Podsolnetschnaja ein Geschenk von ihm durch Sie zu schicken. Wladimir Iljitsch bittet Sie auch, den Kindern seinen Dank für den herzlichen Brief und die Blumen zu übermitteln und ihnen zu sagen, daß er es sehr bedauere, ihrer Einladung nicht nachkommen zu können; er zweifelt nicht daran, daß er sich in ihrer Mitte bestimmt erholen würde.«
Im Juli war Lenin bereits auf den Beinen, er nahm zwar bis Oktober die Arbeit offiziell noch nicht auf, verfolgte aber alles und interessierte sich für alles. In diesen Monaten der Genesung beschäftigte ihn unter anderem stark der Prozeß gegen die Sozialrevolutionäre. Sie hatten Wolodarski ermordet, Uritzki ermordet, Lenin schwer verwundet, zweimal ein Attentat auf meinen Zug geplant. Wir durften das nicht leicht nehmen. Wenn auch nicht vom idealistischen Gesichtswinkel aus, wie unsere Feinde, so wußten doch auch wir ›die Rolle der Persönlichkeit in der Geschichte‹ zu schätzen. Wir konnten die Augen nicht davor verschließen, welche Gefahr der Revolution drohte, ließen wir es zu, daß der Feind unsere gesamte Spitze abschoß.
Unsere humanen Freunde von der Art derer, die weder heiß noch kalt sind, erklärten uns wiederholt, sie könnten die Unvermeidlichkeit von Repressalien im allgemeinen begreifen; aber den *gefangenen* Feind zu erschießen bedeute, die Grenzen der notwendigen Selbstverteidigung zu überschreiten. Sie forderten von uns ›Großmut‹. Klara Zetkin und andere europäische Kommunisten – die es damals Lenin und mir gegenüber noch wagten, zu sagen, was sie dachten – bestanden darauf, wir müßten das Leben der Angeklagten schonen. Sie schlugen uns vor, es bei Gefängnisstrafen zu belassen. Das schien das Einfachste zu sein. Aber die Frage der persönlichen Repressalien erhält in einer revolutionären Epoche einen ganz besonderen Charakter, an dem alle humanitären Gemeinplätze ohnmächtig abprallen. Der Kampf geht unmittelbar um die Macht, ein Kampf auf Leben und Tod – darin besteht eben

die Revolution. Welche Bedeutung kann unter solchen Umständen Gefängnishaft haben für Menschen, die hoffen, in den nächsten Wochen die Macht zu erobern und dann jene ins Gefängnis zu setzen oder zu vernichten, die heute am Ruder stehen? Vom Standpunkt des sozusagen absoluten Wertes der menschlichen Persönlichkeit unterliegt die Revolution genau so der ›Verurteilung‹ wie der Krieg, wie übrigens die ganze Geschichte der Menschheit. Jedoch der Begriff der Persönlichkeit selbst hat sich als Folge von Revolutionen gebildet, wobei dieser Prozeß noch fern von seinem Abschluß ist. Damit der Begriff der ›Masse‹ aufhöre, eine Antithese des philosophisch-privilegierten Begriffs ›Persönlichkeit‹ zu sein, ist erforderlich, daß die Masse selbst durch den Hebel der Revolution, oder richtiger einer Reihe von Revolutionen, sich auf eine höhere historische Stufe erhebt. Ob dieser Weg vom Standpunkt der normativen Philosophie gut oder schlecht ist, weiß ich nicht und, offen gestanden, interessiert mich auch nicht. Hingegen weiß ich ganz genau, daß es der einzige Weg ist, den die Menschheit bis jetzt kennt.
Diese Erwägungen stellen keinesfalls einen Versuch dar, den revolutionären Terror zu ›rechtfertigen‹. Der Versuch einer solchen Rechtfertigung würde bedeuten, den Anklägern Rechnung zu tragen. Wer aber sind sie? Die Anstifter und die Nutznießer des großen Weltkrieges? Die neuen Reichen, die der Ehre des ›unbekannten Soldaten‹ den Duft ihrer Nachmittagszigarre weihen? Pazifisten, die gegen den Krieg gekämpft haben, solange er noch nicht da war, und bereit sind, ihre ekelhafte Maskerade jetzt zu wiederholen? Lloyd George, Wilson, Poincaré, die nach den Verbrechen der Hohenzollern (und ihren eigenen) sich für berechtigt hielten, deutsche Kinder auszuhungern? Englische Konservative oder französische Republikaner, die von außen her den Bürgerkrieg in Rußland schürten und, selbst in völliger Sicherheit, aus seinem Blute ihre Gewinne zu münzen versuchten? Diesen namentlichen Aufruf könnte man bis ins unendliche fortsetzen. Für mich handelt es sich dabei nicht um die philosophische Rechtfertigung, sondern um die politische Erklärung. Die Revolution ist darum eine Revolution, weil sie alle Gegensätze der Entwicklung auf die Alternative bringt: Leben oder Tod. Kann man denn annehmen, daß Menschen, die die Frage nach der Zugehörigkeit Elsaß-Lothringens jedes halbe Jahrhundert von neuem durch Bergketten von Menschenleichen entscheiden, fähig wären, ihre sozialen Beziehungen mit Hilfe des parlamentarischen Bauchredens umzugestalten? Es hat uns jedenfalls noch niemand gezeigt, wie man das macht. Wir brachen den Widerstand des alten Gesteins mit Hilfe von Stahl und Dynamit. Und wenn die Feinde auf uns schossen, meistens aus Gewehren der zivilisiertesten und demokratischsten Nationen, antworteten wir in gleicher Weise. Bernard Shaw schüttelte dabei vorwurfsvoll den Bart über die einen wie über die anderen. Aber

niemand achtete auf seine salbungsvollen Argumente.
Im Sommer 1922 nahm die Frage der Repressalien eine um so schärfere Form an, als es sich diesmal um die Führer der Partei handelte, die seinerzeit neben uns den revolutionären Kampf gegen den Zarismus geführt und nach der Oktoberrevolution ihre Waffe des Terrors gegen uns umgekehrt hatten. Überläufer aus dem Lager der Sozialrevolutionäre hatten uns eröffnet, daß die wichtigsten terroristischen Akte nicht, wie wir anfangs zu glauben geneigt blieben, von einzelnen organisiert worden waren, sondern von der Partei, obwohl sie sich nicht entschließen konnte, die Verantwortung für die von ihr begangenen Morde offiziell zu übernehmen. Das Todesurteil seitens des Tribunals war unvermeidlich. Seine Vollstreckung aber hätte unweigerlich eine Terrorwelle als Antwort gebracht. Auf Gefängnisstrafe, wenn auch auf langjährige, sich zu beschränken hätte bedeutet, die Terroristen einfach zu begünstigen; denn sie glaubten am allerwenigsten an das lange Leben der Sowjetmacht. Es blieb kein anderer Ausweg, als die Vollstreckung des Urteils davon abhängig zu machen, ob die Partei den terroristischen Kampf fortsetzen würde oder nicht. Mit anderen Worten: die Parteiführer in Geiseln zu verwandeln.
Meine erste Zusammenkunft mit Lenin nach dessen Genesung erfolgte gerade in den Tagen des Prozesses gegen die Sozialrevolutionäre. Erleichtert schloß er sich sofort dem Vorschlag an, den ich machte: »Richtig, es gibt keinen anderen Ausweg.«
Die Genesung beflügelte Lenin sichtbar. Und doch lebte in ihm eine innere Unruhe. »Verstehen Sie«, sagte er fassungslos, »ich konnte doch weder sprechen noch schreiben, ich mußte aufs neue lernen...« Er warf mir einen schnellen und gleichsam forschenden Blick zu.
Im Oktober kehrte Lenin offiziell an die Arbeit zurück, führte den Vorsitz im Politbüro und im Rat der Volkskommissare und hielt im November Programmreden, die seinem Blutkreislauf sichtbar teuer zu stehen kamen. Lenin fühlte, daß in Verbindung mit seiner Krankheit hinter seinem und meinem Rücken feine, noch kaum wahrnehmbare Fäden einer Verschwörung gesponnen wurden. Die Epigonen hatten die Brücken bis dahin nicht verbrannt und nicht gesprengt. Aber an manchen Stellen hatten sie bereits die Stützen durchsägt und im geheimen Dynamit gelegt. Bei jeder passenden Gelegenheit traten sie gegen meine Anträge auf, gleichsam als übten sie sich in Selbständigkeit, und bereiteten ihre Demonstrationen sorgfältig vor. Je mehr Lenin wieder in die Arbeit hineinkam, mit um so größerer Unruhe gewahrte er die Veränderungen, die in den zehn Monaten vor sich gegangen waren; er kennzeichnete sie vorläufig nicht laut, um nicht dadurch die Beziehungen zu verschärfen. Aber er bereitete sich darauf vor, dem ›Trio‹ eine Zurückweisung zu erteilen, und begann damit bei einzelnen Fragen.

Zu den Dutzend Arbeiten, die ich von Partei wegen, das heißt nicht öffentlich und nicht offiziell, leitete, zählte auch die antireligiöse Propaganda, für die Lenin sich außerordentlich interessierte. Dringend und wiederholt bat er mich, dieses Gebiet im Auge zu behalten. In den Wochen seiner Genesung erfuhr er auf irgendeine Weise, daß Stalin auch hier gegen mich manövrierte, indem er den Apparat der antireligiösen Propaganda durch neue Menschen besetzte und ihn von mir abdrängte. Lenin schickte aus dem Dorfe in das politische Büro einen Brief, in dem er ohne eine auf den ersten Blick erkennbare Notwendigkeit aus meinem Buch gegen Kautsky zitierte und sich sehr lobend über den Autor aussprach, ohne ihn selbst oder das Buch zu nennen. Ich muß gestehen, es war mir anfangs nicht klar, daß Lenin diesen Umweg über das Buch machte, um auf diese Weise eine Verurteilung der gegen mich gerichteten Stalinschen Manöver auszusprechen. Zur Leitung der antireligiösen Propaganda war inzwischen Jaroslawski vorgeschoben worden, ich glaube, quasi als mein Stellvertreter. Als Lenin zur Arbeit zurückgekehrt war und dies hörte, fuhr er in einer Sitzung des Politbüros scheinbar auf Molotow, in Wirklichkeit auf Stalin los: »Jaro-slawski? Kennen Sie denn Ja-ro-slaw-ski nicht? Da lachen doch die Hühner! Wie kann der diese Arbeit leisten?« und so weiter. Die Heftigkeit Lenins konnte den Uneingeweihten übertrieben scheinen. Aber es ging nicht um Jaroslawski, den Lenin allerdings kaum ausstehen konnte, es ging um die Leitung der Partei. Solcher Episoden gab es nicht wenige.
Eigentlich kam Stalin, seitdem er mit Lenin in nähere Berührung gekommen war, das heißt besonders nach dem Oktoberumsturz, aus dem Zustand einer unterdrückten, aber um so gereizteren Opposition gegen Lenin nicht mehr heraus. Bei seinen großen, neiderfüllten Ambitionen mußte Stalin seine intellektuelle und moralische Minderwertigkeit auf Schritt und Tritt fühlen. Er versuchte offensichtlich, sich mir zu nähern. Erst spät habe ich seine Bemühungen, so etwas wie familiäre Beziehungen zu mir herzustellen, erkannt. Aber er wirkte auf mich durch jene Eigenschaften abstoßend, die später, in der Welle des Niederganges, seine Stärke ausmachten: die Enge der Interessen, den Empirismus, die psychologische Plumpheit und jenen besonderen Zynismus des Kleinstädters, den der Marxismus von vielen Vorurteilen befreit hat, jedoch ohne diese durch eine vollerfaßte und in Psychologie übergegangene Weltanschauung zu ersetzen. Nach vereinzelten Bemerkungen, die mir damals als rein zufällig erschienen, aber es in Wirklichkeit wohl kaum waren, begriff ich, daß Stalin in mir eine Stütze zu finden hoffte gegen die für ihn unerträgliche Kontrolle seitens Lenins. Bei jedem solchen Versuch zog ich mich von ihm instinktiv einen Schritt zurück – und ging an ihm vorbei. Darin ist wohl die Quelle der kühlen, anfangs feigen und durch und durch verschlagenen Feindschaft Stalins gegen mich zu suchen. Syste-

matisch sammelte er Menschen um sich, die ihm entweder als Typ verwandt waren, oder Einfältige, die ahnungslos und ohne Arg dahinlebten, oder alle Gekränkten oder Beleidigten. Von den einen, den anderen und von den dritten gab es nicht wenige.
Zweifellos war es Lenin bei den laufenden Geschäften in vielen Fällen bequemer, sich auf Stalin, Sinowjew oder Kamenjew zu stützen als auf mich. Stets eifrig darauf bedacht, eigene wie fremde Zeit zu sparen, war Lenin bemüht, den Kräfteverbrauch zur Überwindung innerer Reibungen möglichst auf ein Minimum zu beschränken. Ich hatte meine Meinungen, meine Arbeitsmethoden, meine eigene Art, gefaßte Beschlüsse durchzuführen. Lenin kannte das hinreichend und achtete es. Und gerade darum verstand er es zu gut, daß ich mich zur Übernahme von Aufträgen nicht eignete. Wo er bei der Erledigung seiner Aufgaben nur mechanische Helfer brauchte, wandte er sich an andere. Das konnte zu gewissen Zeiten, besonders während meiner Differenzen mit Lenin, bei seinen Gehilfen den Eindruck erwecken, sie ständen Lenin besonders nahe. So zog Lenin bei der Vorsitzführung im Rat der Volkskommissare zuerst Rykow und Zjurupa als seine Stellvertreter hinzu und zu ihrer Ergänzung Kamenjew. Ich hielt diese Wahl für richtig. Lenin brauchte gehorsame, praktische Hilfskräfte. Für diese Rolle taugte ich nicht. Und ich konnte Lenin dafür nur dankbar sein, daß er nicht mir die Stellvertretung angetragen hatte. Ich sah darin keinesfalls ein Mißtrauen gegen mich, sondern im Gegenteil eine klare, mich nicht im geringsten beleidigende Wertung meines Charakters und unserer Beziehungen.
Ich hatte später Gelegenheit genug, mich davon zu überzeugen. In der Zeit zwischen dem ersten und dem zweiten Schlaganfall konnte Lenin nur mit der Hälfte seiner früheren Kraft arbeiten. Kleine, aber bedrohliche Stöße im Blutgefäßsystem erfolgten die ganze Zeit. In einer Sitzung des Politbüros, als Lenin sich erhob, um jemandem ein Zettelchen hinüberzureichen – zur Beschleunigung der Arbeit schrieb er stets solche Zettelchen –, wankte er ein wenig. Ich merkte es nur deshalb, weil er sich im Gesicht veränderte. Das war eine der vielen Warnungen seitens der Lebenszentren. Lenin gab sich in dieser Beziehung keinen Illusionen hin. Er überlegte es von allen Seiten, wie die Arbeit ohne ihn und nach ihm gehen würde. Damals entstand in seinem Kopfe jenes Dokument, das später unter dem Namen ›Testament‹ berühmt wurde. In jener Periode – in den letzten Wochen vor dem zweiten Schlaganfall – hatte er mit mir eine längere Unterredung über meine weitere Arbeit. Dieses Gespräch habe ich im Hinblick auf seine politische Bedeutung sofort einer Reihe von Personen wiederholt (Rakowski, J. N. Smirnow, Sosnowski, Preobraschenski und anderen). Schon darum allein blieb das Gespräch in meinem Gedächtnis scharf haften.
Es war so. Das Zentralkomitee des Verbandes der Kulturarbeiter

entsandte eine Delegation zu mir und zu Lenin mit dem Ersuchen, ich möge ergänzend das Bildungskommissariat übernehmen, in der Art etwa, wie ich ein Jahr lang das Verkehrskommissariat geleitet hatte. Lenin fragte mich nach meiner Meinung. Ich antwortete, daß die Schwierigkeit im Bildungswesen, wie bei jeder anderen Sache, seitens des Apparates geschaffen würde. »Ja, der Bürokratismus ist bei uns ungeheuerlich«, fiel mir Lenin ins Wort, »ich war ganz entsetzt, als ich die Arbeit wiederaufnahm... Aber gerade deshalb sollten Sie sich meiner Meinung nach nicht mit anderen Ressorts außer dem Kriegskommissariat abgeben.« Leidenschaftlich, nachdrücklich und offensichtlich erregt legte mir Lenin seinen Plan dar. Die Kräfte, die er der leitenden Arbeit widmen könne, seien beschränkt. Er habe drei Vertreter. »Sie kennen sie. Kamenjew ist gewiß ein kluger Politiker, aber was ist er für ein Administrator? Zjurupa ist krank. Rykow besitzt vielleicht Verwaltungsfähigkeiten, aber er muß in den Obersten Volkswirtschaftsrat zurück. Sie müssen mein Stellvertreter werden. Die Lage ist derart, daß wir eine radikale Personalumgruppierung benötigen.« Ich verwies wieder auf den ›Apparat‹, der sogar meine Arbeit im Kriegskommissariat immer mehr erschwere. »Nun, da könnten Sie den Apparat schon durcheinanderschütteln«, sagte lebhaft Lenin, auf einen von mir einmal gebrauchten Ausdruck anspielend. Ich antwortete, daß ich nicht nur den Staats-, sondern auch den Parteibürokratismus meinte; daß der Kern aller Schwierigkeiten in der Vereinigung der zwei Apparate bestehe und in der gegenseitigen Deckung der einflußreichen Gruppen, die sich um die Hierarchie der Parteisekretäre sammeln. Lenin hörte mich gespannt an und stimmte meinen Gedanken mit jenem tiefen Brustton zu, den er dann hatte, wenn er überzeugt war, daß der Partner ihn restlos verstehe und er alle konventionellen Formen der Unterhaltung aufgeben und offen von dem ihm Wichtigsten und ihn Beunruhigendsten sprechen konnte. Nach einer kurzen Überlegung stellte Lenin die direkte Frage: »Sie schlagen also vor, den Kampf nicht nur gegen den Staatsbürokratismus, sondern auch gegen das Organisationsbüro des Zentralkomitees zu eröffnen?« Ich lachte vor Überraschung. Das Organisationsbüro bildete das Zentrum des Stalinschen Apparates. »Es mag schon sein.« »Nun«, fuhr Lenin fort, sichtlich befriedigt, daß wir das Wesentliche der Frage beim Namen genannt hatten, »ich schlage Ihnen einen Block vor: gegen Bürokratismus überhaupt und gegen das Organisationsbüro insbesondere.« »Mit einem guten Menschen einen guten Block zu bilden ist sehr ehrenhaft«, antwortete ich. Wir verabredeten, uns nach einiger Zeit wieder zu treffen. Lenin schlug mir vor, über die organisatorische Seite der Angelegenheit noch nachzudenken. Er beabsichtigte die Schaffung einer dem Zentralkomitee angegliederten Kommission zum Kampfe gegen Bürokratismus. Wir beide sollten ihr angehören. Ihrem Wesen nach hatte diese Kommission

ein Hebel zu werden zur Entwurzelung der Stalinschen Fraktion, als des Rückgrats der Bürokratie, und zur Schaffung von Bedingungen in der Partei, die mir die Möglichkeit geben sollten, Lenins Stellvertreter zu werden, nach seiner Idee: auch Nachfolger auf dem Posten des Vorsitzenden des Rates der Volkskommissare.
Nur in diesem Zusammenhang wird der Sinn des sogenannten Testaments völlig klar. Lenin erwähnt darin insgesamt sechs Personen und gibt, indem er jedes Wort wägt, deren Charakteristik. Das unbestreitbare Ziel des Testaments ist: mir die Arbeit der Leitung zu erleichtern. Lenin will es natürlich mit den geringsten persönlichen Reibungen erreichen. Er spricht über alle mit der größten Behutsamkeit. Er gibt den im wesentlichen vernichtenden Urteilen einen Schatten der Milde. Gleichzeitig schwächt er den entschiedenen Hinweis auf den ersten Platz durch Einschränkungen ab. Nur in der Charakteristik Stalins vernimmt man einen anderen Ton, der in der späteren Nachschrift zum Testament direkt vernichtend wird.
Über Sinowjew und Kamenjew sagte er, gleichsam nur nebenbei, daß ihre Kapitulation im Jahre 1917 keine ›zufällige‹ gewesen sei; mit anderen Worten: das läge ihnen im Blute. Es sei klar, daß solche Menschen nicht fähig wären, eine Revolution zu leiten. Man dürfe ihnen jedoch ihre Vergangenheit nicht zum Vorwurf machen. Bucharin sei kein Marxist, sondern ein Scholastiker, dafür sei er aber sehr sympathisch. Pjatakow sei ein fähiger Administrator, aber als Politiker untauglich. Vielleicht aber würden diese zwei, Bucharin und Pjatakow, noch lernen. Der Fähigste sei Trotzki, sein Fehler wäre ein Überfluß an Selbstvertrauen. Stalin sei grob, illoyal, neige zum Mißbrauch der Macht, die ihm der Parteiapparat in die Hand gebe. Stalin müsse abgesetzt werden, um eine Spaltung zu vermeiden. Das ist der Sinn des Testaments. Er ergänzt und erläutert den Vorschlag, den Lenin mir bei unserer letzten Unterhaltung gemacht hatte.
Lenin hat Stalin erst nach dem Oktober richtig erkannt. Er schätzte dessen Härte und praktischen Verstand, der zu dreiviertel aus Schlauheit besteht. Gleichzeitig stieß Lenin bei jedem Schritt auf die Stalinsche Unwissenheit, äußerste Enge des politischen Horizontes und außerordentliche moralische Plumpheit und Skrupellosigkeit. Auf den Posten des Generalsekretärs war Stalin gegen den Willen Lenins gewählt worden, der es nur duldete, solange er selbst an der Spitze der Partei stand. Aber nach dem ersten Schlaganfall mit beeinträchtigter Gesundheit zur Arbeit zurückgekehrt, beschäftigte Lenin das Problem der Führung in seinem ganzen Umfange. Daher sein Gespräch mit mir. Daher auch das Testament. Dessen letzte Zeilen wurden am 4. Januar geschrieben. Danach vergingen noch zwei Monate, und in dieser Zeit klärte sich die Lage völlig. Jetzt bereitete Lenin nicht nur das Absetzen Stalins vom Posten des Generalsekretärs vor, sondern auch dessen Disqualifizierung vor der Partei. In der Frage des Außenhandelsmono-

pols, in der nationalen Frage, in der Frage des Parteiregimes, der Arbeiter- und Bauerninspektion und der Kontrollkommission lenkte Lenin systematisch und nachdrücklichst die Sache dahin, auf dem Zwölften Kongreß in der Person Stalins dem Bürokratismus, der Cliquenwirtschaft, der Beamtenherrschaft, der Eigenmächtigkeit, der Willkür und der Grobheit den vernichtenden Schlag zu versetzen.

Wäre Lenin imstande gewesen, die beabsichtigte Umgruppierung der Parteileitung durchzuführen? In jenem Augenblick zweifellos. Präzedenzfälle gab es nicht wenige, darunter einen sehr frischen und vielsagenden Fall. Während der genesende Lenin noch im Dorfe lebte und ich von Moskau abwesend war, faßte das Zentralkomitee im November 1922 einstimmig einen Beschluß, der dem Außenhandelsmonopol einen nicht gut zu machenden Hieb versetzte. Lenin und ich schlugen anfangs unabhängig voneinander Lärm, dann verständigten wir uns brieflich und trafen nach Vereinbarung unsere Maßnahmen. Schon nach einigen Wochen hob das Zentralkomitee seinen Beschluß ebenso einstimmig auf, wie es ihn einstimmig gefaßt hatte. Am 21. Dezember schrieb mir Lenin triumphierend: »Genosse Trotzki, wie es scheint, ist es gelungen, die Position ohne einen Schuß zu nehmen, durch ein einfaches Manöver. Ich schlage vor, nicht stehenzubleiben und den Angriff fortzusetzen...« Unser gemeinsames Vorgehen gegen das Zentralkomitee wäre Anfang 1923 bestimmt siegreich gewesen. Mehr noch. Ich zweifle nicht daran, wäre ich am Vorabend des Zwölften Parteitages im Geiste des ›Blocks Lenin-Trotzki‹ gegen den Stalinschen Bürokratismus aufgetreten, ich hätte auch ohne die direkte Beteiligung Lenins am Kampfe einen Sieg errungen. Wie weit dieser Sieg haltbar gewesen wäre, ist eine andere Frage. Um dies zu beantworten, muß man eine Reihe von objektiven Prozessen im Lande, in der Arbeiterklasse und in der Partei selbst berücksichtigen. Das ist ein besonderes und großes Thema. N. K. Krupskaja hat im Jahre 1927 einmal gesagt, daß Lenin wahrscheinlich längst in einem Stalinschen Gefängnis säße, wenn er noch leben würde. Ich glaube, sie hatte recht. Denn es handelt sich ja nicht um Stalin, sondern um die Kräfte, deren Ausdruck Stalin ist, ohne es selbst zu begreifen. Aber in den Jahren 1922/1923 konnte man noch die Kommandoposition erobern durch einen offenen Angriff auf die sich schnell heranbildende Fraktion der national-sozialistischen Beamten, Apparatusurpatoren, Erbschleicher des Oktober und Epigonen des Bolschewismus. Das Haupthindernis auf diesem Wege bildete Lenins Zustand. Man hoffte, Lenin würde sich, wie nach dem ersten Schlaganfall, wieder erheben und am Zwölften Parteitag teilnehmen können, wie seinerzeit am Elften. Er selbst hatte damit gerechnet. Die Ärzte machten Hoffnungen, wenn auch immer weniger zuversichtlich. Die Idee eines ›Blocks Lenin-Trotzki‹ gegen den Apparat und die Bürokratie war damals nur

Lenin und mir bekannt, die anderen Mitglieder des Politbüros ahnten nur etwas. Von den Briefen Lenins über die nationale Frage und von dem Testament wußte niemand. Mein Hervortreten hätte verstanden werden, oder richtiger, dargestellt werden können als der persönliche Kampf um Lenins Platz in der Partei und im Staate. Ich vermochte nicht ohne inneren Schauder daran zu denken. Ich war der Meinung, daß das eine solche Demoralisation in unsere Reihen bringen könnte, daß man, selbst im Falle eines Sieges, zu teuer bezahlen müßte. Bei allen Plänen und Berechnungen gab es ein entscheidendes Element der Ungewißheit: Lenin selbst und sein körperlicher Zustand. Wird er seine Meinung aussprechen können? Wird er noch Zeit dazu haben? Wird es die Partei begreifen, daß hier Lenin und Trotzki um die Zukunft der Revolution kämpfen und nicht Trotzki um den Platz des kranken Lenin? Dank der besonderen Stellung, die Lenin in der Partei einnahm, verwandelte sich die Ungewißheit über seinen persönlichen Zustand in eine Ungewißheit über den Zustand der gesamten Partei. Das Provisorium dauerte an. Die Verzögerung aber arbeitete für die Epigonen, da Stalin als Generalsekretär natürlicherweise für die ganze Periode des ›Interregnums‹ zum Lenker des Apparates wurde.

Es kamen die ersten Märztage 1923. Lenin lag in seinem Zimmer, im großen Senatsgebäude. Es nahte der zweite Schlaganfall, der sich durch eine Reihe kleiner Vorzeichen ankündigte. Ich war für einige Wochen durch einen Hexenschuß an das Bett gefesselt. Ich lag im Gebäude des ehemaligen Kavalierhauses, wo sich unsere Wohnung befand, von Lenin durch den riesengroßen Kremlhof getrennt. Weder Lenin noch ich konnten ans Telephon gehen, außerdem waren Lenin von den Ärzten telephonische Gespräche strengstens untersagt. Zwei Sekretärinnen Lenins, Fotijewa und Glasser, dienten als Verbindung. Folgendes teilten sie mir mit. Wladimir Iljitsch sei aufs äußerste erregt über die Stalinsche Vorbereitung des bevorstehenden Parteitages, ganz besonders in Verbindung mit Stalins fraktionellen Machinationen in Georgien. »Wladimir Iljitsch bereitet gegen Stalin für den Parteitag eine Bombe vor.« Das ist wörtlich der Satz von Fotijewa. Das Wort ›Bombe‹ stammt von Lenin. »Wladimir Iljitsch bittet Sie, die georgische Sache in Ihre Hände zu nehmen, dann wird er ruhig sein können.« Am 5. März diktiert Lenin an mich einen Zettel:
»Werter Genosse Trotzki. Ich möchte Sie sehr bitten, die Verteidigung der georgischen Sache im Zentralkomitee der Partei zu übernehmen. Die Angelegenheit steht jetzt unter ›Verfolgung‹ von Stalin und Dserschinski, und ich kann mich auf deren Unparteilichkeit nicht verlassen. Sogar im Gegenteil. Wenn Sie bereit wären, die Verteidigung zu übernehmen, könnte ich ruhig sein. Sollten Sie aus irgendeinem Grunde nicht einwilligen können, dann schicken Sie mir das gesamte Material zurück. Ich werde das als ein

Zeichen Ihrer Ablehnung betrachten. Mit bestem kameradschaftlichem Gruß Lenin.«

»Warum hat sich die Sache so zugespitzt?« fragte ich. Es stellte sich heraus, daß Stalin wieder einmal Lenins Vertrauen getäuscht hatte: um sich in Georgien eine Stütze zu sichern, hatte er hinter dem Rücken Lenins und des gesamten Zentralkomitees mit Hilfe Ordschonikidses und nicht ohne Unterstützung Dserschinskis einen Streich gegen den besten Teil der Partei geführt, wobei er sich unberechtigterweise mit der Autorität des Zentralkomitees deckte. Den Umstand, daß der kranke Lenin die Genossen nicht persönlich sprechen konnte, benutzte Stalin zu dem Versuch, Lenin mit falschen Informationen zu versorgen. Lenin beauftragte sein Sekretariat, das vollständige Material über die georgische Frage zu sammeln, und beschloß, öffentlich aufzutreten. Was ihn dabei stärker erschüttert haben mag: die persönliche Illoyalität Stalins oder dessen plump bürokratische Politik in der nationalen Frage, ist schwer zu sagen. Am ehesten die Verbindung von beiden. Lenin bereitete sich für den Kampf vor, fürchtete jedoch, auf dem Kongreß nicht selbst auftreten zu können, und das regte ihn auf. »Vielleicht mit Sinowjew und Kamenjew sprechen?« regen die Sekretäre an. Aber er wehrt nur ärgerlich ab. Er sieht es klar voraus, daß Sinowjew und Kamenjew, wenn er sich von der Arbeit zurückziehen müßte, sich mit Stalin gegen mich verbinden und folglich ihn verraten würden. »Wissen Sie, wie Trotzki zur georgischen Frage steht?« fragte Lenin. »Trotzki trat im Plenum völlig in Ihrem Geiste auf«, antwortet Glasser, die im Plenum die Sekretärsfunktionen ausgeübt hatte. »Irren Sie sich nicht?« »Nein, Trotzki beschuldigte Ordschonikidse, Woroschilow und Kalinin, die nationale Frage falsch zu verstehen.« »Prüfen Sie das nach!« fordert Lenin. Am nächsten Tag überreicht mir Glasser während der Sitzung des Zentralkomitees in meiner Wohnung einen Zettel mit einer kurzen Darstellung meiner gestrigen Rede, der mit der Frage schließt: »Habe ich Sie richtig verstanden?« »Wozu brauchen Sie es?« fragte ich sie. »Für Wladimir Iljitsch«, antwortet Glasser. »Richtig«, schreibe ich. Stalin beobachtet inzwischen beunruhigt unseren Briefwechsel. Aber damals erriet ich nocht nicht, was all dies bedeutete... »Nachdem Wladimir Iljitsch unseren Zettel gelesen hatte«, berichtete mir Glasser, »strahlte er: ›Nun jetzt steht die Sache anders!‹ und er beauftragte mich, Ihnen das gesamte handschriftliche Material zu übergeben, das einen Bestandteil seiner *Bombe* für den Zwölften Kongreß bilden sollte.« Die Absichten Lenins wurden mir jetzt ganz klar: an dem Beispiel der Politik Stalins wollte er, und zwar schonungslos, vor der gesamten Partei die Gefährlichkeit der bürokratischen Entartung der Diktatur aufdecken.

»Kamenjew fährt morgen zu einer Parteikonferenz nach Georgien«, sagte ich zu Fotijewa. »Ich könnte ihn mit den Leninschen Manuskripten bekannt machen, um ihn zu bewegen, in Georgien im richtigen Sinne vorzugehen. Fragen Sie Iljitsch.« Nach einer Viertelstunde kehrt Fotijewa außer Atem zurück: »Keinesfalls!« »Weshalb?« »Wladimir Iljitsch sagt: ›Kamenjew wird sofort alles Stalin zeigen, Stalin aber wird ein faules Kompromiß schließen und dann betrügen.‹« »Ist die Sache schon so weit gediehen, daß Iljitsch es nicht mehr für möglich erachtet, mit Stalin selbst auf einer richtigen Linie ein Kompromiß zu schließen?« »Ja, Iljitsch traut Stalin nicht, er will offen vor der ganzen Partei gegen ihn auftreten. Er bereitet eine Bombe vor.«

Etwa eine Stunde nach dieser Unterhaltung kam Fotijewa wieder zu mir mit einem Zettel, der von Lenin an den alten Revolutionär Mdivani und andere Gegner der Stalinschen Politik in Georgien adressiert war. Lenin schrieb ihnen: »Mit ganzem Herzen verfolge ich eure Sache. Bin tief entrüstet über die Grobheit Ordschonikidses und die Nachsicht von Stalin und Dserschinski. Ich bereite für euch Material und eine Rede vor.« In Abschrift waren diese Zeilen nicht nur an mich, sondern auch an Kamenjew adressiert. Das wunderte mich. »Wladimir Iljitsch hat es sich also überlegt?« fragte ich. »Ja, sein Gesundheitszustand verschlimmert sich von Stunde zu Stunde. Man darf den beruhigenden Berichten der Ärzte nicht trauen. Iljitsch spricht nur noch mit Mühe... Die georgische Frage erregt ihn aufs äußerste, er fürchtet, ganz krank zu werden, bevor er noch etwas unternehmen kann. Als er mir den Zettel übergab, sagte er: ›Um nichts zu versäumen, muß man vor der Zeit offen auftreten.‹« – »Also heißt es, daß ich jetzt mit Kamenjew sprechen kann?« »Offenbar.« »Rufen Sie ihn zu mir.«

Kamenjew kam nach einer Stunde. Er war nun völlig in Verwirrung. Der Plan eines ›Trios‹: Stalin, Sinowjew, Kamenjew, war längst fertig. Die Spitze des Trios war gegen mich gerichtet. Die gesamte Aufgabe der Verschwörer bestand darin, eine gefestigte organisatorische Stütze gegen Trotzki vorzubereiten und das Trio als rechtsmäßigen Nachfolger Lenins zu krönen. Das kleine Zettelchen Lenins drang in diesen Plan wie ein scharfer Keil hinein. Kamenjew wußte nicht, wie er sich verhalten sollte, und gestand es mir ziemlich offen. Ich ließ ihn die Manuskripte Lenins lesen. Kamenjew war erfahrener Politiker genug, um gleich zu erkennen, daß es Lenin nicht allein auf Georgien ankam, sondern auf die Rolle Stalins in der Partei überhaupt. Kamenjew machte mir ergänzende Mitteilungen. Er sei soeben bei Nadeschda Konstantinowna Krupskaja gewesen, auf deren Aufforderung hin. In höchster Sorge hätte sie ihm mitgeteilt: »Wladimir Iljitsch hat soeben stenographisch einen Brief an Stalin diktiert und darin den Abbruch jeglicher Beziehungen zu ihm erklärt.« Der unmittelbare Anlaß trug einen halb persönlichen Charakter. Stalin war bemüht, Lenin auf jede Weise von den Informationsquellen zu isolieren, und legte dabei eine besondere Unverschämtheit gegen Nadeschda Konstantinowna an den Tag. »Aber Sie kennen Iljitsch«, hatte

Krupskaja hinzugefügt, »er wäre niemals zum Abbruch persönlicher Beziehungen geschritten, wenn er es nicht auch für notwendig erachten würde. Stalin politisch zu erledigen.« Kamenjew war sehr aufgeregt und blaß. Der Boden schwand ihm unter den Füßen. Er wußte nicht, auf welches Bein er treten und in welche Richtung er sich bewegen sollte. Es ist möglich, daß er sich einfach vor feindseligen Handlungen meinerseits gegen seine Person fürchtete. Ich setzte ihm meine Meinung über die Situation auseinander. »Menschen sind manchmal fähig«, sagte ich ihm, »aus Angst vor einer eingebildeten Gefahr eine tatsächliche Gefahr heraufzubeschwören. Merken Sie es sich, und sagen Sie es den anderen, daß ich am allerwenigsten die Absicht habe, wegen irgendwelcher organisatorischen Veränderungen auf dem Parteitag einen Kampf zu beginnen. Ich bin für die Erhaltung des Status quo. Sollte Lenin vor dem Kongreß vom Krankenbett aufstehen, wofür zum Unglück wenig Hoffnung vorhanden ist, so will ich mit ihm zusammen die Frage aufs neue durchsprechen. Ich bin gegen die Absetzung Stalins, gegen den Ausschluß Ordschonikidses, gegen die Entfernung Dserschinskis aus dem Verkehrswesen. Aber ich stimme Lenin im wesentlichen zu. Ich erstrebe eine radikale Änderung der nationalen Politik, die Einstellung der Verfolgungen gegen die Gegner Stalins in Georgien, die Beseitigung des administrativen Druckes auf die Partei, ich erstrebe einen festeren Kurs auf die Industrialisierung und eine ehrlichere Mitarbeit der Spitzen. Die Stalinsche Resolution über die nationale Frage taugt nichts. Die brutale und freche Unterdrückung seitens der Vertreter der ›herrschenden Nation‹ spielt darin dieselbe Rolle wie der Protest und der Widerstand der kleinen, schwachen und zurückgebliebenen Völker. Ich habe meiner Resolution die Form von Abänderungszusätzen zu der Stalinschen Resolution gegeben, um ihm den notwendigen Kurswechsel zu erleichtern. Aber eine schroffe Wendung ist erforderlich. Es ist außerdem nötig, daß Stalin sofort einen Entschuldigungsbrief an Krupskaja schreibt wegen seiner Grobheiten und sein Benehmen auch wirklich ändert. Er soll sich nicht zu weit vorwagen. Intrigen sind überflüssig. Ehrliche Mitarbeit ist nötig. Sie aber«, wandte ich mich an Kamenjew, »müssen auf der Konferenz in Tiflis einen vollständigen Kurswechsel gegen die georgischen Anhänger der Leninschen nationalen Politik erreichen.«

Kamenjew atmete erleichtert auf. Er nahm alle meine Vorschläge an. Er fürchtete nur, Stalin werde sich widerspenstig zeigen: »grob und launisch«. »Ich glaube es nicht«, sagte ich, »Stalin hat jetzt kaum einen anderen Ausweg.« Spät in der Nacht teilte mir Kamenjew mit, er hätte Stalin im Dorfe besucht, und dieser habe alle Bedingungen angenommen. Krupskaja habe von ihm bereits einen Entschuldigungsbrief erhalten. Sie habe aber den Brief Lenin nicht zeigen können, da es ihm schlechter gehe. Es schien mir jedoch, daß Kamenjews Stimme anders klänge, als einige Stunden früher beim Abschied. Erst später wurde mir klar, daß die Verschlimmerung im Befinden Lenins diesen Wechsel bewirkt hatte. Unterwegs oder gleich nach seiner Ankunft in Tiflis erhielt Kamenjew von Stalin ein chiffriertes Telegramm, daß Lenin einen neuen Schlaganfall erlitten habe: er könne weder sprechen noch schreiben. Auf der georgischen Konferenz vertrat Kamenjew nunmehr Stalins Politik gegen Lenin. Durch persönlichen Treubruch gefestigt, wurde das Trio eine Tatsache.

Der Angriff Lenins hatte sich nicht nur gegen die Person Stalins gerichtet, sondern auch gegen dessen Stab, vor allem gegen die Helfershelfer Stalins: Dserschinski und Ordschonikidse. Beide werden im Briefwechsel Lenins über die georgische Frage wiederholt genannt.

Dserschinski war ein Mensch von großer explosiver Leidenschaft. Seine Energie wurde durch ständige elektrische Entladungen in Spannung gehalten. In jeder Frage, auch in der nebensächlichsten, geriet er sogleich in Rage, seine dünnen Nasenflügel begannen zu zittern, die Augen sprühten Funken, die Stimme hob sich und überschlug sich leicht. Trotz dieser hohen nervösen Spannung kannte Dserschinski weder Depressionszustände noch Apathie. Er befand sich sozusagen stets im Zustande höchster Mobilisierung. Lenin verglich ihn bei irgendeiner Gelegenheit mit einem heißen Vollbluthengst. Dserschinski verrannte sich blindlings in jede Sache, die er auszuführen hatte, und schützte mit Leidenschaft, Unversöhnlichkeit und Fanatismus seine Mitarbeiter gegen jede Kritik, wobei ihn jedoch nichts Persönliches bewegte: Dserschinski ging restlos in der Sache auf.

Selbständige Gedanken hatte Dserschinski nicht. Er hielt sich auch selbst nicht für einen Politiker, mindestens nicht zu Lenins Lebzeiten. Bei den verschiedensten Anlässen hat er mir gesagt: »Ich bin vielleicht kein schlechter Revolutionär, aber ich bin kein Führer, kein Staatsmann, kein Politiker.« Darin war nicht nur Bescheidenheit. Seine Selbsteinschätzung war im wesentlichen richtig. Politisch bedurfte Dserschinski stets einer unmittelbaren Führung. Viele Jahre ging er mit Rosa Luxemburg und hatte nicht nur deren Kampf gegen den polnischen Patriotismus, sondern auch gegen den Bolschewismus mitgemacht. Im Jahre 1917 schloß er sich den Bolschewiki an. Lenin sagte mir befriedigt: »Keine Spur des alten Streites ist geblieben.« Zwei, drei Jahre lang hatte Dserschinski eine besondere Neigung für mich. In den letzten Jahren unterstützte er Stalin. In der wirtschaftlichen Arbeit war das Temperament seine Stärke: er ermahnte, stieß vorwärts, riß mit. Einen durchdachten Plan für die Entwicklung der Wirtschaft besaß er nicht. Er teilte alle Irrtümer Stalins und verteidigte sie mit der Leidenschaft, die ihn auszeichnete. Er starb fast im Stehen. Er hatte kaum die Zeit, die Tribüne zu verlassen, von der aus er soeben fieberhaft gegen die Opposition gewettert hatte.

Lenin meinte, den zweiten Verbündeten Stalins, Ordschonikidse, müsse man wegen seiner bürokratischen Eigenmächtigkeit im Kaukasus aus der Partei ausschließen. Dem widersprach ich. Lenin antwortete durch den Sekretär: »Mindestens für zwei Jahre.« Wie weit war Lenin in jenem Augenblick von dem Gedanken entfernt, Ordschonikidse könnte an die Spitze der Kontrollkommission gelangen, die Lenin für den Kampf gegen den Stalinschen Bürokratismus ausersehen hatte und die das Gewissen der Partei darstellen sollte.
Neben den allgemein politischen Aufgaben hatte die von Lenin begonnene Kampagne das unmittelbare Ziel, die günstigsten Bedingungen für meine leitende Arbeit zu schaffen, entweder neben ihm, wenn er sich erholt haben würde, oder an seiner Stelle, wenn die Krankheit ihn überwinden sollte. Aber der nicht bis ans Ende, ja nicht einmal bis zur Mitte durchgeführte Kampf ergab gerade entgegengesetzte Resultate. Lenin hatte eigentlich nur noch Zeit gehabt, Stalin und dessen Verbündeten den Kampf *anzusagen*, wobei auch dieses nur die unmittelbar daran interessierten Kreise erfuhren, nicht aber die Partei. Die Fraktion Stalin – damals war es noch die Fraktion des Trios – schloß sich nach der ersten Warnung enger zusammen. Das Provisorium blieb erhalten. Stalin stand am Steuer des Apparates. Die künstliche Auslese im Apparat ging in wildem Tempo vorwärts. Je schwächer das Trio sich geistig fühlte, je mehr es mich fürchtete – es fürchtete mich, weil es mich stürzen wollte –, um so fester mußte es die Schrauben des Partei- und Staatsregimes anziehen. Bedeutend später, im Jahre 1925, antwortete mir Bucharin in einer Privatunterhaltung auf meine Kritik des Parteiregimes: »Wir haben keine Demokratie, weil wir uns vor Ihnen fürchten.« »Versucht doch, eure Furcht zu überwinden«, riet ich ihm, »und wir wollen gemeinsam arbeiten, wie es sich gehört.« Aber mein Ratschlag war vergeblich.
1923 wurde das Jahr der intensiven, aber noch stillen Erdrosselung und Zerstörung der bolschewistischen Partei. Lenin rang mit der schrecklichen Krankheit. Das Trio rang mit der Partei. In der Luft lag eine schwere Spannung, die sich im Herbst in der ›Diskussion‹ gegen die Opposition entlud. Es begann der zweite Abschnitt der Revolution: der Kampf gegen den Trotzkismus. Eigentlich war es der Kampf gegen das geistige Erbe Lenins.

Die Verschwörung der Epigonen

Es waren die ersten Wochen des Jahres 1923. Der Zwölfte Parteitag rückte näher heran. Es bestand fast keine Hoffnung mehr, daß Lenin würde teilnehmen können. Damit wurde die Frage dringend, wer das politische Hauptreferat halten sollte. Stalin sagte in der Sitzung des politischen Büros: »Natürlich Trotzki.« Ihn unter-

stützten sogleich Kalinin, Rykow und, offensichtlich wider Willen, Kamenjew. Ich widersprach. Es würde für die Partei unheimlich sein wenn jemand von uns versuchen wollte, den kranken Lenin zu ersetzen. Wir müßten uns diesmal ohne das einführende politische Referat begnügen. Nur zu den einzelnen Punkten der Tagesordnung das Nötige sagen. Außerdem bestehen zwischen uns Differenzen in den Fragen der Wirtschaft. »Was für Differenzen?« antwortete Stalin. Kalinin fügte hinzu: »Fast in allen Fragen gehen im Politbüro Ihre Beschlüsse durch.« Sinowjew war auf Urlaub im Kaukasus. Die Frage blieb unentschieden. Ich übernahm jedenfalls das Referat über die Industrie.
Stalin wußte, daß von Lenins Seite her über ihn ein Gewitter heraufzog, und hofierte mich auf jede Weise. Er wiederholte, das politische Referat müsse das nach Lenin einflußreichste und populärste Mitglied des Zentralkomitees halten, das heißt Trotzki, die Partei erwarte nichts anderes und würde etwas anderes nicht verstehen. Bei seinen Bemühungen, katzenfreundlich zu sein, erschien er mir noch fremder als bei den offenen Äußerungen der Feindseligkeit, um so mehr als seine Beweggründe zu kraß hervortraten.
Aus dem Kaukasus kehrte Sinowjew zurück. Hinter meinem Rükken gingen unaufhörlich fraktionelle Beratungen, zu jener Zeit noch in sehr engem Rahmen. Sinowjew erhob Anspruch auf das politische Referat. Kamenjew befragte die vertrauteren ›alten Bolschewiki‹, von denen die Mehrzahl zehn bis fünfzehn Jahre der Partei ferngeblieben war: »Werden wir es wirklich zulassen, daß Trotzki der alleinige Führer der Partei und des Staates wird?« In den Winkeln begann man immer häufiger die Vergangenheit zu durchwühlen, man erinnerte sich meiner alten Differenzen mit Lenin. Das wurde Sinowjews Spezialität. Inzwischen verschlimmerte sich der Zustand Lenins jäh; von dieser Seite drohte also keine ›Gefahr‹. Das Trio beschloß: das politische Referat hält Sinowjew. Ich widersprach nicht, als nach gehöriger Vorbereitung hinter den Kulissen die Frage im politischen Büro eingebracht wurde. Alles trug den Stempel des Provisoriums. Offene Meinungsverschiedenheiten gab es nicht, wie es bei dem ›Trio‹ auch keine eigene Linie gab. Meine Thesen über die Industrie waren zuerst ohne Debatten angenommen worden. Als es sich jedoch zeigte, daß auf Lenins Rückkehr zur Arbeit keine Hoffnung mehr bestand, machte das Trio aus Furcht vor einer allzu friedlichen Vorbereitung des Parteitages eine schroffe Schwenkung. Jetzt suchte es schon nach einer Möglichkeit, die Parteispitze mir entgegenzustellen. Im letzten Augenblick vor Beginn des Parteitages brachte Kamenjew zu meiner Resolution, die schon die Zustimmung besaß, eine Ergänzung, die Bauernschaft betreffend, ein. Es hat keinen Sinn, hier bei dem Wesen der Korrektur zu verweilen, die weder einen theoretischen noch politischen, sondern nur einen provokatorischen Charakter trug. Sie sollte den Anhaltspunkt bieten für die Beschuldigungen

gegen mich wegen meiner ›Unterschätzung‹ der Bauernschaft – vorläufig noch hinter den Kulissen. Drei Jahre später, nach seinem Bruch mit Stalin, erzählte mir Kamenjew mit dem ihm eigenen gutmütigen Zynismus, wie diese Anschuldigungen, die selbstverständlich keiner der Urheber ernst nahm, gebraut worden war.

In der Politik mit abstrakten moralischen Kriterien zu operieren ist von vornherein eine hoffnungslose Sache. Die politische Moral ergibt sich aus der Politik selbst, bildet eine ihrer Funktionen. Nur die Politik, die im Dienste einer großen historischen Aufgabe steht, ist imstande, sich moralisch einwandsfreie Methoden ihrer Handlungen zu sichern. Das Herabsinken des Niveaus der politischen Aufgaben führt unvermeidlich zum moralischen Verfall. Figaro hat sich bekanntlich überhaupt geweigert, einen Unterschied zwischen Politik und Intrige zu machen. Und er hat doch noch vor der Ära des Parlamentarismus gelebt! Wenn die Moralprediger der bürgerlichen Demokratie versuchen, in der revolutionären Diktatur an sich die Quelle der schlechten politischen Sitten zu suchen, dann kann man nur mitleidig die Achseln zucken. Es wäre sehr lehrreich, einen Film des modernen Parlamentarismus auch nur eines Jahres zu drehen: nur dürfte man den Aufnahmeapparat nicht neben den Sessel des Präsidenten des Parlaments, im Moment der Annahme einer patriotischen Resolution, placieren, sondern an ganz anderen Orten: in den Büros der Bankiers und der Industriellen, in den versteckten Redaktionswinkeln, bei den Kirchenfürsten, in den Salons politischer Damen, in den Ministerien, – und dabei das Auge der Kamera auch in die Geheimkorrespondenz der Parteiführer hineinblicken lassen... Dagegen wäre es sehr richtig, zu sagen, daß man an die politischen Sitten einer revolutionären Diktatur ganz andere Ansprüche stellen muß als an die Sitten des Parlamentarismus. Allein schon die Schärfe der Waffen und der Methoden der Diktatur erfordert eine viel sorgfältigere Antiseptik. Ein schmutziger Pantoffel ist harmlos. Ein schmutziges Rasiermesser sehr gefährlich. Die Methoden des Trios bedeuteten an sich ein politisches Herabsinken.

Die Hauptschwierigkeit lag für die Verschwörer im offenen Auftreten gegen mich vor dem Angesicht der Masse. Sinowjew und Kamenjew waren den Arbeitern bekannt, die ihnen gern zuhörten. Moralische Autorität besaßen sie in der Partei nicht. Ihr Verhalten im Jahre 1917 war noch zu frisch in aller Erinnerung. Stalin kannte außerhalb des engen Kreises der alten Bolschewiki fast niemand. Einige meiner Freunde sagten: »Sie werden es nie wagen, offen gegen Sie aufzutreten. Im Bewußtsein des Volkes ist Ihr Name unzertrennbar mit dem Namen Lenin verbunden. Weder die Oktoberrevolution, noch die Rote Armee, noch den Bürgerkrieg kann man auslöschen.« Ich war anderer Meinung. Persönliche Autorität spielt in der Politik, besonders in der revolutionären, eine große, sogar eine gewaltige, aber doch keine entscheidende Rolle. Viel

tiefere Vorgänge, das heißt Massenprozesse, bestimmen letzten Endes das Schicksal persönlicher Autoritäten. Die Verleumdungen gegen die Führer des Bolschewismus haben beim Aufstieg der Revolution die Bolschewiki nur gestärkt. Die Verleumdung gegen dieselben Personen beim Abstieg der Revolution konnte eine siegreiche Waffe der thermidorianischen Reaktion werden.
Die objektiven Prozesse im Lande und in der Weltarena waren meinen Gegnern günstig. Und doch war ihre Aufgabe nicht leicht. Die Parteiliteratur, die Presse, die Agitatoren lebten noch vom gestrigen Tage, der im Zeichen Lenin-Trotzki stand. Man mußte eine Kurve von 180 Grad nehmen, natürlich nicht auf einmal, sondern in einigen Etappen. Um die Schärfe der Kurve darzustellen, will ich einige Proben von dem Ton anführen, der in der Parteipresse hinsichtlich der Führer der Revolution geherrscht hatte.
Am 14. Oktober 1922, als Lenin nach dem ersten Schlaganfall zur Arbeit zurückgekehrt war, schrieb Radek in der ›Prawda‹:
»Wenn man den Genossen Lenin die Vernunft der Revolution nennen kann, die durch die Transmission des Willens herrscht, so kann man den Genossen Trotzki als den stählernen Willen charakterisieren, der durch die Vernunft gezähmt wird. Wie die Stimme einer Glocke, die zur Arbeit ruft, klingt die Rede Trotzkis. Ihre ganze Bedeutung, ihr ganzer Sinn und der Sinn unserer Arbeit in den nächsten Jahren tritt klar hervor...« und so weiter. Allerdings ist die persönliche Expansivität Radeks sprichwörtlich: er kann so und er kann auch anders. Wichtiger ist die Tatsache, daß diese Worte im Zentralorgan der Partei zu Lebzeiten Lenins erschienen sind und daß keiner sie als Mißton empfand.
Im Jahre 1923, als die Verschwörung des Trios schon offenbar ward, begann Lunatscharski als einer der ersten die Autorität Sinowjews zu heben. Wie aber mußte er an diese Arbeit herangehen? »Gewiß«, schrieb er in seiner Charakterisierung Sinowjews, »Lenin und Trotzki sind die populärsten (geliebten oder gehaßten) Gestalten unserer Epoche geworden, vielleicht auf der ganzen Erdkugel. Sinowjew tritt hinter ihnen ein wenig zurück; aber Lenin und Trotzki galten ja in unseren Reihen schon längst als Menschen von so gewaltiger Begabung, waren so unbestrittene Führer, daß ihr ungeheures Wachstum in der Revolution bei keinem ein besonderes Erstaunen hervorrufen konnte.«
Wenn ich diese hochtrabenden Panegyriken von zweifelhaftem Geschmack hier anführe, so geschieht es nur deshalb, weil ich sie als Elemente des Gesamtbildes brauche, wenn man will, als Zeugenaussagen in einem Gerichtsverfahren.
Mit direktem Ekel muß ich noch einen dritten Zeugen zitieren, Jaroslawski, dessen Lobhudeleien wohl noch unerträglicher sind als seine Schmähschriften. Dieser Mensch spielt jetzt in der Partei eine große Rolle, und an seinem winzigen geistigen Format läßt sich die Tiefe des Verfalls der Parteileitung ermessen. Zu seiner

heutigen Rolle ist Jaroslawski ausschließlich über die Stufen der Verleumdungen gegen mich aufgestiegen. Als offizieller Fälscher der Parteigeschichte schildert er die Vergangenheit als einen ununterbrochenen Kampf zwischen Lenin und Trotzki. Davon ganz zu schweigen, daß Trotzki die Bauernschaft ›unterschätzte‹, sie ›ignorierte‹, sie überhaupt ›nicht merkte‹. Im Februar 1923 aber, also in einem Augenblick, wo Jaroslawski meine Beziehungen zu Lenin und meine Stellung zu der Bauernschaft recht gut kennen mußte, charakterisierte er in einem großen Artikel, der den ersten Schritten meiner literarischen Tätigkeit (1900–1902) gewidmet war, meine Vergangenheit in folgender Weise:

»Die glänzende literarisch-publizistische Tätigkeit des Genossen Trotzki trug ihm in der ganzen Welt den Namen ›König der Polemiker‹ ein: so nannte ihn der englische Schriftsteller Bernard Shaw. Wer im Laufe eines Vierteljahrhunderts seine Tätigkeit verfolgte, mußte sich davon überzeugen, daß dieses Talent sich besonders hervorragend...« und so weiter, und so weiter.

»Es haben wohl viele das sehr verbreitete Bild des jungen Trotzki gesehen... (und so weiter). Unter dieser hohen Stirn brodelte schon damals ein reißender Strom von Bildern, Gedanken, Stimmungen, die Trotzki manchmal vom großen historischen Weg abbrachten, die ihn zwangen, entweder einen zu großen Umweg zu wählen oder, im Gegenteil, unerschrocken dort vorzustoßen, wo man nicht hindurch konnte. Aber bei all diesem Suchen nach dem rechten Weg sehen wir vor uns einen der Revolution tief ergebenen Menschen, der für die Rolle eines Tribuns aufgewachsen ist, mit einer scharf geschliffenen und wie Stahl biegsamen Sprache, die den Gegner trifft...« und so weiter.

»Die Sibirier lasen mit Begeisterung«, überschlägt sich Jaroslawski weiter, »diese glänzenden Artikel und warteten ungeduldig auf ihr Erscheinen. Nur wenige wußten, wer ihr Autor war, und jene, die Trotzki kannten, dachten in jener Zeit am allerwenigsten daran, daß er einer der anerkanntesten Führer der revolutionärsten Armee und der größten Revolution der Welt werden würde.«

Noch schlimmer verhält es sich bei Jaroslawski mit meinem ›Ignorieren‹ der Bauernschaft. Der Beginn meiner literarischen Tätigkeit war dem Dorfe gewidmet. Folgendes sagt darüber Jaroslawski:

»Trotzki konnte es im sibirischen Dorfe nicht aushalten, ohne in alle Einzelheiten des Dorflebens einzudringen. Und vor allem widmete er dem Verwaltungsapparat des sibirischen Dorfes seine Aufmerksamkeit. In einer Reihe von Korrespondenzen gibt er eine glänzende Charakteristik dieses Apparates...« Und weiter: »Um sich herum sah Trotzki nur das Dorf. Er litt dessen Nöte mit. Ihn bedrückten dessen Finsternis und Rechtlosigkeit.« Jaroslawski verlangte, daß meine Artikel über das Dorf in die Lesebücher aufgenommen würden. Dies alles im Februar 1923, in dem gleichen Monat, als die Version von meiner Gleichgültigkeit gegen das Dorf geschaffen wurde. Jaroslawski aber befand sich damals in Sibirien und war deshalb noch nicht in den Kurs auf den ›Leninismus‹ eingeweiht.

Das letzte Beispiel, das ich anführen will, bezieht sich auf Stalin selbst. Schon zum ersten Jahrestag der Oktoberrevolution schrieb er einen Artikel, der verschleiert gegen mich gerichtet war. Zur Erklärung muß man daran erinnern, daß Lenin sich in der Periode der Vorbereitung der Oktoberrevolution in Finnland verborgen halten mußte, Kamenjew, Sinowjew, Rykow und Kalinin Gegner des Aufstandes waren, von Stalin aber überhaupt kein Mensch etwas wußte. Die Folge davon war, daß die Partei den Oktoberumsturz hauptsächlich mit meinem Namen verknüpfte. Am ersten Jahrestag des Oktobers versuchte Stalin, diese Vorstellung abzuschwächen, indem er die Gesamtleistung des Zentralkomitees der meinen gegenüberstellte. Um aber seine Darstellung einigermaßen annehmbar zu machen, war er doch gezwungen, folgendes zu schreiben:

»Die gesamte Arbeit der praktischen Vorbereitung des Aufstandes verlief unter der direkten Leitung des Vorsitzenden des Petrograder Sowjets, Trotzkis. Man kann mit Bestimmtheit behaupten, daß die Partei den schnellen Übergang der Garnison auf die Seite der Sowjets und die richtige Organisierung der Arbeit des Revolutionären Kriegskomitees vor allem und hauptsächlich dem Genossen Trotzki verdankte.«

Wenn Stalin dies schrieb, so tat er es nur deshalb, weil es zu jener Zeit selbst ihm nicht möglich war, anders zu schreiben. Es waren Jahre schrankenloser Hetze nötig, bevor Stalin laut erklären durfte: »Keine besondere Rolle, weder in der Partei noch in der Oktoberrevolution, hat Genosse Trotzki gespielt oder spielen können...« Als man ihn auf den Widerspruch aufmerksam machte, antwortete er nur mit einer plumpen Grobheit, nichts weiter.

Das Trio konnte in keinem Falle sich mir gegenüberstellen. Es konnte mir nur Lenin gegenüberstellen. Dazu war aber nötig, daß Lenin die Möglichkeit verlor, sich dem Trio gegenüberzustellen. Mit anderen Worten, für den Sieg seiner Kampagne brauchte das Trio entweder einen hoffnungslos kranken Lenin oder dessen einbalsamierten Leichnam im Mausoleum. Aber auch dies war noch zu wenig. Es war nötig, daß ich für die Zeit der Kampagne aus der Kampffront ausschied. Das geschah dann auch im Herbst 1923.

Ich treibe hier keine Geschichtsphilosophie, sondern erzähle mein Leben auf dem Hintergrund der Ereignisse, mit denen es verbunden ist. Aber es ist unmöglich, nicht nebenbei darauf hinzuweisen, wie diensteifrig das Zufällige dem Gesetzmäßigen hilft. Allgemein gesprochen, spiegelt sich das Gesetzmäßige des gesamten historischen Prozesses im Zufälligen wider. Will man die Sprache der Biologie gebrauchen, dann kann man sagen, daß sich die historische Gesetzmäßigkeit durch die natürliche Auslese der Zufälle verwirklicht. Auf dieser Grundlage entwickelt sich die bewußte menschliche Tätigkeit, die die Zufälle einer künstlichen Auslese unterwirft.

Hier aber muß ich meine Darstellung unterbrechen, um einiges über meinen Freund Iwan Wassiljewitsch Saizew aus dem Dorfe Kaloschino an dem Flusse Dubna mitzuteilen. Diese Gegend heißt Sabolotje* und ist, wie der Name schon andeutet, reich an Sumpfwild. Der Fluß Dubna bildet hier ein breites Seegelände. Sümpfe, Seen und durch Inseln getrennte Wasserläufe, von Schilf umrahmt, ziehen sich fast vierzig Kilometer lang hin. Im Frühling versammeln sich hier Gänse, Kraniche, Enten aller Art, Kron-, Sumpf- und Streitschnepfen, und die ganze übrige Sumpfgesellschaft. Zwei Kilometer davon entfernt, im Unterholz, zwischen Mooshügeln und Preißelbeeren, balzen Auerhähne. Mit einem kurzen Ruder treibt Iwan Wassiljewitsch in einem Wasserlauf das schmale Kanu zwischen den sumpfigen Ufern. Der Wasserlauf ist vor unbekannter Zeit, vielleicht vor 200 bis 300 Jahren, angelegt worden, und man muß ihn alljährlich reinigen, damit er nicht verschlammt. Man fährt aus Kaloschino um Mitternacht weg, um vor Sonnenaufgang die Hütte zu erreichen. Bei jedem Schritt quillt das Torfmoor hoch. Anfangs fürchtete ich mich davor. Aber Iwan Wassiljewitsch hatte mir schon bei meinem ersten Besuch gesagt: Geh nur ruhig, im See ist schon mancher ertrunken, im Sumpf aber noch niemand.

Das Kanu ist so leicht und so schwank, daß man, besonders bei Wind, am besten unbeweglich auf dem Rücken liegt. Die Bootsleute knien gewöhnlich der Sicherheit halber. Nur Iwan Wassiljewitsch steht trotz seinem hinkenden Bein in ganzer Höhe aufrecht. Iwan Wassiljewitsch ist der Entenherzog dieser Gegend. Schon sein Vater, Großvater und Urgroßvater waren Entenjäger. Es ist nicht ausgeschlossen, daß ein Urahne von ihm Enten, Gänse und Schwäne für den Tisch Iwans des Schrecklichen lieferte. Auerhähne, Birkhähne und Schnepfen interessieren Saizew nicht. »Ist nicht mein Fach«, sagt er kurz. Dafür kennt er die Ente durch und durch: ihre Federn, ihre Stimme, ihre Entenseele. Im Boot stehend, hebt er während der Fahrt eine Feder nach der anderen aus dem Wasser, betrachtet sie und erklärt: »Wir wollen nach Guschtschino fahren, am Abend hat sich dort die Ente niedergelassen...« »Woher weißt du es?« »Du siehst doch, die Feder hält sich auf dem Wasser, sie ist noch nicht naß geworden, eine frisch verlorene Feder, ist erst am Abend hinuntergeflogen, und der Vogel kann nirgendwo anders hingezogen sein als nach Guschtschino.«

Und nun, während die anderen Jäger ein oder zwei Paare mitbringen, bringen wir zehn und manchmal auch fünfzehn Stück. Ihm gebührt das Verdienst, mir die Ehre. So ist es oft im Leben. In der

* Der Name Sabolotje ist vom Worte ›Boloto‹ (Sumpf) abgeleitet.

Schilfhütte legt Iwan Wassiljewitsch die knorrige Hand an die Lippen und zwitschert wie ein Entenweibchen, so zart, daß der vorsichtigste, schon oft angeschossene Enterich diesen Lockungen nicht widerstehen kann und sicherlich um die Hütte einen Kreis macht oder in fünf Schritt Entfernung auf das Wasser niederplumpst, – man schämt sich ordentlich, zu schießen. Saizew merkt alles, weiß alles, spürt alles. »Mach dich fertig«, flüstert er mir zu, »der Enterich kommt direkt auf dich los.« Ich sehe nur weit über dem Wald zwei Striche von Flügeln; aber erraten, daß das ein Krickenterich ist – nein, das ist nur Iwan Wassiljewitsch gegeben, dem großen Meister des Entenfaches. Aber der Enterich kommt tatsächlich auf mich zu. Fehlt man, stöhnt Iwan Wassiljewitsch nur leise, höflich. Aber es ist besser, nicht geboren zu sein, als hinter dem Rücken dies Stöhnen zu hören.
Bis zum Kriege hatte Saizew in einer Textilfabrik garbeitet. Und auch jetzt geht er über Winter nach Moskau, als Heizer oder in das Elektrizitätswerk. In den ersten Jahren nach dem Umsturz waren im Lande Kämpfe, es brannten Wälder und Moore, die Felder standen kahl – die Ente flog nicht. Saizew verzweifelte am neuen Regime. Aber seit 1920 kommt die Ente wieder, haufenweis, und Iwan Wassiljewitsch anerkennt voll und ganz die Sowjetherrschaft.
Ein ganzes Jahr lang arbeitete zwei Kilometer von hier eine kleine staatliche Dochtfabrik. Ihr Direktor war der ehemalige Chauffeur aus meinem Militärzuge. Die Frau und die Tochter Saizews brachten monatlich je dreißig Rubel aus der Fabrik heim. Das war ein unerhörter Reichtum. Die Fabrik aber hatte bald die ganze Gegend mit Dochten beliefert und wurde geschlossen. Wieder war die Ente die Basis des Familienwohlstandes.
Am 1. Mai geriet Iwan Wassiljewitsch in ein großes Moskauer Theater auf die Bühne, wo die Ehrengäste untergebracht waren. Iwan Wassiljewitsch saß in der ersten Reihe, den hinkenden Fuß eingezogen, etwas verlegen, aber wie immer würdevoll, und lauschte meinem Vortrag. Muralow, mit dem wir die Jägerfreuden und -leiden zu teilen pflegten, hatte ihn mitgebracht. Mit dem Referat war Iwan Wassiljewitsch zufrieden, er hatte alles verstanden und in Kaloschino wiedererzählt. Das hatte unsere Freundschaft zu dritt noch mehr befestigt. Man muß sagen, daß die alten Jäger, besonders in der Nähe von Moskau, ein verdorbenes Volk sind, sie haben sich zu nah mit den großen Herren berührt; Schmeicheln, Lügen und Prahlen – darin sind sie Meister. Aber Iwan Wassiljewitsch ist nicht so. In ihm ist viel Einfachheit, Beobachtungsgabe und persönliche Würde. Und dies darum, weil er in der Tiefe seiner Seele nicht Händler, sondern Künstler in seinem Fache ist.
Zu Saizew auf die Jagd fuhr auch Lenin, und Iwan Wassiljewitsch zeigte stets den Platz im Holzspeicher, wo Lenin im Stroh zu liegen pflegte. Lenin war ein leidenschaftlicher Jäger, aber er jagte selten. Bei der Jagd war er sehr hitzig, trotz seiner enormen Ausdauer

in großen Dingen. Ebenso wie geniale Strategen gewöhnlich schlechte Schauspieler sind, so können auch Menschen mit genialer politischer Zielsicherheit mittelmäßige Jäger sein. Ich erinnere mich, wie Lenin mir geradezu verzweifelt, im Bewußtsein von etwas nie mehr Gutzumachendem, klagte, daß er bei einer Treibjagd den Fuchs aus 25 Schritt Entfernung verfehlt hatte. Ich verstand ihn, und mein Herz floß von Mitgefühl über.

Es ist mir kein einziges Mal gelungen, mit Lenin gemeinsam zu jagen, obwohl wir uns viele Male verabredet und die Zeit fest ausgemacht hatten. In den ersten Jahren nach der Umwälzung war an so etwas überhaupt nicht zu denken. Lenin fuhr zwar manchmal aus Moskau ins Freie, ich aber kam fast nicht aus dem Zuge, aus dem Stabe oder aus dem Automobil heraus und nahm kein einziges Mal die Schrotflinte in die Hand. Und in den letzten Jahren nach dem Bürgerkriege verhinderte stets etwas Unvorhergesehenes ihn oder mich. Dann wurde Lenin krank. Kurz bevor er sich hinlegen mußte, hatten wir verabredet, uns auf dem Flusse Schoscha im Gouvernement Twer zu treffen. Aber Lenins Auto blieb auf dem Feldwege stecken, und ich konnte ihn nicht abwarten. Als Lenin sich nach dem ersten Schlaganfall erholt hatte, kämpfte er um das Recht, jagen zu dürfen. Endlich gaben die Ärzte unter der Bedingung nach, daß er sich nicht übermüden dürfe. Bei irgendeiner Beratung, ich glaube, einer agronomischen, setzte sich Lenin zu Muralow. »Sie jagen häufig mit Trotzki?« »Manchmal.« »Nun, und wie? Erfolgreich?« »Manchmal auch das.« »Nehmen Sie mich mit, ja?« »Dürfen Sie?« fragte vorsichtig Muralow. »Ich darf, ich darf, man hat es mir erlaubt... also Sie nehmen mich mit?« »Gewiß, Wladimir Iljitsch, wie könnten wir Sie nicht mitnehmen wollen?« »Dann werde ich anläuten, was?« »Wir werden warten.« Aber Iljitsch hat nicht angeläutet. Die Krankheit läutete an. Und dann der Tod.

Ich habe diese ganze Abschweifung benötigt, um zu erklären, wie und weshalb ich an einem Oktobersonntag 1923 in Sabolotje im Sumpf, zwischen Schilf weilte. Die Nacht war frostig gewesen, und ich saß in Filzstiefeln im Zelt. Aber am Morgen wärmte die Sonne tüchtig, und der Sumpf war bald aufgetaut. Auf der Anhöhe am Ufer erwartete mich das Automobil. Der Chauffeur Dawidow, mit dem ich Schulter an Schulter durch den Bürgerkrieg gegangen war, brannte wie immer vor Ungeduld, zu erfahren, wie die Beute sei. Vom Boot bis zum Wagen waren es etwa hundert Schritt, nicht mehr. Aber kaum trat ich mit den Filzschuhen in den Sumpf, da sanken meine Füße ins kalte Wasser ein. Bis ich springend das Automobil erreichte, waren die Füße ganz durchgefroren. Ich setzte mich neben Dawidow, zog die Schuhe aus und wärmte mir die Beine am heißen Motor. Aber die Erkältung überwältigte mich. Ich mußte mich hinlegen. Nach einer Influenza stellte sich ein kryptogenes Fieber ein. Die Ärzte verboten mir, das Bett zu verlassen. So lag ich den Rest des Herbstes und den Winter. Das heißt, daß ich wäh-

rend der ganzen Diskussion 1923 gegen den ›Trotzkismus‹ krank lag. Man kann Revolution und Krieg voraussehen. Man kann aber die Folgen einer herbstlichen Jagd auf Enten nicht voraussehen.
Lenin lag in Gorki, ich im Kreml. Die Epigonen erweiterten die Kreise der Verschwörung. Sie traten in der ersten Zeit vorsichtig auf, schmeichlerisch, aber dem Lobe immer größere Portionen Gift beimischend. Sogar der Ungeduldigste von ihnen, Sinowjew, umhüllte die Verleumdung mit Dutzenden von Redensarten. »Die Autorität des Genossen Trotzki ist allen bekannt«, sagte Sinowjew am 15. Dezember (1923) in einer Parteiversammlung in Petrograd, »wie auch seine Verdienste. In unserem Kreise braucht man sich darüber nicht erst noch zu verbreiten. Aber Fehler hören nicht auf, Fehler zu sein. Als ich Fehler beging, wurde ich von der Partei ernstlich zurechtgewiesen.« Und so weiter in dem gleichen feig angreifenden Ton, der einige Zeit der Grundton der Verschwörer blieb. Erst nachdem sie sich durchgetastet und die Positionen in ihre Hände gebracht hatten, wurde ihr Ton kühner.
Es entstand eine ganze Industrie: die Fabrikation von künstlich aufgemachtem Ansehen, die Erfindung phantastischer Biographien, Führerreklame auf Bestellung. Ein besonderer Zweig dieser Industrie war der Frage des Ehrenpräsidiums gewidmet. Seit dem Oktober war es üblich geworden, in den zahllosen Versammlungen Lenin und Trotzki in das Ehrenpräsidium zu wählen. Die Verbindung dieser zwei Namen ging in die Gebrauchssprache, in die Zeitungsartikel, in Gedichte, in die Volkslieder ein. Man mußte die zwei Namen trennen, wenn auch gewaltsam, um sie politisch gegeneinander stellen zu können. Erst begann man, alle Mitglieder des politischen Büros ins Präsidium aufzunehmen. Dann brachte man sie alphabetisch unter. Dann wurde die alphabetische Ordnung zugunsten einer neuen Hierarchie der Führer umgestoßen. An die erste Stelle wurde Sinowjew gerückt. Das Beispiel gab Petrograd. Nach einiger Zeit kamen Ehrenpräsidien ohne Trotzki auf. Aus der Mitte der Versammlung ertönten laute Proteste. Nicht selten war der Vorsitzende gezwungen, das Weglassen meines Namens mit einem Versehen zu erklären. Der Zeitungsbericht verschwieg es selbstverständlich. Dann begann man, Stalin den ersten Platz einzuräumen. Wenn der Vorsitzende es nicht vermocht hatte, das, was nötig war, durchzusetzen, korrigierte ihn der Zeitungsbericht. Karrieren entstanden und wurden vernichtet, je nachdem ob die Namen im Ehrenpräsidium genannt wurden oder nicht. Diese beharrlichste und planmäßigste von allen Arbeiten wurde mit der Notwendigkeit begründet, gegen den ›Führerkultus‹ anzukämpfen. In der Moskauer Konferenz vom Jahre 1924 rief Preobraschenski den Epigonen zu: »Ja, wir sind gegen ›Führerkultus‹, wir sind aber auch dagegen, daß man anstatt des Kultus des einen Führers den Kultus anderer Führer, nur von kleinerem Maßstabe, treibt.«

»Das waren schwere Tage«, erzählt in ihren Aufzeichnungen meine Frau, »Tage angespannten Kampfes L. D.s gegen die Mitglieder des politischen Büros. Er war allein, krank und kämpfte gegen alle. Wegen der Krankheit L. D.s fanden die Sitzungen in unserer Wohnung statt. Ich saß im Schlafzimmer nebenan und hörte ihn reden. Er sprach mit seinem ganzen Wesen: es schien, als ob er mit jeder solchen Rede einen Teil seiner Kräfte hingäbe, mit soviel ›Blut‹ sprach er. Und ich hörte dann kalte, seelenlose Antworten. War doch alles im voraus abgemacht. Wozu hatten sie nötig, sich noch aufzuregen? Jedesmal nach einer solchen Sitzung sprang bei L. D. die Temperatur hoch, er kam naß bis auf die Knochen aus dem Arbeitszimmer, zog sich aus und legte sich zu Bett. Wäsche und Kleider mußte man trocknen, als wäre er im Regen gewesen. Sitzungen fanden in jener Zeit häufig statt, im Zimmer L. D.s mit dem verblichenen alten Teppich, vom dem ich jede Nacht als von einem lebendigen Panther träumte: die Sitzungen vom Tage verwandelten sich nachts in Alpdrücken. So war die erste Etappe des Kampfes, ehe er nach außen drang...«
Im späteren Kampfe Sinowjews und Kamenjews gegen Stalin wurden die Geheimnisse dieser Periode von den Teilnehmern an der Verschwörung selbst aufgedeckt. Es war wirklich eine regelrechte Verschwörung. Man gründete ein geheimes politisches Büro (einen Siebenerkopf), das aus allen Mitgliedern des offiziellen politischen Büros bestand außer mir; statt meiner hatte man Kujbischew, den jetzigen Vorsitzenden des Obersten Volkswirtschaftsrates, hinzugenommen. Alle Fragen wurden von dieser geheimen Zentrale, deren Mitglieder eine Versicherung auf Gegenseitigkeit eingegangen waren, im voraus beschlossen. Sie waren verpflichtet, gegeneinander nicht zu polemisieren, gleichzeitig aber Anlässe zu suchen, gegen mich aufzutreten. In den lokalen Organisationen bestanden ebensolche geheime Zentren, die mit dem Moskauer ›Siebenerkopf‹ durch strengste Disziplin verbunden waren. Man verkehrte mittels besonderer Geheimschrift. Es war eine festgefügte illegale Organisation innerhalb der Partei, die anfangs nur gegen einen einzelnen Menschen gerichtet war. Die verantwortlichen Partei- und Staatsarbeiter wurden sorgfältigst unter dem einen Gesichtspunkt ausgesiebt: gegen Trotzki. Während des anhaltenden ›Interregnums‹, das durch die Krankheit Lenins entstanden war, wurde diese Arbeit unermüdlich, aber behutsam und verschleiert geführt, um im Falle von Lenins Genesung die unterminierten Brücken unangetastet zu lassen. Die Verschwörer verständigten sich durch Anspielungen. Von dem Kandidaten für den einen oder den anderen Posten verlangte man, daß er errate, was man von ihm wünschte. Wer es ›erriet‹ kam hoch. So entstand eine besondere Abart des Karrierismus, die später offen den Namen erhielt: ›Antitrotzkismus‹. Erst der Tod Lenins hat diesem Geheimbund völlig die Hände freigemacht, indem er ihm erlaubte, an die

Oberfläche zu kommen. Der Prozeß der Personalauslese setzte sich nun eine Stufe tiefer fort. Man konnte schon den Posten eines Fabrikdirektors, des Sekretärs einer Gewerkschaftszelle, des Vorsitzenden eines Dorf-Exekutivkomitees, eines Buchhalters, einer Schreibmaschinistin nicht mehr einnehmen, wenn man sich nicht als Antitrotzkist auswies.
Parteimitglieder, die gegen diese Verschwörung die Stimme erhoben, wurden Opfer heimtückischer Attacken, natürlich unter ganz anderen, nicht selten erfundenen Vorwänden. Moralisch schwankende Elemente dagegen, die im ersten Jahrfünft der Sowjetmacht schonungslos aus der Partei vertrieben worden wären, sicherten sich jetzt Positionen lediglich durch eine feindselige Bemerkung gegen Trotzki. Die gleiche Arbeit wurde seit Ende 1923 in allen anderen Parteien der Kommunistischen Internationale geleistet: die einen Führer wurden abgesetzt, die anderen rückten auf ihren Posten, je nachdem, ob sie für oder gegen Trotzki waren. Es vollzog sich eine künstliche Auslese nicht der Besten, sondern der Anpassungsfähigsten. Der allgemeine Kurs führte zum Ersatz selbständiger und begabter Menschen durch Mittelmäßigkeiten, die ihre Stellungen nur dem Apparat zu verdanken hatten. Als vollkommenster Ausdruck einer Apparatmittelmäßigkeit erhob sich Stalin.

Der Tod Lenins und die Machtverschiebung

Man hat mich wiederholt gefragt, fragt mich manchmal auch noch jetzt: Wie konnten Sie die Macht verlieren? Am häufigsten verbirgt sich hinter dieser Frage die recht naive Vorstellung vom Entgleiten irgendeines materiellen Gegenstandes aus der Hand: als bedeute, die Macht zu verlieren, soviel wie das Verlieren einer Uhr oder eines Notizbuches. Wenn Revolutionäre, die die Eroberung der Macht geleitet haben, an einer bestimmten Etappe – ›friedlich‹ oder katastrophal – sie zu verlieren beginnen, so bedeutet das in Wirklichkeit den Niedergang des Einflusses bestimmter Ideen und Stimmungen in der führenden Schicht der Revolution oder den Niedergang der revolutionären Stimmungen bei den Massen selbst oder beides zusammen. Die leitenden Kader der Partei, die aus der Illegalität herauskam, waren von revolutionären Tendenzen beseelt, welche die Führer der ersten Revolutionsperiode klar und bestimmt zu formulieren und in der Praxis vollständig und erfolgreich durchzuführen imstande waren. Gerade das machte sie zu Führern der Partei und durch die Partei zu Führern der Arbeiterklasse und durch die Arbeiterklasse zu Führern des Landes. Auf diese Weise vereinigten bestimmte Personen die Macht in ihren Händen. Aber die Ideen der ersten Revolutionsperiode verloren unmerklich die Macht über das Bewußtsein jener Parteischicht, die unmittelbar die Macht über das Land ausübte. Im Lande selbst vollzogen sich Prozesse, die man insgesamt als Reaktion bezeichnen kann. Diese Prozesse erfaßten mehr oder weniger auch die Arbeiterklasse, darunter auch ihren in der Partei organisierten Teil. Bei jener Schicht, die den Apparat bildete, entwickelten sich eigene Ziele, denen sie die Revolution unterzuordnen strebte. Zwischen den Führern, welche die historische Linie der Klasse verkörperten und über den Apparat hinauszublicken vermochten und dem Apparat, riesenhaft, schwerfällig, in seiner Zusammensetzung verschiedenartig, den Durchschnittskommunisten leicht aufsaugend, begann sich ein Zwiespalt herauszubilden. Anfangs hatte er einen mehr psychologischen als politischen Charakter. Der gestrige Tag war noch zu frisch. Die Parolen des Oktober hatten sich noch nicht aus der Erinnerung verflüchtigt. Die persönliche Autorität der Führer der ersten Periode war groß. Unter der Hülle der traditionellen Formen wuchs jedoch eine neue Psychologie heran. Die internationalen Aussichten verblaßten. Die Alltagsarbeit verschlang die Menschen völlig. Neue Methoden, die den alten Zielen dienen sollten, schufen neue Ziele und vor allem eine neue Psychologie. Die jeweilige Etappe begann sich für viel zu viele in eine Endstation zu verwandeln. Es entstand ein neuer Typus.

Revolutionäre sind letzten Endes aus dem gleichen sozialen Stoff gemacht wie andere Menschen. Aber sie müssen doch irgendwelche ausgeprägte persönliche Besonderheit besitzen, welche es dem historischen Prozeß ermöglicht, sie von den anderen zu trennen und zu einer besonderen Gruppe zu verbinden. Der gemeinsame Verkehr, die theoretische Arbeit, der Kampf unter einem bestimmten Banner, die kollektive Disziplin, die Stählung im Feuer der Gefahren bilden allmählich den revolutionären Typus heraus. Man kann mit vollem Recht von einem psychologischen Typus des Bolschewik im Gegensatz etwa zu dem Menschewik sprechen. Bei genügender Erfahrung konnte das Auge – mit einem kleinen Prozentsatz von Irrtümern – sogar nach dem Äußeren einen Bolschewik von einem Menschewik unterscheiden.

Das heißt aber nicht, daß an dem Bolschewik immer alles bolschewistisch war. Eine bestimmte Weltanschauung in Fleisch und Blut zu verwandeln, ihr alle Seiten seines Bewußtseins zu unterwerfen und die Welt der eigenen Gefühle in Übereinstimmung mit ihr zu bringen, das ist nicht allen gegeben, eher nur wenigen. Bei der Arbeitermasse wird dies durch den Klasseninstinkt ersetzt, der in kritischen Zeiten seine höchste Klarheit erreicht. Es gibt aber in der Partei und im Staat eine große Schicht von Revolutionären, die zwar in ihrer Mehrheit der Masse entstammen, sich aber schon längst von ihr getrennt haben und durch ihre Stellung in Gegensatz zu der Masse geraten sind. Der Klasseninstinkt hat sich bei ihnen verflüchtigt. Andererseits fehlt ihnen die theoretische Festigkeit und der Weitblick, um den Prozeß in seiner Gesamtheit zu erfassen. In ihrer Psychologie bleiben genügend ungeschützte Stellen, durch die – bei veränderten Verhältnissen – fremde und feindliche geistige Einflüsse frei eindringen können. In Perioden des illegalen Kampfes, des Aufstandes, des Bürgerkrieges waren solche Elemente nur Soldaten der Partei. In ihrem Bewußtsein klang nur eine Saite, und sie klang nach der Stimmgabel der Partei. Als die Spannung nachließ und die Nomaden der Revolution ansässig wurden, erwachten und entfalteten sich in ihnen kleinbürgerliche Eigenschaften, Sympathien und Neigungen selbstzufriedener Beamter.

Nicht selten machten zufällig entglittene Bemerkungen Kalinins, Woroschilows, Stalins, Rykows beunruhigt aufhorchen. Woher das? fragte ich mich. Aus welchem Rohr quillt das? Kam ich in eine Sitzung, so fand ich manchmal eine Gruppe im Gespräch, das bei meinem Erscheinen plötzlich abgebrochen wurde. Das Gespräch enthielt nichts, das gegen mich gerichtet war, nichts, was den Prinzipien der Partei widersprach. Aber es atmete die Stimmung moralischer Beruhigung, Selbstzufriedenheit und Trivialität. In den Menschen entstand das Bedürfnis, sich gegenseitig ihre neuen Stimmungen zu beichten, wobei freilich das Element des spießbürgerlichen Klatsches keinen geringen Raum einnahm. Früher schämten sie sich nicht nur vor Lenin und vor mir, sondern auch vor sich selbst. Platzte zum Beispiel Stalin mit einer Abgeschmacktheit heraus, dann pflegte Lenin, ohne den tief über seine Papiere gebeugten Kopf zu erheben, die Herumsitzenden mit den Augen zu streifen, als wollte er prüfen, ob noch jemand das Ausgesprochene als unerträglich empfinde. In solchen Fällen genügte ein flüchtiger Blick oder eine Schwingung der Stimme, damit uns beiden unsere Übereinstimmung in solchen psychologischen Wertungen klar wurde.

Wenn ich an den Vergnügungen, die in der neuen regierenden Schicht immer mehr Sitte wurden, nicht teilnahm, so nicht aus moralischen Prinzipien, sondern weil ich mich der Folter schlimmster Langeweile nicht aussetzen wollte. Gastgebereien, fleißiges Besuchen des Balletts, gemeinschaftliche Trinkabende mit dem dabei unvermeidlichen Klatsch über die Abwesenden hatten für mich gar keine Anziehungskraft. Die neue Spitze fühlte, daß ich für ihre Lebensweise mich nicht eignete. Man versuchte auch nicht, mich hinzuzuziehen. Deshalb hörten auch die Gruppengespräche bei meinem Erscheinen auf und ihre Teilnehmer gingen mit einiger Verlegenheit vor sich selbst und einer Feindseligkeit gegen mich auseinander. Wenn man will, kann man sagen: dies bedeutete, daß ich begann, die Macht zu verlieren.

Ich beschränke mich hier auf die psychologische Seite der Sache und lasse die soziale Grundlage beiseite, das heißt die Veränderung der Anatomie der revolutionären Gesellschaft. Letzten Endes entscheiden natürlich diese Veränderungen. Unmittelbar jedoch stößt

man zuerst auf ihre psychologische Widerspiegelung. Die inneren Ereignisse entwickelten sich verhältnismäßig langsam, dadurch der oberen Schicht die molekularen Prozesse der Umwandlung erleichternd und die Gegensätze der zwei unversöhnlichen Positionen den Augen der breiten Massen verbergend. Man muß noch hinzufügen, daß die neuen Stimmungen lange Zeit von den traditionellen Formeln verdeckt blieben; sie sind es zum Teil noch jetzt. Das machte die Feststellung, wie weit der Prozeß der Verwandlung gediehen war, um so schwieriger. Die thermidorianische Verschwörung am Ende des 18. Jahrhunderts (von dem vorherigen Gang der Revolution vorbereitet) vollzog sich mit einem Schlage und nahm die Form einer blutigen Lösung an. Unser Thermidor bekam einen schleichenden Charakter. Die Guillotine wurde, mindestens vorläufig, durch die Intrige ersetzt. Die systematische, nach der Methode des laufenden Bandes organisierte Fälschung der Vergangenheit wurde eine Waffe im neuen geistigen Rüstzeug der offiziellen Partei. Die Krankheit Lenins und die Erwartung seiner etwaigen Rückkehr an die Leitung schufen die Unsicherheit des Provisoriums, das, mit Unterbrechungen, über zwei Jahre gedauert hat. Wäre die revolutionäre Entwicklung im Aufstieg begriffen gewesen, die Hinauszögerung wäre der Opposition von Nutzen geworden. Die Revolution aber erlitt im internationalen Maßstabe eine Niederlage nach der anderen, und die Verzögerung kam dem nationalen Reformismus zugute, sie stärkte automatisch die Stalinsche Bürokratie gegen mich und meine politischen Freunde.
Die durch und durch philisterhafte, unwissende und einfach dumme Hetze gegen die Theorie der permanenten Revolution entsprang gerade diesen psychologischen Quellen. Bei einer Flasche Wein oder auf dem Heimweg vom Ballett sprach ein selbstzufriedener Bürokrat zu dem anderen: »Der hat immer nur die permanente Revolution im Kopfe.« Eng damit verbunden sind die Anschuldigungen wegen meiner Ungeselligkeit, wegen meines Individualismus, Aristokratismus und so weiter. »Aber doch nicht immer und nicht alles nur für die Revolution, man muß auch an sich denken« – diese Stimmung wurde übersetzt mit: »Nieder mit der permanenten Revolution!« Der Widerstand gegen die theoretischen Ansprüche des Marxismus und die politischen Ansprüche der Revolution nahm für diese Menschen allmählich die Form des Kampfes gegen den ›Trotzkismus‹ an. Unter dieser Flagge vollzog sich die Entfesselung des Kleinbürgers im Bolschewik. Darin eben bestand mein Verlust der Macht, und das ergab die Form, in der dieser Verlust erfolgte.
Ich habe erzählt, wie Lenin auf dem Sterbelager seinen Schlag gegen Stalin und dessen Verbündete, Dserschinski und Ordschonikidse, vorbereitete. Lenin hatte Dserschinski sehr geschätzt. Die Entfremdung zwischen ihnen begann, als Dserschinski begriff, daß Lenin ihn nicht für fähig hielt, eine leitende wirtschaftliche Arbeit

auszuführen. Dies war es, was Dserschinski auf die Seite Stalins stieß. Nun wurde es für Lenin notwendig, auch gegen Dserschinski als die Stütze Stalins den Schlag zu führen. Den Ordschonikidse wollte Lenin aus der Partei ausschließen, weil er sich wie ein Generalgouverneur benahm. Der Zettel, auf dem Lenin den georgischen Bolschewiki seine volle Unterstützung gegen Stalin, Dserschinski und Ordschonikidse versprach, war an Mdivani adressiert. An dem Schicksal dieser vier Personen zeigt sich am krassesten jene Umwälzung, die die Stalinsche Fraktion in der Partei vollzogen hat. Dserschinski kam nach dem Tode Lenins an die Spitze des Obersten Volkswirtschaftsrats, das heißt der gesamten Staatsindustrie. Ordschonikidse, der für den Ausschluß vorgemerkt war, wurde an die Spitze der Zentralkommission gestellt. Stalin blieb nicht nur, entgegen Lenins Wunsch, Generalsekretär, sondern erhielt vom Apparat unerhörte Vollmachten. Schließlich sitzt Budu Mdiwani, mit dem sich Lenin gegen Stalin solidarisiert hatte, im Gefängnis von Tscheljabinsk. Eine ähnliche ›Umgruppierung‹ wurde in der gesamten Leitung der Partei vorgenommen, von oben bis unten. Und nicht nur dies: sondern ohne Ausnahme auch in allen übrigen Parteien der Internationale. Die Epoche der Epigonen trennt von der Epoche Lenins nicht nur ein geistiger Abgrund, sondern ein vollendeter organisatorischer Umsturz.

Stalin ist das Hauptwerkzeug dieses Umsturzes. Er besitzt praktischen Sinn, Ausdauer und Beharrlichkeit in der Verfolgung seiner Ziele. Sein politischer Horizont ist äußerst beschränkt. Sein theoretisches Niveau vollkommen primitiv. Sein zusammengestoppeltes Buch ›Die Grundlagen des Leninismus‹, in dem er versucht, den theoretischen Traditionen der Partei einen Tribut zu zollen, wimmelt von schülerhaften Fehlern. Die Unkenntnis der fremden Sprachen zwingt ihn, das politische Leben der anderen Staaten aus Berichten Dritter zu verfolgen. Nach der Art seines Verstandes ist er ein hartnäckiger Empiriker, dem jede schöpferische Einbildungskraft fehlt. Der oberen Parteischicht (in den breiteren Kreisen kannte man ihn überhaupt nicht) schien er immer ein Mensch, der nur für zweite und dritte Rollen geschaffen war. Und daß er jetzt die erste Rolle spielt, charakterisiert nicht so sehr ihn selbst wie die Übergangsperiode des politischen Hinabgleitens. Schon Helvetius sagte: »Jede Periode hat ihre großen Männer, und wenn sie sie nicht hat – erfindet sie sie.« Stalinismus ist vor allem die automatische Arbeit des unpersönlichen Apparates am Abstieg der Revolution.

Lenin starb am 21. Januar 1924. Der Tod erschien für ihn nur noch als Befreiung von physischen und moralischen Leiden. Seine Hilflosigkeit und vor allem der Verlust der Sprache bei völlig klarem Bewußtsein mußte Lenin als eine unerträgliche Erniedrigung empfinden. Er duldete nicht mehr die Ärzte um sich, ihren begönnernden Ton, ihre banalen Späßchen, ihre falsche Art, Hoffnung zu machen. Als er noch Herr seiner Sprache war, pflegte er den Ärzten scheinbar nebensächliche, in Wirklichkeit kontrollierende Fragen zu stellen; ohne daß sie es merkten, ertappte er sie bei Widersprüchen, erzwang ergänzende Aufklärungen und schlug selbst medizinische Bücher nach. Wie in jeder anderen Sache, war er auch hier bestrebt, vor allem Klarheit zu gewinnen. Der einzige Arzt, den er bei sich duldete, war Fedor Alexandrowitsch Guetier. Ein guter Arzt und als Mensch aller hofmännischen Eigenschaften bar, hing Guetier an Lenin und Krupskaja mit wahrhaft rührender Ergebenheit. In der Zeit, als Lenin allen anderen Ärzten schon den Zutritt verweigerte, durfte Guetier ihn ohne weiteres besuchen. Guetier war auch ein naher Freund und der Hausarzt meiner Familie während der ganzen Jahre der Revolution. Dadurch hatten wir über den Zustand Wladimir Iljitschs stets die gewissenhaftesten und gründlichsten Berichte, die die unpersönlichen offiziellen Bulletins ergänzten und korrigierten.

Nicht selten habe ich Guetier befragt, ob Lenins Intellekt im Falle der Genesung seine Kraft behalten würde. Guetier antwortete ungefähr das Folgende: Das Ermüden wird zunehmen, es wird nicht mehr die alte Reinheit der Arbeit sein, aber der Virtuose wird Virtuose bleiben. In der Zeit zwischen dem ersten und dem zweiten Schlaganfall hatte sich diese Prognose vollkommen bestätigt. Am Schluß der Sitzungen des Politischen Büros machte Lenin den Eindruck eines hoffnungslos müden Menschen. Alle Gesichtsmuskeln erschlafften, der Glanz der Augen erlosch, selbst die mächtige Stirn verwelkte, schwer hingen die Schultern herab, – den Ausdruck des Gesichtes und der ganzen Gestalt konnte man nur mit dem einen Wort wiedergeben: Ermattung. In solchen unheimlichen Augenblicken schien mir Lenin ein Todgeweihter. Hatte er jedoch eine gute Nacht verbracht, dann gewann er wieder die Kraft seines Denkens. Die Artikel, die er in der Zwischenzeit vom ersten bis zum zweiten Schlaganfall geschrieben hat, sind so hochwertig wie seine besten Arbeiten. Die Quelle floß in gleicher Klarheit, nur wurde sie immer spärlicher und spärlicher. Auch nach dem zweiten Schlaganfall beraubte uns Guetier nicht der letzten Hoffnung. Aber er schätzte die Lage immer düsterer ein. Die Krankheit schleppte sich hin. Ohne Zorn, aber auch ohne Erbarmen versenkten die blinden Kräfte der Natur den großen Kranken in unentrinnbare Ohnmacht. Lenin konnte nicht und sollte nicht als Invalide leben. Aber wir verloren noch immer die Hoffnung auf seine Genesung nicht.

Mein Unwohlsein nahm indessen einen langwierigen Charakter an. »Auf Drängen der Ärzte«, schreibt N. J. Sedowa, »überführte man L. D. ins Dorf. Dort besuchte Guetier öfters den Kranken, um den er aufrichtig und zärtlich besorgt war. Die Politik interessierte ihn nicht, aber er litt bitterlich um uns, ohne zu wissen, wie er sein Mitgefühl äußern könnte. Die Hetze traf ihn unvorbereitet. Er verstand sie nicht, wartete ab und grämte sich. In Archangelskoje sagte er mir erregt, man müsse L. D. nach Suchum bringen. Schließlich entschlossen wir uns dazu. Die an sich lange Reise – über Baku, Tiflis und Batum – wurde durch Schneegestöber noch verlangsamt. Der Weg jedoch wirkte auf L. D. eher beruhigend. Je weiter wir uns von Moskau entfernten, um so mehr vermochten wir uns von der drückenden Atmosphäre der letzten Zeit zu befreien. Und doch hatte ich das Gefühl, als begleitete ich einen Schwerkranken. Es lastete die Ungewißheit. Wie wird sich unser Leben in Suchum gestalten, werden uns dort Freunde oder Feinde umgeben?«

Der 21. Januar fand uns auf dem Bahnhofe in Tiflis, unterwegs nach Suchum. Ich saß mit meiner Frau im Arbeitsabteil meines Waggons, – wie stets in jener Periode mit erhöhter Temperatur. Es klopfte, und mein treuer Mitarbeiter Sermux, der mich nach Suchum begleitete, kam herein. Aus der Art, wie er dastand, graugrün im Gesicht, wobei seine erstarrten Augen an mir vorbeischauten, wie er mir ein Papier überreichte, ahnte ich sofort eine Katastrophe. Es war ein dechiffriertes Telegramm von Stalin, daß Lenin gestorben sei. Ich reichte das Papier meiner Frau, die inzwischen alles begriffen hatte...

Die Tifliser Behörden erhielten bald ein gleiches Telegramm. Die Kunde von Lenins Tod drang in immer weitere Kreise. Ich ließ mich über eine direkte Telegraphenleitung mit dem Kreml verbinden. Auf meine Anfrage erhielt ich die Antwort: »Die Beerdigung findet am Sonnabend statt, Sie würden ohnehin nicht rechtzeitig hier sein können, wir empfehlen, die Kur fortzusetzen.« Es gab also keine Wahl. In Wirklichkeit aber fand die Beerdigung erst am Sonntag statt, und ich hätte noch Zeit gehabt, zur Teilnahme nach Moskau zu kommen. So unglaubwürdig das auch klingen mag, man hatte mich über den Tag der Beerdigung belogen. Die Verschwörer spekulierten in ihrer Art richtig, daß es mir nicht in den Sinn kommen würde, ihre Angaben nachzuprüfen, – und später ließe sich schon eine Ausrede finden. Ich erinnere daran, daß man mich bei der ersten Erkrankung Lenins erst am dritten Tage benachrichtigte. Das war Methode. Das Ziel bestand darin: ›Zeit zu gewinnen.‹

Die Tifliser Genossen verlangten, daß ich mich sofort zu dem Tode Lenins äußere. Ich aber hatte das Bedürfnis, allein zu bleiben. Ich konnte die Hand nicht zur Feder erheben. Der kurze Text des Moskauer Telegramms summte mir im Kopfe. Die Versammelten warteten jedoch auf Antwort. Sie hatten recht. Der Zug wurde für eine halbe Stunde aufgehalten. Ich schrieb die Abschiedszeilen: »Lenin ist nicht mehr. Es gibt keinen Lenin mehr...« Den Text einiger mit der Hand geschriebenen Seiten gab ich über die direkte Leitung nach Moskau weiter.

»Wir kamen ganz zerschlagen an«, schreibt meine Frau. »Sahen zum erstenmal Suchum. Die Mimosen blühten – es gibt dort viele. Herrliche Palmen. Kamelien. Es war Januar, in Moskau herrschte grimmiger Frost. Die Abchasier empfingen uns sehr freundschaftlich. Im Eßzimmer des Erholungsheims hingen zwei Porträts, eins, trauerumflort, von Wladimir Iljitsch, das andere von L. D. Wir wollten das zweite herunternehmen, aber wir trauten uns nicht, wir befürchteten, das könnte nach einer Demonstration aussehen.«

In Suchum lag ich lange Tage auf dem Balkon mit dem Gesicht zum Meere. Trotz dem Januar brannte die Sonne hell und heiß am Himmel. Zwischen dem Balkon und dem glänzenden Meer erhoben sich Palmen. Das ständige Gefühl erhöhter Temperatur vermischte sich mit dem bohrenden Gedanken an Lenins Tod. Ich überblickte im Geist die Etappen meines Lebens, meine Begegnungen mit Lenin; das Auseinandergehen, Polemik, Annäherung, gemeinsame Arbeit; einzelne Episoden tauchten mit phantastischer Deutlichkeit auf. Allmählich nahm das Ganze festere Gestalt an. Viel klarer erkannte ich jetzt jene ›Schüler‹, die dem Lehrer im Kleinen treu blieben, aber nicht im Großen. Mit dem Einatmen der Meeresluft sog ich mit meinem ganzen Wesen die Gewißheit ein, daß im Kampf gegen die Epigonen das historische Recht auf meiner Seite steht...

27. Januar 1924. Über den Palmen, über dem Meere herrschte unter der blauen Decke eine leuchtende Stille. Plötzlich wurde sie durch Salven zerrissen. Die häufige Abgabe von Salven kam irgendwo von unten her, von der Seite des Meeres. Er war der Salut Suchums für den Führer, den man in dieser Stunde in Moskau beerdigte. Ich dachte an ihn und an jene, die viele Jahre seine Gefährtin gewesen war und die ganze Welt durch ihn aufgenommen hatte. Und jetzt beerdigte sie ihn und mußte sich einsam fühlen unter den Millionen, die ihn neben ihr beklagten, aber anders, nicht wie sie. Ich dachte an Nadeschda Konstantinowna Krupskaja. Ich hatte das Bedürfnis, ihr von hier aus ein Wort des Grußes, des Mitgefühls, der Freundschaft zu sagen. Aber ich entschloß mich nicht. Alle Worte schienen zu leicht von der Schwere des Geschehnisses. Ich fürchtete, sie würden nach Konvention klingen. Und ich war vom Gefühl der Dankbarkeit erschüttert, als ich nach einigen Tagen von Nadeschda Konstantinowna unerwartet einen Brief erhielt. Hier ist er:

»Lieber Lew Dawidowitsch,

ich schreibe, um Ihnen mitzuteilen, daß Wladimir Iljitsch ungefähr einen Monat vor seinem Tode sich Ihr Buch vornahm und an der Stelle stehenblieb, wo Sie die Charakteristik von Marx und Lenin geben. Er bat mich, ihm diese Stelle noch einmal vorzulesen; er hörte aufmerksam zu und sah dann selbst nach.

Und noch Folgendes will ich Ihnen sagen: die Beziehung, die sich

bei Wladimir Iljitsch zu Ihnen damals herausgebildet hat, als Sie aus Sibirien zu uns nach London kamen, hat sich bis zu seinem Tode nicht verändert.
Ich wünsche Ihnen, Lew Dawidowitsch, Kräfte und Gesundheit und umarme sie fest. N. Krupskaja«
In dem Buch, das Lenin einen Monat vor seinem Tode durchsah, verglich ich ihn mit Marx. Ich habe das Verhältnis Lenins zu Marx, das von dankbarer Liebe des Schülers und – vom Pathos der Distanz erfüllt war, gut gekannt. Das Verhältnis des Lehrers zum Schüler wurde durch den Gang der Geschichte zum Verhältnis des theoretischen Vorgängers zum ersten praktischen Vollbringer. Ich hob in meinem Artikel das traditionelle Pathos der Distanz auf. Marx und Lenin, historisch so eng verbunden und gleichzeitig so verschieden, bilden für mich zwei letzte Gipfel der geistigen Macht des Menschen. Und es war mir wohltuend zu wissen, daß Lenin, kurz vor seinem Tode, aufmerksam und vielleicht bewegt meine Zeilen über ihn gelesen hatte; denn der Maßstab Marx war in seinen Augen der gewaltigste Maßstab, den man auf einen Menschen anwenden konnte.
Mit nicht geringerer Erregung las ich jetzt den Brief von N. K. Krupskaja. Sie verknüpfte zwei äußerste Punkte meiner Verbindung mit Lenin: den Oktobertag 1902, als ich nach der Flucht aus Sibirien an einem frühen Morgen Lenin aus seinem harten Londoner Bett holte, und den Dezembertag 1923, als Lenin zweimal nacheinander meine Würdigung seiner Lebensarbeit las. Zwischen diesen beiden Punkten liegen zwei Jahrzehnte, zuerst gemeinsamer Arbeit, dann erbitterten fraktionellen Kampfes und dann wieder gemeinsamer Arbeit auf einer geschichtlich höheren Ebene. Nach Hegel: These, Antithese und Synthese. Und Krupskaja bezeugte, daß das Verhältnis Lenins zu mir, trotz der langen Periode der Antithese, das ›Londoner‹ geblieben war, das heißt das Verhältnis heißer Unterstützung und freundschaftlichen Wohlwollens. Hätte es nichts anderes gegeben, die gesamten Folianten der Fälscher würden vor dem Urteil der Geschichte nicht soviel wiegen wie das kleine Zettelchen, das einige Tage nach Lenins Tode von der Krupskaja geschrieben wurde.
»Mit bedeutenden Verspätungen infolge der Schneegestöber kamen Zeitungen an und brachten uns die Trauerreden, Nekrologe, Artikel. Die Freunde L. D.s in Moskau hatten ihn erwartet; sie hatten angenommen, er würde unterwegs umkehren. Keinem kam es in den Sinn, daß Stalin ihm durch das Telegramm die Rückkehr abgeschnitten hatte. Ich erinnere mich an den Brief unseres Sohnes, den wir in Suchum erhielten. Er war über den Tod Lenins erschüttert und ging bei 40 Grad Kälte in seiner leichten Joppe in den Kolonnensaal, um sich von Lenin zu verabschieden, und wartete, wartete, wartete ungeduldig auf unser Kommen. Aus seinem Brief klang bittere Fassungslosigkeit und ein unsicherer Vorwurf.« Ich

führe dies wieder aus den Aufzeichnungen meiner Frau an.
In Suchum besuchte mich eine Delegation des Zentralkomitees, bestehend aus Tomski, Frunse, Pjatakow und Gussjew, um mit mir die Veränderungen im Kriegskommissariat zu besprechen. Das war die reinste Komödie. Die Erneuerung des Personalbestandes im Kriegskommissariat war hinter meinem Rücken bereits im vollen Gange. Man wollte nur noch den Schein wahren.
Der erste Schlag innerhalb des Kriegskommissariats traf Skljanski. An ihm kühlte Stalin seinen Mut für die eigenen Mißerfolge bei Zarizyn, für seine Niederlage an der Südfront, für sein Abenteuer bei Lemberg. Die Intrige erhob ihren Schlangenkopf. Um Skljanski eine Mine zu legen – für später auch mir –, wurde einige Monate vorher Unschlicht in das Kriegskommissariat hineingesetzt, ein ehrgeiziger und unfähiger Intrigant. Skljanski wurde entfernt. Auf seinen Platz trat Frunse, der bis dahin die Truppen in der Ukraine befehligte. Frunse war eine ernste Figur. Seine Parteiautorität war, infolge seiner Vergangenheit als Katorgasträfling, größer als die noch junge Autorität Skljanskis. Frunse hatte außerdem im Krieg zweifellos Fähigkeiten eines Heerführers bewiesen. In Fragen der militärischen Verwaltung aber war er unvergleichlich schwächer als Skljanski. Frunse begeisterte sich für abstrakte Schemata, er kannte sich schlecht in Menschen aus und verfiel leicht dem Einfluß von Fachleuten, hauptsächlich zweiter Qualität.
Doch will ich von Skljanski zu Ende erzählen. Man versetzte ihn in brutalster Form, das heißt rein stalinistisch, ohne mit ihm vorher gesprochen zu haben, in den Wirtschaftsapparat. Dserschinski, der froh war, seinen Stellvertreter in der GPU, Unschlicht, loszuwerden und für die Industrie eine so hervorragende Verwaltungskraft wie Skljanski zu gewinnen, stellte diesen an die Spitze des Tuchtrustes. Skljanski zuckte mit den Achseln, stürzte sich aber bis über den Kopf in die neue Arbeit. Nach einigen Monaten faßte er den Entschluß, die Vereinigten Staaten zu besuchen, um sich dort umzusehen, hinzuzulernen und Maschinen zu beschaffen. Vor seiner Abreise kam er zu mir, um sich zu verabschieden und um Rat zu holen. In den Jahren des Bürgerkrieges hatten wir Hand an Hand gearbeitet. Unsere Unterhaltungen drehten sich stets mehr um Marschkompanien, militärische Statuten, beschleunigte Kurse für die roten Offiziere, um Vorräte an Kupfer und Aluminium für die Kriegsfabriken, um Uniformfragen und Kochzutaten als um reine Parteifragen. Wir waren beide zu sehr beschäftigt. Nach der Erkrankung Lenins, als die Intrige der Epigonen ihre Fühler nach dem Kriegskommissariat auszustrecken begann, vermied ich es, besonders mit militärischen Mitarbeitern, über Parteiangelegenheiten zu sprechen. Die Lage war zu unklar, die Meinungsverschiedenheiten kündigten sich erst an, eine Bildung von Fraktionen in der Armee barg zu große Gefahren. Dann war ich krank. Während unserer Zusammenkunft im Jahre 1925 jedoch, als ich

nicht mehr an der Spitze des Kriegskommissariats stand, sprachen wir miteinander auch über Parteifragen.

»Sagen Sie mir«, fragte Skljanski, »was stellt denn Stalin dar?« Skljanski kannte Stalin selbst zu Genüge. Er wollte von mir eine Charakteristik von Stalins Persönlichkeit und gleichzeitig eine Erklärung für dessen Erfolge. Ich dachte nach.

»Stalin«, sagte ich, »ist die hervorragendste Mittelmäßigkeit unserer Partei.« Diese Bezeichnung erstand vor mir während unserer Unterhaltung zum erstenmal, nicht nur in ihrer psychologischen, sondern auch in ihrer sozialen Bedeutung. Nach dem Gesichtsausdruck Skljanskis erriet ich gleich, daß ich ihm geholfen hatte, etwas Wichtiges zu erkennen.

»Wissen Sie«, sagte er, »man staunt darüber, wie in der letzten Periode auf allen Gebieten die goldene Mitte, die selbstzufriedene Mittelmäßigkeit, vordringt. Und das alles findet in Stalin seinen Führer. Wie kommt das?«

»Das ist die Reaktion nach der großen sozialen und psychologischen Anspannung der ersten Jahre der Revolution. Die siegreiche Konterrevolution kann ihre großen Männer haben. Aber ihre erste Stufe, der Thermidor, braucht Mittelmäßigkeiten, die nicht über ihre Nase hinaussehen können. Ihre Macht ist ihre politische Blindheit, es ist wie beim Mühlenpferd, dem es scheint, es gehe bergauf, während es in Wirklichkeit nur das sich drehende Triebrad hinunterstößt. Ein sehendes Pferd ist für solche Arbeit ungeeignet.«

Bei diesem Gespräch kam ich mit voller Klarheit, ich möchte sagen, mit physischer Gewißheit den Problemen des Thermidors nahe. Ich verabredete mit Skljanski, nach seiner Rückkehr aus Amerika dies Gespräch wiederaufzunehmen. Wenige Wochen später kam ein Telegramm, das berichtete, Skljanski sei in irgendeinem amerikanischen See beim Bootfahren ertrunken. Das Leben ist unerschöpflich an bösen Erfindungen.

Die Urne mit der Asche Skljanskis brachte man nach Moskau. Niemand zweifelte daran, daß sie auf dem Roten Platz in der Kremlmauer, die das Pantheon der Revolution geworden ist, eingemauert werden würde. Doch das Sekretariat des Zentralkomitees beschloß, Skljanski außerhalb der Stadt beizusetzen. Skljanskis Abschiedsbesuch bei mir war also notiert und in Rechnung gestellt worden. Der Haß wurde auf die Urne übertragen. Außerdem paßte die Herabsetzung Skljanskis in den Plan des allgemeinen Kampfes gegen jene Führung, die im Bürgerkrieg den Sieg gesichert hatte. Ich glaube nicht, daß Skljanski sich bei Lebzeiten damit beschäftigt hat, wo er begraben werden würde. Aber der Entschluß des Zentralkomitees trug den Charakter der politischen und persönlichen Perfidie. Den Ekel überwindend, telephonierte ich Molotow an. Doch der Beschluß blieb unerschüttert. Die Geschichte wird auch diese Frage revidieren.

Das Fieber kam im Herbst 1924 wieder. Zu dieser Zeit entbrannte eine neue Diskussion. Diesmal wurde sie von oben hervorgerufen, nach einem vorher ausgearbeiteten Plan. In Leningrad, in Moskau, in der Provinz hatte man vorher Hunderte und Tausende von geheimen Beratungen abzuhalten zur Vorbereitung der sogenannten ›Diskussion‹, das heißt einer systematischen und planmäßigen Hetze, die sich jetzt nicht gegen die Opposition, sondern gegen mich persönlich richten sollte. Als die geheime Vorbereitungsarbeit beendet war, wurde auf ein Signal der ›Prawda‹ hin gleichzeitig an allen Ecken und Enden, von allen Tribünen herab, auf allen Seiten und Spalten der Zeitungen, in allen Winkeln und Ritzen eine Kampagne gegen den ›Trotzkismus‹ eröffnet. Das war in seiner Art ein majestätisches Schauspiel. Die Verleumdung bekam den Anschein eines vulkanischen Ausbruchs. Die breite Parteimasse war erschüttert. Ich lag mit Fieber und schwieg. Presse und Redner beschäftigten sich mit nichts anderem als mit den Enthüllungen über den ›Trotzkismus‹. Niemand konnte begreifen, was das bedeutete. Tagaus, tagein wurden neue Episoden aus der Vergangenheit serviert, polemische Zitate aus den Artikeln Lenins, die vor zwanzig Jahren geschrieben waren, – verdreht, umgelogen, entstellt, und hauptsächlich wurde alles so dargestellt, als sei es gestern geschehen. Niemand begriff den Zusammenhang. War das alles wirklich, so mußte Lenin es doch gewußt haben? Nach all dem war doch die Oktoberrevolution gewesen? Nach dem Umsturz war doch der Bürgerkrieg? Trotzki hat doch zusammen mit Lenin die Kommunistische Internationale geschaffen? Die Bilder Trotzkis hängen doch überall neben Lenin? Und... und... Aber die Verleumdung spie kalte Lava. Sie drückte mechanisch auf das Bewußtsein und noch vernichtender auf – den Willen.

Das Verhältnis zu Lenin als zu einem Revolutionsführer wurde ersetzt durch das Verhältnis zu ihm als zu einem Oberhaupt einer Priesterhierarchie. Auf dem Roten Platz stellte man trotz meinem Protest das für einen Revolutionär unwürdige und beleidigende Mausoleum auf. In ähnliche Mausoleen verwandelten sich die offiziellen Bücher über Lenin. Seine Gedanken zerschnitt man in Zitate für falsche Predigten. Mit der einbalsamierten Leiche kämpfte man gegen den lebendigen Lenin und – gegen Trotzki. Die Masse war betäubt, verwirrt, eingeschüchtert. Durch seine gewaltigen Ausmaße bekam der analphabetische Brei politische Eigenschaften. Er betäubte, bedrückte, demoralisierte. Die Partei war zum Schweigen verurteilt. Es entstand die reinste Diktatur des Apparates über die Partei. Mit anderen Worten: die Partei hörte auf, eine Partei zu sein.

Morgens brachte man mir die Zeitungen ins Bett. Ich sah die Telegramme, die Titel der Artikel und die Unterschriften durch. Ich kannte diese Autoren gut genug, ich wußte, was sie im stillen dachten, was sie zu sagen fähig waren und was ihnen zu sagen befohlen war. In den meisten Fällen waren es Menschen, die die Revolution bereits erschöpft hatte. Es gab darunter auch beschränkte Fanatiker, die sich betrügen ließen. Es gab junge Karrieristen, die sich beeilten, ihre Unersetzbarkeit zu beweisen. Alle widersprachen einander und sich selbst. Aber die nichtverstummende Verleumdung heulte aus allen Zeitungsspalten ihr besessenes Heulen, kreischte ihr rasendes Kreischen, ihre Widersprüche und ihre innere Leere übertönend. Sie wirkte durch ihr Ausmaß.

»Die zweite Attacke der Krankheit bei L. D.«, schreibt N. J. Sedowa, »fiel zusammen mit der ungeheuerlichen Hetze gegen ihn, die wir wie die härteste Krankheit erlebten. Die Seiten der ›Prawda‹ schienen riesig, endlos; jede Zeile der Zeitung, jeder Buchstabe war eine Lüge. L. D. schwieg. Aber was hat ihn dieses Schweigen gekostet! Während des ganzen Tages besuchten ihn Freunde, manchmal auch in der Nacht. Ich erinnere mich, wie ihn jemand fragte, ob er die heutige Zeitung gelesen habe. Er sagte, er lese überhaupt keine Zeitungen. Und in der Tat, er nahm sie in die Hand, blickte hinein und warf sie weg. Es schien, als genüge es ihm, sie anzusehen, um ihren Inhalt zu wissen. Er hatte zu gut die Köche gekannt, die das Gericht bereiteten, und dabei jeden Tag dasselbe. Eine Zeitung in jener Zeit zu lesen war dasselbe, sagte er, wie sich ›eine Lampenzylinderbürste in den Hals zu stecken‹. Man würde sich dazu gezwungen haben, hätte L. D. antworten wollen. Doch er schwieg. Die Erkältung zog sich infolge des schweren nervösen Zustandes immer weiter hin. Er war sehr abgemagert und sah blaß aus. In der Familie vermieden wir Gespräche über die Hetze; aber wir konnten auch von nichts anderem sprechen. Ich erinnere mich noch, mit welchen Gefühlen ich täglich in das Kommissariat für Volksaufklärung zur Arbeit ging. Als liefe ich Spießruten. Aber niemand erlaubte sich auch nur ein einziges Mal, einen Ausfall oder auch nur eine unangenehme Anspielung zu machen. Neben dem feindlichen Schweigen einer kleinen Spitzenschicht war zweifellos bei der Mehrzahl der Arbeiter Sympathie vorhanden. In der Partei verliefen gleichsam zwei Leben: das innere, verborgene und das äußere, das zur Schau gestellt wurde, und beide standen im Widerspruch zueinander. Nur einzelne Verwegene hatten den Mut, das auszusprechen, was die überwiegende Mehrheit fühlte und dachte, die ihre Sympathien aber hinter der Geschlossenheit ›einheitlicher‹ Abstimmungen verbarg.«

In die gleiche Periode fällt auch die Veröffentlichung meines Briefes an Tschcheidse gegen Lenin. Diese Episode aus dem April 1913 war dadurch entstanden, die die legale bolschewistische Zeitung, die in Petersburg erschien, sich den Namen meines Wiener Blattes ›Prawda‹, Arbeiterzeitung, angeeignet hatte. Das führte zu einem jener scharfen Zusammenstöße, an denen das Leben der Emigration so reich war. Ich schrieb an Tschcheidse, der eine Weile zwischen den Bolschewiki und den Menschewiki stand, einen Brief, in

dem ich meiner Empörung gegen das bolschewistische Zentrum und gegen Lenin freien Lauf ließ. Einige Wochen später würde ich selbst meinen Brief zweifellos einer Zensur unterworfen haben, einige Jahre später wäre er mir einfach als Kuriosität erschienen. Den Brief jedoch traf ein besonderes Schicksal. Das Polizeidepartement hatte ihn abgefangen. Er blieb im Polizeiarchiv bis zur Oktoberrevolution liegen. Nach dem Umsturz kam er in das Archiv des Instituts für Parteigeschichte. Lenin hatte von der Existenz des Briefes genaue Kenntnis. Aber er bedeutete für ihn ebenso wie für mich soviel wie der vorjährige Schnee, nicht mehr. In den Jahren der Emigration waren mancherlei Briefe geschrieben worden! Im Jahre 1924 haben die Epigonen den Brief aus den Archiven herausgeholt und ihn der Partei an den Kopf geworfen, die in jener Zeit zu drei Vierteln aus ganz neuen Menschen bestand. Nicht zufällig wählte man für die Veröffentlichung die Monate unmittelbar nach Lenins Tod. Diese Kalkulation war zweifellos richtig. Erstens konnte Lenin nicht mehr aufstehen, um diese Herren bei ihrem Namen zu nennen. Zweitens waren die Volksmassen vom Schmerz über den verstorbenen Führer noch ergriffen. Ohne eine Ahnung vom gestrigen Tag der Partei zu haben, lasen die Massen ein feindseliges Urteil Trotzkis über Lenin. Sie waren wie betäubt. Zwar war das Urteil vor zwölf Jahren geschrieben worden, doch die Zeitrechnung verschwand angesichts der nackten Zitate. Der Gebrauch, den die Epigonen von meinem Brief an Tschcheidse gemacht haben, gehört zu den größten Betrugsmanövern in der Weltgeschichte. Die gefälschten Dokumente der französischen Reaktionäre im Dreyfuß-Prozeß sind nichts im Vergleich mit diesem politischen Betrug Stalins und seiner Komplizen.
Die Verleumdung wird aber nur dann zu einer Macht, wenn sie einem historischen Bedürfnis entspricht. Es hat sich wohl etwas in den sozialen Verhältnissen oder in den politischen Stimmungen verschoben – überlegte ich –, wenn die Verleumdung einen so gewaltigen Absatz findet. Man mußte versuchen, den Inhalt der Verleumdung zu analysieren. Ich hatte im Bett dafür Zeit genug. Woher kam die Beschuldigung gegen Trotzki, er wolle ›den Bauern berauben‹, – eine Formel, die reaktionäre Agrarier, christliche Sozialisten und Faschisten stets gegen Sozialisten und um so mehr gegen Kommunisten erheben? Woher diese wütende Hetze gegen die Marxsche Idee der permanenten Revolution? Woher diese nationale Selbstprahlerei, die verspricht, ihren eigenen Sozialismus aufzubauen? Welche Schichten haben Bedarf an dieser reaktionären Trivialität? Und schließlich, woher und warum dieses Hinabsinken des theoretischen Niveaus, diese politische Verdummung? Ich blättere im Bett in meinen alten Artikeln, und meine Blicke fallen auf folgende Zeilen, die ich im Jahre 1909, auf dem Höhepunkt der Stolypinschen Reaktion, geschrieben habe:
»Wenn die Kurve der historischen Entwicklung nach oben steigt,

wird der soziale Gedanke scharfsichtiger, kühner, klüger. Er erfaßt Tatsachen und verknüpft sie im Fluge mit dem Faden der Verallgemeinerung... Wenn aber die politische Kurve fällt, bekommt die Dummheit Macht über den sozialen Gedanken. Die wertvolle Begabung der Verallgemeinerung verschwindet spurlos. Die Dummheit wird dreister und verhöhnt zähnefletschend jeden Versuch einer ernsten Verallgemeinerung. Sie fühlt, daß das Feld ihr gehört, und beginnt die Macht auf ihre Weise auszuüben.« Eines ihrer wichtigsten Mittel ist die Verleumdung.

Ich sagte mir: wir gehen durch eine Periode der Reaktion hindurch. Es vollzieht sich eine politische Verschiebung der Klassen. Es vollzieht sich eine Veränderung im Bewußtsein der Klassen. Nach der großen Anspannung kommt der Rückzug. Wie weit wird er gehen? Jedenfalls nicht bis zum Ausgangspunkt. Niemand aber kann die Grenzen des Rückzuges im voraus bemessen. Sie wird bestimmt werden im Kampfe der inneren Kräfte. Vor allem muß man begreifen, was vorgeht. Die tiefen molekularen Prozesse der Reaktion drängen nach außen. Sie erstreben, die Abhängigkeit des gesellschaftlichen Bewußtseins von den Ideen, Parolen und lebendigen Gestalten des Oktober zu beseitigen oder mindestens abzuschwächen. Das ist der Sinn dessen, was vorgeht. Wir wollen nicht in Subjektivismus verfallen. Wir wollen mit der Geschichte nicht schmollen und nicht darüber beleidigt sein, daß sie ihren Gang auf komplizierten und verwirrten Wegen geht. Begreifen, was geschieht, heißt, den Sieg zur Hälfte sichern.

Die letzte Periode des Kampfes innerhalb der Partei

Im Januar 1925 wurde ich von den Pflichten des Volkskommissars für das Kriegswesen entbunden. Dieser Beschluß war sorgfältigst im vorangegangenen Kampfe vorbereitet worden. Neben den Traditionen des Oktoberumsturzes fürchteten die Epigonen am meisten die Traditionen des Bürgerkrieges und meine Verbindung mit der Armee. Ich gab das Amt des Kriegskommissars kampflos ab, sogar mit einer inneren Erleichterung, um den Gegnern das Mittel der Verleumdung in bezug auf meine militärischen Absichten zu entreißen. Zur Rechtfertigung ihres Vorgehens hatten die Epigonen anfangs diese phantastischen Absichten ausgedacht, und später begannen sie halb und halb selbst an sie zu glauben. Meine praktischen Interessen hatten sich seit 1921 einem anderen Gebiet zugewandt. Der Krieg war beendet, die Armee von fünf Millionen dreihunderttausend auf sechshunderttausend Mann eingeschränkt. Die militärische Arbeit kam auf ein bürokratisches Geleise. Den ersten Platz im Lande nahmen nun die Fragen der Wirtschaft ein, die seit der Beendigung des Krieges meine Zeit und meine Aufmerksamkeit in viel höherem Maße beanspruchten als

die militärischen Fragen.
Im Mai 1925 wurde ich Vorsitzender des Konzessionskomitees, Chef der Elektrotechnischen Verwaltung und Vorsitzender der wissenschaftlich-technischen Verwaltung der Industrie. Diese drei Gebiete waren miteinander durch nichts verbunden. Die Auswahl war hinter meinem Rücken erfolgt und wurde von besonderen Erwägungen bestimmt: mich von der Partei zu isolieren, mit laufender Arbeit zu überhäufen, unter besondere Kontrolle zu stellen und so weiter. Ich machte dennoch gewissenhaft den Versuch, mich auf den neuen Gebieten einzuarbeiten. Nach der Übernahme der drei mir fremden Ämter ging ich völlig in der Arbeit auf. Mein größtes Interesse gewannen die wissenschaftlich-technischen Institute, die bei uns dank der Zentralisierung der Industrie einen großen Schwung bekommen hatten. Ich besuchte eifrig viele Laboratorien, wohnte mit großer Aufmerksamkeit Experimenten bei, hörte die Aufklärungen der besten Gelehrten an, studierte in freien Stunden Lehrbücher der Chemie und der Hydrodynamik und fühlte mich halb als Verwaltungsmann, halb als Student. Nicht umsonst hatte ich in meinen jungen Jahren die Absicht gehabt, die physikalisch-mathematische Fakultät zu besuchen. Ich ruhte bei den Fragen der Naturwissenschaft und Technologie gleichsam von der Politik aus. Als Chef der Elektrotechnischen Verwaltung besuchte ich die im Bau befindlichen Stationen und machte unter anderem eine Reise nach dem Dnjepr, wo weitgehende Vorbereitungsarbeiten für die zukünftige Hydrostation vorgenommen wurden. Zwei Bootsmänner fuhren mich in einem Fischerkahn über den Strudel zwischen den Stromschnellen hinunter, auf dem alten Weg der Saporoger Kosaken. Das hatte natürlich einen rein sportsmäßigen Charakter. Aber ich gewann für das Dnjeprunternehmen ein tiefes Interesse, sowohl vom wirtschaftlichen wie auch vom technischen Gesichtspunkt aus. Um die Hydrostation gegen Verrechnungen zu sichern, veranlaßte ich sachverständige Amerikaner, ein Gutachten abzugeben, das später durch Deutsche ergänzt wurde. Ich war bemüht, meine neue Arbeit nicht nur mit den laufenden Aufgaben der Wirtschaft in Verbindung zu bringen, sondern auch mit den grundlegenden Problemen des Sozialismus. Im Kampfe gegen die stumpfsinnige nationale Einstellung zu den Wirtschaftsfragen (›Unabhängigkeit‹ durch selbstgenügsame Isolierung) stellte ich mir die Aufgabe, ein System vergleichender Koeffizienten von unserer Wirtschaft und der Weltwirtschaft auszuarbeiten. Diese Aufgabe ergab sich aus der Notwendigkeit einer richtigen Orientierung auf dem Weltmarkte, die ihrerseits den Aufgaben des Imports und des Exports und der Konzessionspolitik dienen sollte. Ihrem Kern nach bedeutete das Problem der vergleichenden Koeffizienten, das sich aus der Erkenntnis der Überlegenheit der Weltproduktivkräfte über die nationalen Produktivkräfte ergibt, einen Feldzug gegen die reaktionäre

Theorie des ›Sozialismus in einem Lande‹. Ich hielt über die Fragen meiner neuen Tätigkeit Referate und widmete ihnen Bücher und Broschüren. Auf diesem Boden konnten und wollten meine Gegner den Kampf nicht aufnehmen. Sie formulierten von sich aus die Lage lediglich so: Trotzki hat sich hier einen neuen Kampfplatz geschaffen. Die Verwaltung der Elektrotechnik und die wissenschaftlichen Institute beunruhigten sie nun fast ebensosehr wie früher das Kriegskommissariat und die Rote Armee. Der Stalinsche Apparat folgte mir auf den Fersen. Jeder praktische Schritt, den ich tat, gab Anlaß zu einer komplizierten Intrige hinter den Kulissen. Jede theoretische Schlußfolgerung nährte die Mythologie des ›Trotzkismus‹. Meine praktische Arbeit wurde mit unmöglichen Bedingungen umgeben. Es ist keine Übertreibung, wenn ich sage, daß ein großer Teil der schöpferischen Tätigkeit Stalins und seines Helfershelfers Molotow darauf gerichtet war, mich systematisch sabotieren zu lassen. Nötige Mittel zu erhalten, wurde den mir unterstellten Ämtern fast zur Unmöglichkeit. Personen, die in diesen Ämtern arbeiteten, hatten Angst um ihr Schicksal, mindestens um ihre Karriere.
Der Versuch, mir politische Ferien zu erkämpfen, wurde auf diese Weise vereitelt. Die Epigonen konnten nicht auf halbem Wege stehenbleiben. Sie hatten zu große Angst vor dem, was sie selbst geschaffen hatten. Die gestrige Lüge lastete schwer und forderte heute von ihnen einen verdoppelten Treubruch. Schließlich stellte ich den Antrag, mich von der Verwaltung der Elektrotechnik und wissenschaftlich-technischen Institute zu befreien. Das oberste Konzessionskomitee war immerhin ein kleineres Feld für Intrigen, da das Schicksal jeder Konzession im Politischen Büro entschieden wurde.
Inzwischen näherte sich das Leben der Partei einer neuen Krise. In der ersten Periode des Kampfes war mir das ›Trio‹ entgegengestellt worden. Es selbst aber war von Einigkeit weit entfernt. Sowohl Sinowjew wie Kamenjew standen in theoretischer und politischer Hinsicht doch höher als Stalin. Nur fehlte ihnen beiden jene Kleinigkeit, die man Charakter nennt. Der im Vergleich zu Stalin weitere internationale Horizont, den sie sich unter der Leitung Lenins in der Emigration erworben hatten, festigte sie nicht, sondern im Gegenteil, er schwächte sie. Der Kurs ging auf die selbstgenügsame nationale Entwicklung. Die alte Phrase des russischen Patriotismus: »Mit Hüten niederschlagen«, wurde jetzt eifrig in die neusozialistische Sprache übersetzt. Der Versuch Sinowjews und Kamenjews, die internationalen Ansichten auch nur teilweise zu verteidigen, verwandelte sie in den Augen der Bürokratie in ›Trotzkisten‹ zweiter Sorte. Um so rasender waren sie bemüht, die Kampagne gegen mich zu führen, um auf diesem Weg das Vertrauen des Apparates zu behalten. Aber auch diese Bemühungen waren vergeblich. Die Apparatmächte fühlten immer mehr, daß Stalin Fleisch von ihrem Fleisch war. Sinowjew und Kamenjew wurden

bald von Stalin als Feinde bezeichnet, und als sie versuchten, den Streit aus dem Trio in das Zentralkomitee hinüberzutragen, zeigte es sich, daß Stalin eine unerschütterliche Mehrheit besaß.
Kamenjew galt als der offizielle Führer Moskaus. Nach der Zertrümmerung der Moskauer Parteiorganisation mit Hilfe Kamenjews im Jahre 1923, wo sie noch in ihrer Mehrheit für die Unterstützung der Opposition aufgetreten war, schwieg jetzt die Masse der Moskauer Kommunisten verbittert. Bei den ersten Versuchen, Stalin Widerstand zu leisten, blieb Kamenjew in der Luft hängen.
Anders verhielt sich die Sache in Leningrad. Gegen die Opposition des Jahres 1923 waren die Leningrader Kommunisten durch den schweren Sinowjewschen Apparatdeckel geschützt gewesen. Jetzt aber kam die Reihe auch an sie. Die Leningrader Arbeiter brachte der Kurs auf den Kulaken und auf den ›Sozialismus in einem Lande‹ in Erregung. Der Klassenprotest der Arbeiter fiel zusammen mit der privilegierten Fronde Sinowjews. So entstand die neue Opposition, zu der anfangs auch Nadeschda Konstantinowna Krupskaja gehörte. Zum großen Erstaunen aller und am meisten ihrer selbst waren Sinowjew und Kamenjew gezwungen, die Kritik der Opposition teilweise zu wiederholen, und bald wurden sie dem Lager der ›Trotzkisten‹ zugezählt. Es ist nicht verwunderlich, daß in unseren Kreisen ein Zusammengehen mit Sinowjew und Kamenjew mindestens als paradox betrachtet wurde. Unter den Oppositionellen gab es nicht wenige, die sich diesem Block widersetzten. Es gab sogar solche – allerdings nur wenige –, die einen Block mit Stalin gegen Sinowjew und Kamenjew befürworteten. Einer meiner nächsten Freunde, Mratschkowski, ein alter Revolutionär und einer der besten Heerführer des Bürgerkrieges, hatte sich gegen einen Block mit dem einen oder dem anderen ausgesprochen und eine klassische Begründung seiner Ansicht gegeben: »Stalin wird betrügen, und Sinowjew wird davonlaufen.« Solche Fragen werden jedoch letzten Endes nicht durch psychologische, sondern durch politische Erwägungen gelöst. Sinowjew und Kamenjew anerkannten offen, daß die ›Trotzkisten‹ im Kampfe gegen sie im Jahre 1923 recht gehabt hatten. Sie nahmen die Prinzipien unserer Plattform an. Unter solchen Umständen war es uns unmöglich, einen Block mit ihnen abzulehnen, um so mehr, als Tausende revolutionärer Arbeiter in Leningrad hinter ihnen standen.
Außerhalb der offiziellen Sitzungen war ich drei Jahre lang mit Kamenjew nicht zusammengekommen, das heißt seit jener Nacht, als er vor seiner Abreise nach Georgien versprochen hatte, Lenin und mich zu unterstützen, um sich dann, als er von dem schlechten Gesundheitszustand Lenins erfuhr, auf die Seite Stalins zu stellen.
Bei unserer ersten Wiederbegegnung erklärte mir Kamenjew: »Sie brauchen nur mit Sinowjew auf einer Tribüne zu erscheinen, und die Partei wird ihr wahres Zentralkomitee entdecken.« Ich konnte über diesen bürokratischen Optimismus nur lachen. Kamenjew

unterschätzte offensichtlich jene Arbeit, die das ›Trio‹ für die Demoralisierung der Partei drei Jahre lang geleistet hatte. Unnachsichtig machte ich ihn darauf aufmerksam.
Die revolutionäre Ebbe, die Ende 1923 begonnen hatte, das heißt nach der Niederlage der revolutionären Bewegung in Deutschland, bekam ein internationales Ausmaß. In Rußland war die Reaktion gegen den Oktober in vollem Gange. Der Parteiapparat schwenkte immer mehr nach rechts. Unter diesen Bedingungen war es kindisch, anzunehmen, daß wir uns nur zu vereinigen brauchten, damit uns der Sieg wie eine reife Frucht zu Füßen falle. »Wir müssen uns auf weite Sicht einstellen«, wiederholte ich dutzendemale Kamenjew und Sinowjew. »Man muß sich für den Kampf ernsthaft und auf lange Zeit vorbereiten.« Die neuen Verbündeten nahmen im ersten Eifer diese Formel kühn an. Aber es reichte nicht für lange. Ihr Welken zählte nicht nach Tagen, sondern nach Stunden. Mratschkowski hatte in seiner Bewertung der Personen recht behalten: Sinowjew lief schließlich davon. Aber er nahm lange nicht alle seine Gesinnungsgenossen mit. Die zweifache Schwenkung Sinowjews hatte auf jeden Fall der Legende vom Trotzkismus eine unheilbare Wunde geschlagen.

Im Frühling 1926 machte ich mit meiner Frau eine Reise nach Berlin. Die Moskauer Ärzte, die sich die anhaltend hohe Temperatur bei mir nicht erklären konnten, hatten, um nicht die Verantwortung allein tragen zu müssen, schon lange zu einer Reise ins Ausland gedrängt. Auch ich wollte aus der Sackgasse herauskommen: das Fieber hatte mich oft in den kritischsten Momenten lahmgelegt und sich als zuverlässiger Verbündeter meiner Gegner erwiesen. Die Frage der Reise ins Ausland war im Politischen Büro erörtert worden. Dieses sprach sich in dem Sinne aus: es betrachte meine Reise nach allen Informationen, die es besitze, und nach der gesamten politischen Situation als äußerst gefährlich, überlasse jedoch die endgültige Entscheidung mir selbst. Dem Bericht lag eine Auskunft der GPU im Sinne der Unzulässigkeit meiner Reise ins Ausland bei. Das Politische Büro scheute sich zweifellos, die Verantwortung vor der Partei zu übernehmen, falls mir im Auslande etwas zustoßen sollte. Der Gedanke an eine gewaltsame Ausweisung ins Ausland noch dazu nach Konstantinopel, hatte damals den Polizeikopf Stalins noch nicht erleuchtet. Es ist aber auch möglich, daß das Politbüro Angst hatte, ich würde mich mit der ausländischen Opposition fester verbinden. Jedenfalls beschloß ich nach einer Beratung mit meinen Freunden zu reisen.
Mit der deutschen Gesandtschaft wurde die notwendige Verständigung ohne weiteres erreicht, und Mitte April fuhr ich mit meiner Frau auf einen diplomatischen Paß, der auf den Namen eines Kollegiumsmitgliedes des Ukrainischen Kommissariats für Volksbildung, Kusjmenko, lautete, ab. Uns begleiteten mein Sekretär

Sermux, der ehemalige Chef meines Zuges und ein Bevollmächtigter der GPU. Sinowjew und Kamenjew nahmen in fast rührender Weise von mir Abschied: sie blieben ungern Aug' in Auge mit Stalin zurück.

Ich hatte in den Vorkriegsjahren das hohenzollerische Berlin gut kennengelernt. Es hatte seine Physiognomie, die niemand angenehm nennen konnte, vielen aber Achtung einflößte. Jetzt jedoch fand ich Berlin ganz verändert. Es hatte überhaupt keine Physiognomie mehr, mindestens konnte ich sie nicht entdecken. Die Stadt erholte sich nach einer langen und schweren Krankheit, die von einer Reihe chirurgischer Eingriffe begleitet war. Die Inflation war bereits vorüber, aber die feste Mark wurde nur ein Gradmesser der allgemeinen Auszehrung. In den Straßen, in den Geschäften, auf den Gesichtern der Vorübergehenden sah man Dürftigkeit und Ungeduld, mitunter den gierigen Wunsch, wieder nach oben zu kommen. Der deutsche Ordnungssinn und die Sauberkeit waren in den Jahren des Krieges, der Niederlagen und des Versailler Vertrages von der Armut besiegt worden. Der menschliche Ameisenhaufen versuchte nun hartnäckig, aber freudlos seine Gänge, Korridore und Lager, die der Stiefel des Krieges zertreten hatte, wiederherzurichten. Im Rhythmus der Straße, in den Bewegungen und Gesten der Passanten fühlte man einen tragischen Schatten des Fatalismus: nichts zu machen, das Leben ist ein ewiges Zuchthaus, man muß wieder von vorn anfangen.

Für einige Wochen ward ich das Objekt medizinischer Beobachtungen in einer Berliner Privatklinik. Zum Erforschen der Ursachen meines geheimnisvollen Fiebers warfen mich die Ärzte einander zu. Am Ende rückte der Halsspezialist mit der Hypothese heraus, das Fieber komme von den Mandeldrüsen, und riet, sie auf jeden Fall auszuschneiden. Die Diagnostiker und Therapeuten schwankten: es waren ältere Menschen und Etappenleute. Der Chirurg mit der Kriegserfahrung hinter sich betrachtete sie mit vernichtender Verachtung. Nach ihm bedeutete das Ausschneiden der Mandeln soviel wie das Abrasieren eines Schnurrbartes. Man mußte einwilligen.

Die Assistenten machten sich bereit, mir die Hände festzubinden, der Professor begnügte sich jedoch mit Sicherungen moralischer Art. Aus den ermunternden Späßen der Chirurgen hörte man Gespanntheit und zurückgehaltene Erregung heraus. Das Unangenehmste war, unbeweglich auf dem Rücken zu liegen und an seinem eigenen Blut würgen zu müssen. Die Prozedur dauerte vierzig bis fünfzig Minuten. Alles verlief gut, wenn man davon absieht, daß die Operation wohl doch vergeblich gemacht worden war: nach einiger Zeit kehrte das Fieber zurück.

Die Zeit in Berlin, oder richtiger in der Klinik, war für mich nicht verloren. Ich stürzte mich auf die deutsche Presse, von der ich seit August 1914 fast völlig abgeschnitten gewesen war. Man brachte mir täglich etwa zwei Dutzend deutsche und einige ausländische Blätter, die ich nach dem Durchlesen auf den Fußboden warf. Die Professoren, die mich besuchten, mußten über einen Teppich aus Zeitungen verschiedenster Richtungen gehen. Eigentlich vernahm ich jetzt zum erstenmal die ganze Tonleiter der deutschen republikanischen Politik. Ich muß gestehen, ich fand nichts Neues. Die Republik als ein untergeschobenes Kind der militärischen Niederlage, Republikaner kraft des Versailler Zwanges, Sozialdemokraten als Nutznießer der von ihnen erstickten Novemberrevolution, Hindenburg als demokratischer Präsident. So ungefähr hatte ich mir alles schon vorgestellt. Und doch war es sehr lehrreich, das Ganze aus der Nähe zu betrachten...

Am 1. Mai fuhr ich mit meiner Frau im Automobil durch die Stadt, wir sahen uns die Hauptstraßen an, beobachteten die Demonstrationen, lasen die Plakate, hörten Reden an, fuhren nach dem Alexanderplatz und vermischten uns mit der Masse. Ich habe viele Maidemonstrationen gesehen, imposantere, größere, dekorativere; ich hatte jedoch lange nicht mehr die Möglichkeit gehabt, ohne Aufmerksamkeit zu erregen, mich in der Masse zu bewegen, mich als einen Teil des namenlosen Ganzen zu fühlen, nur hörend, nur beobachtend. Nur einmal sagte mir mein Begleiter leise: »Hier werden Ihre Bilder verkauft.« Nach diesen Bildern aber hätte niemand das Kollegiumsmitglied des Volkskommissariats für Aufklärung, Kusjmenko, erkennen können. Für den Fall, daß diese Zeilen vor die Augen des Grafen Westarp, der Hermann Müller, Stresemann, des Grafen Reventlow, Hilferdings oder anderer kommen, die dagegen waren, daß man mir die Einreise nach Deutschland erlaubte, will ich ihnen mitteilen, daß ich keine verurteilenswerten Parolen verkündet, keine aufreizenden Plakate angeklebt habe und überhaupt nur ein Zuschauer war, der sich einige Tage vorher einer Operation zu unterziehen hatte.

Wir besuchten auch das Baumblütenfest in Werder. Hier gab es ungeheuer viel Menschen. Aber trotz der Frühlingsstimmung, die durch Sonne und Wein gesteigert wurde, lag auf den Gesichtern der sich Vergnügenden oder derer, die sich vergnügen wollten, der graue Schatten vergangener Jahre. Man brauchte nur aufmerksamer hinzusehen, und alle erschienen einem wie langsam Genesende: das Lustigsein fiel ihnen offensichtlich noch allzu schwer. Wir verbrachten einige Stunden in der Menge, beobachteten, ließen uns in Gespräche ein, aßen von Papiertellerchen Würstchen und tranken sogar Bier, dessen Geschmack wir seit dem Jahre 1917 schon vergessen hatten.

Ich erholte mich nach der Operation schnell und hatte schon den Tag meiner Abreise bestimmt. Da kam eine unerwartete Episode, die mir bis heute nicht ganz klar geworden ist. Etwa eine Woche vor meiner Abreise tauchten im Korridor der Klinik zwei Herren in Zivil von jenem charakteristischen Äußern auf, das mit voller Bestimmtheit vom Polizeihandwerk zeugt. Als ich aus dem Fenster auf den Hof blickte, gewahrte ich dort nicht weniger als ein halbes Dutzend ebensolcher Herren, die sich zwar voneinander unterschieden, gleichzeitig aber einander sehr ähnelten. Ich machte Krestinski, der gerade bei mir war, auf sie aufmerksam. Nach einigen Minuten klopfte ein Assistent an und teilte mir im Auftrage seines Professors erregt mit: es bereite sich gegen mich ein Attentat vor. »Hoffentlich nicht von seiten der Polizei?« fragte ich, auf die zahlreichen Agenten zeigend. Der Arzt sprach die Vermutung aus, die Polizei sei zur Vorbeugung gegen das Attentat erschienen. Nach einigen Minuten kam ein Polizeirat und teilte Krestinski mit, daß die Polizei Mitteilung von einem gegen mich geplanten Attentat erhalten und nun außerordentliche Sicherheitsmaßnahmen getroffen habe. Die ganze Klinik war in Aufregung. Die Schwestern erzählten einander und den Patienten, in der Klinik befände sich Trotzki, und aus diesem Grunde sollten in das Gebäude ein paar Bomben geworfen werden. Es entstand eine Atmosphäre, die für eine Heilanstalt wenig passend war. Ich verabredete mit Krestinski, daß ich sofort in das Gebäude der Sowjetgesandtschaft übersiedele. Die Straße vor der Klinik wurde durch Polizei abgesperrt. Bei der Übersiedlung begleiteten mich Polizeiautomobile. Die offizielle Version war etwa die: jemand, der im Zusammenhang mit einer Verschwörung deutscher Monarchisten verhaftet worden war, hatte dem Untersuchungsrichter angegeben, russische Weißgardisten planten in den nächsten Tagen ein Attentat auf Trotzki, der sich in Berlin aufhalte. Nun muß man sagen, daß die deutsche Diplomatie, mit deren Zustimmung meine Reise unternommen worden war, der Polizei wegen der zahlreichen monarchistischen Elemente in ihren Reihen davon absichtlich keine Mitteilung gemacht hatte. Die Polizei schenkte deshalb den Aussagen des verhafteten Monarchisten anfangs keinen Glauben, prüfte jedoch die Angabe über meinen Aufenthalt in der Klinik nach, und fand sie zu ihrem größten Erstaunen bestätigt. Da die Auskunft auch bei den Professoren eingeholt worden war, bekam ich zwei Warnungen: durch den Assistenten und durch den Polizeirat. Ob wirklich ein Attentat geplant war und ob die Polizei davon wirklich durch einen verhafteten Monarchisten erfahren hatte, kann ich natürlich nicht wissen. Ich vermute jedoch, daß die Sache viel einfacher war. Die Diplomatie hatte wohl das ›Geheimnis‹ nicht bewahrt, die Polizei aber, durch das Mißtrauen beleidigt, wollte vielleicht Herrn Stresemann, vielleicht auch mir beweisen, daß man ohne sie keine Mandeldrüsen ausschneiden könne. Wie dem auch gewesen sein mag, die Klinik wurde auf den Kopf gestellt, und ich übersiedelte unter gewaltiger Bedeckung vor den problematischen Feinden in die Botschaft. In die deutsche Presse drang später ein schwacher und unsicherer Widerhall dieser Geschichte; offensichtlich wollte keiner recht an sie glauben.

Die Tage meines Aufenthaltes in Berlin fielen zusammen mit großen europäischen Ereignissen: dem allgemeinen Streik in England und dem Staatsstreich Pilsudskis in Polen. Diese beiden Ereignisse haben meine Meinungsverschiedenheiten mit den Epigonen noch vertieft und die stürmischere Entwicklung unseres weiteren Kampfes vorausbestimmt. Man muß deshalb darüber hier einige Worte sagen.
Stalin, Bucharin und in der ersten Zeit auch Sinowjew betrachteten den diplomatischen Block zwischen der Spitze der Sowjetgewerkschaften und dem Generalrat der englischen Trade-Unions als die Krönung ihrer Politik. In seiner kleinstädtischen Beschränktheit bildete sich Stalin ein, Purcell und andere Führer der Trade-Unions wären bereit oder fähig, in einem schwierigen Augenblick die Sowjetrepublik gegen die englische Bourgeoisie zu unterstützen. Die Führer der Trade-Unions glaubten nicht ohne Grund, es sei für sie angesichts der Krise des englischen Kapitalismus und der wachsenden Unzufriedenheit der Massen vorteilhaft, eine Dekkung von links zu haben, in Form einer sie zu nichts verpflichtenden offiziellen Freundschaft mit den Führern der Sowjetgewerkschaften. Beide Partner machten dabei einen großen Bogen um den Kern der Sache und fürchteten sich am meisten, die Dinge bei ihrem Namen zu nennen. Eine faule Politik zerschellt nicht selten an großen Ereignissen. Der allgemeine Generalstreik vom Mai 1926 war nicht nur im Leben Englands ein großes Ereignis, sondern auch im inneren Leben unserer Partei.
Das Schicksal Englands nach dem Kriege verdient ein besonderes Interesse. Die starke Änderung seiner Weltlage konnte nicht ohne Einfluß auf das innere Kräfteverhältnis des Landes bleiben. Es war ganz klar: wenn es Europa, zusammen mit England, auch gelingen sollte, nach einer kürzeren oder längeren Periode ein gewisses soziales Gleichgewicht wiederzuerlangen, so konnte England zu einem solchen Gleichgewicht nur durch eine Reihe ernster Zusammenstöße und Erschütterungen kommen. Ich erachtete es als sehr wahrscheinlich, daß gerade in England ein Konflikt in der Kohlenindustrie zum Generalstreik führen müßte. Daraus folgerte ich, daß sich unvermeidlich ein tiefer Gegensatz zwischen den alten Organisationen der Arbeiterklasse und ihren neuen historischen Aufgaben herausbilden müsse. Im Winter und im Frühling 1925 im Kaukasus schrieb ich darüber ein Buch (›Wohin treibt England‹). Eigentlich wandte sich das Buch gegen die offizielle Auffassung des Politischen Büros, mit dessen Hoffnungen auf den Linkskurs des Generalrats und auf das allmähliche schmerzlose Eindringen des Kommunismus in die Reihen der Arbeiterpartei und der Trade-Unions. Teils, um überflüssige Verwicklungen zu vermeiden, teils, um meine Gegner zu prüfen, gab ich das Manuskript des Buches dem Politbüro zur Durchsicht. Da es sich hier um eine Prognose, nicht aber um eine nachträgliche Kritik handelte, so fand keins der Mitglieder des Politbüros den Mut, sich darüber zu

äußern. Das Buch passierte glücklich die Zensur und wurde ohne Änderungen, wie es niedergeschrieben war, veröffentlicht. Es erschien bald auch in englischer Sprache. Die offiziellen Führer des englischen Sozialismus betrachteten das Buch als die Phantasien eines Ausländers, der die englischen Verhältnisse nicht kennt und davon schwärmt, den ›russischen‹ Generalstreik auf den Boden der britischen Inseln zu verpflanzen. Solche Urteile kann man zu Dutzenden, wenn nicht zu Hunderten, anführen, mit Macdonald selbst beginnend, dem im Wettstreit um politische Banalitäten zweifellos der erste Platz gebührt. Es vergingen jedoch kaum einige Monate, und der Streik der Kohlenarbeiter verwandelte sich in einen Generalstreik. Mit einer solchen rapiden Verwirklichung meiner Prognose hatte nicht einmal ich gerechnet. Bestätigte der Generalstreik die Richtigkeit der marxistischen Voraussage gegen die primitiven Kritiken des englischen Reformismus, so bedeutete die Haltung des Generalrats während des Generalstreiks einen Zusammenbruch der Stalinschen Hoffnungen auf Purcell. Mit gespanntester Aufmerksamkeit sammelte ich in der Klinik alle Berichte, die den Verlauf des Generalstreiks und ganz besonders die gegenseitigen Beziehungen zwischen der Masse und den Führern schilderten. Am empörendsten war der Charakter der Artikel in der Moskauer ›Prawda‹. Ihre Hauptaufgabe bestand darin, den Bankrott zu verschleiern und den Schein zu retten. Das konnte aber nur durch zynische Entstellung der Tatsachen erreicht werden. Es kann keinen größeren Beweis des geistigen Niederganges einer revolutionären Politik geben als den, daß sie gezwungen ist, die Masse zu betrügen.

Als ich nach Moskau zurückkam, forderte ich den sofortigen Abbruch des Blocks mit dem Generalrat. Nach den unvermeidlichen Schwankungen schloß sich Sinowjew mir an. Radek war dagegen. Stalin klammerte sich mit allen Kräften an den Block, selbst noch an den Schein des Blocks. Die englischen Trade-Unionisten warteten das Ende der scharfen inneren Krise ab, um dann ihren freigebigen, aber törichten Verbündeten durch eine unhöfliche Fußbewegung von sich zu stoßen.

Nicht weniger bemerkenswerte Ereignisse vollzogen sich gleichzeitig in Polen. Auf der Suche nach einem Ausweg beschritt die Kleinbourgeoisie den Weg des Aufstandes und hob Pilsudski auf den Schild. Der Führer der kommunistischen Partei, Warski, wähnte: es spiele sich vor seinen Augen die ›demokratische Diktatur der Bauern und Arbeiter‹ ab, und rief die kommunistische Partei zur Unterstützung Pilsudskis auf. Ich kenne Warski schon lange. Als Rosa Luxemburg lebte, konnte er noch einen Platz in den Reihen der Revolution einnehmen. Sich selbst überlassen, war Warski stets nur ein leerer Platz. Im Jahre 1924 erklärte Warski nach großen Schwankungen, er habe endlich die Schädlichkeit des ›Trotzkismus‹, das heißt einer Unterschätzung der Bauernschaft

für die Sache der demokratischen Diktatur, erkannt. Zum Lohn für diesen Gehorsam wurde er als Führer eingesetzt. Nun wartete er auf eine Gelegenheit, um die Sporen, die er so spät bekommen hatte, sich erneut zu verdienen. Im Mai 1926 versäumte Warski die so glänzende Gelegenheit nicht, sich und die Fahne der Partei zu beflecken. Er blieb natürlich unbestraft: gegen die Empörung der polnischen Arbeiter schützte ihn der Stalinsche Apparat.
Der Kampf in der russischen Partei wurde im Jahre 1926 immer schärfer. Im Herbst machte die Opposition in den Versammlungen der Parteizellen einen offenen Ausfall. Er wurde vom Apparat wild zurückgeschlagen. Den geistigen Kampf ersetzte die administrative Mechanik: telephonische Abkommandierung der Parteibürokratie zu den Versammlungen der Arbeiterzellen, Anhäufung von Automobilen der Apparatleute vor allen Versammlungen, Heulen der Sirenen, gut organisiertes Pfeifen und Brüllen bei Erscheinen der Opposition auf der Tribüne. Die regierende Fraktion übte einen Terror aus durch ihre mechanische Macht, durch Drohungen und Repressalien. Ehe die Parteimasse noch etwas erfahren, begreifen und sagen konnte, machte man ihr vor einer Spaltung oder einer Katastrophe angst. Die Opposition mußte den Rückzug antreten. Wir gaben am 16. Oktober eine Erklärung in dem Sinne ab, daß wir unsere Ansichten für richtig erachteten und uns das Recht vorbehielten, im Rahmen der Partei für sie zu kämpfen, jedoch von solchen Handlungen zurückträten, welche die Gefahr einer Spaltung erzeugen könnten. Die Erklärung vom 16. Oktober war nicht für den Apparat, sondern für die Parteimassen bestimmt. Sie war der Ausdruck unseres Willens, in der Partei zu bleiben und ihr weiter zu dienen. Obwohl die Stalinisten schon am nächsten Tage das Abkommen nicht mehr hielten, hatten wir doch Zeit gewonnen. Der Winter 1926–27 brachte eine Atempause, die uns die Möglichkeit gab, in einer Reihe von Fragen theoretische Vertiefung zu erreichen.
Schon zu Beginn des Jahres 1927 war Sinowjew bereit, zu kapitulieren, wenn nicht auf einmal, so doch nach und nach. Aber da kamen die erschütternden Ereignisse in China. Das Verbrechen der Stalinschen Politik wurde zu offensichtlich. Das hielt die Kapitulation Sinowjews und aller, die nach ihm kamen, für eine Weile auf.
Die Führung der Epigonen in China trat alle Traditionen des Bolschewismus mit Füßen. Die chinesische kommunistische Partei war gegen ihren Willen in den Bestand der bürgerlichen Partei des Kuomintang übergeführt und unter deren militärische Disziplin gestellt worden. Die Schaffung von Sowjets wurde verboten. Den Kommunisten war anempfohlen worden, die Agrarrevolution aufzuhalten, die Arbeiter ohne Erlaubnis der Bourgeoisie nicht zu bewaffnen. Lange bevor Tschiangkaischek die Shanghaier Arbeiter niedergeschlagen und die Macht in den Händen einer militärischen Clique konzentriert hatte, wiesen wir warnend auf die Unvermeid-

lichkeit eines solchen Ausganges hin. Seit 1925 hatte ich den Austritt der Kommunisten aus der Kuomintang gefordert. Die Politik Stalin-Bucharin hatte nicht nur die Niederschlagung der Revolution vorbereitet und erleichtert, sondern auch mit Hilfe von Repressalien des Staatsapparates die konterrevolutionäre Tätigkeit Tschiangkaischeks vor unserer Kritik geschützt. Noch im April 1927 verteidigte Stalin in einer Parteiversammlung im Kolonnensaal die Politik der Koalition mit Tschiangkaischek und forderte, ihr Vertrauen zu schenken. Fünf oder sechs Tage später hatte Tschiangkaischek die Shanghaier Arbeiter und die kommunistische Partei im Blute ertränkt.

Eine Welle der Erregung ging durch die Partei. Die Opposition erhob den Kopf. Alle Regeln der Konspiration verletzend – und in jener Zeit waren wir bereits gezwungen, in Moskau die Shanghaier Arbeiter gegen Tschiangkaischek auf konspirativen Wegen zu verteidigen –, kamen Oppositionelle zu Dutzenden zu mir in das Gebäude des Hauptkomitees für Konzessionen. Viele junge Genossen glaubten, daß ein so offensichtlicher Bankrott der Stalinschen Politik den Sieg der Opposition näherbringen müßte. In den ersten Tagen nach dem Staatsstreich Tschiangkaischeks habe ich viele Eimer kalten Wassers über die heißen Köpfe meiner jungen und auch nicht jungen Freunde gießen müssen. Ich versuchte zu beweisen, daß die Opposition sich nicht auf der *Niederlage* der chinesischen Revolution aufrichten dürfe. Die Bestätigung unserer Prognose werde uns zwar tausend, fünftausend, zehntausend neue Anhänger bringen. Für die Millionen aber sei nicht die Prognose, sondern die Tatsache der Niederschlagung des chinesischen Proletariats von entscheidender Bedeutung. Nach der Niederlage der deutschen Revolution im Jahre 1923, nach dem Zusammenbruch des englischen Generalstreiks von 1926 werde diese neue Niederlage in China die Enttäuschung der Massen in bezug auf die internationale Revolution nur verstärken. Und gerade diese Enttäuschung bilde die psychologische Quelle für die Stalinsche Politik des Nationalreformismus.

Sehr bald schon zeigte es sich, daß wir als Fraktion tatsächlich stärker geworden waren, das heißt ideologisch einheitlicher und zahlenmäßig größer. Die Nabelschnur aber, die uns mit der Macht verbunden hatte, war von dem Schwerte Tschiangkaischeks durchschnitten worden. Seinem restlos kompromittierten russischen Verbündeten Stalin blieb nichts weiter übrig, als die Niederschlagung der Arbeiter von Shanghai durch die organisatorische Niederschlagung der Opposition zu ergänzen. Den Kern der Opposition bildete eine Gruppe alter Revolutionäre. Aber wir waren jetzt nicht mehr allein. Um uns gruppierten sich Hunderte und Tausende Revolutionäre der neuen Generation, die erst durch die Oktoberrevolution zum politischen Leben erweckt worden war, den Bürgerkrieg hinter sich hatte, vor der gewaltigen Autorität des

Leninschen Zentralkomitees aufrichtig stramm stand. Diese neue Generation hatte erst seit dem Jahre 23 begonnen, selbständig zu denken, Kritik zu üben, neue Wendungen in der Entwicklung mit dem Maß der marxistischen Methode zu prüfen, und sie mußte, was noch schwieriger ist, nun lernen, die Verantwortung für die revolutionäre Initiative selbst zu tragen. Zur Zeit vertiefen Tausende solcher jungen Revolutionäre in den Gefängnissen und den Verbannungsorten des Stalinschen Regimes ihre politische Erfahrung durch theoretisches Studium.

Die Kerngruppe der Opposition ging dieser Lösung mit offenen Augen entgegen. Wir wußten genau, daß wir nicht durch Paktieren und Ausweichen unsere Ideen auf die junge Generation übertragen konnten, sondern nur im offenen Kampfe, der vor keinen praktischen Folgen zurückschreckt. Wir gingen einer sicheren Niederlage entgegen, bereiteten jedoch unseren geistigen Sieg für eine fernere Zukunft vor.

Die Anwendung der physischen Gewalt hat in der Geschichte der Menschheit stets eine große Rolle gespielt und spielt sie noch jetzt: einmal eine fortschrittliche, ein anderes Mal eine reaktionäre, je nachdem, welche Klasse die Gewalt anwendet und für welche Ziele sie angewandt wird. Aber unendlich fern davon ist die Schlußfolgerung, daß man mit der Gewalt *alle* Fragen lösen und *alle* Hindernisse wegräumen könne. Die Entwicklung der historisch-fortschrittlichen Tendenzen mit Waffengewalt aufzuhalten, – ist möglich. Ihnen den Weg für immer zu versperren, ist unmöglich. Der Revolutionär kann sich deshalb, geht es um den Kampf großer Prinzipien, nur von der einen Regel leiten lassen: fais ce que dois, advienne que pourra.

Je mehr die Partei sich dem Fünfzehnten Parteitag näherte, der für Ende 1927 angesetzt war, um so mehr fühlte sie sich an einem historischen Kreuzweg. Eine tiefe Unruhe durchzitterte ihre Reihen. Trotz dem ungeheuren Terror erwachte in der Partei der Wunsch, die Stimme der Opposition zu vernehmen. Das war nur auf illegalem Wege zu erreichen. An mehreren Stellen in Moskau und in Leningrad fanden geheime Versammlungen von Arbeitern, Arbeiterinnen und Studenten statt, wo zwanzig bis hundert und zweihundert Menschen zusammenkamen, um einen Vertreter der Opposition anzuhören. Im Laufe eines Tages besuchte ich zwei, drei, mitunter auch vier solcher Versammlungen. Sie fanden gewöhnlich in Arbeiterwohnungen statt. Zwei kleine Zimmerchen waren vollgestopft, der Redner stand in der Türe zwischen den Zimmern. Manchmal saßen alle auf dem Fußboden, häufiger mußte man wegen Raummangel stehend diskutieren. Mitunter erschienen Vertreter der Kontrollkommission mit der Aufforderung an die Versammelten, auseinanderzugehen. Man lud sie ein, sich an der Diskussion zu beteiligen. Störten sie, dann wurden sie vor die Türe

gesetzt. Insgesamt haben in Moskau und Leningrad etwa zwanzigtausend Menschen solche Versammlungen besucht. Der Zustrom wuchs. Die Opposition hatte geschickt eine große Versammlung im Saal der Technischen Hochschule vorbereitet, der von innen besetzt wurde. Der Saal war von zweitausend Menschen überfüllt. Eine große Menge blieb noch auf der Straße. Störungsversuche der Verwaltung blieben erfolglos. Ich und Kamenjew sprachen etwa zwei Stunden. Nunmehr erließ das Zentralkomitee einen Aufruf an die Arbeiterschaft, man müsse die Versammlungen der Opposition mit Gewalt auseinandertreiben. Dieser Aufruf war nur eine Maskierung für die sorgfältig vorbereiteten Überfälle von Stoßtrupps der GPU auf die Opposition. Stalin wollte eine blutige Lösung. Wir gaben das Signal, die großen Versammlungen vorübergehend einzustellen. Aber das war schon nach der Demonstration vom 7. November.
Im Oktober 1927 tagte das Zentralexekutivkomitee in Leningrad. Zu Ehren der Tagung wurde eine Massendemonstration veranstaltet. Durch eine zufällige Fügung der Umstände nahm aber die Demonstration eine ganz unerwartete Wendung. Zusammen mit Sinowjew und noch einigen anderen Oppositionellen fuhr ich im Automobil durch die Stadt, um die Größe und die Stimmung der Demonstration zu beobachten. Zuletzt kamen wir am Taurischen Palais vorbei, wo für die Mitglieder des Zentralexekutivkomitees auf Lastwagen Tribünen hergerichtet waren. Unser Auto geriet in eine Absperrung: es gab keine Durchfahrt. Doch ehe wir Zeit fanden zu überlegen, wie wir aus der Sackgasse hinauskommen könnten, eilte der Kommandant an unser Auto heran und gab uns ohne Arglist das Geleit zu den Tribünen. Bevor wir unsere eigenen Bedenken überwinden konnten, bahnten uns zwei Reihen Milizsoldaten den Weg zum Lastauto, das noch leer stand. Sobald es der Masse bekannt wurde, daß wir uns auf der äußersten Tribüne befanden, veränderte die Demonstration plötzlich ihre Physiognomie. Die Menge schritt gleichgültig an den ersten Lastwagen vorbei und eilte, ohne die Begrüßungen aus diesen Wagen zu beachten, zu uns. Um unseren Lastwagen bildete sich bald eine vieltausendköpfige Stauung. Arbeiter und Rotarmisten blieben stehen, blickten hinauf, riefen uns Begrüßungen zu, mußten aber unter dem ungeduldigen Nachdrängen der hinteren Reihen weitergehen. Die Milizabteilung, die man zur Herstellung der Ordnung an unseren Lastwagen schickte, wurde selbst von der Stimmung mitgerissen und blieb untätig. Nun wurde ein halbes Hundert zuverlässiger Agenten des Apparates geschickt. Sie versuchten zu pfeifen, aber die vereinzelten Pfiffe gingen in den zustimmenden Rufen unter. Die Lage wurde für die offiziellen Leiter der Demonstration immer unerträglicher. Schließlich verließen der Vorsitzende des Allrussischen Zentralexekutivkomitees und einige andere angesehene Mitglieder die erste Tribüne, wo peinliche Leere

gähnte, und kletterten auf unser Auto, das den letzten Platz einnahm und nur für weniger ›vornehme‹ Gäste bestimmt war. Aber auch dieser tapfere Streich rettete die Lage nicht. Die Masse rief beharrlich Namen, aber es waren nicht die Namen der offiziellen Herren des Tages.

Sinowjew wurde gleich vom Optimismus überwältigt und erwartete von der Demonstration die größten Folgen. Ich teilte seine impulsive Bewertung der Situation nicht. Die Arbeitermasse Leningrads zeigte ihre Unzufriedenheit durch eine platonische Sympathiekundgebung für die Führer der Opposition, sie war aber noch nicht fähig, den Apparat zu hindern, mit uns abzurechnen. In dieser Hinsicht machte ich mir keine Illusionen. Andererseits mußte die Demonstration der regierenden Fraktion die Notwendigkeit zeigen, die Abrechnung mit der Opposition zu beschleunigen, um die Masse vor eine vollendete Tatsache zu stellen.

Der nächste Markstein war die Moskauer Demonstration zum zehnten Jahrestage des Oktoberumsturzes. Als Veranstalter der Demonstration, als Verfasser der Jubiläumsartikel und als Redner traten überall Menschen auf, die während des Oktoberumsturzes jenseits der Barrikaden gestanden oder sich im Schoße der Familie verborgen gehalten hatten, um dort abzuwarten, was aus der Sache werden würde, und die sich der Revolution erst nach deren sicherem Sieg anzuschließen wagten. Eher mit Humor als mit Bitternis las ich die Artikel oder hörte ich durch das Radio die Reden, in denen diese Schmarotzer mich des Verrats an der Oktoberrevolution beschuldigten. Wenn wir die Dynamik des historischen Prozesses begreifen und wenn wir sehen, wie eine ihm selbst unbekannte Hand den Gegner am Schnürchen zieht, dann verlieren auch die ekelhaftesten Gemeinheiten und Verrätereien über uns jede Macht.

Die Opposition beschloß, sich an der allgemeinen Demonstration mit eigenen Plakaten zu beteiligen. Die Parolen auf den Plakaten waren keinesfalls gegen die Partei gerichtet: ›Wir wollen das Feuer gegen rechts richten – gehen den Kulaken, Nepmann und Bürokraten‹, ›Wir wollen das Testament Lenins erfüllen‹, ›Gegen Opportunismus, gegen Spaltung, für die Einheit der Leninschen Partei‹. Heute sind diese Parolen das offizielle Bekenntnis der Stalinschen Fraktion in ihrem Kampfe gegen die Rechten. Am 7. November 1927 wurden der Opposition diese Plakate aus den Händen gerissen, zerfetzt, die Träger durch besondere Kommandos verprügelt. Die Erfahrung der Leningrader Demonstration hatte die offiziellen Führer manches gelehrt. Sie waren diesmal besser vorbereitet. In der Masse fühlte man ein Unbehagen. Sie beteiligte sich im Zustande tiefer Unruhe an der Demonstration. Über der riesigen, verwirrten und erregten Masse erhoben sich zwei aktive Gruppen: die Opposition und der Apparat. Als Freiwillige im Kampfe gegen den ›Trotzkismus‹ kamen dem Apparat notorisch nichtrevolutionäre, teils sogar offen faschistische Elemente der Moskauer Straße zu Hilfe. Angeblich als Warnung schoß ein Milizsoldat auf mein Automobil. Jemand lenkte seine Hand. Ein betrunkener Feuerwehrbeamter sprang mit gemeinsten Schimpfworten auf das Trittbrett meines Wagens und schlug eine Scheibe ein. Wer zu sehen vermochte, sah am 7. November 1927 auf den Straßen Moskaus eine Probe des Thermidors.

Ähnlich verlief die Demonstration in Leningrad. Sinowjew und Radek, die hingereist waren, wurden von einer besonderen Abteilung angegriffen und unter dem Vorwand, sie vor der Menge zu schützen, für die Zeit der Demonstration in einem Gebäude gefangengehalten. Sinowjew schrieb mir an diesem Tage nach Moskau: »Alle Berichte besagen, daß diese Gemeinheiten unserer Sache nur nützen werden. Wir sind beunruhigt, was bei euch vorgefallen ist. Unsere Verbindungen (das heißt illegale Diskussionen mit den Arbeitern) stehen gut. Ein großer Umschwung zu unseren Gunsten. Wir reisen von hier noch nicht ab.« Das war das letzte Aufflackern der oppositionellen Energie bei Sinowjew. Nach einem Tage schon war er in Moskau und drängte zur Kapitulation.

Den 16. Nobember nahm sich Joffe das Leben; sein Tod fiel mitten in den sich entwickelnden Kampf.

Joffe war ein sehr kranker Mensch. Aus Japan, wo er Gesandter gewesen war, brachte man ihn in bedenklichem Zustande zurück. Nur mit großer Mühe gelang es, ihn ins Ausland zu schicken. Der Aufenthalt dort währte zu kurz. Er hatte gute, aber nicht genügende Wirkung. Joffe wurde mein Stellvertreter im Hauptkomitee für Konzessionen. Die ganze laufende Arbeit lastete auf ihm. Er nahm die Krise in der Partei sehr schwer. Am meisten erschütterte ihn die Treulosigkeit. Mehrere Male wollte er ernstlich den Kampf aufnehmen. Ich hielt ihn aus Sorge um seine Gesundheit zurück. Besonders war Joffe über die Kampagne gegen die permanente Revolution empört. Er konnte die niederträchtige Hetze nicht verwinden, die gegen jene, die den Verlauf und den Charakter der Revolution lange vorausgesehen hatten, betrieben wurde von solchen, die nur die Früchte der Revolution genossen. Joffe erzählte mir sein Gespräch, das er mit Lenin, ich glaube im Jahre 1919, über das Thema der permanenten Revolution geführt hatte. Lenin hatte ihm gesagt: »Ja, Trotzki hat recht gehabt.« Joffe wollte dieses Gespräch nun veröffentlichen. Ich hielt ihn mit allen Mitteln zurück. Ich sah voraus, welche Lawine von Gemeinheiten sich über ihn stürzen würde. Joffe war sehr beharrlich, von einer besonderen, der Form nach milden, aber innerlich unbeugsamen Festigkeit. Bei jedem Ausbruch aggressiven Unwissens und politischen Treubruchs kam er mit eingefallenen, fahlen Wangen entrüstet zu mir und wiederholte: »Nein, man muß es veröffentlichen.« Ich suchte ihm immer wieder zu beweisen, daß eine solche ›Zeugnisabgabe‹ nichts ändern würde, daß man vielmehr die neue Parteigeneration heranbilden und sich auf weite Sicht einstellen müsse.

Der physische Zustand Joffes, der im Auslande nicht geheilt worden war, verschlechterte sich von Tag zu Tag. Zum Herbst war Joffe gezwungen, die Arbeit einzustellen und sich dann überhaupt hinzulegen. Seine Freunde forderten von neuem eine Auslandsreise. Diesmal lehnte das Zentralkomitee die Zustimmung entschieden ab. Die Stalinisten bereiteten sich jetzt darauf vor, die Oppositionellen in eine ganz andere Richtung zu verschicken. Mein Ausschluß aus dem Zentralkomitee und darauf aus der Partei erschütterte Joffe mehr als jemanden sonst. Zu der politischen und persönlichen Empörung kam noch das klare Bewußtsein der eigenen physischen Ohnmacht. Untrüglich fühlte Joffe, daß es um das Schicksal der Revolution gehe. Zu kämpfen war er nicht mehr imstande. Außerhalb des Kampfes hatte das Leben für ihn keinen Sinn. Und so zog er für sich die letzte Folgerung.
Ich wohnte in jenen Tagen nicht mehr im Kreml, sondern in der Wohnung meines Freundes Beloborodow, der noch immer als Volkskommissar des Innern galt, obwohl ihm die Agenten der GPU auf den Fersen waren. Beloborodow hielt sich damals im heimatlichen Ural auf, wo er im Kampf mit dem Apparat einen Weg zu den Arbeitern suchte. Ich klingelte in Joffes Wohnung an, um mich nach seiner Gesundheit zu erkundigen. Er antwortete selbst: das Telephon stand an seinem Bette. Seine Stimme klang – ich bin mir erst später darüber klar geworden – seltsam, gespannt, unruhig. Er bat mich, zu ihm zu kommen. Etwas verhinderte mich, seine Bitte sofort zu erfüllen. Es waren stürmische Tage, in die Wohnung Beloborodows kamen ununterbrochen Genossen, um unaufschiebbare Fragen zu beraten. Nach einer oder zwei Stunden sagte mir eine unbekannte Stimme am Telephon: »Adolf Abramowitsch hat sich erschossen. Auf seinem Tischchen liegt ein Brief für Sie.« In der Wohnung Beloborodows hielten immer einige oppositionelle Militärs Wache. Sie begleiteten mich, wenn ich in die Stadt ausging. Wir begaben uns eiligst zu Joffe. Auf unser Klingeln und Klopfen fragte man hinter der Tür nach unseren Namen und öffnete uns nicht sogleich: hinter der Tür geschah etwas Dunkles. Von dem blutbedeckten Kissen hob sich das ruhige, von einer inneren Güte verklärte Gesicht Adolf Abramowitschs ab. An seinem Schreibtisch machte sich B., ein Mitglied des Kollegiums der GPU, zu schaffen. Ein Brief war auf dem Tische nicht zu sehen. Ich verlangte, daß man ihn mir sofort herausgebe. B. brummte etwas; es sei kein Brief dagewesen. Sein Aussehen und seine Stimme ließen keinen Zweifel darüber, daß er log. Nach einigen Minuten sammelten sich in der Wohnung Freunde aus der ganzen Stadt. Die offiziellen Vertreter des Kommissariats des Äußeren und der Parteiinstitutionen fühlten sich einsam unter der Masse der Oppositionellen. Während der Nacht besuchten einige Tausend Menschen die Wohnung. Die Kunde von dem Raube des Briefes verbreitete sich in der Stadt. Ausländische Journalisten teilten die

Tatsache in ihren Telegrammen mit. Den Brief noch weiter zu verheimlichen war unmöglich. Endlich wurde Rakowski eine photographische Kopie des Briefes ausgehändigt. Weshalb der von Joffe an mich geschriebene und in einem geschlossenen Kuvert an meine Adresse gerichtete Brief Rakowski übergeben wurde, und nicht einmal im Original, sondern in einer photographischen Kopie, ist unerklärlich. Der Brief Joffes gibt ein getreues Abbild meines Freundes, aber eine halbe Stunde vor dem Tode. Joffe kannte mein Verhältnis zu ihm, er war mit mir durch ein tief moralisches Vertrauen verbunden, und er hatte mir das Recht übertragen, aus dem Brief das zu streichen, was nach meiner Meinung für eine Veröffentlichung überflüssig oder ungeeignet sein könnte. Nachdem es ihm nicht gelungen war, den Brief vor der Welt zu verheimlichen, hat der zynische Feind vergeblich versucht, gerade jene Zeilen, die nicht für die Veröffentlichung bestimmt waren, für sich auszunutzen.
Joffe wollte seinen Tod in den Dienst jener Sache stellen, der er sein ganzes Leben gewidmet hatte. Mit der Hand, die nach einer halben Stunde den Revolver gegen die Schläfe richten sollte, schrieb er das letzte Zeugnis und die letzten Ratschläge für einen Freund. Folgendes hat Joffe in seinem Abschiedsbrief über mich persönlich gesagt:
»Mit Ihnen, lieber Lew Dawidowitsch, verbinden mich Jahrzehnte gemeinsamer Arbeit und, ich wage es zu hoffen, auch persönlicher Freundschaft. Das gibt mir das Recht, Ihnen zum Abschied zu sagen, was mir bei Ihnen als Fehler erscheint. Ich habe nie an der Richtigkeit des von Ihnen bezeichneten Weges gezweifelt, und Sie wissen, daß ich seit mehr als zwanzig Jahren mit Ihnen gehe, seit den Zeiten der ›permanenten Revolution‹. Aber ich war immer der Meinung, daß Ihnen die Leninsche *Unbeugsamkeit und Unnachgiebigkeit* fehlt, seine Bereitschaft, auf dem Wege, den er als richtig erkannt hat, wenn es sein muß, allein zu bleiben, in Voraussicht einer späteren Mehrheit, einer späteren allgemeinen Anerkennung der Richtigkeit dieses Weges. Sie waren *politisch immer im Recht,* seit dem Jahre 1905, und ich habe Ihnen wiederholt erklärt, daß ich mit meinen eigenen Ohren gehört habe, wie Lenin gestand, daß auch im Jahre 1905 *nicht er, sondern Sie* recht gehabt hätten. Vor dem Tode lügt man nicht, und ich wiederhole es Ihnen jetzt noch einmal... Aber sie haben häufig auf Ihr *eigenes Recht* verzichtet zugunsten eines von Ihnen überschätzten Abkommens, eines Kompromisses. Das ist ein Fehler. Ich wiederhole, politisch haben Sie immer recht gehabt, und jetzt *haben Sie mehr recht als je.* Einmal wird die Partei es einsehen, und auch die Geschichte wird es unbedingt anerkennen. So haben Sie denn keine Angst, wenn jemand von Ihnen abrücken sollte, und noch weniger, wenn nicht viele so schnell, wie wir es alle wünschen, zu Ihnen kommen. Sie haben recht, aber Bürgschaft für den Sieg Ihres Rechtes ist die äußerste Unnachgiebigkeit, die strengste Geradlinigkeit, die restlose

Ablehnung jeglicher Kompromisse, genau so, wie darin gerade stets das Geheimnis der Siege Iljitschs lag. Dies wollte ich Ihnen viele Male sagen, aber erst jetzt habe ich mich dazu entschlossen, zum Abschied.«

Die Bestattung Joffes wurde auf einen Arbeitstag und eine Arbeitsstunde festgelegt, um die Beteiligung des Moskauer Proletariats zu verhindern. Aber dennoch fand die Bestattung nicht weniger als zehntausend Menschen versammelt, und sie verwandelte sich in eine machtvolle oppositionelle Demonstration.

Inzwischen bereitete die Fraktion Stalins den Parteitag vor, bemüht, ihn vor die vollendete Tatsache einer Spaltung zu stellen. Die sogenannten Wahlen zu den Ortskonferenzen, die Delegierte zum Parteitag entsandten, waren *vor* der offiziellen Eröffnung der durch und durch verlogenen ›Diskussion‹ schon vollzogen, während militärisch organisierte Pfeifkolonnen auf faschistische Art die Versammlungen sprengten. Es ist überhaupt schwer, sich etwas Schändlicheres vorzustellen als die Vorbereitung des Fünfzehnten Parteitages. Für Sinowjew und seine Gruppe war es nicht schwer zu erraten, daß der Parteitag politisch jene physische Niederschlagung vollenden würde, die auf den Straßen Moskaus und Leningrads am zwölften Jahrestage des Oktoberumsturzes begonnen hatte. Die einzige Sorge Sinowjews und seiner Freunde war jetzt: rechtzeitig zu kapitulieren. Sie konnten natürlich nicht mißverstehen, daß die Stalinschen Bürokraten den wahren Feind nicht in ihnen, den Oppositionellen zweiter Ordnung, sahen, sondern in dem Kern der Opposition, der mit mir verbunden war. Sie hofften, durch einen demonstrativen Bruch mit mir im Augenblick des Fünfzehnten Parteitages wenn nicht Wohlwollen, so doch Verzeihung zu erkaufen. Sie bedachten dabei nicht, daß der doppelte Verrat sie politisch erledigen müsse. Haben sie unsere Gruppe durch einen Stoß in den Rücken auch vorübergehend geschwächt, so haben sie sich selbst dem politischen Tode geweiht. Der Fünfzehnte Parteitag nahm den Ausschluß der Opposition in ihrer Gesamtheit an. Die Ausgeschlossenen wurden der GPU zur Verfügung gestellt.

Verbannung

Über die Ausweisung nach Zentralasien bringe ich die ungekürzten Aufzeichnungen meiner Frau:

Am 16. Januar 1927 werden schon seit dem frühen Morgen die Sachen gepackt. Ich habe erhöhte Temperatur, vor Fieber und Schwäche ist mir schwindlig in diesem Chaos der soeben aus dem Kreml herübergebrachten und der übrigen Sachen, die zum Mitnehmen eingepackt werden müssen. Ein Durcheinander von Möbeln, Kisten, Wäsche, Büchern; daneben gibt es endlose Besuche, –

Freunde, die Abschied nehmen wollen. Unser Arzt und Freund F. A. Guetier rät naiverweise, wegen meiner Erkältung die Reise zu verschieben. Er hat keine klare Vorstellung, was unsere Reise ist und was es bedeuten würde, sie jetzt zu verschieben. Wir hoffen, daß ich mich eher im Zuge erholen werde; denn unter den Verhältnissen der ›letzten Tage‹ war zu Hause eine Erholung nicht leicht möglich. Vor den Augen tauchen immer neue Gesichter auf, viele, die ich zum erstenmal sehe. Umarmungen, Händedrücken, Sympathieäußerungen, Glückwünsche. Das Chaos vergrößert sich durch Blumenspenden, Bücher, Konfekt, warme Sachen usw. Der letzte Tag der Hetze, Spannung, Aufregung geht zu Ende. Alle Sachen sind zum Bahnhof gebracht worden. Die Freunde haben sich ebenfalls dorthin begeben. Die ganze Familie sitzt im Eßzimmer, zur Reise bereit. Wir warten auf die Agenten der GPU. Wir sehen auf die Uhr... neun, neuneinhalb... Niemand kommt. Zehn. Die Stunde der Abfahrt des Zuges. Was ist geschehen? Hat man es sich anders überlegt? Das Telephon klingelt. Aus der GPU teilt man mit, die Reise sei verschoben. Gründe werden nicht angegeben. »Für lange?« fragt L. D. »Für zwei Tage«, antwortet man ihm, »die Abreise erfolgt übermorgen.« Nach einer halben Stunde kommen Freunde vom Bahnhof, zuerst Jugendliche, dann Rakowski und andere. Auf dem Bahnhof sei eine riesige Demonstration gewesen. Man wartete, rief ›Es lebe Trotzki‹. Aber Trotzki war nicht zu sehen. Wo ist er? Vor dem Waggon, der für uns bestimmt war, eine erregte Menge. Junge Freunde hatten auf dem Dache des Waggons ein großes Bild von L. D. aufgestellt. Man begrüßte es mit begeistertem ›Hoch‹. Der Zug keuchte, stieß einmal vor, noch einmal, machte einen Ruck und blieb plötzlich stehen. Die Demonstranten liefen vor die Lokomotive, klammerten sich an die Waggons, hielten den Zug an und riefen nach Trotzki. In der Menge verbreitete sich das Gerücht, Agenten der GPU hätten L. D. heimlich in den Waggon gebracht und verhinderten ihn nun, sich den Abschiednehmenden zu zeigen. Auf dem Bahnhof herrschte eine unbeschreibliche Aufregung. Es kam zu Zusammenstößen mit der Miliz und den Agenten der GPU, auf beiden Seiten gab es Verletzte; Verhaftungen wurden vorgenommen. Der Zug konnte anderthalb Stunden nicht abfahren. Nach einer Weile brachte man unser Gepäck vom Bahnhof zurück. Fortwährend erkundigten sich Freunde telephonisch, ob wir zu Hause seien, und berichteten über die Ereignisse auf dem Bahnhof. Es war lange nach Mitternacht, als wir schlafen gingen. Nach den Aufregungen der letzten Tage schliefen wir bis 11 Uhr mittags. Niemand klingelte. Alles war ruhig. Die Frau unseres ältesten Sohnes ging zum Dienst: es war ja noch zwei Tage Zeit. Kaum aber hatten wir gefrühstückt, da läutete es an der Türe. Erst kam F. W. Beloborodowa, dann M. M. Joffe. Es läutete wieder – jetzt füllte sich die ganze Wohnung mit Agenten der GPU in Uniform und in Zivil. L. D. wurde die Order über seine Verhaftung und den sofortigen Abtransport unter Bewachung nach Alma-Ata ausgehändigt. Und die zwei Tage, von denen die GPU gestern abend gesprochen hatte. Wieder ein Betrug! Diese Kriegslist war angewandt worden, um eine Wiederholung der Demonstration bei der Abreise zu vereiteln. Das Telephon klingelte ununterbrochen. Aber am Telephon steht ein Agent und verhindert mit gutmütiger Miene das Antworten. Nur durch Zufall gelingt es, Beloborodow zu benachrichtigen, daß das Haus von der GPU besetzt sei und daß man uns mit Gewalt wegbringen werde. Später teilte man uns mit, daß Bucharin mit der ›politischen Leitung‹ des Abtransportes von L. D. beauftragt gewesen sei. Das wäre ja durchaus im Geiste der Stalinschen Machinationen... Die Agenten waren sichtbar erregt. L. D. weigerte sich, freiwillig zu fahren. Er benützte die Gelegenheit, um die Lage zu klären. Es handelte sich nämlich darum: das politische Büro war bestrebt, der Verbannung, wenigstens der bekanntesten Oppositionellen, den Anschein einer freiwilligen Vereinbarung zu geben. In diesem Sinne hatte man den Arbeitern die Verbannung dargestellt. Es war also wichtig, diese Legende zu zerstören und zu zeigen, wie es sich in Wirklichkeit verhielt, und zwar in einer Form, die ein Verschweigen oder eine Fälschung unmöglich machte. Daher der Entschluß L. D.s, den Gegner zu zwingen, offen Gewalt anzuwenden. Wir sperrten uns mit unseren zwei Besucherinnen in einem Zimmer ein. Die Verhandlungen mit den Agenten wurden durch die verschlossene Tür geführt. Sie wußten nicht, was zu tun, schwankten, führten telephonische Unterredungen mit ihren Vorgesetzten, erhielten Weisungen und erklärten uns schließlich, sie würden die Tür aufbrechen, da sie ihren Befehl ausführen müßten. L. D. diktierte inzwischen eine Instruktion für das weitere Verhalten der Opposition. Wir öffneten nicht. Es folgte ein Schlag mit dem Hammer, die Scheiben der Tür klirrten in Scherben, ein Arm in Uniform wurde durchgesteckt. »Schießen Sie auf mich, Genosse Trotzki, schießen Sie«, wiederholte aufgeregt Kitschkin, ein früherer Offizier, der L. D. häufig auf dessen Frontreisen begleitet hatte. »Reden Sie keinen Unsinn, Kitschkin«, antwortete ihm ruhig L. D., »niemand will auf Sie schießen, Sie erfüllen ja nur einen Auftrag.« Sie schließen die Tür auf und kommen herein, aufgeregt und verwirrt. Als die Agenten sehen, daß L. D. in Hausschuhen ist, suchen sie seine Schuhe und ziehen sie ihm an. Dann holen sie Pelz und Mütze... und ziehen auch die ihm an. L. D. weigert sich, einen Schritt zu tun. Da nehmen sie ihn auf die Arme und tragen ihn weg. Ich werfe mir schnell den Pelz um und ziehe die Überschuhe an... Wir eilen hinterher. Die Tür wird hinter mir zugeschlagen. Hinter der Tür höre ich Lärm. Ich schreie die Leute an, die L. D. die Treppe hinuntertragen und verlange, daß man unsere Söhne herauslasse: der ältere sollte mit uns in die Verbannung gehen. Die Tür wird geöffnet, meine Söhne stürzen heraus, auch unsere

Besucherinnen, Beloborodowa und Joffe. Sie sind alle durchgeschlüpft. Serjoscha hat dabei seine Sportgriffe angewandt. Beim Hinunterlaufen klingelt Ljowa auf der Treppe an allen Türen und schreit: »Man trägt den Genossen Trotzki weg.« Erschrockene Gesichter tauchen in den Türen und auf der Treppe auf. In diesem Hause wohnen nur höhere Sowjetfunktionäre. Das Automobil ist gestopft voll. Serjoschas Beine finden kaum Platz. Beloborodowa begleitet uns. Wir fahren durch die Straßen Moskaus. Es herrscht starker Frost. Serjoscha ist ohne Mütze. Er hat sie in der Hast nicht mitnehmen können; alle sind ohne Galoschen, ohne Handschuhe; es ist kein Koffer mit uns, nicht einmal eine Handtasche. Man fährt uns nicht zum Kasaner Bahnhof, sondern in eine andere Richtung – es stellt sich bald heraus: zum Jaroslawer Bahnhof. Serjoscha macht einen Versuch, aus dem Automobil hinauszuspringen, um unsere Schwiegertochter zu benachrichtigen, daß man uns abtransportiert. Die Agenten aber halten Serjoscha an den Händen fest und wenden sich an L. D. mit der Bitte, Serjoscha zu überreden, nicht aus dem Wagen zu springen.
Wir kommen auf den völlig leeren Bahnhof. Die Agenten tragen L. D. auf den Armen aus dem Automobil heraus, wie vorher aus der Wohnung. Ljowa schreit den wenigen Eisenbahnarbeitern zu: »Genossen, seht, wie man den Genossen Trotzki wegträgt.« Ein Agent der GPU, der ehemals L. D. auf seinen Jagdreisen begleitet hatte, packt Ljowa am Kragen. »So ein Quecksilber«, schreit er. Serjoscha antwortet ihm mit der Ohrfeige eines geübten Sportsmannes. – Wir sind im Waggon. An den Fenstern unseres Abteils und an der Tür stehen Posten. Die übrigen Abteile sind mit GPU-Agenten besetzt. Wohin geht die Fahrt? Wir wissen es nicht. Unser Gepäck hat man nicht gebracht. Die Lokomotive setzt sich mit dem einzigen Wagen in Bewegung. Es ist 2 Uhr mittags. Es stellt sich heraus, daß man uns auf einem Umweg zu einer kleinen Station bringt, wo unser Waggon an den Postzug angekoppelt werden soll, der aus Moskau vom Kasaner Bahnhof nach Taschkent fährt. Um 5 Uhr verabschiedeten wir uns von Serjoscha und Beloborodowa, die mit dem entgegenkommenden Zug nach Moskau zurückfuhren. Die Fahrt ging weiter. Ich hatte Schüttelfrost. L. D. war guter Stimmung, beinah lustig. Die Lage hatte sich geklärt. Die Atmosphäre wurde ruhiger. Die Wachen waren zuvorkommend und höflich. Es wurde uns mitgeteilt, unser Gepäck käme mit dem nächsten Zug und werde uns in Frunse (der letzten Eisenbahnstation) einholen; – das bedeutete: am neunten Tage unserer Reise. Wir fuhren also ohne Wäsche und ohne Bücher. Mit wieviel Aufmerksamkeit und Liebe hatten Sermux und Posnanski die Bücher geordnet, sorgsamst die einen für die Fahrt, die anderen für die erste Zeit nach der Ankunft ausgewählt; wie bedacht hatte Sermux, der die Gewohnheiten und den Geschmack L. D.s gut kennt, das Schreibzeug eingepackt. Auf wieviel Reisen schon hatte er in

den Revolutionsjahren L. D. als Stenograph und Sekretär begleitet. L. D. arbeitete unterwegs stets mit verdoppelter Energie, den Umstand ausnutzend, daß es weder Telephon noch Besucher gab; wobei die Hauptlasten der Hilfe erst Glasmann, später Sermux trug. Jetzt befanden wir uns auf einer weiten Reise ohne ein einziges Buch, ohne Bleistift, ohne ein Blatt Papier. Vor der Abreise hatte Serjoscha uns das Buch von Semjonow-Tjanschanski, ein wissenschaftliches Werk über Turkestan, verschafft. Wir wollten uns unterwegs mit unserem zukünftigen Wohnort vertraut machen, von dem wir nur wenig wußten. Aber auch Semjonow-Tjanschanski war zusammen mit den anderen Sachen im Koffer in Moskau geblieben. Wir saßen mit leeren Händen im Waggon, als führen wir nur aus dem einen Stadtteil in den anderen. Am Abend streckten wir uns auf den Bänken aus, den Kopf auf den Arm gestützt. An der halbgeöffneten Türe des Abteils stand dauernd ein Wachtposten. Was erwartet uns? Wie wird sich unsere Reise gestalten? Und die Verbannung? Welche Lebensbedingungen werden wir vorfinden? Der Anfang versprach nichts Gutes. Trotzdem fühlten wir uns ruhig. Der Waggon schaukelte leise. Wir lagen ausgestreckt auf den Bänken. Die halbgeöffnete Tür mahnte uns an unsere Gefangenschaft. Wir waren müde von all den Überraschungen, von der Ungewißheit und der Spannung der letzten Tage und ruhten jetzt aus. Es war still. Die Wachen schwiegen. Ich fühlte mich schlecht. L. D. bemühte sich auf jede Weise, mir Erleichterung zu verschaffen; aber er verfügte über nichts als über eine muntere, freundliche Stimmung, die sich auch auf mich übertrug. Wir beachteten nicht mehr die Umgebung und genossen die Ruhe. Ljowa befand sich im Abteil nebenan. In Moskau hatte er sich ganz der Oppositionsarbeit hingegeben. Jetzt ging er mit uns in die Verbannung, um uns eine Hilfe zu sein, und hatte nicht einmal Zeit gehabt, sich von seiner Frau zu verabschieden. Von nun an war er unsere einzige Verbindung mit der Außenwelt. Im Waggon war es fast dunkel, die Stearinkerzen über der Tür brannten trübe. Wir fuhren gen Osten.
Je weiter wir uns von Moskau entfernten, um so zuvorkommender wurde die Wache. In Samara kaufte sie uns Wäsche zum Wechseln, Seife, Zahnbürsten und so weiter. Das Mittagessen für uns und für die Wache wurde auf den Bahnhöfen besorgt. L. D., der gezwungen ist, strenge Diät zu halten, aß jetzt alles, was man uns gab, und ermunterte mich und Ljowa. Mit Staunen und Angst beobachtete ich diesen Appetit. Die Gebrauchsgegenstände, die man uns in Samara gekauft hatte, erhielten besondere Namen, zum Beispiel Menschinski-Handtuch, Jagoda-Socken (nach dem Stellvertreter Menschinskis) und so weiter. Damit bekamen die Sachen einen lustigeren Charakter. Infolge der Schneegestöber hatte der Zug große Verspätungen. Aber tagaus, tagein ging es tiefer nach Asien hinein.
Vor der Abreise hatte L. D. verlangt, zwei seiner alten Mitarbeiter

mitnehmen zu dürfen. Das war abgelehnt worden. Darauf beschlossen Sermux und Posnanski, auf eigene Faust zu reisen, und zwar im gleichen Zug mit uns. Sie hatten in einem anderen Wagen Platz genommen, waren Zeugen der Demonstration, verließen aber ihre Plätze nicht, da sie glaubten, wir befänden uns im Zuge. Nach einiger Zeit entdeckten sie unsere Abwesenheit, stiegen in Aryßj aus und erwarteten uns mit dem nächsten Zug. Hier trafen wir sie. Das heißt: gesehen hatte sie nur Ljowa, der eine gewisse Bewegungsfreiheit genoß; aber tief erfreut waren wir alle. Hier eine Aufzeichnung meines Sohnes, die er damals machte: »Am Morgen gehe ich in den Wartesaal, vielleicht werde ich dort die Genossen entdecken, über deren Schicksal wir uns den ganzen Weg unterhalten und gesorgt haben. Und richtig: da sind sie beide, sitzen im Restaurant an einem Tischchen und spielen Schach. Es ist schwer, meine Freude zu beschreiben. Ich mache ihnen ein Zeichen, nicht an mich heranzukommen; nach meinem Erscheinen beginnt im Restaurant das übliche lebhafte Treiben der GPU. Ich eile in den Zug, meine Entdeckung mitzuteilen. Allgemeine Freude. Selbst L. D. kann ihnen nicht böse sein, obwohl sie die Instruktion verletzt und hier vor aller Augen gewartet haben, anstatt weiterzufahren. Das bringt sie unnötig in Gefahr. Nach der Rücksprache mit L. D. schreibe ich einen Zettel, den ich ihnen in der Dämmerung überreichen will. Die Instruktion lautet: Posnanski soll sofort allein nach Taschkent weiterfahren und dort Weisungen abwarten. Sermux soll, ohne mit uns in Verbindung zu treten, direkt nach Alma-Ata reisen. Es gelang mir, Posnanski zu einer Besprechung zu bestellen in einen verborgenen Winkel hinter dem Bahnhof, wo es keine Laterne gab; er kam hin, wir fanden uns nicht sofort; als wir uns dann trafen, waren wir sehr aufgeregt, redeten hastig, uns gegenseitig unterbrechend. Ich sagte ihm: ›Sie haben die Türe eingebrochen... haben ihn auf den Armen fortgetragen.‹ Er begriff nicht: Wer hat die Türen eingebrochen? Weshalb auf den Armen fortgeschleppt? Es blieb aber keine Zeit, deutlicher zu werden, man konnte uns entdecken. Die Zusammenkunft blieb also ergebnislos...«
Nach der Entdeckung, die Ljowa in Aryßj gemacht hatte, fuhren wir weiter mit dem Bewußtsein, daß sich im Zuge ein treuer Freund befand. Das war erfreulich. Am zehnten Tage bekamen wir unser Gepäck. Wir nahmen sogleich den ›Semjonow-Tjanschanski‹ heraus. Mit Interesse lasen wir die Beschreibungen über Alma-Atas Natur, Bevölkerung, Apfelgärten; und die Hauptsache: daß es dort eine großartige Jagd gäbe. Vergnügt nahm L. D. die Schreibutensilien heraus, die Sermux verpackt hatte. In Frunse (Pischpek) trafen wir am frühen Morgen ein. Es ist die letzte Station der Eisenbahn. Es war sehr kalt. Der weiße, saubere, appetitliche Schnee, von Sonnenstrahlen übergossen, blendete die Augen. Man brachte uns Bauernpelze und Filzschuhe. Mich erdrückte die

schwere Kleidung fast, aber mir war unterwegs trotzdem kalt. Der Autobus bewegte sich langsam auf der schneebedeckten, knirschenden Straße, der eisige Wind biß das Gesicht. Nach dreißig Kilometern hielten wir an. Es war dunkel. Es schien, als befänden wir uns in einer Schneewüste. Zwei Soldaten der Wache (es begleiteten uns zwölf bis fünfzehn Mann) kamen an uns heran und teilten uns verlegen mit, die Übernachtungsmöglichkeit sei hier nicht ›berühmt‹. Schwerfällig kletterten wir aus dem Autobus und tasteten durch die Dunkelheit zu der niedrigen Türe des Poststationsgebäudes, wo wir uns freudig der schweren Umhüllungen entledigten. Das Blockhaus war kalt, ungeheizt. Die kleinen Fensterchen waren ganz zugefroren. In der Ecke stand ein großer russischer Ofen, aber er war leider kalt wie Eis. Wir erwärmten uns mit Tee. Aßen etwas. Unterhielten uns mit der Stationswirtin, einer Kosakenfrau. L. D. befragte sie nach dem Leben in der Gegend, nebenbei auch nach der Jagd. Alles schien seltsam. Das Wesentliche aber war doch die Ungewißheit, wie das alles enden würde. Wir begannen unser Nachtlager vorzubereiten. Die Wache hatte in der Nachbarschaft Unterkunft gefunden. Ljowa richtete sich auf einer Bank ein. Für mich und L. D. war der große Tisch das Bett; wir legten uns auf die Bauernpelze. Als wir so im dunklen, kalten Zimmer unter der niedrigen Decke lagen, mußte ich laut auflachen: »Der Kremlwohnung gar nicht ähnlich!« L. D. und Ljowa stimmten mir zu. Beim Morgengrauen fuhren wir weiter. Der schwierigste Teil des Weges stand noch bevor. Die Fahrt über den Bergrücken Kurdaj. Grimmiger Frost. Die schwere Kleidung wurde eine unerträgliche Last, sie drückte wie eine Mauer. Als wir wieder Rast machten, kamen wir mit dem Chauffeur und einem Agenten der GPU, die aus Alma-Ata uns entgegengekommen waren, ins Gespräch. Allmählich eröffnete sich das fremde unbekannte Leben uns mehr und mehr. Der Weg war für das Automobil schwierig. Die eingestampfte Straße war von Schnee verweht. Aber der Chauffeur lenkte den Wagen geschickt, kannte die Eigenheiten des Weges gut; und erwärmte sich mit Wodka. Der Frost wurde gegen nacht immer stärker. In dem Bewußtsein, daß in dieser Schneewüste alles von ihm abhänge, erleichterte der Chauffeur sein Herz durch ungenierte Kritik an Behörden und Ordnung... Die Obrigkeit von Alma-Ata, die neben ihm saß, gab in dieser Schneewüste noch gute Worte; damit sie ja heil ankomme. Um drei Uhr nachts, bei völliger Dunkelheit, blieb der Wagen stehen. Wir waren angelangt. Aber wo? Es stellte sich heraus: in der Gogolstraße, vor dem Hotel ›Dschetysu‹ das wirklich aus der Zeit Gogols zu stammen scheint. – Wir bekamen zwei Zimmer. Die Nebenzimmer wurden von der Wache und den örtlichen Agenten der GPU besetzt. Ljowa prüfte das Gepäck nach, und es ergab sich, daß zwei Koffer mit Wäsche und mit Büchern irgendwo im Schnee geblieben waren. Nun fehlte uns doch wieder Semjonow-Tjanschanski. Verloren waren L. D.s Karten und Bücher über China und Indien, verloren das Schreibzeug. Fünfzehn Paar Augen hatten die Koffer nicht zu behüten vermocht...

Ljowa zog am andern Morgen los, die Verhältnisse auszukundschaften. Er machte sich mit der Stadt bekannt, zuallererst mit Post und Telegraph, die nun in unserem Leben den Mittelpunkt bilden sollten. Er fand auch eine Apotheke. Unermüdlich stöberte er nach den notwendigsten Gegenständen, Federn, Bleistiften, Brot, Butter, Kerzen... Weder ich noch L. D. verließen in den ersten Tagen die Zimmer, später machten wir abends kleine Spaziergänge. Die Verbindung mit der Außenwelt lief über unsern Sohn. Das Mittagessen brachte man uns aus dem nächsten Speisehaus. Ljowa war ganze Tage unterwegs. Wir erwarteten ihn stets mit Ungeduld. Er brachte Zeitungen, interessante Mitteilungen über die Sitten und Gebräuche der Stadt. Wir waren beunruhigt über den Verbleib von Sermux. Endlich, am vierten Tage, hörten wir im Korridor die bekannte Stimme. Wie war sie uns teuer! Wir lauschten hinter der Türe mit Spannung den Worten, den Schritten Sermux'. Sein Erscheinen eröffnete uns neue Aussichten. Er bekam ein Zimmer, Türe an Türe mit uns. Ich ging in den Korridor hinaus; er grüßte schweigend... Ein Gespräch zu beginnen, wagten wir noch nicht, wir freuten uns stumm über seine Nähe. Am nächsten Tage ließen wir ihn verstohlen in unser Zimmer ein, teilten ihm schnell alles Vorgefallene mit und trafen Verabredungen für die gemeinsame Zukunft. Aber diese Zukunft war nur kurz. Am gleichen Tage, um zehn Uhr abends, kam das Ende. Im Hotel herrschte Stille. Ich saß mit L. D. in unserem Zimmer, die Tür in den kalten Korridor stand halb auf, da der Eisenofen eine unerträgliche Hitze ausströmte. Ljowa saß in seinem Zimmer. Wir vernahmen leise, behutsame, weiche Schritte von Filzschuhen im Korridor und horchten alle drei auf (denn auch Ljowa hatte, wie sich herausstellte, hingehört und gleich erraten, was vorging). »Da sind sie«, blitzte es durch unser Bewußtsein. Wir hörten, wie man ohne anzuklopfen in Sermux' Zimmer trat; wie man sagte: »Beeilen Sie sich!«; wie er antwortete: »Darf man wenigstens die Filzstiefel anziehen?« Er war wohl in Hausschuhen. Wieder kaum hörbare, weiche Schritte und dann wieder tiefe Stille. Später schloß der Portier die Tür von Sermux' Zimmer ab. Wir haben Sermux nicht mehr gesehen. Einige Wochen hielt man ihn im Keller der GPU von Alma-Ata mit kriminellen Verbrechern zusammen bei einer Hungerration, dann schickte man ihn nach Moskau mit 25 Kopeken pro Tag für die Verpflegung. Nicht einmal für Brot hätte das gereicht. Wie wir später erfuhren, war Posnanski in Taschkent verhaftet und gleichfalls nach Moskau gebracht worden. Nach etwa drei Monaten erhielten wir von ihnen Nachricht, – schon aus der Verbannung. Durch einen glücklichen Zufall gerieten sie auf dem Transport nach dem Osten in den gleichen Waggon; ihre

Plätze lagen gegenüber. Für eine Weile getrennt, trafen sie sich, um bald wieder auseinandergebracht zu werden: sie wurden in zwei verschiedene Orte verschickt.
So blieb L. D. ohne seine Mitarbeiter. Die Gegner rächten sich erbittert dafür, daß beide solidarisch mit L. D. der Revolution die Treue hielten. Den lieben bescheidenen Glasmann hatten sie bereits im Jahre 1924 zum Selbstmord getrieben. Sermux und Posnanski wurden verschickt. Butow, der stille, arbeitsame Butow, wurde verhaftet, man forderte falsche Aussagen von ihm und trieb ihn in den Hungerstreik, der im Gefängnishospital mit Butows Tod endete. Damit war das ›Sekretariat‹, das die Feinde L. D.s als Quelle alles Übels mit mystischem Hasse verfolgten, völlig vernichtet. Die Feinde waren der Ansicht, L. D. sei nun im fernen Alma-Ata restlos entwaffnet. Woroschilow prahlte öffentlich: »Wenn er dort auch stirbt, wird man es nicht so bald erfahren.«
Aber L. D. war nicht entwaffnet. Wir bildeten eine Genossenschaft zu dritt. Auf dem Sohn lag hauptsächlich die Arbeit, Verbindungen mit der Außenwelt herzustellen. Er leitete unseren Briefwechsel. L. D. nannte ihn entweder ›Minister des Äußeren‹ oder ›Post- und Telegraphenminister‹. Der Briefwechsel nahm bald einen großen Umfang an und lastete hauptsächlich auf Ljowa. Ihm oblag auch der Wachtdienst. Er suchte außerdem das notwendige Material für L. D.s Arbeiten zusammen: durchstöberte die alten Bestände der Bibliotheken, trieb ausländische Zeitungen auf, machte Auszüge. Er führte alle Verhandlungen mit der Ortsbehörde, bereitete die Jagden vor, pflegte den Jagdhund und das Gewehr. Außerdem beschäftigte er sich fleißig mit Wirtschaftsgeographie und mit Sprachen. Einige Wochen nach unserer Ankunft war L. D.s wissenschaftliche und politische Arbeit wieder in vollem Gang. Später entdeckte Ljowa auch eine Maschinenschreiberin. Die GPU ließ sie unbehelligt, sicherlich mit der Verpflichtung, über alles, was sie bei uns zu schreiben haben würde, der GPU zu berichten. Es wäre sicher höchst amüsant, zu hören, was dieses Mädchen, das im Kampfe gegen den Trotzkismus so wenig erfahren war, alles mitgeteilt haben mag.
Schön ist in Alma-Ata der Schnee, weiß, sauber, trocken: man geht und fährt dort nicht viel, er behält den ganzen Winter seine Frische. Im Frühling löst ihn der rote Mohn ab. Welche Unmengen gab es davon – riesenhafte Teppiche, kilometerweite Mohnsteppen von leuchtendem Rot. Im Sommer die Äpfel, die berühmte Alma-Ataer Zucht, groß und ebenfalls rot. In der Stadt gab es keine Wasserleitung, kein Licht, keine gepflasterten Straßen. Im Zentrum, auf dem schmutzigen Markt, wärmten sich auf den Stufen der Kaufläden die Kirgisen in der Sonne und suchten sich vom Körper die Insekten ab. Heftig wütete die Malaria. Auch Pestfälle kamen vor. Im Sommer gab es sehr viel tollwütige Hunde. Die Zeitungen berichteten öfters über Aussatz in dieser Gegend...

Und doch haben wir den Sommer gut verbracht. Wir mieteten von einem Gärtner eine Hütte mit einer Aussicht auf die schneebedeckten Berge, die Ausläufer des Tian-Schan. Zusammen mit unserem Wirt und dessen Familie beobachteten wir das Reifen der Früchte und beteiligten uns eifrig an ihrer Ernte. Der Garten zeigte sich uns in mehreren Entwicklungsstufen. War mit weißen Blüten bedeckt. Dann standen die Bäume schwer mit tief gesenkten, auf Stützen ruhenden Zweigen. Dann lag das Obst wie ein bunter Teppich unter den Bäumen, auf Strohschütten, während die Bäume, von ihrer Last befreit, die Zweige wieder emporreckten. Er roch dann im Garten nach reifen Äpfeln, Birnen, es summten Bienen und Wespen. Wir kochten die Früchte ein.
Im Juni und Juli gab es im Apfelgarten und im Häuschen unter dem Dach aus Schilfrohr heiße Arbeit; unermüdlich klapperte die Schreibmaschine – eine in dieser Gegend ganz ungewöhnliche Erscheinung. L. D. diktierte die Kritik des Programms der Komintern, er korrigierte und ließ wieder abschreiben. Die Post war umfangreich, zehn bis fünfzehn Briefe am Tage, mit allerhand Thesen, Kritiken, interner Polemik, Neuigkeiten aus Moskau; es kamen auch viele Telegramme politischen Inhalts und Anfragen über unsere Gesundheit. Große Weltfragen waren mit kleinen, lokalen Angelegenheiten vermischt, die hier ja ebenfalls groß aussahen. Die Briefe von Sosnowski behandelten stets Tagesfragen und zeichneten sich durch Schwung und Schärfe aus. Die hervorragenden Briefe Rakowskis wurden abgeschrieben und weitergeschickt. Das kleine Zimmerchen mit der niedrigen Decke war voll von Tischen, auf denen Manuskripte, Mappen, Zeitungen, Bücher, Auszüge, Ausschnitte lagen. Ljowa ging ganze Tage nicht aus seinem Zimmer, das neben dem Pferdestall lag: er schrieb auf der Maschine, korrigierte das von der Schreibmaschinistin Geschriebene, kuvertierte, versandte die Post, empfing sie, suchte nötige Zitate heraus. Die Post brachte uns aus der Stadt ein Bote zu Pferde, ein Invalide. Gegen Abend stieg L. D. nicht selten mit Hund und Gewehr in die Berge, manchmal begleitete ich ihn, manchmal Ljowa. Wir kamen mit Wachteln, Tauben, Berghühnern oder Fasanen zurück. Alles ging gut bis zu dem regelmäßig wiederkehrenden Malariaanfall.
So verbrachten wir ein Jahr in Alma-Ata, der Stadt der Erdbeben und Überschwemmungen – am Fuße der Ausläufer des Tian-Schan, an der chinesischen Grenze, 250 Kilometer von der Eisenbahn und 4000 Kilometer von Moskau entfernt, in Gesellschaft von Briefen, Büchern und der Natur.
Obwohl wir bei jedem Schritt auf geheime Freunde stießen – darüber zu sprechen ist noch zu früh –, waren wir äußerlich von der uns umgebenden Bevölkerung völlig isoliert, denn jeder, der den Versuch machte, mit uns in Berührung zu kommen, wurde bestraft, mitunter sehr hart...

Den Bericht meiner Frau möchte ich noch ergänzen durch einige Auszüge aus dem damaligen Briefwechsel.
Am 28. Februar, bald nach meiner Ankunft, schrieb ich an einige gleichfalls verbannte Freunde: »In Anbetracht der bevorstehenden Übersiedlung der Kasakstaner Regierung nach Alma-Ata sind hier alle Wohnungen beschlagnahmt. Erst nachdem ich mich mit Telegrammen an die allerhöchste Stelle in Moskau gewandt hatte, wurde uns nach dreiwöchigem Aufenthalt im Hotel endlich eine Wohnung zugewiesen. Man mußte mindestens einige Möbel kaufen, den zerstörten Herd wiederherstellen, überhaupt sich mit Aufbau beschäftigen, allerdings nicht nach dem Programm der Planwirtschaft. Diese Arbeit fiel ganz auf Natalja Iwanowna und Ljowa. Aber der Aufbau ist bis auf den heutigen Tag nicht beendet, denn der Herd will nicht warm werden.
Ich beschäftige mich viel mit Asien: Geographie, Ökonomie, Geschichte und so weiter. Mir fehlen die ausländischen Zeitungen. Ich habe schon an einige Stellen geschrieben und gebeten, mir solche zu schicken, wenn auch nicht ganz neue. Die Post kommt mit großen Verspätungen an und, wie es scheint, sehr unregelmäßig...
Äußerst unklar ist die Rolle der Kommunistischen Partei Indiens. Die Zeitungen brachten Berichte über das Auftreten von ›Arbeiter- und Bauernparteien‹ in verschiedenen Provinzen. Der Name selbst schafft berechtigte Unruhe. Wurde doch auch die Kuomintang seinerzeit zur Arbeiter- und Bauernpartei erklärt. Daß sich die Geschichte nur nicht wiederholt!
Der englisch-amerikanische Antagonismus ist endlich ernstlich zum Vorschein gekommen. Jetzt beginnen Stalin und Bucharin anscheinend zu begreifen, um was es geht. Unsere Zeitungen vereinfachen jedoch die Sache sehr, wenn sie die Lage so darstellen, als würden die sich zuspitzenden anglo-amerikanischen Differenzen unmittelbar zum Kriege führen. Es kann kein Zweifel bestehen, daß in diesem Prozesse noch verschiedene Wendungen eintreten werden. Der Krieg wäre für beide Partner ein zu gefährliches Spiel. Sie werden noch mehrere Male versuchen, zu einem friedlichen Ausgleich zu kommen. Im allgemeinen geht jedoch die Entwicklung mit Riesenschritten einer blutigen Lösung entgegen.
Ich habe unterwegs zum erstenmal die Schrift von Marx ›Herr Vogt‹ gelesen. Um ein Dutzend verleumderischer Behauptungen Karl Vogts zu widerlegen, schrieb Marx ein Buch von 200 eng gedruckten Seiten und sammelte Dokumente, Zeugenaussagen, analysierte die Beweise direkt und indirekt... Wollten wir die Verleumdungen der Stalinisten in diesem Maßstabe widerlegen, wir wären gezwungen, eine tausendbändige Enzyklopädie herauszugeben...«
Im April beschrieb ich einigen ›Eingeweihten‹ Freuden und Leiden der Jagd: »Mit meinem Sohn fuhren wir zum Flusse Ili in der

festen Absicht, die Frühlingssaison restlos auszunutzen. Wir nahmen diesmal Zelte, Filze, Pelze und so weiter mit, um nicht in den Jurten übernachten zu müssen... Aber es fiel wieder Schnee und es kamen Fröste. Man kann diese Tage als Tage großer Prüfungen bezeichnen. In den Nächten erreichte die Kälte acht bis zehn Grad unter Null. Trotzdem betraten wir neun Tage lang keine Hütte. Infolge der warmen Wäsche und der warmen Kleidung litten wir fast nicht unter Frost. Die Stiefel jedoch froren in der Nacht zusammen, man mußte sie über dem Lagerfeuer auftauen, da wir sonst nicht in sie hineinkamen. In den ersten Tagen entwickelte sich die Jagd auf dem Sumpf, später auf dem offenen See. Ich hatte mir auf einem Erdhaufen ein kleines Zelt errichtet, in dem ich zwölf bis vierzehn Stunden am Tage verbrachte. Ljowa stand unter den Bäumen unmittelbar im Schilf.
Wegen des schlechten Wetters und des uneinheitlichen Zuges des Geflügels war die eigentliche Jagd mißglückt. Wir brachten nur etwa vierzig Enten und einige Gänse heim. Und doch hat mir die Reise große Freude gemacht, die wesentlich darin bestand, sich vorübergehend in einen Barbaren zu verwandeln: in freier Luft zu schlafen, unter offenem Himmel Hammelfleisch zu essen, das in einem Eimer zubereitet wurde, sich nicht zu waschen, nicht auszuziehen, also auch nicht anzuziehen, vom Pferd in den Fluß zu fallen (das einzige Mal, wo ich mich in der brennenden Mittagssonne ausziehen mußte), fast vierundzwanzig Stunden auf schmalen Brettern zwischen Wasser und Schilf zuzubringen – das alles erlebt man nicht oft. Ich kehrte heim ohne jegliche Erkältung. Zu Hause erkältete ich mich am nächsten Tage und mußte eine Woche lange liegen...
Es kommen von Rakowski ausländische Zeitungen aus Moskau und aus Astrachan. Heute habe ich einen Brief von ihm erhalten. Er bearbeitet für das Marx-Engels-Institut das Thema über den Saint-Simonismus. Außerdem schreibt er seine Erinnerungen. Wer nur ein wenig Rakowskis Leben kennt, kann sich leicht vorstellen, welch großes Interesse seine Memoiren finden werden.«
Am 24. Mai schrieb ich an Preobraschenski, der schon damals hin und her zu schwanken begann: »Ich habe Ihre Thesen erhalten und habe an niemand ein Wort darüber geschrieben. Vorgestern bekam ich aus Kalpaschowo folgendes Telegramm: ›Lehnen entschieden Vorschläge und Kritik Preobraschenskis ab. Antworten Sie sofort. Smilga, Alskij, Netschajew.‹ Gestern erhielt ich ein Telegramm aus Ustj-Kulom: ›Halten die Vorschläge Preobraschenskis für falsch. Beloborodow. Walentinow.‹ Von Rakowski kam gestern ein Brief, in dem er Sie nicht lobt und seine Stellung zum Stalinschen ›linken Kurs‹ mit der englischen Formel: ›Warte und wache‹ kundtut. Gestern erhielt ich auch von Beloborodow und Walentinow einen Brief. Beide sind sehr beunruhigt durch irgendein Schreiben Radeks nach Moskau, voller saueren Stimmun-

gen. Sie sind ganz außer sich. Geben sie den Inhalt des Radekschen Briefes richtig wieder, dann bin ich mit ihnen durchaus einverstanden. Ich empfehle Unnachgiebigkeit gegen die Impressionisten.
Seit meiner Rückkehr von der Jagd, das heißt seit Ende März, sitze ich ununterbrochen zu Hause, bei einem Buch oder mit der Feder in der Hand, etwa von sieben oder acht Uhr morgens bis zehn Uhr abends. Ich beabsichtige, eine Pause von einigen Tagen zu machen: Jagd gibt es jetzt nicht, deshalb wollen wir mit Natalja Iwanowna und Serjoscha (der jetzt hier ist) auf den Fluß Ili zum Fischfang fahren. Sie erhalten rechtzeitig darüber Bericht.
Ist Ihnen klar, was in Frankreich bei den Wahlen geschehen ist? Ich verstehe vorläufig nichts. Die ›Prawda‹ hat nicht einmal die Gesamtzahl der Stimmen im Vergleich zu den vorigen Wahlen gebracht, so daß man nicht übersehen kann, ob die kommunistischen Stimmen zugenommen oder abgenommen haben. Ich habe vor, diese Frage nach ausländischen Zeitungen zu studieren, und werde Ihnen dann schreiben.«
Am 26. Mai schrieb ich Michail Okudschawa, einem alten georgischen Bolschewiki: »Soweit der neue Kurs Stalins sich Aufgaben stellt, bemüht sich Stalin zweifellos, an unsere Position heranzukommen. In der Politik entscheidet aber nicht nur *was,* sondern auch *wer* und *wie.* Die grundlegenden Kämpfe, die das Schicksal der Revolution entscheiden werden, stehen noch bevor...
Wir waren stets der Ansicht und haben das oft wiederholt, daß der Prozeß des politischen Abstiegs der regierenden Fraktion nicht unbedingt eine ununterbrochen fallende Kurve darstellen müsse. Auch das Abgleiten vollzieht sich nicht im luftleeren Raum, sondern in einer Klassengesellschaft mit tiefen inneren Reibungen. Die große Masse der Partei ist nicht einheitlich, bildet vielmehr in ihrem überwiegenden Teil einen politischen Rohstoff. Unter dem Druck der Klassenstöße von rechts und von links sind Differenzierungsprozesse in ihr unvermeidlich. Die Zuspitzungen in der letzten Periode der Parteigeschichte, deren Folgen wir tragen, sind nur die Ouvertüre zur weiteren Entwicklung der Ereignisse. Wie die Opernouvertüre die musikalischen Themen der ganzen Oper vorwegnimmt und ihnen gedrängten Ausdruck gibt, so hat auch unsere politische ›Ouvertüre‹ jene Melodien vorweggenommen, die sich in der Zukunft in vollem Umfange entwickeln müssen, das heißt, unter Beteiligung der Trompeten, der Kontrabässe, der Trommeln und anderer Instrumente der ernsten Klassenmusik. Die Entwicklung der Ereignisse bestätigt restlos, daß wir nicht nur gegen die Drehscheiben und Wetterfahnen von der Art Sinowjews, Kamenjews, Pjatakows und so weiter recht hatten, sondern auch gegen die teuren Freunde von ›links‹, die ultralinken Wirrköpfe, insofern sie dazu neigen, die Ouvertüre für die Oper zu halten, das heißt annehmen, die grundlegenden Prozesse in der Partei und im Staate seien bereits abgeschlossen und der Thermidor, über

den sie zum erstenmal durch uns gehört haben, sei eine vollzogene Tatsache... Nicht nervös werden, nicht unnütz an sich und an anderen herumzerren, lernen, abwarten, scharf beobachten und nicht zulassen, daß unsere politische Linie durch persönliche Verärgerung verrostet – nur so darf unser Verhalten sein.«

Am 9. Juni starb in Moskau meine Tochter und ergebene Gesinnungsgenossin Nina. Sie zählte sechsundzwanzig Jahre. Ihr Mann war kurz vor meiner Verbannung verhaftet worden. Sie setzte die Arbeit der Opposition fort, bis sie bettlägerig wurde. Sie hatte die galoppierende Schwindsucht bekommen, die sie in wenigen Wochen wegraffte. Ihr Brief an mich aus dem Krankenhaus brauchte dreiundsiebzig Tage und kam erst nach ihrem Tode an.

Rakowski schickte mir am 16. Juni ein Telegramm: »Gestern Deine Nachricht von der schweren Krankheit Ninas bekommen. Habe an Alexandra Georgjewna (Rakowskis Frau) nach Moskau telegraphiert. Heute aus den Zeitungen erfahren, daß Nina ihren revolutionären Lebensweg beendet hat. Bin ganz mit Dir, teurer Freund. Es ist sehr schwer zu tragen, daß uns eine unüberwindliche Entfernung trennt. Umarme Dich viele Male und herzlich. Christian.«

Nach vierzehn Tagen traf Rakowskis Brief ein:

»Lieber Freund, ich trauere schmerzlich um Ninotschka, um Dich, um Euch alle. Du trägst schon lange das schwere Kreuz des revolutionären Marxisten, aber jetzt hat Dich zum erstenmal der grenzenlose Schmerz des Vaters getroffen. Ich bin mit ganzem Herzen bei Dir und traurig, daß ich von Dir so fern bin...

Serjoscha hat Dir sicherlich erzählt, welche sinnlosen Maßnahmen man gegen Deine Freunde anwandte, nach dem törichten Benehmen gegen Dich in Moskau. Ich kam eine halbe Stunde nach Deiner Abreise in Deine Wohnung. Im Besuchszimmer war eine Gruppe Freunde, meist Frauen, darunter Muralow. ›Wer ist hier der Bürger Rakowski?‹ ertönte eine Stimme. ›Der bin ich, Sie wünschen?‹ ›Folgen Sie mir!‹ Durch einen Korridor wurde ich in ein kleines Zimmer geführt. Vor der Tür befahl man mir ›Hände hoch‹. Nachdem meine Taschen abgetastet waren, wurde ich verhaftet. Man entließ mich erst um fünf Uhr. Muralow wurde der gleichen Prozedur unterworfen und bis spät in die Nacht festgehalten... ›Sie haben völlig den Kopf verloren‹, dachte ich und empfand nicht Zorn, sondern Scham über die eigenen Genossen.«

Am 14. Juli schrieb ich Rakowski:

»Lieber Christian Georgjewitsch, ich habe Dir wie auch den anderen Freunden schon eine Ewigkeit nicht geschrieben und mich auf das Versenden von etlichem Material beschränkt. Nach der Rückkehr vom Ili, wo ich die Nachricht von dem schweren Zustande Ninas erhielt, sind wir gleich in ein Sommerhaus übergesiedelt. Nach einigen Tagen kam die Nachricht von Ninas Tod... Du verstehst, was das bedeutete... Aber man durfte keine Zeit verlieren, man

mußte unsere Dokumente zum sechsten Kongreß der Kommunistischen Internationale fertigstellen. Das war nicht leicht. Und doch hat gerade die Notwendigkeit, die Arbeit um jeden Preis zu vollenden, wie ein Senfpflaster gewirkt und uns geholfen, über die ersten schweren Wochen hinwegzukommen.
Wir hatten im Juli Sinuschka (die ältere Tochter) hier erwartet. Aber wir mußten leider auf ihren Besuch verzichten. Guetier bestand darauf, daß sie sofort in eine Lungenheilstätte gehe. Sie ist schon lange lungenkrank, und die Pflege Ninuschkas während der drei Monate, da Ninuschka von den Ärzten schon aufgegeben war, hat ihre Gesundheit vollends untergraben...
Jetzt über die Arbeiten zum Kongreß. Ich beschloß, mit der Kritik des Programmentwurfs zu beginnen in Verbindung mit allen Fragen, die uns zu der offiziellen Leitung in Gegensatz stellen. Im Resultat entstand ein Buch von elf Druckbogen. Im allgemeinen habe ich zusammengefaßt, was die Frucht unserer kollektiven Arbeit im letzten Jahrfünft ist, seit Lenin von der Führung der Partei zurücktrat und die Herrschaft des leichtfertigen Epigonentums begann, das anfangs von den Zinsen des alten Kapitals lebte, bald aber daranging, auch das Kapital zu vergeuden.
Wegen des Appells an den Kongreß habe ich einige Dutzend Briefe und Telegramme bekommen. Die Auszählung der Stimmen ist noch nicht beendet. Jedenfalls haben sich von etwa hundert Stimmen nur drei für die Thesen Preobraschenskis ausgesprochen...
Es ist sehr wahrscheinlich, daß der Block Stalins und Bucharins mit Rykow auf dem Kongreß noch den Schein einer Einheit wahren wird, um den letzten hoffnungslosen Versuch zu machen, über uns den ›endgültigen‹ Grabstein zu setzen. Aber gerade diese neue Bemühung und ihre unvermeidliche Erfolglosigkeit können den Prozeß der Differenzierung innerhalb des Blocks sehr beschleunigen; denn am nächsten Tage nach dem Kongreß wird die Frage noch unverhüllter wieder dastehen: ›Was weiter?‹ Welche Antwort wird darauf gegeben werden? Nachdem die revolutionäre Situation in Deutschland im Jahre 1923 verpaßt worden war, hatten wir als Kompensation im Jahre 1924–25 eine sehr heftige ultralinke Schwenkung. Der ultralinke Kurs Sinowjews ging mit rechtem Sauerteig hoch: der Kampf gegen die Anhänger der Industrialisierung, der Roman mit Raditsch, La Follette, die Bauerninternationale, die Kuomintang und so weiter. Als der ultralinke Kurs überall Fiasko erlitten hatte, ging mit dem gleichen rechten Sauerteig der rechte Kurs hoch. Eine erweiterte Wiederholung desselben Vorgangs bei einer neuen Etappe ist keinesfalls ausgeschlossen, das heißt eine *neue ultralinke Periode, die sich auf die gleichen opportunistischen Voraussetzungen stützt.* Die verborgenen ökonomischen Kräfte können jedoch diese ultralinke Richtung wiederum plötzlich abbrechen und ihr eine entschiedene Wendung nach rechts geben.«

Im August schrieb ich an eine Reihe von Genossen:
»Ihr habt sicherlich beachtet, daß unsere Zeitungen den Widerhall, den die Ereignisse innerhalb unserer Partei in der euopäischen und amerikanischen Presse geweckt haben, nicht abdrucken. Schon das allein berechtigt zu dem Glauben, daß der Widerhall den Bedürfnissen des ›neuen Kurses‹ nicht entspricht. Jetzt besitze ich darüber nicht nur Vermutungen, sondern ein klares Zeugnis der Presse selbst. Genosse Andrejtschin schickt mir eine Seite, die aus der Februarnummer der amerikanischen Zeitschrift ›Nation‹ herausgerissen ist. Kurz unsere letzten Ereignisse schildernd, schreibt dies angesehenste linksdemokratische Organ:
›Das alles schiebt die Frage in den Vordergrund: wer vertritt die Durchführung des bolschewistischen Programms in Rußland, und wer ist die unzweifelhafte Reaktion auf sie? Der amerikanische Leser hat immer geglaubt, daß Lenin und Trotzki dieselbe Sache verträten, die konservative Presse und die Staatsmänner waren zu der gleichen Schlußfolgerung gekommen. So hat die New-Yorker Times am Neujahrstag den Hauptquell ihrer Freude darin gefunden, daß Trotzki aus der kommunistischen Partei glücklich ausgeschlossen ist, wobei das Blatt offen erklärt, daß ›die vertriebene Opposition für eine Verewigung jener Ideen und Zustände war, die Rußland von der westlichen Zivilisation abgeschnitten hatten‹. Die Mehrzahl der großen europäischen Zeitungen hat im gleichen Sinne geschrieben. Sir Austen Chamberlain hat, Zeitungsberichten zufolge, während der Genfer Konferenz gesagt, England könne aus dem einfachen Grunde in keine Verhandlungen mit Rußland treten, weil ›Trotzki noch nicht an die Wand gestellt ist‹. Chamberlain muß sich jetzt mit der Vertreibung Trotzkis zufrieden geben... Jedenfalls sind die Vertreter der Reaktion in Europa sich darüber einig, daß Trotzki und nicht Stalin ihr gefährlicher kommunistischer Feind ist.‹ Das sagt genug, nicht wahr?...«
Ein wenig Statistisches aus den Aufzeichnungen meines Sohnes. Von April bis Oktober 1928 schickten wir aus Alma-Ata etwa 800 politische Briefe ab, darunter eine Reihe größerer Arbeiten, und etwa 550 Telegramme. Erhalten haben wir etwa 1000 Briefe, größere und kleinere, und etwa 700 Telegramme, in der Mehrzahl kollektive. Hierbei handelte es sich hauptsächlich um die Korrespondenzen innerhalb des Verbannungsgebietes; aber aus der Verbannung sickerten sie auch ins Land durch. In den günstigsten Momenten erreichte uns höchstens die Hälfte der Briefe, die man uns schrieb. Außerdem bekamen wir aus Moskau etwa acht- bis neunmal durch besondere Boten geheime Post, das heißt illegales Material und Briefe, ebenso viele Male schickten wir solche Post auch nach Moskau. Die Geheimpost unterrichtete uns über alles und gab uns die Möglichkeit, zu den wichtigsten Ereignissen Stellung zu nehmen, wenn auch oft mit bedeutender Verspätung.
Meine Gesundheit verschlechterte sich zum Herbst. Das Gerücht

davon drang nach Moskau. Die Arbeiter fingen an, in Versammlungen Fragen zu stellen. Die offiziellen Berichterstatter fanden nichts Besseres, als meinen Zustand in den rosigsten Farben zu schildern.

Am 20. September schickte meine Frau an den damaligen Sekretär der Moskauer Organisation, Uglanow, folgendes Telegramm: »In Ihrer Rede im Plenum des Moskauer Komitees sprechen Sie von der *angeblichen* Krankheit meines Mannes L. D. Trotzki. Angesichts der Besorgnis und der Proteste unzähliger Genossen erklären Sie entrüstet: ›Zu solchen Maßnahmen greift man!‹ Nach Ihren Worten greifen zu unwürdigen Maßnahmen also nicht jene, die Lenins Mitarbeiter verschicken und den Krankheiten ausliefern, sondern jene, die dagegen protestieren. Aus welchem Grunde und mit welchem Recht teilen Sie der Partei, den Werktätigen und der ganzen Welt mit, die Nachricht von der Krankheit L. D.s sei falsch? Sie betrügen damit die Partei. Im Archiv des Zentralkomitees befinden sich Berichte unserer besten Ärzte über den Gesundheitszustand L. D.s. Mehr als einmal hat ein Konsilium von Ärzten auf Anregung von Wladimir Iljitsch, der wegen der Gesundheit L. D.s in größter Sorge war, getagt. Diese Konsilien haben auch nach dem Tode Wladimir Iljitschs festgestellt, daß L. D. an Kolitis und an einem durch schlechten Stoffwechsel verursachten Podagra leide. Es ist Ihnen vielleicht bekannt, daß L. D. sich im Mai 1926 in Berlin ohne Erfolg einer Operation unterziehen mußte, um das Fieber, unter dem er seit mehreren Jahren leidet, loszuwerden. Kolitis und Podagra sind Krankheiten, die nicht ausgeheilt werden können, besonders nicht in Alma-Ata. Im Gegenteil, sie schreiten mit den Jahren fort. Nur durch eine entsprechende Lebensweise und eine richtige Kur ist das Fortschreiten der Krankheit zu verhindern. Weder das eine noch das andere ist in Alma-Ata möglich. Über Regime und Kur, die notwendig sind, können Sie bei dem Volkskommissar für Gesundheitswesen, Semaschko, Auskunft einholen, der wiederholt an den Konsilien teilnahm, die auf Anordnung Wladimir Iljitschs stattfanden. Hier ist L. D. außerdem das Opfer der Malaria geworden, die ihrerseits sowohl die Kolitis wie das Podagra beeinflußt und periodisch starke Kopfschmerzen hervorruft. Es gibt Wochen und Monate, wo der Zustand günstiger ist, denen dann Wochen und Monate schweren Leidens folgen. So ist die wirkliche Lage der Dinge. Ihr habt L. D. nach Artikel 56 als ›Konterrevolutionär‹ verschickt. Man könnte es begreifen, wenn Ihr erklären würdet, Euch interessiere die Gesundheit L. D.s nicht. Ihr wäret in diesem Falle nur konsequent – von jener vernichtenden Konsequenz, die, wenn ihr kein Halt geboten wird, nicht nur die besten Revolutionäre, sondern auch die Partei und die Revolution selbst ins Grab bringen muß. Aber unter dem Druck der Arbeiter fehlt Euch wohl der Mut zu dieser Konsequenz. Anstatt zu sagen, Trotzkis Krankheit sei für Euch nur vorteilhaft, denn sie werde ihn am Denken und Schreiben hindern, leugnet Ihr die Krankheit einfach ab. Ebenso verfahren in ihren Reden Kalinin, Molotow und andere. Die Tatsache, daß Ihr in dieser Frage den Massen Antwort zu geben *gezwungen* seid und Euch so würdelos herauszureden sucht, beweist, daß die Arbeiterklasse die politische Lüge, die Ihr über Trotzki verbreitet, nicht glaubt. Sie wird auch Eure Unwahrheit über den Gesundheitszustand L. D.s nicht glauben. N. J. Sedowa-Trotzkaja«

Die Vertreibung

Im Oktober 1928 veränderte sich unsere Lage schroff. Unsere Verbindungen mit den Gesinnungsgenossen, Freunden, sogar mit Verwandten in Moskau wurden jäh unterbrochen, Briefe und Telegramme trafen nicht mehr ein. Auf der Moskauer Telegraphenstation sammelten sich, wie wir über einen besonderen Weg erfuhren, viele Hunderte Telegramme, die besonders anläßlich des Jahrestages der Oktoberrevolution an mich aufgegeben worden waren. Der Ring um uns schloß sich immer enger.
Während des Jahres 1928 hatte die Opposition trotz der wütenden Verfolgungen sichtlich an Umfang zugenommen, besonders in den großen Industriebetrieben. Dies führte zur Verschärfung der Repressalien; vor allem wurde der Briefwechsel der Verbannten untereinander völlig abgeschnitten. Wir erwarteten weitere Maßnahmen gegen uns, und wir sollten uns nicht getäuscht haben.
Am 16. Dezember übergab mir ein Bevollmächtigter der GPU, der aus Moskau angekommen war, im Namen dieser Behörde folgendes Ultimatum: Zur Vermeidung von Maßnahmen, die mich vom ›politischen Leben isolieren‹ würden, hätte ich die Leitung des Kampfes der Opposition einzustellen. Die Frage einer Ausweisung ins Ausland wurde dabei nicht angeschnitten; es sollte sich, nahm ich an, um Maßnahmen innerer Art handeln. Ich beantwortete dieses ›Ultimatum‹ mit einem Brief an das Zentralkomitee der Partei und an das Präsidium der Kommunistischen Internationale. Es scheint mir notwendig, den wesentlichen Teil dieses Briefes hier anzuführen:
»Heute, den 16. Dezember, hat mir der Bevollmächtigte des GPU-Kollegiums, Wolynski, im Namen dieses Kollegiums mündlich folgendes Ultimatum mitgeteilt:
›Die Arbeit Ihrer Gesinnungsgenossen im Lande‹ – so erklärte er fast wörtlich –, ›hat in der letzten Zeit einen offen konterrevolutionären Charakter angenommen; Ihre Lebensbedingungen in Alma-Ata geben Ihnen die Möglichkeit, diese Arbeit zu leiten; in Anbetracht dessen hat das Kollegium der GPU beschlossen, von Ihnen kategorisch die Annahme der Verpflichtung zu fordern, Ihre

Tätigkeit einzustellen, – andernfalls würde das Kollegium sich genötigt sehen, die Bedingungen Ihres Daseins derart zu verändern, daß sie vom politischen Leben völlig abgeschnitten sein werden. Damit wäre die Frage der Veränderung Ihres Wohnortes verbunden.‹

Ich erklärte dem Bevollmächtigten der GPU, daß ich ihm nur eine schriftliche Antwort und auch diese nur für den Fall geben würde, wenn ich von ihm eine schriftliche Formulierung des Ultimatums der GPU bekäme. Meine Weigerung, eine mündliche Antwort zu geben, kam aus der Überzeugung, die sich auf die Erfahrung aus der Vergangenheit stützte, daß meine Worte zum Zwecke der Irreführung der werktätigen Massen in der UdSSR und in der ganzen Welt wieder bösartig entstellt werden würden.

Unabhängig jedoch von dem, was das Kollegium der GPU unternehmen wird, das in dieser Sache ja keine selbständige Rolle spielt, sondern nur technisch den alten und mir längst bekannten Beschluß der engeren Stalinschen Fraktion ausführt, erachte ich es für notwendig, dem Zentralkomitee der Kommunistischen Partei der Sowjetunion und dem Exekutivkomitee der Kommunistischen Internationale folgendes zur Kenntnis zu bringen:

Die mir gestellte Forderung, auf die politische Tätigkeit zu verzichten, bedeutet die Forderung, auf den Kampf für die Interessen des internationalen Proletariats zu verzichten, einen Kampf, den ich ununterbrochen zweiunddreißig Jahre führe, das heißt während meines ganzen bewußten Lebens. Der Versuch, diese Tätigkeit als eine ›konterrevolutionäre‹ hinzustellen, stammt von jenen, die ich vor dem Angesicht des internationalen Proletariats beschuldige, die Grundlehren von Marx und Lenin mit Füßen zu treten, die historischen Interessen der Weltrevolution zu verletzen, mit den Traditionen und Vermächtnissen des Oktober gebrochen zu haben und unbewußt, aber um so bedrohlicher, den Thermidor vorzubereiten.

Der Verzicht auf politische Tätigkeit würde bedeuten die Einstellung des Kampfes gegen die Blindheit der heutigen Führung der Kommunistischen Partei, die durch ihre opportunistische Unfähigkeit, eine proletarische Politik im großen Maßstab zu führen, zu den objektiven Schwierigkeiten des sozialistischen Aufbaues in der USSR immer mehr politische Hindernisse häuft;

es würde den Verzicht auf den Kampf gegen das heute herrschende Parteiregime bedeuten, das den anwachsenden Druck der feindlichen Klassen auf die proletarische Avantgarde widerspiegelt;

es würde bedeuten, sich passiv mit der wirtschaftlichen Politik des Opportunismus abzufinden, der die Pfeiler der Diktatur des Proletariats untergräbt und entwurzelt, seine materielle und kulturelle Entwicklung aufhält und gleichzeitig dem Bündnis der Arbeiter mit den werktätigen Bauern, dieser Basis der Sowjetmacht, harte Schläge zufügt.

Seit dem Jahre 23, das heißt seit dem beispiellosen Zusammenbruch der deutschen Revolution, steht der Leninsche Flügel der Partei unter einem Hagel von Angriffen. Die Wucht der Schläge nimmt zu mit den weiteren Niederlagen des internationalen und des russischen Proletariats als Folge der opportunistischen Führung.

Der theoretische Verstand und die politische Erfahrung beweisen, daß die Periode des historischen Niedergangs, des Rückzugs, das heißt der Reaktion, nicht nur nach der bürgerlichen, sondern auch nach der proletarischen Revolution eintreten kann. Seit sechs Jahren leben wir in der USSR im Zeichen der zunehmenden Reaktion gegen den Oktober und folglich der Wegbereitung für den Thermidor. Als der sichtbarste und vollendetste Ausdruck dieser Reaktion innerhalb der Partei erscheint die wüste Hetze gegen den linken Flügel und das Bestreben, ihn organisatorisch zu zerschlagen.

Bei ihren jüngsten Versuchen, die eindeutigen Thermidorianer abzuwehren, lebt die Stalinsche Fraktion von den geistigen Scherben und Splittern der Opposition. Sie ist schöpferisch ohnmächtig. Der Kampf gegen links nimmt ihr jegliches Gleichgewicht. Ihre praktische Politik hat keine Achse, ist falsch, widerspruchsvoll, hoffnungslos. Die lärmende Kampagne gegen die rechte Gefahr ist zu dreiviertel nur eine Scheinkampagne und soll hauptsächlich dazu dienen, den wahrhaft vernichtenden Krieg gegen die Bolschewiki-Leninisten von den Massen zu verschleiern. Die Weltbourgeoisie und der Weltmenschewismus heiligen diesen Krieg in gleicher Weise: diese Richter haben ›das historische Recht‹ längst Stalin zugesprochen.

Ohne diese blinde, ängstliche und unschöpferische Politik der Anpassung an Bürokratie und Kleinbürgertum wäre die Lage der Werktätigen im zwölften Jahre der Diktatur unvergleichlich günstiger; die militärische Sicherheit unvergleichlich stärker und zuverlässiger; die Kommunistische Internationale würde auf einer anderen Höhe stehen und nicht Schritt für Schritt vor der verräterischen und käuflichen Sozialdemokratie zurückweichen.

Die unheilbare Ohnmacht des Apparates besteht, unter dem Schein äußerer Macht, darin, daß er nicht weiß, was er tut. Er erfüllt den Auftrag der *feindlichen* Klassen. Es kann keinen größeren historischen Fluch geben für eine Fraktion, die aus der Revolution hervorgegangen ist und sie untergräbt.

Die größte historische Kraft der Opposition besteht darin, daß sie trotz ihrer augenblicklichen Schwäche die Hand am Puls des weltgeschichtlichen Prozesses hält, die Dynamik der Klassenkräfte klar vor Augen hat, den morgigen Tag voraussieht und ihn bewußt vorbereitet. Auf die politische Tätigkeit zu verzichten würde bedeuten, auf die Vorbereitung des morgigen Tages zu verzichten.

Die Drohung, meine Lebensbedingungen zu ändern und mich von der politischen Tätigkeit zu isolieren, klingt so, als wäre ich nicht

bereits in eine Gegend 4000 Kilometer von Moskau verschickt worden, 250 Kilometer von einer Eisenbahn und etwa gleich weit entfernt von den Grenzen der westlichen Wüstenprovinzen Chinas, in eine Gegend, wo bösartige Malaria, Aussatz und Pest herrschen. Als hätte die Fraktion Stalins durch ihr unmittelbares Organ, die GPU, nicht schon alles, was ihr möglich ist, getan, um mich nicht nur vom politischen, sondern auch von jedem anderen Leben zu verdrängen. Die Moskauer Zeitungen brauchen, um hierherzukommen, zehn Tage bis einen Monat und noch länger. Briefe erreichen, mit seltenen Ausnahmen, mich, nachdem sie einen, zwei und drei Monate in den Schubladen der GPU und des Sekretariats des Zentralkomitees gelagert haben.
Zwei meiner nächsten Mitarbeiter seit der Zeit des Bürgerkrieges, die Genossen Sermux und Posnanski, die sich freiwillig entschlossen hatten, mich an den Ort der Verbannung zu begleiten, wurden sofort nach ihrer Ankunft verhaftet, mit Kriminalverbrechern in einen Keller gesperrt und dann in die entferntesten Winkel des Nordens verbannt. Ein Brief an mich von meiner hoffnungslos erkrankten Tochter, die Ihr aus der Partei ausgeschlossen und von der Arbeit entfernt habt, hat aus dem Moskauer Krankenhaus zu mir dreiundsiebzig Tage gebraucht, so daß meine Antwort sie nicht mehr am Leben antraf. Eine briefliche Nachricht aus Moskau über die schwere Erkrankung meiner zweiten Tochter, die Ihr ebenfalls aus der Partei ausgeschlossen und von der Arbeit entfernt habt, wurde mir vor einem Monat, am dreiundvierzigsten Tage, zugestellt. Telegraphische Anfragen nach dem Gesundheitszustand erreichen den Bestimmungsort meist nicht. In der gleichen, wenn nicht in einer noch schlimmeren Lage befinden sich Tausende einwandfreier Bolschewiki-Leninisten, deren Verdienste vor der Oktoberrevolution und vor dem internationalen Proletariat unermeßlich größer sind als die Verdienste jener, von denen sie in Gefängnisse und in Verbannung geschickt wurden.
Indem sie immer schwerere Repressalien gegen die Opposition vorbereitet, versucht die engere Fraktion Stalins – den Lenin schon in seinem ›Testament‹ ›grob und illoyal‹ nannte, als diese Eigenschaften sich nocht nicht zu einem hundertsten Teil entfaltet hatten –, durch die Agenten der GPU der Opposition fortwährend irgendwelche ›Verbindungen‹ mit den Feinden der proletarischen Diktatur unterzuschieben. Im engeren Kreis behaupten die heutigen Führer: ›Das ist für die Masse nötig.‹ Manchmal noch zynischer: ›Das ist für die Dummköpfe.‹ Meinen nächsten Mitarbeiter, Georgij Wassiljewitsch Butow, der während der ganzen Jahre des Bürgerkrieges Sekretär des Revolutionären Kriegsrats der Republik war, hatte man verhaftet und unter unerhörten Bedingungen festgehalten; von diesem reinen und bescheidenen Menschen, diesem untadeligen Parteigenossen versuchte man eine Bestätigung der Richtigkeit der bewußt unwahren, gefälschten, betrügerischen

Anschuldigungen nach Art der thermidorianischen Amalgambildungen zu erpressen. Butow antwortete mit einem heroischen Hungerstreik, der annähernd fünfzig Tage dauerte und im September dieses Jahres Butows Tod im Gefängnis herbeiführte. Gewalt, Prügel, physische und geistige Folter werden gegen die besten bolschewistischen Arbeiter angewandt, weil sie dem Vermächtnis des Oktober Treue halten. So sehen im allgemeinen die Bedingungen aus, die nach der Auffassung des GPU-Kollegiums der politischen Betätigung der Opposition und meiner im besonderen heute ›keine Hindernisse in den Weg legen‹.

Die klägliche Drohung, diese Bedingungen im Sinne einer weiteren Isolierung zu ändern, ist nichts anderes als der Entschluß der Stalinschen Fraktion, die Verbannung durch Gefängnis zu ersetzen. Dieser Entschluß ist, wie ich schon oben gesagt habe, nichts Überraschendes. Schon im Jahre 1924 vorgesehen, wird er allmählich, Schritt für Schritt, durchgeführt, um die unterdrückte und betrogene Partei unmerklich auf die Methoden Stalins vorzubereiten, deren grobe Illoyalität heute zur vergifteten bürokratischen Ehrlosigkeit ausgereift ist.

In der ›Erklärung‹, die wir dem Sechsten Kongreß überreicht haben, schrieben wir – das mir heute mitgeteilte Ultimatum gleichsam voraussehend – wörtlich: ›Von einem Revolutionär einen solchen Verzicht (auf die politische Betätigung im Dienste der Partei und der Weltrevolution) zu fordern, vermag nur ein durch und durch korrumpiertes Beamtentum. Eine solche Verpflichtung einzugehen, wären nur verächtliche Renegaten imstande.‹

Ich kann an diesen Worten nichts ändern.

Jedem das Seine. Ihr wollt auch fernerhin den Einflüsterungen der dem Proletariat feindlichen Klassenkräfte folgen. Wir kennen unsere Pflicht. Wir werden sie bis zu Ende erfüllen.

Den 16. Dezember 1928, Alma-Ata. L. Trotzki.«

Nach dieser Antwort verging ein Monat ohne Veränderungen. Unsere Verbindungen mit der Außenwelt, auch die illegalen mit Moskau, blieben völlig abgeschnitten. Im Januar erhielten wir nur Moskauer Zeitungen. Je mehr darin vom Kampf gegen rechts geschrieben wurde, um so vorbereiteter warteten wir auf den Schlag gegen links. Das ist die Methode der Stalinschen Politik.

Der Moskauer Bote der GPU, Wolynski, blieb die ganze Zeit über, Anweisungen erwartend, in Alma-Ata. Am 20. Januar erschien er in Begleitung zahlreicher bewaffneter Agenten der GPU, die die Eingänge und Ausgänge besetzten, und überreichte mir folgenden Auszug aus dem Protokoll der GPU vom 18. Januar 1929:

»*Verhandelt:* In Sachen des Bürgers Trotzki, Lew Dawidowitsch, nach Art. 58/10 der Strafgesetzordnung wegen der Anschuldigung, sich mit konterrevolutionärer Arbeit befaßt zu haben, die in der Organisierung einer illegalen, sowjetfeindlichen Partei bestand, deren Tätigkeit in der letzten Zeit auf die Provozierung antisowje-

tischer Erhebungen und auf die Vorbereitung des bewaffneten Kampfes gegen die Sowjetmacht gerichtet ist.
Beschlossen: Den Bürger Trotzki, Lew Dawidowitsch, aus den Grenzen der USSR auszuweisen.«
Als man später von mir eine Quittung verlangte, daß mir der Beschluß mitgeteilt worden sei, schrieb ich: »Der seinem Wesen nach verbrecherische und seiner Form nach ungesetzliche Beschluß der GPU ist mir am 20. Januar 1929 bekannt gegeben worden. Trotzki.«
Ich nannte den Beschluß verbrecherisch, weil er bewußt falsch mich der Vorbereitung eines bewaffneten Kampfes gegen die Sowjetmacht beschuldigt. Diese Formel, die Stalin brauchte, um die Ausweisung zu rechtfertigen, ist aber an sich die bösartigste Untergrabung der Sowjetmacht. Träfe es zu, daß die von den Führern der Oktoberrevolution, von den Erbauern der Sowjetrepublik und der Roten Armee geleitete Opposition eine bewaffnete Niederwerfung der Sowjetmacht vorbereitet, so würde das allein die katastrophale Lage des Landes beweisen. Zum Glück ist die Formel der GPU eine freche Erfindung. Die Politik der Opposition hat nichts mit der Vorbereitung des bewaffneten Kampfes zu tun. Uns leitet restlos die Überzeugung von der tiefen Lebensfähigkeit und der Elastizität des Sowjetregimes. Unser Weg ist der Weg der inneren Reform.
Als ich Aufschluß darüber verlangte, wann und wohin man mich auszuweisen beabsichtige, erhielt ich die Antwort, dies würde mir von einem uns entgegenreisenden Vertreter der GPU noch auf dem Gebiet des europäischen Rußland mitgeteilt werden. Der ganze nächste Tag verlief mit dem fieberhaften Packen der Sachen, fast ausschließlich Manuskripte und Bücher. Ich will nebenbei bemerken, daß die Agenten der GPU keine Spur von Feindseligkeit zeigten. Ganz im Gegenteil. Beim Morgengrauen des 22. nahm ich mit meiner Frau, meinem Sohn und der Wache Platz im Autobus, der uns auf dem glattgewalzten Schneeweg bis an den Bergpaß des Kurdaj-Gebirges brachte. Auf dem Gebirgspaß herrschte Schneegestöber, der Wind verwehte den Weg. Der mächtige Traktor, der uns über den Kurdaj ziehen sollte, versank mit den sieben Automobilen, die er zu schleppen hatte, bis über den Hals in den Schneemassen. Während der Schneestürme erfroren auf dem Paß sieben Mann und keine geringe Anzahl Pferde. Man mußte in Schlitten umsteigen. Es waren über sieben Stunden nötig, um annähernd 30 Kilometer zurückzulegen. Den verwehten Weg entlang ragten aus dem tiefen Schnee viele Schlitten mit hochstehenden Deichseln, viele Frachten für die im Bau befindliche Turkestan-Sibirische Eisenbahn, viele Petroleumtankwagen. Menschen und Pferde waren vor dem Schneetreiben in die nächsten kirgisischen Wintersiedlungen geflüchtet.
Hinter dem Bergpaß besteigen wir wieder ein Automobil und in

Pischpek einen Eisenbahnwagen. Die uns entgegenkommenden Moskauer Zeitungen bereiten die öffentliche Meinung auf die Vertreibung der Führer der Opposition ins Ausland vor. Im Bezirk von Aktjubinsk wird uns mitgeteilt: als Ort, wohin die Ausweisung erfolgen soll, sei Konstantinopel bestimmt. Ich verlange, zwei Mitglieder meiner Familie zu sehen, meinen jüngeren Sohn und die Schwiegertochter, die in Moskau sind. Sie werden zur Station Rjaschsk gebracht und dem gleichen Regime unterworfen wie wir. Der neue Vertreter der GPU, Bulanow, versucht, mir die Vorzüge Konstantinopels klarzumachen. Ich lehne sie entschieden ab. Bulanow verhandelt über die direkte Leitung mit Moskau. Dort hat man alles vorausgesehen, nur nicht das Hindernis, das aus meiner Weigerung, freiwillig ins Ausland zu gehen, entstanden ist. Der aus seiner Richtung gebrachte Zug bewegt sich träge vorwärts, dann bleibt er auf einem toten Gleis neben einer kleinen verlassenen Station stehen und erstirbt hier zwischen zwei Streifen Unterholz. Es vergeht ein Tag nach dem anderen. Die Zahl der leeren Konservenbüchsen um unseren Zug wächst. Raben und Krähen versammeln sich in Scharen, um Beute zu suchen. Öde. Einsam. Hasen gibt es hier nicht: im Herbst sind sie durch eine wütende Epidemie ausgerottet worden. Dafür aber hat ein Fuchs seine weichen Spuren bis an den Zug getragen. Die Lokomotive fährt jeden Tag mit einem Waggon zu einer größeren Station, um das Mittagessen und die Zeitungen zu holen. In unserem Wagen herrscht Grippe. Wir lesen wiederholt Anatole France und die Russische Geschichte von Kljutschewski. Ich lerne zum erstenmal Istrati kennen. Der Frost erreicht 38 Grad Réaumur, unsere Lokomotive fährt, um nicht einzufrieren, auf den Schienen spazieren. Im Äther rufen sich Radiostationen an und fragen, wo wir sind. Wir hören diese Fragen nicht, wir spielen Schach. Aber wenn wir sie auch hören würden, könnten wir nicht antworten: in der Nacht hergebracht, wissen wir selber nicht, wo wir uns befinden.

So vergehen zwölf Tage und zwölf Nächte. Aus den Zeitungen erfahren wir von den neuen Verhaftungen einiger hundert Mann, darunter 150 des sogenannten ›Trotzkistischen Zentrums‹. Es werden folgende Namen genannt: Kawtaradse, der frühere Vorsitzende des Sowjets der Volkskommissare in Georgien, Mdivani, der frühere Handelsvertreter der USSR in Paris, Woronski, unser bester Literaturkritiker, und andere. Alles alte Parteiarbeiter, Führer des Oktoberumsturzes.

Am 8. Februar erklärt Bulanow: »Trotz allem Drängen aus Moskau weigert die deutsche Regierung sich entschieden, Sie nach Deutschland hineinzulassen; mir ist der endgültige Befehl erteilt worden, Sie nach Konstantinopel zu bringen.« »Ich werde aber nicht freiwillig fahren und dies an der türkischen Grenze erklären.« »Das wird die Sache nicht ändern, da Sie auf jeden Fall in die Türkei gebracht werden.« »Ihr habt euch also mit der türkischen

Polizei darüber verständigt, daß ich gewaltsam über die Grenze in die Türkei geschafft werde?« Eine ausweichende Geste: Wir sind nur die Vollstrecker.
Nach zwölf Tagen Stillstehens setzt sich unser Waggon in Bewegung. Unser kleiner Zug wächst, da die Wache zunimmt. Seit Pischpek hatten wir auf dem ganzen Weg keine Möglichkeit mehr gehabt, den Waggon zu verlassen. Wir fahren jetzt mit Volldampf dem Süden zu. Halten, wenn Wasser und Brennstoff aufzunehmen ist, nur auf kleinen Stationen. Diese strengen Vorsichtsmaßnahmen sind getroffen worden in Erinnerung an die Moskauer Demonstration bei meinem Abtransport im Januar 1928. Unterwegs bringen uns die Zeitungen den Widerhall der neuen großen Kampagne gegen die Trotzkisten. Zwischen den Zeilen merkt man den Kampf der Spitzen um meine Ausweisung. Die Stalinsche Fraktion hat es eilig. Sie hat allen Grund dazu. Sie ist aber gezwungen, nicht nur politische, sondern auch physische Hindernisse zu überwinden. Für den Abtransport aus Odessa war der Dampfer ›Kalinin‹ bestimmt. Der aber ist eingefroren. Alle Bemühungen der Eisbrecher bleiben erfolglos. Moskau steht am Telegraphendraht und treibt zur Beschleunigung an. Eiligst macht man den Dampfer ›Iljitsch‹ fahrtbereit. In der Nacht des 10. Februar traf unser Zug in Odessa ein. Ich betrachtete vom Fenster aus die mir bekannten Orte: in dieser Stadt habe ich sieben Schuljahre verbracht. Unser Waggon wurde bis an den Dampfer gefahren. Es herrschte grimmiger Frost. Trotz der tiefen Nacht war der Hafen durch Agenten und Truppen der GPU abgesperrt. Hier mußten wir von unserem jüngeren Sohn und der Schwiegertochter, die in den letzten zwei Wochen unsere Haft geteilt hatten, Abschied nehmen. Als wir aus dem Waggonfenster auf den Dampfer, der für uns bestimmt war, blickten, erinnerten wir uns eines Dampfers, der uns ebenfalls einem Orte zuführte, den wir nicht erwählt hatten. Das war im März 1917, bei Halifax, als mich die englischen Kriegsmatrosen vor den Augen zahlloser Passagiere auf den Armen von dem norwegischen Dampfer ›Christianiafjord‹ hinuntertrugen. Unsere Familie war damals in der gleichen Zusammensetzung, nur waren alle zwölf Jahre jünger.
Ohne Fracht und ohne Passagiere verließ ›Iljitsch‹ etwa um ein Uhr nachts den Hafen. 60 Meilen weit bahnte uns ein Eisbrecher den Weg. Der Sturm, der hier gewütet hatte, erfaßte uns nur noch mit seinem letzten Flügelschlag. Den 12. Februar fuhren wir in den Bosporus hinein. Dem türkischen Polizeioffizier, der aufs Schiff kam, die Kontrolle vorzunehmen – außer meiner Familie und den Agenten der GPU waren keine Passagiere auf dem Dampfer –, übergab ich zur Absendung an den Präsidenten der türkischen Republik, Kemal Pascha, folgende Erklärung:
»Sehr geehrter Herr, am Tor von Konstantinopel habe ich die Ehre, Sie davon in Kenntnis zu setzen, daß ich keinesfalls aus eige-

ner Wahl an die türkische Grenze gekommen bin und daß ich diese Grenze nur der Gewalt gehorchend überschreite. Ich bitte Sie, Herr Präsident, meine dementsprechenden Gefühle entgegenzunehmen. L. Trotzki. Den 12. Februar 1929.«
Diese Erklärung hatte keine Folgen. Der Dampfer fuhr in den Hafen ein. Nach einem Weg von zweiundzwanzig Tagen und nachdem wir 6000 Kilometer zurückgelegt hatten, befanden wir uns in Konstantinopel.

Der Planet ohne Visum

Wir befinden uns in Konstantinopel. Anfangs im Gebäude des Konsulats, dann in einer Privatwohnung. Aus den Aufzeichnungen meiner Frau hier einige Zeilen, die sich auf diese erste Periode beziehen: »Es verlohnt wohl kaum, bei den kleinen Abenteuern zu verweilen, die mit unserer Niederlassung in Konstantinopel verbunden sind. Kleine Betrügereien und kleine Gewaltakte. Nur eine Episode will ich erwähnen. Noch im Zug, unterwegs nach Odessa, als der Bevollmächtigte der GPU, Bulanow, allerhand ganz zwecklose Erwägungen über unsere Sicherheit im Auslande anstellte, unterbrach ihn L. D. mit den Worten: ›Laßt meine Mitarbeiter, Sermux und Posnanski, mit mir mitkommen, das wäre die einzige einigermaßen wirksame Maßnahme.‹ Bulanow gab diese Worte sofort nach Moskau weiter. Auf einer der nächsten Stationen überbrachte er feierlich die direkte Antwort aus Moskau: die GPU, das heißt das Politbüro, sei einverstanden. L. D. sagte lachend: ›Ihr werdet doch betrügen.‹ Sichtlich tief verletzt, rief Bulanow aus: ›Dann können Sie mich einen Schuft nennen!‹ ›Weshalb soll ich Sie beleidigen‹, antwortete L. D., ›nicht Sie, Stalin wird betrügen.‹ Nach der Ankunft in Konstantinopel erkundigte sich L. D. nach Sermux und Posnanski. Einige Tage später brachte ein Vertreter des Konsulats die telegraphische Antwort aus Moskau: Sie würden nicht hinausgelassen werden. Ähnlich war auch alles andere.«
Das, was sich gleich nach unserer Ankunft in Konstantinopel durch die Presse über uns ergoß, war ein endloser Strom von Gerüchten, Vermutungen und Erfindungen über unser Schicksal. Die Presse duldet keine Lücken in ihren Informationen und geizt bei ihrer Arbeit nicht. Damit der Same aufgehe, streut die Natur ihn verschwenderisch in den Wind. Ähnlich verfährt auch die Presse. Sie greift Gerüchte auf und trägt sie weiter, sie dabei endlos vermehrend. Hunderte und Tausende von Berichten sterben ab, bis sich die zuverlässige Version befestigt hat. Manchmal geschieht das erst nach Jahren. Es passiert aber auch, daß die Zeit für die Wahrheit überhaupt nicht kommt.

Was in all den Fällen, wo die öffentliche Meinung lebhaft interessiert ist, am meisten verblüfft, ist die menschliche Lügenhaftigkeit. Ich spreche darüber ohne jegliche moralische Entrüstung, eher im Ton eines Naturforschers, der Tatsachen feststellt. Das Bedürfnis, wie auch die Gewohnheit, zu lügen, spiegeln die Widersprüche unseres Lebens wider. Man darf behaupten, daß Zeitungen nur in Ausnahmefällen die Wahrheit sprechen. Damit will ich keinesfalls die Journalisten beleidigen. Sie unterscheiden sich nicht wesentlich von anderen Menschen. Sie sind nur deren Sprachrohr.
Zola schrieb von der französischen Finanzpresse, sie lasse sich in zwei Gruppen einteilen: die käufliche und die sogenannte ›unbestechliche‹, das heißt jene, die sich nur in Sonderfällen und für teures Geld verkaufe. Etwas Ähnliches kann man von der Lügenhaftigkeit der Presse im allgemeinen sagen. Die gelbe Boulevardpresse lügt beständig, unbedenklich und rücksichtslos. Aber Zeitungen wie ›Times‹ und ›Temps‹ sprechen in allen unwichtigen und gleichgültigen Fällen die Wahrheit, um die Möglichkeit zu haben, gegebenenfalls mit der notwendigen Autorität die öffentliche Meinung belügen zu können.
Die ›Times‹ druckte später die Nachricht, ich sei nach einer Übereinkunft mit Stalin nach Konstantinopel gekommen, um hier die militärische Eroberung der Länder des Fernen Ostens vorzubereiten. Der sechsjährige Kampf zwischen mir und den Epigonen wurde dabei als eine Komödie mit verteilten Rollen geschildert. »Wer wird das glauben?« wird mancher Optimist fragen – und sich irren. Viele werden das glauben. Churchill wird seiner Zeitung vielleicht nicht glauben. Aber Clynes wird es unbedingt tun, mindestens halb. Darin besteht ja die Mechanik der kapitalistischen Demokratie, oder richtiger gesagt, das ist eine ihrer wichtigsten Triebfedern. Jedoch dies alles nur nebenbei. Über Clynes wird noch zu reden sein.
Bald nach unserer Ankunft in Konstantinopel las ich in einer Berliner Zeitung die Rede, die der Präsident des deutschen Reichstags anläßlich des zehnten Jahrestags der Weimarer Nationalversammlung gehalten hatte. Die Rede schloß mit folgenden Worten: »Vielleicht kommen wir sogar dazu, Herrn Trotzki das freiheitliche Asyl zu geben.« (Lebhafter Beifall bei der Mehrheit.)
Die Worte des Herrn Löbe kamen mir völlig unerwartet, da alles Vorangegangene Grund zu der Annahme gegeben hatte, daß die deutsche Regierung entschieden habe, mir die Erlaubnis zur Einreise nach Deutschland zu verweigern. Dies war jedenfalls die kategorische Behauptung der Agenten der Sowjetregierung. Am 15. Februar ließ ich den Vertreter der GPU, der mich nach Konstantinopel begleitet hatte, kommen und sagte ihm: »Ich muß den Schluß ziehen, daß man mich falsch informiert hat. Die Rede Löbes ist den 6. Februar gehalten worden. Aus Odessa sind wir erst in der Nacht des 10. Februar in die Türkei abgefahren. Folglich war zu der

Zeit Löbes Rede schon in Moskau bekannt. Ich empfehle Ihnen, unverzüglich nach Moskau zu telegraphieren und dort vorzuschlagen, auf Grund der Rede nun *tatsächlich* in Berlin um ein Visum für mich nachzusuchen. Das wäre der am wenigsten schimpfliche Weg zur Liquidierung jener Intrige, die Stalin in der Frage meiner Einreiseerlaubnis nach Deutschland offenbar gesponnen hat.«
Nach zwei Tagen brachte mir der Bevollmächtigte der GPU folgende Antwort: »Auf mein Telegramm nach Moskau wird mir bestätigt, daß die deutsche Regierung bereits Anfang Februar das Visum entschieden abgelehnt habe; ein neues Gesuch wäre zwecklos; die Rede Löbes trage keinen verantwortlichen Charakter. Wenn Sie die Angelegenheit nachprüfen wollen, reichen Sie selbst ein Gesuch um ein Visum ein.«

Dieser Darstellung konnte ich keinen Glauben schenken. Ich war der Meinung, daß der Reichstagspräsident die Absichten seiner Partei und seiner Regierung besser kennen müsse als die Agenten der GPU. Ich telegraphierte am gleichen Tage an Löbe, daß ich auf Grund seiner Worte mich an das deutsche Konsulat mit der Bitte um ein Visum gewandt hätte. Die demokratische und die sozialdemokratische Presse betonten nicht ohne Schadenfreude die Tatsache, daß ein Anhänger der revolutionären Diktatur in einem demokratischen Land ein Asyl suchen muß. Einige sprachen sogar die Hoffnung aus, daß diese Lehre mich zwingen werde, nunmehr die Institutionen der Demokratie höher einzuschätzen. Mir blieb nur übrig, abzuwarten, wie diese Lehre in Wirklichkeit ausfallen würde.

Das demokratische Asylrecht besteht selbstverständlich nicht darin, daß eine Regierung nur ihren Gesinnungsgenossen Gastfreundschaft erweist. – dies hat auch Abdul Hamid getan. Es besteht aber auch nicht darin, daß die Demokratie Vertriebene nur mit Erlaubnis der Regierung, die sie vertrieben hat, aufnimmt. Das Asylrecht besteht (auf dem Papier) darin, daß die Regierung auch ihren Gegnern Zuflucht gewährt unter der Bedingung, daß diese die Landesgesetze beachten. Ich konnte selbstverständlich nur als ein unversöhnlicher Gegner der sozialdemokratischen Regierung nach Deutschland kommen. Dem Konstantinopeler Vertreter der deutschen sozialdemokratischen Presse, der mich um ein Interview bat, gab ich die notwendigen Erklärungen, die ich hier so anführen will, wie ich sie gleich nach dem Gespräch niedergeschrieben habe.

»Da ich jetzt um die Einreiseerlaubnis nach Deutschland nachsuche, wo die Regierung zum großen Teil aus Sozialdemokraten besteht, so habe ich vor allem das Interesse, meine Stellung zu der Sozialdemokratie klar darzulegen. Auf diesem Gebiete hat sich nichts verändert. Mein Verhältnis zur Sozialdemokratie bleibt das frühere. Mehr noch, mein Kampf gegen die zentristische Fraktion Stalins ist nur ein Abbild meines Gesamtkampfes gegen die Sozial-

demokratie. Unklarheit oder Unausgesprochenes brauchen weder ich noch Sie.
Einige sozialdemokratische Blätter bemühen sich, einen Widerspruch zu finden zwischen meiner prinzipiellen Stellung in der Frage der Demokratie und meinem Gesuch um die Einreiseerlaubnis nach Deutschland. Es gibt da keinen Widerspruch. Wir ›lehnen‹ die Demokratie keinesfalls ab, wie es die Anarchisten (in Worten) tun. Die bürgerliche Demokratie besitzt im Vergleich mit den ihr vorangegangenen Staatsformen Vorzüge. Aber sie ist nicht ewig. Sie muß den Platz der sozialistischen Gesellschaftsordnung räumen. Die Brücke zur sozialistischen Gesellschaftsordnung bildet die Diktatur des Proletariats.
In allen kapitalistischen Ländern beteiligen sich Kommunisten am parlamentarischen Kampf. Die Ausnutzung des Asylrechts unterscheidet sich prinzipiell in nichts von der Ausnutzung des Wahlrechts, der Presse- und Versammlungsfreiheit und so weiter.«
Soviel ich weiß, ist dieses Interview nicht veröffentlicht worden. Das ist auch nicht verwunderlich. Aber in der sozialdemokratischen Presse vernahm man in jener Zeit Stimmen, daß man mir das Asyl geben müsse. Ein sozialdemokratischer Rechtsanwalt, Dr. K. Rosenfeld, übernahm es aus eigener Initiative, die Verhandlungen um meine Einreiseerlaubnis nach Deutschland zu führen. Sie stieß offenbar sofort auf Widerstände, da ich schon nach wenigen Tagen eine telegraphische Anfrage von ihm erhielt, welchen Beschränkungen ich mich wärend meines Aufenthaltes in Deutschland zu unterwerfen bereit sei. Ich antwortete: »Beabsichtige ganz isoliert außerhalb Berlins zu leben; keinesfalls in öffentlichen Versammlungen aufzutreten, mich auf schriftstellerische Tätigkeit im Rahmen der deutschen Gesetze zu beschränken.«
Auf diese Weise handelte es sich nun nicht mehr um das *demokratische* Asylrecht, sondern um das Recht, unter einem *Ausnahmezustand* in Deutschland zu leben. Die Lehre der Demokratie, die mir die Gegner geben wollten, bekam damit sogleich einen engeren Umfang. Doch blieb es auch dabei nicht. Nach einigen Tagen erhielt ich eine neue telegraphische Anfrage: ob ich bereit sei, nur zum Zwecke einer Kur nach Deutschland zu kommen? Ich telegraphierte als Antwort: »Bitte mir mindestens die Möglichkeit zu geben, die für mich dringend notwendige Kurzeit in Deutschland zu verbringen.«
Also, das *Asylrecht* wurde in dieser Etappe bereits auf das *Recht zu einer Kur* zusammengedrängt. Ich nannte eine Reihe berühmter deutscher Ärzte, die mich während der letzten zehn Jahre behandelt hatten und deren Hilfe ich jetzt mehr denn je benötigte.
Zur Osterzeit drang eine neue Note in die deutsche Presse: In den Regierungskreisen herrschte die Meinung, Trotzki sei nicht so krank, um unbedingt der Hilfe der deutschen Ärzte und der deut-

schen Bäder zu bedürfen. Den 31. März telegraphierte ich an Dr. Rosenfeld:

»Den Zeitungsberichten zufolge bin ich nicht genügend hoffnungslos krank, um nach Deutschland hineingelassen zu werden. Ich frage: hat mir Löbe das *Recht auf ein Asyl* oder das *Recht auf den Friedhof* in Aussicht gestellt? Ich bin bereit, mich einer beliebigen Untersuchung einer beliebigen Ärztekommission zu unterwerfen. Ich verpflichte mich, nach Beendigung der Kur Deutschland zu verlassen.«

Auf diese Weise war das demokratische Prinzip während weniger Wochen einer dreifachen Verkürzung unterworfen worden. Das Asylrecht verwandelte sich zuerst in das Aufenthaltsrecht unter einem Ausnahmezustand, dann in das Recht auf eine ärztliche Behandlung und schließlich in das Recht auf den Friedhof. Das bedeutete aber, daß ich erst als Leiche die Vorzüge der Demokratie in vollem Umfange schätzen gelernt haben würde.

Auf mein Telegramm kam keine Antwort. Ich wartete einige Tage ab und telegraphierte dann wieder nach Berlin:

»Betrachte das Ausbleiben einer Antwort als illoyale Form der Ablehnung.«

Erst danach erhielt ich, den 12. April, das heißt nach zwei Monaten, eine Benachrichtigung, daß die deutsche Regierung mein Gesuch um die Einreiseerlaubnis ablehnend beantwortet habe. Es blieb mir nichts weiter übrig, als an den Reichstagspräsidenten Löbe zu telegraphieren: »Ich bedauere, daß mir die Möglichkeit versagt worden ist, die Vorzüge des demokratischen Asylrechts praktisch zu studieren. Trotzki.«

Dies ist die kurze und lehrreiche Geschichte meines ersten Versuchs, in Europa ein ›demokratisches‹ Visum zu finden.

Wäre mir das Asylrecht zugebilligt worden, so hätte das an sich selbstverständlich die marxistische Theorie vom Klassenstaat nicht im geringsten erschüttert. Das Regime der Demokratie ergibt sich nicht aus sich selbst genügenden Prinzipien, sondern aus den realen Bedürfnissen der herrschenden Klasse; kraft seiner inneren Logik umfaßt dieses Regime auch das Asylrecht. Einem proletarischen Revolutionär Zuflucht zu gewähren widerspricht keinesfalls dem bürgerlichen Charakter der Demokratie. Nun aber bedarf man nicht erst dieser Argumentation, da es sich ja herausgestellt hat, daß es in Deutschland, das von Sozialdemokraten regiert wird, ein Asylrecht nicht gibt.

Durch die GPU hatte Stalin mir am 16. Dezember vorgeschlagen, auf jede politische Tätigkeit zu verzichten. Während der Diskussion in der Presse über die Frage des Asylrechts wurde von deutscher Seite die gleiche Bedingung als selbstverständlich erhoben. Das bedeutet, daß die Regierung Müller-Stresemann die gleichen Ideen für gefährlich und schädlich hält, gegen die Stalin und dessen Thälmänner kämpfen. Stalin diplomatisch, Thälmann agitatorisch haben von der sozialdemokratischen Regierung gefordert, mich nicht nach Deutschland hineinzulassen, – man muß annehmen, im Interesse der proletarischen Revolution. Auf der anderen Flanke forderten Chamberlain, Graf Westarp und ähnliche, daß man mir das Visum verweigere – im Interesse der kapitalistischen Ordnung. Hermann Müller war auf diese Weise in der Lage, seinen Partnern von rechts und seinen Verbündeten von links die nötige Befriedigung zu bereiten. Die sozialdemokratische Regierung wurde das verbindende Glied der internationalen Einheitsfront gegen den revolutionären Marxismus. Um ein Bild dieser Einheitsfront zu gewinnen, genügt es, sich den ersten Zeilen des Kommunistischen Manifestes von Marx und Engels zuzuwenden: »Alle Mächte des alten Europa haben sich zu einer heiligen Hetzjagd gegen dieses Gespenst (den Kommunismus) verbündet – der Papst und der Zar, Metternich und Guizot, französische Radikale und deutsche Polizisten.« Die Namen lauten heute anders, der Inhalt aber ist der gleiche geblieben. Daß die deutschen Polizisten heute Sozialdemokraten sind, ändert die Sache am allerwenigsten. Sie beschützen im Grunde dasselbe, was die Polizisten des Hohenzollern beschützten.

Die Mannigfaltigkeit der Gründe, aus denen die Demokratie mir das Visum verweigert hat, ist sehr groß. Die norwegische Regierung geht freundlicherweise ausschließlich von Erwägungen über meine Sicherheit aus. Ich hätte niemals gedacht, daß ich in Oslo auf so hohen Posten derart um mich besorgte Freunde habe. Die norwegische Regierung ist selbstverständlich ganz und gar für das Asylrecht, genau so wie die deutsche, französische, englische und alle anderen Regierungen. Das Asylrecht ist bekanntlich ein heiliges und unerschütterliches Prinzip. Nur muß der Vertriebene zuerst in Oslo ein Zeugnis vorlegen, daß er von niemandem ermordet werden wird. Dann wird ihm Gastfreundschaft gewährt... selbstverständlich, falls sich nicht sonstige Hindernisse finden sollten.

Die beiden Debatten im Storthing über mein Visum haben ein unvergleichliches politisches Dokument ergeben. Seine Lektüre hat mich mindestens zur Hälfte für die Ablehnung des Visums, um das sich meine Freunde in Norwegen bemüht hatten, entschädigt.

Der norwegische Premier besprach die Frage meines Visums selbstverständlich zuallererst mit dem Chef der Geheimpolizei, dessen Kompetenz in demokratischen Prinzipien – ich gebe das von vornherein zu – unbestreitbar ist. Nach dem Bericht des Herrn Mohwinkel vertrat der Chef der Geheimpolizei die Ansicht, es sei vernünftiger, den Feinden Trotzkis freizustellen, mit diesem nicht auf dem Territorium des norwegischen Staates abzurechnen. Dieser Gedanke wurde zwar nicht so klar formuliert, er hatte aber eben – diesen Sinn. Seinerseits erklärte der Justizminister dem norwegischen Parlament, der Schutz Trotzkis würde das norwegische Budget zu schwer belasten. Das Prinzip der Staatsökonomie, ebenfalls eines der unbestrittenen demokratischen Prinzipien, stand diesmal in unversöhnlichem Widerspruch zum Asylrecht. Das Ergebnis war jedenfalls: Aussicht auf Asyl hat der am wenigsten, der es am meisten bedarf.

Viel geistreicher hat die französische Regierung gehandelt: sie berief sich einfach darauf, daß Malvys Ausweisungsbefehl gegen mich noch nicht aufgehoben sei. Ein vollkommen unüberwindliches Hindernis auf dem Weg der Demokratie! Ich habe bereits erzählt, wie die französische Regierung trotz dem nicht aufgehobenen Ausweisungsbefehl Malvys ihre Offiziere zu meiner Verfügung stellte und wie mich französische Deputierte, Gesandte und ein Ministerpräsident besuchten. Diese Ereignisse spielten sich, scheint's, auf zwei sich nicht berührenden Ebenen ab. Jetzt ist die Lage so: Frankreich würde mir bestimmt Asyl gewähren, wenn sich in seinen Polizeiarchiven kein auf Betreiben der zaristischen Diplomatie ergangener Ausweisungsbefehl befände. Bekanntlich ist ein Polizeibefehl so etwas wie ein Polarstern: es gibt weder die Möglichkeit, ihn abzuschaffen, noch seinen Platz zu verschieben.

Wie dem auch sei, das Asylrecht ist nun auch aus Frankreich vertrieben. Welches ist aber das Land, wo dieses Recht sein... Asyl gefunden hat? Vielleicht England?

Den 5. Juni 1929 lud mich die Unabhängige Arbeiterpartei, deren Mitglied Macdonald ist, ganz offiziell und aus eigener Initiative nach England zu einem Vortrag in der Parteischule. Die vom Generalsekretär der Partei unterschriebene Einladung lautet: »Wir können nicht annehmen, daß nach Bildung einer Arbeiterregierung hier irgendwelche Schwierigkeiten entstehen werden wegen Ihrer Einreise nach England zu dem vorliegenden Zweck.« Dennoch entstanden Schwierigkeiten. Es wurde mir nicht nur versagt, vor den Gesinnungsgenossen Macdonalds einen Vortrag zu halten, sondern auch, die Hilfe der englischen Ärzte in Anspruch zu nehmen. Das Visum wurde mir glatt verweigert. Der Labour-Polizeiminister Clynes verteidigte diese Ablehnung in der Kammer. Er erklärte den philosophischen Sinn der Demokratie mit einer Geradheit, die einem Minister Karls II. alle Ehre gemacht hätte. Das Asylrecht besteht, nach Clynes, nicht im Recht der Vertriebenen, ein Asyl zu beanspruchen, sondern in dem Recht des Staates, dieses zu verweigern. Die Feststellung Clynes' ist deshalb bemerkenswert, weil sie mit einer Handbewegung die Grundlagen der sogenannten Demokratie abtut. Ein Asylrecht im Sinne Clynes' hat im zaristischen Rußland stets existiert. Als es dem persischen Schah nicht gelungen war, alle Revolutionäre zu hängen, und er die Grenzen des teuren Vaterlandes verlassen mußte, hat ihm Nikolaus II. nicht nur Zuflucht gewährt, sondern darüber hinaus sie in Odessa recht komfortabel gestaltet. Aber keinem der Revolutionäre Irlands war es in den Sinn gekommen, ein Asyl im zaristischen Rußland zu suchen, dessen Verfassung sich völlig auf das

Prinzip Clynes' stützte: die Bürger haben mit dem zufrieden zu sein, was ihnen die Staatsmacht gibt oder nimmt. Mussolini hat vor kurzem in völliger Übereinstimmung mit diesem Prinzip dem afghanischen Padischah Asylrecht gewährt.
Der fromme Mister Clynes sollte mindestens wissen, daß die Demokratie das Asylrecht in gewissem Sinne von der christlichen Kirche geerbt hat, die es ihrerseits zusammen mit vielem anderen von dem Heidentum übernahm. Verfolgte Verbrecher brauchten nur in das Innere eines Tempels einzudringen, manchmal auch nur dessen Türring zu berühren, um vor Verfolgungen geschützt zu sein. Folglich hat die Kirche das Asylrecht eben als das Recht des Verfolgten auf Asyl, nicht aber als die Willkür der heidnischen Geistlichen oder der christlichen Götzen betrachtet. Ich habe bis jetzt geglaubt, daß die frommen Labouristen, die sich so wenig im Sozialismus auskennen, mindestens bessere Kenner der kirchlichen Traditionen wären. Ich überzeuge mich jetzt, daß auch dies nicht der Fall ist.
Weshalb aber blieb Clynes bei den ersten Anfängen seiner Theorie des Staatsrechts stehen? Schade. Das Asylrecht ist ja nur ein Bestandteil des Systems der Demokratie. Weder seiner historischen Entstehung noch seiner juristischen Natur nach unterscheidet es sich von der Wort- und Versammlungsfreiheit und so weiter. Mister Clynes wird hoffentlich bald zu der Schlußfolgerung kommen, daß die Freiheit des Wortes keinesfalls das Recht der Bürger ist, den einen oder den anderen ihrer Gedanken zu äußern, sondern das Recht des Staates, seinen Untertanen zu verbieten, Gedanken zu haben. In bezug auf die Streikfreiheit ist diese Schlußfolgerung von der englischen Gesetzgebung bereits praktisch gezogen worden.
Das Pech Clynes' besteht darin, daß er gezwungen war, seine Handlungen laut zu begründen, da sich in der Parlamentsfraktion der Labour-Partei Deputierte fanden, die dem Minister, wenn auch höfliche, so doch recht unbequeme Fragen stellten. In die gleiche unangenehme Lage geriet auch der norwegische Premier. Das deutsche Ministerium war gegen eine solche Peinlichkeit geschützt. Im ganzen Reichstag fand sich kein Abgeordneter, der für das Asylrecht Interesse zeigte. Diese Tatsache wird um so bemerkenswerter, wenn man sich erinnert, daß der Reichstagsvorsitzende unter dem Beifall der Mehrheit mir das Asylrecht in Aussicht stellte, als ich mich darum noch gar nicht beworben hatte.
Die Oktoberrevolution hat keine abstrakten Prinzipien der Demokratie proklamiert, auch nicht das Asylrecht. Der Sowjetstaat stützt sich offen auf das Recht der revolutionären Diktatur. Das hat Vandervelde und andere Sozialdemokraten nicht gehindert, in die Sowjetrepublik zu kommen und sogar in Moskau in der Rolle von Verteidigern jener Personen aufzutreten, die terroristische Attentate auf die Führer der Oktoberrevolution verübt hatten.

Es besuchten uns auch die heutigen englischen Minister. Ich kann mich nicht an alle, die kamen, erinnern – und ich habe keine Auskunftsmöglichkeit bei der Hand –, doch ich weiß, daß sich unter ihnen Snowden mit Mrs. Snowden befand. Das war wohl im Jahre 1920. Sie wurden nicht einfach als Touristen, sondern als Gäste empfangen, was vielleicht überflüssig war. Im Großen Theater wurde ihnen eine Loge angewiesen. Ich erinnere mich dessen im Zusammenhang mit einer kleinen Episode, die ich hier kurz erzählen möchte. Ich kam gerade von der Front nach Moskau mit Gedanken, die von den englischen Gästen sehr weit entfernt waren, ich wußte nicht einmal die Namen dieser Gäste, da ich fast keine Zeitungen gelesen hatte, – ich war zu sehr von anderen Sorgen erfüllt. An der Spitze der Kommission, die Snowden, Mrs. Snowden und, wie ich glaube, noch Bertrand Russell, Williams und eine Reihe anderer Gäste zu empfangen hatte, stand Losowski. Er teilte mir telephonisch mit, die Kommission fordere mein Erscheinen im Theater, wo sich die englischen Gäste befanden. Ich versuchte, dem zu entgehen. Losowski jedoch bestand darauf: seine Kommission besäße alle Vollmachten des Politischen Büros, und ich müsse den anderen ein Beispiel an Disziplin sein. Widerwillig ging ich hin. In der Loge befanden sich etwa zehn englische Gäste. Das Theater war überfüllt. Die Front war zu dieser Zeit siegreich. Das Theater bejubelte stürmisch die Siege. Die englischen Gäste umringten mich und applaudierten ebenfalls. Mit ihnen Mr. Snowden. Heute schämt er sich sicherlich seines damaligen Abenteuers. Aber wegzuwischen ist es nicht. Auch ich wäre froh, es zu streichen, denn meine ›Verbrüderung‹ mit den Labour-Politikern war nicht nur ein Mißverständnis, sondern auch ein politischer Fehler. Ich entledigte mich so schnell es ging der Gäste und begab mich zu Lenin. Er war aufgeregt: Ist es wahr, daß Sie sich zusammen mit diesen Herren (Lenin gebrauchte ein anderes Wort) in der Loge gezeigt haben? Ich berief mich auf Losowski, auf die Kommission des Zentralkomitees, auf die Disziplin und in der Hauptsache darauf, daß ich keine Ahnung gehabt hätte, wer die Gäste seien. Lenin war über Losowski und die Kommission überhaupt grenzenlos entrüstet. Ich aber vermochte mir meine Unvorsichtigkeit lange Zeit nicht zu verzeihen.
Einer der heutigen englischen Minister kam, wie mir scheint, wiederholt nach Moskau; jedenfalls ruhte er sich in der Sowjetrepublik aus, lebte im Kaukasus und besuchte mich. Das war Mr. Lansbury. Das letzte Mal sah ich ihn in Kislowodsk. Man bat mich dringend, ich möge, wenn auch nur für eine Viertelstunde, in das ›Haus der Erholung‹ kommen, wo Mitglieder unserer Partei und einige Ausländer wohnten. An einem großen Tisch saßen einige Dutzend Menschen. Das war so etwas wie ein bescheidenes Bankett. Den ersten Platz nahm der Gast, Lansbury, ein. Der Gast hielt nach meinem Eintreten eine Ansprache und sang dann »For he's a

jolly good fellow«. Solche Gefühle bezeugte mir Lansbury im Kaukasus. Er wäre wohl auch nicht abgeneigt, dies heute zu vergessen...
Als ich das Gesuch um ein Visum einreichte, erinnerte ich in besonderen Telegrammen Snowden und Lansbury daran, daß sie sowjetrussische und damit auch meine Gastfreundschaft genossen hatten. Die Telegramme übten wohl kaum einen großen Einfluß auf sie aus. Erinnerungen haben in der Politik ebensowenig Gewicht wie demokratische Prinzipien.
Mr. Sidney Webb und Mrs. Beatrice Webb statteten mir liebenswürdigerweise ganz vor kurzem, Anfang Mai 1929, schon in Prinkipo einen Besuch ab. Wir unterhielten uns über die Wahrscheinlichkeit einer Regierungsbildung durch die Arbeiterpartei. Ich bemerkte nebenbei, daß ich im Falle einer Regierung Macdonald sofort ein Visum nach England verlangen würde. Mr. Webb äußerte sich dahin, daß die Regierung eventuell nicht stark und infolge ihrer Abhängigkeit von den Liberalen nicht frei genug sein würde. Ich antwortete, daß eine Partei, die nicht stark genug sei, um für ihre Handlungen die Verantwortung zu tragen, nicht das Recht habe, die Regierung zu übernehmen. Unsere unversöhnlichen Meinungsverschiedenheiten bedurften übrigens einer neuen Nachprüfung nicht. Webb kam in die Regierung. Ich verlangte das Visum. Die Regierung Macdonald lehnte es ab, aber gar nicht deshalb, weil die Liberalen sie hinderten, ihren Demokratismus zu betätigen. Im Gegenteil: die Labour-Regierung verweigerte das Visum *trotz* der Proteste der Liberalen. Diese Variation hatte Mr. Webb nicht voraussehen können. Man muß jedoch bemerken, daß er damals noch nicht Baron Passfield war.
Einige dieser Menschen kenne ich persönlich. Über die anderen kann ich nach Analogien urteilen. Mir scheint, daß ich in der Lage bin, sie mir ziemlich richtig vorzustellen. Diese Menschen sind durch das automatische Wachsen der Arbeiterorganisationen, besonders nach dem Krieg, und durch die politische Erschöpfung des Liberalismus emporgehoben worden. Sie haben vollständig jenen naiven Idealismus verloren, den einige von ihnen vor 25 und 30 Jahren besaßen. Statt dessen erwarben sie politische Routine und die Unbedenklichkeit in der Wahl der Mittel. Nach ihrem geistigen Horizont aber sind sie die gleichen geblieben: ängstlich, kleinbürgerlich und in ihren Denkmethoden unermeßlich rückständiger als etwa die Produktionsmethoden der englischen Kohlenindustrie. Heute fürchten sie am meisten, daß die vornehme Hofgesellschaft und die Großkapitalisten sie nicht ernst nehmen könnten. Es ist auch nicht weiter verwunderlich: an die Regierung gekommen, fühlen sie ihre Schwäche unmittelbar. Sie besitzen nicht die Eigenschaften der alten Regierungscliquen, wo Tradition und Herrschaftsgewohnheiten sich von Generation auf Generation übertrugen und häufig genug Vernunft und Begabung ersetzten. Sie besit-

zen aber auch nicht das, was ihnen wahre Macht geben könnte, das heißt: den Glauben an die Massen und die Fähigkeit, auf eigenen Füßen zu stehen. Sie fürchten die Massen, von denen sie emporgehoben wurden, wie sie die konservativen Klubs fürchten, deren Glanz ihre arme Einbildungskraft lähmt. Um ihren Eintritt in die Regierung zu rechtfertigen, müssen sie den alten herrschenden Klassen beweisen, daß sie nicht etwa irgendwelche revolutionären Parvenüs sind – Gott behüte –, nein; sie verdienen vollkommen das Vertrauen, sie sind der Kirche, dem König, der Lord-Kammer und den Titeln, das heißt nicht nur dem heiligen Privateigentum, sondern auch dem ganzen Kehricht des Mittelalters ergeben. Einem Revolutionär das Visum verweigern zu können bedeutet für sie eigentlich einen Glücksfall, um erneut ihre Respektabilität beweisen zu können. Es freut mich sehr, ihnen diese Gelegenheit verschafft zu haben. Einmal wird dies ebenfalls in Rechnung gestellt werden. Wie in der Natur, geht auch in der Politik nichts verloren...

Man braucht nicht übermäßig viel Phantasie, um sich die Aussprache des Mr. Clynes mit dem ihm unterstellten Chef der politischen Polizei auszumalen. Während dieser Aussprache fühlte Clynes sich wie bei einem Examen; er hatte Angst, vor dem Examinator als nicht hinreichend zuverlässig, staatserhaltend, konservativ zu erscheinen. Der Chef der politischen Polizei hat dabei keine große Anstrengung nötig gehabt, um Clynes jenen Beschluß einzugeben, der tags darauf die restlose Sympathie der konservativen Presse finden sollte. Die konservative Presse aber lobte nicht einfach. Sie lobte tödlich höhnend. Sie gab sich nicht die Mühe, ihre Verachtung für Männer zu verbergen, die so würdelos nach ihrem Beifall haschten. Niemand wird zum Beispiel behaupten, der ›Daily Express‹ gehöre zu den gescheitesten Einrichtungen der Welt. Und trotzdem fand dieses Blatt die giftigsten Worte, als es die Labour-Regierung dafür pries, daß sie so besorgt den ›leicht gekränkten Macdonald‹ vor der Anwesenheit eines revolutionären stillen Beobachters bewahrt habe.

Und diese Herren sollten berufen sein, den Grundstein für eine neue menschliche Gesellschaft zu legen? Nein, sie bilden nur die vorletzte Reserve der alten Gesellschaft. Ich sage die vorletzte, denn die letzte bilden die materiellen Repressalien.

Ich muß gestehen, daß das Antreten der europäischen Demokratien zum Appell in der Frage des Asylrechts mir nebenbei nicht wenige lustige Augenblicke bereitete. Manchmal kam es mir vor, als wohnte ich der Inszenierung eines ›paneuropäischen‹ Einakters des Titels: Prinzipien der Demokratie bei. Den Text konnte Bernard Shaw geschrieben haben, wenn man zu der Fabier-Flüssigkeit, die in seinen Adern rinnt, einige Prozent vom Blute Jonathan Swifts hinzugegeben hätte. Wer aber den Text auch geliefert haben mochte, das Stück wurde ausnehmend lehrreich: *Europa*

ohne Visum. Von Amerika ganz zu schweigen. Die Vereinigten Staaten sind nicht nur das stärkste, sondern auch das ängstlichste Land. Vor kurzem hatte Hoover seine Leidenschaft für den Fischfang mit dem demokratischen Charakter dieser Beschäftigung erklärt. Wenn das stimmt – was ich bezweifle –, dann ist dieser Sport eines der wenigen Überbleibsel der Demokratie, die in den Vereinigten Staaten erhalten geblieben sind. Das Asylrecht gibt es dort schon lange nicht mehr. *Europa und Amerika ohne Visum.* Diese zwei Kontinente aber beherrschen die ganze übrige Welt. Also bedeutet das – der Planet ohne Visum.
Von verschiedenen Seiten wird mir erklärt, mein Unglaube an die Demokratie sei meine schwerste Sünde. Wieviel Artikel und sogar Bücher sind über dieses Thema geschrieben worden. Wenn ich aber bitte, man möge mir einen Anschauungsunterricht in Demokratie geben, finden sich keine Liebhaber. Auf dem ganzen Planeten kein Visum! Weshalb soll ich dann glauben, daß die unermeßlich größere Frage – der Streit zwischen Besitzenden und Besitzlosen – unter strengster Wahrung von Formen und Sitten der Demokratie gelöst werden könnte?

Aber hat denn nun die revolutionäre Diktatur jene Resultate ergeben, die man von ihr erwartete? höre ich fragen. Man kann darauf eine Antwort nur geben aus der Abschätzung der Erfahrung der Oktoberrevolution und aus dem Versuch, weitere Perspektiven für sie aufzustellen. Für diese Arbeit sind die Seiten einer Selbstbiographie nicht der Platz. Ich werde mich bemühen, diese Frage in einem besonderen Buch zu beantworten, an dem ich schon während meines Aufenthaltes in Zentralasien gearbeitet habe. Ich kann jedoch die Darstellung meines Lebens nicht abschließen, ohne, wenn auch nur in einigen Dutzend Zeilen, auszusprechen, weshalb ich unbedingt auf dem alten Wege weitergehe.
Das, was sich vollzogen hat vor den Augen meiner Generation, die jetzt die Reife erreicht oder sich dem Alter nähert, kann man schematisch folgendermaßen darstellen: Im Verlaufe einiger Jahrzehnte – Ende des vorigen und Anfang des jetzigen Jahrhunderts – wurde die europäische Bevölkerung durch die Industrie unerbittlich diszipliniert. Alle Seiten der sozialen Erziehung waren dem Prinzip der Arbeitsproduktivität unterworfen. Das hat die größten Folgen gehabt und den Menschen angeblich neue Möglichkeiten eröffnet. In Wirklichkeit hat es nur zum Kriege geführt. Allerdings konnte sich die Menschheit durch den Krieg davon überzeugen, daß sie keinesfalls entartet, vielmehr, entgegen dem Gekrächze der blutleeren Philosophie, voller Leben, Kräfte, Mut und Unternehmungslust ist. Der gleiche Krieg hat die Menschheit mit einer nie dagewesenen Wucht auch von ihrer technischen Macht überzeugen können. Es war etwa so, als würde ein Mensch vor dem Spiegel versuchen, sich mit einem Rasiermesser die Kehle durchzuschnei-

den, um festzustellen, ob seine Organe des Kehlkopfes in Ordnung sind.

Nach Beendigung des Krieges 1914–1918 wurde proklamiert, von nun an sei es höchste sittliche Pflicht, jene Wunden zu heilen, deren Beibringung in den vorangegangenen vier Jahren als höchste sittliche Pflicht erklärt worden war. Fleiß und Sparsamkeit wurden nicht nur wieder in ihre Rechte eingesetzt, sondern von der stählernen Zange der Rationalisierung gepackt. Die sogenannten ›Reparationen‹ leiten die gleichen Klassen, Parteien und sogar Personen, die die Verwüstungen geleitet hatten. Wo ein Wechsel des politischen Regimes stattgefunden hat, wie in Deutschland, dort spielen bei der Wiederherstellung jene Führer die ersten Rollen, die bei der Verwüstung in zweiten und dritten Rollen auftreten durften. Darin besteht eigentlich der ganze Wechsel.

Der Krieg hat eine ganze Generation hinweggerafft scheinbar nur, um eine Pause im Gedächtnis der Völker zu schaffen und die neue Generation es nicht zu unmittelbar fühlen zu lassen, daß sie sich eigentlich, wenn auch auf einer historisch höheren Stufe, mit der Wiederholung des Alten beschäftigt, was somit noch gefährlichere Folgen haben wird.

Die Arbeiterklasse in Rußland hat unter Führung der Bolschewiki den Versuch unternommen, das Leben umzubauen, um die Möglichkeit der periodisch wiederkehrenden Tobsuchtsanfälle der Menschheit auszuschalten und die Grundlagen für eine höhere Kultur zu schaffen. Das ist der Sinn der Oktoberrevolution. Es ist selbstverständlich, daß die Aufgabe, die sie sich gestellt hat, noch nicht gelöst ist. Die Lösung dieser Aufgabe ist aber ihrem Wesen nach auf Jahrzehnte berechnet. Mehr noch, man muß die Oktoberrevolution als den Ausgangspunkt der neuen Geschichte der Menschheit in ihrer Gesamtheit betrachten.

Gegen Ende des Dreißigjährigen Krieges mußte die Deutsche Reformation als ein Unternehmen von Menschen erscheinen, die einem Irrenhaus entsprungen waren. Bis zu einem gewissen Grad war es auch so: die europäische Menschheit entsprang dem mittelalterlichen Kloster. Das moderne Deutschland, England, die Vereinigten Staaten, ja, die Menschheit überhaupt wären ohne die Reformation mit den ungezählten Opfern, die sie gefordert, undenkbar. Sind Opfer überhaupt zulässig – bei wem eigentlich hat man Erlaubnis einzuholen? –, dann jene Opfer, die die Menschheit vorwärtsbewegen.

Das gleiche ist von der Französischen Revolution zu sagen. Der Reaktionär und Pedant Taine bildete sich Gott weiß was ein auf die tiefsinnige Entdeckung, daß das französische Volk einige Jahre nach der Enthauptung Ludwigs XVI. ärmer und unglücklicher gewesen sei als unter dem alten Regime. Solche Ereignisse wie die große Französische Revolution kann man eben nicht mit dem Maßstab ›einiger Jahre‹ messen. Ohne die große Revolution wäre das heutige Frankreich unmöglich, und Taine selbst wäre als Schreiber irgendeines Pächters im alten Regime gestorben, statt die Revolution anzuschwärzen, die ihm die neue Karriere eröffnete.

Eine noch größere historische Distanz verlangt die Oktoberrevolution. Sie beschuldigen, sie habe in zwölf Jahren nicht den allgemeinen Frieden und Wohlstand gebracht, können nur stumpfsinnige oder böswillige Menschen. Nimmt man die Maßstäbe der Deutschen Reformation und der Französischen Revolution, die in einer Entfernung von etwa drei Jahrhunderten zwei Etappen in der Entwicklung der bürgerlichen Gesellschaft darstellen, so kann man nur darüber staunen, daß das zurückgebliebene und einsame Rußland zwölf Jahre nach der Umwälzung den Volksmassen einen Lebensstandard gesichert hat, nicht tiefer, als er am Vorabend des Krieges war. Das allein schon ist ein Wunder. Aber natürlich besteht der Sinn der Oktoberrevolution nicht darin. Sie ist der Versuch einer neuen Gesellschaftsordnung. Dieser Versuch kann sich wandeln, umgestalten, vielleicht von Grund auf. Er wird auf dem Fundament der neuen Technik einen ganz anderen Charakter annehmen. Aber nach einigen Jahrzehnten und später, nach Jahrhunderten, wird die neue Gesellschaftsordnung auf die Oktoberrevolution ebenso zurückblicken, wie das bürgerliche Regime jetzt auf die Deutsche Reformation oder auf die Französische Revolution zurückschaut. Das ist so klar, so unbestreitbar, so unerschütterlich, daß es sogar die Geschichtsprofessoren begreifen werden, allerdings erst nach einer Reihe von Jahren.

Nun, und wie ist es mit Ihrem persönlichen Schicksal? Ich höre diese Frage, in der sich Neugierde mit Ironie vermischt. Da kann ich nicht viel dem hinzufügen, was ich in diesem Buch schon gesagt habe. Ich kann einen historischen Prozeß nicht mit dem Metermaß eines persönlichen Schicksals messen. Im Gegenteil, ich bewerte mein persönliches Schicksal nicht nur objektiv, sondern erlebe es auch subjektiv in untrennbarem Zusammenhang mit dem Verlauf der sozialen Entwicklung.

Seit meiner Ausweisung habe ich wiederholt in Zeitungen Gedanken über die ›Tragödie‹, die mich betroffen hätte, gelesen. Ich kenne aber keine *persönliche* Tragödie. Ich kenne nur den Wechsel zweier Abschnitte der Revolution. Eine amerikanische Zeitung, die einen Artikel von mir druckte, machte die tiefsinnige Anmerkung: der Autor habe trotz der Schläge, die er erlitt, wie der Artikel beweise, die Klarheit des Urteils nicht verloren. Ich kann mich nur wundern über den philiströsen Versuch, zwischen einer Urteilskraft und einem Regierungsposten, zwischen dem seelischen Gleichgewicht und der Tageskonjunktur einen Zusammenhang zu konstruieren. Eine solche Kausalität habe ich nie gekannt und kenne ich auch jetzt nicht. Im Gefängnis erlebte ich mit dem Buche oder der Feder in der Hand die gleichen Stunden höchster Befriedi-

gung wie in den Massenversammlungen der Revolution. Die Mechanik der Macht empfand ich eher als eine unvermeidliche Last denn als eine geistige Genugtuung. Doch es ist vielleicht am besten, über dies alles gute Worte anderer sprechen zu lassen.
Den 26. Januar 1917 schrieb Rosa Luxemburg aus dem Gefängnis an eine Freundin: »Dieses völlige Aufgehen im Jammer des Tages ist mir überhaupt unbegreiflich und unerträglich. Schau zum Beispiel, wie ein Goethe mit kühler Gelassenheit über den Dingen stand. Denk doch, was er erleben mußte: die große Französische Revolution, die doch, aus der Nähe gesehen, sicher wie eine blutige und völlig zwecklose Farce sich ausnahm, und dann von 1793–1815 eine ununterbrochene Kette von Kriegen... Ich verlange nicht, daß du wie Goethe dichtest, aber seine Lebensauffassung – den Universalismus der Interessen, die innere Harmonie – kann sich jeder anschaffen oder wenigstens anstreben. Und wenn du etwa sagst: Goethe war eben kein politischer Kämpfer, so meine ich: ein Kämpfer muß erst recht über den Dingen zu stehen suchen, sonst versinkt er mit der Nase in jedem Quark – freilich denke ich an einen Kämpfer größeren Stils...!«
Herrliche Worte! Ich habe sie vor einigen Tagen zum erstenmal gelesen, und sie haben mir die Gestalt Rosa Luxemburgs genähert und wertvoller gemacht.
Nach Ansichten, Charakter und Weltanschauung ist mir Proudhon, dieser Robinson Crusoe des Sozialismus, fremd. Aber Proudhon war seiner Natur nach ein Kämpfer, er besaß die geistige Uneigennützigkeit, die Fähigkeit, die offizielle öffentliche Meinung zu verachten, und in ihm brannte ein unlöschbares Feuer des allseitigen Wissensdranges. Dies gab ihm die Möglichkeit, sich über das persönliche Leben mit seinem Auf und Ab, wie überhaupt über die zeitgenössische Wirklichkeit zu erheben.
Den 26. April 1852 schrieb Proudhon aus dem Gefängnis an einen Freund: »Die Bewegung ist ohne Zweifel weder regelmäßig, noch geht sie einen geraden Weg, die Tendenz aber bleibt beständig. Was auch immer von den Regierungen zum Nutzen der Revolution wechselnd getan wird, bleibt unantastbar; was man gegen sie zu unternehmen versucht, vergeht wie eine Wolke; ich genieße dieses Schauspiel, in dem ich jedes Bild verstehe; ich erlebe diese Entwicklung des Lebens im Universum, als wäre mir eine Erklärung dafür von oben gegeben; was die anderen vernichtet, erhebt mich immer mehr, begeistert und stärkt mich; wie können Sie dann wollen, daß ich über das Schicksal jammere, über die Menschen klage und sie verfluche? Das Schicksal – ich spotte seiner; und was die Menschen betrifft, so sind sie zu dumm, zu versklavt, als daß ich ihnen etwas nachtragen könnte.«
Trotz dem Beigeschmack einer gewissen kirchlichen Pathetik sind das gute Worte. Ich unterschreibe sie.

Nachwort

Als Trotzki im Jahre 1929 auf Anregung des S. Fischer Verlages *Mein Leben* schrieb, war er gerade in ein ungewisses Dasein im Exil eingetreten. Wußte er auch, daß er sein Lebenswerk als Revolutionär fortsetzen würde, so konnte er doch kaum ahnen, was ihm bevorstand und welche Rolle er in der Weltpolitik der kommenden Jahre spielen würde. Deshalb hatte er das Gefühl, daß die Arbeit, die außerhalb der Sowjetunion zu tun war, ebenso wichtig sei wie die innerhalb der Sowjetunion. Es kann daher nicht überraschen, daß Trotzki als der anerkannte Führer und Sprecher eines zur Diktatur Stalins in Gegensatz stehenden internationalen Kommunismus während der nächsten elf Jahre seines Lebens einen beträchtlichen Einfluß auf die internationale Szene auszuüben vermochte.

Trotzkis vielleicht bedeutendste Leistung während dieser elf Jahre ist das literarische Werk, das er hinterließ. Jeden Geschichtsforscher muß der weite Horizont dieser Schriften verblüffen, die erst jetzt allmählich richtig eingeschätzt werden um der Mitteilungen willen, die sie über die frühen Jahre des kommunistischen Regimes in Rußland machen. Trotzki ist als eine der zentralen Gestalten der bolschewistischen Revolution in fast allen Fällen unser einziger Augenzeuge der frühen Intrigen und Machtkämpfe innerhalb der kommunistischen Regierung. Als Ausleger der Ereignisse, die sich abspielten, und der Kräfte, die in Bewegung gesetzt wurden, hat er nicht seinesgleichen. Er sah den Aufstieg der neuen Sowjetbürokratie mit erstaunlicher Genauigkeit voraus und katalogisierte die Verbrechen Stalins fünfzehn Jahre vor Chruschtschows sensationeller Rede von 1956.

Seine Autobiographie, das erste große, im Exil geschriebene Werk Trotzkis, ist zweifellos eine der wichtigsten Quellen unserer Zeit. Trotzki hatte zunächst nicht die Absicht, ein solches Buch zu schreiben. Sein ursprüngliches Ziel war es, Werke zu publizieren, an denen er vor seinem Exil gearbeitet hatte, um der Öffentlichkeit – vor allem den kleinen Funktionären und Angehörigen des internationalen Kommunismus – wichtige Unterlagen zur Kenntnis zu bringen, die den Kampf der Opposition gegen Stalin stützten. Aber der deutsche Verleger überzeugte Trotzki davon, daß es das beste sei, mit einer Autobiographie anzufangen, und Trotzki fand sich schließlich auch dazu bereit. Es besteht kein Zweifel, daß sich Trotzki, als er seine Lebensgeschichte schrieb, bewußt war, daß es ein sehr bedeutendes Buch werden konnte. Er betrachtete es durchaus nicht als Memoirenwerk, das man am Ende einer Laufbahn verfaßt. Im Gegenteil, er sah in ihm einen integralen Bestandteil seines aktiven Lebens, ein Mittel, das ihn selbst in den Stand setzte, auf all die Ereignisse zurückzublicken, bei denen er eine Rolle gespielt hatte, sie im Lichte seiner eigenen Erfahrung

und Philosophie zu bewerten und den Kampf von dieser Plattform aus weiterzuführen.
Trotzki begann sein Exilleben in der Türkei, wo er sich vier Jahre aufhielt. Während dieser Jahre wohnte er mit den Mitgliedern seiner Familie, die ihn begleitet hatten – seiner Frau Natalia und einem ihrer beiden Söhne, Leo, – in einer Villa auf Prinkipo, einer Insel in der Nähe von Istanbul. Mag diese Insel auch fern vom Mittelpunkt des Geschehens gelegen haben, so gelang es Trotzki doch durch eine ausgedehnte Korrespondenz und seine Schriften einen aktiven Kontakt mit der kommunistischen Welt und sozialistischen Bewegungen herzustellen. Von Anfang an war Trotzki zur literarischen Aktion gezwungen. Seine Ausweisung aus Rußland war von einer heftigen Kampagne der kommunistischen Weltpresse begleitet worden mit dem Ziel, ihn als Konterrevolutionär zu diskreditieren, und Trotzki machte es sich zur Aufgabe, auf jeden einzelnen Angriff zu antworten. Seine intellektuelle Vitalität schloß ein Stillschweigen aus. Auch erwartete zunächst ein großer Teil der nicht-kommunistischen Welt, der Moskaus Worte für bare Münze nahm, daß Trotzki den Kommunismus und Marxismus völlig verwerfen werde, da er jetzt offensichtlich sein Hauptsündenbock war. Es geschah jedoch nichts dergleichen. In seiner ersten Artikelserie für die amerikanische Presse legte Trotzki lediglich dar, worum es der Opposition ging und warum er außer Landes verwiesen worden war. Er vermittelte der Außenwelt auch die erste biographische Skizze des aufsteigenden Titanen Stalin. Gleichzeitig ließ er jedoch keinen Zweifel daran, daß er seiner ursprünglichen kommunistischen Philosophie der permanenten Weltrevolution treu blieb, deren Ziel die völlige Niederwerfung des Kapitalismus, die Einsetzung der proletarischen Diktatur und die Einführung des Sozialismus darstellte. Sein Kummer war, daß in Rußland die proletarische Diktatur von einer Diktatur der Bürokratie usurpiert worden war, die ihren kulminierenden Ausdruck in Josef Stalin gefunden hatte. So machte es Trotzki gleich zu Anfang der nicht-kommunistischen ›bourgeoisen‹ Welt ganz unmöglich, ihn hinzunehmen, ohne gleichzeitig den begründeten Verdacht zu hegen, daß er letztlich auf ihren Untergang hinarbeitete. Trotzki war deshalb von vornherein dazu verurteilt, den Rest seiner Jahre in einer feindlichen Welt zu leben – außerhalb der Schranken des offiziellen kommunistischen wie des nicht-kommunistischen Lagers, und Unterstützung kam ihm allein von den antistalinistischen Marxisten.
Die vier Jahre auf Prinkipo waren produktive, geschäftige Jahre; Trotzki schrieb sehr viel und bestätigte sich in seiner Rolle als Weltführer der antistalinistischen Opposition innerhalb der kommunistischen Bewegung. Während dieser Zeit veröffentlichte Trotzki eine Anzahl rein politischer Werke, deren erstes, *La Révolution défigurée,* im Jahre 1929 in Paris erschien. Eine

englische Übersetzung dieses Werkes wurde 1937 in New York unter dem Titel *The Stalin School of Falsification* veröffentlicht. Sehr bald nach seiner Machtergreifung hatte Stalin begonnen, die Geschichte der Revolution umzuschreiben, und Trotzkis Buch verfolgte den Zweck, die Aufmerksamkeit der Welt auf diese bewußte Entstellung der tatsächlichen Vergangenheit zu lenken.

Trotzki widmete sich auch mit Nachdruck der Bekämpfung einer neuen stalinistischen Taktik, die sich für Europa als schicksalhaft erweisen sollte. Stalin hatte den kommunistischen Parteien außerhalb Rußlands befohlen, einen totalen Krieg gegen die anderen sozialistischen Parteien zu führen. Die Folgen dieser Taktik waren katastrophal, besonders für Deutschland, wo sich die Aufspaltung innerhalb der Arbeiterbewegung gefährlich verschärfte und die Nazis unter Führung Hitlers in der Lage waren, nur um so schneller emporzukommen. Trotzkis zahlreiche Flugschriften während dieser Periode, darunter *The Third Period of Errors of the Communist International*, wiesen auf diese kritische Situation hin.

Eine andere Flugschrift, die Trotzki um diese Zeit verfaßte, sollte Zweifel zerstreuen, die durch Stalins Diktatur am gesamten Experiment in Rußland hervorgerufen worden waren. Sie war betitelt *In Defense of the Soviet Union*, und Trotzki verteidigte darin die grundlegenden Errungenschaften der Oktoberrevolution und argumentierte, daß diese trotz des Stalinschen Regimes noch nicht ganz verloren gegangen seien.

Zusätzlich zu diesen Flugschriften war Trotzki stark an den verschiedenen Zeitungen und Zeitschriften interessiert, die in der ganzen Welt von Gruppen der Opposition herausgegeben wurden. Die bedeutendste davon war das in russischer Sprache erscheinende *Bulletin of the Opposition*, gegründet 1929 und zuerst herausgegeben in Berlin, dann in Paris und später in New York. Trotzkis ältester Sohn, Leo Sedow, der in Ideologie und Aktivität seinem Vater sehr nahestand, betreute dieses Organ, das sich einen guten Ruf erwarb wegen seiner exakten Berichterstattung und der genauen Einschätzung der Situation in Rußland.

Während seines vierjährigen Aufenthalts in der Türkei verließ Trotzki nur selten die Insel Prinkipo. Er besuchte einmal Istanbul, um sich die Hagia Sophia anzusehen, und die einzige bedeutende Reise über die Grenzen der Türkei hinaus führte ihn 1932 nach Kopenhagen, wo er auf Einladung der ›Vereinigung Dänischer Sozialdemokratischer Studenten‹ eine Rede hielt.

Im Anschluß an seine Rückkehr nach Prinkipo befiel ihn ein schweres Unglück. In seiner Villa brach ein Brand aus, der einen großen Teil der Bibliothek vernichtete, die er seit Beginn seines Exils mühevoll zusammengetragen hatte. Unter anderem fielen den Flammen unersetzliche Photokopien von Dokumenten zum Opfer, die Stalin der Veröffentlichung entzogen hatte, sowie eine

Seltenheitswert besitzende Sammlung von Photographien der Revolutionszeit.
Inzwischen hatte Stalin seine unablässige Verfolgung der Opposition in Rußland weiter verschärft und als Strafmaßnahme Trotzki und den mit ihm ausgewanderten Familienangehörigen die russische Staatsbürgerschaft entzogen. Es war für Trotzki nun klar, daß Stalin unter Umständen die türkische Regierung unter Druck setzen würde, um seine Auslieferung an die sowjetischen Behörden zu erreichen. Um dem vorzubeugen, entschloß sich Trotzki mit seiner Familie unverzüglich die Türkei zu verlassen. Im Juli 1933 gewährte die französische Regierung unter Daladier ihm in Frankreich Asyl. So endete die erste Phase von Trotzkis Exil.

Trotzki wurde in Frankreich von der offiziellen kommunistischen Presse mit bösartigen Angriffen empfangen. Dadurch wurde die Atmosphäre von Anfang an vergiftet, so daß Trotzkis Aufenthalt in Frankreich keinesfalls frei von Störungen verlief. Es versteht sich von selbst, daß er als zweiter Mann der bolschewistischen Revolution eine umstrittene Gestalt war. Dennoch befand sich Trotzki, als er einmal in Frankreich seinen Wohnsitz aufgeschlagen hatte, den wichtigen Ereignissen seiner Zeit näher, wenn er auch während des zweiten Jahres seines Aufenthalts in noch größerer Isolierung lebte als auf Prinkipo. Da es ihm nicht erlaubt war, sich in der Pariser Region niederzulassen, nahm er zunächst in Royan, dann in Barbizon Wohnung, das Paris näher gelegen war. Die Zeitungen fanden durch Zufall heraus, wo er wohnte, und überfielen ihn wie Raubvögel. Von da an stand jeder Schritt, den er tat, in den Blättern. Die Journalisten ließen ihm keine Ruhe, die stalinistische Presse verdammte und verleumdete ihn, die Bourgeoisie begegnete ihm mit Argwohn.
Um Trotzkis zwei Jahre in Frankreich zu verstehen, muß man eine allgemeine Vorstellung von dem haben, was damals in Europa vorging. Hitler kam an die Macht, und die Demokratien waren durch Verwirrung und Uneinigkeit geschwächt. Gleichzeitig machte sich in Frankreich eine große soziale Unruhe bemerkbar. An allen diesen Dingen hatte natürlich Stalin ein sehr direktes Interesse. Trotzkis Hauptrolle während dieser Zeit war die eines unbeugsamen Kritikers Stalins und der Bürokratie, die Rußland regierte. Trotzkis einzigartige Vergangenheit als Sowjetführer, verbunden mit seiner Kenntnis der Männer, die Rußlands Geschicke lenkten, befähigte ihn, jede stalinistische Taktik zu durchschauen, ihre Bedeutung innerhalb des Zusammenhangs der stalinistischen Ziele zu erfassen und präzis vorauszusagen, welches die Folgen sein würden. Er sagte voraus, daß Stalins Krieg gegen die anderen sozialistischen Parteien Hitler nur schneller zur Macht verhelfen würde, was dann auch eintraf. Und als Hitler an der Macht war und der alarmierte Stalin plötzlich seine Taktik umkehrte und in der

sogenannten ›Volksfront‹-Periode zu den Demokratien stieß, sagte Trotzki voraus, daß Stalin abermals eine Schwenkung machen und seine demokratischen Bundesgenossen im Stich lassen werde, wenn die günstige Gelegenheit dazu gegeben sein würde. Dieser Zeitpunkt kam natürlich, und zwar am Vorabend des Zweiten Weltkriegs, als Stalin den Nichtangriffspakt mit Hitler unterzeichnete und nicht nur den Demokratien, sondern auch den sozialistischen Bewegungen den Rücken kehrte, indem er Hitler freie Hand ließ zu seinem Eroberungskrieg.

So verblüffend Trotzkis Vorhersagegewalt war – verblüffend, weil alle anderen es vorzuziehen schienen, sich von Stalin täuschen zu lassen –, seine Worte wurden kaum gehört. Dem geräuschvollen Trommelfeuer von Lügen und Entstellungen, das von Stalins weltweitem Propagandaapparat ausging, unterstützt von dem hysterischen Geschrei, das aus Berlin herüberdrang, gelang es, alle Worte der Warnung zu übertönen, die Trotzki von sich geben mochte. Die Demokratien, die durch eine Befolgung seiner Worte am meisten zu gewinnen hatten, mißtrauten ihm. Als Anwalt der Weltrevolution war Trotzki ebensosehr ihr Feind wie Stalin, und in der verwirrenden Atmosphäre der Anklagen und Gegenanklagen war es zu erwarten, daß nur ein kleiner Kreis von Auserwählten zwischen den Lügen des einen Kommunisten und den Voraussagen des anderen Kommunisten zu unterscheiden verstand. Gerade die erschreckende Verwirrung ist es vielleicht, die Trotzkis Rolle während jener Jahre so viele Erschwernisse und Enttäuschungen bereitet hat.

Im Jahre 1935 war die Situation für Trotzki in Frankreich schließlich kritisch geworden, und die Regierung forderte ihn auf, das Land zu verlassen. Ehe er jedoch im Juni abreiste, richtete er einen offenen Brief an die französischen Arbeiter. Darin legte er mit der bemerkenswerten Klarheit, die das Kennzeichen seines Stils war, die Gründe für sein Fortgehen dar. Im letzten Absatz rief er dann seine Losung aus: »Der Stalinismus ist jetzt die eiternde Pestbeule der Arbeiterbewegung auf der ganzen Welt; wir müssen ihn vernichten; und wir müssen abermals das Proletariat sammeln unter der Fahne von Marx und Lenin.«

Norwegen war es, daß Trotzki und seiner Gruppe das nächste Asyl gewährte. Anfangs ging alles gut. Die Trotzkis waren Gäste im Hause Konrad Knudsens, eines sozialistischen Abgeordneten der Storting. In fünfundvierzig Meilen Entfernung von Oslo konnte Trotzki nach den zwei hektischen Jahren in Frankreich den ruhevollen Frieden der norwegischen Landschaft genießen. Er arbeitete jetzt an einem Buch, dem er große Bedeutung beimaß und in dem er das Anwachsen und die inneren Widersprüche der neuen, in der Sowjetunion an der Macht befindlichen Bürokratie umriß. Das Buch war *The Revolution Betrayed.*

Darin argumentierte er, daß der grundlegende Widerspruch der sowjetischen Gesellschaft gefunden werden könne in den beiden entgegengesetzten Kräften, die innerhalb der UdSSR am Werke wären. Die eine entwickele die Produktionsmittel und schaffe dadurch die wirtschaftlichen Grundlagen des Sozialismus. Die andere führe zu einer immer größeren Zuteilung des gewonnenen Reichtums an die allmächtige Bürokratie und bereite somit den Weg zurück zum Kapitalismus vor. Trotzki behauptete, daß die Stalinbürokratie, die den Staat beherrschte, deshalb die Oktoberrevolution verrate. Sie habe sie jedoch noch nicht völlig liquidiert.
Er sah den Kern des Problems in der Frage des Privateigentums und der Erbschaft. Die Sowjetbürokratie kontrolliere die Produktionsmittel und erziele mit ihnen die größten materiellen Gewinne, aber die Mitglieder dieser Bürokratie könnten diese Gewinne noch nicht für die Dauer an ihre Erben weitergeben und so eine neue erbliche Herrschaftsklasse einrichten. Der entscheidende Punkt werde erreicht werden in dem Konflikt zwischen der Sowjetbürokratie und einer neuen politischen Revolution, die Trotzki zuversichtlich erwartete.
Das norwegische Idyll ging jäh zu Ende, als eine Gruppe von Faschisten aus Knudsens Haus Trotzkis Papiere zu entwenden versuchte. Trotzki und die Knudsens befanden sich gerade auf einer Erholungsreise, aber Knudsens Tochter war zu Hause geblieben und in der Lage gewesen, die Faschisten zu verscheuchen. Wenn der Versuch somit auch gescheitert war und der Vorfall an sich nicht viel bedeutete, so rief er doch eine örtliche politische Debatte hervor, die mit der Eröffnung der Moskauer Prozesse zusammenfiel, in denen Stalin eine Anzahl seiner Kremlgenossen einer Verschwörung im Bunde mit Trotzki zum Umsturz des Sowjetregimes anklagte. Sofort wurde die Aufmerksamkeit der ganzen Welt auf Trotzki in diesem kleinen norwegischen Dorf gelenkt, das sofort die Journalisten belagerten. Dem ließ, von seinem norwegischen Wohnsitz aus an die Welt gerichtet, Trotzki die emphatische Zurückweisung aller Anklagen Stalins folgen. Im gleichen Atemzug forderte Trotzki Stalin dazu heraus, ihn von Norwegen ausliefern zu lassen. Da Trotzki begriff, daß dies eine Untersuchung seitens der Regierung zur Folge haben würde – mit anderen Worten einen öffentlichen Prozeß –, wußte er auch, daß er in der Lage sein würde, Stalins Gründe für das Auslieferungsbegehren zunichte zu machen und öffentlich als Sieger aus dem Prozeß hervorzugehen. Der Sowjetdiktator nahm jedoch klugerweise die Herausforderung nicht an.
Die Moskauer Prozesse endeten natürlich mit der Verurteilung der Angeklagten, die kurz darauf hingerichtet wurden. Stalin hatte inzwischen die Norweger wissen lassen, daß sie seitens der Sowjetunion mit Strafmaßnahmen gegen den norwegischen Handel rechnen müßten, wenn sie Trotzki nicht sofort zum Schweigen

brächten. Unter diesem Druck sah sich die norwegische Regierung veranlaßt, Trotzki in einem kleinen Dorf zwanzig Meilen von Oslo entfernt unter Hausarrest zu stellen. Dort blieben Trotzki und seine Frau drei Monate und zwanzig Tage.

Als nächstes Land bot Mexiko Trotzki Asyl an. Die Abreise von Norwegen, auf einem norwegischen Tanker, vollzog sich unter strengen Sicherheitsvorkehrungen. Die norwegische Regierung, die ängstlich darauf bedacht war, daß alles geheim blieb, gestattete Trotzki nicht einmal, seinen vielen Freunden im Lande Lebewohl zu sagen.

Am 9. Januar 1937 legte der Tanker im Hafen von Tampico an. Dort löste sich die Beklemmung der Trotzkis, als sie sahen, daß eine Gruppe von Freunden gekommen war, sie abzuholen. Man fuhr dann mit dem Zug nach Mexiko City, wo die Trotzkis als Gäste des großen mexikanischen Künstlers Diego Rivera und seiner Frau Frida Kahlo unterkamen. In dieser kongenialen Atmosphäre machte sich Trotzki abermals an die Arbeit.

Er durfte keine Zeit verlieren. Der zweite Moskauer Prozeß war in Vorbereitung, und Trotzki wußte, daß einer der Gründe zu diesem neuen Prozeß darin bestand, die Zweifel zu zerstreuen, die der erste im Westen geweckt hatte, besonders unter den Kommunisten. Der Prozeß begann früher als erwartet, bereits vierzehn Tage nach Trotzkis Ankunft in Tampico. Auch ging er zu Ende, ehe man viel hatte unternehmen können, denn es war Stalins Taktik, den Prozeß durchzuführen und die Opfer hinrichten zu lassen, bevor die Weltmeinung Zeit gehabt hatte, darauf zu reagieren.

In seiner Antwort auf den zweiten Prozeß forderte Trotzki abermals Stalin dazu heraus, seine Auslieferung zu verlangen, und wiederum hob Stalin den Handschuh nicht auf. Das Meistergehirn im Kreml wollte auf seine Weise mit Trotzki fertigwerden, wenn die Zeit dazu gekommen war.

Inzwischen waren verschiedene Ausschüsse, die man während des ersten Prozesses in der ganzen Welt ins Leben gerufen hatte, durch den zweiten Prozeß zu neuer Tätigkeit angeregt worden. In New York versammelten sich über 3000 Menschen, um eine Botschaft zu hören, in der Trotzki die Einsetzung einer internationalen Untersuchungskommission verlangte, die Stalins Anklage nachprüfen sollte – eine Kommission, zusammengesetzt aus Persönlichkeiten, deren Integrität außer Zweifel stand. »Wenn die Kommission mich auch nur des geringsten der Verbrechen für schuldig befindet, deren Stalin mich anklagt«, sagte Trotzki, »werde ich mich selbst den Henkern der GPU ausliefern.«

Eine Untersuchungskommission wurde sofort gebildet, und John Dewey, der bekannte Philosoph und Erzieher, übernahm die Verantwortung des Vorsitzes. Andere Mitglieder waren John Chamberlain, E. A. Ross, Suzanne La Follette, Ben Stolberg, Wendelin

Thomas, Otto Rühle, Carlo Tresca, Alfred Rosmer und Francisco Zamora.
Die Kommission hielt ihre Sitzungen in Coyoacan ab, in dem Haus, das Diego Rivera Trotzki zur Verfügung gestellt hatte. Vom 10. bis zum 17. April fanden dreizehn Sitzungen statt, in denen jede Anklage, auch die absurdeste, genau nachgeprüft wurde. Nach dieser gründlichen Untersuchung erstattete die Kommission der Öffentlichkeit in einer Versammlung in New York Bericht. Im Dezember dann, als die Kommission ihre Arbeit beendet hatte, sprach John Dewey das Urteil: Trotzki und sein Sohn Leo Sedow wurden für nicht schuldig befunden. Die vollständigen Aufzeichnungen über die Arbeit der Kommission wurden bei Harper (New York) unter dem Titel *The Case of Leon Trotsky* veröffentlicht.
Trotzki und seine Freunde erfüllte die Nachricht mit großer Freude – es war vielleicht die größte Freude, die Trotzki seit Beginn seines Exils erlebt hatte. Trotz ständiger Diffamierung durch das weltumspannende Propagandanetz Stalins lag nun endlich der Bericht über den wahren Sachverhalt vor, so daß alle ihn einsehen konnten.
Aber Trotzkis Freude sollte nicht von langer Dauer sein. Zwei Monate später starb sein Sohn Leo Sedow, der so viel erduldet hatte als treuester Begleiter und Mitarbeiter seines Vaters, in Paris nach einer Blinddarmoperation. Sedows Tod war eine große persönliche Tragödie für Trotzki. Außerdem ließen die äußeren Umstände von Sedows Tod so viele Fragen unbeantwortet, daß der starke Verdacht bestand, der NKWD könne etwas damit zu tun gehabt haben. Stalins Geheimpolizei hatte keine Skrupel gehabt mit ihrem Plan bezüglich der Trotzkisten – Ausrottung der Anhänger Trotzkis innerhalb Rußlands wie außerhalb Rußlands.
Im Jahre 1939, zehn Jahre nach seiner Ausweisung aus Rußland, war Trotzki immer noch frei und am Leben, aber die Liste seiner Freunde, Verwandten und Genossen innerhalb und außerhalb Rußlands, die auf diese oder jene Art von Stalins Leuten ermordet, hingerichtet oder eingekerkert worden waren, war bereits erschreckend lang.
Im Jahre 1939 begannen sich auch die zehn Jahre erschöpfenden Exildaseins ernstlich auf Trotzkis Gesundheit auszuwirken. Den Sommer dieses Jahres verbrachte er auf angenehme Weise in Taxco, wo ein Seminar organisiert worden war. Es war dies eine verhältnismäßig ruhige Zeit – die Ruhe vor dem letzten Sturm.
Die Ruhe hielt nicht lange an, denn Ende August handelte Stalin mit Hitler bereits seinen berüchtigten Pakt aus. Trotzki hatte diese Wendung der Dinge vorausgesagt, und er wußte, daß sie jetzt nur eines bedeuten konnte: Krieg.
Wieder folgte eine hektische Periode des Schreibens und Diskutierens in Coyoacan, jener Vorstadt von Mexiko City, in der Trotzki seinen ständigen Wohnsitz aufgeschlagen hatte. Das Haus, das un-

ter ständiger Beobachtung durch stalinistische Agenten stand, war notwendigerweise gut bewacht. Es bestand immer die Gefahr eines Mordversuchs. Die Gefahr bedingte natürlich die strengsten Sicherheitsmaßnahmen, die es Trotzki so gut wie unmöglich machten, irgendwelche Bewegungsfreiheit zu genießen oder aktiv am sozialen und kulturellen Leben Mexikos teilzunehmen.

Es tat sich vieles: Trotzki arbeitete an einer Biographie Stalins, sein Haus war das Ziel eines endlosen Pilgerstroms von Trotzkisten und Sozialisten, und ein Schisma hatte sich innerhalb der Vierten Internationalen entwickelt, die er ein Jahr zuvor hatte gründen helfen. Ein großer Teil der Gruppe hatte beschlossen, angesichts des Hitler-Stalin-Paktes die UdSSR nicht mehr zu unterstützen. Trotzki jedoch kämpfte lange und verbissen gegen diese drohende Spaltung innerhalb der Reihen seiner Bewegung an. Er vertrat immer noch die Meinung, daß trotz Stalins und der Diktatur der Bürokratie die UdSSR das Hauptbollwerk des Weltproletariats sei und daß deshalb die erste Pflicht des Arbeiters darin zu bestehen habe, sie zu unterstützen. Aber Trotzki vermochte einen großen Teil seiner Gefolgsleute nicht davon zu überzeugen, daß es möglich sei, die UdSSR zu verteidigen, ohne gleichzeitig Stalin und damit Hitler zu verteidigen. Das Schisma innerhalb der trotzkistischen Gruppe wurde Wirklichkeit.

Meinungsverschiedenheiten in den Reihen des Trotzkismus waren aber nur das geringere Problem, mit dem Trotzki zu kämpfen hatte. Die Stalinisten in Mexiko verfolgten ihre eigene Anti-Trotzki-Kampagne in der üblichen lautstarken, fanatischen Weise mit Hilfe der stalinistischen Presse. Doch diesmal war die gedruckte Kampagne von einer mündlichen begleitet, die nach Blut schrie. ›Nieder mit Trotzki‹ war jetzt die stalinistische Losung.

Dieses Kriegsgeschrei war lediglich die psychologische Vorbereitung auf die Aktion, denn am 22. Mai 1940 wurde Trotzkis Haus von einer Gruppe von Stalinisten angegriffen und mit Maschinengewehren beschossen. Wie durch ein Wunder blieben Trotzki und seine Frau unverletzt. Wegen dieses Fehlschlages kam als nächste Taktik der stalinistischen Presse nur eines in Frage: man klagte Trotzki an, den Angriff selbst inszeniert zu haben, um die Stalinisten zu diskreditieren. Die unglaubliche These wurde zunächst von vielen geglaubt, bis die Polizei schließlich ans Werk ging und die wirklichen Anstifter des Anschlags verhaftete – siebenundzwanzig Personen.

Inzwischen waren viele naive Leute zu der Ansicht gelangt, daß die Stalinisten nun Trotzki ein für allemal in Ruhe lassen würden. Aber sogar die alten Stalinisten glaubten an das alte Sprichwort, daß man es eben noch einmal versuchen müsse, wenn es beim erstenmal nicht geklappt habe. Und das taten sie auch, und diesmal fingen sie es bedeutend geschickter an. Die Verteidigung des Trotzkischen Hauses war inzwischen wesentlich verstärkt worden, so daß ein Angriff auf das Haus selbst keinen Erfolg versprach. Wenn Trotzki getötet werden sollte, mußte man die Sache gewissermaßen ›von innen heraus aufziehen‹.

Der Plan zur Ermordung Trotzkis wurde in Moskau etwa um die Zeit gefaßt, als Trotzki in Mexiko Unterschlupf suchte. Die Moskauer Prozesse hatten bereits viele von Stalins wirklichen und eingebildeten Feinden beseitigt, und die außerhalb Rußlands Lebenden waren auf die Henkersliste gesetzt worden. Trotzkis Name stand natürlich von Anfang an ganz oben. Der Mann, der den Auftrag ausführen sollte, war ein gewisser Ramon Mercader, ein Spanier, der in der NKWD-Schule in Moskau ausgebildet worden war. Der Plan sah vor, daß Mercader sich unter einem falschen Namen in den Trotzkischen Haushalt einschleichen sollte, indem er eine Frau aus dem Freundeskreis der Familie verführte. Dies geschah auch, und Mercader verschaffte sich mehrmals Zugang zur Trotzkischen Villa, wobei er das Gebäude gründlich in Augenschein nehmen und den Plan für den frontalen Angriff entwerfen konnte, der am 24. Mai stattfand. Wenn dieser fehlschlug, sollte, so war entschieden worden, Mercader die Tat selbst ausführen. Sogar nach dem ersten Überfall hatte Trotzki ihn noch nicht in Verdacht, und man gestattete ihm weiterhin den Zugang zur Villa.

Am 17. August ging Mercader mit dem Konzept eines Artikels zu Trotzki. Dieser hatte sich bereit erklärt, es durchzusehen. Die beiden Männer verbrachten elf Minuten allein in Trotzkis Arbeitszimmer, und während dieser Zeit hatte Mercader genügend Gelegenheit, sich mit dem Raum vertraut zu machen und die letzten Entschlüsse zu fassen. Es war eine Art ›Kostümprobe‹ für den Mord.

Mercader suchte einige Tage später, am 20. August, mit dem jetzt fertigen Artikel erneut die Villa auf. Trotzki führte ihn wiederum in sein Arbeitszimmer. Über dem Arm trug Mercader einen Regenmantel, unter dem ein Dolch, eine Pistole und ein Eispickel verborgen waren. Trotzki setzte sich an seinen Schreibtisch, um den Artikel zu lesen; wenige Augenblicke später schlug Mercader hinterrücks Trotzki den Eispickel in den Schädel, daß die Spitze fast sieben Zentimeter tief ins Gehirn eindrang. Überraschenderweise führte der Schlag nicht auf der Stelle den Tod herbei. Trotzki stieß einen Schrei aus, erhob sich und rang mit Mercader. Wenige Sekunden darauf stürzten Trotzkis Leibwächter herein, und Mercader wurde überwältigt. Aber der Auftrag war ausgeführt. Sechsundzwanzig Stunden später starb Leo Trotzki auf dem Operationstisch.

Namenregister

Inhalt

Wanda Kampmann
DEUTSCHE UND JUDEN
Die Geschichte der Juden in Deutschland vom Mittelalter bis zum Beginn des Ersten Weltkrieges
Fischer

Informationen zur Zeit im Fischer Taschenbuch Verlag

Reimer Gronemeyer / Hans-Eckehard Bahr (Hrsg.)
Niemand ist zu alt
Selbsthilfe und Alten-Initiativen in der Bundesrepublik
Originalausgabe. Bd. 4210

Anton-Andreas Guha
Der Tod in der Grauzone
Ist Europa noch zu verteidigen?
Originalausgabe. Bd. 4217

Volker Hauff
Sprachlose Politik
Von der Schwierigkeit, nachdenklich zu sein
Originalausgabe. Bd. 4215

Gert Heidenreich (Hrsg.)
Und es bewegt sich doch
Texte wider die Resignation
Originalausgabe. Bd. 4232
In Vorbereitung

Jost Herbig
Im Labyrinth der Geheimdienste
Der Fall Jennifer
Originalausgabe. Bd. 4226

Gerd E. Hoffmann
Erfaßt, registriert, entmündigt
Schutz dem Bürger – Widerstand den Verwaltern
Originalausgabe. Bd. 4212

Eberhard Hungerbühler / Klaus Mellenthin
Warum sagst du nicht „Nein danke"?
Informationen für Einsteiger in die Drogenszene
Originalausgabe. Bd. 4227
In Vorbereitung

Im Kreuzfeuer:
Der Fernsehfilm Holocaust
Eine Nation ist betroffen
Hrsg.: Peter Märthesheimer / Ivo Frenzel
Originalausgabe. Bd. 4213

Ernst Klee
Gefahrenzone Betrieb
Verschleiß und Erkrankung am Arbeitsplatz
Originalausgabe. Bd. 1933

-Behinderten-Report
Originalausgabe. Bd. 1418

-Behinderten-Report II
„Wir lassen uns nicht abschieben"
Originalausgabe. Bd. 1747

-Psychiatrie-Report
Originalausgabe. Bd. 2026

-Pennbrüder und Stadtstreicher
Nichtseßhaften-Report
Originalausgabe. Bd. 4205

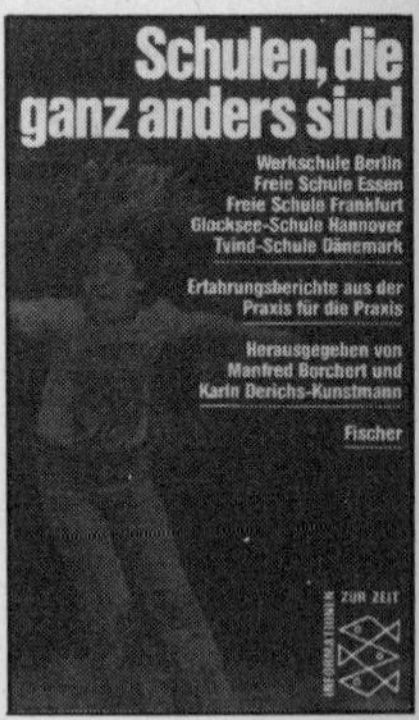

Informationen zur Zeit
im Fischer Taschenbuch Verlag

Stefan Klein / Manja Karmon-Klein
Reportagen aus dem Ruhrgebiet
Originalausgabe. Bd. 4230

Peter Kuntze
China-Supermarkt 2000?
Wie eine Weltmacht
die Industrialisierung vorantreibt
Originalausgabe. Bd. 4207

Ingrid Langer-El Sayed
Familienpolitik: Tendenzen, Chancen, Notwendigkeiten
Ein Beitrag zur Entdämonisierung
Originalausgabe. Bd. 4219

Rolf Lamprecht/ Wolfgang Malanowski
Richter machen Politik
Auftrag und Anspruch
des Bundesverfassungsgerichts
Originalausgabe. Bd. 4211

Bernd Leukert (Hrsg.)
Thema: Rock gegen Rechts
Musik als politisches Instrument
Originalausgabe. Bd. 4216

Bodo Manstein (Hrsg.)
Atomares Dilemma
Bd. 1894

Michael Mildenberger
Die religiöse Revolte
Jugend zwischen Flucht und Aufbruch
Originalausgabe. Bd. 4208

Helmut Ortner (Hrsg.)
Freiheit statt Strafe
Plädoyers für die Abschaffung der Gefängnisse
Originalausgabe. Bd. 4225

Helmut Ostermeyer
Die Revolution der Vernunft
Rettung der Zukunft durch Sanierung der Vergangenheit
Originalausgabe. Bd. 6368

Luise Rinser
Nordkoreanisches Reisetagebuch
Originalausgabe. Bd. 4233

Gordon Rattray Taylor
Das Selbstmordprogramm
Zukunft oder Untergang der Menschheit
Bd. 1369

Viet Tran
Vietnam heute
Bericht eines Augenzeugen
Deutsche Erstausgabe. Bd. 4214